Die wissenschaftliche Arbeit mit LaTeX

unter Verwendung von LuaTeX, KOMA-Script und Biber/BibLaTeX

Für Raphael,
der das jetzt schon lesen kann.

Die wissenschaftliche Arbeit mit LaTeX

unter Verwendung von LuaTeX, KOMA-Script und Biber/BibLaTeX

Zweite, überarbeitete und erweiterte Auflage

Herbert Voß
Berlin

dante

lehmanns media

Zweite Auflage
ISBN 978-3-96543-217-8
Umschlag: Herbert Voß
Karikaturen: Duane Bibby, mit Genehmigung der TUG
Satz: LaTeX mit LuahbTeX
Verlag: Lehmanns Media, Berlin (`http://www.lehmanns.de`)
Druck: Dimograf – Bielsko-Biała – Polen

Inhaltsverzeichnis

Vorwort **1**

1 Einführung **1**
1.1 Warum LaTeX und nicht die Textverarbeitung xy? 2
1.2 Warum LuaLaTeX und nicht pdfLaTeX? 7
1.3 Das Prinzip 9
1.4 Externe LaTeX-Anwendungen 10

2 Grafische Entwicklungsumgebungen **13**
2.1 TeXstudio 13
2.2 Online-Editoren 18

3 Erste Schritte mit LaTeX **23**
3.1 Struktur eines LaTeX-Dokuments 23
3.2 Die Dokumentenklasse 25
3.3 Globale Optionen 26
3.4 Der Satzspiegel 26
3.5 Nationale Besonderheiten 33

4 Schriften **37**
4.1 Einführung 37
4.2 Schriftauswahl 38
4.3 Schriftnamen und Dateinamen 46
4.4 Kombination von Schriften 49
4.5 Was man wissen sollte 51

5 Sprachunterstützung **55**
5.1 Einführung 55
5.2 Das Sprachpaket babel 55
5.3 Trennungen 57
5.4 Anführungszeichen 62
5.5 Rechtschreibkontrolle 65

6 Textelemente 67
6.1 Allgemeine Festlegungen . . . 67
6.2 Der Zeilenabstand . . . 70
6.3 Die Titelseite . . . 72
6.4 Der Seitenstil . . . 76
6.5 Ausrichten von Text . . . 82
6.6 Auszeichnung von Text . . . 89
6.7 Hoch- und tiefgestellter Text . . . 92
6.8 Fußnoten . . . 92
6.9 Endnoten . . . 96
6.10 Randbemerkungen . . . 97
6.11 Textmarken und -referenzen . . . 101
6.12 Hyperlinks . . . 104
6.13 Umbruch . . . 111
6.14 Horizontale und vertikale Abstände . . . 118
6.15 Mehrspaltiger Text . . . 121
6.16 Kritische Editionen . . . 125
6.17 Große Dokumente organisieren . . . 126

7 Gliederung 131
7.1 Die Hauptebenen . . . 131
7.2 Nichtnummerierte Ebenen . . . 134
7.3 Definition neuer Gliederungsebenen . . . 135

8 Listen 141
8.1 Standardlisten . . . 141
8.2 Das Paket `enumitem` . . . 148

9 Tabellen 153
9.1 Einführung . . . 153
9.2 Die `tabular`-Umgebung . . . 154
9.3 Pakete zur Tabellenformatierung ohne Seitenumbruch . . . 157
9.4 Pakete zur Tabellenformatierung mit Seitenumbruch . . . 188
9.5 Farbe in Tabellen . . . 199
9.6 Beispiele . . . 202

10 Abbildungen einfügen 209
10.1 Einführung . . . 209
10.2 Anwendung . . . 211
10.3 PDF-Dokumente . . . 213

11 Gleitumgebungen 215
11.1 Definition . . . 216
11.2 Platzierung . . . 217
11.3 Parameter . . . 219
11.4 Über- oder Unterschriften . . . 222
11.5 Seitliche Beschriftungen . . . 228
11.6 Die Formatierung der Beschriftung . . . 230

11.7 Nicht-gleitende Abbildungen und Tabellen 236
11.8 Mehrere Objekte in einer Gleitumgebung 239
11.9 Ganz- und mehrseitige Objekte mit dem Paket `hvfloat` 246
11.10 Textumflossene Tabellen und Abbildungen 259
11.11 TEXnisches 260

12 Verzeichnisse 263
12.1 Standardverzeichnisse 263
12.2 Eigene Verzeichnisse erstellen 270
12.3 Stichwortverzeichnis 272
12.4 Glossar 282

13 Bibliografie 293
13.1 Einführung 293
13.2 Bibliografie-Datenbanken 295
13.3 Bibliografien mit BibLATEX und Biber 310

14 Mathematik 333
14.1 Typografische Regeln 334
14.2 Das Paket `amsmath` 335
14.3 Der Zeilenmodus 336
14.4 Mathematik im abgesetzten Modus 340
14.5 Matrix-Umgebungen 351
14.6 Gleichungsnummern 353
14.7 Marken (Label) 355
14.8 Weitere mathematische Elemente 357

15 Grafiken erstellen 375
15.1 Koordinaten 376
15.2 Einfache Pfade 377
15.3 Füllen von Pfaden 379
15.4 Pfeile 380
15.5 Knoten 381
15.6 Bibliotheken 383
15.7 Pakete, die auf TikZ aufbauen 385

A Anhang 393
A.1 LATEX3 393
A.2 Längen 395
A.3 TEXLive- Installation 396
A.4 LuaTEX 397
A.5 Tastaturkürzel 399
A.6 Fragen und Antworten 399

Bibliografie 411

Index der Befehle und Begriffe 415

Personen 436

TEX
AGENDA
DEK

Vorwort

Die Anwendung von LaTeX im nicht-wissenschaftlichen Bereich kann man faktisch vernachlässigen. Dennoch gibt es Unterschiede bei der Erstellung einer Bachelor-, Master-, Doktorarbeit u. ä. oder einer umfangreichen Monografie zum Thema Linguistik. Bei wissenschaftlichen Abschlussarbeiten müssen formale Kriterien eingehalten werden. So sollte beispielsweise jede Literaturangabe auch einen entsprechenden Verweis im Text haben, da sonst der Bezug der angegebenen Literatur zum Inhalt der Arbeit nicht eindeutig ist. Damit ist aber die Frage »Wie verweist man korrekt auf eine Literatur«, noch zu klären.

Dieses Buch setzt konsequent auf drei Dinge: Die Anwendung von

- LuaLaTeX, beziehungsweise das darunterliegende LuaTeX, als Programm zur Dokumentenerstellung,
- Dokumentenklassen aus dem KOMA-Script-Paket und
- Biber/BibLaTeX als Programm/Paket zum Verarbeiten von Literaturdatenbanken und Erstellung einer oder mehrerer Bibliografien.

Mit LuaTeX wird der zur Zeit leistungsfähigste TeX-Compiler verwendet. Er bietet den Vorteil, dass Unicode als Standardkodierung der Zeichen benutzt wird, womit faktisch alle Sprachen der Welt in einem Dokument verwendet werden könnten. Voraussetzung ist lediglich, dass entsprechende Schriften in den Formaten OpenType oder TrueType zur Verfügung stehen. Sobald man das Programm LuaLaTeX aufruft, wird, so wie auch in der Vergangenheit üblich, das Makro Paket LaTeX geladen und das Ergebnis in Form einer pdf-Datei durch Aufruf des TeX-Compilers LuaTeX erzeugt. Für Anwender, die bereits bisher LaTeX benutzten, bedeutet dies also kaum eine Umstellung in der Vorgehensweise.

Die vielfältigen neuen Möglichkeiten von LuaTeX kommen allerdings mit einer Einbuße bei der Übersetzungsgeschwindigkeit daher. Für wissenschaftliche Arbeiten mit weniger als tausend Seiten stellt dies jedoch kein wirkliches Problem dar.

Die Dokumentenklassen von KOMA-Script bieten vielfältige Möglichkeiten zum Anpassen des formalen Layouts an externe oder eigene Vorgaben. Dies beginnt bereits mit der Titelseite, die oft den Richtlinien der wissenschaftlichen Einrichtung folgen muss.

Das bekannte Programm BibTeX, nicht zu verwechseln mit dem gleichnamigen Dateiformat, wird hier nicht mehr behandelt. Das Programm hat erhebliche Mängel, wenn Bibliografien erstellt werden sollen, die nicht nur die englische Sprache verwenden. Mit der Kombination Biber/BibLaTeX kann den Anforderungen an unterschiedliche Ausgabeformen sowohl beim Literaturverweis im laufenden Text als auch bei der eigentlichen Bibliografie entsprochen werden. Die Zeiten, in denen Umlaute in der Form `Tr{\"a}gheitsd{\"u}se` eingegeben werden mussten, gehören dann der Vergangenheit an.

Wieder war Rolf Niepraschk bereit, bei dem einen oder anderen Problem zu helfen. Ein großer Dank geht an Elke Schubert, die jede noch so kleine Ungereimtheit im Zusammenhang mit KOMA-Script aufgespürt hat. Alles, was jetzt noch an Fehlern vorhanden ist, geht ausschließlich zu meinen Lasten.

Alle Beispiele dieses Buches findet man wie üblich als lauffähige TeX-Dokumente zum Herunterladen auf `http://archiv.dante.de/~herbert/Books/`.

Berlin, im Januar 2018 Herbert Voß

Vorwort zur zweiten Auflage

Die erste Auflage wurde in relativ großer Stückzahl gedruckt, um einen günstigen Verkaufspreis zu erreichen, den der Verlag »Lehmanns Media« immer anstrebt. Nach drei Jahren ist diese nun vergriffen und es lohnt sich eine Neuauflage, da sich einige wichtige Dinge im Umfeld von LaTeX geändert haben. Erweiterungen gibt es insbesondere im Bereich der Gleitumgebungen, wo jetzt auch die Ausgabe von doppelseitigen Objekten behandelt wird. Auch wurde die Bedeutung von Biber/BibLaTeX und insbesondere von der Verwendung von HarfBuzz hervorgehoben. Daneben gibt es viele kleinere Veränderungen. Das Laden von Schriften im Format OpenType oder TrueType wird mittlerweile durch mehrere Pakete unterstützt, was dem Anwender viel Arbeit abnehmen kann.

Auf Fehler in der ersten Auflage hat mich insbesondere Lukas C. Bossert hingewiesen. Dank geht auch an Lucas Bierwirth, Gunnar Gewiss, Ralf Mispelhorn und Michael Rösch für ihre Hinweise zu Ungereimtheiten im Text.

Alle Beispiele dieses Buches findet man als lauffähige LaTeX-Dokumente zum Herunterladen auf `http://hvoss.org/Books/`.

Berlin, im April 2021 Herbert Voß

Kapitel 1

Einführung

1.1 Warum LaTeX und nicht die Textverarbeitung xy? 2
1.2 Warum LuaLaTeX und nicht pdfLaTeX? 7
1.3 Das Prinzip 9
1.4 Externe LaTeX-Anwendungen 10

Die formale Ausführung einer wissenschaftlichen Arbeit kann man in zahlreichen Publikationen nachlesen, beispielsweise in Balzert u. a. (2008), Toraman (2016) und Wytrzens u. a. (2012). Daneben gibt es dann noch diverse Veröffentlichungen, die ein bestimmtes Textsystem als Voraussetzung für die Erstellung der Arbeit haben, beispielsweise Farke (1997), Koch (2010) und Seimert (2011). Für den Einsatz von LaTeX zur Erstellung einer wissenschaftlichen Arbeit gibt es unter anderem die Veröffentlichungen von Machert (2013), J. Schlosser (2016), P. Schlosser u. a. (2007) und Würth u. a. (2018), wobei nur Würth u. a. (2018) als aktuell bezeichnet werden kann. Mit der hier vorliegenden Arbeit wird konsequent auf die neuesten Entwicklungen von TeX gesetzt: Als Standardprogramm wird LuaTeX verwendet, als Dokumentenklasse KOMA-Script und als Bibliografieprogramm Biber mit dem korrespondierenden BibLaTeX.

Die verwendete TeX-Distribution war TeXLive (`http://www.tug.org/texlive/`), was aber im Prinzip für die eigentliche Arbeit mit LaTeX unerheblich ist; mit der Distribution MiKTeX (`http://www.miktex.org`) wird dasselbe Ergebnis erreicht.[1] Kommerzielle Distributionen werden hier nicht behandelt.

[1] Die Distribution MacTeX ist eine spezielle Anpassung an TeXLive und proTeXt eine spezielle Version von MiKTeX.

1.1 Warum LaTeX und nicht die Textverarbeitung xy?

Die Anwendung von LaTeX zur Erstellung einer wissenschaftlichen Arbeit kann man für den Bereich Mathematik als »flächendeckend« bezeichnen. Es besteht aber heutzutage eigentlich kein direkter Zusammenhang mehr zwischen Mathematik und LaTeX. Auch für Sprachwissenschaftler, die beispielsweise linguistische Bäume erstellen müssen oder andere Autoren, die sehr große Dokumente erstellen wollen, haben durch die Anwendung von LaTeX viele Vorteile. Im folgenden Abschnitt wird gezeigt, dass auch eine relativ kurze wissenschaftliche Arbeit durch die Anwendung von LaTeX mindestens ästhetische Vorteile gegenüber den allgemein bekannten Textverarbeitungsprogrammen hat.

Die folgende Abbildung 1.1 zeigt den typischen Umbruch einer Textverarbeitung. Um den Unterschied zu einem Satzprogramm zu verdeutlichen, wurde die Trennung von Wörtern absichtlich nicht zugelassen. Textverarbeitungen beziehen den Umbruch auf eine einzelne Zeile, indem diese beendet wird, wenn ein weiteres Wort nicht mehr in diese passt. Dies führt im folgenden Beispiel dazu, dass die dritte Zeile mit einem sehr großen Wortabstand gesetzt wird, was optisch immer sehr zweifelhaft erscheint.

> Neithardt von Gneisenau, der Kommandant der Festung Kolberg, deren ruhmreiche Verteidigung einen der interessantesten Abschnitte dieses Buches (von `http://www.gutenberg.org/files/23333/23333-8.txt`) bildet, 1760 geboren, hatte schon in einem zu Erfurt garnisonierenden österreichischen und danach in einem der Regimenter des Markgrafen von Ansbach-Bayreuth gedient, die in englischem Solde in und gegen Amerika kämpften, als Friedrich der Große ihn 1786 als Premierleutnant in die preußische Armee aufnahm.

Abbildung 1.1: *Zeilenumbruch* einer Textverarbeitung (LibreOffice).

Ungünstige Zeilenumbrüche

Bei einer Textverarbeitung erfolgt *nach* einem Zeilenumbruch unabhängig von den zukünftigen Zeilenumbrüchen keine Änderung mehr. Diese Tatsache führt immer dann zu ungünstigen Umbrüchen, wenn die Zeile Bestandteile enthält, die nicht getrennt werden sollen oder können. In dem angegebenen Beispiel ist es eine lange Internetadresse, die ohne externen Eingriff nicht getrennt wird. Vergleicht man dazu Abbildung 1.2, welches die Ausgabe von LuaTeX darstellt, so fällt sofort auf, dass sich die Größe der Lücken verringert hat.

> Neithardt von Gneisenau, der Kommandant der Festung Kolberg, deren ruhmreiche Verteidigung einen der interessantesten Abschnitte dieses Buches (von `http://www.gutenberg.org/files/23333/23333-8.txt`) bildet, 1760 geboren, hatte schon in einem zu Erfurt garnisonierenden österreichischen und danach in einem der Regimenter des Markgrafen von Ansbach-Bayreuth gedient, die in englischem Solde in und gegen Amerika kämpften, als Friedrich der Große ihn 1786 als Premierleutnant in die preußische Armee aufnahm.

Abbildung 1.2: Absatzumbruch eines Satzprogramms (LuaTeX).

Das Programm LuaTeX ist keine Textverabeitung im eigentlichen Sinne. Dies wird schon daran deutlich, dass es völlig unerheblich ist, mit welchem System der Quelltext für das *Programm* LuaTeX erstellt wird. Der Anwender programmiert, d. h., er erstellt einen Programmcode, welcher als Ausgabe einen formatierten Text erzeugt. Es erleichtert Anfängern den Umgang mit dem Gesamtsystem, wenn man sich auch als *(Text-)Programmierer* versteht. Dies bedeutet, dass es völlig unwichtig ist, welche Formatierung der Quelltext aufweist, solange man die Regeln der dem System zugrundeliegenden Befehlssyntax beachtet. Dies betrifft primär den Zeilenumbruch; ein Satzprogramm umbricht grundsätzlich Absätze in Zeilen, wohingegen alle Textverarbeitungsprogramme nur einzelne Zeilen umbrechen.

Absatzumbruch

Da bei LuaTeX *immer* der gesamte Absatz für den Umbruch der einzelnen Zeilen herangezogen wird, kann das Aufeinandertreffen von sehr eng und sehr weit gesetzten Zeilen vermieden werden; jeder Umbruch einer Zeile steht in Bezug zu den vorhergehenden und nachfolgenden Zeilen. Vereinfacht formuliert kann man sagen, dass LuaTeX vier optische Kriterien für den Satz von Zeilen kennt: *eng*, *weniger eng*, *weit* und *sehr weit*.

Zeilen können

- eng gesetzt sein:
  Dies ist eine sinnlose Zeile mit etwas Text
- weniger eng gesetzt sein:
  Dies ist eine sinnlose Zeile mit etwas Text
- weit gesetzt sein:
  Dies ist eine sinnlose Zeile mit etwas Text
- sehr weit gesetzt sein:
  Dies ist eine sinnlose Zeile mit etwas Text

Umbruchkriterium

Für jeden Absatz gilt: Zwei aufeinander folgende Zeilen müssen *gleiche* oder *benachbarte* Formatierungskriterien erfüllen!

Dadurch ist es bei LuaTeX unmöglich, dass eine sehr weit gesetzte Zeile einer eng gesetzten folgt, was ansonsten zu den unangenehmen Lücken aus Abbildung 1.1 auf der vorherigen Seite führt. Erlaubt man zusätzlich Worttrennungen einschließlich eines automatischen Umbruchs der Internetadresse, so kann das optische Bild bei LibreOffice nur etwas verbessert werden (Abbildung 1.3). Erst bei der Anwendung von LuaTeX ergibt sich mit Abbildung 1.4 auf der nächsten Seite ein ansprechendes Ergebnis.

Neithardt von Gneisenau, der Kommandant der Festung Kolberg, deren ruhmreiche Verteidigung einen der interessantesten Abschnitte dieses Buches (von http://www.gutenberg.org/files/23333/23333-8.txt) bildet, 1760 geboren, hatte schon in einem zu Erfurt garnisonierenden österreichischen und danach in einem der Regimenter des Markgrafen von Ansbach-Bayreuth gedient, die in englischem Solde in und gegen Amerika kämpften, als Friedrich der Große ihn 1786 als Premierleutnant in die preußische Armee aufnahm.

Abbildung 1.3: Zeilenumbruch mit Worttrennungen (LibreOffice).

Neithardt von Gneisenau, der Kommandant der Festung Kolberg, deren ruhmreiche Verteidigung einen der interessantesten Abschnitte dieses Buches (von `http://www.gutenberg.org/files/23333/23333-8.txt`) bildet, 1760 geboren, hatte schon in einem zu Erfurt garnisonierenden österreichischen und danach in einem der Regimenter des Markgrafen von Ansbach-Bayreuth gedient, die in englischem Solde in und gegen Amerika kämpften, als Friedrich der Große ihn 1786 als Premierleutnant in die preußische Armee aufnahm.

Abbildung 1.4: Absatzumbruch mit Trennungen und Linkumbruch (LaTeX).

Etwas Theorie

Der Umbruch für den Absatz wird nach dem sogenannten Best-Fit-Algorithmus vorgenommen; von allen möglich Umbrüchen eines Absatzes wird letztlich derjenige ausgewählt, der dem idealen Umbruch am nächsten kommt. Der ideale Umbruch hat zwischen allen Wörtern denselben minimalen Abstand und kommt ohne Trennungen aus. LuaTeX geht hierbei in maximal drei Stufen vor:

1. Versuch, einen optimalen Umbruch ohne Trennungen zu erhalten.
   - Genügt das Ergebnis den Vorgaben, wird der Umbruch akzeptiert und als abgeschlossen betrachtet.
   - In der TeX-Terminologie bedeutet dies, dass die Dehnungspunkte (`\badness` – Abstände zwischen den Wörtern) *jeder* umbrochenen Zeile den Wert von `\pretolerance=100` nicht überschreiten.
   - Wegen nicht vorhandener Trennstellen benötigt der 1. Durchgang sehr wenig Rechenzeit!
2. Versuch, einen optimalen Umbruch mit Trennungen zu erhalten.
   - Es kommen als sprachenspezifische Trennstellen die Textstellen in Frage, die LuaTeX durch seinen Trennalgorithmus findet.
   - Der Umbruch wird akzeptiert, falls alternativ
     - die Dehnungspunkte (`\badness`) jeder umbrochenen Zeile den Wert von `\tolerance=200` nicht überschreiten und `\emergencystretch` (hier gleich 30.0pt) einen positiven Wert aufweist;
     - falls `\tolerance` den Wert 10000 hat; dann kommen zusätzlich `\hfuzz=0.1pt` und `\hbadness=1000` zum Tragen.
3. und letzter Versuch, durch zusätzliche Zwischenräume.
   - Der intern vorgegebene oder vom Anwender geänderte Wert von `\emergencystretch` (30.0pt) wird zur erlaubten Dehnungsmöglichkeit jeder Zeile addiert (siehe auch Abschnitt 6.13.4 auf Seite 117).
   - Durch diese Addition werden die zulässigen Dehnungspunkte jeder Zeile verringert.
   - Abschließende Entscheidung mithilfe der Register `\hfuzz=0.1pt` und `\hbadness=1000`.

Hierbei wird, wie oben erwähnt, die Berechnung sofort nach der ersten oder zweiten Stufe beendet, falls der Umbruch den internen Vorgaben entspricht. Auf den sehr aufwändigen Algorithmus der einzelnen Stufen soll hier nicht weiter eingegangen werden;

es wird auf die ausführliche Beschreibung in Römer und Voß (2010) und Voß (2007) und insbesondere Knuth und Plass (1981) verwiesen. Hier sollte nur gezeigt werden, welchen Aufwand TeX im Gegensatz zu herkömmlichen Textverarbeitungsprogrammen treibt, um einen optimierten Umbruch zu erreichen.

Was man jetzt schon wissen sollte ...

Bei der Texterstellung mit LaTeX kann etwas auftreten, was bei keiner Textverarbeitung passiert und bei Anfängern zu Irritationen führen kann, weil das Prinzip oft zuerst nicht verstanden wird. Zur besseren Erklärung wird für die folgende Demonstration die Trennmöglichkeit abgeschaltet (`langwohyphens` → language without hyphens). Das Beispiel zeigt einen Text mit relativ schmaler Textbreite und den für die deutsche Sprache typischen langen Wörtern.

```
\newlanguage\langwohyphens
\AddToHook{begindocument}{\language\langwohyphens} % Trennungen jetzt nicht möglich

Der Begriff Transzendentalphilosophie umfasst philosophische Systeme und Ansätze, welche
Grundstrukturen des allgemeinen Seins nicht durch eine Ontologie (Theorie des Seienden),
sondern im Rahmen des Entstehens und Begründens von Wissen über das Sein beschreiben.
```

-01-1 Der Begriff Transzendentalphilosophie umfasst philosophische Systeme
und Ansätze, welche Grundstrukturen des allgemeinen Seins nicht
durch eine Ontologie (Theorie des Seienden), sondern im Rahmen
des Entstehens und Begründens von Wissen über das Sein beschreiben.

Wie zu sehen ist, schreibt LuaTeX die erste und letzte Zeile über den Rand! Es bleibt natürlich die Frage, wieso kann das jede Textverarbeitung vermeiden, aber LuaTeX nicht. Im Gegensatz zu einer Textverarbeitung, die Zwischenräume in ihrer Größe nicht begrenzt, erlaubt LuaTeX per *Definition* nur einen maximalen Wortzwischenraum von 3.75 pt, was gerade einmal 1,4 mm entspricht. Reicht dieser Wert nicht aus, um eine Zeile vernünftig zu umbrechen, so wird automatisch das letzte Wort über den Rand hinaus geschrieben. Dieser Fall ist unter anderem sprachenabhängig; die allgemeine Wortlänge und Trennungsmöglichkeiten der zugrunde liegenden Sprache spielen eine große Rolle.

Man sollte diesen Effekt nicht als Makel, sondern als Hinweis darauf auffassen, dass der vorgegebene Text keinen Umbruch bei den strengen Vorgaben erlaubt. Er wird ohnehin in Texten mit »normaler« Textbreite und Trennmöglichkeiten selten zu beobachten sein. Kann aber bei schmalen Textspalten, beispielsweise in Tabellen, durchaus häufiger auftreten, wenn die zugrundeliegende Sprache relativ lange Silben aufweist.

Besteht keine Möglichkeit den Text zu modifizieren, so setzt man den entsprechenden Absatz »schlampig«. Dazu kann man die Umgebung `sloppypar` oder den Schalter `\sloppy` verwenden. Theoretisch könnte man den Befehl `\sloppy` bereits in der Präambel verwenden, was jedoch nicht zu empfehlen ist. Der Umbruch wird dadurch qualitativ schlechter; die Wortzwischenräume sind dann allgemein größer. Der Vollständigkeit halber sei erwähnt, dass `\fussy` die Umkehrung von `\sloppy` ist, also der Standard. Obiges Beispiel mit der Umgebung `sloppypar` gesetzt, ergibt ein besseres Erscheinungsbild:

sloppypar *\sloppy* *\fussy*

```
\newlanguage\langwohyphens
\AddToHook{begindocument}{\language\langwohyphens} % Trennung nicht mehr möglich

\begin{sloppypar}
Der Begriff Transzendentalphilosophie umfasst philosophische Systeme und Ansätze, welche
Grundstrukturen des allgemeinen Seins nicht durch eine Ontologie (Theorie des Seienden),
sondern im Rahmen des Entstehens und Begründens von Wissen über das Sein beschreiben.
\end{sloppypar}
```

01-01-2

Der Begriff Transzendentalphilosophie umfasst philosophische Systeme und Ansätze, welche Grundstrukturen des allgemeinen Seins nicht durch eine Ontologie (Theorie des Seienden), sondern im Rahmen des Entstehens und Begründens von Wissen über das Sein beschreiben.

Grundsätzlich kann man davon ausgehen, dass die Anwendung von `sloppypar` oder `\sloppy` eher selten ist und meistens nur für die folgenden Fälle notwendig sein wird:

- Sehr schmale Textspalten, die einen Umbruch grundsätzlich erschweren.
- Längere Wörter, die aus bestimmten Gründen nicht getrennt werden sollen, beispielsweise Funktionsnamen von Programmen.
- Ungünstige URLs, die nach Vorgabe im Allgemeinen nur bei den Sonderzeichen umbrochen werden.
- Einsatz falscher Trennmuster, weil beispielsweise vergessen wurde, für ein fremdsprachiges Textzitat auch in diese Fremdsprache zu wechseln: `\foreignquote{`*Sprache*`}{`*Text*`}` (siehe dazu Abschnitt 5.4 auf Seite 62).

Um ein Gefühl für die Häufigkeit zu bekommen, sei darauf hingewiesen, dass für dieses Buch die Anwendung der Umgebung `sloppypar` nur für den Absatz mit langen nichttrennbaren Makronamen nötig war (siehe auf Seite 164). Festzustellen ist zudem, dass obiges Beispiel völlig unproblematisch ist, wenn die Trennungen erlaubt sind, was standardmäßig ohnehin der Fall wäre. Allerdings ist der Absatz aus TeX-Sicht typografisch ungünstig, denn eine Trennung in der vorletzten Zeile wird grundsätzlich als schlecht bewertet (siehe Beispiel 01-01-3). Eine Alternative wäre aber nur das Erweitern der Wortzwischenräume, was eine noch schlechtere Wertung hätte.

```
\usepackage[ngerman]{babel}

Der Begriff Transzendentalphilosophie umfasst philosophische Systeme und Ansätze, welche
Grundstrukturen des allgemeinen Seins nicht durch eine Ontologie (Theorie des Seienden),
sondern im Rahmen des Entstehens und Begründens von Wissen über das Sein beschreiben.
```

01-01-3

Der Begriff Transzendentalphilosophie umfasst philosophische Systeme und Ansätze, welche Grundstrukturen des allgemeinen Seins nicht durch eine Ontologie (Theorie des Seienden), sondern im Rahmen des Entstehens und Begründens von Wissen über das Sein beschreiben.

Mit den Methoden der Mikrotypografie durch das Laden des Paketes `microtype` von Robert Schlicht kann man das Layout verbessern:

```
\usepackage{microtype}
\usepackage[ngerman]{babel}

Der Begriff Transzendentalphilosophie umfasst philosophische Systeme und Ansätze, welche
Grundstrukturen des allgemeinen Seins nicht durch eine Ontologie (Theorie des Seienden),
sondern im Rahmen des Entstehens und Begründens von Wissen über das Sein beschreiben.
```

01-4 Der Begriff Transzendentalphilosophie umfasst philosophische Systeme und Ansätze, welche Grundstrukturen des allgemeinen Seins nicht durch eine Ontologie (Theorie des Seienden), sondern im Rahmen des Entstehens und Begründens von Wissen über das Sein beschreiben.

1.2 Warum LuaLATEX und nicht pdfLATEX?

Man kann zur Zeit noch davon ausgehen, dass der größere Teil der Nutzer von LATEX seine Dokumente mit pdfLATEX erstellen dürfte. Das Hauptargument dafür ist schlicht und ergreifend »never change a running system«. Mit der Anwendung von pdfLATEX benutzt man faktisch ein abgekapseltes System, welches Quelldokumente verarbeitet, die völlig unabhängig vom Betriebssystem und der zugrundeliegenden TEX-Distribution sind. Dieser Vorteil ist auch gleichzeitig ein Nachteil: Sobald man in seinem Dokument sprachenspezifische Dinge, wie Kodierung und Sortierung von fremdsprachlichen Zeichenketten beachten muss, steigt der Aufwand mit pdfLATEX teilweise erheblich. Mit LuaLATEX, was eine vollwertige Unicode-Unterstützung ermöglicht, muss darauf faktisch keine Rücksicht genommen werden. Hat man eine Schrift, die die entsprechenden Zeichen enthält, können fremdsprachliche Textzitate eingefügt werden, ohne dass man irgendwelche speziellen Pakete laden muss. Auch die Änderung der Schreibrichtung ist möglich, wenn eine der RTL-Sprachen (Right-To-Left) verwendet wird.

。たしまきでん学はに時、に前年の本日、ていでん住にンリルベは私

Ωστόσο, ποτέ δεν έμαθαν ελληνικά και γνωρίζω περισσότερα γράμματα μόνο και μόνο επειδή είχα ανάγκη αυτό για τα μαθηματικά.

داي إينزيج فوراستسيونغ إست، داس مان إين سكريفت بينوتست، داي أوتش ديز زيتشن دارستيلن كان. في
ديسم تقع ناتورليش إين أرابيسش سكريفت.

Durch die Verwendung von Schriften im Format TrueType oder OpenType ist dies im Allgemeinen kein Problem mehr. So wurde in obigem Beispiel temporär für Japanisch auf die Schrift Kozuka Gothic Pro[2], für Griechisch auf Lucida Sans Unicode[3] und für Arabisch auf die TrueType-Schrift ArabicTypesetting[4] umgeschaltet. Die Definitionen lauten: *TrueType* *OpenType*

```
\newfontfamily\LucidaUnicode[Scale=0.9]{LucidaSansUnicode}
\newfontfamily\KozGo[Scale=0.88]{KozGoPro-Regular}
\newfontfamily\Arabic[Scale=MatchUppercase,Script={Arabic}]{ArabicTypesetting}
```

[2] http://www.adobe.com/products/type/font-designers/masahiko-kozuka.html
[3] https://en.wikipedia.org/wiki/Lucida_Sans_Unicode
[4] https://www.microsoft.com/typography/fonts/font.aspx?FMID=1704

1.2.1 LuaTeX oder LuaLaTeX?

Im Umgang mit LaTeX wird der Anfänger mit einer Vielzahl an Programmnamen konfrontiert, deren Einordnung nicht einfach ist. Auch geht es begrifflich ziemlich durcheinander: Es wird immer vom Programm LaTeX, beziehungsweise LuaLaTeX gesprochen, obwohl es im eigentlichen Sinne keine eigenständigen Programme sind. Das zugrundeliegende Programm ist meistens TeX, pdfTeX oder LuahbTeX, wobei es noch weitere Varianten gibt. Allen ist gemeinsam, dass sie auf dem originalen TeX von Donald Knuth, einschließlich der Erweiterung durch eTeX, basieren, welches mit jeder TeX-Distribution zur Verfügung steht. Das von Tako Hoekwater und anderen entwickelte LuahbTeX ist eine Weiterentwicklung von TeX, welches die vielen Beschränkungen von TeX aufhebt und zudem die Integration der Skriptsprache Lua in TeX-Dokumenten erlaubt.

```
This is LuaHBTeX, Version 1.14.0 (TeX Live 2021)

Execute  'luahbtex --credits'  for credits and version details.

There is NO warranty. Redistribution of this software is covered by
the terms of the GNU General Public License, version 2 or (at your option)
any later version. For more information about these matters, see the file
named COPYING and the LuaTeX source.

LuaTeX is Copyright 2021 Taco Hoekwater and the LuaTeX Team.
```

LaTeX

LaTeX wiederum ist nichts anderes als eine Sammlung (Bibliothek) von Makros (Befehlen), die in die jeweilige TeX-Variante fest eingebunden sind. Unter Linux ist LuaLaTeX daher nichts anderes als ein Link (Verweis) auf LuahbTeX. Da Windows dieses Verlinken nicht unterstützt, ist hier LuaLaTeX im Prinzip eine Kopie von LuahbTeX mit eingebunden LaTeX-Makros. Hierbei steht »hb« für HarfBuzz[5] (`https://de.wikipedia.org/wiki/HarfBuzz`, `https://harfbuzz.github.io/`), welches eine freie Grafikbibliothek für Schriften ausschließlich im Format OpenType ist und nun standardmäßig in LuaTeX eingebunden ist. Unterstützt werden vorrangig indische, orientalische und Thai-Sprachen. Aktiviert werden muss die HarfBuzz-Engine über das optionale Argument beim Laden einer Schrift, was im folgenden Beispiel für Burmesisch und Arabisch gezeigt wird. Im ersten Fall ist das Wort jeweils ohne HarfBuzz und im zweiten Fall dann mit HarfBuzz gesetzt worden. Man erkennt deutlich die Anwendung der Ligaturen bei Benutzung von HarfBuzz.

```
\usepackage{fontspec}
\newfontfamily\Arab{ArabicTypesetting}[Scale=3, Renderer=Basic, Script={Arabic}]
\newfontfamily\ArabHB{ArabicTypesetting}[Scale=3, Renderer=Harfbuzz, Script={Arabic}]
\newfontfamily\Burmese{NotoSerifMyanmar-Regular.ttf}[Renderer=Basic,Script=Myanmar,Scale=1.5]
\newfontfamily\BurmeseHB{NotoSerifMyanmar-Regular.ttf}[Renderer=Harfbuzz,Script=Myanmar,Scale=1
\newenvironment{RTL}% für Arabisch
  {\par \pardir TRT\textdir TRT\bodydir TRT}
  {\par}
```

\Arab\begin{RTL}التنضيد العربي\end{RTL}

\ArabHB\begin{RTL}التنضيد العربي\end{RTL}

\Burmeseမုမတီခေါင်းလောင်းကြီး

\BurmeseHBမုမတီခေါင်းလောင်းကြီး

[5] Persisch für OpenType

02-1

التنضيد العربي

التنضيد العربي

မ္မတီခေါင်းလဆောင်းကြီး

မ္ဘတီခေါင်းလောင်းကြီး

1.2.2 Die TEX-Distribution

Das TEX-System als Ganzes ist eine ziemlich komplexe Angelegenheit, sodass man für eine Installation auf eine sogenannte Distribution zurückgreift, die sich »um alles kümmert«. Es gibt im Prinzip nur zwei freie Distributionen: TEXLive[6] und MiKTEX[7]. TEXLive unterstützt ebenso wie MiKTEX alle bekannten Betriebssysteme. wie Windows, macOS, Linux in fast allen Varianten. Für welche der beiden man sich entscheidet, ist unerheblich; das Ergebnis, die erzeugte PDF-Datei wird identisch sein. Daneben gibt es noch einige kommerzielle Varianten, auf die hier jedoch nicht weiter eingegangen wird.

1.3 Das Prinzip

Es wurde bereits darauf hingewiesen, dass man sich bei der Erstellung des Textes eher als *Programmierer* denn als *Texteingeber* fühlen sollte. Dies erleichtert das Verständnis für das Prinzip bei der Texteingabe. Bei einer optimalen Situation kann man bei Auswahl einer bestimmten Dokumentenklasse erreichen, dass man lediglich die Sprachauswahl, Eingabekodierung und Fontkodierung vorgeben muss. Sämtliche anderen Vorgaben, die das Layout des Dokumentes betreffen, sind bereits in der gewählten Dokumentenklasse vorgegeben, sodass der sogenannte Übersetzungsvorgang ein fertig formatiertes Dokument höchster Qualität liefert.

Abbildung 1.5 auf der nächsten Seite zeigt den Ablauf eines Übersetzungsvorganges zur Erzeugung eines Dokumentes, wie es der augenblickliche Standard ist. Die dicke rote Linie kennzeichnet den in dieser Veröffentlichung beschriebenen Ablauf, der ebenso auch für dieses Buch selbst der Standard war. Der Quelltext muss wie jeder andere Quelltext eines beliebigen Programmes, beispielsweise C^{++} oder Perl, syntaktisch korrekt sein, wenn eine fehlerfreie Ausgabe erfolgen soll. Je nach der Komplexität des Dokumentes kann es notwendig sein, mehrere Durchläufe mit dem TEX-Compiler und anderer externer Programme vorzunehmen. Zu diesen externen Programmen zählen insbesondere solche zur Erstellung einer Bibliografie, eines Indexes oder Glossars. Die Anforderungen an den Anwender sind hierbei gering, selbst für den Fall, dass er nicht mit einem Makefile oder einer grafischen Entwicklungsumgebung (GUI) für LATEX arbeitet. Die gesamte

[6] `http://www.tug.org/texlive`

[7] `http://www.miktex.org`

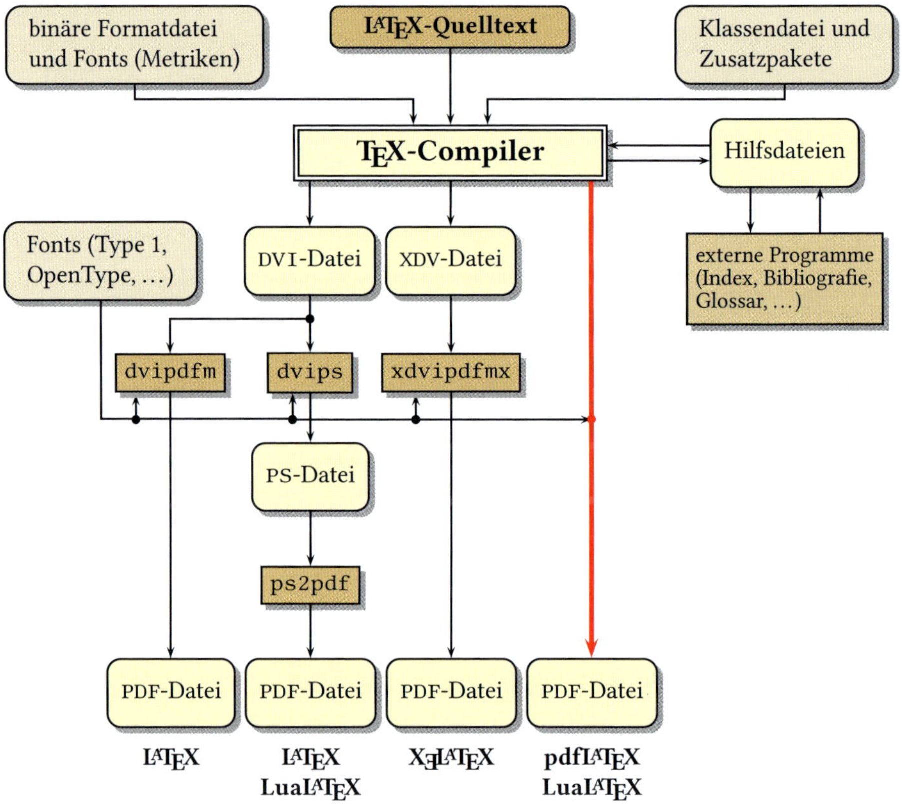

Abbildung 1.5: »Von der Quelle bis zur Mündung ...« Der Aufbau eines TeX-Systems mit pdfTeX, XeTeX oder LuaTeX als Compiler, die eine Ausgabe im PDF-Format erlauben.

Schrifteinbindung, die in der Abbildung 1.5 dargestellt ist, erfolgt vollautomatisch und muss den Anwender nur in seltenen Fällen interessieren.

1.4 Externe LaTeX-Anwendungen

Mit LuaLaTeX wird das Dokument erstellt, welches den reinen Text mit allen Querverweisen enthält. Ohne weitere externe Programme können aber zusätzliche Elemente, wie Bibliografie, Index, Glossar, usw. im Allgemeinen nicht erstellt werden. Die Tabelle 1.1 zeigt eine Zusammenstellung einiger Programme, die automatisch bei der Installation einer TeX-Distribution zur Verfügung stehen.

Tabelle 1.1: Auswahl einiger Programme, die mit jeder TeX-Distribution installiert werden.

Name	*Bedeutung*
tex	Das Original ...
latex	TeX mit dem Format LaTeX.
luatex	Das »neueste» TeX

Name	*Bedeutung*
luahbtex	Das »neueste» TeX mit Unterstützung für HarfBuzz
lualatex	LuahbTeX mit dem Format LaTeX.
dviluatex	LuahbTeX mit einer Ausgabe im DVI-Format.
dvilualatex	LuaLaTeX mit einer Ausgabe im DVI-Format.
biber	Das Programm zum Verarbeiten von Bibliografieverweisen im Zusammenhang mit einer BibTeX-kompatiblen Datenbank.
bibtex	Veraltetes Programm zur Erzeugung einer Bibliografie.
makeindex	Ein Programm zum Verarbeiten von Indexeinträgen.
xindex	Ein neueres unicodefähiges Programm zum Verarbeiten von Indexeinträgen.
xindy	Ein Programm zum Verarbeiten von Indexeinträgen.
makeglossaries	Das Programm zum Verarbeiten von Glossareinträgen.
texcount	Zählen der Wörter eines TeX-Dokumentes.
texdoc	Anzeigen von Paket- und Dokumentenklassendokumentationen.
tex4ebook	Konvertieren eines LaTeX-Dokumentes in ein EBook-Format.
pdfcrop	»Croppen« (Entfernen der weißen Ränder) eines PDF-Dokuments.
pdfbook	Drucken eines PDF-Dokuments im Buchformat (zweiseitig).
texhash	Aktualisieren der Datei-Datenbank eines TeX-Systems (File Name Data Base).
arara	Skript zum automatisierten Verarbeiten eines LaTeX-Dokuments.
latexmk	Skript zum automatisierten Verarbeiten eines LaTeX-Dokuments.
exeltex	Skript zum Exportieren von Excel-Tabellen nach LaTeX.
asy	Skript zum Ausführen von Quellcode für das Grafiksystem Asymptote.
kpsewhich	Bestimmung des Speicherortes (Verzeichnisses) einer Datei, die Teil des TeX-Systems ist.

TeX
USERS
GROUP
TUG
95
FLORIDA
PB

Kapitel 2

Grafische Entwicklungsumgebungen

2.1 TeXstudio . . . 13
2.2 Online-Editoren . . . 18

Grafische Benutzerumgebungen (GUI – Grafical User Interface) für TeX werden häufig in Anlehnung an normale Programmiersprachen auch als »Integrated Development Environment« (IDE) bezeichnet. Mittlerweile gibt es deren reichlich und auch für jedes bekannte Betriebssystem. Es gibt mit TeXstudio (`http://www.texstudio.org`) oder Emacs (`http://www.gnu.org/software/emacs`) mit dem AUCTeX-Zusatz jedoch nur zwei bekanntere Varianten, die für unterschiedliche Plattformen wie Linux, macOS und Windows im nahezu gleichen Layout zur Verfügung stehen. Im Folgenden wird ausschließlich auf den Editor TeXstudio Bezug genommen (Abbildung 2.1 auf der nächsten Seite). Dies ist keine wesentliche Einschränkung; bis auf Emacs arbeiten fast alle Editoren nach demselben Prinzip.

2.1 TeXstudio

2.1.1 Editoreinstellungen

Wie Abbildung 2.1 auf der nächsten Seite zeigt, besteht der Editor im Prinzip aus den drei Bereichen *Navigation* (Links), *Quelletxt* (Rechts) und *Kontrollfenster* (Rechts Unten). Die Navigation dient ausschließlich dem Navigieren innerhalb des Editors, hat also prinzipiell nichts mit der zu erstellenden PDF zu tun. Insbesondere bei umfangreichen Dokumenten kann das eine erhebliche Arbeitserleichterung darstellen. Bei kürzeren

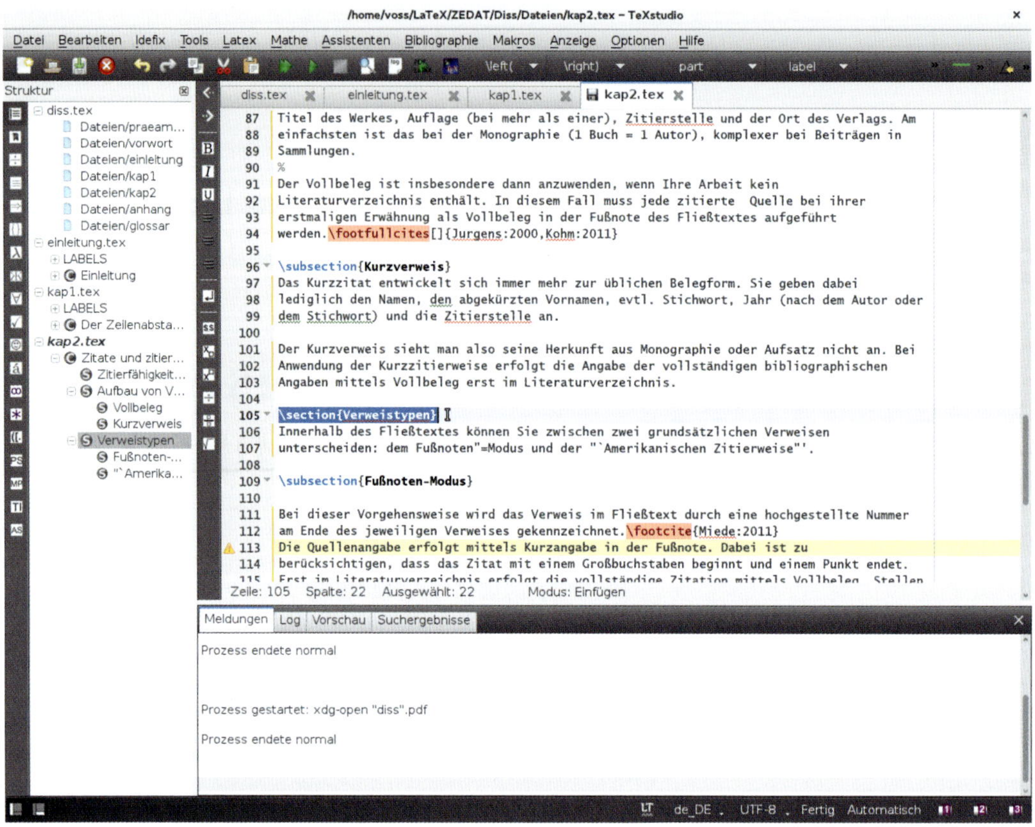

Abbildung 2.1: Beispielansicht der Entwicklungsumgebung TEXstudio für Linux

Dokumenten kann diese auch ausgeschaltet werden, wenn man mehr Platz für den Quelltext haben möchte. Auch das Kontrollfenster lässt sich abschalten, wobei dies nicht sonderlich sinnvoll erscheint. Zur Erleichterung der Fehlersuche sollte bei jedem Editor grundsätzlich die Anzeige von Zeilennummern aktiviert werden (»Optionen ▷TEXstudio konfigurieren ▷Erweiterter Editor ▷Alle Zeilennummern«). Abbildung 2.4 auf Seite 16 zeigt das entsprechende Menü, wobei als erstes die Einstellung für die Zeilennummern durch einen gestrichelten roten Rahmen markiert ist.

Weiterhin sollte man den Text *nicht*, wie in Abbildung 2.2 auf der nächsten Seite gezeigt, eingeben. Erreicht man hier den Textrand, so schreibt der Editor automatisch in einer neuen Zeile weiter, ohne dass ein Zeilenumbruch im Quelltext eingefügt wird. Für TEX erscheint der gesamte Absatz daher als eine einzige Zeile. Es ist sehr zu empfehlen, Zeilen im Quelltext immer mit einem manuellen Umbruch durch Eingabe der Enter-Taste abzuschließen. Dadurch wird die Fehlersuche erheblich vereinfacht, denn TEX gibt immer die Zeilennummer des Quelltextes aus, in der der Fehler vermutet wird. Ist diese Zeile jetzt, wie in Abbildung 2.2 auf der nächsten Seite zu sehen, sehr lang, sodass der Editor nur einen visuellen Umbruch anzeigt, dann muss der Fehler in einer sehr langen Zeile lokalisiert werden.

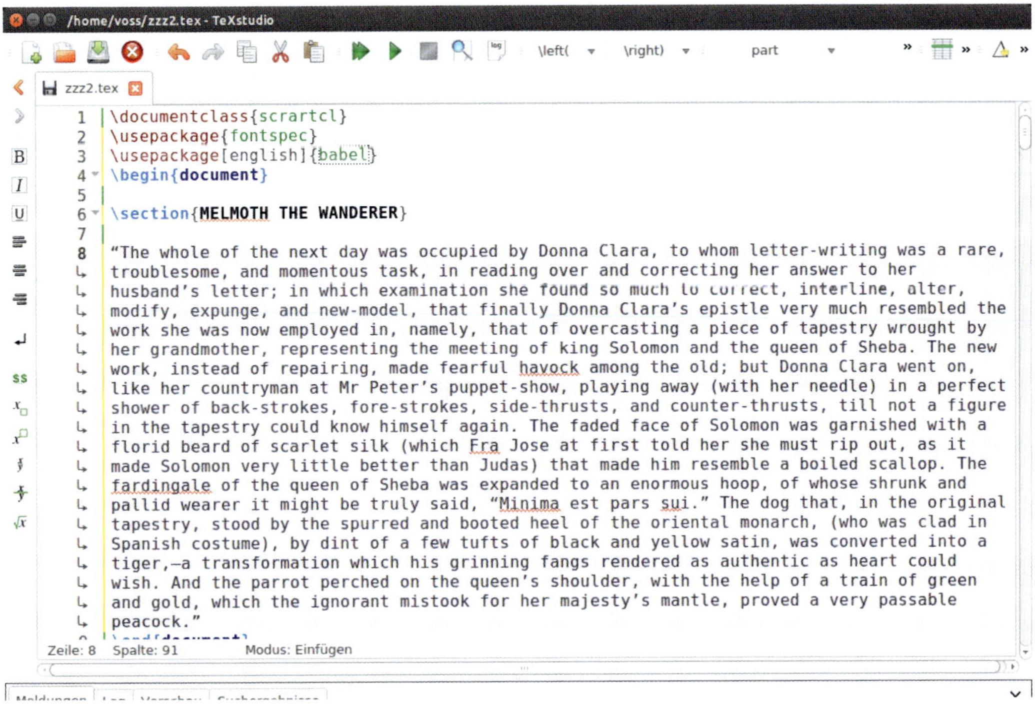

Abbildung 2.2: Fortlaufende Texteingabe ohne Betätigung der Enter-Taste.

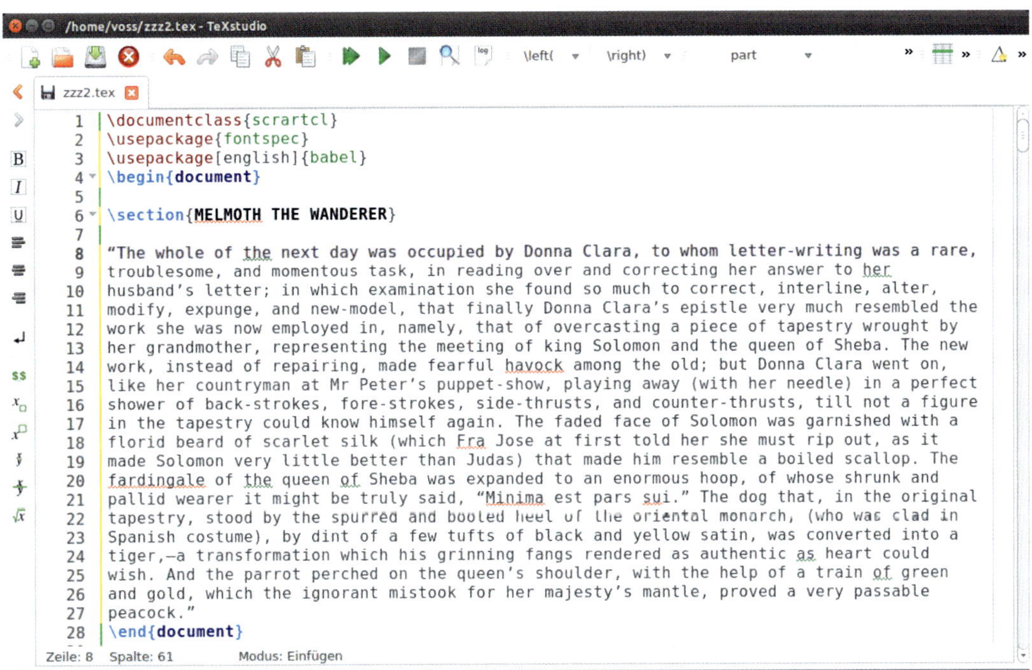

Abbildung 2.3: Fortlaufende Texteingabe ohne Betätigung der Enter-Taste und konfiguriertem harten Zeilenumbruch nach 91 Zeichen (siehe Abbildung 2.4 auf der nächsten Seite).

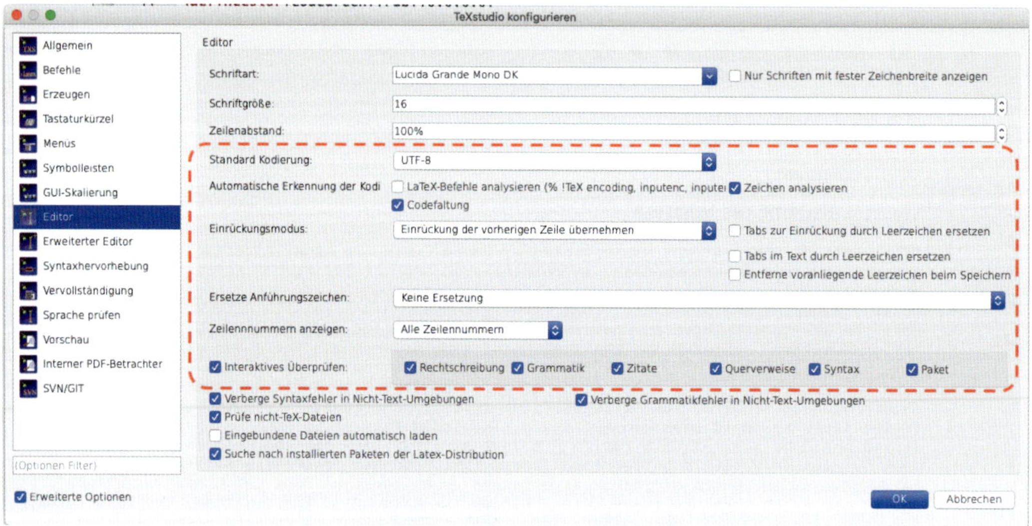

(a) Editoreinstellungen für TEXstudio

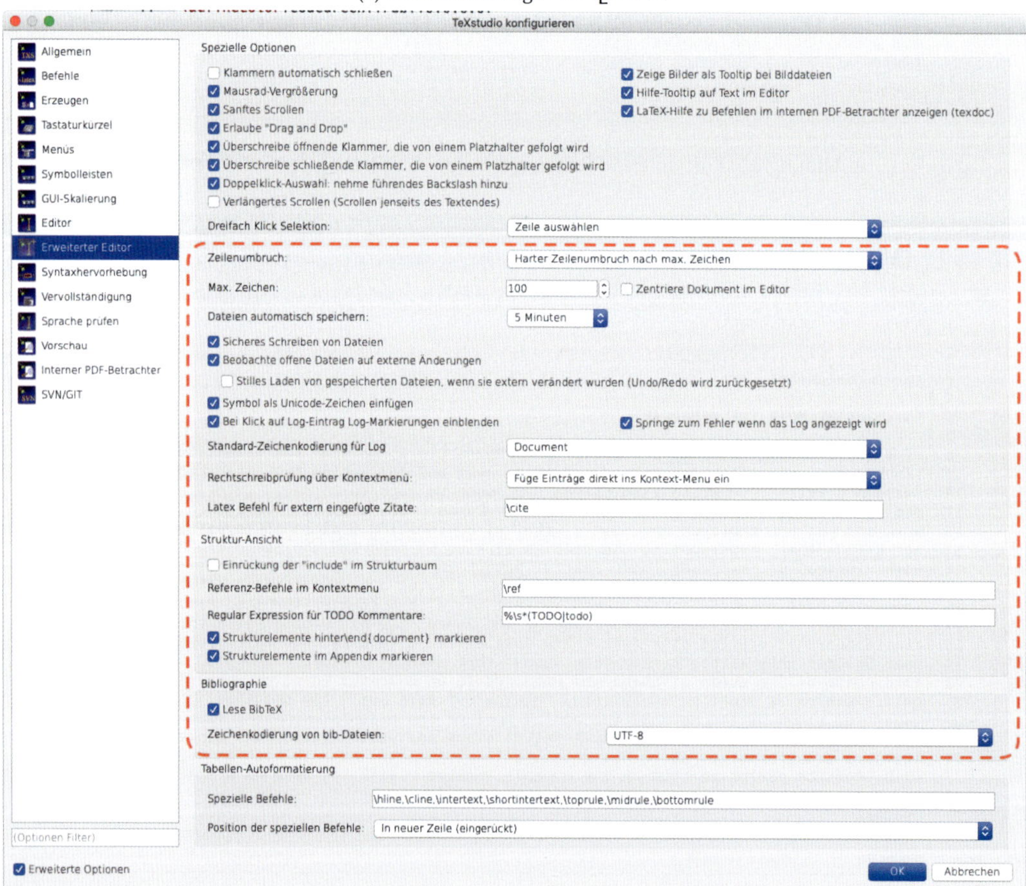

(b) Erweiterte Editoreinstellungen für TEXstudio

Abbildung 2.4: Menü für Einstellungen des Editors, welches für andere TEXstudio -Versionen anders aussehen kann (macOS).

Der Editor lässt sich so konfigurieren, dass er explizit einen Zeilenumbruch in den Quelltext einfügt. In dem Moment, wo der Text gespeichert wird, erscheinen auch die entsprechenden Zeilennummern (Abbildung 2.3 auf Seite 15). Wo genau die Entertaste betätigt wird, ist für TEX uninteressant; es kann auch nur ein Wort in einer Zeile erscheinen. Es wird immer nur der gesamte Absatz betrachtet, nicht die einzelne Zeile. Die notwendige Einstellung für den »harten« Zeilenumbruch zeigt Abbildung 2.4b auf der vorherigen Seite. An der oberen Kante des roten Rahmens der Abbildung ist die notwendige Einstellung für den Zeilenumbruch zu erkennen: »harter Zeilenumbruch nach max. Zeichen«. Darunter ist die maximale Zeichenzahl mit 100 angegeben, was im Allgemeinen in Abhängigkeit der vorhandenen Bildschirmauflösung willkürlich festgelegt wird. Als letztes markiert Abbildung 2.4b auf der vorherigen Seite noch die notwendige Einstellung für das Einlesen von UTF-8-kodierten BIBTEX-Datenbanken, sodass man im Editor bei der Anwendung eines der Verweisbefehle entsprechende Einträge aus der Datenbank auswählen kann. Die allgemeine Kodierung ist in Abbildung 2.4a auf der vorherigen Seite im oberen Bereich der Markierung mit UTF-8 festgelegt und sollte nur geändert werden, wenn man mit einem alten Betriebssystem arbeitet.

2.1.2 Befehlseinstellungen

Prinzipiell braucht man unter dem Menüpunkt Befehle nichts zu ändern, da die Vorgaben hinreichend sein sollten. Lediglich Windows-Nutzer sollten hier den voreingestellten AdobeReader durch SumatraPdf (`https://www.sumatrapdfreader.org/`) ersetzen. Dies ist deswegen sinnvoll, da der AdobeReader die angezeigte PDF-Datei sperrt, sodass sie nicht bei einem erneuten LATEX-Durchlauf überschrieben werden kann. SumatraPDF dagegen sieht keine Sperrung vor und lädt eine geänderte Datei automatisch neu.

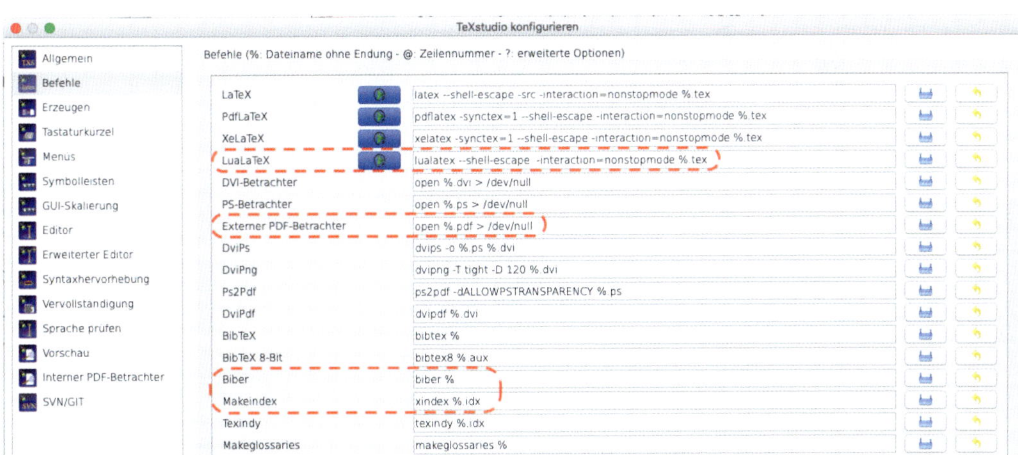

Abbildung 2.5: Befehlseinstellungen für TEXstudio (macOS)

Abbildung 2.5 zeigt für LuaLATEX die eigefügte Option `--shell-escape`, die für bestimmte Anwendungsfälle benötigt wird. Die Option birgt ein gewisses Sicherheitsrisiko, da dann aus dem TEX-Dokument heraus das Ausführen beliebiger externer Programme ermöglicht wird. Es ist daher ratsam, bei Aktivierung dieser Option keine fremden

TeX-Dokumente laufen zu lassen, die man nicht vorher kontrolliert hat. Für eigene Dokumente kann diese Option bedenkenlos benutzt werden.

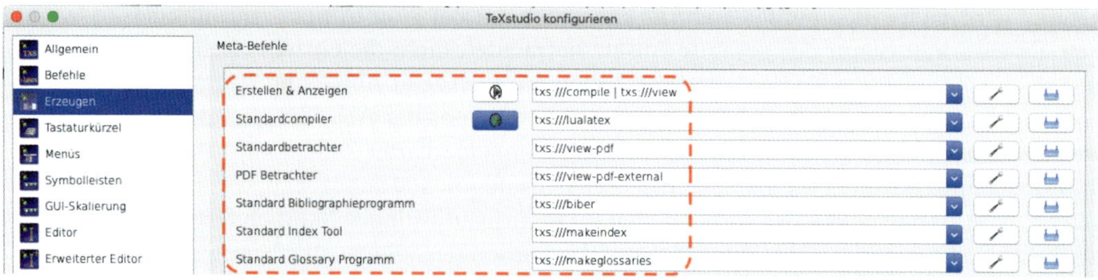

Abbildung 2.6: Standardprogramme für TeXstudio festlegen (macOS).

Abbildung 2.6 zeigt die anzuwendenden Standardprogramme, wenn aus dem Hauptmenü heraus der einfache oder doppelte grüne Pfeil angeklickt wird. Es ist zu empfehlen, nicht den internen PDF-Viewer zu benutzen, da insbesondere beim Arbeiten mit zwei Bildschirmen das Ausgabefenster besser platziert werden kann, wenn ein externer Viewer benutzt wird. Dann kann das Fenster auf dem zweiten Bildschirm verschoben werden. Gleiches gilt für LapTops, bei denen man das Ausgabefenster hinter den Editor schieben kann, sodass genug Platz für ein sinnvolles Arbeiten mit dem Editor zur Verfügung steht.

2.1.3 Rechtschreibüberprüfung

Es empfiehlt sich, die Rechtschreibung gleich bei der Eingabe über die Tastatur kontrollieren zu lassen, was nahezu alle Editoren erlauben. Lediglich bei macOS kann es notwendig sein, die entsprechenden Sprachdateien selbst eintragen oder auch sogar installieren zu müssen. Abbildung 2.7 zeigt die Angaben, die notwendig sind, wenn die Wörterbücher von OpenOffice heruntergeladen und benutzt werden sollen.

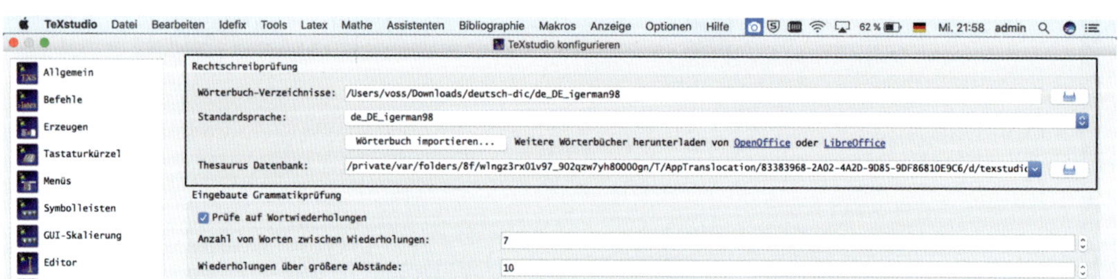

Abbildung 2.7: Installation der Wörterbücher für macOS.

2.2 Online-Editoren

Seit einiger Zeit gibt es immer wieder den Versuch, Online-Editoren mit gleichzeitiger Integration eines TeX-Systems der Allgemeinheit zur Verfügung zu stellen. Der letzte, erstmalig erfolgreiche Versuch ist Overleaf (`http://www.overleaf.com`).

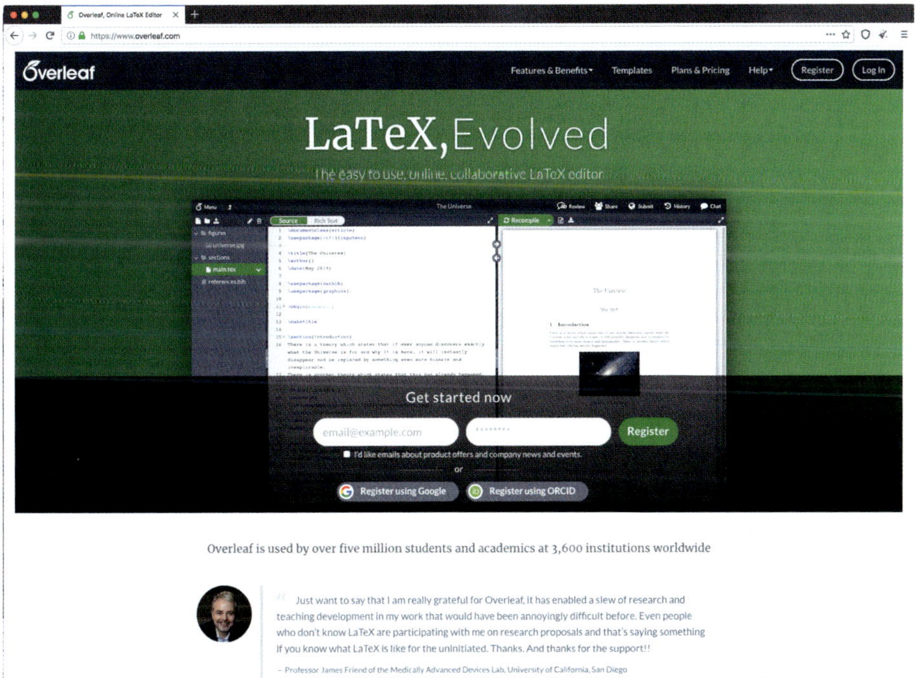

Abbildung 2.8: Startseite des Online-Editors Overleaf.

Das System eignet sich auch zum kollaborativen Schreiben.[1] Derartige Editoren lohnen sich für wissenschaftliche Arbeiten nur dann, wenn man nicht willens oder nicht in der Lage ist, ein TEX-System zu installieren. Ob es sinnvoll ist, die Quellen für eine wissenschaftliche Arbeit auf externen, allgemein nicht zugänglichen Rechnern zu speichern, die sich außerhalb der eigenen wissenschaftlichen Einrichtung befinden, muss jeder für sich selbst entscheiden. Abbildung 2.8 zeigt die Startseite von Overleaf.

Die einzelne private Nutzung von Overleaf ist frei und man kann nach Registrierung das System nutzen. Grundsätzlich arbeitet Overleaf im Hintergrund mit der jeweils aktuellen Version von TEXLive, die allerdings immer etwas verzögert zum offiziellen Erscheinungsdatum erscheint. Das Nachinstallieren von Paketen ist nicht möglich. Allerdings kann man spezielle Pakete, die nicht Teil von TEXLive sind, hochladen, sodass sie im Dokumentenverzeichnis gespeichert werden und damit wieder zur Verfügung stehen.

Die Bearbeitung eines einfachen Dokuments zeigt Abbildung 2.9 auf der nächsten Seite, wobei hier eine Abbildung benutzt wird, die selbst Teil von TEXLive ist, sodass sie nicht gesondert hochgeladen werden muss. Abbildung 2.10 auf der nächsten Seite zeigt zum Vergleich ein Projekt mit mehreren Unterverzeichnissen, deren Inhalt über die Uploadfunktion hochgeladen wurden. Das Beispiel zeigt weiterhin, dass eine Rechtschreibprüfung bei einem Dokument mit vielen chemischen Bezeichnungen schwierig ist, da die Wörter alle nicht im aktuellen Wörterbuch gespeichert sind.

[1] Projekte mit mehreren Autoren, die »gleichzeitig« am Text arbeiten.

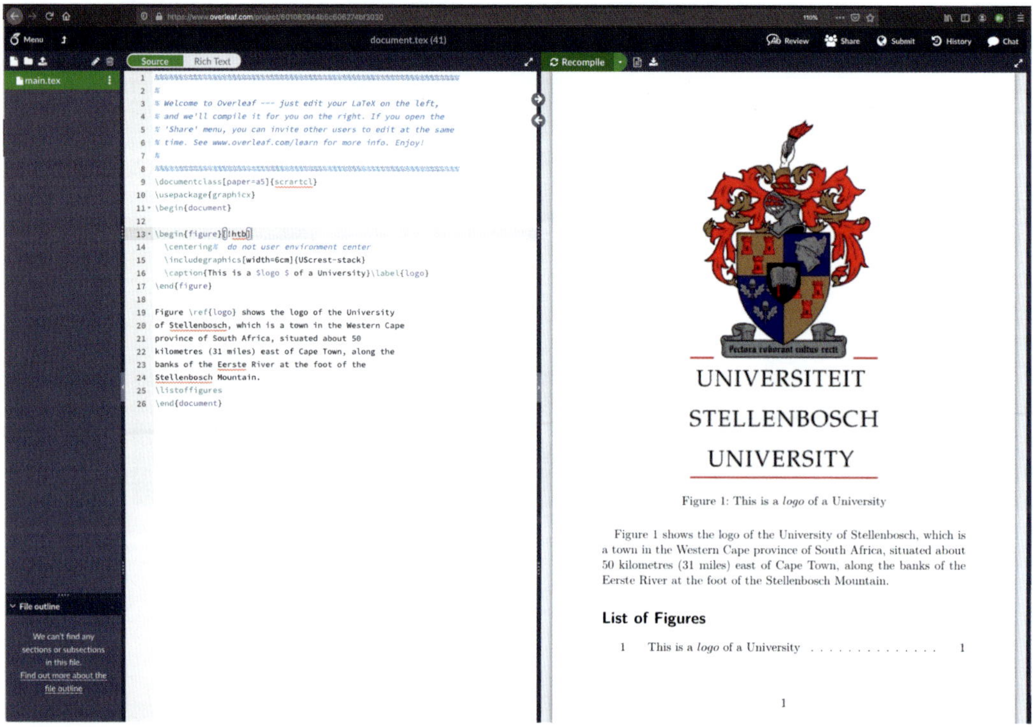

Abbildung 2.9: Editor- (links) und Ausgabefenster (rechts) bei Overleaf.

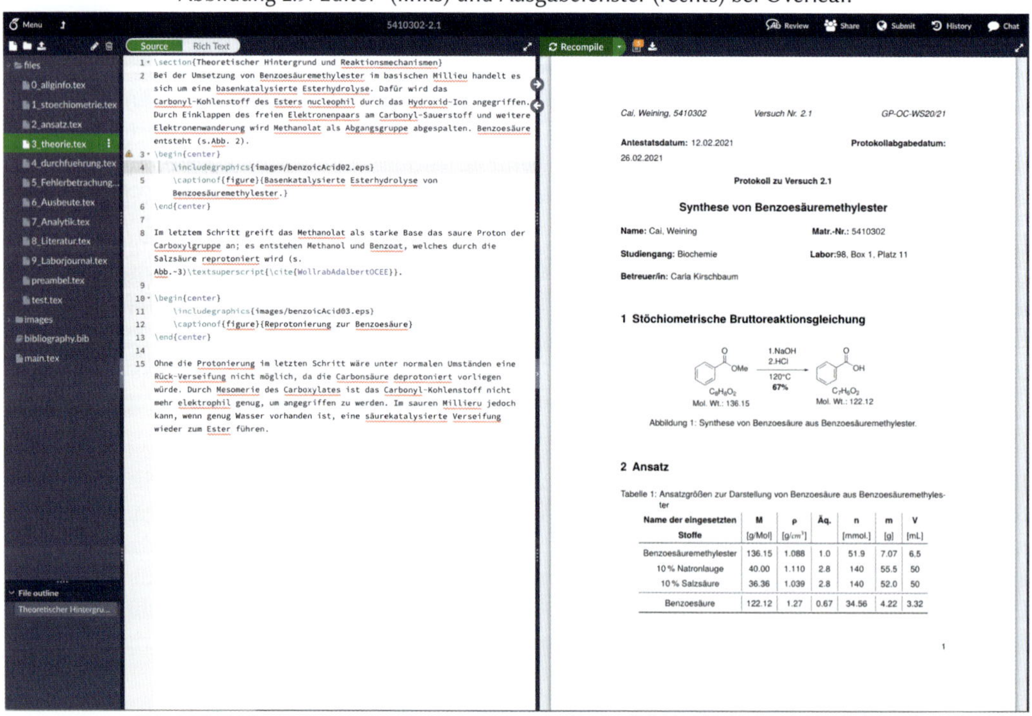

Abbildung 2.10: Editor- (links) und Ausgabefenster (rechts) für ein Projekt mit mehreren Unterverzeichnissen.

Ein Overleaf-Projekt kann zur Vereinfachung als komprimierte ZIP-Datei sowohl hoch- als auch heruntergeladen werden. Ein Arbeiten mit einer Dropbox ist ebenso möglich wie mit GitHub oder einem lokalen Git, welches beispielsweise durch `git clone https://git.overleaf.com/602bf293859c4e739e1483fb` erstellt werden kann, wobei letzteres die Projektnummer ist. Abbildung 2.11 zeigt den formalen Vorgang zum Anlegen eines Repositoriums für GitHub. Formale Voraussetzung ist ein eigener Account bei GitHub, der für Overleaf freigegeben werden muss.

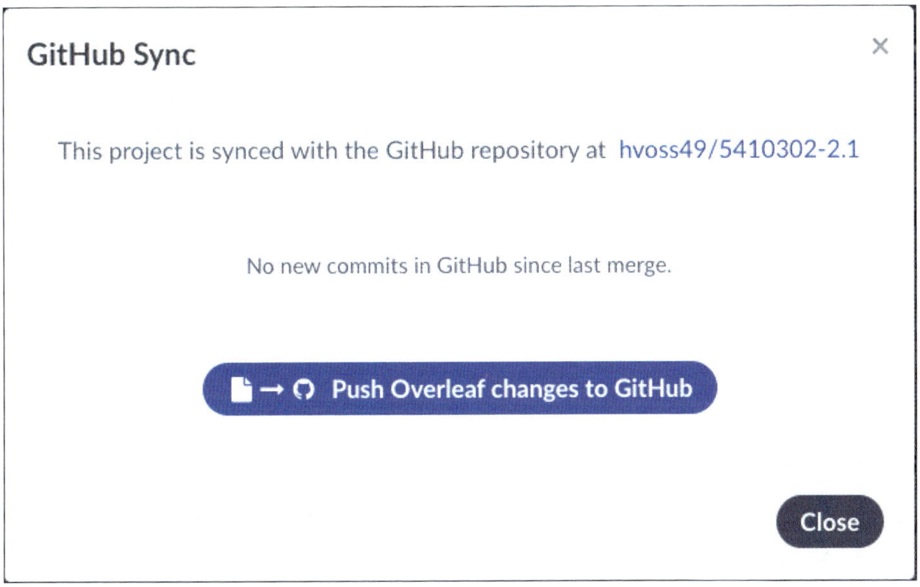

Abbildung 2.11: Vorgang zur Übername eines Overleaf-Projekts in ein GitHub-Repsitorium.

Bibliografie-Datenbanken von Mendeley oder Zotero können direkt in ein Projekt eingebunden werden; eine eigene Konvertierung in das BibTeX-Format entfällt dadurch.

Man kann jederzeit anderen Nutzern die Möglichkeit geben, ebenfalls an den Dateien zu arbeiten und entsprechende Korrekturen oder Erweiterungen am Projekt vorzunehmen. Für eine größere Teilnehmerzahl ist allerdings eine kommerzielle Registrierung notwendig, für die eine jährliche Gebühr zu entrichten ist.

Kapitel 3

Erste Schritte mit LaTeX

3.1 Struktur eines LaTeX-Dokuments 23
3.2 Die Dokumentenklasse 25
3.3 Globale Optionen 26
3.4 Der Satzspiegel 26
3.5 Nationale Besonderheiten 33

3.1 Struktur eines LaTeX-Dokuments

Die Minimalstruktur eines Quelltextes für die deutsche Sprache zum erfolgreichen Übersetzen in eine PDF-Datei zeigt das folgende Beispiel (Ausgabe auf der nächsten Seite):

`\documentclass`[*paper=a5,english,ngerman,parskip=half-*]{*scrartcl*}
: Dokumentenklasse `scrartcl` mit den globalen Optionen `paper=a5` für das Papierformat und Sprachunterstützung für `english` und `ngerman` für die deutsche Sprache (»neue« – ab 1996 gültig). Diese Optionen werden sowohl von der Dokumentenklasse als auch allen folgenden Paketen ausgewertet.

`\usepackage`{*Libertinus*}
: Benutze Libertinus Serif (mainfont), Libertinus Sans (sansfont) und Libertinus Mono (monofont), was in dem Paket festgelegt wird.

`\usepackage`{*babel*}
: Lade das Sprachpaket `babel`, welches die globalen Optionen `english` und `ngerman` der Dokumentenklasse auswertet. Es werden die Trennmuster für diese beiden Sprachen (Dialekte) geladen und alle sprachspezifischen Dinge direkt nach `\begin{document}` initialisiert, beispielsweise das Datumsformat.

`\babelprovide`[*hyphenrules=ngerman-x-latest*]{*ngerman*}
: Benutze die neuesten (experimentellen) Trennmuster für die deutsche Sprache.

\title{ *Textsatz mit* \LaTeX}
: Definiere den Titel.

\author{ *Herbert Voß*}
: Definiere den Autor.

\date{ \today}
: Definiere das Datum.

\begin{ *document*}
: Beginn des Dokumentenkörpers mit Deutsch als Standardsprache.

\foreignlanguage{ *english*}{...}
: Andere Sprache wählen, damit die korrekten Trennmuster für Englisch verwendet werden.

\begin{abstract}..\end{abstract}
: Fremdsprachige Zusammenfassung.

\maketitle
: Formatierten Titel für die Angaben von \title, \author und \date ausgeben.

\section{ *Einführung*}
: Abschnittsüberschrift.

\end{ *document*}
: Ende des Dokuments.

03-01-1

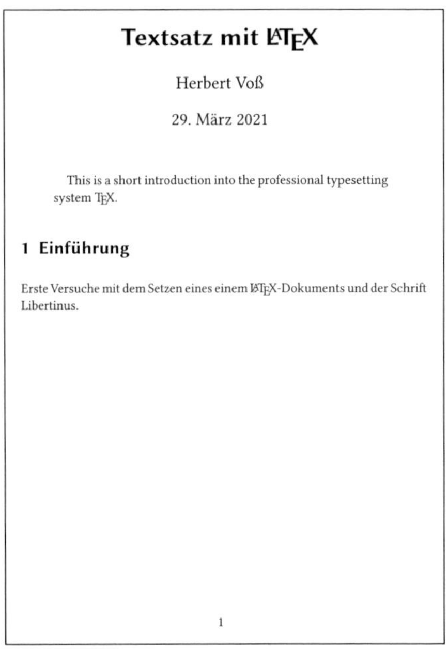

Textsatz mit LaTeX

Herbert Voß

29. März 2021

This is a short introduction into the professional typesetting system TeX.

1 Einführung

Erste Versuche mit dem Setzen eines einem LaTeX-Dokuments und der Schrift Libertinus.

1

```
\documentclass[a5paper,english,
  ngerman,parskip=half-]{scrartcl}
\usepackage{libertinus}
\usepackage{babel}
\babelprovide[hyphenrules=ngerman-x-latest]{ngerman}
% \babelprovide ist optional. Man bekommt aber
% weniger Trennfehler, weit unter 0.1%
\title{Textsatz mit \LaTeX}
\author{Herbert Voß}
\date{\today}
\begin{document}
\maketitle
\foreignlanguage{english}{%
\begin{abstract}
This is a short introduction into
the professional typesetting system \TeX.
\end{abstract}}
\section{Einführung}
Erste Versuche mit dem Setzen
eines einem \LaTeX-Dokuments
und der Schrift Libertinus.
\end{document}
```

Der grundsätzliche Aufbau eines Dokuments teilt sich in Präambel und Dokumentenkörper auf. Die Präambel enthält prinzipiell all das, was an allgemeinen Definitionen und zusätzlichen Festlegungen für das gesamte Dokument vorgenommen wird. Dabei können zusätzlich auch Dinge überschrieben, beziehungsweise neu definiert werden, die bereits in der Dokumentenklasse festgelegt wurden. Die Angabe der Dokumentenklasse muss dabei nicht zwingend die erste Zeile sein. Je nach Notwendigkeit können andere Befehle vorher erscheinen.

```
...
\documentclass [Optionen] {Name} [Version]   } Präambel
...
\begin{document}
...                                           } Textkörper
\end{document}
```

3.2 Die Dokumentenklasse

Die Dokumentenklasse wird über den Befehl \documentclass ausgewählt, wobei in der Regel der gewählten Klasse Optionen mitgegeben werden, die dann *sowohl* von der Dokumentenklasse als auch von den verwendeten Paketen ausgewertet werden.

```
\documentclass [Optionen] {Name} [Version]
```

Das zweite optionale Argument (Version) wird selten benutzt, da man im Allgemeinen eine aktuelle Ausgabe verwendet. Ansonsten kann man hier ein Datum in der Form jjjj/mm/tt angeben, welches dann zu einer Warnung in der Logdatei führt, wenn die verwendete Klasse älter ist. Je besser eine vorhandene Dokumentenklasse auf die eigenen Bedürfnisse zugeschnitten ist, desto weniger Aufwand wird für Re- oder Neudefinitionen bestimmter Umgebungen oder Makros betrieben werden müssen. Standardmäßig gibt es die vier Dokumentenklassen book, article. report und letter mit den folgenden standardmäßigen Eigenschaften, wobei hier in Klammern die entsprechenden Namen der von Markus Kohm entwickelten KOMA-Script-Klassen angegeben sind:

Klasse	Eigenschaften
book (**scrbook**)	– Titel auf einer eigenen Seite; – Seitenzählung mit römischen und arabischen Ziffern; – Ebenen \part, \chapter, \section, \subsection, \subsubsection, \paragraph und \subparagraph; – Kapitelweise Nummerierung der Abbildungen, Tabellen und Gleichungen.
report (**scrreprt**)	– Wie Klasse book, aber nicht mit den Möglichkeiten von \frontmatter, \mainmatter und \backmatter.
article (**scrartcl**)	– Titel auf keiner eigenen Seite; – Seitenzählung mit arabischen Ziffern; – Ebenen \part (*nicht* auf einer eigen Seite), \section, \subsection, \subsubsection, \paragraph und \subparagraph; – Fortlaufende Nummerierung der Abbildungen, Tabellen und Gleichungen.
letter (**scrlettr2**)	– Keine Ebenen; – Elemente, die ein Brief aufweist, wie Absender, Anschrift, usw.

In Voß (2019) findet sich eine Liste der mehr als 150 derzeit bekannten Dokumentenklassen, die mit jeder standardmäßigen TEX-Installation zur Verfügung stehen. Jede

Klasse hat ihre eigenen Optionen, die zur Anpassung der Dokumentenklasse an die persönlichen Vorgaben benutzt werden können. Für wissenschaftliche Arbeiten kann man außer der Briefklasse grundsätzlich jede der angegebenen Dokumentenklassen nehmen. Eine sinnvolle Empfehlung gibt Tabelle 3.1, wobei die Anzahl der Seiten nicht als Kriterium erscheint; es spielt inhaltlich keine Rolle, ob man eine Seite oder über Tausend Seiten erstellt. Lediglich die Zeit des Programmlaufs (Übersetzens) ist von der Seitenzahl abhängig: Längeres Dokument ▷längere Laufzeit.

Tabelle 3.1: Empfehlung für die Anwendung der verschiedenen KOMA-Script-Klassen.

scrbook	Bücher, längere Forschungsberichte, Dissertationen, längere Masterarbeiten
scrreprt	Forschungsberichte, Tagungsbände, Dissertationen, Masterarbeiten, längere Bachelorarbeiten
scrartcl	kürzere Masterarbeiten, Bachelorarbeiten, Seminararbeiten, Literaturlisten

3.3 Globale Optionen

Alle Dokumentenklassen erlauben die Angabe von *globalen* optionalen Argumenten (siehe Definition auf der vorherigen Seite), wobei die Angabe eines Mindestdatums eher selten auftritt. Der Dokumentenklasse können auch Optionen übergeben werden, die sie selber gar nicht auswertet, beispielsweise

```
\documentclass[ngerman,paper=a4]{scrbook}
```

Die Option ngerman hat für scrbook keine Bedeutung, paper=a4 ist dagegen eine spezielle Option für die Papiergröße, die von KOMA-Script beziehungsweise dem Paket typearea ausgewertet wird, aber von anderen Paketen einfach ignoriert wird. Auch wenn die Sprache nicht von der Dokumentenklasse beachtet wird, sollte man sie hier angeben; es gibt mehrere Pakete, die ngerman auswerten. Man spart sich dann das wiederholte Angeben dieser Option bei den betreffenden Paketen, beispielsweise *ngerman* für die Pakete babel und varioref.

3.4 Der Satzspiegel

Pagina

Abbildung 3.1 auf der nächsten Seite zeigt die traditionelle Konstruktion eines Satzspiegels. Zu diesem gehört alles, was mit Text gefüllt werden kann. Nicht dazu gehört eine einzelne Seitenzahl (Pagina), die auch als toter Kolumnentitel bezeichnet wird. Ein lebender Kolumnentitel, der zum Satzspiegel gezählt wird, ist im Allgemeinen die Kopfzeile, die durchaus eine Seitenzahl enthalten kann. Soll das Dokument nach der Fertigstellung gedruckt werden, so wird oftmals ein sogenannter Beschnitt erwartet, der mindestens 3 mm–5 mm betragen sollte.

Eine Bindekorrektur wird immer dann vorgesehen, wenn eine Arbeit geheftet wird, oder einen Umfang im Bereich von 1000 Seiten und mehr aufweist. In dem Fall kann ein derartiges Werk nicht ohne weiteres vollständig aufgeklappt werden. Abbildung 3.2 auf der nächsten Seite zeigt die Auswirkung einer Bindekorrektur auf das Seitenlayout.

03-04-1

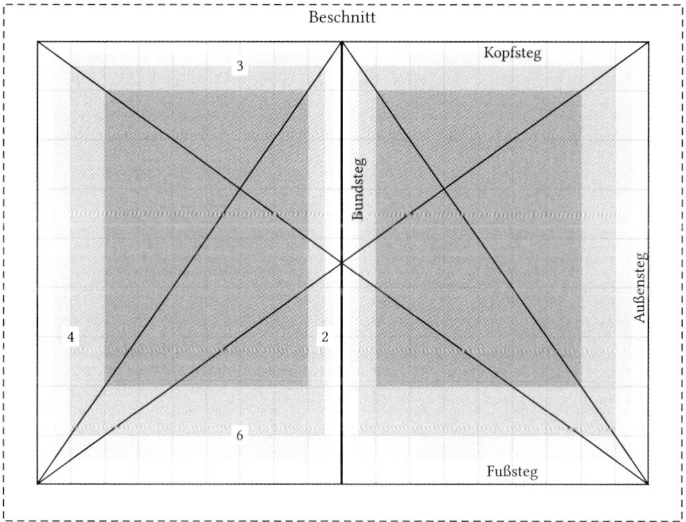

Abbildung 3.1: Der Satzspiegel: Anordnung einer Doppelseite für DIV=9, 18 und 36 ohne Berücksichtigung einer eventuellen Bindekorrektur. Die jeweiligen Ränder verhalten sich wie 2:3:4:6.

Bei einem zweiseitigen Layout bezieht sich die Angabe zu `BCOR` auf beide Seiten, im Gegensatz zum einseitigen Layout (`paper=a4,paper=landscape`). KOMA-Script unterstützt die Papierformate `letter`, `legal` und `executive`, sowie die europäischen ISO-Formate der Reihen A, B, C und D, die alle über die Option `paper` ausgewählt werden können, beispielsweise `paper=a5`. Soll das gesamte Dokument im Querformat gesetzt werden, so ist dies ebenfalls der Option `paper` zuzuweisen. *Papierformat*

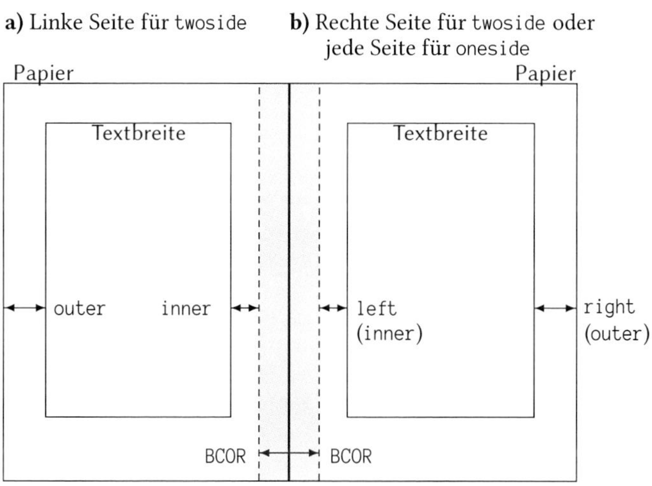

Abbildung 3.2: Die Ränder und die Bindekorrektur (BCOR) für ein- und zweiseitige Dokumente.

Es ist nicht empfehlenswert die Ränder über die internen Längenmakros zu setzen. In dem Fall ist zu beachten, dass für TeX der interne Koordinatenursprung bei 1 Inch vom linken und oberen Rand liegt (Beispiel 03-04-3 auf Seite 29). Bei einem linken Rand von beispielsweise 0,5 Inch müsste dann `\leftsidemargin` der Wert von −0,5 Inch zugewiesen werden (bezogen auf den Koordinatenursprung). Dieses etwas irritierende Verhalten kann vermieden werden, wenn man den Satzspiegel über eines der beiden im Folgenden beschriebenen Pakete setzt.

3.4.1 typearea

Insbesondere für die traditionellen Seitenmaße bietet sich das von KOMA-Script *standardmäßig* geladene Paket typearea an. Dieses wertet die Angaben zum Papierformat aus und stellt alle entsprechenden Größen ein.

```
\documentclass[paper=a4,paper=landscape,DIV=13,BCOR=10mm]{scrreprt}
```

Tabelle 3.2 zeigt die wesentlichen Optionen für die Einstellung des Satzspiegels. Sie können alle der Dokumentenklasse übergeben werden. Ist man relativ frei in der Wahl seines Satzspiegels, so kann mit der Wahl des Papierformats, des DIV-Parameters und einer eventuellen Bindekorrektur die Seite so eingestellt werden, dass sie allgemein gültigen Vorgaben folgt.

Tabelle 3.2: Zusammenstellung der Optionen für den Satzspiegel.

Name	*Werte*	*Erklärung*
BCOR	Länge	Angabe der Bindekorrektur.
DIV	<Zahl>	Ganzzahliges Teilungsverhältnis einer Seite. Je größer die Zahl, desto kleiner die Ränder (vergleiche Abbildung 3.1 auf der vorherigen Seite).
fontsize	Länge	Angabe der Grundschriftgröße durch Maßzahl und Einheit, normalerweise in pt (siehe auch Abschnitt A.2 auf Seite 395).
footheight	<Länge>	Höhe des Seitenfußes, wird nur ausgewertet, wenn das Paket scrlayer-scrpage geladen wird.
footinclude	<Ein-Aus>	Fußzeile soll Teil des Satzspiegels sein.
footlines	<Zahl>	Anzahl der Zeilen für den Fuß.
footsepline	<Ein-Aus>	Linie unter dem Fuß.
headheight	<Länge>	Höhe des Seitenkopfes.
headinclude	<Ein-Aus>	Kopfzeile soll Teil des Satzspiegels sein.
headsepline	<Ein-Aus>	Zieht eine Linie unter die Kopfzeile (nur für den Seitenstil »scrheadings«).
mpinclude		Den Rand (marginpar) zum Textkörper zählen.
paper	<Format>	Wähle Papierformat.
	landscape	Wähle vorhandenes Papierformat im Querformat.
	portait	Wähle vorhandenes Papierformat im Hochformat (Vorgabe).
	<Breite>:<Höhe>	Wähle vorgegebenes Papierformat.
plainfootbotline	<Ein-Aus>	Wie footbotline, nur für den Seitenstil plain.
plainfootsepline	<Ein-Aus>	Wie footsepline, nur für den Seitenstil plain.
plainheadsepline	<Ein-Aus>	Wie headsepline, nur für den Seitenstil plain.
plainheadtopline	<Ein-Aus>	Wie headtopline, nur für den Seitenstil plain.
twocolumn	<Ein-Aus>	Zweispaltenmodus verwenden.
twoside	<Ein-Aus>	Zweiseitenmodus verwenden.
twoside	semi	Im Zweiseitenmodus den Satzspiegel wie im Einseitenmodus setzen (gleiche Ränder).
usegeometry	<Ein-Aus>	Alle notwendigen Angaben an das Paket geometry weiterreichen, wenn man das Seitenlayout nicht über typearea, sondern geometry festlegen möchte.

Das Papierformat an sich kann bei typearea frei gewählt werden, sodass auch eine Karteikartengröße problemlos festgelegt werden kann:

3-04-2

```
\documentclass[parskip=half-,headinclude=false,footinclude=false,mpinclude=false,
   paper=landscape,paper=5cm:3cm,ngerman]{scrartcl}
\areaset{4cm}{2.4cm}

\subsection*{Definierte Papierformate}
\ttfamily letter, legal, executive, a0, a1, \ldots, b0, b1, \ldots,
   c0, c1, \ldots, d0, d1, \ldots\par
\rule{\linewidth}{0.4pt}
```

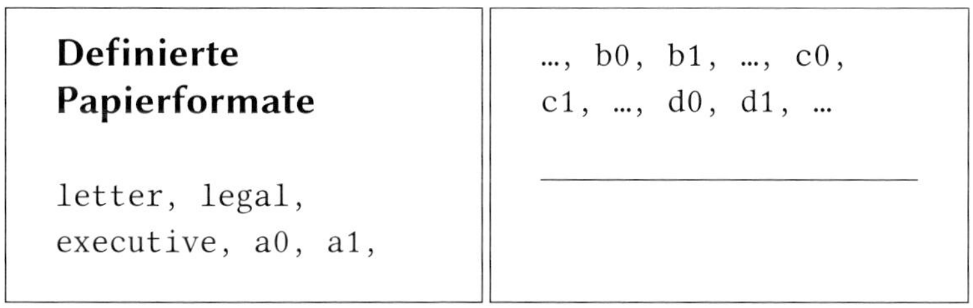

Individuelle Einstellungen der einzelnen Ränder sind mit dem Paket typearea nicht möglich. Möchte man diese vornehmen, so ist eine Verwendung des Paketes geometry anzuraten. Den KOMA-Script-Klassen wird dazu die Option usegeometry mitgegeben.

Für ein Manuskript, welches veröffentlicht und dazu gedruckt werden soll, kann mithilfe des Paketes crop für Schnittmarken gesorgt werden.

-04-3

```
\documentclass[paper=16.5cm:24cm,ngerman]{scrbook}
\areaset{124mm}{202mm}
\usepackage[cam,a4,center]{crop}
\usepackage{showframe,blindtext}

\tableofcontents\blinddocument
```

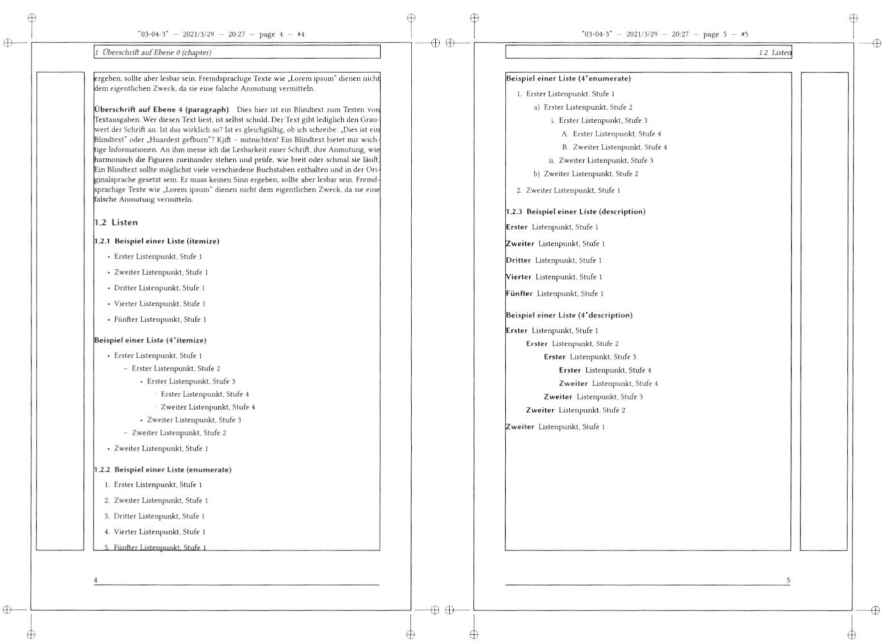

3.4.2 geometry

Eine Alternative zum Paket typearea ist das Paket geometry, welches auf einfache Weise auch willkürlich festgelegte Satzspiegel zulässt. (Umeki 2020) Um eine korrekte Übergabe der notwendigen Angaben von KOMA-Script zu geometry zu gewährleisten, sollte unbedingt die Option usegeometry benutzt werden. Das folgende Beispiel definiert den gleichen *Textbereich* wie Beispiel 03-04-3 auf der vorherigen Seite, welches für das Setzen des Satzspiegels das KOMA-Script-Paket typearea benutzt. Man erkennt deutlich, dass es in der horizontalen Anordnung Unterschiede gibt. Bei gleich großem Textkörper bevorzugt KOMA-Script das klassische Layout, wohingegen das Paket geometry durch die Vorgabe des rechten Randes mit rmargin den linken Rand einfach durch die anderen Werte bestimmt. Dies ist hier notwendig, da die Nummern der Beispiele in den inneren Rand gesetzt werden und dafür genügend Platz benötigen.

03-04

```
\documentclass[usegeometry,parskip=half-,twoside,ngerman]{scrbook}
\usepackage{geometry}
\geometry{paperheight=240mm,paperwidth=165mm,tmargin=5mm,textwidth=124mm,textheight=202mm,
          rmargin=22mm,heightrounded,includeheadfoot,headheight=5mm,headsep=8mm,foot=13mm,
          marginparsep=2mm,marginparwidth=18mm}
\usepackage[cam,a4,center]{crop}
\usepackage{showframe,blindtext}

\tableofcontents\blinddocument
```

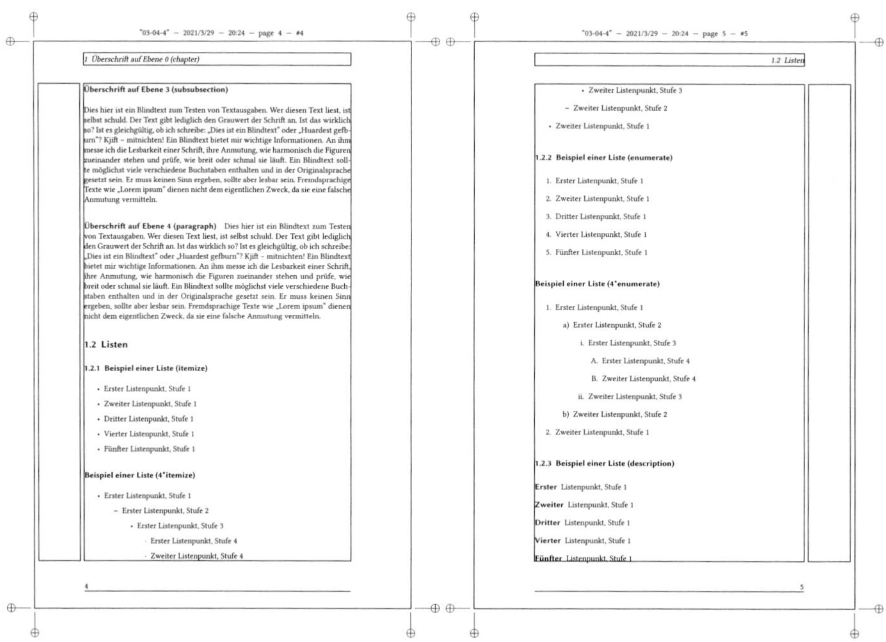

"03-04-4" – 2021/3/29 – 20:24 – page 4 – #4

1 Überschrift auf Ebene 0 (chapter)

Überschrift auf Ebene 3 (subsubsection)

Dies hier ist ein Blindtext zum Testen von Textausgaben. Wer diesen Text liest, ist selbst schuld. Der Text gibt lediglich den Grauwert der Schrift an. Ist das wirklich so? Ist es gleichgültig, ob ich schreibe: „Dies ist ein Blindtext" oder „Huardest gefburn"? Kjift – mitnichten! Ein Blindtext bietet mir wichtige Informationen. An ihm messe ich die Lesbarkeit einer Schrift, ihre Anmutung, wie harmonisch die Figuren zueinander stehen und prüfe, wie breit oder schmal sie läuft. Ein Blindtext sollte möglichst viele verschiedene Buchstaben enthalten und in der Originalsprache gesetzt sein. Er muss keinen Sinn ergeben, sollte aber lesbar sein. Fremdsprachige Texte wie „Lorem ipsum" dienen nicht dem eigentlichen Zweck, da sie eine falsche Anmutung vermitteln.

Überschrift auf Ebene 4 (paragraph) Dies hier ist ein Blindtext zum Testen von Textausgaben. Wer diesen Text liest, ist selbst schuld. Der Text gibt lediglich den Grauwert der Schrift an. Ist das wirklich so? Ist es gleichgültig, ob ich schreibe: „Dies ist ein Blindtext" oder „Huardest gefburn"? Kjift – mitnichten! Ein Blindtext bietet mir wichtige Informationen. An ihm messe ich die Lesbarkeit einer Schrift, ihre Anmutung, wie harmonisch die Figuren zueinander stehen und prüfe, wie breit oder schmal sie läuft. Ein Blindtext sollte möglichst viele verschiedene Buchstaben enthalten und in der Originalsprache gesetzt sein. Er muss keinen Sinn ergeben, sollte aber lesbar sein. Fremdsprachige Texte wie „Lorem ipsum" dienen nicht dem eigentlichen Zweck, da sie eine falsche Anmutung vermitteln.

1.2 Listen

1.2.1 Beispiel einer Liste (itemize)

- Erster Listenpunkt, Stufe 1
- Zweiter Listenpunkt, Stufe 1
- Dritter Listenpunkt, Stufe 1
- Vierter Listenpunkt, Stufe 1
- Fünfter Listenpunkt, Stufe 1

Beispiel einer Liste (4*itemize)

- Erster Listenpunkt, Stufe 1
  - Erster Listenpunkt, Stufe 2
    - Erster Listenpunkt, Stufe 3
      - Erster Listenpunkt, Stufe 4
      - Zweiter Listenpunkt, Stufe 4

4

"03-04-4" – 2021/3/29 – 20:24 – page 5 – #5

1.2 Listen

    - Zweiter Listenpunkt, Stufe 3
  - Zweiter Listenpunkt, Stufe 2
- Zweiter Listenpunkt, Stufe 1

1.2.2 Beispiel einer Liste (enumerate)

1. Erster Listenpunkt, Stufe 1
2. Zweiter Listenpunkt, Stufe 1
3. Dritter Listenpunkt, Stufe 1
4. Vierter Listenpunkt, Stufe 1
5. Fünfter Listenpunkt, Stufe 1

Beispiel einer Liste (4*enumerate)

1. Erster Listenpunkt, Stufe 1
   a) Erster Listenpunkt, Stufe 2
      i. Erster Listenpunkt, Stufe 3
         A. Erster Listenpunkt, Stufe 4
         B. Zweiter Listenpunkt, Stufe 4
      ii. Zweiter Listenpunkt, Stufe 3
   b) Zweiter Listenpunkt, Stufe 2
2. Zweiter Listenpunkt, Stufe 1

1.2.3 Beispiel einer Liste (description)

Erster Listenpunkt, Stufe 1
Zweiter Listenpunkt, Stufe 1
Dritter Listenpunkt, Stufe 1
Vierter Listenpunkt, Stufe 1
Fünfter Listenpunkt, Stufe 1

5

Das Paket erlaubt eine große Anzahl an möglichen Einstellungen, die nicht immer alle von Interesse sind. Insbesondere dann, wenn man frei von Vorgaben ist, reicht es, das Papierformat und die *absoluten* Ränder vorzugeben. Dazu muss die Option includeheadfoot benutzt werden. Anderenfalls beziehen sich die Angaben für tmargin und bmargin nur auf den Textbereich ohne Kopf- und Fußzeile. Wird kein Platz für Randbemerkungen benötigt und somit der Befehl \marginpar nicht benutzt, braucht auf die falschen Wert von \marginparwidth keine Rücksicht genommen zu werden.

Möchte man in seiner Arbeit mit Randbemerkungen arbeiten, so sollte dies bereits in den Layoutvorgaben festgelegt werden: Das folgende Beispiel zeigt zwei gegenüberliegende Seiten (gerade – ungerade).

3-04-5

```
\documentclass[paper=a4,usegeometry,parskip=half-,ngerman]{scrbook}
\usepackage{geometry}
\geometry{textwidth=14.5cm,tmargin=5mm,rmargin=5mm,bmargin=10mm,includeheadfoot,
        marginpar=35mm,includemp}
\usepackage{layout-hv}

\null\newpage\layout
```

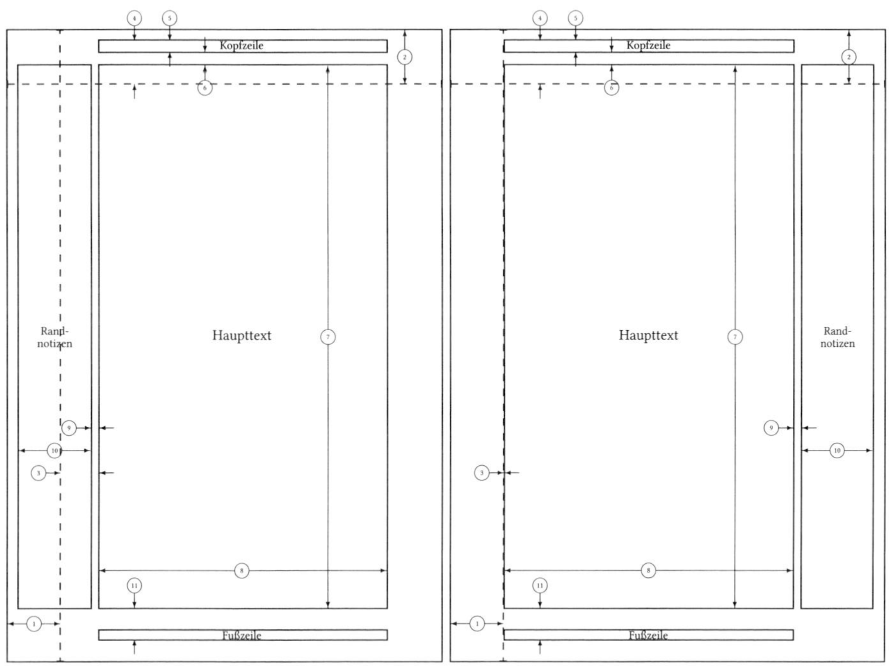

3.4.3 Beispiele für Klassenoptionen

Die folgende Zusammenstellung ist nicht vollständig, da es erheblich mehr Möglichkeiten gibt, die aber erst in den folgenden Abschnitten behandelt werden.

```
\documentclass[paper=a4,BCOR=8.25mm,twoside,parskip=half-,ngerman]{scrreprt}
\documentclass[oneside,DIV=15,fontsize=13pt,english]{scrartcl}
\documentclass[BCOR12mm,DIV=calc,twoside=on,french]{scrbook}
\documentclass[fontsize=12pt,BCOR=7mm,DIV=calc,headings=small, headsepline=on,
  english,ngerman,french]{scrreprt}
\documentclass[a4paper,fontsize=8pt,headings=small,twocolumn=on,ngerman]{scrartcl}
\documentclass[fontsize=11pt,paper=a4,fleqn,listof=totoc,english]{scrbook}
\documentclass[paper=a4,fontsize=10pt,DIV=19,twoside=on,twocolumn=on,open=any,
  listof=totoc,parskip=false,titlepage=on,headings=small,BCOR=12mm,spanish]{scrbook}
```

Die ersten beiden sollen zum besseren Vergleich noch einmal mit ihren ersten Seiten dargestellt werden. Mit dem Paket showframe oder der gleichnamigen Option des Paketes geometry, lassen sich die Ränder anzeigen und blindtext liefert den notwendigen Demonstrationstext.

03-04

```
\documentclass[paper=a4, BCOR=8.25mm, twoside, parskip=half-, ngerman]{scrreprt}
\usepackage{libertinus}
\usepackage{babel}
\usepackage{showframe,blindtext}
\usepackage[automark]{scrlayer-scrpage}
\blinddocument
```

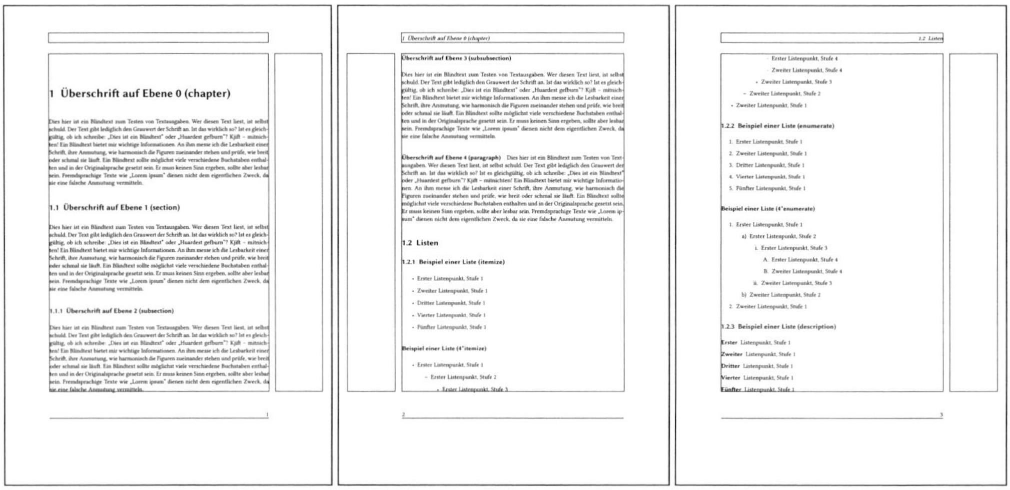

03-04

```
\documentclass[oneside, DIV=15, fontsize=13pt, english]{scrartcl}
\usepackage{libertinus}
\usepackage{babel}
\usepackage{showframe,blindtext}
\usepackage[automark]{scrlayer-scrpage}
\blinddocument
```

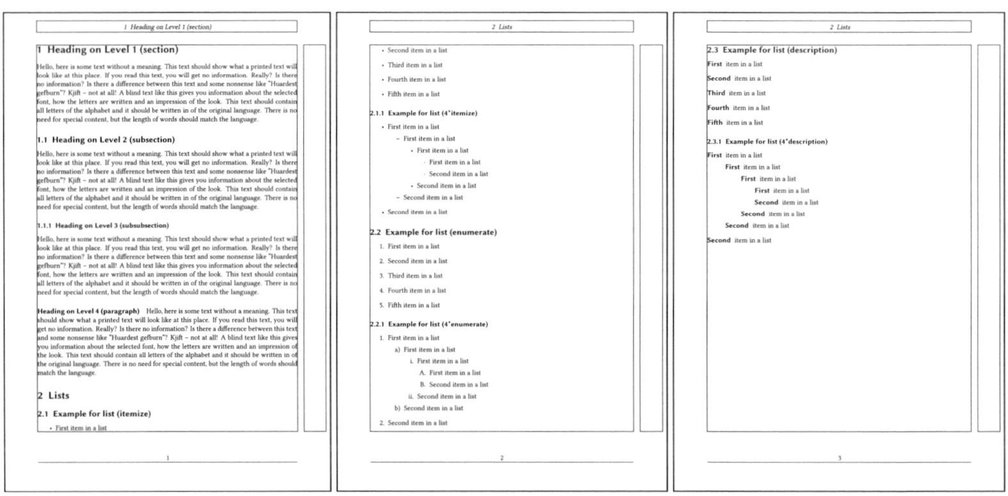

Im ersten Beispiel liegt ein zweiseitiges Dokument mit der standardmäßigen Schriftgröße von 11 pt vor. Im zweiten Fall wird diese auf 13 pt gesetzt, auf die Bindekorrektur verzichtet, eine 15-er Teilung verwendet und zusätzlich zweiseitig abgewählt, was einem einseitigen Dokument entspricht.

3.4.4 Lokale Optionen

Beim Laden von Paketen können ebenfalls optionale Argumente angegeben werden, die dann nur lokal für das Paket gelten.

```
\usepackage [Optionen] {Name} [Version]
```

Die Angabe der Version wird eher selten verwendet, optionale Argumente sind dagegen oft die Regel. Da ein Paket immer nur einmal geladen werden kann, gibt es immer dann ein Problem, wenn das Paket ein zweites Mal mit *unterschiedlichen* optionalen Argumenten geladen werden soll. Es gibt dann die Fehlermeldung »Option clash«. Im Abschnitt A.6.1 auf Seite 408 findet man dazu eine Lösung. *Fehler* `option clash`

Pakete laden

Mit dem *ersten* `\usepackage` oder dem internen `\RequirePackage` wird das angegebene Paket geladen und als solches markiert, sodass ein späterer Versuch es zu laden, wirkungslos bleibt. Der dabei mögliche *Option Clash* ist ein Hinweis für den Anwender, dass ein Paket mit zwei unterschiedlichen Optionen geladen werden sollte.

3.4.5 KOMA-Script

KOMA-Script erlaubt das Setzen von Optionen auch noch nach dem Laden der Klasse oder von Paketen, welche sich direkt auf KOMA-Script beziehen.

```
\KOMAoptions{Optionenliste}
\KOMAoption{Name}Werteliste
```

3.5 Nationale Besonderheiten

Trotz allgemeiner Globalisierung gibt es noch immer zahlreiche Besonderheiten in den jeweiligen Schriftsprachen, beispielsweise Doppelakzente im Vietnamesischen: Hàn Thế Thành (Entwickler des PDF-Ports für TeX), die man auf keiner europäischen Tastatur findet. Allerdings sind die Zeiten längst vorbei, in denen deutsche Sonderzeichen in der TeX-Notation `\"a` für den Umlaut »ä« oder `\ss` für das »ß« oder alternativ bei Verwendung des Paketes `babel` in der Form `"a` und `"s` eingegeben wurden. Man gibt heute die Zeichen so ein, wie man sie auf der Tastatur findet. Es ist letztlich nur ein Problem des Tastatur- und Bildschirmtreibers, ob man alle Zeichen auf den Bildschirm zur Anzeige bekommt. Alle neueren Betriebssysteme verwenden schon seit einigen Jahren UTF-8 als Standardkodierung. Gleiches macht LuaTeX, sodass im Allgemeinen keine weiteren Maßnahmen notwendig sind, um alle speziellen Zeichen nutzen zu können. Auch sollte es heutzutage kein Problem mehr darstellen, wenn Dokumente zwischen verschiedenen Betriebssystemen ausgetauscht werden, die UTF-8-kodiert sind. *UTF-8*

Ältere Dokumente kann man mit frei verfügbaren Programmen in das Kodierungsformat UTF-8 überführen. Beispielsweise iconv[1] gleichermaßen für Linux, macOS und Win-

[1] `https://de.wikipedia.org/wiki/Iconv`

dows.[2] Für eine Konvertierung einer Datei mit der Kodierung Latin1 nach UTF-8, wobei `Ein.tex` und `Aus.tex` durch die richtigen Dateinamen zu ersetzen sind:

```
iconv -f LATIN1 -t UTF-8 Ein.tex > Aus.tex
```

Eine Alternative wäre das Programm recode, welches direkt die aktuelle Datei wandelt. Eine Umwandlung von der älteren Mac-Kodierung nach UTF-8 erfolgt mit:

```
recode --diacritics --touch --verbose MacCentralEurope..UTF-8 Datei.tex
```

Editor-schriften

Grundsätzlich gilt, dass die im Editor verwendeten Schriften nichts mit denen zu tun haben müssen, die im LaTeX-Dokument zur Anwendung kommen. Allgemein könnte man im Editor und für das zu erstellende TeX-Dokument dieselben Schriften verwenden. Dies wird selten gemacht; im Editor verwendet man häufig eine Schreibmaschinenschrift, um Einrückungen bei LaTeX-Codesequenzen für eine eventuelle Fehlersuche besser anordnen zu können. Zum einen hält sich die Zahl der vorhandenen Schreibmaschinenschriften in Grenzen und zum anderen haben die wenigsten davon eine Unterstützung für nicht-lateinische Buchstaben, beispielsweise Arabisch. Auch die hier verwendete Schreibmaschinenschrift, die `Lucida Sans Typewriter`, hat keine arabischen Zeichen im Gegensatz zur `DejaVu Sans Mono`, die auch im Editor verwendet wird (Abbildung 3.3).

TeXstudio erkennt automatisch, dass eine sogenannte RTL-Schrift (Right-To-Left) verwendet wird und schaltet automatisch in der Ansicht auf die richtige Schreibrichtung.

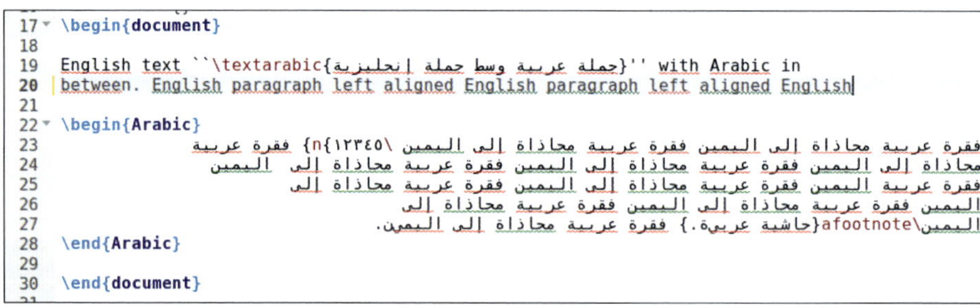

Abbildung 3.3: Ansicht des Editors TeXstudio bei der Erstellung eines mehrsprachigen Textes.

Abbildung 3.3 ist ein Screenshot des Editors. Gibt man den Quellcode der Umgebung `Arabic` mit der `Lucida Sans Typewriter` aus, so fehlen viele Zeichen:

```
Lucida Sans Typewriter:
\begin{Arabic} □□□□ □□□□□ □□□□□□ □□□ □□□□□□ □□□□ □□□□□ □□□□□□ □□□ □□□□□□ \n{☒☒☒☒☒}
□□□□ □□□□□ □□□□□□ □□□ □□□□□□ □□□□ □□□□□ □□□□□□ □□□ □□□□□□ □□□□ □□□□□ □□□□□□ □□□
□□□□□□ □□□□ □□□□□ □□□□□□ □□□□ □□□□□ □□□□□□ □□□ □□□□□□ □□□□ □□□□□ □□□□□□ □□□ □□□□□□
□□□□ □□□□□ □□□□□□ □□□ □□□□□□ □□□□ □□□□□ □□□□□□ □□□ □□□□□□ □□□□ □□□□□ □□□□□□ □□□
□□□□□□. \end{Arabic}
```

Dagegen erscheinen fast alle Zeichen bei Verwendung der `DejaVu Sans Mono`:

[2] http://www.etissimo.com/umwandlung-von-zeichenkodierungen-mittels-iconv/

```
DejaVu Sans Mono:
\begin{Arabic} فقرة عربية محاذاة إلى اليمين فقرة عربية محاذاة إلى اليمين \n{⊠⊠⊠⊠⊠}
فقرة عربية محاذاة إلى اليمين فقرة عربية محاذاة إلى اليمين فقرة عربية محاذاة إلى اليمين
فقرة عربية اليمين فقرة عربية محاذاة إلى اليمين فقرة عربية محاذاة إلى اليمين فقرة عربية
محاذاة إلى اليمين فقرة عربية محاذاة إلى اليمين فقرة عربية محاذاة إلى اليمين.
\end{Arabic}
```

Die beste Variante ist allerdings die Verwendung einer arabischen Schreibmaschinenschrift, beispielsweise die `ALMFixed` (`Arabic-Latin Modern Fixed`) von Idris Samawi Hamid. (Samawi Hamid 2014)

```
ALMFixed:
\begin{Arabic} فقرة عربية محاذاة إلى اليمين فقرة عربية محاذاة إلى اليمين
\n{١٢٣٤٥} فقرة عربية محاذاة إلى اليمين فقرة عربية محاذاة إلى اليمين فقرة
عربية محاذاة إلى اليمين فقرة عربية اليمين فقرة عربية محاذاة إلى اليمين فقرة
عربية محاذاة إلى اليمين فقرة عربية محاذاة إلى اليمين فقرة عربية محاذاة إلى
اليمين فقرة عربية محاذاة إلى اليمين.
\end{Arabic}
```

\pdfadjustspacing=3
\pdfprotrodechars=2
pdffontexpand/zapfino 20 20 5 1000
Who says you can't extend TEX?
My handwriting has STRETCHED to the web.
dek
Vertical Stretch too
Zapf
pdfTeX
SPQR
Hz Optimization
Green
secret
pdf Manual
I ♥ Zapfino
This looks good.
Now it's up to you.
I can see the difference!
Font Freak
Point Hunter
This is better!
This is best!

Kapitel 4

Schriften

4.1 Einführung . . . 37
4.2 Schriftauswahl . . . 38
4.3 Schriftnamen und Dateinamen . . . 46
4.4 Kombination von Schriften . . . 49
4.5 Was man wissen sollte . . . 51

4.1 Einführung

Für den Textmodus gibt es mittlerweile auch für ältere Installationen von pdfTEX Schriften »wie Sand am Meer«, die im Allgemeinen eine höhere Qualität aufweisen als die unzähligen TrueType-Schriften, die man teilweise in Installationen von Windows findet. Mit LuaLATEX können Schriften in jedem zur Zeit aktuellen Format (METAFONT, Type 1, TrueType, OpenType) verwendet werden. In der Regel wird man für eine wissenschaftliche Arbeit mehrere Schriften kombinieren müssen, denn nicht jede Schrift unterstützt die drei Familien »Roman« (mit Serifen), »Sans Serif« (ohne Serifen) und »Monospace« (Schreibmaschinenschrift). Hier sollen nur die wichtigsten Schriftkombinationen angegeben werden, für weitere wird auf Bouche (1998), Küster (2004), Milde (2010) und Voß (2018) verwiesen.

Die Schrift Times wurde bereits um 1930 für den Zeitungsdruck entworfen. Ihre große Verbreitung im Bereich des digitalen Schriftsatzes beruht auf der Tatsache, dass Adobe sie als Times Roman in ihren PS -Interpreter (Druckertreiber) als Standardschrift eingebaut hat. Erst spater zogen Microsoft und Apple nach und integrierten die Schrift in ihr Betriebssystem. Unter Windows heißt sie offiziell Times New Roman[1], unter macOS Times Roman[2] und unter Unix-artigen Systemen normalerweise Nimbus Roman No9 L[3].

[1]Firma: Monotype
[2]Firma: Linotype
[3]Firma: URW++, als Public-Domain veröffentlichte PostScript-Version.

Umgangssprachlich wird oft nur von »der Times« gesprochen, wenn man sich auf diese Schrift bezieht. Da sie über keine serifenlose Variante verfügt, wird dafür sehr oft die `Helvetica` benutzt. Sie ist für diesen Bereich von gleicher Bedeutung wie die `Times` für Schriften mit Serifen. Die `Helvetica` wurde um 1956 entwickelt und ist ebenfalls eine der Standardschriften für PostScript. Die Firma Monotype entwarf eine ähnliche Schrift, die unter dem Namen `Arial` von Apple und Microsoft anstelle von `Helvetica` eingesetzt wird. Die `Times` verfügt auch nicht über eine Schreibmaschinenschrift, weshalb traditionell

Kein Courier! die `Courier` benutzt wurde. Diese Schrift zeichnet sich nicht gerade durch Schönheit aus und sollte deswegen auch nicht mehr eingesetzt werden. Heutzutage bieten sich zahlreiche Alternativen an.

Für Unix-artige Systeme wird werden im Allgemeinen standardmäßig die freien, von den PostScript-Varianten abgeleiteten Schriften von URW eingesetzt, beispielsweise `NimbusMonL-Regu`, `NimbusRomNo9L-Medi` oder `Nimbus Sans L Regular`. Sie entsprechen der `Courier` (Mono), der `Times-Roman` (Roman) under der `Helvetica` (Sans Serif).

4.2 Schriftauswahl

Grundsätzlich muss man überhaupt keine individuelle Schriftauswahl vornehmen, wenn man mit der Vorgabe zufrieden ist. Diese ist ohne weitere Vereinbarung bei LuaTEX die `Computer Modern` und bei LuaLATEX die Schrift `Latin Modern`, jeweils zusammen mit `Latin Modern Math`. Die `Latin Modern` ist faktisch eine verbesserte Variante der `Computer Modern` und sollte in jedem Fall bevorzugt werden. Auch wenn man der Meinung ist, dass mathematische Zeichen nicht benötigt werden, sollte man grundsätzlich das Paket `unicode-math` laden. Fast alle Symbole sind mathematischen Zeichensätzen zugeordnet, beispielsweise der Pfeil ⇒. Es erscheint daher sinnvoller, vorsorglich `unicode-math` zu laden, welches selbst das Paket `fontspec` für die Organisation der Textschriften lädt.

```
\usepackage{unicode-math}% Latin Modern Text und Mathe ist Standard
\usepackage[ngerman]{babel}

\input{demotext}
```

04-02-1

Dies hier ist ein Blindtext zum Testen von Textausgaben. Wer diesen Text liest, ist selbst schuld: $\sin^2 x + \cos^2 y = 1$. Der Text gibt lediglich den Grauwert der Schrift an mit $E = mc^2$. **Ist das wirklich so?** Ist es gleichgültig, ob ich schreibe: »Dies ist ein Blindtext« oder »**Huardest gefburn**«? Kjift – mitnichten! Ein Blindtext bietet mir wichtige Informationen: $\sqrt[n]{a} \cdot \sqrt[n]{b} = \sqrt[n]{ab}$. An ihm messe ich die *Lesbarkeit einer Schrift*, ihre Anmutung, wie harmonisch die FIGUREN ZUEINANDER STEHEN und prüfe, wie breit oder schmal sie läuft. $\frac{\sqrt[n]{a}}{\sqrt[n]{b}} = \sqrt[n]{\frac{a}{b}}$ Ein Blindtext sollte möglichst ***viele verschiedene Buchstaben*** enthalten und in der Originalsprache gesetzt sein: $\mathrm{d}\Omega = \sin\delta \mathrm{d}\delta \mathrm{d}\phi$ Er muss keinen Sinn ergeben, sollte aber lesbar sein. **Fremdsprachige** Texte wie »*Lorem ipsum*« dienen nicht dem eigentlichen Zweck, da sie eine falsche Anmutung vermitteln. **`TT-Fett`**, *`TT-Kursiv`* und ***`TT-Fett-Kursiv`***, soweit möglich.
Siehe auch `http://www.blindtextgenerator.de`.

Zur Zeit der ersten Auflage dieses Buches existierten noch relativ wenig Pakete, die eine komplette Definition aller Schriftfamilien vorsehen: mit Serifen, ohne Serifen, Schreibmaschinenschrift. Dies hat sich zwischenzeitlich geändert, sodass man entsprechend Tabelle 4.1 mittlerweile eine große Auswahl hat. Dies bezieht sich allerdings nur auf die Textschriften; Mathematikschriften, die auch zu den Textzeichen passen, sind immer noch selten. Es existieren allerdings Mathematikschriften, die in der folgenden Aufstellung nicht enthalten sind, weil für sie keine Pakete existieren, die dem Anwender eine vereinfachte Anwendung erlauben. Die Vorgehensweise für eine individuelle Auswahl von Schriften findet man im Abschnitt 4.4.1 auf Seite 49 beschrieben.

Tabelle 4.1: OpenType- oder TrueType-Schriften, die über ein vorhandenes LaTeX-Paket geladen werden konnen und auch mathematische Zeichen haben, falls ein Beispiel angegeben ist.

Paketname	*Schriftname und Beispiel (auf Standardschriftgröße skaliert)*		
academicons			Rx
accanthis	Accanthis		ABCDEFabcdef01234
Alegreya	Alegreya		ABCDEFabcdef01234
almendra	Almendra		ABCDEFabcdef01234
arimo	Arimo		ABCDEFabcdef01234
asapsym			
beuron	BEVRON		ABCDEFGHIABCDEFGHI
bitter	Bitter		ABCDEFabcdef01234
cabin	Cabin		ABCDEFabcdef01234
caladea	Caladea		ABCDEFabcdef01234
cantarell	Cantarell		ABCDEFabcdef01234
carlito	Carlito		ABCDEFabcdef01234
CharisSIL	CharisSIL		ABCDEFabcdef01234
Chivo	Chivo		ABCDEFabcdef01234
cinzel	CINZEL		ABCDEFABCDEF01234
ClearSans	ClearSans		ABCDEFabcdef01234
coelacanth	Coelacanth		ABCDEFabcdef01234
comfortaa	Comfortaa		ABCDEFabcdef01234
comicneue	ComicNeue		ABCDEFabcdef01234
CormorantGaramond	CormorantGaramond		ABCDEFabcdef01234
crimson	Crimson		ABCDEFabcdef01234
CrimsonPro	CrimsonPro		ABCDEFabcdef01234
dantelogo			dante
dejavu-otf	DejaVu DejaVu Sans		ABCDEFabcdef01234
droid	Droid Serif Droid Sans		ABCDEFabcdef01234
ebgaramond	EBGaramond		ABCDEFabcdef01234
fourier-otf	Erewhon	$\lvert z\rvert = \sqrt{u^3 + v^3 + w^3}$	ABCDEFabcdef01234
FiraSans	Fira Sans		ABCDEFabcdef01234
firamath-otf			$\lvert z\rvert = \sqrt{u^3 + v^3 + w^3}$
fontawesome			
forum	Forum		ABCDEFabcdef01234
garamondlibre	GaramondLibre		ABCDEFabcdef01234
gfsneohellenic	GFSNeohellenic	$\lvert z\rvert = \sqrt{u \ + v \ + w}$	ABCDEFabcdef01234

Fortsetzung →

← Fortsetzung

Paketname	*Schriftname und Beispiel (auf Standardschriftgröße skaliert)*	
gillius	Gillius	ABCDEFabcdef01234
GoSans	GoSans	ABCDEFabcdef01234
ibarra	IbarraRealNova	ABCDEFabcdef01234
imfellEnglish	Imfell	ABCDEFabcdef01234
kpfonts-otf	Kp-Fonts $\lvert z\rvert = \sqrt{u^3 + v^3 + w^3}$	ABCDEFabcdef01234
lato	Lato	ABCDEFabcdef01234
libertinus	Libertinus Sans-Serif $\lvert z\rvert = \sqrt{u^3 + v^3 + w^3}$	ABCDEFabcdef01234
librebaskerville	Libre Baskerville	ABCDEFabcdef01234
LibreBodoni	**Libre Bodoni**	**ABCDEFabcdef01234**
librecaslon	Libre Caslon	ABCDEFabcdef01234
librefranklin	Libre Franklin	ABCDEFabcdef01234
LobsterTwo	**Lobster Two**	**ABCDEFabcdef01234**
marathi	Shobhika	ABCDEFabcdef01234
marcellus	Marcellus	ABCDEFabcdef01234
merriweather	Merriweather Merriweather Sans	ABCDEFabcdef01234
mintspirit	MintSpirit	ABCDEFabcdef01234
missaali	Missaali	ABCDEFabcdef01234
noto	NotoSerif NotoSans	ABCDEFabcdef01234
OldStandard	Old Standard	ABCDEFabcdef01234
opensans	OpenSans	ABCDEFabcdef01234
overlock	Overlock	ABCDEFabcdef01234
PlayfairDisplay	PlayfairDisplay	ABCDEFabcdef01234
plex-otf	IBM Plex Plex Sans	ABCDEFabcdef01234
PoiretOne	PoiretOne	ABCDEFabcdef01234
quattrocento	Quattrocento	ABCDEFabcdef01234
raleway	Raleway	ABCDEFabcdef01234
roboto	Roboto	ABCDEFabcdef01234
Rosario	Rosario	ABCDEFabcdef01234
sourcecodepro	Source Code Pro	ABCDEFabcdef01234
sourcesanspro	Source Sans Pro	ABCDEFabcdef01234
sourceserifpro	Source Serif Pro	ABCDEFabcdef01234
spectral	Spectral	ABCDEFabcdef01234
TheanoDidot	TheanoDidot	ABCDEFabcdef01234
TheanoModern	TheanoModern	ABCDEFabcdef01234
TheanoOldStyle	TheanoOldStyle	ABCDEFabcdef01234
tinos	Tinos	ABCDEFabcdef01234
universalis	Universalis	ABCDEFabcdef01234

Die Zusammenstellung in Tabelle 4.1 auf der vorherigen Seite zeigt zur Demonstration einer zugehörigen Mathematikschrift jeweils einen Wurzelausdruck. Für alle anderen Schriften muss für den Fall, dass mathematische Zeichen benötigt werden, eine Schrift aus Tabelle 4.2 auf der nächsten Seite gewählt werden.

Im Folgenden werden einige Beispiele für die Anwendung entsprechender Schriftpakete gezeigt. Das Paket `lucida-otf` setzt die kommerziellen Lucida-Schriften voraus (siehe

Tabelle 4.2: Zusammenstellung der derzeitig in einer TEX-Distribution vorhandenen Mathematikschriften, einschließlich einiger kommerzieller Varianten im Format OpenType.

Dateiname (`.otf`)	*Beispiel*	*Dateiname (`.otf`)*	*Beispiel*
Asana-Math	$\int_1^\infty \frac{1}{x^2}\mathrm{d}x = 1$	Erewhon-Math	$\int_1^\infty \frac{1}{x^2}\mathrm{d}x = 1$
FiraMath-Regular	$\int_1^\infty \frac{1}{x^2}\mathrm{d}x = 1$	Garamond-Math	$\int_1^\infty \frac{1}{x^2}\mathrm{d}x = 1$
GFSNeohellenicMath	$\int_1 \frac{1}{x}\mathrm{d}x = 1$	KpMath-Regular	$\int_1^\infty \frac{1}{x^2}\mathrm{d}x = 1$
LibertinusMath-Regular	$\int_1^\infty \frac{1}{x^2}\mathrm{d}x = 1$	latinmodern-math	$\int_1^\infty \frac{1}{x^2}\mathrm{d}x = 1$
NewCMMath-Regular	$\int_1^\infty \frac{1}{x^2}\mathrm{d}x = 1$	STIXMath-Regular	$\int_1^\infty \frac{1}{x^2}\mathrm{d}x = 1$
STIXTwoMath-Regular	$\int_1^\infty \frac{1}{x^2}\mathrm{d}x = 1$	texgyrebonum-math	$\int_1^\infty \frac{1}{x^2}\mathrm{d}x = 1$
texgyredejavu-math	$\int_1^\infty \frac{1}{x^2}\mathrm{d}x = 1$	texgyrepagella-math	$\int_1^\infty \frac{1}{x^2}\mathrm{d}x = 1$
texgyreschola-math	$\int_1^\infty \frac{1}{x^2}\mathrm{d}x = 1$	texgyretermes-math	$\int_1^\infty \frac{1}{x^2}\mathrm{d}x = 1$
XITSMath-Regular	$\int_1^\infty \frac{1}{x^2}\mathrm{d}x = 1$	VenturisADFMath-Regular	$\int_1^\infty \frac{1}{x^2}\mathrm{d}x = 1$
CambriaMath	$\int_1^\infty \frac{1}{x^2}\mathrm{d}x = 1$	LucidaBrightMathOT	$\int_1^\infty \frac{1}{x^2}\mathrm{d}x = 1$
MinionMath-Regular	$\int_1^\infty \frac{1}{x^2}\mathrm{d}x = 1$		

`http://tug.org/lucida`), welche von der TUG günstig erworben werden können. Die Lucida hat eine relativ große x-Höhe, weshalb man sie im Allgemeinen skaliert. Im folgenden Beispiel bedeutet `MatchLowercase`, dass die Schreibmaschinenschrift (TT) in einer Weise skaliert wird, dass die Kleinbuchstaben genauso groß werden, wie bei der aktuellen Hauptschrift Lucida. Eine andere Möglichkeit wäre `MatchUppercase`. Was zur Anwendung kommt, hängt immer von den benutzten Schriften ab; eine allgemeingültige Regel gibt es hier nicht. Mit `FakeStretch` kann man eine Schrift auf elektronischem Wege dehnen oder stauchen, wobei letzteres immer bei Schreibmaschinenschriften zu empfehlen ist.

Das Paket `lucida-otf` lädt selbst das Paket `unicode-math`, dieses wiederum automatisch `fontspec`, so dass man als Anwender sich nicht weiter darum kümmern muss.

```
\usepackage[RM={Scale=0.85},SS={Scale=0.85}, %              Roman und Sans Serif
  TT={Scale=MatchLowercase,FakeStretch=0.9},MM={Scale=.85}% Typewriter und Mathe
]{lucida-otf}%                                              Lucida Text und Mathe
\usepackage[ngerman]{babel}

\input{demotext}
```

04-02-

Dies hier ist ein Blindtext zum Testen von Textausgaben. Wer diesen Text liest, ist selbst schuld: $\sin^2 x + \cos^2 y = 1$. Der Text gibt lediglich den Grauwert der Schrift an mit $E = mc^2$. **Ist das wirklich so?** Ist es gleichgültig, ob ich schreibe: »Dies ist ein Blindtext« oder »**Huardest gefburn**«? Kjift – mitnichten! Ein Blindtext bietet mir wichtige Informationen: $\sqrt[n]{a} \cdot \sqrt[n]{b} = \sqrt[n]{ab}$. An ihm messe ich die *Lesbarkeit einer Schrift*, ihre Anmutung, wie harmonisch die FIGUREN ZUEINANDER STEHEN und prüfe, wie breit oder schmal sie läuft. $\frac{\sqrt[n]{a}}{\sqrt[n]{b}} = \sqrt[n]{\frac{a}{b}}$ Ein Blindtext sollte möglichst ***viele verschiedene Buchstaben*** enthalten und in der Originalsprache gesetzt sein: $d\Omega = \sin\delta d\delta d\phi$ Er muss keinen Sinn ergeben, sollte aber lesbar sein. **Fremdsprachige** Texte wie »*Lorem ipsum*« dienen nicht dem eigentlichen Zweck, da sie eine falsche Anmutung vermitteln. **TT-Fett**, *TT-Kursiv* und ***TT-Fett-Kursiv***, soweit möglich.
Siehe auch http://www.blindtextgenerator.de.

Eine weitere Möglichkeit sind die IBM Plex-Schriften, die alle drei Schriftfamilien abdecken (Roman, Sans-Serif und Mono), allerdings über keine Kapitälchen und keine mathematischen Zeichen verfügen. Mit dem Paket plex-otf kann man über Optionen eine Schrift auswählen, aus der die Kapitälchen genommen werden sollen.

```
\usepackage[
  usefilenames=false,
  DefaultFeatures={Scale=0.94},
  Style={Light,Semibold},
  RMSCfont=texgyretermes,% Roman Small Caps
  SSSCfont=texgyreheros, % Sans Serif Small Caps
]{plex-otf}
\usepackage[ngerman]{babel}

\input{demotext}
```

04-02-

Dies hier ist ein Blindtext zum Testen von Textausgaben. Wer diesen Text liest, ist selbst schuld: $\sin^2 x + \cos^2 y = 1$. Der Text gibt lediglich den Grauwert der Schrift an mit $E = mc^2$. **Ist das wirklich so?** Ist es gleichgültig, ob ich schreibe: »Dies ist ein Blindtext« oder »**Huardest gefburn**«? Kjift – mitnichten! Ein Blindtext bietet mir wichtige Informationen: $\sqrt[n]{a} \cdot \sqrt[n]{b} = \sqrt[n]{ab}$. An ihm messe ich die *Lesbarkeit einer Schrift*, ihre Anmutung, wie harmonisch die FIGUREN ZUEINANDER STEHEN und prüfe, wie breit oder schmal sie läuft. $\frac{\sqrt[n]{a}}{\sqrt[n]{b}} = \sqrt[n]{\frac{a}{b}}$ Ein Blindtext sollte möglichst ***viele verschiedene Buchstaben*** enthalten und in der Originalsprache gesetzt sein: $d\Omega = \sin\delta d\delta d\phi$ Er muss keinen Sinn ergeben, sollte aber lesbar sein. **FREMDSPRACHIGE** Texte wie »*Lorem ipsum*« dienen nicht dem eigentlichen Zweck, da sie eine falsche Anmutung vermitteln. **TT-Fett**, *TT-Kursiv* und ***TT-Fett-Kursiv***, soweit möglich.
Siehe auch http://www.blindtextgenerator.de.

Insbesondere in älteren Einrichtungen, sei es Firmen und Universitätsinstitute, findet man die Forderung nach Times-Roman, Arial (Helvetica) und Courier. Ein Problem gibt es nicht nur bei der Times, da diese namentlich in unzähligen Varianten vorkommt und es für den ungeübten Anwender nicht immer einfach ist, den richtigen symbolischen Namen zu ermitteln. Die Arial ist schon seit einigen Jahren durch Microsofts Hausschrift Segoe abgelöst worden (`https://de.wikipedia.org/wiki/Segoe_UI`) und sollte auch nicht mehr benutzt werden. Während die Arial der `Helvetica` nahekommt, ähnelt die Segoe eher der `Frutiger`. Trotzdem liefert Microsoft immer noch die Arial aus, sodass sich die Windows-Anwender nur sehr langsam auf eine andere Schrift einstellen.

…es und Arial

```
\usepackage{unicode-math}
\setmainfont{Times New Roman}
\setsansfont{Segoe UI}[Scale=MatchLowercase]
\setmonofont{Courier}[Scale=MatchLowercase,FakeStretch=0.8]
\setmathfont{TeX Gyre Termes Math}[Scale=MatchLowercase]

\input{demotext}
```

02-4

Dies hier ist ein Blindtext zum Testen von Textausgaben. Wer diesen Text liest, ist selbst schuld: $\sin^2 x + \cos^2 y = 1$. Der Text gibt lediglich den Grauwert der Schrift an mit $E = mc^2$. **Ist das wirklich so?** Ist es gleichgültig, ob ich schreibe: »Dies ist ein Blindtext« oder »**Huardest gefburn**«? Kjift – mitnichten! Ein Blindtext bietet mir wichtige Informationen: $\sqrt[n]{a} \cdot \sqrt[n]{b} = \sqrt[n]{ab}$. An ihm messe ich die *Lesbarkeit einer Schrift*, ihre Anmutung, wie harmonisch die Figuren zueinander stehen und prüfe, wie breit oder schmal sie läuft. $\frac{\sqrt[n]{a}}{\sqrt[n]{b}} = \sqrt[n]{\frac{a}{b}}$ Ein Blindtext sollte möglichst ***viele verschiedene Buchstaben*** enthalten und in der Originalsprache gesetzt sein: $\mathrm{d}\Omega = \sin\delta\mathrm{d}\delta\mathrm{d}\phi$ Er muss keinen Sinn ergeben, sollte aber lesbar sein. **Fremdsprachige** Texte wie »*Lorem ipsum*« dienen nicht dem eigentlichen Zweck, da sie eine falsche Anmutung vermitteln. **`TT-Fett`**, *`TT-Kursiv`* und ***`TT-Fett-Kursiv`***, soweit möglich.
Siehe auch `http://www.blindtextgenerator.de`.

Es ist leicht zu erkennen, dass die `Courier` als Schreibmaschinenschrift optisch immer noch sehr groß wirkt, obwohl sie schon verkleinert und komprimiert wurde. In den folgenden Beispielen werden Alternativen aufgezeigt.

Serifenlose Texte

Grundsätzlich hat es keinen Sinn, eine längere wissenschaftliche Arbeit serifenlos zu setzen, beispielsweise mit der oft verwendeten `Arial`, die besser durch die Segoe ersetzt werden sollte. In jedem Fall wird das Lesen des Dokuments dadurch erschwert, denn die unteren Serifen, die faktisch einer gestrichelten Linie entsprechen, erleichtern dem Auge beim Lesen die Fixierung der Zeile. Man vergleiche beispielsweise »nummerieren« und »nummerieren«, wobei die serifenlose Variante sehr viel mehr »Locher« auf der Basislinie hat.

Text mit Serifen erscheint faktisch auf einer gestrichelten Linie
Text ohne Serifen erscheint faktisch *nicht* auf einer gestrichelten Linie.

Um ein *gesamtes Dokument* serifenlos zu setzen, könnte man zwar vermuten, dass ein einfaches `\setmainfont{`⟨*Sans Serif Schrift*⟩`}` reicht, jedoch funktioniert dann der Befehl `\textrm` zur Umschaltung auf eine Serifenschrift (Roman font) nicht mehr. Grundsätzlich sollte für diesen Fall der serifenlosen Hauptschrift die Festlegung über `\familydefault` erfolgen (siehe folgendes Beispiel).

```
\usepackage{unicode-math}
\setromanfont{Times New Roman}
\setsansfont{Arial Unicode MS}[Scale=0.9]
\setmonofont{AnonymousPro}[Scale=MatchLowercase,FakeStretch=0.85]
\setmathfont{Cambria Math}
\renewcommand\familydefault{\sfdefault}% Alles serifenlos!

\input{demotext}\par
\textrm{Serifentext zum Vergleich.} Weiter wieder serifenlos.
```

04-02-

Dies hier ist ein Blindtext zum Testen von Textausgaben. Wer diesen Text liest, ist selbst schuld: $\sin^2 x+\cos^2 y = 1$. Der Text gibt lediglich den Grauwert der Schrift an mit $E = mc^2$. Ist das wirklich so? Ist es gleichgültig, ob ich schreibe: »Dies ist ein Blindtext« oder »Huardest gefburn«? Kjift – mitnichten! Ein Blindtext bietet mir wichtige Informationen: $\sqrt[n]{a} \cdot \sqrt[n]{b} = \sqrt[n]{ab}$. An ihm messe ich die Lesbarkeit einer Schrift, ihre Anmutung, wie harmonisch die Figuren zueinander stehen und prüfe, wie breit oder schmal sie läuft. $\frac{\sqrt[n]{a}}{\sqrt[n]{b}} = \sqrt[n]{\frac{a}{b}}$ Ein Blindtext sollte möglichst viele verschiedene Buchstaben enthalten und in der Originalsprache gesetzt sein: $\mathrm{d}\Omega = \sin\delta\mathrm{d}\delta\mathrm{d}\phi$ Er muss keinen Sinn ergeben, sollte aber lesbar sein. Fremdsprachige Texte wie »Lorem ipsum« dienen nicht dem eigentlichen Zweck, da sie eine falsche Anmutung vermitteln. **`TT-Fett`**, *`TT-Kursiv`* und ***`TT-Fett-Kursiv`***, soweit möglich.
Siehe auch `http://www.blindtextgenerator.de`.
Serifentext zum Vergleich. Weiter wieder serifenlos.

Eine verbesserte Variante der `Libertine` ist die Schrift `Libertinus` von Khaled Hosny und Caleb Maclennan, die auch mit einem mathematischen Zeichensatz kommt und in diesem Buch die Hauptschrift ist. Die Schriften können einfach über das Paket `libertinus-otf` oder auch nur `libertinus` geladen werden. Letzteres lädt intern das Paket mit OTF-Unterstützung, solange man das Dokument auch mit LuaLaTeX startet. `libertinus-otf` erlaubt vielfältige Einstellungen und definiert zusätzlich die folgenden Schriftfamilien:

`\newfontfamily\LibertinusKeyboard{libertinuskeyboard-regular.otf}`	A B C
`\newfontfamily\LibertinusDisplay{libertinusserifdisplay-regular.otf}`	ABC
`\newfontfamily\LibertinusInitials{libertinusserifinitials-regular.otf}`	**ABC**

Empfehlung! Empfohlen wird folgende Schriftzusammenstellung, wobei vorrangig die Libertinus (Roman und Sans Serif) zur Anwendung kommt. Als Schreibmaschinenschrift wird anstelle der `Libertinus Mono` die `AnonymousPro` verwendet, die Teil einer jeden TeX-Distribution sein sollte. Diese Schriften sind auch Grundlage dieses Buches (siehe A.6.2 auf Seite 437).

```
\usepackage{libertinus-otf}
\setmonofont{AnonymousPro}[Scale=MatchLowercase,FakeStretch=0.85]

\input{demotext}
\LKeyReset\ wird gerne bei \LKey{Windows} benutzt :-)
```

04-02-

Dies hier ist ein Blindtext zum Testen von Textausgaben. Wer diesen Text liest, ist selbst schuld: $\sin^2 x + \cos^2 y = 1$. Der Text gibt lediglich den Grauwert der Schrift an mit $E = mc^2$. **Ist das wirklich so?** Ist es gleichgültig, ob ich schreibe: »Dies ist ein Blindtext« oder »**Huardest gefburn**«? Kjift – mitnichten! Ein Blindtext bietet mir wichtige Informationen: $\sqrt[n]{a} \cdot \sqrt[n]{b} = \sqrt[n]{ab}$. An ihm messe ich die *Lesbarkeit einer Schrift*, ihre Anmutung, wie harmonisch die FIGUREN ZUEINANDER STEHEN und prüfe, wie breit oder schmal sie läuft. $\frac{\sqrt[n]{a}}{\sqrt[n]{b}} = \sqrt[n]{\frac{a}{b}}$
Ein Blindtext sollte möglichst ***viele verschiedene Buchstaben*** enthalten und in der Originalsprache gesetzt sein: $d\Omega = \sin\vartheta d\vartheta d\varphi$ Er muss keinen Sinn ergeben, sollte aber lesbar sein. **FREMDSPRACHIGE** Texte wie »*Lorem ipsum*« dienen nicht dem eigentlichen Zweck, da sie eine falsche Anmutung vermitteln. **TT-Fett**, *TT-Kursiv* und ***TT-Fett-Kursiv***, soweit möglich.
Siehe auch `http://www.blindtextgenerator.de`.
[Strg]+[Alt]+[Entf] wird gerne bei [⊞] benutzt :-)

Die in obigem Beispiel verwendeten Schriften zeigt folgende Zusammenstellung, wobei man die Bedeutung der einzelnen Felder der Tabelle 4.3 entnehmen kann. Das Beispiel benötigt eine Installation des Programms sed aus der Gnu-Serie (macOS hat ein eigenes mit anderer Syntax). Die Anwendung von pdffonts reicht aber schon:

4-02-7

```
pdffonts 04-02-6.pdf | sed 's/^.*+/       /g' | (sed -u 2q; sort -k1,1 -u)
name                                 type              encoding         emb sub uni object ID
------------------------------------ ----------------- ---------------- --- --- --- ---------
       AnonymousPro                  CID TrueType      Identity-H       yes yes yes     24  0
       AnonymousPro-Bold             CID TrueType      Identity-H       yes yes yes     21  0
       AnonymousPro-BoldItalic       CID TrueType      Identity-H       yes yes yes     23  0
       AnonymousPro-Italic           CID TrueType      Identity-H       yes yes yes     22  0
       LibertinusKeyboard-Regular    CID Type 0C       Identity-H       yes yes yes     25  0
       LibertinusMath-Regular        CID Type 0C       Identity-H       yes yes yes     13  0
       LibertinusSans-Bold           CID Type 0C       Identity-H       yes yes yes     16  0
       LibertinusSans-Italic         CID Type 0C       Identity-H       yes yes yes     20  0
       LibertinusSans-Regular        CID Type 0C       Identity-H       yes yes yes     11  0
       LibertinusSerif-Bold          CID Type 0C       Identity-H       yes yes yes     15  0
       LibertinusSerif-BoldItalic    CID Type 0C       Identity-H       yes yes yes     19  0
       LibertinusSerif-Italic        CID Type 0C       Identity-H       yes yes yes     18  0
       LibertinusSerif-Regular       CID Type 0C       Identity-H       yes yes yes     10  0
```

Tabelle 4.3: Die Bedeutung der Ausgabe vom Program `pdffonts` für Beispiel 04-02-7.

Name	*Erklärung*
`name`	Schriftname, im Allgemeinen mit vorangehender Angabe des Subset.
`type`	Schrifttyp: Type 1 Type 1C – auch als Compact Font Format (CFF) bezeichnet Type 3 – Bitmap oder Softfont TrueType CID Type 0 – 16-bit Schrift ohne weitere Festlegung CID Type 0C – 16-bit PostScript CFF-Schrift CID TrueType – 16-bit TrueType-Schrift

Name	*Erklärung*
`encoding`	Die Kodierung (*encoding*) bestimmt die Art und Weise, wie die Zuordnung (mapping) von Zeichencode zu Glyph-ID innerhalb der Schrift bestimmt ist. Im Allgemeinen ist dies für den PDF-Renderer von Interesse, um korrekte Zuordnungen zu erhalten. Es gibt verschiedene Möglichkeiten für die Kodierung: • Base encodings (für Type 1): Dazu gehören »StandardEncoding«, »WinAnsiEncoding« und »MacRomanEncoding«. Diese Kodierungen sind allgemein bekannt und brauchen nicht gesondert in die erzeugte PDF-Datei eingebettet zu werden. • Custom encodings (for Type 1): Entspricht *base encodings*, wobei Modifikationen durch Verwendung von `/Differences` Array vorgenommen wurden. • Identity-H, Identity-V encodings: Standardkodierungen für CID-Schriften, die im Allgemeinen mehr als die für Type 1 üblichen 256 verschiedenen Zeichen enthalten. • Builtin encodings: Eine Kodierung, die jedes Schriftenprogramm einbinden muss, wobei Schriften im Format Type 3 davon ausgenommen sind.
`emb`	In der PDF-Datei eingebettet (embedded).
`sub`	Subset der Schriftdatei (enthält nur die in der PDF-Datei verwendeten Zeichen).
`uni`	»ToUnicode«-Tabelle (map) ist in der PDF-Datei vorhanden. Ein Fehlen dieser Tabelle impliziert nicht zwingend, dass eine Konvertierung nach Unicode unmöglich ist.
`object`	Objektnummer (font dictionary) in der PDF-Objekttabelle.
`ID`	Die ID des Objekts.

4.3 Schriftnamen und Dateinamen

Jede Schriftdatei enthält verschiedene Informationen, die von Programmen verarbeitet werden, die für die Organisation der Schriften eines Betriebssystem zuständig sind. Ein Programm fordert dann die Schriften mithilfe dieser Schriftverwaltung an. Für LuaTEX ist dafür das Lua-Programm luaotfload-tool zuständig. Beispiel 04-03-1 zeigt die letzten sieben Zeilen der Ausgabe beim Aufruf dieses Programms.

```
ENGINE=`uname`
if [ "$ENGINE" = "Linux" ] ; then
  luaotfload-tool --update --force -vvvv | tail --lines=7;
else
  luaotfload-tool --update --force -vvvv | tail -n 7;
fi
luaotfload | db : Font index saved at ...
luaotfload | db : Gzip: /usr/local/texlive/texmf-var/luatex-cache/generic/names/luaotfload-
↪names.lua.gz
luaotfload | db : Byte: /usr/local/texlive/texmf-var/luatex-cache/generic/names/luaotfload-
↪names.luc
luaotfload | cache : Lookup cache saved.
luaotfload | cache : Lookup cache emptied.
luaotfload | db : Fonts in the database: 7166
luaotfload | util : Task completed successfully.
```

04-0

Die Datei stellt einen Zusammenhang her zwischen dem Dateinamen einer Schrift, beispielsweise `Bitter-Regular.ttf` und den zugehörigen symbolischen Namen, die in der Datei selbst gespeichert sind. Diese können mit dem Programm otfinfo ausgelesen werden (siehe Beispiel 04-03-2).

04-03-2

```
ENGINE=`uname`
if [ "$ENGINE" = "Linux" ] ; then
  otfinfo -i `kpsewhich Bitter-Regular.ttf` | head --lines=7
else
  otfinfo -i `kpsewhich Bitter-Regular.ttf` | head -n 7
fi
Family:             Bitter
Subfamily:          Regular
Full name:          Bitter Regular
PostScript name:    Bitter-Regular
Version:            Version 1.002
Unique ID:          1.002;PYRS;Bitter-Regular
Copyright:          Copyright (c) 2011, Sol Matas (www.huertatipografica.com.ar), with
 ↪Reserved Font Name "Bitter"
```

Das Paket fontspec versucht bei Angabe von \setmainfont{Bitter} mithilfe des Schriftenverzeichnisses eine Zuordnung zu allen Schriftschnitten (-typen) herzustellen: Regular, Bold, Italic, Bold-Italic, ... Ob dies vollständig ist oder nicht, hängt davon ab, ob der Schriftendesigner kongruente symbolische Namen für die einzelnen Dateien vergeben hat, beziehungsweise ob er überhaupt entsprechende Schriftformen entwickelt hat.

04-03-3

Normalschrift
Fette Schrift
a) Kursive Schrift
a) Geneigte Schrift
Fette und auch kursive Schrift
Fette und auch geneigte Schrift
Kapitälchen (Small Caps)
Kapitälchen (Small Caps)

```
\usepackage{fontspec}
\setmainfont{Bitter}

Normalschrift\\
\textbf{Fette Schrift}\\
\textit{a) Kursive Schrift}\\
\textsl{a) Geneigte Schrift}\\
\textbf{\textit{Fette und auch kursive Schrift}}\\
\textbf{\textsl{Fette und auch geneigte Schrift}}\\
\textsc{Kapitälchen (Small Caps)}\\
\textbf{\textsc{Kapitälchen (Small Caps)}}\\
```

Dem Beispiel 04-03-3 kann entnommen, werden, dass die Schrift Bitter weder eine fette kursive Schrift noch Kapitälchen hat (Small Caps). Da man sowohl geneigte und als auch fette Schriftvarianten elektronisch erzeugen kann, ist dies kein wirkliches Problem. Man sucht sich eine oder auch mehrere möglichst dazu passende Schrift(en) aus und definiert die Zusammenhänge über die optionalen Parameter von \setmainfont.

```
\usepackage{fontspec}
\setmainfont{Bitter}[
  SmallCapsFont = Noto Serif, SmallCapsFeatures = {Letters=SmallCaps},
  BoldFeatures = {
    SmallCapsFont = Noto Serif Bold, SmallCapsFeatures = {Letters=SmallCaps}},
  SlantedFont   = Bitter, % Vorlage for Slanted
  SlantedFeatures    = {
    FakeSlant     = 0.2,
    SmallCapsFont = Noto Serif Italic, SmallCapsFeatures = {Letters=SmallCaps}},
  BoldSlantedFont = Bitter-Bold, % Vorlage für BoldSlanted
  BoldSlantedFeatures = {
    FakeSlant     = 0.2,
    SmallCapsFont = Noto Serif Bold, SmallCapsFeatures = {Letters=SmallCaps}},
  BoldItalicFont = Bitter-Italic, % Vorlage für Bold Italic
  BoldItalicFeatures = {
    FakeBold = 4,
    SmallCapsFont = Libertinus Serif Bold Italic, SmallCapsFeatures = {Letters=SmallCaps}}]
```

```
Normalschrift\hfill \textbf{Fette Schrift}                     \hfill
\textit{a) Kursive Schrift}\hfill   \textsl{a) Geneigte Schrift}\\
\textbf{\textit{a) Fette und auch kursive Schrift}}            \hfill
\textbf{\textit{\textsc{a) Fette, kursive Schrift in Small Caps}}}\\
\textbf{\textsl{a) Fette und auch geneigte Schrift}}           \hfill
\textbf{\textsl{\textsc{a) Fette, geneigte Schrift in Small Caps}}}

\textsc{Normale Kapitälchen (Small Caps)}\hfill \textbf{\textsc{Fette Kapitälchen (Small Caps)}}
```

Normalschrift **Fette Schrift** *a) Kursive Schrift* *a) Geneigte Schrift*
a) Fette und auch kursive Schrift ***A) FETTE, KURSIVE SCHRIFT IN SMALL CAPS***
a) Fette und auch geneigte Schrift ***A) FETTE, GENEIGTE SCHRIFT IN SMALL CAPS***
NORMALE KAPITÄLCHEN (SMALL CAPS) **FETTE KAPITÄLCHEN (SMALL CAPS)**

04-03-

Da das obige Beispiel keine serifenlose und Schreibmaschinenschrift definiert, wird hierfür auf den Standard Latin Modern zurückgegriffen. Für beide Schriftfamilien sind ähnliche Festlegungen möglich, wie sie in obigem Beispiel für die Schrift `Bitter` gezeigt wurden.

Der Automatismus der Zuordnung Schriftschnitt–Datei funktioniert nicht bei allen Schriften, da nicht alle intern die erwähnte korrekte symbolische Namenszuordnung verwenden. So führt beispielsweise ein `\setmainfont{Baskervaldx}` zu einer Fehlermeldung; die Schrift wird nicht gefunden. Das liegt an der falschen internen Namensvergabe des Schriftendesigners:

```
Family:             Baskervaldx
Subfamily:          Reg
Full name:          ADFBaskerville
[...]
```

Sowohl die Zuordnung zur Unterfamilie als auch zum vollen Namen ist nicht konsistent. In solchen Fällen ist es ratsam, die Schriftenzuordnung selbst vorzunehmen. Im Beispiel 04-03-5 wird ausgehend vom Teilnamen »Baskervaldx« jede Schrifttype definiert. Für den Stern wird von `fontspec` jeweils »Baskervaldx« eingesetzt, es erspart Tipparbeit. Nur für den Fall, dass die Schriften nicht in einen offiziellen Schriftenverzeichnis liegen, muss noch die `Path`-Angabe vorgesehen werden.

Normalschrift
Fette Schrift
Kursive Schrift
Geneigte Schrift
Fette und auch kursive Schrift
Fette und auch geneigte Schrift
KAPITÄLCHEN (SMALL CAPS)
KAPITÄLCHEN (SMALL CAPS)
KAPITÄLCHEN (SMALL CAPS)

```
\usepackage{fontspec,xcolor}
\setmainfont{Baskervaldx}[
  Extension=.otf, UprightFont=*-Reg, BoldFont=*-Bol,
  ItalicFont=*-Ita, BoldItalicFont=*-BolIta]
\newfontfamily\SLshape{Baskervaldx-Reg.otf}[FakeSlant=0.15,
  Color=red, BoldFont=Baskervaldx-Bol.otf]
\DeclareTextFontCommand{\textsl}{\SLshape}

Normalschrift\\
\textbf{Fette Schrift}\\ \textit{Kursive Schrift}\\
\textsl{Geneigte Schrift}\\
\textbf{\textit{Fette und auch kursive Schrift}}\\
\textbf{\textsl{Fette und auch geneigte Schrift}}\\
\textsc{Kapitälchen (Small Caps)}\\
\textbf{\textsc{Kapitälchen (Small Caps)}}\\
\textbf{\textsc{\textsl{Kapitälchen (Small Caps)}}}
```

04-03-5

4.4 Kombination von Schriften

4.4.1 Individuelle Festlegung der Schriftfamilien

Immer dann, wenn man nicht auf ein Paket für eine komplette Schriftenfestlegung zurückgreifen kann, muss man dies mit Hilfe der Pakete unicode-math und fontspec selbst vornehmen. Dabei bereiten nur die Schriften Probleme, bei denen der Schriftenautor keine in sich stimmigen internen Schriftnamen verwendet. Hat man Probleme mit den internen Namen, so sollte man immer auf die Dateinamen zurückgreifen.

```
\usepackage{unicode-math}% lädt fontspec
\setmainfont{BaskervilleF}% interne Namen verwenden
\setsansfont[               % Dateinamen verwenden
  Extension      = .otf,
  UprightFont    = *-Regular-102,
  ItalicFont     = *-Italic-102 ,
  BoldFont       = *-Bold-102 ,
  BoldItalicFont = *-BoldItalic-102]{Atkinson-Hyperlegible}
\setmonofont{AnonymousPro}[Scale=MatchLowercase,FakeStretch=0.9]

Ein ganz normaler Satz in der aktuellen Schrift.\par\bfseries
Ein ganz normaler Satz in der aktuellen Schrift.\par\mdseries\itshape
Ein ganz normaler Satz in der aktuellen Schrift.\par\bfseries
Ein ganz normaler Satz in der aktuellen Schrift.\par\normalfont

\sffamily
Ein ganz normaler Satz in der aktuellen Schrift.\par\bfseries
Ein ganz normaler Satz in der aktuellen Schrift.\par\mdseries\itshape
Ein ganz normaler Satz in der aktuellen Schrift.\par\bfseries
Ein ganz normaler Satz in der aktuellen Schrift.\par\normalfont

\ttfamily
Ein ganz normaler Satz in der aktuellen Schrift.\par\bfseries
Ein ganz normaler Satz in der aktuellen Schrift.\par\mdseries\itshape
Ein ganz normaler Satz in der aktuellen Schrift.\par\bfseries
Ein ganz normaler Satz in der aktuellen Schrift.
```

-04-1

Ein ganz normaler Satz in der aktuellen Schrift.
Ein ganz normaler Satz in der aktuellen Schrift.
Ein ganz normaler Satz in der aktuellen Schrift.
Ein ganz normaler Satz in der aktuellen Schrift.
Ein ganz normaler Satz in der aktuellen Schrift.
Ein ganz normaler Satz in der aktuellen Schrift.
Ein ganz normaler Satz in der aktuellen Schrift.
Ein ganz normaler Satz in der aktuellen Schrift.
`Ein ganz normaler Satz in der aktuellen Schrift.`
`Ein ganz normaler Satz in der aktuellen Schrift.`
`Ein ganz normaler Satz in der aktuellen Schrift.`
`Ein ganz normaler Satz in der aktuellen Schrift.`

4.4.2 Für verschiedene Sprachen

Man kann davon ausgehen, dass es bei einem Dokument mit mehreren sehr unterschiedlichen Sprachen, nicht möglich ist, mit einer einzigen Schriftfamilie arbeiten zu können. Es gibt im Prinzip weniger als eine Handvoll Schriften, die mehr oder weniger alle Schriftzeichen dieser Welt in einer Datei vereinen. Das Projekt »Code2000« von James Kass wird seit einiger Zeit nicht mehr weitergeführt, sodass eine praktische Anwendung wenig sinnvoll erscheint. Die verschiedenen Schriften kann man sich von `https://www.fontspace.com/james-kass` herunterladen. Die eigentliche Projektseite `https://www.code2000.net/` hat momentan fehlerhafte Links für den Download der Dateien. Eine Zusammenstellung aller unterstützten Sprachen findet man unter `https://en.wikipedia.org/wiki/Code2000`.

```
\usepackage{fontspec}
\setmainfont{Code2000}
\def\setRTL{\pagedir TRT \bodydir TRT \pardir TRT \textdir TRT}
\def\setLTR {\pagedir TLT \bodydir TLT \pardir TLT \textdir TLT}}

\raggedright
\textsc{Small Caps}
Всички хора се раждат свободни и равни по достойнство и права.\par
\setRTL%  RightToLeft
時書き込み方 向多言語テ キストの単 純な変形 が発生
左から右へ、 上から下へ は維 持され ます。これら のケースで
一つは現在の リリー スのパター ンをダウンロー ドするために のみつの言 語が必要と
また、文字 である 他の聖書 に対する唯 一の適 切なポイン トを、有効にする
することが できます。\par

\setLTR% LeftToRight
เปลือกหอยแบบจำลองทางเรขาคณิตได้ดำเนินการโดยนาย  B คอร์ตี  ใน  “เปลือกหอยกระดาษดิจิตอล”
มันจะช่วยให้สมการตัวแปรที่มีฟังก์ชั่นของพารามิเตอร์  14 เพื่อที่จะช่วยให้
รูปแบบเป็นจำนวนมากของเปลือกหอย

\setRTL% RightToLeft
%\addfontfeatures{Script=Arabic}% nur bei anderen Schriften nötig
وقد أجريت قذائف النمذجة الهندسية السيد B كورتي. في “ ’الصدف الورق الرقمي ”          أنه يعطي
المعادلات حدودي التي هي وظيفة من المعلمات 14، من أجل السماح لل
تصميم نموذج لعدد كبير من القذائف.
```

Small Caps Всички хора се раждат свободни и равни по достойнство и права.

、へ右らか左 生発が 形変な純 単のトスキ テ語言多向 方み込き書時
ーリリ の在現はつ一 でスーケの られこ。すま れさ持 維は へ下らか上
と要必が語 言のつみの にめたるすド ーロンウダをン ータパのス
ンイポな切 適の一 唯るす対に 書聖の他 るあで 字文、たま
。すまきで がとこるす るすに効有、をト

เปลือกหอยแบบจำลองทางเรขาคณิตได้ดำเนินการโดยนาย B คอร์ตี ใน
“เปลือกหอยกระดาษดิจิตอล”
มันจะช่วยให้สมการตัวแปรที่มีฟังก์ชั่นของพารามิเตอร์ 14 เพื่อที่จะช่วยให้
รูปแบบเป็นจำนวนมากของเปลือกหอย

وقد أجريت قذائف النمذجة الهندسية السيد B كورتي. في “ ’الصدف الورق
الرقمي ” أنه يعطي المعادلات حدودي التي هي وظيفة من المعلمات 41، من أجل
السماح لل تصميم نموذج لعدد كبير من القذائف.

Es empfiehlt sich, mit dem Befehl `\newfontfamily` oder `\newfontface` entsprechende Schriften zu definieren, die sich besonders gut für eine bestimmte Sprache eignen.

```
\newfontfamily\⟨Name⟩[Optionen]
\newfontface\⟨Name⟩[Optionen]
```

Ein Beispiel wäre die Definition einer Schreibmaschinenschrift, die man neben einer standardmäßig definierten verwenden möchte, wobei die Skalierung der Zeichengröße so gewählt werden soll, dass sie analog zu der normalen Schrift ist.:

```
\newfontfamily\Mono{DejaVu Sans Mono}[Scale=MatchLowercase,FakeStretch=0.9]
```

-04-3

Die normale `Schreibmaschinenschrift` und die andere **`Schreibmaschinenschrift`**, die auch noch fett ist.

```
\usepackage{fontspec}
\newfontfamily\Mono{DejaVu Sans Mono}%
  [Scale=MatchLowercase,FakeStretch=0.9]

Die normale \texttt{Schreibmaschinenschrift} und die
andere {\Mono\bfseries Schreibmaschinenschrift}, die
auch noch fett ist.
```

4.5 Was man wissen sollte

4.5.1 Bitmapfont – Vektorfont

Bei den Schriften im Format OpenType handelt es sich um Vektorschriften; für die Beschreibung der einzelnen Zeichen werden geometrische Objekt verwendet. Abbildung 4.1 auf der nächsten Seite zeigt, dass man für die Beschreibung eines Zeichens nur gerade Linien und Beziérkurven benötigt. Derartige Schriften werden auch als Outline-Fonts bezeichnet, da man nur ihre Kontur beschreibt.

Ein Bitmapfont benutzt dagegen eine Matrix von bestimmter Größe, wobei die einzelnen Elemente entweder gesetzt sind oder nicht. Charakteristisch ist der treppenförmige Verlauf bei starker Vergrößerung eines Zeichens (Beispiel 04-05-1). Durch die Angabe von `\pdfextension` *mapfile*{} erreicht man, dass automatisch die Schrift Computer Modern benutzt wird, die standardmäßig als Bitmap existiert.

-05-1

```
\pdfextension mapfile{}
\usepackage{graphicx}

\fontencoding{OT1}\selectfont
A\scalebox{10}{A}
```

Ein Vektorfont benutzt dagegen geometrische Objekte wie Punkt, Linie und Kurve, um Zeichen zu beschreiben. Für das Zeichen A benötigt man daher nur fünf Punkte, die durch eine Linie verbunden werden. Bei starker Vergrößerung ändert sich daher die Qualität des Zeichens nicht. Mit METAFONT lassen sich derartige Schriften erzeugen,

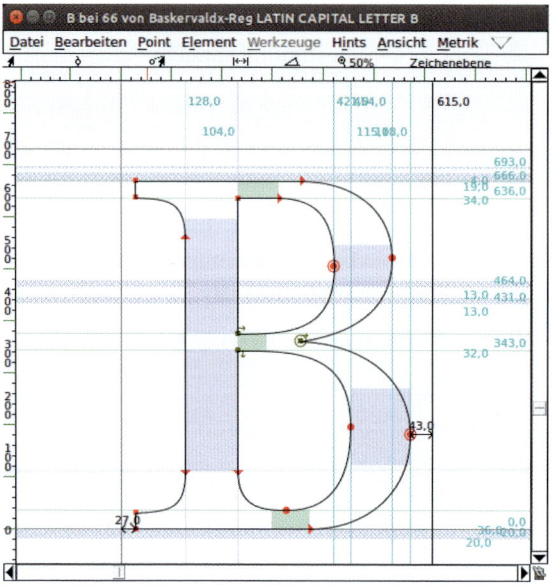

Abbildung 4.1: Konstruktion des Zeichens » der Schrift Baskervaldx-Regular.

die auch als Strokefonts bezeichnet werden und erst durch die Konvertierung in einen für TEX lesbaren `.pk`-Font gerastert werden.

```
\usepackage{graphicx}

A\scalebox{10}{A}
```

04-05-2

Im Gegensatz zu den Strokefonts und Bitmapfonts wird bei den sogenannten Outlinefonts nur der Umriss eines Zeichens beschrieben. Dadurch kann mit Operationen wie Clippen und Füllen gearbeitet werden. Die meisten der neueren Vektorfonts werden als Outlinefonts erstellt.

```
\usepackage{graphicx,pdfrender,xcolor}

\textpdfrender{TextRenderingMode=1,LineWidth=0.1}{A}
\scalebox{10}{\textpdfrender{%
  TextRenderingMode=1,% nur Stroke
  LineWidth=0.1}{A}}%   in bp
\scalebox{10}{\textpdfrender{%
  FillColor=red!20, StrokeColor=red,
  TextRenderingMode=2,% Fill und Stroke
  LineWidth=0.1}{A}}%   in bp
```

04-05-3

4.5.2 Schriftenverzeichnis

Unabhängig vom Betriebssystem kann ein Rechner mehrere hundert Schriften installiert haben, sodass ein Überblick manchmal schwierig ist. Das Verzeichnis der Systemschriften, was je nach Konfiguration auch die TEX-Schriften[4] umfassen kann, lässt sich mit dem Program fc-list ausgeben, wobei die Installation von awk hilfreich ist:

```
fc-list | sed 's%^.*/%%' | awk -F: '{print $1",    "$3}' | head -n 20 | sort -u
Apple Color Emoji.ttc,    style=Regular
Consolas_Italic.ttf,    style=Italic
04-05-4 GFSPolyglot.otf,    style=Regular
GilliusADF-Bold.otf,    style=Bold
KeplerStd-LightScnItCapt.otf,    style=Light Semicondensed Italic Caption,Italic
Neue_Frutiger_Pro_Cyrillic_Light.otf,    style□=
NotoMono-Regular.ttf,    style=Regular
NotoSansArabicUI-Regular.ttf,    style=Regular
NotoSansDevanagari-CondensedThin.ttf,    style=Condensed Thin,Regular
NotoSansHebrew-ExtraLight.ttf,    style=ExtraLight,Regular
NotoSansSinhalaUI-Light.ttf,    style=Light,Regular
NotoSansThai-Light.ttf,    style=Light,Regular
NotoSerifDisplay-ExtraCondensedThin.ttf,    style=ExtraCondensed Thin,Regular
NotoSerifGeorgian-ExtraCondensed.ttf,    style=ExtraCondensed,Regular
QTCloisteredMonk.otf,    style=Medium
RobotoMono-ThinItalic.otf,    style=Thin Italic,Italic
SFNSMonoItalic.ttf,    style=Medium Italic
Verdana Bold.ttf,    style=Fett,Negreta,čtuné,fed̓Εντονα,,Bold,Negrita,Lihavoitu,Gras,Félkövér,
 ↪Grassetto,Vet,Halvfet,Pogrubiony,NegritoПолужирный,,Fet,ıKaln,Krepko,Lodia
drmscbx9.otf,    style=Regular
drmui7.otf,    style=Regular
```

Ähnliches ist mit dem Lua-Programm luaotfload-tool möglich. wobei das Sortieren auf Linux-Ebene etwas leichter vonstatten geht. Alternativ kann man bei der Erzeugung der Schriftendatenbank das Komprimieren unterdrücken. Dies hat den Vorteil, dass man im Zweifel die Schriftendatei mit einem einfachen Editor betrachtet kann, um eventuelle Probleme beim Laden von Schriften besser lokalisieren zu können.

```
ENGINE=`uname`
if [ "$ENGINE" = "Darwin" ] ; then  # macOS
  luaotfload-tool --list=* | sort -u | head -n 15
else                                # Linux
  luaotfload-tool --list=* | sort -u | head --lines=15
fi
```

```
.Al Bayan PUA Bold      13.0d1e6
04-05-5 .Al Bayan PUA Plain     13.0d1e6
.Al Nile PUA    13.0d2e2
.Al Nile PUA Bold       13.0d2e2
.Al Tarikh PUA  13.0d2e1
.Apple Color Emoji UI   12.0d19e1
.Apple Color Emoji UI   15.0d4e3
.Apple SD Gothic NeoI Bold      13.0d1e9
.Apple SD Gothic NeoI Heavy     13.0d1e9
.Apple SD Gothic NeoI Light     13.0d1e9
.Apple SD Gothic NeoI Medium    13.0d1e9
.Apple SD Gothic NeoI Regular   13.0d1e9
.Apple SD Gothic NeoI SemiBold  13.0d1e9
.Apple SD Gothic NeoI Thin      13.0d1e9
```

[4]Diese befinden sich im sogenannten TEX-Baum, beispielsweise für Windows mit einer MiKTEX-Distribution in C:\Users\...\AppData\Local\Programs\MiKTeX\fonts oder für Linux mit einer TEXLive-Distribution in /usr/local/texlive/2021/texmf-dist/fonts (andere Verzeichnisse sind möglich).

Linux

Für alle Unix- und Linux-Varianten können Schriften in mehreren Verzeichnissen liegen, die automatisch vom System durchsucht werden. Grundsätzlich reicht ein Kopieren der Schriftdateien in eines der Verzeichnisse; die Liste der Schriften wird dann automatisch aktualisiert.

`/usr/share/fonts/`	Systemweites Schriftenverzeichnis.
`/usr/local/share/fonts/`	Bezogen auf ein Netzwerk das lokale Verzeichnis für alle User.
`$HOME/.fonts/`	Benutzerverzeichnis, nicht für andere User.

macOS

Auch für das auf Unix basierende macOS können Schriften in mehreren Verzeichnissen liegen (`https://support.apple.com/de-de/HT201722`). Auch hier reicht in der Regel ein Kopieren der Schriftdateien in die entsprechenden Verzeichnisse oder eine Installation über die Anwendung »Font Book«, beziehungsweise »Schriftsammlung«.

`/Library/Fonts/`	Bezogen auf ein Netzwerk das lokale Verzeichnis für alle User.
`$HOME/Library/Fonts/`	Benutzerverzeichnis, nicht für andere User.
`/Network/Library/Fonts/`	Dieser Ordner wird normalerweise auf Netzwerkdateiservern verwendet, die von einem Administrator verwaltet werden.
`/System/Library/Fonts/`	macOS benötigt die Schriften in diesem Ordner für den Systembetrieb und sind prinzipiell nicht für den Anwender gedacht.

Windows

Windows kennt nur einen Ordner für die Verwaltung der Schriften: `C:\windows\Fonts\`. Im Allgemeinen gibt es hierbei nur dann Probleme, wenn man als normaler Benutzer für das Installieren neuer Schriften Administratorenrechte für dieses Verzeichnis benötigt.

Kapitel 5

Sprachunterstützung

5.1 Einführung . . . 55
5.2 Das Sprachpaket `babel` . . . 55
5.3 Trennungen . . . 57
5.4 Anführungszeichen . . . 62
5.5 Rechtschreibkontrolle . . . 65

5.1 Einführung

Die Standardsprache für TeX ist Englisch, sodass ohne eine weitere Sprachfestlegung sich die Datumsform und die Namen für Kapitel, Inhaltsverzeichnis usw. auf Englisch beziehen und entsprechend mit »April 5, 2021«, »Chapter« und »Table of Contents« ausgegeben werden. Das Paket `babel` von Johannes Braams und Javier Bezos liefert eine komfortable Unterstützung für all die Dinge, die als sprachenspezifisch zu betrachten sind, u. a. auch die Trennmuster. Als optionalen Parameter erwartet das Paket die Angabe der im Dokument verwendeten Sprachen, wobei in der Regel die letzte in der Liste die aktuelle Sprache zu Beginn des Textkörpers bestimmt.

5.2 Das Sprachpaket `babel`

Die von TeX gefundenen Trennmöglichkeiten ergeben sich aus den sprachenspezifischen Trennmustern. Eine falsch eingestellte Sprache führt daher oft zu falschen Trennungen. In der Bibliografie wird dies häufig nicht beachtet; auch ein langer Titel eines Bibliographieeintrags in einer Fremdsprache sollte mit den Trennmustern der zugehörigen Sprache gesetzt werden. (Philip Kime 2020)

Sämtliche im Dokument verwendete Sprachen sollten dem Paket babel bekannt gemacht werden, damit die korrekten Trennmuster zur Anwendung kommen. Die Sprachen werden als kommaseparierte Liste angegeben, wobei die letzte diejenige ist, mit der am Beginn des Dokuments begonnen wird. Die Hauptsprache kann alternativ auch explizit als solche angegeben werden, womit die Reihenfolge der Sprachenliste dann unwichtig ist:

```
\documentclass{article}
\usepackage[main=english,italian]{babel}
```

Die Auswahl der Sprachen kann auch über die Dokumentenklasse erfolgen. Dadurch ist dann gewährleistet, dass alle Pakete, die vom Dokument geladen werden, auch die Sprachoptionen auswerten können, ohne dass man sie wiederholt angegeben muss. Dazu gehören zum Beispiel die Pakete glossaries, varioref und layout, welche ebenfalls sprachabhängige Makros definieren. Es obliegt dem Anwender, welche der beiden Methoden er bevorzugt.

```
\documentclass[italian,english]{article}
\usepackage{babel}
```

```
\usepackage[Optionen]{babel}
\selectlanguage{Sprache}
\foreignlanguage{Sprache}{Text}
\begin{otherlanguage*}{Sprache} ... \end{otherlanguage*}
\begin{hyphenrules}{Sprache} ... \end{hyphenrules}
\iflanguage{Sprache}{Wahr}Falsch
\languagename
\useshorthands{Zeichen}
\defineshorthand{Kurzform}{Langform}
\aliasshorthand{Zeichen1}{Zeichen2}
\languageshorthands{Sprache}
\shorthandon{Zeichen}
\shorthandoff{Zeichen}
\captions⟨Sprache⟩{Definitionen}
```

Kapitelname (F) : Chapitre

Chapter name (E): Chapter

Kapitelname (D): Kapitel

```
\documentclass[ngerman,english,french]{scrreprt}
\usepackage{babel}

Kapitelname (F): \chaptername\par
\selectlanguage{english}%
\iflanguage{ngerman}{Kapitelname (D)}{Chapter name (E)}:
\chaptername\par
\selectlanguage{ngerman}Kapitelname (D): \chaptername
```

05-02-1

\selectlanguage und die entsprechende Umgebung otherlanguage nehmen jeweils eine komplette Sprachumschaltung vor. Dies sind: Datumsformat, Überschriftenformat, Trennregeln. Mit dem Makro \foreignlanguage oder der entsprechenden Sternversion otherlanguage* kann man die Trennregeln und »shorthands« der angegebenen Sprache für den Text benutzen, ohne aber das Datumsformat und die Überschriftentexte des umgebenen Textes zu verändern. Mit der Umgebung hyphenrules kann man ausschließlich die Trennregeln ändern.

-02-2

Der Text wird entsprechend den Trenn-
regeln der festgelegten Sprache umbro-
chen.

Der Text wird entsprechend den Trennregeln
der festgelegten Sprache umbrochen.

Der Text wird entsprechend den
Trennregeln der festgelegten Sprache
umbrochen.

```
\documentclass[ngerman,parskip=half-]{scrartcl}
\usepackage{babel}

~\hfill\makebox(0,0){\rule[-8.5cm]{0.4pt}{4cm}}\par
Der Text wird entsprechend den Trennregeln der
festgelegten Sprache umbrochen.\par
\begin{hyphenrules}{nohyphenation}
Der Text wird entsprechend den Trennregeln der
festgelegten Sprache umbrochen.\par
\begin{sloppypar}
Der Text wird entsprechend den Trennregeln der
festgelegten Sprache umbrochen.
\end{sloppypar}
\end{hyphenrules}
```

5.2.1 »Shorthands«

Die sogenannten »shorthands« wurden von babel festgelegt, um Kurzformen für die Eingabe von Umlauten oder anderen speziellen Zeichen zu ermöglichen, beispielsweise dem Doppelpunkt in der französischen Sprache, der dann automatisch den notwendigen zusätzlichen Abstand davor erzwingt: `Table: 3.2`→ Table : 3.2. Immer dann, wenn diese »shorthands« als normale Zeichen benutzt werden sollen, gibt es im Zusammenhang mit babel Probleme. In folgendem Beispiel muss die Bedeutung von " kurzfristig aufgehoben werden, wenn man "u" in dieser Form ausgeben will, ohne den Verbatimmodus zu benutzen. Anderenfalls werden "u zu ü und " a zu ä (historische Kompatibilität zu LaTeX2.94).

-02-3

"u" und a

üünd a

```
\usepackage[ngerman]{babel}

\shorthandoff{"} \textsf{"u" und a}\par
\shorthandon{"} \textsf{"u" und a}
```

babel aktiviert seine sprachspezifischen Einstellungen erst mit Beginn des Dokuments. In der Präambel sind diese Definitionen daher noch gar nicht aktiv und haben keine Auswirkungen auf andere Befehle in der Präambel. Dies zu wissen, ist wichtig für die sogenannten »shorthands« und die sprachenabhängigen Texte wie Bild- und Tabellenbeschriftungen. Eine Änderung von beispielsweise \tablename in der Präambel würde von babel mit Beginn des Dokuments wieder überschrieben werden. In diesen Fällen sollte eine Änderung mit den speziellen Makros von KOMA-Script erfolgen (siehe Abschnitt 11.6.2 auf Seite 231 und Beispiel 11-06-2).

5.3 Trennungen

Die deutsche Sprache hat wie keine andere die Eigenschaft, dass man beliebig neue Wörter (Komposita) bilden kann, die zudem gehäuft durch einen Bindestrich verknüpft werden. TeX hat dabei als Vorgabe die Eigenschaft, dass es Bindestrichwörter auch nur am Bindestrich trennt oder gar nicht. Dies kann beispielsweise für »TeX-Distribution« ungünstig sein, da der zweite Teil relativ lang ist.

5.3.1 Regeln für das Trennen von Wörtern

Grundsätzlich besteht bei »normalen« Wörtern keine Veranlassung, irgendwelche Trennhilfen vorzugeben. Der Trennalgorithmus von TeX arbeitet sehr zuverlässig, sodass man nur dann manuell eingreifen muss, wenn es sich um Wörter mit Bindestrich handelt oder das Trennen nicht erwünscht ist (siehe Beispiel 05-02-2 auf der vorherigen Seite und Tabelle 5.1).

Ein Test für die Trennung von TeX-Distribution, die Schwierigkeiten macht.

Ein Test für die Trennung von TeX-Distribution, die jetzt keine Schwierigkeiten macht. Durch die zwei Zeichen "= sind auch andere Trennungen möglich.

05-03-1

```
\usepackage[ngerman]{babel}

\noindent\rule{\linewidth}{0.5pt}%
\makebox(0,0){\rule[-6cm]{0.5pt}{3cm}}\\
Ein Test für die Trennung von \TeX-Distribution,
die Schwierigkeiten macht.\par
Ein Test für die Trennung von \TeX"=Distribution,
die jetzt keine Schwierigkeiten macht. Durch die zwei
Zeichen \verb|"=| sind auch andere Trennungen möglich.
```

Es gibt mehrere Varianten für die Behandlung einer möglichen Trennstelle, beziehungsweise des Bindestriches:

Tabelle 5.1: Zusammenstellung der typischen Shortcuts für die deutsche Sprache und babel.

Code	*Bedeutung*
`Ziga\-retten\-auto\-mat`	kann nur an den mit \- festgelegten Stellen getrennt werden, andere sind nicht mehr möglich. Der Trennalgorithmus selbst erlaubt `Zi-ga-ret-ten-au-to-mat`
`\TeX-Distribution`	Nur eine mögliche Trennung am Bindestrich!
`Chari"-té`	Trennung nach »i« erlaubt, wobei andere weiterhin möglich sind (normalerweise geht nur Cha-rité).
`\TeX"~Distribution`	"~ entspricht einem geschützten Bindestrich, bei dem *nicht* getrennt werden darf.
`\TeX"=Distribution`	"= entspricht einem ungeschützten Bindestrich, an dem genauso wie bei allen anderen möglichen Trennstellen getrennt werden kann.
`\mbox{\TeX-Distribution}`	Keine Trennung möglich!
`Schwarz/""Weiß"=Malerei`	Nach »Schwarz/« darf getrennt werden, ohne dass dabei ein Trennstrich eingefügt wird. Weitere Trennstellen sind nach »Weiß« und durch `Ma-le-rei` möglich.
`Schwarz\slash{}Weiß"=Malerei`	Nach »`\slash`« darf ein Zeilenumbruch eingefügt werden. Weitere Trennstellen sind nach »Weiß« und durch `Ma-le-rei` möglich.

5-03-2

1 Jetzt kommt hier eine absolut normale Trennstelle
2 Jetzt kommt hier eine absolut norma-le Trennstelle
3 Jetzt kommt hier eine Bindestrich-Trennstelle
4 Jetzt kommt hier eine echte Binde-strich-Trennstelle
5 Jetzt kommt hier eine echte Bin-de-strich-Trennstelle
6 Jetzt kommt hier eine echte Bin-de-strich-Trennstelle
7 Jetzt kommt hier eine echte Li-nie/Kurve-Trennstelle
8 Jetzt kommt hier eine echte Linie/Kurve-Trennstelle
9 Jetzt kommt hier eine echte Linie/Kurve-Trennstelle

```
\usepackage[ngerman]{babel}

\begin{enumerate}
\item[1] Jetzt kommt hier eine
    absolut normale Trennstelle
\item[2] Jetzt kommt hier eine
    absolut norma\-le Trennstelle
\item[3] Jetzt kommt hier eine
    Bindestrich-Trennstelle
\item[4] Jetzt kommt hier eine
    echte Binde"-strich-Trennstelle
\item[5] Jetzt kommt hier eine
    echte Binde"~strich-Trennstelle
\item[6] Jetzt kommt hier eine
    echte Bin\-de"~strich-Trennstelle
\item[7] Jetzt kommt hier eine
    echte Linie/Kurve-Trennstelle
\item[8] Jetzt kommt hier eine
    echte Linie/""Kurve-Trennstelle
\item[9] Jetzt kommt hier eine
    echte Linie\slash{}Kurve-Trennstelle
\end{enumerate}
```

Die oben gezeigten »shorthands« für die Trennungen stehen nur für die Sprache `ngerman` zur Verfügung. Auch haben nur einige Sprachen überhaupt »shorthands« definiert. Möchte man für die Markierung von Trennstellen in einem englischsprachigen Dokument die deutschen »shorthands« nutzen, so muss das dem Paket `babel` explizit mitgeteilt werden. Das folgende Beispiel verwendet in einem englischen Text die deutschen »shorthands« = (ungeschützter Bindestrich) und - (*zusätzliche* Trennstelle).

5-03-3

zoning-
facilitated
zon-
ing-
facil-
itated

zon-
ing-
facili-
tated

```
\usepackage[ngerman,english]{babel}
\useshorthands{"}
\addto\extrasenglish{\languageshorthands{ngerman}}

\minipage[t]{1cm}\hrulefill%
   \makebox(0,0){\rule[-4cm]{0.1pt}{2cm}}\par
zoning-facilitated\par
zoning"=facil"-itated
\endminipage\hspace{1cm}
\minipage[t]{1cm}\hrulefill%
\makebox(0,0){\rule[-4cm]{0.1pt}{2cm}}\par
zoning"=facilitated
\endminipage
```

5.3.2 Trennmuster

TeX arbeitet mit sogenannten Trennmustern (hyphenation pattern), die angeben, wie groß beispielsweise die Wahrscheinlichkeit ist, dass zwischen den Zeichen `er` und `tu` in der zugrunde liegenden Sprache getrennt werden kann. Dabei wird zwischen positiver (Trennung wahrscheinlich) und negativer Wahrscheinlichkeit (Trennung unwahrscheinlich) unterschieden. Auf die Trennmusterdatei hat der Nutzer faktisch keinen direkten Einfluss. Es gibt aber zwei weitere Möglichkeiten, wie man die Trennungen beeinflussen kann: Zum einen für ein einzelnes Wort durch durch Markierung möglicher Trennstellen (`Trenn-stelle`) und zum anderen dokumentenweit durch Anwendung des Makros `\hyphenation`, welches eine durch Leerzeichen getrennte Wortliste mit Trennstrichen als Parameter erwartet. Im folgenden Beispiel werden absichtlich durch `\hyphenation` falsche Trennungen vorgegeben.

05-03-4

Das lange Wort Trenn-vorgang kann hier nur bei \- getrennt werden.
Das lange Wort Tre-nnvorgang wird jetzt entsprechend der Vo-rgabe in der Präambel getrennt werden.
Trennung per Trenn-muster mit \showhyphens im Logfile zu sehen:
`Trenn-vor-gang`

```
\usepackage[ngerman]{babel}
\hyphenation{Tre-nn-vo-rg-ang Vo-rg-ab-e}
% Gilt dokumentenweit!

\minipage[t]{3.8cm}\hrulefill%
  \makebox(0,0){\rule[-10cm]{0.1pt}{5cm}}\par
Das lange Wort Trenn\-vorgang kann hier nur bei
\verb|\-| getrennt werden.\par
Das lange Wort Trennvorgang wird jetzt entsprechend
der Vorgabe in der Präambel getrennt werden.\par
Trennung per Trennmuster mit \verb|\showhyphens|
\showhyphens{Trennvorgang} im Logfile zu sehen:\par
\texttt{Trenn-vor-gang}
\endminipage
```

Durch die wahrscheinlichkeitsbedingten Trennmuster muss davon ausgegangen werden, dass es falsche Trennungen geben kann, allerdings weniger als 1 ‰ der erfolgten Trennungen. Sinnentstellende Trennungen werden ebenfalls nur so weit wie möglich vermieden.

Seit ein paar Jahren gibt es eine Gruppe, die ausschließlich die Trennmuster für die deutsche Sprache überarbeitet (`https://lists.dante.de/pipermail/trennmuster/`). Momentan enthält die Trennmusterdatei ca. 500 Tsd. richtig getrennte Wörter, aus denen dann die sogenannten Trennmuster (hyphenation pattern) gebildet werden (`https://repo.or.cz/wortliste.git`). Diese Trennmuster sind besser als die aktuellen, werden aber dennoch als *experimentell* bezeichnet, sodass sie nicht standardmäßig geladen werden. Mit `\usepackage[ngerman]{babel}` erhält man im Logfile den Hinweis auf die geladenen Trennmuster:

```
[...]
German Hyphenation Patterns (Reformed Orthography, 2006) `dehyphn-x' 2019-04-04
(WL))))))
[...]
```

Die experimentellen Muster können durch den Befehl `\babelprovide` geladen werden:

```
\usepackage[ngerman]{babel}
\babelprovide[hyphenrules=ngerman-x-latest]{ngerman}
```

Nach einem LaTeX-Lauf findet man dann im Logfile den Hinweis auf die experimentellen Muster:

```
[...]
German Hyphenation Patterns (Reformed Orthography, 2006) `dehyphn-x' 2019-04-04
```

```
(WL))))))
Package babel Info: \l@ngerman = using hyphenrules for ngerman-x-2021-02-26
[...]
```

5.3.3 Trennung von URLs

Müssen längere Internetadressen (z. B. eine URL) getrennt werden, muss der Trennstrich entfallen, damit die Leser diesen nicht als Bestandteil der Adresse in den Browser eingeben und sich wundern, wenn es die eingegebene Adresse nicht gibt. Hierfür gibt es das Paket `url` von Donald Arseneau, das die Trennstriche automatisch unterdrückt.

-03-5

Die Seite von DANTE e.V. ist http://www.dante.de und die der FAQ http://projekte.dante.de/DanteFAQ/WebHome

```
\usepackage{url,dtk-logos}

Die Seite von DANTE \eV\ ist
\url{http://www.dante.de} und die der FAQ
\url{http://projekte.dante.de/DanteFAQ/WebHome}
```

Das Paket stellt dabei folgende Optionen bereit:

`obeyspaces` In der Grundeinstellung werden alle Leerzeichen in einer URL unterdrückt. Verwendet man obeyspaces, bleiben diese erhalten.

`lowtilde` Verwendet anstelle der normalen Tilde eine etwas tiefer gestellte Variante.

`hyphens` In der Grundeinstellung sind Umbrüche nach einem Bindestrich in URLs nicht erlaubt, da es zu eventuellen Fehlinterpretationen kommen kann. Mit der Option hyphens sind dagegen Umbrüche nach Bindestrichen möglich.

`spaces` In der Grundeinstellung werden keine Trennungen nach Leerzeichen gemacht, weil man diese sonst sehr leicht übersieht. Mit der Option spaces ist dies jedoch möglich.

Im nachfolgenden Beispiel werden bei der URL Leerzeichen beachtet und eine modifizierte Tilde ausgegeben, die gegenüber der standardmäßigen die schönere Variante ist. In schmalen Textspalten kann die Formatierung einer langen URL zu einem Problem werden, wie im folgenden Beispiel zu sehen ist. In extremen Fällen muss man einen Umbruch nach *jedem* Zeichen ermöglichen, was man mit dem Paket `xurl` erreichen kann (https://ctan.org/pkg/xurl). Weitere Informationen bekommt man auch auf http://projekte.dante.de/DanteFAQ/Silbentrennung#10.

-03-6

Mehr dazu gibt es unter den Adressen http://www.xyz.de/index.html?id=345 34~7 und http://tex.stackexchange.com/questions/114704/problem-with-hyphen-in-url-when-using-fancyvrb-with-hyperref

```
\usepackage[obeyspaces,hyphens,lowtilde]{url}
\usepackage{dtk-logos}

Mehr dazu gibt es unter den Adressen
\url{http://www.xyz.de/index.html?id=345 34~7} und
\url{http://tex.stackexchange.com/questions/114704/
↪problem-with-hyphen-in-url-when-using-fancyvrb-with-
↪hyperref}
```

Mehr dazu gibt es unter den Adressen http://www.xyz.de/index.html?id=345 34~7 und http://tex.stackexchange.com/questions/114704/problem-with-hyphen-in-url-when-using-fancyvrb-with-hyperref

```
\usepackage[obeyspaces,hyphens,lowtilde]{xurl}
% Umbruch ist jetzt überall möglich
\usepackage{dtk-logos}

Mehr dazu gibt es unter den Adressen
\url{http://www.xyz.de/index.html?id=345 34~7} und
\url{http://tex.stackexchange.com/questions/114704/
↪problem-with-hyphen-in-url-when-using-fancyvrb-with-
↪hyperref}
```

05-03-7

hyperref

Das Paket hyperref lädt automatisch das Paket url. Sollen diesem Paket jedoch bestimmte Optionen mitgegeben werden, so muss es mit diesen Optionen *vor* hyperref geladen werden.

5.4 Anführungszeichen

Unter https://de.wikipedia.org/wiki/Anf%C3%BChrungszeichen findet man eine der verschiedensten Anführungszeichen in Abhängigkeit der Sprache. Diese lässt erahnen, dass dieses unscheinbare Thema ein weites Feld ist, wenn man die Anführungszeichen korrekt setzen will. Insbesondere dann, wenn in einem Dokument längere Textpassagen einer Fremdsprache vorhanden sind, die selbst Anführungszeichen enthalten. Die von der historischen Schreibmaschine bekannten Anführungszeichen " sind eigentlich nur noch für die Programmierung zur Markierung von Zeichenketten gedacht, nicht aber als Anführungszeichen, die alternativ oben oder auch unten erscheinen könnten. Mit dem Paket csquotes von Philipp Lehman und Joseph Wright kann man den Umgang erheblich vereinfachen.

csquotes

```
\enquote*{Text}
\foreignquote*{Sprache}{Text}
\hyphenquote*{Sprache}{Text}
\textquote[Verweis][Satzzeichen]{Text}
\foreigntextquote*{Sprache}[Verweis][Satzzeichen]{Text}
\hyphentextquote*{Sprache}[Verweis][Satzzeichen]{Text}
```

Mit dem Makro \enquote wird der als Argument zu übergebene *Text* in Anführungszeichen in der eingestellten Sprache gesetzt. Verschachtelt man das Makro, so wird je nach verwendeter Sprache von doppelten (äußeren) zu einfachen (inneren) Anführungszeichen gewechselt. Die Sternversion \enquote* verwendet sofort die einfachen (inneren) Anführungszeichen. Mit der Option autostyle ermittelt das Paket automatisch die richtige Spracheinstellung, die in der Regel von dem Paket babel kommt.

Normale „Anführungszeichen“
„Normale ‚Anführungszeichen‘“
‚Anführungszeichen‘

```
\usepackage[ngerman]{babel}
\usepackage[autostyle]{csquotes}

Normale \enquote{Anführungszeichen}\par
\enquote{Normale \enquote{Anführungszeichen}}\par
\enquote*{Anführungszeichen}
```

05-04-1

Tabelle 5.2 zeigt die Optionen für die Spracheinstellung. Für jede Sprache kann dabei eine eigene Einstellung getroffen werden. Das Beispiel 05-04-2 zeigt die Verwendung der sogenannten Guillemets (Möwchen), die im Deutschen den umgedreht gesetzten französischen Anführungszeichen entsprechen.

Tabelle 5.2: Paketoptionen bei entsprechender Sprachwahl.

Sprache	*mögliche Werte*
croatian	quotes, guillemets, guillemets*
danish	quotes, guillemets
english	american, british
french	quotes, quotes*, guillemets, guillemets*
german	quotes, guillemets, swiss
italian	quotes, guillemets
norwegian	guillemets, quotes
portuguese	portuguese, brazilian
spanish	spanish, mexican
swedish	quotes, guillemets, guillemets*

```
\usepackage[french,english,ngerman]{babel}
\usepackage[autostyle,german=guillemets,french=guillemets]{csquotes}

Er fragt: \enquote{Hast du Grass' \enquote{Blechtrommel} gelesen?}\par
\selectlanguage{french}
Il demande: \enquote{Avez-vous lu de Grass' \enquote{Le Tambour}?}\par
He asks: \foreignquote{english}{Did you read Grass' \enquote{The Tin Drum}?}
```

-04-2

Er fragt: »Hast du Grass' ›Blechtrommel‹ gelesen?«
Il demande : « Avez-vous lu de Grass' « Le Tambour » ? »
He asks : "Did you read Grass' 'The Tin Drum'?"

In einem Dokument, welches konsequent nur eine Codevariante von Anführungsstrichen verwendet, beispielsweise "` und "' bei Verwendung von babel, kann durch eine Umdefinition dieser Shorthands global eine andere Variante eingestellt werden.

```
\defineshorthand{"`}{\openautoquote}
\defineshorthand{"'}{\closeautoquote}
\MakeAutoQuote{Zeichen Links}{Zeichen Rechts}
\DeclareQuoteStyle{Name}{Doppelt-Links}{-Rechts}{Einfach-Links}{-Rechts}
\setquotestyle{Name}
```

Die beiden Makros \openautoquote und \closeautoquote werden dann entsprechend der Paketoption festgelegten Anführungszeichen benutzt. Mit \MakeAutoQuote kann das Paar an Anführungszeichen festgelegt werden, welches dann grundsätzlich benutzt wird. Davon sind die Makros \glqq und \grqq jedoch nicht betroffen, sodass sie mit ihrer alten Bedeutung weiter verwendet werden können.

```
\usepackage[ngerman]{babel}
\usepackage[autostyle,german=guillemets]{csquotes}
\defineshorthand{"`}{\openautoquote}
\defineshorthand{"'}{\closeautoquote}
\MakeAutoQuote{»}{«}
```

```
Er fragt: "`Hast du Grass' "`Blechtrommel"' gelesen?"'\par
Er fragt: »Hast du Grass' "`Blechtrommel« gelesen?«\par
Er fragt: \glqq Hast du Grass' \glq Blechtrommel\grq{} gelesen?\grqq
```

05-04-3

Er fragt: »Hast du Grass' ›Blechtrommel‹ gelesen?«
Er fragt: »Hast du Grass' ›Blechtrommel‹ gelesen?«
Er fragt: „Hast du Grass' ‚Blechtrommel' gelesen?"

Tabelle 5.3: Zusammenstellung der Makros für einfache und doppelte Anführungszeichen, die von den Schriftkodierungen T1, LY1, EU1 und EU2 unterstützt werden.

Links	*Beispiel*	*Rechts*
\textquotedblleft	"Xy"	\textquotedblright
\textquoteleft	'Xy'	\textquoteright
\quotedblbase	„Xy„	\quotedblbase
\quotesinglbase	‚Xy‚	\quotesinglbase
\guillemotleft	«Xy»	\guillemotright
\guilsinglleft	‹Xy›	\guilsinglright

Für alle mit dem Paket csquotes unterstützen Anführungszeichen gibt es definierte Makros, die in Tabelle 5.3 zusammengestellt sind.

Die Definition eigener Stile ist mit dem Makro \DeclareQuoteStyle möglich. Innerhalb des Textes kann mit \setquotestyle beliebig zwischen den Stilen gewechselt werden. Der Standardstil ist dabei american.

```
\usepackage[ngerman,frenchb]{babel}% french aktiv
\usepackage[autostyle,german=guillemets,french=guillemets]{csquotes}
\DeclareQuoteStyle{francaise}
  {\guillemotleft}{\guillemotright}
  {\guilsinglleft}{\guilsinglright}

Il demande: \enquote{Avez-vu lu de Grass' \enquote{Le Tambour}?}\par
\setquotestyle{francaise}
Il demande: \enquote{Avez-vu lu de Grass' \enquote{Le Tambour}?}
Il demande: «Avez-vu lu de Grass' «Le Tambour»?»
```

05-04-4

Il demande : « Avez-vu lu de Grass' « Le Tambour » ? »
Il demande : «Avez-vu lu de Grass' ‹Le Tambour› ?» Il demande : «Avez-vu lu de Grass' «Le Tambour» ?»

LaTeX-Editor Manche LaTeX-Editoren erlauben die Konfiguration der Taste ⇧+2 (Anführungszeichen), indem beispielsweise bei der ersten Betätigung \enquote{ und bei der zweiten Betätigung die schließende geschweifte Klammer } ausgegeben wird. Für Linux und macOS ist die Tastatur bereits per Definition so konfiguriert, dass alle Varianten an Anführungsstrichen direkt eingegeben werden können. Für Windows ist im Allgemeinen ein spezieller Tastaturtreiber zu installieren oder eine entsprechende Zahlenkombinaten anzugeben. Tabelle 5.4 auf der nächsten Seite zeigt eine Zusammenstellung der Tastenkombinationen, um die zehn Anführungszeichen » « › ‹ „ " ‚ ' " ' unter den bekannten Betriebssystemen zu erhalten.

Zeichen	*Linux*	*macOS*	*Windows*
»	AltGr + y	⇧ + Alt + q	Alt + 1 7 5
«	AltGr + x	Alt + q	Alt + 1 7 4
›	⇧ + AltGr + y	⇧ + Alt + n	Alt + 0 1 5 5
‹	⇧ + AltGr + x	⇧ + Alt + b	Alt + 0 1 3 9
„	AltGr + v	⇧ + Alt + w	Alt + 0 1 3 2
‚	⇧ + AltGr + v	Alt + s	Alt + 0 1 3 0
“	AltGr + b	Alt + 2	Alt + 0 1 4 7
‘	⇧ + AltGr + b	Alt + #	Alt + 0 1 4 5
”	AltGr + n	⇧ + Alt + 2	Alt + 0 1 4 8
’	AltGr + #	⇧ + Alt + #	Alt + 0 1 4 6

Tabelle 5.4: Tastenkombinaten für die verschiedenen Anführungszeichen. Unter Windows muss für die Zahlen der Ziffernblock benutzt werden.

5.5 Rechtschreibkontrolle

Im Gegensatz zu einer reinen Textverarbeitung ist es bei einem Satzprogramm nicht so einfach festzustellen, was ein Wort ist; im normalen Text können sich beliebige Befehle befinden, die selber Text generieren. Es empfiehlt sich daher unbedingt, die Rechtschreibkontrolle bereits bei der Eingabe vorzusehen. Diese Methode wird von allen grafischen Umgebungen unterstützt. Es ist lediglich darauf zu achten, dass die richtige Sprache eingestellt wird. Abbildung 5.1 zeigt exemplarisch die Rechtschreibkontrolle für TeXstudio unter macOS.

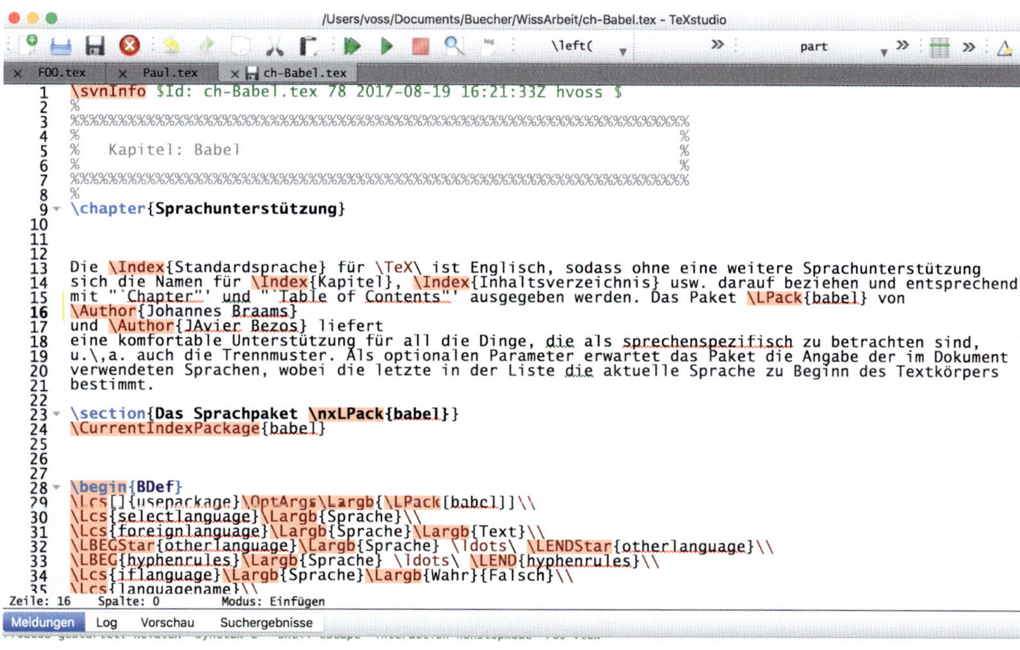

Abbildung 5.1: Automatische Rechtschreibkontrolle mit TeXstudio unter macOS.

Sollte es unter macOS mit anderen Editoren als TeXShop zu Problemen kommen, so kann man sich unter `https://hvoss.org/Books/errata.html` (ganz unten) die entsprechenden Sprachdateien für die deutsche Sprache als `.zip`-Datei herrunterladen. Ebenso befindet sich dort ein Hinweis auf die Installation für TeXstudio, der identisch ist zu dem in Abschnitt 2.1.3 auf Seite 18.

Kapitel 6

Textelemente

6.1 Allgemeine Festlegungen 67
6.2 Der Zeilenabstand 70
6.3 Die Titelseite 72
6.4 Der Seitenstil 76
6.5 Ausrichten von Text 82
6.6 Auszeichnung von Text 89
6.7 Hoch- und tiefgestellter Text 92
6.8 Fußnoten 92
6.9 Endnoten 96
6.10 Randbemerkungen 97
6.11 Textmarken und -referenzen 101
6.12 Hyperlinks 104
6.13 Umbruch 111
6.14 Horizontale und vertikale Abstände 118
6.15 Mehrspaltiger Text 121
6.16 Kritische Editionen 125
6.17 Große Dokumente organisieren 126

6.1 Allgemeine Festlegungen

Für den eigentlichen Text sind vorab ein paar formale Dinge festzulegen, die über die Wahl der Schrift hinausgehen. Bei einem deutschsprachigen Text kann man davon ausgehen, dass Absätze durch einen Absatzabstand markiert werden. Bei englischsprachigen Dokumenten ist dies in der Regel der Absatzeinzug. Für die KOMA-Script-Klassen wird dies über den Parameter `parskip` (paragraph skip) festgelegt. Tabelle 6.1 auf der nächsten Seite zeigt die möglichen Werte, die `parskip` zugewiesen werden können.

Tabelle 6.1: Zusammenstellung der möglichen Zuweisungen zur Option parskip.

Wert	*Erklärung*
false	Absätze wurden durch einen Einzug der ersten Zeile hervorgehoben; es gibt *keinen* zusätzlichen Absatzabstand.
full	Absätze werden durch eine ganze Leerzeile voneinander getrennt und die letzte Zeile hat mindestens am Ende einen Leerraum von 1 em (Geviert).
full-	dito, letzte Zeile kann beliebig enden.
full*	dito, jedoch darf die letzte Zeile höchstens drei Viertel einer normalen Zeile lang sein.
full+	dito, jedoch darf die letzte Zeile höchstens zwei Drittel einer normalen Zeile lang sein.
half	wie full, jedoch nur eine halbe Zeile Abstand zwischen Absätzen.
half-	wie full-, jedoch nur eine halbe Zeile Abstand.
half*	wie full*, jedoch nur eine halbe Zeile Abstand.
half+	wie full+, jedoch nur eine halbe Zeile Abstand.
never	Es wird in jedem Fall *kein* vertikaler Abstand eingefügt.

Bei einzeiligen Texten erscheint eine Vorgabe von parskip=half- sinnvoll. Das Minuszeichen erlaubt auch den Fall, dass die letzte Zeile eines Absatzes genau am rechten Rand endet. Absätze werden voneinander stärker abgehoben, wenn man diesen Fall nicht erlaubt, was mit den anderen Zuweisungen möglich ist, beispielsweise parskip=half. Im folgenden Beispiel sind der erste und dritte Absatz textlich gleich, dennoch werden sie anders gesetzt, da für den ersten Absatz parskip=half- und für den dritten parskip=half gilt. Hier darf ein Absatz nicht am rechten Rand enden. Um den Effekt offensichtlich werden zu lassen, wurde das Wort »zugewiesen« falsch geschrieben; nur so konnte man im ersten Beispiel genau den rechten Rand erreichen.

Hier kommt jetzt eine schöne Demonstration für die Klassenoption parskip. Ihr wird jetzt der schöne Wert half- zugewieesen werden.

Ein neuer Absatz beginnt mit einer halben Zeile Abstand und mit einem neuen Wert für parskip: half- wird zu half.

Hier kommt jetzt eine schöne Demonstration für die Klassenoption parskip. Ihr wird jetzt der schöne Wert half- zugewieesen werden.

Ein neuer Absatz beginnt wieder mit einer halben Zeile Abstand.

```
\documentclass[paper=a6,
          parskip=half-]{scrartcl}

Hier kommt jetzt eine schöne Demonstration für die
Klassenoption \texttt{parskip}. Ihr wird jetzt der
schöne Wert \texttt{half-} zugewieesen werden.

Ein neuer Absatz beginnt mit einer halben Zeile
Abstand und mit einem neuen Wert für
\texttt{parskip}: \texttt{half-} wird zu
\texttt{half}.

\KOMAoptions{parskip=half}%  Ändern auf half
Hier kommt jetzt eine schöne Demonstration für die
Klassenoption \texttt{parskip}. Ihr wird jetzt der
schöne Wert \texttt{half-} zugewieesen werden.

Ein neuer Absatz beginnt wieder mit einer halben
Zeile Abstand.
```

06-01-1

-01-2

Hier kommt jetzt eine schöne Demonstration für den Absatzeinzug. Die Klassenoption parskip findet keine Anwendung.

Ein neuer Absatz beginnt mit einem Einzug von 1 em, der verändert werden kann.

Ein neuer Absatz beginnt jetzt mit einem Einzug von 2 em, der verändert werden kann.

```
\documentclass[paper=a6]{scrartcl}

Hier kommt jetzt eine schöne Demonstration für
den Absatzeinzug. Die Klassenoption
\texttt{parskip} findet keine Anwendung.\par
Ein neuer Absatz beginnt mit einem Einzug
von 1\,em, der verändert werden kann.\par
\setlength\parindent{2em}
Ein neuer Absatz beginnt jetzt mit einem Einzug
von 2\,em, der verändert werden kann.
```

Eine Kombination aus Absatzeinzug *und gleichzeitigem* Absatzabstand ist, typografisch gesehen, nicht zu empfehlen; es ist weltweit unüblich. Der Absatzeinzug ist nicht einheitlich geregelt und wird in einigen Ländern größer gewählt als KOMA-Script es vorgibt. Der Wert kann vom Anwender beliebig geändert werden. Zu beachten ist, dass bei gewähltem Absatzeinzug die erste Zeile eines Absatzes, welche direkt nach einem Kapitel- oder Abschnittsanfang folgt, *nicht* eingerückt wird.

Bei der Anwendung einer tabularx wird oft vergessen, dass diese formal wie ein Absatzanfang wirkt und demzufolge mit Einrückung gesetzt wird, womit sie dann über den rechten Rand ragt, wenn als Tabellenbreite \linewidth genommen wurde. In solchen Fällen, sollte vorher der Befehl \noindent angewendet werden, der selbsterklärend ist: *\noindent*

```
... Ende eines Absatzes.

\noindent
\begin{tabularx}{\linewidth}{lX}
...
\end{tabularx}
```

Ähnliches gilt für abgesetzte Gleichungen, die mitten in einen zusammengehörigen Text gesetzt werden. In solchen Fällen sollten Leerzeilen vermieden werden, was dann auch den Befehl \noindent nicht erfordert; nach der Gleichung darf der Text nicht eingerückt werden, wenn er formal zum vorhergehenden gehört.

-01-3

Die allgemeine quadratische Gleichung

$$y = x^2 + x + c$$

sollte doch jedem bekannt sein.

Die allgemeine quadratische Gleichung

$$y = x^2 + x + c$$

sollte doch jedem bekannt sein. Dieser Absatz ist jetzt nicht eingerückt.

```
\documentclass{scrartcl}

Die allgemeine quadratische Gleichung

\[ y=x^2+x+c \]

sollte doch jedem bekannt sein.\par
Die allgemeine quadratische Gleichung
%
\[ y=x^2+x+c \]
%
sollte doch jedem bekannt sein. Dieser Absatz
ist jetzt nicht eingerückt.
```

6.2 Der Zeilenabstand

6.2.1 Definition

Der Zeilenabstand (baselineskip) ist der vertikale Abstand zweier Basislinien. Abbildung 6.1 zeigt es exemplarisch, wobei der sogenannte Durchschuss (Interlinea oder leading) Teil des Zeilenabstandes ist. Dieser Durchschuss soll verhindern, dass Buchstaben in verschiedenen Zeilen aufeinander stoßen. Definiert ist dieser sogenannte pH-Abstand jeweils von der Unterkante der »p-Linie« zur Oberkante der »H-Linie«. Wie Abbildung 6.1 zeigt, gilt dies jedoch nur unter der Voraussetzung, dass keine Zeichen mit größerer Tiefe und größerer Höhe verwendet werden..

partiell gesehen ist es eine Frage der p
Haltung, oder wie sehen Sie das? Ä

(a) Mit Durchschuss von 2 pt

partiell gesehen ist es eine Frage der p
Haltung, oder wie sehen Sie das? Ä

(b) Ohne Durchschuss

Abbildung 6.1: Darstellung des Zeilenabstandes mit und ohne Durchschuss.

6.2.2 Verändern

Um den Zeilenabstand zu ändern, sollte ausschließlich das Makro `\linespread` oder das Paket `setspace` verwendet werden. Das Makro erwartet einen Faktor, mit dem dann der von der Grundschriftgröße abhängige Zeilenabstand multipliziert wird. Ausgeführt wird die Anweisung aber erst durch ein folgendes `\selectfont`.

```
\linespread{faktor}\selectfont
```

Dabei werden keine absoluten Maßangaben verwendet, sondern der Zeilenabstand `\baselineskip` wird mit dem in `\linespread` angegebenen Faktor multipliziert. Mit der Festlegung durch `\linespread` wird die Umschaltung aber noch nicht aktiv, dies erledigt erst das Makro `\selectfont`. Soll der Zeilenabstand nur für einen Absatz gelten, so muss die Änderung durch die Klammerung {...} lokal gehalten werden und innerhalb dieser Klammerung durch `\par` mit einem Absatzende gekennzeichnet werden, ansonsten würde die Zeilenabstandsänderung nicht beachtet.

Dies hier ist ein Text zum Testen von Textausgaben. Wer diesen Text liest, ist selbst schuld.

Der Text gibt jetzt seinen Inhalt mit dem 1,5-fachen Abstand aus. Auch anderthalbzeilig genannt.

Jetzt ist wieder alles einzeilig, was man ja hier sehen kann.

```
Dies hier ist ein Text zum Testen von
Textausgaben. Wer diesen Text liest, ist
selbst schuld.

{\linespread{1.25}\selectfont
Der Text gibt jetzt seinen Inhalt mit dem
1,5-fachen Abstand aus. Auch anderthalbzeilig
genannt.\par}

Jetzt ist wieder alles einzeilig, was man ja
hier sehen kann.
```

06-02-1

Das Beispiel 06-02-1 verwendet den Faktor 1.25 um einen 1,5-fachen Zeilenabstand zu erreichen. Dies bezieht sich auf eine Schriftgröße von 10 pt und einem Durchschuss von

2 pt, sodass Zeilen im Prinzip im Abstand von 12 pt erfolgen. Durch Multiplikation mit 1.25 ergibt sich 15 pt.

Zeilenabstand ändern

Das Paket setspace von Geoffrey Tobin erlaubt das fehlerfreie Ändern des Zeilenabstandes, was auch immer Auswirkungen hat auf die Abstände vor und nach mathematischen Gleichungen, Abbildungen usw. Für eine globale Änderung kann in der Präambel eines der drei definierten Makros angegeben werden: `\singlespacing`, `\onehalfspacing` oder `\doublespacing` für einfachen, anderthalbfachen oder doppelten Zeilenabstand.

2-2

Dies hier ist ein Blindtext zum Testen von Textausgaben. Wer diesen Text liest, ist selbst schuld. Der Text gibt lediglich den Grauwert der Schrift an. Ist das wirklich so?

```
\usepackage{setspace}
\doublespacing

Dies hier ist ein Blindtext zum Testen von
Textausgaben. Wer diesen Text liest, ist
selbst schuld. Der Text gibt lediglich den
Grauwert der Schrift an. Ist das wirklich so?
```

Um den Zeilenabstand für einzelne Textpassagen zu ändern, stehen entsprechende Umgebungen singlespace, onehalfspace und doublespace zur Verfügung. Zu beachten ist, dass die Umgebung onehalfspace *nicht* innerhalb von doublespace beziehungsweise einem globalen `\doublespacing` angewendet werden darf. In solchen Fällen muss erst auf den einzeiligen Abstand gewechselt werden.

```
\usepackage{setspace}
\doublespacing

\textD\par
\begin{onehalfspace} \textD \end{onehalfspace}

\begin{singlespace}  \textD \end{singlespace}
```

02-3

Vor dem Beginn der Installation sollte man sich vergewissern, ob nicht eine bereits vorhandene TEX-Installation existiert, die schon Umgebungsvariablen entsprechend gesetzt hat.

Vor dem Beginn der Installation sollte man sich vergewissern, ob nicht eine bereits vorhandene TEX-Installation existiert, die schon Umgebungsvariablen entsprechend gesetzt hat.

Vor dem Beginn der Installation sollte man sich vergewissern, ob nicht eine bereits vorhandene TEX-Installation existiert, die schon Umgebungsvariablen entsprechend gesetzt hat.

Will man einen selbstdefinierten Zeilenabstand setzen, so kann die allgemeine Umgebung spacing verwendet werden, die als Parameter den Faktor erhält, um den der Zeilenabstand erhöht werden soll.

```
\usepackage{setspace}
\doublespacing

\begin{spacing}{1.4} \textD \end{spacing}

\begin{spacing}{0.9} \textD \end{spacing}
```

Vor dem Beginn der Installation sollte man sich vergewissern, ob nicht eine bereits vorhandene TEX-Installation existiert, die schon Umgebungsvariablen entsprechend gesetzt hat.

Vor dem Beginn der Installation sollte man sich vergewissern, ob nicht eine bereits vorhandene TEX-Installation existiert, die schon Umgebungsvariablen entsprechend gesetzt hat.

06-02

6.3 Die Titelseite

6.3.1 Makro \maketitle

Im Allgemeinen wird man nur bei einfachen Dokumenten für Seminare oder Ähnlichem auf den Befehl \maketitle zurückgreifen können, der ursprünglich für wissenschaftliche Beiträge zu Fachzeitschriften gedacht war. Dafür wurden standardmäßig die Befehle \title, \author und \date benutzt. Fehlt die Datumsangabe, so wird immer das Tagesdatum benutzt. Die Deklaration kann sowohl in der Präambel als auch im Text erfolgen; erst mit dem Aufruf von \maketitle wird der Titel ausgegeben. Die jeweiligen Schriftgrößen und -arten kann man über \setkomafont beziehungsweise \addtokomafont verändern. Standard-LATEX sieht für \maketitle keine weiteren Angaben vor. KOMA-Script selbst erlaubt weitere Angaben, verhält sich aber prinzipiell wie Standard-LATEX, wenn keine weiteren Angaben gemacht werden.

Ein Titel kann mit \maketitle nur einmal an beliebiger Stelle im Dokument ausgegeben werden. Für Fußnoten, um für Autoren Hinweise anzugeben, ist der Befehl \thanks zu verwenden. Dieser setzt die Fußnote mit einem Symbol anstelle einer Ziffer. Die standardmäßig verwendeten neun Symbole sind in der angegebenen Reihenfolge: *, †, ‡, §, ¶, ‖, **, †† und ‡‡. Sie sind durch das Makro \@fnsymbol definiert und können mithilfe des Paketes footmisc leicht modifiziert werden.

Mehrere Autoren sollten immer durch \and verknüpft werden; dann werden sie automatisch symmetrisch angeordnet. Die Angabe von \date ist fakulativ; fehlt die Angabe, so wird das aktuelle Tagesdatum genommen. Soll die Datumsangabe entfallen, so muss sie mit einem leeren Argument angegeben werden: \date{}.

```
\title{Titel}
\author{Name\thanks{Text} \and Name\thanks{Text} \and ...}
\date{Datum}
\maketitle
```

3-1

Das Abwehrverhalten der südamerikanischen Waldameise

Erasmus von Rotterdam Herbert Voß

20. März 2021

Jetzt kommt eine kurze Zusammenfassung, die auch länger sein könnte …

1 Überschrift auf Ebene 1 (section)

Dies hier ist ein Blindtext zum Testen von Textausgaben. Wer diesen Text liest, ist selbst schuld. Der Text gibt lediglich den Grauwert der Schrift an. Ist das wirklich so? Ist es gleichgültig, ob ich schreibe: „Dies ist ein Blindtext" oder „Huardest gefburn"? Kjift – mitnichten! Ein Blindtext bietet mir wichtige Informationen. An ihm messe ich die Lesbarkeit einer Schrift, ihre Anmutung, wie harmonisch die Figuren zueinander stehen und prüfe, wie breit oder schmal sie läuft. Ein Blindtext sollte möglichst viele verschiedene Buchstaben enthalten und in der Originalsprache gesetzt sein. Er muss keinen Sinn ergeben, sollte aber lesbar sein. Fremdsprachige Texte wie „Lorem ipsum" dienen nicht dem eigentlichen Zweck, da sie eine falsche Anmutung vermitteln.

1.1 Überschrift auf Ebene 2 (subsection)

Dies hier ist ein Blindtext zum Testen von Textausgaben. Wer diesen Text liest, ist selbst schuld. Der Text gibt lediglich den Grauwert der Schrift an. Ist das wirklich so? Ist es gleichgültig, ob ich schreibe: „Dies ist ein Blindtext" oder „Huardest gefburn"? Kjift – mitnichten! Ein Blindtext bietet mir wichtige Informationen. An ihm messe ich die Lesbarkeit einer Schrift, ihre Anmutung, wie harmonisch die Figuren zueinander stehen und prüfe, wie breit oder schmal sie läuft. Ein Blindtext sollte möglichst viele verschiedene Buchstaben enthalten und in der Originalsprache gesetzt sein. Er muss keinen Sinn ergeben, sollte aber lesbar sein. Fremdsprachige Texte wie „Lorem ipsum" dienen nicht dem eigentlichen Zweck, da sie eine falsche Anmutung vermitteln.

1.1.1 Überschrift auf Ebene 3 (subsubsection)

Dies hier ist ein Blindtext zum Testen von Textausgaben. Wer diesen Text liest, ist selbst schuld. Der Text gibt lediglich den Grauwert der Schrift an. Ist das wirklich so? Ist es gleichgültig, ob ich schreibe: „Dies ist ein Blindtext" oder „Huardest gefburn"? Kjift – mitnichten! Ein Blindtext bietet mir wichtige Informationen. An ihm messe ich die Lesbarkeit einer Schrift, ihre Anmutung, wie harmonisch die Figuren zueinander stehen und prüfe, wie breit oder schmal sie läuft. Ein Blindtext sollte möglichst viele verschiedene Buchstaben enthalten und in der Originalsprache gesetzt sein. Er muss keinen Sinn ergeben, sollte aber lesbar sein. Fremdsprachige Texte wie „Lorem ipsum" dienen nicht dem eigentlichen Zweck, da sie eine falsche Anmutung vermitteln.

1

```
\documentclass[paper=a4,DIV=13]{scrartcl}
\addtokomafont{title}{\let\huge\Large}
\addtokomafont{author}{\Large}
\addtokomafont{date}{\normalsize}
\title{Das Abwehrverhalten der
  südamerikanischen Waldameise}
\author{Erasmus von Rotterdam
         \and Herbert Voß}

\maketitle
\begin{abstract}
Jetzt kommt eine kurze
Zusammenfassung, die auch länger
sein könnte \ldots
\end{abstract}
\blinddocument
```

03-2

Entwurf

Freie Universität Berlin

Die südamerikanische Waldameise

Eine empirische Untersuchung

Erasmus von Rotterdam* Herbert Voß† Anastasius Krachulke‡

23.11.2017
Institut für Biologie

Hauptseminar »Die Ameise«

Jetzt kommt eine Zusammenfassung, die auch länger sein könnte …

1 Überschrift auf Ebene 1 (section)

Dies hier ist ein Blindtext zum Testen von Textausgaben. Wer diesen Text liest, ist selbst schuld. Der Text gibt lediglich den Grauwert der Schrift an. Ist das wirklich so? Ist es gleichgültig, ob ich schreibe: „Dies ist ein Blindtext" oder „Huardest gefburn"? Kjift – mitnichten! Ein Blindtext bietet mir wichtige Informationen. An ihm messe ich die Lesbarkeit einer Schrift, ihre Anmutung, wie harmonisch die Figuren zueinander stehen und prüfe, wie breit oder schmal sie läuft. Ein Blindtext sollte möglichst viele verschiedene Buchstaben enthalten und in der Originalsprache gesetzt sein. Er muss keinen Sinn ergeben, sollte aber lesbar sein. Fremdsprachige Texte wie „Lorem ipsum" dienen nicht dem eigentlichen Zweck, da sie eine falsche Anmutung vermitteln.

1.1 Überschrift auf Ebene 2 (subsection)

Dies hier ist ein Blindtext zum Testen von Textausgaben. Wer diesen Text liest, ist selbst schuld. Der Text gibt lediglich den Grauwert der Schrift an. Ist das wirklich so? Ist es gleichgültig, ob ich schreibe: „Dies ist ein Blindtext" oder „Huardest gefburn"? Kjift – mitnichten! Ein Blindtext bietet mir wichtige Informationen. An ihm messe ich die Lesbarkeit einer Schrift, ihre Anmutung, wie harmonisch die Figuren zueinander stehen und prüfe, wie breit oder schmal sie läuft. Ein Blindtext sollte möglichst viele verschiedene Buchstaben enthalten und in der Originalsprache gesetzt sein. Er muss keinen Sinn ergeben, sollte aber lesbar sein. Fremdsprachige Texte wie „Lorem ipsum" dienen nicht dem eigentlichen Zweck, da sie eine falsche Anmutung vermitteln.

*Rijksuniversiteit Rotterdam
†Freie Universität Berlin, Zentraleinrichtung Rechenzentrum
‡l'Université Paris-Sorbonne (Paris IV)

1

```
\documentclass[paper=a4,DIV=14]{scrartcl}
\titlehead{\centering Entwurf}
\subject{Freie Universität Berlin}
\addtokomafont{subject}{\sffamily}
\title{Die südamerikanische Waldameise}
\subtitle{Eine empirische Untersuchung}
\author{Erasmus von Rotterdam\thanks{%
   Rijksuniversiteit Rotterdam}
  \and Herbert Voß\thanks{%
   Freie Universität Berlin,
   Zentraleinrichtung Rechenzentrum}
  \and Anastasius Krachulke\thanks{%
   l'Université Paris-Sorbonne (Paris IV)}}
\addtokomafont{author}{\large}
\date{23.11.2017}
\addtokomafont{date}{\normalsize}
\publishers{Institut für Biologie}
\addtokomafont{publishers}{\large}
\dedication{Hauptseminar »Die Ameise«}
\setkomafont{dedication}{\sffamily}

\maketitle
\begin{abstract}
Jetzt kommt eine Zusammenfassung, die
auch länger sein könnte \ldots
\end{abstract}
\blinddocument
```

Die jeweiligen Vorgaben von KOMA-Script für die einzelnen Titelelemente sind:

titlehead	`{}`
subject	`\normalfont\normalcolor\bfseries\Large`
title	`\normalcolor\sffamily\bfseries\huge`
subtitle	`\usekomafont{title}\large`
author	`\Large`
date	`\Large`
publishers	`\Large`
dedication	`\Large`

Hierbei ist zu beachten, dass die Schriftgröße des Titels eigentlich nicht auf Anwenderseite geändert werden kann, da der Größenbefehl \huge außerhalb von \setkomafont gesetzt wird. Die Änderung geht daher nur mit einem kleinen Trick durchzuführen: In Beispiel 06-03-1 auf der vorherigen Seite findet man

```
\addtokomafont{title}{\let\huge\Large}.
```

Der Größenbefehl \huge wird temporär auf \Large gesetzt. Dies kann problemlos geschehen, da der Titel intern lokal gesetzt wird, Änderungen haben nach außen keine Wirkung; nach dem Titel hat \huge wieder die alte Bedeutung. In LaTeX-Notation: Alles, was innerhalb einer Umgebung geschieht, bleibt lokal zur Umgebung.

6.3.2 Die Umgebung titlepage

Bei wissenschaftlichen Arbeiten, die einen eher offiziellen Charakter haben, wird man eine eigene Titelseite erstellen müssen. Handelt es sich um ein Manuskript für eine Monografie, welche bei einem Verlag veröffentlicht werden soll, so wird man in der Regel nur den sogenannten Schmutztitel, die erste Seite des Buchblocks erstellen. Für den eigentlichen Buchumschlag ist meistens der Verlag zuständig.

Die selbstformatierte und ganzseitige Titelseite kann mit der Umgebung titlepage erstellt werden. Diese Umgebung macht nichts weiter als den Seitenstil auf empty zu setzen (keine Kopf- und Fußzeile) und bei einem angeforderten Zweispaltensatz auf einspaltig umzuschalten. Der Rest obliegt dem Anwender.

Da KOMA-Script das individuelle Einstellen von unterschiedlichen Seitenformaten nicht sonderlich gut unterstützt, wird mithilfe des Paketes geometry und dem Befehl \newgeometry für die Titelseite ein symmetrisches Seitenlayout erzwungen. Gleichzeitig übergibt man der Dokumentenklasse die Option usegeometry, damit KOMA-Script die korrekten Seitenmaße an das Paket geometry weitergibt:

```
\documentclass[...,usegeometry]{scrartcl}
\begin{titlepage}
\newgeometry{margin=2cm}% symmmetrisches Layout nur für den Titel
[...]
\end{titlepage}
\restoregeometry% Wiederherstellen des alten Layouts
```

Nachhaltige Ernährung im Übergang zur Elternschaft

von Dipl.-Sozialwiss.
Adina Herde
aus Berlin

von der Fakultät VI – Planen Bauen Umwelt
der Technischen Universität Berlin
zur Erlangung des akademischen Grades
Doktor der Philosophie (Dr. phil.)
genehmigte Dissertation

Promotionsausschuss
Vorsitzender: Prof. Dr. Dietrich Henckel
Gutachterin: Prof. Dr. Dr. Martina Schäfer
Gutachterin: Prof. Dr. Ingrid Hoffmann

Tag der wissenschaftlichen Aussprache
5. Oktober 2007

Berlin 2007
D 83

```
\documentclass[paper=a5,DIV=14,parskip=half-,
    usegeometry]{scrreprt}
\usepackage{graphicx,geometry}

\begin{titlepage}% eigenes Titellayout
\newgeometry{margin=2cm,tmargin=1cm}
\raggedleft\Huge\bfseries
Nachhaltige Ernährung\\ im Übergang zur\\
Elternschaft\par\normalfont\normalsize
\vspace{1cm}
von Dipl.-Sozialwiss.\\Adina Herde\\aus Berlin
\par\bigskip
von der Fakultät VI -- Planen Bauen Umwelt\\
der Technischen Universität Berlin\\
zur Erlangung des akademischen Grades\\
Doktor der Philosophie (Dr. phil.)\\
genehmigte Dissertation\par \vspace{1cm}
\emph{Promotionsausschuss}\\
Vorsitzender: Prof.\,Dr.\,Dietrich Henckel\\
Gutachterin: Prof.\,Dr.\,Dr.\,Martina Schäfer\\
Gutachterin: Prof.\,Dr.\,Ingrid Hoffmann\par
\vspace{1cm}
\emph{Tag der wissenschaftlichen Aussprache}\\
5. Oktober 2007\par \vfill
Berlin 2007\\ D 83\par \vfill
\rule{\linewidth}{1.5pt}

\begin{tabular}{r}
Technische Universität Berlin\\
Fakultät VI - Planen Bauen Umwelt\\
Institut für Soziologie
\end{tabular}
\raisebox{-0.4\height}{%
  \includegraphics[height=3\normalbaselineskip]%
    {images/text/tu-logo}}
\end{titlepage}
\restoregeometry% altes Layout wiederherstellen
```

6.3.3 Erweiterungen mit KOMA-Script

Nach dem eigentlichen Buchdeckel kommt der erwähnte Schmutztitel, welcher meistens nur den Titel enthält. KOMA-Script bietet dafür den Befehl `\extratitle`, den man auch »missbrauchen« kann, um auf der Rückseite eine Widmung unterzubringen. In der Regel wird man zweiseitig setzen, sodass die Rückseite des Schmutztitels frei bleibt, da der eigentliche Titel wieder auf einer rechten und somit ungeraden Seite beginnt. Da bei zweiseitigen Dokumenten im Allgemeinen verschiedene Ränder für Innen und Außen gewählt werden, empfiehlt es sich, die Option `titlepage=firstiscover` zu verwenden, damit KOMA-Script für die Titelseiten auf gleiche Ränder schaltet. Diese können über die folgenden Macros mit `\renewcommand` geändert werden:

```
\coverpagetopmargin
\coverpageleftmargin
\coverpagerightmargin
\coverpagebottommargin
```

```
\documentclass[paper=a4,DIV=14,titlepage=firstiscover]{scrbook}
\usepackage{dantelogo,graphicx}
\renewcommand\coverpagetopmargin{5cm}\renewcommand\coverpagebottommargin{2cm}
\addtokomafont{publishers}{\bfseries}\addtokomafont{disposition}{\rmfamily}

\extratitle{\begin{center}\bfseries\scalebox{4}{\LaTeX\ Referenz}\end{center}
  \newpage\thispagestyle{empty}\vspace*{\fill}\centering\large Für alle \LaTeX-Anwender\par\vfi
\title{\LaTeX\ Referenz}\subtitle{Dritte, überarbeitete und erweiterte Auflage}
\author{Herbert Voß\\\small Berlin}
\publishers{\rule{0pt}{15cm}\dantelogo[30pt]\hfill
      \includegraphics[height=1.5cm]{images/text/Logo_lehmanns}}
\date{}
\uppertitleback{\input{CRText-DE}}
\lowertitleback{\copyright\ 2017 Herbert Voß, Berlin\\
  Erste Auflage\\
  ISBN 978-3-86541-836-4\\
  Umschlag: Herbert Voß\\
  Satz: Lua\LaTeX\\
  Verlag: Lehmanns Media, Berlin\\
  Druck: Totem -- ł Inowrocaw -- Polen}
\maketitle
```
06-0

6.4 Der Seitenstil

6.4.1 Standard-LATEX

In allen Dokumentenklassen ist ein Seitenstil vordefiniert, für Artikelklassen ist dies im Allgemeinen `plain` und für Buchklassen `headings`. Standard-LATEX definiert zusätzlich die Seitenstile `empty` und `myheadings`.

> \pagestyle{*Stil*}
> \thispagestyle{*Stil*}

```
\chapter{foo}\section{bar}\blindtext[1]\newpage
\pagestyle{plain}    \section{Seitenstil \texttt{plain}}    \blindtext[2]\newpage
\pagestyle{empty}    \section{Seitenstil \texttt{empty}}    \blindtext[2]\newpage
\pagestyle{headings}\section{Seitenstil \texttt{headings}}\blindtext[2]
```
06-0

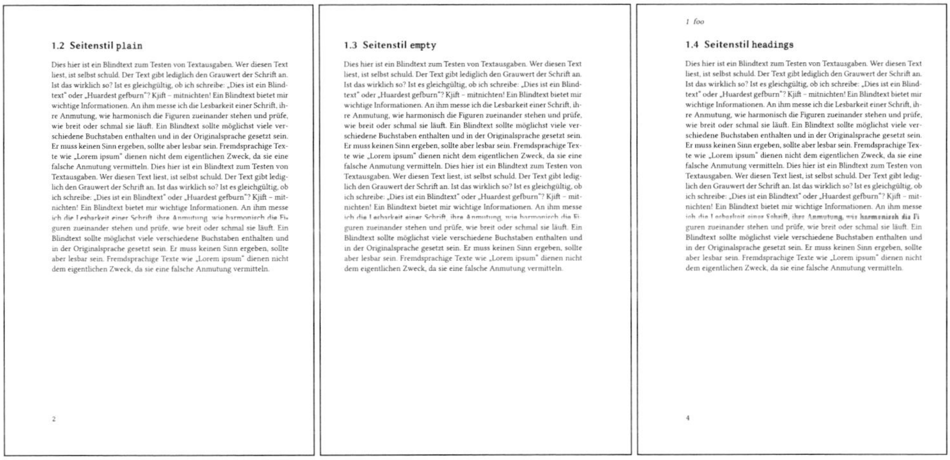

Angaben, die mit \pagestyle gesetzt werden, bleiben immer solange gültig, bis ein anderer Stil angefordert wird. Eine Anwendung von \thispagestyle erfolgt unter anderem von dem Makro \maketitle, der Umgebung titlepage und den Makros \part* und \chapter*. Es ist typografischer Konsens, dass ein Kapitelbeginn mit dem Seitenstil plain gesetzt wird, auch wenn andere Seiten headings aufweisen. Soll eine einzelne Seite *\chapter* auf einen anderen Stil gesetzt werden, so ist dies mit dem Makro \thispagestyle möglich. Es kann irgendwo auf der betreffenden Seite angeordnet werden. Ein beispielhafter Anwendungsfall wäre das Einfügen einer ganzseitigen Grafik, die ansonsten sowohl von der Fuß- als auch der Kopfzeile überschrieben würde.

6.4.2 Das Paket scrlayer-scrpage

KOMA-Script verwendet für Kopf- und Fußzeilen per Definition das Paket scrlayer-scrpage. Es definiert zwei eigene Seitenstile plain.scrheadings und scrheadings, wobei plain und headings dann ein jeweiliger Aliasname ist. Abbildung 6.2 zeigt den Zusammenhang zwischen den Befehlen für Kopf- und Fußzeilen und ihrer Bedeutung.

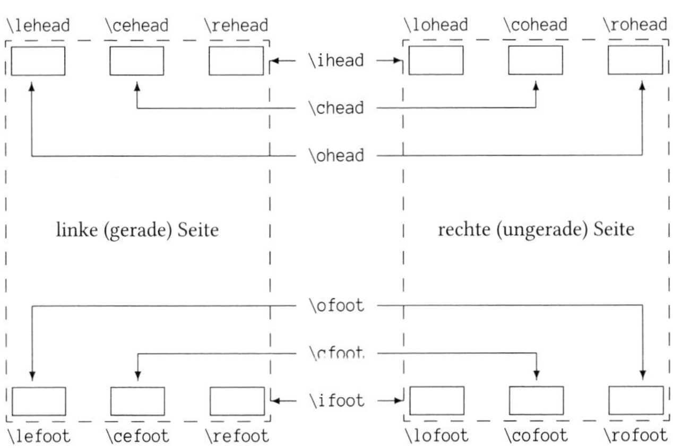

Abbildung 6.2: Aufbau von Kopf- und Fußzeile mit zugehörigen Befehlen für die Seitenstile scrheadings und plain.scrheadings nach Kohm (2020).

Für einseitige Dokumente kann jeweils der Befehl mit dem Seitenbuchstaben »o« für ungerade (rechte) Seiten (odd) benutzt werden, während für zweiseitige Dokumente zusätzlich der Seitenbuchstabe »e« für gerade (linke) Seiten (even) existiert. Alternativ kann für zweiseitige Dokumente auch die Innen/Außen-Kombination benutzt werden.

Kopf	Fuß	
\lehead [*plain.scrheadings*] {*scrheadings*}	\lefoot [*plain.scrheadings*] {*scrheadings*}	% left–even
\cehead [*plain.scrheadings*] {*scrheadings*}	\cefoot [*plain.scrheadings*] {*scrheadings*}	% center–even
\rehead [*plain.scrheadings*] {*scrheadings*}	\refoot [*plain.scrheadings*] {*scrheadings*}	% right–even
\lohead [*plain.scrheadings*] {*scrheadings*}	\lofoot [*plain.scrheadings*] {*scrheadings*}	% left–odd
\cohead [*plain.scrheadings*] {*scrheadings*}	\cofoot [*plain.scrheadings*] {*scrheadings*}	% center–odd
\rohead [*plain.scrheadings*] {*scrheadings*}	\rofoot [*plain.scrheadings*] {*scrheadings*}	% right–odd
\ihead [*plain.scrheadings*] {*scrheadings*}	\ifoot [*plain.scrheadings*] {*scrheadings*}	% inner
\chead [*plain.scrheadings*] {*scrheadings*}	\cfoot [*plain.scrheadings*] {*scrheadings*}	% center
\ohead [*plain.scrheadings*] {*scrheadings*}	\ofoot [*plain.scrheadings*] {*scrheadings*}	% outer

Es existieren auch Sternvarianten der Befehle, bei denen das Argument sowohl für `plain.scrheadings` als auch für `scrheadings` verwendet wird. Mit `\cfoot*{\pagemark}` erscheint dann sowohl bei einem Kapitelanfang als auch bei den folgenden Seiten des Kapitels die Seitennummer zentriert in der Fußzeile.

```
\usepackage{scrlayer-scrpage}
\KOMAoptions{headsepline=0.8pt,footsepline}
\clearmainofpairofpagestyles \lofoot{Jana Voß} \cofoot{\today}
\rofoot{\pagemark} \addtokomafont{pagehead}{\bfseries}
\rohead{Die Feminisierung in der französischen Sprache}

Ein beliebiger Text im Textkörper \ldots
```

06-04-

Die Feminisierung in der französischen Sprache

Ein beliebiger Text im Textkörper ...

Jana Voß *20. März 2021* 1

```
\usepackage{scrlayer-scrpage}
\addtokomafont{pagehead}{\bfseries}
\clearmainofpairofpagestyles     % alle Vorgaben löschen
\ohead{Die Feminisierung in der französischen Sprache}
\ofoot{\pagemark}                % LeftEven,RightOdd (außen)
\lofoot{Jana Voß}\cefoot{Jana Voß}% LeftOdd, CenterEven
\cofoot{\today}\refoot{\today}   % CenterOdd,RightEven
\KOMAoptions{headsepline=0.8pt,footsepline}

Ein beliebiger Text im Textkörper \ldots \clearpage
Die nächste Seite \ldots
```

06-0

Die Feminisierung in der französischen Sprache

Ein beliebiger Text im Textkörper ...

2 *Jana Voß* *20. März 2021*

Die Feminisierung in der französischen Sprache

Die nächste Seite ...

Jana Voß *20. März 2021* 3

Im Allgemeinen wird man in der Kopfzeile den sogenannten Kolumnentitel (lebende Kolumne) vorsehen wollen, der dann automatisch aktualisiert wird, wenn ein neues Kapitel oder ein neuer Abschnitt begonnen wird. Das folgende Beispiel zeigt die Seiten 3–5 eines zweiseitigen Dokuments.

04-4

```
\documentclass[headinclude,footinclude,twoside,parskip=full]{scrbook}
\usepackage{scrlayer-scrpage}
\chapter{foo}\section{bar}                  \blindtext\newpage
\section{Seitenstil \texttt{scrheadings}}\blindtext\newpage
\section{Mittlerer Abschnitt}               \blindtext\newpage
\addtokomafont{pagehead}{\scshape}
\ohead{\leftmark} \ihead{\rightmark}
\section{Letzter Abschnitt}                 \blindtext\newpage
```

Der bereits definierte Kopf für den Seitenstil scrheadings benutzt die beiden LaTeX-Makros \leftmark und \rightmark, die bei Verwendung von \automark oder \manualmark auf die Definitionen von \chaptermark, \sectionmark, usw. zurückgreifen. Bei einseitigen Dokumenten kann mit dem Makro \ifstr geprüft werden, ob \leftmark und \rightmark gleich sind. Trifft dies zu, so sollte \rightmark *nicht* ausgegeben werden.

04-5

```
\documentclass[ngerman,parskip=full,headinclude,footinclude,headlines=2.5]{scrartcl}
\usepackage[autooneside=false]{scrlayer-scrpage}
\automark[subsection]{section}
\renewcommand*\sectionmarkformat{}% keine Abschnittsnumemr
\renewcommand*\subsectionmarkformat{}% dito
\chead{}\ohead{\leftmark\\\ifstr{\leftmark}{\rightmark}{}{\rightmark}}
\section{Einführung}                    \blindtext\newpage
\subsection{Seitenstil \texttt{scrheadings}}\blindtext\newpage
\section{Mittlerer Abschnitt}\blindtext\newpage
\subsection{Letzter Abschnitt}\blindtext
```

Die aktuelle Breite der Kopf- und Fußzeile kann mit den zwei Optionen headwidth und footwidth beliebig verändert werden. Dabei können den Optionen auch die in Tabelle 6.2 auf der nächsten Seite zusammengefassten symbolische Werte zugewiesen werden.

Im folgenden Beispiel wird die Kapitelnummer an den äußeren Rand gesetzt. Dem Beispiel kann weiterhin entnommen werden, dass die Kapitelanfangsseite ohne Kopf- und Fußzeile gesetzt wird. Diese Seiten werden automatisch mit dem Seitenstil plain.scrheadings gesetzt und können über das optionale Argument der Makros für das Paket scrlayer-scrpage neu definiert werden.

04-6

```
\documentclass[usegeometry,headinclude,chapterprefix=on,footinclude,parskip=half,ngerman]{scrbook}
\usepackage{geometry,blindtext,xcolor}
\usepackage[headwidth=\the\textwidth+24mm:0pt, headsepline=0.8pt]{scrlayer-scrpage}%ilines ist
↪Vorgabe
\clearpairofpagestyles
\lehead{\mbox{\smash{\setlength\fboxsep{0pt}%
  \raisebox{-2pt}{\colorbox{black!80}{\makebox[24mm]{\hfill\rule[-2.85pt]{2mm}{12mm}}}}} %
  \quad\leftmark}}
```

Tabelle 6.2: Symbolische Längenangaben für den Seitenkopf und -fuß, sowie die Trennlinien für Oben und Unten.

Name	*Bedeutung*
`paper`	Papierbreite
`page`	Papierbreite ohne Bindekorrektur
`text`	Textbreite
`marginpar`	Breite der Randbemerkung einschließlich `\marginparsep`
`textwithmarginpar`	Textbreite inklusive Seitenrand einschließlich `\marginparsep`
`head`	Aktuelle Kopfbreite
`headtopline`	Aktuelle Länge der Linie über dem Kopf
`headsepline`	Aktuelle Länge der Linie zwischen Kopf und Textbereich
`foot`	Aktuelle Fußbreite
`footbotline`	Aktuelle Länge der Linie unter dem Fuß
`footsepline`	Aktuelle Länge der Linie zwischen Textbereich und Fuß

```
\rohead{\rightmark\hspace*{22mm}}% auf 24pt erhöhen, wenn es mit Textbereich abschließen soll
\lefoot{\llap{\pagemark~\smash{\rule[-13mm]{.6pt}{18mm}}\hspace{1mm}}}
\rofoot{~\hfill\rlap{\hspace{1mm}\smash{\rule[-13mm]{.6pt}{18mm}}~\pagemark}}
\renewcommand*\chaptermarkformat{\llap{\smash{%
  \textcolor{white}{\fontsize{18}{19}\selectfont\thechapter}\normalsize\enskip}\hspace*{2mm}\qua
\renewcommand*\sectionmarkformat{\thesection\quad}
\addtokomafont{pageheadfoot}{\normalfont\small\bfseries\sffamily}
\setkomafont{pagenumber}{\usekomafont{pageheadfoot}}
\RedeclareSectionCommand[
  prefixfont = \Large,% \bfseries\sffamily ist schon Standard
        font = \Huge,
  beforeskip = -10ex,% minus, damit erster Abschnitt nicht eingezogen wird
   innerskip = 1cm,
   afterskip = 10ex plus  0.2ex ]{chapter}
\renewcommand*\raggedchapter{\raggedleft}% Ausrichtung Kapitelüberschrift samt Präfixzeile
\renewcommand*\chapterformat{\textls*[400]{\chapapp}\quad\HUGE\thechapter}
\newcommand*\HUGE{\fontsize{40pt}{45pt}\selectfont}

\chapter{Textformatierungen}\section{Seitenstil}\blindtext\par\blindtext\newpage
\section{baz}   \blindtext[2]\par\blindtext\newpage
\section{foobar}\blindtext[2]\par\blindtext\newpage   \blindtext[2]
```

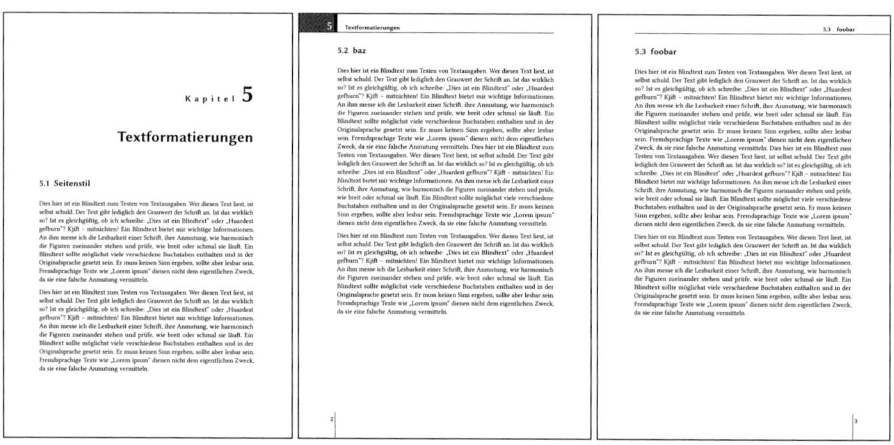

Tabelle 6.3 auf der nächsten Seite zeigt eine Zusammenstellung der Schriftelemente, mit denen die Kopf- und Fußzeilen über `\setkomafont` oder `\addtokomafont` hinsichtlich ihrer Schriftart und -farbe beeinflusst werden können.

Name	*Vorgabe*	*Erklärung*
footbotline	–	Linie unter dem Fuß.[1]
footsepline	–	Linie über dem Fuß.[1]
headsepline	–	Linie unter dem Kopf.[2]
headtopline	–	Linie über dem Kop.[2]
pagefoot	–	Der Inhalt des Fußes.[3]
pagehead	–	Der Inhalt des Kopfes.[3]
pageheadfoot	\normalcolor \slshape	Der Inhalt eines Kopfes oder Fußes.[4]
pagenumber	\normalfont	Die mit \pagemark gesetzte Seitenzahl.

Tabelle 6.3: Zusammenstellung der Schriftoptionen für Kopf- und Fußzeilen eines mit scrlayer-scrpage definierten Seitenstils.

Wird für die Liniendicke kein Wert angegeben, so wird die zuletzt definierte Liniendicke genommen, vorgabemäßig 0.4 pt. Wird für die Linienbreite kein Wert angegeben, so wird die Textbreite als Maß herangezogen. Die Paketoptionen ilines (inner – Vorgabe), clines (center) und olines (outer) können die Ausrichtung der Linien global steuern, falls diese kürzer oder länger als die Textbreite sein sollen.

```
\usepackage[footsepline=:text,footbotline=2pt:text,footwidth=textwithmarginpar]{scrlayer-scrpage}
\clearpairofpagestyles \ifoot*{KOMA-Script} \ofoot*{\pagemark}
\setkomafont{pagefoot}{\sffamily}
\setkomafont{pagenumber}{\Large\bfseries\color{red}}

\blindtext[2]
```

04-7

Dies hier ist ein Blindtext zum Testen von Textausgaben. Wer diesen Text liest, ist selbst schuld. Der Text gibt lediglich den Grauwert der Schrift an. Ist das wirklich so? Ist es gleichgültig, ob ich schreibe: „Dies ist ein Blindtext“ oder „Huardest gefburn“? Kjift – mitnichten! Ein Blindtext bietet mir wichtige Informationen. An ihm messe ich die Lesbarkeit einer Schrift, ihre Anmutung, wie harmonisch die Figuren zueinander stehen und prüfe, wie breit oder schmal sie läuft. Ein Blindtext sollte möglichst viele verschiedene Buchstaben enthalten und in der Originalsprache gesetzt sein. Er muss keinen Sinn ergeben, sollte aber lesbar sein. Fremdsprachige Texte wie „Lorem ipsum“ dienen nicht dem eigentlichen Zweck, da sie eine falsche Anmutung vermitteln. Dies hier ist ein Blindtext zum Testen von Textausgaben. Wer

KOMA-Script **1**

Das Paket scrlayer-scrpage erlaubt die Definition verschiedener Ebenen, die dann auf der Papierseite symbolisch übereinander gelegt werden. (Kohm 2015)

04-8

```
\usepackage{graphicx,mwe}
\usepackage{scrlayer-scrpage}
\DeclareNewLayer[{%
  background,oddpage,topmargin,contents={\hfill
    \includegraphics[width=3cm,height=3cm]{example-image}}}]{Logo.odd}
\DeclareNewLayer[{%
  background,evenpage,topmargin,contents={%
    \includegraphics[width=3cm,height=3cm]{example-image}}}]{Logo.even}
\AddLayersToPageStyle{@everystyle@}{Logo.odd,Logo.even}
```

[1] Der Code wird nach \normalfont und den Elementen pageheadfoot und pagefoot ausgeführt.
[2] Der Code wird nach \normalfont und den Elementen pageheadfoot und pagehead ausgeführt.
[3] Der Code wird nach \normalfont und den Elementen pageheadfoot ausgeführt.
[4] Der Code wird nach \normalfont ausgeführt.

```
\title{Beispiel für ein Logo auf jeder Seite}
\author{Markus Kohm}
\date{Juli 2014}
\maketitle
\blinddocument
```

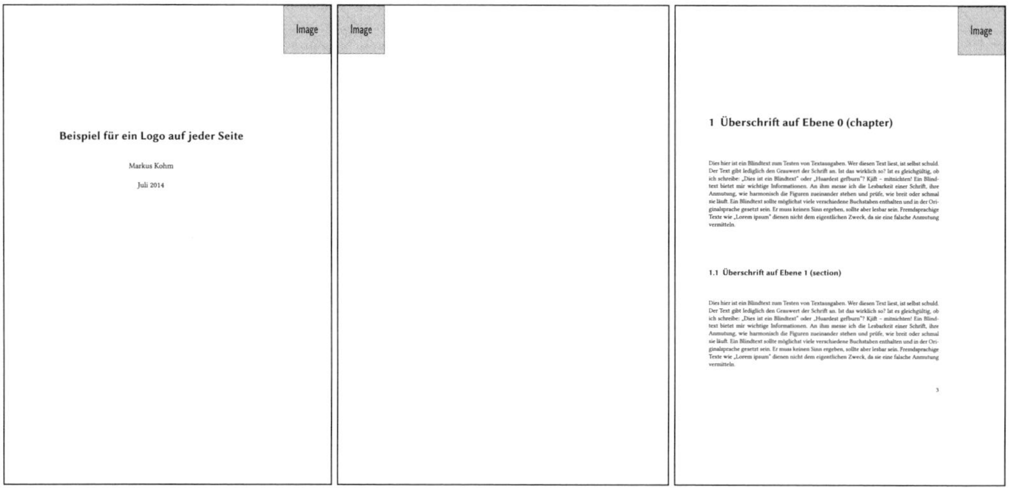

6.5 Ausrichten von Text

Blocksatz

Standardmäßig setzt LaTeX jeden Text im Blocksatz, also links- und rechtsseitig bündig mit dem Rand. Es gibt daher auch keinen eigenen Befehl für diese Form der Ausrichtung. Verwendet man eine der in Tabelle 6.4 auf der nächsten Seite zusammengestellten *Umgebungen*, so wird nach Ende der Umgebung der Text wieder im Blocksatz gesetzt. Verwendet man einen der angegebenen Befehle, so muss dieser durch Klammerung `{\raggedleft ... \par}` lokal gehalten werden. Anderenfalls muss man auf das Paket `ragged2e` zurückgreifen (vergleiche Tabelle 6.5 auf Seite 85).

Normalerweise setzt LaTeX jeglichen Text im sogenannten Blocksatz, also links- und rechtsseitig bündig mit dem jeweiligen Rand. Je schmaler dabei die Textspalte ist, desto schwieriger wird der Blocksatz.

```
Normalerweise setzt \LaTeX{} jeglichen
Text im sogenannten Blocksatz,
also links- und rechtsseitig bündig
mit dem jeweiligen Rand. Je schmaler
dabei die Textspalte ist, desto
schwieriger wird der Blocksatz.
```

06-05-

Allerdings ist dies nicht immer sinnvoll, beispielsweise in sehr schmalen Tabellenspalten. Deshalb gibt es in LaTeX auch Befehle und Umgebungen, mit denen Text zentriert, rechts- oder nur linksbündig gesetzt werden kann. Man spricht in diesen Fällen auch von einem Flatterrand beziehungsweise allgemein dem Flattersatz.

Umgebung	*Befehl*
\begin{*center*}...\end{*center*}	\centering
\begin{*flushleft*}...\end{*flushleft*}	\raggedright
\begin{*flushright*}...\end{*flushright*}	\raggedleft

Tabelle 6.4: Gegenüberstellung von Umgebung und Befehl für das Ausrichten von Text.

6.5.1 Text zentrieren

Zentrierter Text kann mit der Umgebung center erreicht werden. Jede Zeile wird dabei so lange aufgefüllt, bis kein weiteres Wort mehr eingefügt werden kann, wobei keine Worttrennung vorgesehen ist. Diese Zeile wird dann horizontal zentriert. Die center-Umgebung stellt immer einen eigenen Absatz dar und fügt einen *zusätzlichen* vertikalen Abstand vor und nach der Umgebung ein.

-05-2

Text davor

Üblicherweise setzt LaTeX jeden Text im Blocksatz, also links- und rechtsseitig bündig mit dem Rand, es sei denn, man setzt den Text in eine Umgebung center.

und Text danach

```
Text davor
\begin{center}
Üblicherweise setzt \LaTeX{} jeden
Text im Blocksatz, also links- und
rechtsseitig bündig mit dem Rand, es
sei denn, man setzt den Text in
eine Umgebung \texttt{center}.
\end{center}
und Text danach
```

Soll innerhalb einer *anderen* Umgebung, etwa in Gleitumgebungen, Text zentriert werden, so geschieht dies mithilfe des Befehls \centering. Dieser fügt am Anfang und Ende *keinen* zusätzlichen vertikalen Abstand ein, was beispielsweise beim Befehl \caption gewünscht ist. Die Wirkung von \centering endet mit dem Ende der äußeren Umgebung, er ist also lokal begrenzt. Zu beachten ist dabei, dass das Makro erst *am Ende* des Absatzes wirksam wird. Es muss also ein Absatz mit einer Leerzeile oder \par eingeleitet und beendet werden. \centering

-05-3

Text davor

Üblicherweise setzt LaTeX jeden Text im Blocksatz, also links- und rechtsseitig bündig mit dem Rand, es sei denn, man zentriert den Text mit \centering.

und Text danach

```
Text davor\par
{\centering
Üblicherweise setzt \LaTeX{} jeden
Text im Blocksatz, also links- und
rechtsseitig bündig mit dem Rand, es
sei denn, man zentriert den Text mit
\texttt{\textbackslash centering}.\par}
und Text danach
```

6.5.2 Text mit Flatterrand

Soll ein Text nicht im Blocksatz, sondern nur linksbündig ausgerichtet werden, was dem rechtsseitigen Flattersatz entspricht, so ist dies mit der Umgebung `flushleft` oder dem Befehl `\raggedright` möglich.

Text davor

Üblicherweise setzt LaTeX jeden Text im Blocksatz, also links- und rechtsseitig bündig mit dem Rand, es sei denn, man setzt den Text in eine Umgebung `flushleft`.

und Text danach

```
Text davor
\begin{flushleft}
Üblicherweise setzt \LaTeX{} jeden Text im
Blocksatz, also links- und rechtsseitig
bündig mit dem Rand, es sei denn, man setzt
den Text in eine Umgebung \texttt{flushleft}.
\end{flushleft}
und Text danach
```

06-05-4

Der Befehl `\raggedright` leitet keinen eigenen Absatz ein und wirkt als Schalter. Seine Wirkung muss daher lokal gehalten und durch `\par` oder eine Leerzeile eingeleitet und beendet werden.

Text davor

Üblicherweise setzt LaTeX jeden Text im Blocksatz, also links- und rechtsseitig bündig mit dem Rand, es sei denn, man setzt den Text mit `\raggedright`.

und Text danach

```
Text davor\par
{\raggedright
Üblicherweise setzt \LaTeX{} jeden Text im
Blocksatz, also links- und rechtsseitig
bündig mit dem Rand, es sei denn, man setzt
den Text mit \texttt{\textbackslash
raggedright}.\par}
und Text danach
```

06-05-5

Für die rechtsbündige Ausrichtung (linksseitiger Flattersatz) existiert die Umgebung `flushright` und das entsprechende Makro `\raggedleft`.

Text davor

Üblicherweise setzt LaTeX jeden Text im Blocksatz, also links- und rechtsseitig bündig mit dem Rand, es sei denn, man setzt den Text in eine Umgebung `flushright`.

und Text danach

```
Text davor
\begin{flushright}
Üblicherweise setzt \LaTeX{} jeden Text im
Blocksatz, also links- und rechtsseitig
bündig mit dem Rand, es sei denn, man setzt
den Text in eine Umgebung \texttt{flushright}.
\end{flushright}
und Text danach
```

06-05-6

Der Befehl `\raggedleft` leitet keinen eigenen Absatz ein und wirkt als Schalter und hat sonst das gleiche Verhalten wie `\raggedright`.

-05-7

Text davor

Üblicherweise setzt LaTeX jeden Text im Blocksatz, also links- und rechtsseitig bündig mit dem Rand, es sei denn, man setzt den Text mit \raggedleft.

und Text danach

```
Text davor\par
{\raggedleft
Üblicherweise setzt \LaTeX{} jeden Text im
Blocksatz, also links- und rechtsseitig
bündig mit dem Rand, es sei denn, man
setzt den Text mit \texttt{\textbackslash
raggedleft}. \par}
und Text danach
```

6.5.3 Worttrennung bei Flattersatz

Die Beispiele im vorhergehenden Absatz zeigen, dass im Flattersatz mit den Standard-LaTeX-Befehlen und -Umgebungen keine Worttrennung erfolgt. Dies kann bei schmalen Textspalten, wie sie sehr häufig in Tabellen anzutreffen sind, zu ungünstigen Formatierungen führen. Mit Hilfe des Paketes ragged2e von Martin Schröder kann die Trennung von Wörtern im Flattersatz aktiviert werden. In Anlehnung an die LaTeX-Standardbefehle definiert dieses Paket seine eigenen Umgebungen und Befehle, die in Tabelle 6.5 gegenübergestellt sind.

Standard-LaTeX	*ragged2e*	*Standard-LaTeX*	*ragged2e*
Umgebungen		*Befehle*	
center	Center	\centering	\Centering
flushleft	FlushLeft	\raggedright	\RaggedRight
flushright	FlushRight	\raggedleft	\RaggedLeft
	justify		\justifying

Tabelle 6.5: Gegenüberstellung der Umgebungen und Befehle von Standard-LaTeX und dem Paket ragged2e.

Die speziellen Umgebungen und Befehle von ragged2e können wie die Standardbefehle von LaTeX verwendet werden. Sie lassen sich jedoch in ihrem Verhalten von einer Vielzahl von Parametern beeinflussen. Die genauen Einstellmöglichkeiten kann man der Paketdokumentation entnehmen. Beim Laden des Paketes lässt sich das Verhalten durch optionale Parameter steuern.

Tabelle 6.6: Zusammenstellung der optionalen Parameter für das Paket ragged2e.

Name	*Bedeutung*
originalcommands	LaTeX-Makros und -Umgebungen werden nicht geändert (Vorgabe).
newcommands	Die LaTeX-Makros und -Umgebungen werden umdefiniert. Somit brauchen die Makros oder Umgebungen von ragged2e nicht explizit benutzt zu werden. \raggedright hat daher die gleiche Wirkung wie \RaggedRight, usw.
originalparameters	Es werden die Originaleinstellungen der LaTeX-Makros verwendet.
newparameters	Es werden die neuen Werte für die Parameter verwendet.
raggedrightboxes	Jede \parbox, minipage, \marginpar und p-Spalte in Tabellen wird automatisch mit \RaggedRight gesetzt.

Fortsetzung ...

... Fortsetzung

Name	*Bedeutung*
footnotes	Das Paket footmisc wird mit der Option ragged geladen.
document	Das komplette Dokument wird mit \RaggedRight gesetzt.

Text davor

Üblicherweise setzt LaTeX jeden Text im Blocksatz, also links- und rechtsseitig bündig mit dem Rand, es sei denn, man setzt den Text in eine Umgebung FlushLeft.

und Text danach

```
\usepackage{ragged2e}

Text davor
\begin{FlushLeft}
Üblicherweise setzt \LaTeX{} jeden Text im
Blocksatz, also links- und rechtsseitig
bündig mit dem Rand, es sei denn, man setzt
den Text in eine Umgebung \texttt{FlushLeft}.
\end{FlushLeft}
und Text danach
```

06-05-8

Der Befehl \raggedright wird im folgenden Beispiel durch die Option newcommands neu definiert und erlaubt dadurch ebenfalls Trennungen.

Text davor

Üblicherweise setzt LaTeX jeden Text im Blocksatz, also links- und rechtsseitig bündig mit dem Rand, es sei denn, man setzt den Text mit dem Befehl \raggedright.

und Text danach

```
\usepackage[newcommands]{ragged2e}

Text davor\par  {\raggedright Üblicherweise
setzt \LaTeX{} jeden Text im Blocksatz, also
links- und rechtsseitig bündig mit dem Rand,
es sei denn, man setzt den Text mit dem Befehl
\texttt{\textbackslash raggedright}.\par}
und Text danach
```

06-05-9

6.5.4 Einrücken von Absätzen

Textzitate werden im Allgemeinen zur Kennzeichnung gegenüber dem normalen Text eingerückt. LaTeX unterstützt dies mit den zwei Umgebungen quotation und quote, wobei erstere einen Absatzeinzug vornimmt. Beide Umgebungen beginnen einen neuen Absatz, können daher direkt einem vorhergehenden Text folgen oder einem folgenden Text vorhergehen.

```
Der Berliner Tagesspiegel berichtete am 16.\,August 2017 zum Thema Aufschwung.
\begin{quotation}
Das Bruttoinlandsprodukt ist im Vergleich zum Vorquartal nur um 0,1 Prozent gestiegen.
Auch das Ergebnis für das erste Vierteljahr 2011 wurde nach unten korrigiert.\\
~\hfill{\footnotesize\url{http://www.tagesspiegel.de}}
\end{quotation}
Weiteres lässt sich in der Printausgabe nachlesen. In der Onlineausgabe
```

```
finden wir auch noch einen Bericht zum Problem des Euros:
\begin{quote}
Noch einmal am Anfang des Schulden-Tohuwabohus zu stehen, wäre erlösend. Griechenland
wäre kein Euroland und die Kontrolle der Maastricht-Kriterien besser organisiert.
~\hfill{\footnotesize\url{http://www.tagesspiegel.de}}
\end{quote}
```

05-10

Der Berliner Tagesspiegel berichtete am 16. August 2017 zum Thema Aufschwung.

> Das Bruttoinlandsprodukt ist im Vergleich zum Vorquartal nur um 0,1 Prozent gestiegen. Auch das Ergebnis für das erste Vierteljahr 2011 wurde nach unten korrigiert.
> http://www.tagesspiegel.de

Weiteres lässt sich in der Printausgabe nachlesen. In der Onlineausgabe finden wir auch noch einen Bericht zum Problem des Euros:

> Noch einmal am Anfang des Schulden-Tohuwabohus zu stehen, wäre erlösend. Griechenland wäre kein Euroland und die Kontrolle der Maastricht-Kriterien besser organisiert. http://www.tagesspiegel.de

Die Größe des Einzuges kann über die beiden Längen `\leftmargin` und `\rightmargin` kontrolliert werden, jedoch nicht durch direktes Verändern der Werte. Die Umgebungen sind intern als `\list` mit den zur Definitionszeit aktuellen Werten für die Ränder definiert. Entweder wird die Umgebung mit `\renewenvironment` erneuert oder es wird eine neue Umgebung mit geänderten Werten definiert.

```
\renewenvironment{quote}
  {\list{}{\leftmargin=2cm \rightmargin=\leftmargin}\item\relax}% \begin
  {\endlist}                                                  % \end
\newenvironment{Quote}% mit automatischen »...«
  {\list{}{\leftmargin=3cm \rightmargin=0.5cm}\item[]»\ignorespaces}% \begin
  {\unskip«\endlist}                                                 % \end
```

```
Der Berliner Tagesspiegel berichtete am 16.\,August 2017 zum Thema Aufschwung.
\begin{quote}
Das Bruttoinlandsprodukt ist im Vergleich zum Vorquartal nur um 0,1 Prozent gestiegen.
Auch das Ergebnis für das erste Vierteljahr 2011 wurde nach unten korrigiert.
\end{quote}
Weiteres lässt sich in der Printausgabe nachlesen. In der Onlineausgabe
finden wir auch noch einen Bericht zum Problem des Euros
\begin{Quote}
Noch einmal am Anfang des Schulden"=Tohuwabohus zu stehen, wäre erlösend. Griechenland
wäre kein Euroland und die Kontrolle der Maastricht-Kriterien besser organisiert.
\end{Quote}
```

05-11

Der Berliner Tagesspiegel berichtete am 16. August 2017 zum Thema Aufschwung.

> Das Bruttoinlandsprodukt ist im Vergleich zum Vorquartal nur um 0,1 Prozent gestiegen. Auch das Ergebnis für das erste Vierteljahr 2011 wurde nach unten korrigiert.

Weiteres lässt sich in der Printausgabe nachlesen. In der Onlineausgabe finden wir auch noch einen Bericht zum Problem des Euros

> »Noch einmal am Anfang des Schulden-Tohuwabohus zu stehen, wäre erlösend. Griechenland wäre kein Euroland und die Kontrolle der Maastricht-Kriterien besser organisiert.«

Die Umgebung `verse` sollte und kann vorrangig bei Versen, wie sie in Liedtexten auftreten, benutzt werden. Jede Zeile muss explizit durch ein Zeilenendezeichen `\\` (alternativ auch `\newline`) abgeschlossen werden. Der Umbruch zu langer Zeilen erfolgt automatisch, wobei dann jeweils automatisch ein `\parindent` eingefügt wird.

```
\subsection*{Warum}
\begin{verse}
Es gibt Tage        \\Da kann ich sie erklären\\ Die Frage              \\
Warum?              \\Überzeugend und klar    \\ Doch es gibt Tage      \\
Da frage ich selber\\ Warum?                  \\ Und die einzige Antwort\\
Die ich dann habe  \\ Sind die anderen Tage   \\ {\scriptsize 1995}
\end{verse} \newpage
\subsection*{Resignation und Entschlossenheit}
\begin{verse}
Do you know what you've done?\\     Do you know that I'm gone?\\
I didn't stand their pressure\\     That's not my way to measure\\
For all I want to thank you\\       But I'm sure about what I'll do\\
Bye bye forever\\       We don't see never \\{\scriptsize 1997}
\end{verse}
```

06-05-1

Warum

Es gibt Tage
Da kann ich sie erklären
Die Frage
Warum?
Überzeugend und klar
Doch es gibt Tage
Da frage ich selber
Warum?
Und die einzige Antwort
Die ich dann habe
Sind die anderen Tage
1995

Resignation und Entschlossenheit

Do you know what you've done?
Do you know that I'm gone?
I didn't stand their pressure
That's not my way to measure
For all I want to thank you
But I'm sure about what I'll do
Bye bye forever
We don't see never
1997

6.5.5 Ränder temporär verändern

Um einen oder mehrere Absätze temporär mit anderen Rändern zu versehen, stellt KOMA-Script eine spezielle Umgebung bereit:

```
\begin{addmargin*}[abweichender linker/innerer Einzug]{Einzug}
Text ...
\end{addmargin*}
```

Das optionale Argument ist nur dann von Interesse, wenn der linke Rand anders als der rechte sein soll. Dies erfolgt unabhängig davon, ob es sich um ein ein- oder zweiseitiges Dokument handelt. Links-Rechts-Anordnungen für den zweiseitigen Satz stellt die Sternvariante zur Verfügung, die Option ermöglicht dann für den inneren Rand einen anderen Einzug als für den äußeren.

05-13 Üblicherweise setzt LaTeX jeden Text im Blocksatz, also links- und rechtsseitig bündig mit dem Rand.

> Üblicherweise setzt LaTeX jeden Text im Blocksatz, also links- und rechtsseitig bündig mit dem Rand.

Und weiter geht es hier mit normalem Text.

```
Üblicherweise setzt \LaTeX{} jeden Text im
Blocksatz, also links- und rechtsseitig
bündig mit dem Rand.

\begin{addmargin}[5mm]{1cm}
Üblicherweise setzt \LaTeX{} jeden Text im
Blocksatz, also links- und rechtsseitig
bündig mit dem Rand.
\end{addmargin}

Und weiter geht es hier mit normalem Text.
```

6.6 Auszeichnung von Text

Es gibt die verschiedensten Methoden, um Teile eines Textes hervorzuheben. (Römer 2011) Typografisch gesehen sollte man mit solchen Auszeichnungen eher sparsam umgehen und diese auch nicht in mehreren Varianten gleichzeitig verwenden, beispielsweise eine Schrägstellung mit gleichzeitiger Fettschrift. Die Fettschrift ist ohnehin etwas problematisch, da beim Lesen der Fokus sehr stark auf diese Form der Textauszeichnung gerichtet wird und von anderen Dingen ablenken kann. Für jede der möglichen Auszeichnungsarten lassen sich Verwendungsmöglichkeiten finden:

- **Extrem Fette**, **Fette** und halbfette Schriften dienen vor allem dazu, einzelne (sehr) wichtige Wörter innerhalb eines Textes hervorzuheben. Hervorhebungen in dieser Auszeichnungsart sollen schon vor dem Lesen auffallen und können die Orientierung im Text und damit die Lesegeschwindigkeit erheblich erhöhen, beispielsweise bei Beschreibungslisten (`description`). Nur wenige Schriften verfügen wie die Keplerfonts (Kp-Fonts) über alle fetten Varianten. Der Befehl `\textbf` wählt in der Regel nur die **normale fette** Variante der aktuellen Schrift. In wissenschaftlichen Arbeiten sollte man sehr sparsam mit der Schriftauszeichnung durch eine fette Schriftvariante umgehen. Eine Schrägstellung statt fett ist oft angebrachter.

- Der S p e r r s a t z ist im Gegensatz zur Fettschrift im klassischen Buchlayout zu finden und steht bei Verwendung des Paketes `microtype` durch den Befehl `\textls` [*Faktor*]{*Text*} zur Verfügung (siehe auch Beispiel 06-06-1 auf der nächsten Seite). Hierbei steht `\textls` für »Text letter space«.
- Die *kursive Schrift* unterscheidet sich optisch nicht sehr stark von der Grundschrift und sollte gerade deshalb bevorzugt angewendet werden, da derartige Hervorhebungen nur wenig vom eigentlichen Text ablenken. LaTeX stellt für die kursive Hervorhebung drei Makros zur Verfügung. Mit `\emph`{*Text*} (emphasize – hervorheben/betonen) erhält man bei einer *Schachtelung des* Befehls *eine Rückschaltung* der Hervorhebung. Dagegen bleibt mit `\textit`{*Text*} (*Italic*) und `\textsl` (*Slanted*) bei verschachtelter Anwendung der gesamte Text gleich. Bevorzugt sollte der Kursiv-Schnitt der Schrift benutzt werden und nicht die geneigte Variante, die meistens nur die Grundschrift darstellt, die nur softwaretechnisch um einen bestimmten Winkel gekippt wurde.
- Das Unterstreichen wird in der Typografie als eine ungünstige Variante der Hervorhebung betrachtet, die nur dort eingesetzt werden sollte, wo auf andere Möglichkeiten nicht zurückgegriffen werden kann, beispielsweise bei Schriften, die nur über eine Normalschrift verfügen oder eben bei handschriftlichen Anleitungen.
- Die KAPITÄLCHEN sollten im normalen Text wenig eingesetzt werden. Man findet sie häufiger in Literaturverzeichnissen bei der Ausgabe der Autorennachnamen. Erreichen kann man sie mit dem Befehl `\textsc`, wobei nicht jede Schrift über entsprechende Zeichen verfügen muss. Echte Kapitälchen sind eine eigene Schriftvariante. Insbesondere unter Windows findet man oft eine Variante mit automatisch verkleinerten Großbuchstaben. Echte Kapitälchen sind immer zu bevorzugen, wobei LaTeX keine automatische Verkleinerung der Großbuchstaben vornimmt, wenn die aktuelle Schrift über keine entsprechenden Zeichen verfügt! Der Anwender muss dann selbst entscheiden: Entweder auf Kapitälchen verzichten oder eine andere Schriftvariante speziell dafür auswählen.
- Für VERSALIEN, auch als GROẞBUCHSTABEN oder MAJUSKELN bezeichnet, gilt das Gleiche wie für die Kapitälchen. Mit dem Befehl `\MakeUppercase`{*Text*} lassen sich Texte automatisch in Großbuchstaben wandeln, wobei nur die wenigstens Schriften ein großes Eszett haben.
- Durch farbliche Auszeichnung des Vordergrundes, also der Schrift selbst, des Hintergrundes oder des Vorder- und Hintergrundes kann man kürzere Textpassagen sehr auffällig darstellen. Nicht alle Farbkombinationen sind dabei gleichermaßen gut wahrnehmbar. Die Unterlegung sollte sich deutlich vom Text abheben, um gute Lesbarkeit zu gewährleisten. Grundsätzlich sollte diese Form der Hervorhebung in wissenschaftlichen Arbeiten nicht verwendet werden.
- Von der Grundschrift abweichende Schriftarten eignen sich zur Hervorhebung einzelner Absätze oder auch Bild- und Tabellenbeschriftungen. Die Zahl der verschiedenen Schriften sollte dabei so gering wie möglich sein und nicht durch eine ungewöhnliche Schrift (Schreibschrift) sehr stark von der Grundschrift abweichen.

-06-1

Extrem Fette Schrift
Fette Schrift
Halbfette Schrift
Fette Schrift
G e s p e r r t e S c h r i f t
kursive Schrift – Italic
Geneigte Schrift – Slanted
Unterstrichene Schrift
Schrift mit Kapitälchen
SCHRIFT MIT VERSALIEN
Farbige Schrift
Farbiger Hintergrund
Vorder- und Hintergrund
Abweichende Schriftart
Ungewöhnliche Schriftart

```
\usepackage{microtype,xcolor}

{\fontspec{Agenda Black}Extrem Fette Schrift}\\
{\fontspec{Agenda Bold}Fette Schrift}\\
{\fontspec{Agenda Medium}Halbfette Schrift}\\
\textbf{Fette Schrift}\\
\textls[350]{Gesperrte Schrift}\\% microtype
\textit{kursive Schrift -- Italic}    \par
\textsl{Geneigte Schrift -- Slanted} \par
\underline{Unterstrichene Schrift}   \par
\textsc{Schrift mit Kapitälchen}     \par
\MakeUppercase{Schrift mit Versalien}\par
\textcolor{red}{Farbige Schrift}     \par
\colorbox{cyan}{Farbiger Hintergrund}\par
\colorbox{blue}{\color{white}Vorder-
                     und Hintergrund}\par
\textsf{Abweichende Schriftart}      \par
{\fontspec{Brush Script MT Italic}%
Ungewöhnliche Schriftart}
```

Ein Problem des standardmäßigen Befehls `\underline` ist die fehlende Möglichkeit der Silbentrennung des zu unterstreichenden Wortes. Abhilfe kann hier das Paket `soul` von Melchior Franz schaffen, welches fast alle Formen der Textauszeichnung mit eigenen Befehlen unterstützt:

-06-2

S p e r r e n v o n T e x t
Auszeichnen mit Kapitälchen
~~Durchstreichen von langem Text über die Zeilengrenze hinweg.~~
Farbliche Auszeichnung über diese Zeilengrenze hinweg.
Unterstreichen von Text, der ziemlich lang sein und trotzdem auch einen Zeilenumbruch aufweisen kann.

```
\usepackage{xcolor,soul}
\sethlcolor{red}

\so{Sperren von Text}               \par
\caps{Auszeichnen mit Kapitälchen}\par
\st{Durchstreichen von langem Text über
    die Zeilengrenze hinweg.}       \par
\hl{Farbliche Auszeichnung über diese
    Zeilengrenze hinweg.}         \par
\ul{Unterstreichen von Text, der ziemlich
lang sein und trotzdem auch einen
Zeilenumbruch aufweisen kann.}
```

Mit den folgenden Makros können Einstellungen für die einzelnen Varianten vorgenommen werden. Wird dabei eine der vorgegebenen Farben verändert oder der Befehl `\hl` benutzt, muss zusätzlich das Paket `color` oder besser `xcolor` geladen werden:

`\setulcolor`	Legt die Farbe für das Unterstreichen fest.
`\setstcolor`	Legt die Farbe für das Durchstreichen fest.
`\sethlcolor`	Legt die Farbe für das Hervorheben fest.
`\setul{`*Tiefe*`}{`*Dicke*`}`	Legt die Tiefe und Liniendicke das Unterstreichens fest.

6.7 Hoch- und tiefgestellter Text

Die Hauptanwendung für hoch- oder tiefgestellten Text stellt die Mathematik dar, wo dies für die Exponenten und Indizes benötigt wird. Im reinen Textmodus wird dies hauptsächlich für Fußnoten und seltener für Indizes benötigt. Das Hochstellen von Text kann mit dem Makro \textsuperscript und das Tiefstellen mit \textsubscript erfolgen.

Text^{hochgestellt}. The 2nd floor.
Text$_{\text{tiefgestellt}}$. H_2O

```
Text\textsuperscript{hochgestellt}.
The 2\textsuperscript{nd} floor.\par
Text\textsubscript{tiefgestellt}.
H\textsubscript{2}O
```

06-07-1

6.8 Fußnoten

Obwohl die Unterstützung von Standard-LaTeX für Fußnoten bereits für viele Fälle völlig ausreichend ist, gibt es auch hier einige Pakete, die für spezielle Fälle gedacht sind. (Römer 2010) Typografisch gesehen gibt es eher kontroverse Ansichten über den Sinn von Fußnoten, die von hilfreich bis hinderlich beim Lesen eines Textes gehen.

KOMA-Script kennt die Klassenoption footnotes, der einer der in Tabelle 6.7 aufgeführten Werte zugewiesen werden kann. Grundsätzlich sollte man Fußnoten nur einfach setzen; mehrfache Fußnoten machen nicht wirklich einen Sinn.

Tabelle 6.7: Mögliche Werte für die Klassenoption footnotes.

multiple	Unmittelbar aufeinander folgende Fußnotenmarkierungen werden durch \multfootsep voneinander getrennt ausgegeben (Vorgabe ist das Komma).
nomultiple	Unmittelbar aufeinander folgende Fußnotenmarkierungen werden direkt nacheinander ausgegeben.

```
\footnote[Nummer]{Text}
\footnoterule
\footnotemark[Nummer]
\footnotetext[Nummer]{Text}
\multiplefootnoteseparator
\multfootsep
\setfootnoterule[Höhe]{Länge}
```

Der Standardbefehl ist \footnote[5], der automatisch die Nummer im Text und die zugehörige Fußnote setzt. Für bestimmte Anwendungsfälle kann mit \footnotemark[6] eine hochgestellte Fußnote erzeugt werden, die keinen Text im Fußnotenbereich ausgibt, aber den Zähler hochsetzt[7], sodass die nächste Fußnote eine falsche Nummer bekommt, wenn nicht vorher der Zähler footnote korrigiert oder mit \footnotetext ein Fußnotentext

[5] Eine Demonstration einer Fußnote im Text.
[7] Die nächste Fußnote mit der falschen Nummer.

zur letzten gesetzten Fußnote erzeugt wird. Die Beispiele 06-08-6 auf Seite 96 und 11.4.3 auf Seite 227 zeigen, wie in solchen Fällen zu verfahren ist.

Fußnoten werden für die Dokumentenklassen vom Typ `article` fortlaufend und für die Dokumentenklassen vom Typ `report` und `book` kapitelweise gezählt, wobei im laufenden Text für die Fußnote grundsätzlich arabische Ziffern verwendet werden. Mit dem Paket `footmisc` und der Option `perpage` lässt sich auch eine seitenweise Zählung erreichen. Die Fußnotenlinie hat im Allgemeinen eine Länge von 2 in und eine Dicke von 0.4 pt. Beides kann über die Neudefinition des Befehls `\footnoterule` geändert werden. Eine grafische Darstellung der Fußnotenanordnung findet man in Abbildung 6.3. *Zählung*

Abbildung 6.3: Parameter für die Darstellung der Fußnoten nach Kohm (2020).

-08-1

Heute gewann Deutschland eine Goldmedaille[1], sowie eine Silbermedaille[2] und eine Bronzemedaille[3].

Fußnotentexte[11] werden in der Schriftgröße `\footnotesize` gesetzt.[4]

[1] Robert Harting, wie erwartet im Diskus
[2] Martina Strutz, unerwarteterweise im Stabhochsprung
[3] Jennifer Oeser im Siebenkampf, obwohl es gestern im Zwischenstand ziemlich schlecht für sie aussah, sodass sie sich schon unter „ferner liefen“ sah.
[11] Jetzt mit einer eigenen Nummer, warum auch immer.
[4] Die letzte …

```
Heute gewann Deutschland eine
Goldmedaille\footnote{Robert Harting,
wie erwartet im Diskus}, sowie eine
Silbermedaille\footnote{Martina
Strutz, unerwarteterweise im
Stabhochsprung} und eine
Bronzemedaille\footnote{Jennifer
Oeser im Siebenkampf, obwohl es
gestern im Zwischenstand ziemlich
schlecht für sie aussah, sodass
sie sich schon unter "`ferner
liefen"' sah.}.

Fußnotentexte\footnote[11]{Jetzt mit
einer eigenen Nummer, warum auch
immer.} werden in der Schriftgröße
\verb|\footnotesize|
gesetzt.\footnote{Die letzte \ldots}
```

```
\usepackage{blindtext}
```

-08-2

```
Heute gewann Deutschland eine Goldmedaille\footnote{Robert Harting, wie erwartet im
Diskus}, sowie eine Silbermedaille\footnote{Martina Strutz, unerwarteterweise
im Stabhochsprung} und eine Bronzemedaille\footnote{Jennifer Oeser im Siebenkampf,
obwohl es gestern im Zwischenstand ziemlich schlecht für sie aussah, sodass sie sich
schon unter "`ferner liefen"' sah.}.  \par
Fußnotentexte\footnote[11]{Jetzt mit einer eigenen Nummer, warum auch immer.} werden
in der Schriftgröße \verb|\footnotesize| gesetzt.\footnote{\blindtext} \blindtext
```

Heute gewann Deutschland eine Goldmedaille[1], sowie eine Silbermedaille[2] und eine Bronzemedaille[3].

Fußnotentexte[11] werden in der Schriftgröße \footnotesize gesetzt.[4] Dies hier ist ein Blindtext

[1]Robert Harting, wie erwartet im Diskus

[2]Martina Strutz, unerwarteterweise im Stabhochsprung

[3]Jennifer Oeser im Siebenkampf, obwohl es gestern im Zwischenstand ziemlich schlecht für sie aussah, sodass sie sich schon unter „ferner liefen" sah.

[11]Jetzt mit einer eigenen Nummer, warum auch immer.

[4]Dies hier ist ein Blindtext zum Testen von Textausgaben. Wer diesen Text liest, ist selbst schuld. Der Text gibt lediglich den Grauwert der Schrift an. Ist das wirk-

zum Testen von Textausgaben. Wer diesen Text liest, ist selbst schuld. Der Text gibt lediglich den Grauwert der Schrift an. Ist das wirklich so?

lich so? Ist es gleichgültig, ob ich schreibe: „Dies ist ein Blindtext" oder „Huardest gefburn"? Kjift – mitnichten! Ein Blindtext bietet mir wichtige Informationen. An ihm messe ich die Lesbarkeit einer Schrift, ihre Anmutung, wie harmonisch die Figuren zueinander stehen und prüfe, wie breit oder schmal sie läuft. Ein Blindtext sollte möglichst viele verschiedene Buchstaben enthalten und in der Originalsprache gesetzt sein. Er muss keinen Sinn ergeben, sollte aber lesbar sein. Fremdsprachige Texte wie „Lorem ipsum" dienen nicht dem eigentlichen Zweck, da sie eine falsche Anmutung vermitteln.

Normalerweise werden die Fußnoten *immer* an der unteren Kante der Seite ausgerichtet. Reicht der Platz nicht aus, so wird versucht, die Fußnote gleichmäßig auf zwei Seiten zu verteilen. Nach Vorgabe dürfen maximal 75% einer Seite für Fußnoten verwendet werden. Wird im Beispiel 06-08-2 auf der vorherigen Seite das Paket footmisc mit der Option splitrule geladen, so wird auf der zweiten Seite zur Unterscheidung eine längere Fußnotenlinie erstellt.

6.8.1 Formatierung

Für die KOMA-Script-Klassen lassen sich die Fußnoten entsprechend Abbildung 6.3 auf der vorherigen Seite mit den Makros \deffootnote und \deffootnotemark festlegen:

```
\deffootnote [Markenbreite] {Einzug}{Absatzeinzug}{Markendefinition}
\deffootnotemark{Markendefinition}
\raggedfootnote
```

Mit \deffootnotemark kann nur die Ausgabe der Fußnote im Text beeinflusst werden. Die Formatierung des Fußnotentextes selbst kann in der KOMA-Script-üblichen Weise mit \addtokomafont{foot...}{...} oder \setkomafont{foot...}{...} erreicht werden. Die möglichen Parameter zeigt Tabelle 6.8 auf der nächsten Seite. Sollen die Fußnoten beispielsweise komplett ohne Einrückung gesetzt werden und die hochgestellte Fußnote dabei selbst Teil des Fußnotenabsatzes sein, so ist dies mit der in Beispiel 06-08-3 auf der nächsten Seite vorgenommenen Definition möglich.

Tabelle 6.8: Zusammenstellung der wichtigsten Schriftoptionen für Fußnoten.

Name	*Werte*	*Erklärung*
`footnote`	`\normalfont`	Marke und Text einer Fußnote.
`footnotelabel`	`{}`	Marke einer Fußnote; Anwendung erfolgt nach dem Element `footnote`.
`footnotereference`	`{}`	Referenzierung der Fußnotenmarke im Text.
`footnoterule`	`{}`	Linie über dem Fußnotenapparat.

-08-3

Heute gewann Deutschland eine Goldmedaille[1], sowie eine Silbermedaille[2] und eine Bronzemedaille[3].

Fußnotentexte[11] werden in der Schriftgröße `\footnotesize` gesetzt.[4]

[1] Robert Harting, wie erwartet im Diskus
[2] Martina Strutz, unerwarteterweise im Stabhochsprung
[3] Jennifer Oeser im Siebenkampf, obwohl es gestern im Zwischenstand ziemlich schlecht für sie aussah, sodass sie sich schon unter „ferner liefen" sah.
[11] Jetzt mit einer eigenen Nummer, warum auch immer.
[4] Die letzte ...

```
\deffootnote[0.8em]{0pt}{0pt}{%
  \makebox[0.8em][l]{%
    \textsuperscript{\thefootnotemark}}}
\addtokomafont{footnote}{\itshape}

Heute gewann Deutschland eine Goldmedaille%
\footnote{Robert Harting, wie erwartet im
Diskus}, sowie eine Silbermedaille%
\footnote{Martina Strutz, unerwarteterweise
im Stabhochsprung} und eine Bronzemedaille%
\footnote{Jennifer Oeser im Siebenkampf,
obwohl es gestern im Zwischenstand ziemlich
schlecht für sie aussah, sodass sie sich
schon unter "`ferner liefen"' sah.}.

Fußnotentexte\footnote[11]{Jetzt mit einer
eigenen Nummer, warum auch immer.} werden
in der Schriftgröße \verb|\footnotesize|
gesetzt.\footnote{Die letzte \ldots}
```

Die Ausrichtung der Fußnoten kann durch Neudefinition des Befehls `\raggedfootnote` erreicht werden. Insbesondere bei Verwendung von sehr langen URLs in den Fußnoten sollte auf einen rechtsbündigen Flattersatz umgeschaltet werden. Die Formatierung wird dann erheblich vereinfacht.

-08-4

Heute gewann Deutschland eine Goldmedaille[1], sowie eine Silbermedaille[2] und eine Bronzemedaille[3].

Fußnotentexte[11] werden in der Schriftgröße `\footnotesize` gesetzt.[4]

*[1]*Robert Harting, wie erwartet im Diskus
*[2]*Martina Strutz, unerwarteterweise im Stab hochsprung
*[3]*Jennifer Oeser im Siebenkampf, obwohl es gestern im Zwischenstand ziemlich schlecht für sie aussah, sodass sie sich schon unter „ferner liefen" sah.
*[11]*Jetzt mit einer eigenen Nummer, warum auch immer.
*[4]*Die letzte ... `http://www.tagesspiegel.de/sport/hertha-bsc...`

```
\usepackage{ragged2e,url}
\deffootnote[0.8em]{0.8em}{0pt}{%
    \textsuperscript{\thefootnotemark}}
\let\raggedfootnote\RaggedRight
\addtokomafont{footnotelabel}{\itshape}

Heute gewann Deutschland eine Goldmedaille%
\footnote{Robert Harting, wie erwartet im
Diskus}, sowie eine Silbermedaille%
\footnote{Martina Strutz, unerwarteterweise
im Stabhochsprung} und eine Bronzemedaille%
\footnote{Jennifer Oeser im Siebenkampf,
obwohl es gestern im Zwischenstand ziemlich
schlecht für sie aussah, sodass sie sich
schon unter "`ferner liefen"' sah.}.

Fußnotentexte\footnote[11]{Jetzt mit einer
eigenen Nummer, warum auch immer.} werden
in der Schriftgröße \verb|\footnotesize|
gesetzt.\footnote{Die letzte \ldots\
\url{http://www.tagesspiegel.de/sport/hertha-bsc...}}
```

6.8.2 Fußnotenreferenzen

KOMA-Script erlaubt durch das Makro \footref Referenzen auf bestehende Fußnoten, um Wiederholungen zu vermeiden. Voraussetzung ist, dass in die zu referenzierende Fußnote mit \label eine Marke gesetzt wird, auf die man sich dann mit \footref beziehen kann.

Heute gewann Deutschland eine Goldmedaille durch Robert Harting[1], sowie eine Silbermedaille[2] durch Martina Strutz[1] und auch noch eine Bronzemedaille durch Jennifer Oeser[1].

[1] Berlin
[2] Unbestätigt

```
Heute gewann Deutschland eine Goldmedaille
durch Robert Harting%
\footnote{Berlin\label{Berlin}},
sowie eine Silbermedaille%
\footnote{Unbestätigt} durch
Martina Strutz\footref{Berlin}
und auch noch eine Bronzemedaille durch
Jennifer Oeser\footref{Berlin}.
```

06-08-5

6.8.3 Fußnoten in Tabellen

In einfachen Tabellen der Umgebung tabular sind normalerweise keine Fußnoten möglich. Es sei denn, man benutzt das Paket ftnxtra von Vafa Khaligi und Zal Mehran oder verwendet die Kombination \footnotemark und \footnotetext. Letzteres geht faktisch in allen Anwendungsfällen, bei denen der Befehl \footnote nicht erwartungsgemäß funktioniert. Zu beachten ist lediglich, dass \footnotemark den Fußnotenzähler inkrementiert. Dadurch muss bei *mehrfacher* Anwendung in einer Tabelle der Fußnotenzähler erst um den Wert $n - 1$ zurückgesetzt und dann vor jedem weiteren \footnotetext um Eins inkrementiert werden. n ist die Anzahl der \footnotemark.

L	L[1]	L
l[2]	l	l[3]

[1] Eine Fußnote.
[2] Noch eine ...
[3] Und die letzte Fußnote.

```
\usepackage{ftnxtra}

\begin{tabular}{lll}\hline
L&L\footnote{Eine Fußnote.}&L\\
l\footnotemark&l&l\footnotemark\\
\hline
\end{tabular}
\addtocounter{footnote}{-1} \footnotetext{Noch eine \ldots}
\stepcounter{footnote}      \footnotetext{Und die letzte Fußnote.}
```

06-08-6

6.9 Endnoten

In manchen wissenschaftlichen Arbeiten besteht die Forderung nach Endnoten. Dies kann mit dem Paket fn2end von Kim C. Border erreicht werden. Nach dem Laden des Paketes müssen durch den Befehl \makeendnotes diese formal aktiviert werden, um sie dann an beliebiger Stelle im Text mit dem Befehl \theendnotes auszugeben.

```
\usepackage{fn2end}\makeendnotes
\chapter{Endnoten}
\section{Der Text}
Wort\footnote{Wort} an Wort\footnote{Wieder ein Wort} reiht\footnote{reiht}
sich der Text. \blindtext\footnote{Ein Blindtext}
\section{Mehr Text}
Wort\footnote{Wort} an Wort\footnote{Wieder ein Wort} reiht\footnote{reiht}
sich der Text.
\blindtext
\section{Noch mehr Text}
Wort\footnote{Wort} an Wort\footnote{Wieder ein Wort} reiht\footnote{reiht}
sich der Text. \blindtext
\section*{Anmerkungen}
\theendnotes
```

-09-1

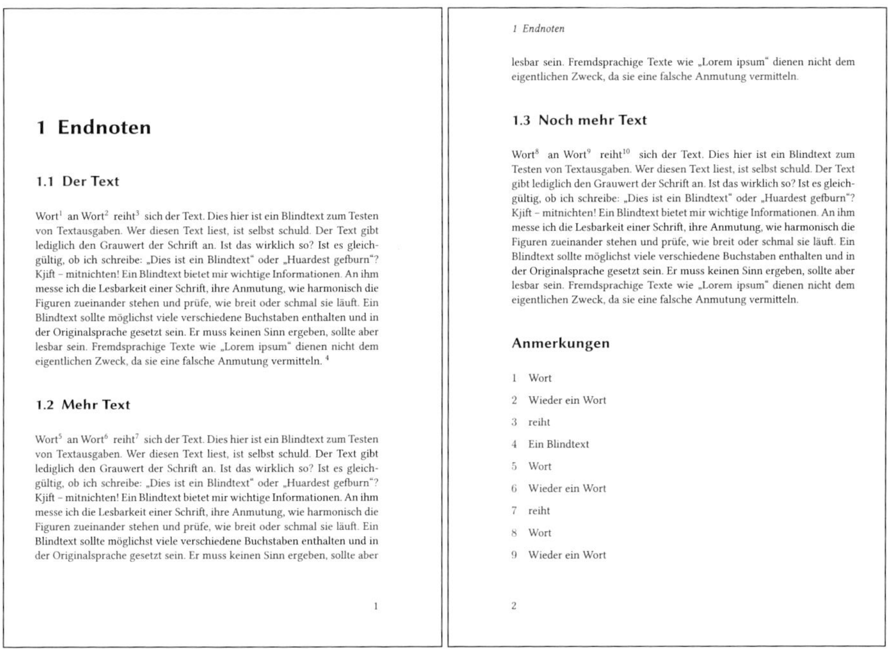

1 Endnoten

1.1 Der Text

Wort[1] an Wort[2] reiht[3] sich der Text. Dies hier ist ein Blindtext zum Testen von Textausgaben. Wer diesen Text liest, ist selbst schuld. Der Text gibt lediglich den Grauwert der Schrift an. Ist das wirklich so? Ist es gleichgültig, ob ich schreibe: „Dies ist ein Blindtext" oder „Huardest gefburn"? Kjift – mitnichten! Ein Blindtext bietet mir wichtige Informationen. An ihm messe ich die Lesbarkeit einer Schrift, ihre Anmutung, wie harmonisch die Figuren zueinander stehen und prüfe, wie breit oder schmal sie läuft. Ein Blindtext sollte möglichst viele verschiedene Buchstaben enthalten und in der Originalsprache gesetzt sein. Er muss keinen Sinn ergeben, sollte aber lesbar sein. Fremdsprachige Texte wie „Lorem ipsum" dienen nicht dem eigentlichen Zweck, da sie eine falsche Anmutung vermitteln. [4]

1.2 Mehr Text

Wort[5] an Wort[6] reiht[7] sich der Text. Dies hier ist ein Blindtext zum Testen von Textausgaben. Wer diesen Text liest, ist selbst schuld. Der Text gibt lediglich den Grauwert der Schrift an. Ist das wirklich so? Ist es gleichgültig, ob ich schreibe: „Dies ist ein Blindtext" oder „Huardest gefburn"? Kjift – mitnichten! Ein Blindtext bietet mir wichtige Informationen. An ihm messe ich die Lesbarkeit einer Schrift, ihre Anmutung, wie harmonisch die Figuren zueinander stehen und prüfe, wie breit oder schmal sie läuft. Ein Blindtext sollte möglichst viele verschiedene Buchstaben enthalten und in der Originalsprache gesetzt sein. Er muss keinen Sinn ergeben, sollte aber

1

1 Endnoten

lesbar sein. Fremdsprachige Texte wie „Lorem ipsum" dienen nicht dem eigentlichen Zweck, da sie eine falsche Anmutung vermitteln.

1.3 Noch mehr Text

Wort[8] an Wort[9] reiht[10] sich der Text. Dies hier ist ein Blindtext zum Testen von Textausgaben. Wer diesen Text liest, ist selbst schuld. Der Text gibt lediglich den Grauwert der Schrift an. Ist das wirklich so? Ist es gleichgültig, ob ich schreibe: „Dies ist ein Blindtext" oder „Huardest gefburn"? Kjift – mitnichten! Ein Blindtext bietet mir wichtige Informationen. An ihm messe ich die Lesbarkeit einer Schrift, ihre Anmutung, wie harmonisch die Figuren zueinander stehen und prüfe, wie breit oder schmal sie läuft. Ein Blindtext sollte möglichst viele verschiedene Buchstaben enthalten und in der Originalsprache gesetzt sein. Er muss keinen Sinn ergeben, sollte aber lesbar sein. Fremdsprachige Texte wie „Lorem ipsum" dienen nicht dem eigentlichen Zweck, da sie eine falsche Anmutung vermitteln.

Anmerkungen

1 Wort
2 Wieder ein Wort
3 reiht
4 Ein Blindtext
5 Wort
6 Wieder ein Wort
7 reiht
8 Wort
9 Wieder ein Wort

2

Die Ausgabe erfolgt etwas anders als bei Fußnoten; die Zahl ist per Definition nicht hochgestellt. Möchte man die Form wie bei Fußnoten erhalten, so kann dies über eine Neudefinition des betreffenden Makros erreicht werden. Beispielsweise für die Ausgabeform $^{1)}$:

```
\renewcommand\notenumberformat[1]{${}^{#1)}$}
```

Sollen die Endnoten kapitelweise ausgegeben werden, so ist der Befehl `\makeendnotes` *vor jedem* Kapitel anzuwenden, in dem auch ein `\theendnotes` folgt.

6.10 Randbemerkungen

Eine Randbemerkung, auch als Marginalie bezeichnet, ist ein eigenständiger Textblock, der in den Rand neben dem eigentlichen Textkörper gesetzt wird.

6.10.1 Standard-LaTeX

Mit dem Makro \marginpar kann ein Text sowohl für den ein- als auch zweiseitigen Satz in den Rand gesetzt werden.

Randbemerkung

```
\marginpar [linker Text] {rechter Text}
\reversemarginpar
\normalmarginpar
\marginline{Text}
```

Der optionale Text für die linke Seite ist nur für ein *zweiseitiges* Dokument relevant. Formal ist eine Randbemerkung immer am äußeren Seitenrand zu finden, bei zweiseitigen Dokumenten links bei geraden und rechts bei ungeraden Seitenzahlen. Die Breite des Randes liegt durch die Länge \marginparwidth (aktuell 51.21495pt≈1.78 cm) fest und wird im Allgemeinen durch das Paket typearea automatisch aus den vorgegebenen Werten für die Seitenränder (DIV-Wert) bestimmt. Mit dem Paket geometry liegt die Breite automatisch fest und kann über die Festlegung von \marginparwidth und des zugehörigen Randes (rmargin für einseitige Dokumente) geändert werden. Der Abstand zwischen dem Textkörper und der Randbemerkung ist durch \marginparsep festgelegt und beträgt aktuell 5.69054 pt≈0.2 cm, während der vertikale Minimalabstand zwischen zwei Randbemerkungen durch \marginparpush festliegt, aktuell gleich 5 pt≈0.17 cm.

Die Randbemerkung wird mit ihrer ersten Zeile normalerweise genau an der Stelle neben den Text gesetzt, in der sie im Text definiert wurde. Handelt es sich um einen sehr langen Text oder gibt es mehrere Randbemerkungen auf einer Seite, so kann die Randbemerkung auch gleiten. Das Makro \marginpar darf nur im normalen Text auftreten, in Gleitumgebungen ist es nicht zulässig. In solchen Fällen muss auf das Paket marginnote von Markus Kohm zurückgegriffen werden, welches ohnehin zu empfehlen ist.

```
Dies hier ist ein Blindtext\marginpar{Blindtext aus dem Paket \texttt{blindtext}}
zum Testen von Textausgaben. Wer diesen Text liest, ist selbst schuld. Der Text
gibt lediglich den Grauwert der Schrift an. Ist das wirklich so? Ist es
gleichgültig, ob ich \marginpar{Weiter Text, der auch länger sein kann, sodass er
mehrere Zeilen benötigt.} schreibe: "`Dies ist ein Blindtext"' oder "`Huardest gefburn"'?.
```

Dies hier ist ein Blindtext zum Testen von Textausgaben. Wer diesen Text liest, ist selbst schuld. Der Text gibt lediglich den Grauwert der Schrift an. Ist das wirklich so? Ist es gleichgültig, ob ich schreibe: „Dies ist ein Blindtext" oder „Huardest gefburn"?.

Blindtext aus dem Paket blindtext

Weiter Text, der auch länger sein kann, sodass er mehrere Zeilen benötigt.

06-10-1

Mit dem Makro \reversemarginpar lässt sich die Links/Rechts-Zuordnung vertauschen und mit \normalmarginpar wieder auf den Normalzustand zurücksetzen. Somit sind Randbemerkungen auch nur auf der Innenseite des Textes möglich. Zu beachten ist, dass die Randbemerkungen immer im Blocksatz gesetzt werden, was wegen der im Allgemeinen schmalen Randbreite oft zu Problemen führt. Die Anwendung von \raggedright für rechte und \raggedleft für linke Randbemerkungen ist daher angebracht. Mit dem Paket ragged2e sind auch Worttrennungen möglich. Bei zweiseitigen Dokumenten muss zusätzlich das optionale Argument von \marginpar benutzt werden, wenn man die Ausrichtung des Randtextes ebenfalls zum Haupttext hin haben möchte. Wenn der einzige Unterschied zwischen den Randbemerkungen auf linken und rechten Seiten die entsprechende Ausrichtung ist, kann mit KOMA-Script vereinfachend auch das Makro \marginline{...} benutzt werden.

6.10.2 Paket marginnote

Mit dem Paket marginnote lassen sich nichtgleitende Randbemerkungen platzieren und zusätzlich über ein optionales Argument vertikal verschieben. Ein positiver Wert verschiebt die Randnote weiter nach unten und ein negativer Wert verschiebt sie nach oben. Die möglichen Paketoptionen zeigt Tabelle 6.9.

Tabelle 6.9: Zusammenstellung der optionalen Parameter für das Paket marginnote.

Name	*Bedeutung*
fulladjust	Die Randbemerkung wird an der Höhe und Tiefe der aktuellen Zeile ausgerichtet, wodurch es zu Änderungen in der Zeilenhöhe des Textes kommen kann, wenn die Randbemerkung selbst eine unterschiedliche Zeilenhöhe und/oder -tiefe hat (Vorgabe).
heightadjust	Ausrichtung der Randbemerkung an der Höhe der aktuellen Zeile.
depthadjust	Ausrichtung der Randbemerkung an der Tiefe der aktuellen Zeile.
noadjust	Die Randbemerkung wird frei im Rand positioniert, sodass es selten zu Veränderungen der Zeilenhöhe im Text kommt. Nachteilig ist, dass die Randbemerkung nicht zwingend auf derselben Zeilenhöhe erscheint, in der sie definiert wurde.

Die Schriftart der Randnotiz kann durch Neudefinition des Makros \marginfont verändert werden. Die horizontale Ausrichtung kann ebenfalls über zwei Makros beeinflusst werden, was aber im Allgemeinen nicht notwendig sein sollte. Ebenso setzt das Paket marginnote die Randbemerkungen im Flattersatz, da dies bei schmalen Spalten günstiger ist. Vergleiche dazu die Beispiele 06-10-1 auf der vorherigen Seite und 06-10-2. Eine Änderung ist über die beiden Makros \raggedleftmarginnote und \raggedrightmarginnote möglich.

```
\marginnote[linker Text]{rechter Text}[Shift]
\marginnoteleftadjust
\marginnoterightadjust
\marginnotetextwidth
\marginnotevadjust
\raggedleftmarginnote
\raggedrightmarginnote
\marginfont
```

```
\usepackage{marginnote}  \let\marginfont\itshape

Dies hier ist ein Blindtext\marginnote{Blindtext} zum Testen von Textausgaben.
Wer diesen Text liest, ist selbst schuld. Der Text gibt lediglich den Grauwert
der Schrift an. Ist das wirklich so?\marginnote{$\Leftarrow$}[-\baselineskip]
{\reversemarginpar\marginnote{Hier kann auch ziemlich viel Text stehen.}}
```

06-10-2

Dies hier ist ein Blindtext zum Testen von Textausgaben. Wer diesen Text liest, ist selbst schuld. Der Text gibt lediglich den Grauwert der Schrift an. Ist das wirklich so?

Blindtext

$\Leftarrow$

Hier kann auch ziemlich viel Text stehen.

6.10.3 Paket `hvqrurl`

Mit dem Paket `hvqrurl` lassen sich URLs in Form eines QR-Codes als Randbemerkung setzen, wozu intern der Befehl `\marginnote` verwendet wird. Es gibt prinzipiell nur zwei Befehle, `\hvqrset` zum Setzen der globalen Optionen und `\hvqrurl` zum Ausgeben des QR-Codes. Die Sternvariante unterdrückt die normale Ausgabe der URL im Text; sie erscheint dann nur als QR-Code im Rand.

```
\hvqrset{key=value, ...}
\hvqrurl [key=value, ...] {URL}
\hvqrurl* [key=value, ...] {URL}
```

Folgende Optionen sind möglich:

`qrlink` Mögliche Werte sind `link` und `nolink`, was sich auf die gleichzeitige Anwendung des Paketes `hyperref` bezieht, ob der QR-Code gleichzeitig ein Link sein soll, der zum selben Ziel wie der Klick auf die URL führt.

`qrcolor` Die Farbe des QR-Codes, der ohne `hyperref` standardmäßig in Schwarz und mit `hyperref` in der URL-Farbe erscheint. Das Paket `xcolor` wird standardmäßig geladen, sodass alle dort gültigen Farbangaben möglich sind.

`qradjust` Bei dicht aufeinanderfolgender QR-Codes kann es zu einer Kollision kommen, die nachträglich mit einer Längenangabe korrigiert werden kann. Eine negative Länge verschiebt die Ausgabe nach oben.

`qrheight` Standardmäßig wird der QR-Code als Quadrat von 1 cm ausgegeben. Es kann jeder andere Wert genommen werden.
`qrlevel` Es existieren die vier Level »Low (L), Medium (M), Quality (Q) und High (H)«

```
\usepackage{hvqrurl}
\usepackage[colorlinks]{hyperref}

The QR code specification includes four levels of encoding: Low (L)
(\hvqrurl[qrlink=nolink]{https://www.tug.org/}), Medium (M), Quality (Q), and High (H)
(\hvqrurl*[qrlink=nolink,qradjust=0pt,qrlevel=H,qrcolor=blue]{https://www.tug.org/}),
in increasing order of error-correction capability. In general, for a given text a
higher error-correction level requires more bits of information in the QR code.
```

-10-3 The QR code specification includes four levels of encoding: Low (L) (https://www.tug.org/), Medium (M), Quality (Q), and High (H) (), in increasing order of error-correction capability. In general, for a given text a higher error-correction level requires more bits of information in the QR code.

6.11 Textmarken und -referenzen

An jeder beliebigen Stelle kann in einem Dokument eine Marke mit dem Makro `\label` gesetzt werden, auf die an anderer Stelle Bezug genommen werden kann.

```
\label{Marke}
\ref{Marke}
\pageref{Marke}
```

Mit dem Makro `\pageref{`*Marke*`}` lässt sich dann für jede Marke (Label) die Seitenzahl ausgeben, auf der diese definiert wurde. Kann sich die Textmarke auf etwas »Zählbares« beziehen, wie beispielsweise nummerierte Abschnitte, Gleichungen, Abbildungen usw., so kann mit `\ref` auch die zugehörige Nummerierung ausgegeben werden. Beispielsweise endet dieser Abschnitt 6.11 auf Seite 104 im Unterabschnitt 6.11.3. Die entsprechenden Code-Sequenzen lauten:

```
\section{Textmarken und -referenzen}\label{sec:refs}
[...]
Beispielsweise endet dieser Abschnitt~\ref{sec:refs} auf
Seite~\pageref{sec:refs:end} im Unterabschnitt~\ref{sec:refs:end}.
[...]
\label{sec:refs:end}
```

`\label{sec:refs:end}` wurde dabei im Quelltext an das Ende dieses Abschnitts gesetzt, sodass sowohl Seitenzahl als auch Abschnittsnummer korrekt wiedergegeben werden.

Referenzen können sich auf beliebige Marken beziehen, auch auf solche, die erst später definiert werden. Dazu bedarf es *immer* mindestens zwei LaTeX-Läufen, unabhängig *2 Läufe!*
vom verwendeten TeX-Programm. Ansonsten erscheint im Text statt der Seitenzahl oder

Referenz »??«, was auf einen Lauf zu wenig oder alternativ auf eine im Befehl `\ref` falsch geschriebene Marke schließen lässt. Skripte, wie latexmk oder arara, können dies selbstständig erledigen. Die Zeichenfolge der Marke sollte eindeutig sein, um typische Fehlermeldungen wie

```
LaTeX Warning: Label `exa:pdf:hyperref0' multiply defined.
...
LaTeX Warning: Reference `sec:Anhang:texlive:usb' on page 14 undefined on input
 line 104.
```

babel

zu vermeiden. Eindeutig bedeutet, dass Marken nicht doppelt auftreten und keine Sonderzeichen enthalten, wobei zwischen Groß- und Kleinschreibung unterschieden wird. Der in der obigen Code-Sequenz verwendete Doppelpunkt in Textmarken sollte nicht verwendet werden, wenn im Zusammenhang mit dem Paket `babel` die Sprache Französisch verwendet wird; der Doppelpunkt ist dort ein aktives Zeichen (siehe Abschnitt 5.2.1 auf Seite 57). Ebenso sollten Leerzeichen und Umlaute vermieden werden.

Falsche Verweise

Ein häufiger Fehler ist die falsche Platzierung der Textmarke in Überschriften, Bild- oder Tabellenbeschriftungen, indem die Textmarke fälschlicherweise *vor* den Titel oder die Beschriftung gesetzt wird und sie sich somit nicht auf die erst noch durch `\section`, `\caption`, ... zu erstellende Nummerierung bezieht.

Bei längeren Dokumenten kann die Zahl der zu setzenden Marken sehr groß werden, weshalb die meisten Quelltext-Editoren eine Liste aller vergebenen Marken anzeigen, um den Umgang zu erleichtern. Abbildung 6.4 zeigt exemplarisch die Liste der Textmarken für die Teildatei `ch-Babel.tex`.

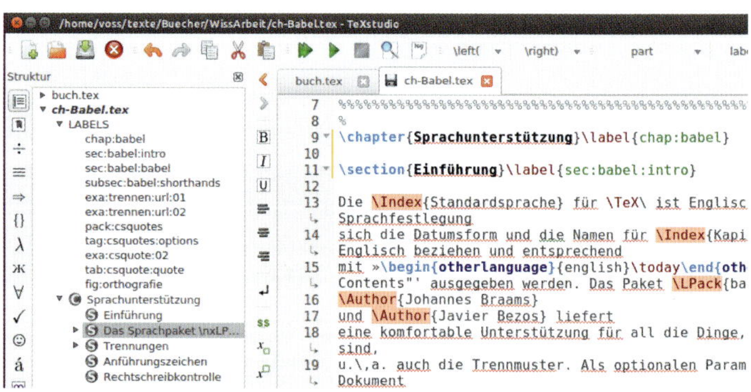

Abbildung 6.4: Anzeige der Liste der vergebenen Textmarken im Strukturfenster des Editors TeXstudio.

6.11.1 Paket `cleveref`

Mit dem Paket `cleveref` von Toby Cubitt lässt sich die Erzeugung der Verweise vereinfachen, indem der sonst übliche Text wie beispielsweise »Abschnitt« oder »Tabelle« automatisch hinzugefügt werden kann. Dabei werden die sprachspezifischen Einstellungen des Paketes `babel` übernommen.

```
\cref*{Marke, Marke, ...}
\Cref*{Marke, Marke, ...}
\crefrange*{Anfangsmarke}{Endmarke}
\Crefrange*{Anfangsmarke}{Endmarke}
```

Das Makro \Cref wird am Anfang eines Satzes verwendet, anderenfalls kommt \cref zur Anwendung. Die anderen beiden Makros erlauben die Angabe eines Bereiches, wobei die Variante mit dem Großbuchstaben (\Crefrange) wieder für einen Verweis am Satzanfang steht. Werden bei \cref mehrere Label (durch Komma getrennt) angegeben, so werden diese in der Referenz mit »und« ausgegeben.

.1-1

1 Una

1.1 Due

2 Tre

In Abschnitt 1 ...

Abschnitt 1.1 ...

Die Abschnitte 1 bis 2 ...Abschnitte 1 und 1.1

```
\usepackage{babel}
\documentclass[parskip=half-,ngerman]{scrartcl}
\usepackage{cleveref}

\section{Una}\label{eins}
\subsection{Due}\label{zwei}
\section{Tre}\label{drei}
In \cref{eins} \ldots\par
\Cref{zwei} \dots\par
Die \crefrange{eins}{drei} \dots
\Cref{eins,zwei}
```

Die Sternvarianten der Referenzbefehle sind für eine Verwendung im Zusammenhang mit dem Paket hyperref (vergleiche Abschnitt 6.12 auf der nächsten Seite) gedacht. Hierbei muss cleveref *nach* hyperref geladen werden. Die Sternversionen unterbinden eine Verlinkung durch hyperref.

Das Paket cleveref lässt sich auch mit dem Paket varioref kombinieren, wobei dieses Paket aber *vor* cleveref geladen werden muss. *varioref*

6.11.2 Das Paket varioref

Das Paket von Frank Mittelbach erleichtert die sprachenabhängige Erzeugung von Textverweisen, die nicht nur auf einen Abschnitt, sondern auch immer gleichzeitig auf die Seite verweisen sollen, also eine Kombination aus \ref und \pageref darstellen. Mit varioref kann dies automatisiert werden, indem die Ausgabe der Seite nur dann herangezogen wird, wenn der Verweis nicht auf eine Marke derselben Seite zeigt. Es können vier Fälle unterschieden werden: Ein Verweis auf:

- dieselbe Seite: Das Makro \vref verhält sich wie \ref und \vpageref gibt den Text »\reftextcurrent« aus ⇒ »auf dieser Seite«
- die nächste Seite: Das Makro \vref gibt zusätzlich den Text »\reftextfaceafter« aus ⇒ »auf der nächsten Seite«
- vorherige Seite: Das Makro \vref gibt zusätzlich den Text »\reftextfacebefore« aus ⇒ »auf der vorherigen Seite«

- andere Seiten: Zusätzliche Ausgabe der Seitenzahl »\reftextfaraway{*Marke*}« ⇒ »auf Seite 101«

```
\vref{Marke}
\vpageref{Marke}
\vrefrange{Anfangsmarke}{Endmarke}
\vpagerefrange{Anfangsmarke}{Endmarke}
```

Wenn ein Verweis auf die nächste Seite genau am unteren rechten Ende einer Seite auftritt, kann es zu einer Endlosschleife kommen, da erst das Ende eines Verweises »... auf der nächsten Seite« entscheidet, ob die Angabe korrekt ist. Muss jetzt aber innerhalb dieser Aussage ein Seitenumbruch erfolgen, so stimmt die Zuordnung mit der »nächsten Seite« nicht mehr und der Verweis wird verkürzt, womit er dann wieder vollständig auf die Seite passt und daher wieder die Aussage »auf der nächsten Seite« angebracht wäre, usw. In diesen Fällen muss in den Text eingegriffen oder \vref in ein standardmäßiges \ref geändert werden.

Mit den Makros \vpagerefrange und \vrefrange kann der Verweis auf einen Bereich ausgedehnt werden, so findet man diesen gesamten Abschnitt auf den Seiten 101–104, beziehungsweise er umfasst die Abschnitte 6.11 bis 6.11.3 auf den Seiten 101–104.

```
[...] so findet man diesen gesamten Abschnitt \vpagerefrange{sec:refs}{sec:refs:end},
beziehungsweise er umfasst die Abschnitte~\vrefrange{sec:refs}{sec:refs:end}.
```

6.11.3 Verweise auf externe Dokumente

Mit dem Paket xr von David Carlisle ist es möglich, auf die Marken in externen LaTeX-Dateien zuzugreifen und entsprechende Verweise zu erzeugen. Die externe Quelldatei muss eine existierende .aux-Datei besitzen, ansonsten können die Referenzen nicht aufgelöst werden.

```
\externaldocument [Zusatz] Datei
```

Mit dem Makro \externaldocument wird der Dateiname des externen Dokuments festgelegt, wobei das optionale Argument einen Präfix für die Verweise auf das externe Dokument erlaubt, um eventuellen Kollisionen mit Referenzen aus dem Hauptdokument vorzubeugen.

6.12 Hyperlinks

Für Hyperlinks ist das mächtige Paket hyperref von Sebastian Rahtz und Heiko Oberdiek zuständig. Es versucht, sich in alle möglichen Referenzen, Links, Fußnoten usw. einzuklinken, um sämtliche Referenzen, die auf irgendetwas zeigen, unter seine Kontrolle zu bringen. Es kann dann Hyperlinks von beispielsweise einer Fußnotenziffer zu dem korrespondierenden Fußnotentext erstellen. Es gilt die allgemeine Regel, dass das Paket hyperref als letztes aller Pakete zu laden ist. Einige Ausnahmen bestätigen diese Regel und sollten unbedingt beachtet werden, um eine einwandfreie Funktion zu erreichen. (Voß 2017b, S.185f)

Die Anwendung von hyperref hat nur dann Sinn, wenn PDF -Dokumente erstellt werden, die allgemein über das Netz zur Verfügung stehen sollen. Bei reinen Druckdokumenten ist eine Anwendung sinnlos, auch wenn hyperref nicht zwingend zu einer schlechteren Druckausgabe führen muss. Das folgende Beispiel zeigt die erste Seite des Dokuments, die hier als Grafik eingefügt wird und sich daher nicht von einem Druckdokument unterscheidet.

2-1

Inhaltsverzeichnis

1 Das Paket hyperref **2**
1.1 Einleitung 2
1.2 Das Paket nameref 3
1.2.1 Einleitung 3

2 Pakete von Heiko Oberdiek **4**
2.1 Einleitung 4

```
\usepackage{hyperref}

\tableofcontents\clearpage
\section{Das Paket hyperref}
\subsection{Einleitung}\newpage
\subsection{Das Paket nameref}
\subsubsection{Einleitung}\newpage
\section{Pakete von Heiko Oberdiek}
\subsection{Einleitung}
```

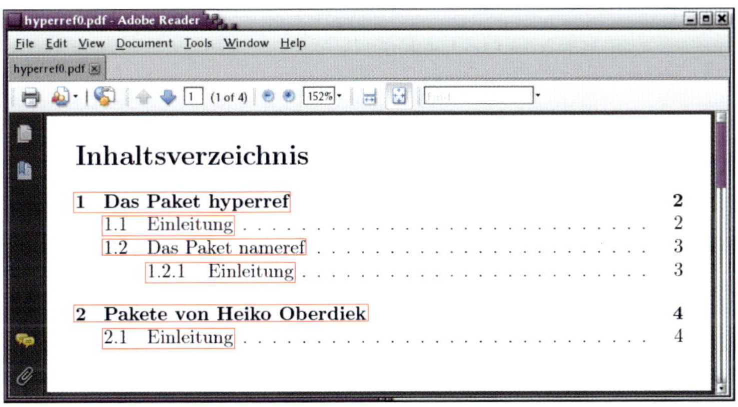

Abbildung 6.5: Betrachtung des Inhaltsverzeichnisses des Beispieldokumentes 06-12-1 im Adobe Reader.

Betrachtet man diese Datei aber in einem PDF-Viewer, so ergibt sich eine völlige andere Darstellung. Abbildung 6.5 zeigt, dass der Viewer die internen Links jetzt umrahmt. Optisch gesehen sind diese Rahmen sicher nicht das »non plus ultra«. Sie haben aber den entscheidenden Vorteil, dass sie nicht ausgedruckt werden, sodass man nicht zwischen Bildschirm- und Druckversion unterscheiden muss.

Das Verhalten von hyperref wird fast ausnahmslos über Paketoptionen gesteuert. Hierbei können nicht alle Optionen nach dem Laden des Paketes mit \hypersetup geändert oder neu gesetzt werden. hyperref gibt eine Warnung aus, wenn eine Option zu spät geändert wird und daher nichts mehr bewirken kann.

\usepackage [*Optionen*] {*hyperref*}
\hypersetup{*Key/Value-Liste*}

Eine alphabetische Zusammenstellung aller derzeit bekannten Optionen zeigt die Tabelle 6.10 auf der nächsten Seite. Aus reinen Platzgründen können hier davon nicht alle behandelt werden.

Tabelle 6.10: Zusammenstellung der wichtigsten Optionen für das Paket hyperref. Eine fehlende Angabe in der Spalte Vorgabe entspricht einem leeren Argument.

Optionsname	*Vorgabe*	*Anmerkungen*
anchorcolor	black	Ankerfarbe
backref	false	Bibliografische Rückwärtsreferenzen
baseurl		Basis-URL für das Dokument
bookmarksdepth		Die Tiefe der Bookmarks, mögliche Werte sind {} (der Zähler tocdepth bestimmt die Ebene), ‹*Zahl*›, ‹*Name*› (*Name* muss einer der zulässigen Kapitel- oder Abschnittsnamen sein, wie beispielsweise part, chapter, section...).
bookmarksnumbered	false	Bookmarks mit Gliederungsnummer
bookmarksopen	false	Zeige Bookmarks im PDF-Viewer aufgeklappt (kontrolliert durch bookmarksopenlevel).
bookmarksopenlevel	\maxdimen	Tiefe, bis zu der die Bookmarks im Viewer geöffnet werden sollen.
citebordercolor	0 1 0	Rahmenfarbe für \cite-Befehle (R G B)
citecolor	green	Linkfarbe für \cite-Befehle
colorlinks	false	Farbige Links, statt eines Rahmens.
oder html sein.		
filebordercolor	0 .5 .5	Rahmenfarbe für Dateilinks (R G B)
filecolor	cyan	Linkfarbe für Dateilinks
hypertexnames	true	Benutze Namen für Links
linkbordercolor	1 0 0	Rahmenfarbe von Links (R G B)
linkcolor	red	Linkfarbe
linktoc	section	Festlegung, was im Inhaltsverzeichnis verlinkt werden soll. Mögliche Werte sind none (keine Links), section (entspricht linktocpage=false), page (entspricht linktocpage=true) und all (sowohl Text als auch Seitenzahl verlinken).
linktocpage	false	Verlinke die Seitenzahl anstatt des Textes für alle Verzeichnisse
menubordercolor	1 0 0	Rahmenfarbe für Menülinks (R G B)
menucolor	red	Linkfarbe für Menülinks
ocgcolorlinks	false	Erlaubt farbige Links im PDF-Viewer (OCG=Optional Content Groups), die aber beim Ausdruck in schwarz ausgegeben werden. Derartige Links können dann aber nicht umbrochen werden und sind nur für die Ausgabetreiber pdftex und dvipdfm, sowie mindestens eine PDF-Version 1.5.
pagebackref	false	Rückwärtsreferenz mit Seitenzahl.
pdfauthor		Text für PDF-Autor-Feld
pdfa	false	Versuch, die Code-Ausgabe PDF/A-konform zu halten. Einige Dinge werden nach wie vor nicht unterstützt, wie beispielsweise XMP-Metadata, Schriften, Farben, treiberspezifischer Low-Level-Code, ...
pdfborder	0 0 1	Breite eines Linkrahmens, für die Option colorlinks ist die Vorgabe gleich 0 0 0 (R G B).
auf dem Bildschirm.		
pdfcreator		Standard ist: »LaTeX with hyperref package« Text für das Feld PDF-Ersteller
pdfduplex		Für Duplexdruck
pdfkeywords		Text für das PDF-Schlüsselwörter-Feld
pdfmenubar	true	Menüleiste im PDF-Viewer aktivieren
pdfproducer		Text für das »PDF Producer« Feld

Fortsetzung ...

... Fortsetzung

Optionsname	*Vorgabe*	*Anmerkungen*
`pdfstartpage`	`1`	Startseite mit der das PDF-Dokument geöffnet wird
`pdfstartview`	`Fit`	Startmodus des PDF-Dokuments, mögliche Werte findet man in der Dokumentation zu `hyperref`.
`pdfsubject`		Text für das PDF-Feld »Betreff«
`pdftitle`		Text für das PDF-Feld »Titel«
`pdfversion`	1.2	Wird momentan nur für den Code für PDF-Formulare benutzt, falls `hyperref` die Information nicht anderweitig ermitteln kann. Mögliche Werte sind 1.2, 1.3, ..., 1.7.
`plainpages`	`false`	Seitenanker als arabische Zahlen setzen.
`runbordercolor`	`0 .7 .7`	Rahmenfarbe der Programmlinks (R G B)
`runcolor`	`filecolor`	Farbe der Programmlinks
`unicode`	`false`	PDF-Strings in Unicode, siehe auch `pdfencoding`.
`urlbordercolor`	`0 1 1`	Rahmenfarbe der URL-Links (R G B)
`urlcolor`	`magenta`	Farbe der URL-Links
`verbose`	`false`	Mehr Ausgaben im Logfile

6.12.1 Linkrahmen oder Farbe

Die Abbildung 6.5 auf Seite 105 zeigt die Standardausgabe von `hyperref`, wenn das Paket ohne Optionen benutzt wird. Aufgrund der heutigen Qualität der Bildschirme entscheidet man sich ausschließlich für farbige Links ohne Rahmen. Ob nur die Seitenzahl, nur der Text oder beides als Link erscheinen soll, kann über die Option `linktoc` vorgegeben werden (siehe Tabelle 6.10 auf der vorherigen Seite).

12-2

Inhaltsverzeichnis

1 Das Paket hyperref 2
 1.1 Das Paket nameref 2
  1.1.1 Einleitung 2

2 Pakete von Heiko Oberdiek 3
 2.1 Einleitung 3

Der Abschnitt 2.1 ist auf Seite 3. Eine URL: `http://archiv.dante.de/~herbert/`

```
\usepackage[colorlinks,linktoc=all]{hyperref}
\hypersetup{linkcolor=red}

\tableofcontents \bigskip
Der Abschnitt~\ref{bar} ist auf
Seite~\pageref{bar}. Eine URL:
\url{http://archiv.dante.de/~herbert/}
\newpage\section{Das Paket hyperref}
\subsection{Das Paket nameref}
\subsubsection{Einleitung}\newpage
\section{Pakete von Heiko Oberdiek}
\subsection{Einleitung}\label{bar}
```

Im Gegensatz zum ersten Beispiel mit einem Linkrahmen, erscheinen farbige Links nicht nur im PDF-Viewer, sondern werden auch an den Drucker weitergereicht, sodass es bei *Drucken* sehr hellen Farben zu einem Problem auf Schwarz/Weiß-Druckern kommen kann. Mit der Option `ocglinkcolors` soll dies in Zukunft variabel sein. Momentan arbeitet diese Option noch nicht vernünftig.

Mit dem Makro `\url` gesetzte Links werden automatisch umbrochen, so der verwendete Treiber dies zulässt. Wird die PDF-Datei über `dvips` erstellt, so muss *nach* `hyperref` das Paket `breakurl` von Vilar Camara Neto geladen werden, welches den Umbruch von URLs *dvips* unterstützt.

Inhaltsverzeichnis

1 Das Paket hyperref 2
1.1 Das Paket nameref 2
1.1.1 Einleitung 2
2 Pakete von Heiko Oberdiek 3
2.1 Einleitung 3

Der Abschnitt 2.1 ist auf Seite 3. Eine URL: `http://archiv.dante.de/~herbert/`

```
\usepackage[colorlinks,linktoc=all]{hyperref}
\usepackage{xcolor}
\hypersetup{linkcolor=[cmyk]{0.2,0.8,0.7,0.5}}

\tableofcontents \bigskip
Der Abschnitt~\ref{bar} ist auf
Seite~\pageref{bar}. Eine URL:
\url{http://archiv.dante.de/~herbert/}\newpage
\section{Das Paket hyperref}
\subsection{Das Paket nameref}
\subsubsection{Einleitung}\newpage
\section{Pakete von Heiko Oberdiek}
\subsection{Einleitung}\label{bar}
```

06-12-

Eine weitere Alternative sind unterstrichene Links, die durch Zuweisung von `{/S/U/W 1}` an die Option `pdfborderstyle` möglich sind. Diese sind aber nur im PDF-Viewer sichtbar (siehe Abbildung 6.6) und auch hier nicht immer bei allen Versionen in korrekter Weise.

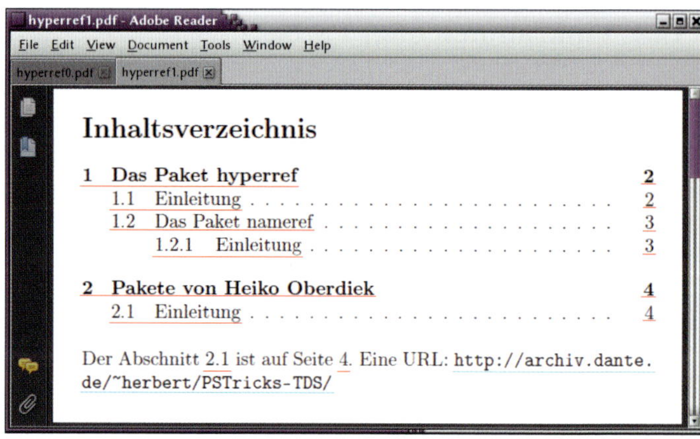

Abbildung 6.6: Betrachtung des Beispieldokumentes mit der Option `pdfborderstyle={/S/U/W 1}` im Adobe Reader.

6.12.2 Bookmarks – die Lesezeichen

Normalerweise werden alle Lesezeichen von `hyperref` automatisch in Abhängigkeit der Struktur des LaTeX-Dokuments gesetzt. Es besteht aber die Möglichkeit, über einige Makros manuell einzugreifen, die sämtlichst in der Datei `pdfmark.def` oder allen Treibern, die Lesezeichen unterstützen, definiert sind.

`\pdfbookmark` [*Level*] {*Text*}{*Name*}	`\currentpdfbookmark`{*Text*}{*Name*}
`\subpdfbookmark`{*Text*}{*Name*}	`\belowpdfbookmark`{*Text*}{*Name*}
`\texorpdfstring`{*TeXstring*}{*PDF string*}	`\pdfstringdefDisableCommands`{*Code*}

Die Ebene (*Level*) bei `\pdfbookmark` ist numerisch in der LaTeX-üblichen Zählung anzugeben (Standardwert ist 0). Mit `\currentpdfbookmark` muss man sich nicht um die aktuelle Ebene kümmern, ebenso wie mit `\subpdfbookmark`, welches ausgehend von der aktuellen Ebene diese vorerst inkrementiert und dann den Bookmark setzt. Der Unterschied zu

\belowpdfbookmark ist die Tatsache, dass der aktuelle Bookmark nicht verändert wird (Abbildung 6.7).

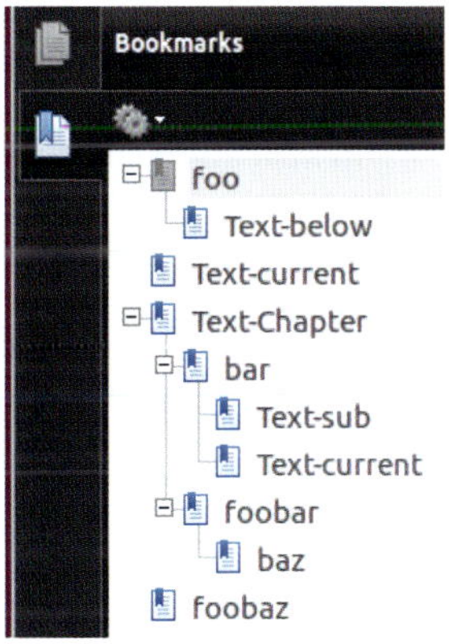


```
\chapter{foo}
\belowpdfbookmark{Text-below}{Name3}
\currentpdfbookmark{Text-current}{Name0}
\pdfbookmark[0]{Text-Chapter}{Name}
\section{bar}
\subpdfbookmark{Text-sub}{Name2}
\currentpdfbookmark{Text-current}{Name1}
\section{foobar}
\subsection{baz}
\chapter{foobaz}
```

Abbildung 6.7: Bedeutung der einzelnen Befehle für die Manipulation von Bookmarks.

Im Abschnitt A.6.1 auf Seite 399 wird auf Probleme im Zusammenhang mit mathematischen Zeichen in Überschriften und Bookmarks hingewiesen und eine entsprechende Lösung mit dem Makro \texorpdfstring gezeigt; Bookmarks können bis auf wenige Ausnahmen keine speziellen mathematischen Zeichen oder Exponenten anzeigen. Eine der Ausnahmen bildet das Makro \texttwosuperior:

```
\section{Pythagoras: \texorpdfstring{$ a^2 + b^2 = c^2 $}{%
  a\texttwosuperior\ + b\texttwosuperior\ = c\texttwosuperior}}
\section{\texorpdfstring{\textcolor{red}}{}{Roter} Mars}
```

Lesezeichen (Bookmarks)

- In der Regel ist nur ein LaTeX-Lauf nötig.
- Lesezeichen können sowohl in der Farbe als auch Schrift (fett/kursiv) frei gestaltet werden.
- Neben Hyperlinks im Dokument werden viele andere Aktionen unterstützt, beispielsweise Hyperlinks auf externe Dateien oder URI-Links.
- Die »Level«-Verwaltung ist flexibler; mit startatroot kann die Hierarchie beendet und wieder von oben angefangen werden, wenn beispielsweise das Literaturverzeichnis oder der Index nicht unter dem letzten \part-Titel stehen sollen.

Werden bestimmte Befehle wiederholt in Überschriften verwendet, die jedoch Fehler bei den Bookmarks hervorrufen, so kann dieser Befehl gezielt mit dem speziellen Makro \pdfstringdefDisableCommands deaktiviert beziehungsweise umdefiniert werden. Wenn in Überschriften URLs verwendet werden, so gibt es ebenfalls Probleme mit den Bookmarks. Diesen Befehl lokal für die Bookmarks zu deaktivieren ist daher sinnvoll.

6.12.3 TEXnisches

\phantomsection

Falscher Link Mit dem Makro \phantomsection kann man an einer beliebigen Stelle im Text einen Anker setzen, auf den sich Verweise (Links, Bookmarks) dann beziehen können. Das Makro wird häufig im Zusammenhang mit Listen angewendet, wenn kein automatischer Eintrag in das Inhaltsverzeichnis erfolgt. Dieser kann in der Regel mit dem Makro \addcontentsline selber vorgenommen werden. Für hyperref kann dieser Eintrag aber zu früh kommen, sodass ein falscher Link die Folge ist. Mit \phantomsection kann dies korrigiert werden, beispielsweise für den Index wie folgt:

```
\cleardoublepage
\phantomsection  \addcontentsline{toc}{chapter}{\indexname}
\printindex
```

Farben

Farbwerte Farbangaben können in unterschiedlichster Form erfolgen. Bei Verwendung des Paketes xcolor kann man zwischen den verschiedenen Farbräumen und symbolischen Farbnamen wählen.

```
\hypersetup{linkbordercolor=red}
\hypersetup{linkbordercolor=[named]{red}}
\hypersetup{linkbordercolor=[rgb]{1,0,0}}
\hypersetup{linkbordercolor=1 0 0}% identisch zu folgender Zeile
\hypersetup{linkbordercolor={}}% keine Farbe
\TextField[backgroundcolor={[empty]{}}, ...]{...}% oder
\TextField[{backgroundcolor=[empty]{}, ...}]{...}
```

Leerzeichen Werden die drei RGB-Farbwerte durch ein Leerzeichen getrennt, so ist zu beachten, dass diese Angaben dann in geschweifte Klammern zu setzen sind, wenn sie im optionalen Argument von hyperref auftreten; LATEX würde diese Leerzeichen sonst beim Einlesen des Arguments beseitigen (bordercolor={1 0 1}).

Links auf Gleitumgebungen

Ein Anker wird von hyperref immer dann gesetzt, wenn etwas »Zählbares« vorliegt, beispielsweise durch \caption eine Bildbeschriftung. Da diese bei Abbildungen meistens unterhalb des Objekts erscheint, wird diese Beschriftung bei einem PDF-Viewer nach einem Sprung von einem Abbildungsverzeichnis oder anderem Link am oberen Rand des Fensters angeordnet, während das eigentliche Objekt nicht sichtbar ist. Das Laden

Paket hypcap des Paketes hypcap von Heiko Oberdiek schafft hier Abhilfe, es verankert das Objekt, falls dieses vor der Beschriftung ist.

Wird das Paket mit der Option all geladen, so werden alle standardmäßigen Gleitumgebungen umdefiniert. Abbildung 6.8 auf der nächsten Seite zeigt beide Fälle, wenn von dem Abbildungsverzeichnis auf die »Die zweite Rose« gesprungen wird. Für den Fall, dass aufgrund der Benutzereinstellungen der PDF-Viewer nur ganze Seiten anzeigt, hat dieser Sachverhalt allerdings keine Relevanz.

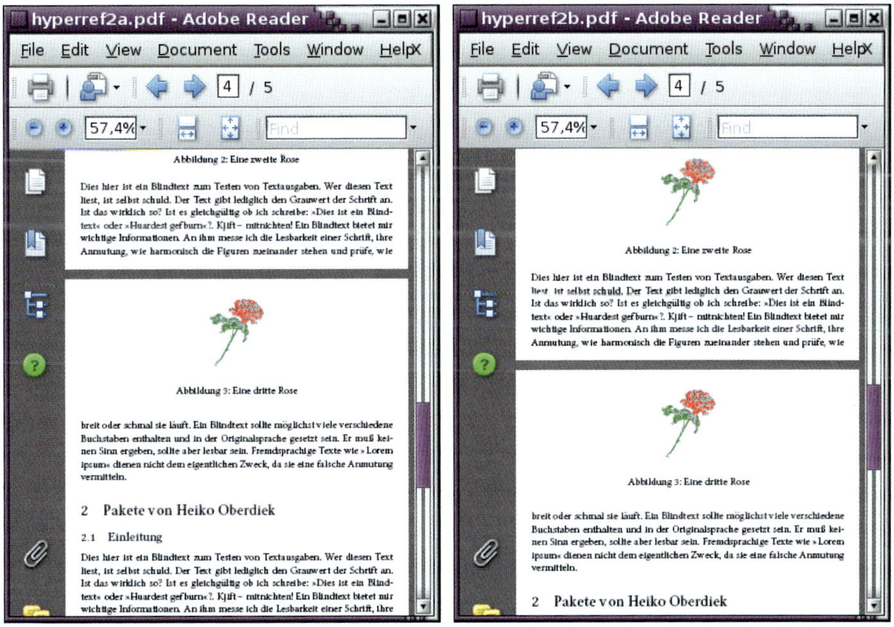

(a) Ohne hypcap (b) Mit hypcap

Abbildung 6.8: Wirkungsweise des Paketes hypcap bei einem Sprung vom Abbildungsverzeichnis auf den Anker der Abbildung 2.

```
\capstart
\hypcapspace
\hypcapredef{Name}
\capstartfalse
\capstarttrue
```

6.13 Umbruch

Der Umbruch, also das sinnvolle Anordnen aller Elemente auf einer Seite, wird von TEX im Allgemeinen automatisch durchgeführt. Dennoch muss in manchen besonderen Fällen manuell in den Umbruch eingegriffen werden, indem Zeilen oder Seiten früher als geplant beendet werden müssen. Insbesondere in naturwissenschaftlichen Manuskripten mit sehr vielen Abbildungen, Tabellen, Gleichungen und relativ wenig Text kann dies nötig sein.

6.13.1 Zeilenumbruch

Jeder manuell eingefügte Zeilenumbruch innerhalb eines Absatzes erschwert automatisch den Umbruch des gesamten Absatzes, denn TEX orientiert sich nicht an der Zeile, sondern *nur* an dem gesamten Absatz. Eine Zeile kann mit den Makros `\\`, `\linebreak` oder `\newline` vorzeitig beendet werden. Das folgende Beispiel zeigt exemplarisch, wo dies notwendig sein könnte, denn der Text geht in den Rand.

```
\newcommand\Lcs[1]{\texttt{\textbackslash#1}}

\rule{\linewidth}{1pt}\makebox(0,0){\rule[-2cm]{1pt}{1cm}}\par
Möchte man eine (feste) Schriftart definieren, die direkt über \Lcs{<Name>}
angesprochen werden kann, so geht dies beispielsweise mit
\verb+\newfontfamily\Mono{DejaVu Sans Mono}[Scale=MatchLowercase,FakeStretch=0.9]+.
```

06-13-

Möchte man eine (feste) Schriftart definieren, die direkt über `\<Name>` angespro-
chen werden kann, so geht dies beispielsweise mit `\newfontfamily\Mono{DejaVu Sans Mono}[Scale=Match`

Durch den langen Textteil mit `\verb` ist für TeX unter den gegebenen Bedingungen (maximal zulässiger Wortzwischenraum) kein sinnvoller Absatzumbruch möglich, sodass mit der Ausgabe über den Rand hinaus dem Benutzer mitgeteilt wird, dass er manuell eingreifen muss. Eine erste Möglichkeit wäre die Anwendung der Umgebung `sloppypar`, die sehr großzügige Wortzwischenräume erlaubt.

```
\newcommand\Lcs[1]{\texttt{\textbackslash#1}}

\begin{sloppypar}
Möchte man eine (feste) Schriftart definieren, die direkt über \Lcs{<Name>}
angesprochen werden kann, so geht dies beispielsweise mit
\verb+\newfontfamily\Mono{DejaVu Sans Mono}[Scale=MatchLowercase,FakeStretch=0.9]+.
\end{sloppypar}
```

Möchte man eine (feste) Schriftart definieren, die direkt über `\<Name>` angesprochen werden kann, so geht dies beispielsweise mit `\newfontfamily\Mono{DejaVu Sans Mono}[Scale=MatchLowercase,FakeStretch=0.9]`. 06-13-

Es ist offensichtlich, dass die großen Wortzwischenräume negativ auffallen. Es empfiehlt sich daher, hier mit `\\` einen manuellen Zeilenumbruch einzufügen:

```
\newcommand\Lcs[1]{\texttt{\textbackslash#1}}

Möchte man eine (feste) Schriftart definieren, die direkt über \Lcs{<Name>}
angesprochen werden kann, so geht dies beispielsweise mit\\
\verb+\DeclareFixedFont{\RM}{T1}{ptm}{b}{n}{2cm}+.
```

Möchte man eine (feste) Schriftart definieren, die direkt über `\<Name>` angespro-
chen werden kann, so geht dies beispielsweise mit
`\DeclareFixedFont{\RM}{T1}{ptm}{b}{n}{2cm}`. 06-13-

Der Befehl `\\` erlaubt ein optionales Argument, mit dem Einfluss auf den Zeilenvorschub genommen werden kann. `\\[\baselineskip]` erzeugt einen zusätzlichen Zeilenabstand von einer Zeile. Die Sternvariante `\\*` weist TeX an, nach dieser Zeile keinen Seitenumbruch vorzunehmen. Beginnt nach einem manuellen Umbruch mit `\\` die nächste Zeile mit einer eckigen Klammer, so interpretiert TeX dies als optionales Argument von `\\`, was dann zu einem Fehler führt. In solchen Fällen empfiehlt sich die Angabe von `\relax` (Befehl ohne Wirkung).

13-4

[1] Eine Zeile mit Text
[2] Eine Zeile mit Text
[3] Eine Zeile mit Text
[4] Eine Zeile mit Text
[5] Eine Zeile mit Text
[6] Eine Zeile mit Text

```
\newcommand\Lcs[1]{\texttt{\textbackslash#1}}

[1] Eine Zeile mit Text\\\relax % sonst Fehler
[2] Eine Zeile mit Text\\*[2pt] % keine neue Seite
[3] Eine Zeile mit Text\\[5pt]
[4] Eine Zeile mit Text\\*\relax% sonst Fehler
[5] Eine Zeile mit Text\\[10pt]
[6] Eine Zeile mit Text
```

In allen Fällen, wo der Befehl `\\` nicht angewendet werden kann, beispielsweise in Tabellenspalten, kann der Befehl `\newline` benutzt werden, der aber kein optionales Argument erlaubt.

`\\*` [*Länge*]	`\newline`
`\linebreak` [*Priorität*]	`\nolinebreak` [*Priorität*]

Sowohl `\\` als auch `\newline` beenden die Zeile genau dort, wo der Befehl auftritt. Dagegen beendet `\linebreak` die Zeile ebenfalls, beeinflusst aber nicht den Blocksatz; die aktuelle Zeile wird so gestreckt, dass der Zeilenumbruch faktisch nicht sichtbar ist. Das optionale Argument gibt die Priorität des Zeilenumbruchs an. Es sind Werte von 0 bis 4 (Vorgabe) möglich, was dem Intervall *Empfehlung...Zwingend* entspricht. Das Gegenteil von `\linebreak` ist `\nolinebreak`, damit kann ein Umbruch in einer bestimmten Zeile verhindert werden.

```
\begin{minipage}{6cm}
Dies hier ist ein Blindtext zum Testen von Textausgaben. Wer diesen Text liest, ist
selbst schuld. Der Text gibt lediglich den Grauwert der Schrift an. Ist das wirklich so?
\end{minipage}\quad\begin{minipage}{6cm}
Dies hier ist ein Blindtext zum Testen von Textausgaben.\linebreak
Wer diesen Text liest, ist selbst schuld. Der Text gibt
lediglich den Grauwert der Schrift an. Ist das wirklich so?
\end{minipage}
```

13-5

Dies hier ist ein Blindtext zum Testen von Textausgaben. Wer diesen Text liest, ist selbst schuld. Der Text gibt lediglich den Grauwert der Schrift an. Ist das wirklich so?

Dies hier ist ein Blindtext zum Testen von Textausgaben. Wer diesen Text liest, ist selbst schuld. Der Text gibt lediglich den Grauwert der Schrift an. Ist das wirklich so?

```
\begin{minipage}{6cm}
Dies hier ist ein Blindtext zum Testen von Textausgaben. Wer diesen Text liest,
ist selbst schuld. Der Text gibt lediglich den Grauwert der Schrift an. Ist
das wirklich so?
\end{minipage}\quad\begin{minipage}{6cm}
Dies hier ist ein Blindtext zum Testen von Textausgaben. Wer diesen Text liest,
ist selbst schuld. Der Text gibt lediglich den Grauwert der Schrift an.
Ist \nolinebreak % <===!!!Jetzt kann nach "ist" nicht die Zeile umbrochen werden
 das wirklich so?
\end{minipage}
```

13-6

Dies hier ist ein Blindtext zum Testen von Textausgaben. Wer diesen Text liest, ist selbst schuld. Der Text gibt lediglich den Grauwert der Schrift an. Ist das wirklich so?

Dies hier ist ein Blindtext zum Testen von Textausgaben. Wer diesen Text liest, ist selbst schuld. Der Text gibt lediglich den Grauwert der Schrift an. Ist das wirklich so?

Die Anwendung des Makros \nolinebreak kann vereinfacht werden, wenn es um die Eingabe von Dingen geht, die unbedingt zusammengehalten werden müssen, beispielsweise eine Maßzahl mit ihrer Einheit. Die Tilde »~« ist ein aktives Zeichen und entspricht dem Makro \nobreakspace. Durch die Eingabe von 79~kg kann verhindert werden, dass zwischen den beiden Angaben ein Zeilenumbruch erfolgt. Es gibt weitere Textteile, die zusammengehalten werden sollten:

```
79~kg
.. das Ende vom Lied.~\cite{...}
Wie die Abbildung~\ref{...} zeigt
Dr.~med.~Erasmus~von Rotterdam
Wilhelm~I.
```

\mbox Der Umbruch zwischen den mit ~ verbunden Teilen wird zwar verhindert, aber dennoch kann der Zwischenraum gedehnt werden, um den Blocksatz zu erreichen. Möchte man auch diese Dehnung unterbinden, so ist beides in eine \mbox zu setzen, deren Inhalt weder getrennt noch gestreckt werden kann. Im folgenden Beispiel 06-13-7 wurde wieder ein fehlerhafter Text benutzt, um den Effekt besser zeigen zu können.

Testen wir nun ein Verhalten zu 79 kg
Testen wir nun ein Verhalten zu 79 kg
Testen wir nun ein Verhalten zu 79 kg
Testen wir n auch noch dieses Verhalten zu 79 kg Gewicht.
Testen wir n auch noch dieses Verhalten zu 79 kg Gewicht.
Testen wir n auch noch dieses Verhalten zu 79 kg Gewicht.

```
{\parfillskip=0pt % nur zum Testen
Testen wir nun ein Verhalten zu 79 kg%
\makebox(0,0){\rule[-7cm]{0.1pt}{4cm}}\par
Testen wir nun ein Verhalten zu 79~kg\par
Testen wir nun ein Verhalten zu \mbox{79 kg}\par}
Testen wir n auch noch dieses Verhalten zu
79 kg Gewicht.\par% schlechte Variante
Testen wir n auch noch dieses Verhalten zu
79~kg Gewicht.\par% gute Variante
Testen wir n auch noch dieses Verhalten zu
\mbox{79 kg} Gewicht.% gute Variante
```

06-13-7

Es sei noch einmal darauf hingewiesen, dass der manuelle Zeilenumbruch zum einen nur in ganz bestimmten Fällen notwendig ist und zum anderen keinesfalls einen Absatz beendet, sondern nur *innerhalb* eines Absatzes eine Zeile verkürzt.

6.13.2 Seitenumbruch

Analog zu den manuellen Zeilenumbrüchen stehen auch für manuell eingefügte Seitenumbrüche verschiedene Makros zur Verfügung.

```
\newpage
\pagebreak [Priorität]
\nopagebreak [Priorität]
\clearpage
\cleardoublepage
```

Mit \newpage wird die Seite genau an der Stelle des Makros beendet, der restliche Platz bleibt leer, und es wird eine neue Seite begonnen. Mit \pagebreak hingegen wird die Zeile, in der der Befehl auftritt, erst normal gesetzt und dann danach der Seitenumbruch eingefügt, wobei die gesamte Seite so gestreckt wird, dass die letzte Zeile ganz unten endet. \nopagebreak ist genau das Gegenteil; nach der Zeile, in der der Befehl steht, kann kein Seitenumbruch erfolgen, sondern nur davor. Die Bedeutung des optionalen Parameters ist identisch zu dem der Makros für den Zeilenumbruch.

Beinhaltet eine Seite auch gleitende Objekte vom Typ figure und/oder table (siehe Kapitel 11 auf Seite 215), so sollte ein Seitenumbruch mit dem Makro \clearpage vorgenommen werden, falls die noch nicht gesetzten gleitenden Objekte erst noch vor dem Seitenumbruch ausgegeben werden sollen. Handelt es sich um ein zweiseitiges Dokument kann auch der Befehl \cleardoublepage benutzt werden, falls man danach auf einer ungeraden Seite weitermachen will. In diesem Fall wird dann, falls nötig, noch eine Leerseite eingefügt.

6.13.3 Verbesserung des Umbruchs mit dem Paket microtype

Mit dem Paket microtype von Robert Schlicht stehen Möglichkeiten der Mikrotypografie zur Verfügung. Dazu zählt unter anderem ein optischer Randausgleich sowie Wort- und Zeichendehnung. Der Absatzumbruch kann dadurch deutlich verbessert werden, insbesondere kann die Zahl der Trennungen bei textlastigen Dokumenten drastisch reduziert werden. Das Paket stellt folgende Optionen (Auszug) zur Verfügung:

protrusion	Legt fest, ob ein optischer Randausgleich, auch als »margin kerning« oder »character protrusion« bezeichnet, durchgeführt werden soll. (Vorgabe ist true).
expansion	Schaltet die »font expansion« ein, womit die Breite der jeweiligen Zeichenbox (nicht das Zeichen) einer Schrift gedehnt oder gestaucht werden kann, um einen besseren Umbruch zu erhalten (nur pdfLaTeX und LuaLaTeX).
activate	Schaltet die Optionen expansion und protusion ein.
tracking	Schaltet das »tracking« ein, womit die Laufweite der Zeichen einer Schrift variabel ist.
spacing	Schaltet das »interword spacing« ein, womit der Wortzwischenraum variabel ist.
kerning	Schaltet das erweiterte Kerning für die Zeichen einer Schrift ein.

Nicht alle Optionen und Möglichkeiten stehen fur jede Schrift zur Verfügung, da das Paket nur für bestimmte Schriften angepasste Einstellungen zur Verfügung stellt, um ein optimales mikrotypografisches Aussehen zu erreichen. Fehlt eine derartige Anpassung, wählt das Paket die Definitionen für die Schrift Computer Modern.

06-13

```
\usepackage{blindtext}
\usepackage[ScaleTT=0.9]{libertinus-otf}
\usepackage[factor=1750]{microtype}
\microtypesetup{expansion=false,protrusion=false}%
Links\hfill Rechts\makebox(0,0){\put(0,-220){\line(0,-1){210}}}\par
\blindtext{} -- ohne Paket \texttt{microtype} \par
\blindtext  \newpage
\microtypesetup{expansion,protrusion}%
Links\hfill Rechts\makebox(0,0){\put(0,-220){\line(0,-1){210}}}\par
\blindtext{} -- mit dem Paket \texttt{microtype} \par
\blindtext{} -- mit dem Paket \texttt{microtype}
```

Links Rechts

Dies hier ist ein Blindtext zum Testen von Textausgaben. Wer diesen Text liest, ist selbst schuld. Der Text gibt lediglich den Grauwert der Schrift an. Ist das wirklich so? Ist es gleichgültig, ob ich schreibe: „Dies ist ein Blindtext" oder „Huardest gefburn"? Kjift – mitnichten! Ein Blindtext bietet mir wichtige Informationen. An ihm messe ich die Lesbarkeit einer Schrift, ihre Anmutung, wie harmonisch die Figuren zueinander stehen und prüfe, wie breit oder schmal sie läuft. Ein Blindtext sollte möglichst viele verschiedene Buchstaben enthalten und in der Originalsprache gesetzt sein. Er muss keinen Sinn ergeben, sollte aber lesbar sein. Fremdsprachige Texte wie „Lorem ipsum" dienen nicht dem eigentlichen Zweck, da sie eine falsche Anmutung vermitteln. – ohne Paket `microtype`

Dies hier ist ein Blindtext zum Testen von Textausgaben. Wer diesen Text liest, ist selbst schuld. Der Text gibt lediglich den Grauwert der Schrift an. Ist das wirklich so? Ist es gleichgültig, ob ich schreibe: „Dies ist ein Blindtext" oder „Huardest gefburn"? Kjift – mitnichten! Ein Blindtext bietet mir wichtige Informationen. An ihm messe ich die Lesbarkeit einer Schrift, ihre Anmutung, wie harmonisch die Figuren zueinander stehen und prüfe, wie breit oder schmal sie läuft. Ein Blindtext sollte möglichst viele verschiedene Buchstaben enthalten und in der Originalsprache gesetzt sein. Er muss keinen Sinn ergeben, sollte aber lesbar sein. Fremdsprachige Texte wie „Lorem ipsum" dienen nicht dem eigentlichen Zweck, da sie eine falsche Anmutung vermitteln.

Links Rechts

Dies hier ist ein Blindtext zum Testen von Textausgaben. Wer diesen Text liest, ist selbst schuld. Der Text gibt lediglich den Grauwert der Schrift an. Ist das wirklich so? Ist es gleichgültig, ob ich schreibe: „Dies ist ein Blindtext" oder „Huardest gefburn"? Kjift – mitnichten! Ein Blindtext bietet mir wichtige Informationen. An ihm messe ich die Lesbarkeit einer Schrift, ihre Anmutung, wie harmonisch die Figuren zueinander stehen und prüfe, wie breit oder schmal sie läuft. Ein Blindtext sollte möglichst viele verschiedene Buchstaben enthalten und in der Originalsprache gesetzt sein. Er muss keinen Sinn ergeben, sollte aber lesbar sein. Fremdsprachige Texte wie „Lorem ipsum" dienen nicht dem eigentlichen Zweck, da sie eine falsche Anmutung vermitteln. – mit dem Paket `microtype`

Dies hier ist ein Blindtext zum Testen von Textausgaben. Wer diesen Text liest, ist selbst schuld. Der Text gibt lediglich den Grauwert der Schrift an. Ist das wirklich so? Ist es gleichgültig, ob ich schreibe: „Dies ist ein Blindtext" oder „Huardest gefburn"? Kjift – mitnichten! Ein Blindtext bietet mir wichtige Informationen. An ihm messe ich die Lesbarkeit einer Schrift, ihre Anmutung, wie harmonisch die Figuren zueinander stehen und prüfe, wie breit oder schmal sie läuft. Ein Blindtext sollte möglichst viele verschiedene Buchstaben enthalten und in der Originalsprache gesetzt sein. Er muss keinen Sinn ergeben, sollte aber lesbar sein. Fremdsprachige Texte wie „Lorem ipsum" dienen nicht dem eigentlichen Zweck, da sie eine falsche Anmutung vermitteln. – mit dem Paket `microtype`

Das Beispiel 06-13-8 zeigt einen Text mit der Schrift `Libertinus`. Die linke Seite wurde ohne die Funktionen von `microtype` gesetzt, während in der rechten Seite die Funktionen `expansion` und `protrusion` aktiviert wurden. Betrachtet man jeweils den rechten Rand, so sieht man hier deutlich die Möglichkeiten des optischen Randausgleichs; die Satzzeichen (Punkt und Trennzeichen) werden jetzt weiter nach rechts gesetzt. Die Zahl der Trennungen in dem Absatz wurde außerdem von sechs auf drei reduziert.

6.13.4 TeXnisches

Einzelne Zeilen gehen über den rechten Rand

Eines der vielen Missverständnisse stellt die Tatsache dar, dass insbesondere Anfänger ungläubig staunen, wenn sie sehen, dass ein Satzprogramm mit professionellem Anspruch über den rechten Zeilenrand schreibt. Dabei ist es gerade dieser Anspruch, der dem Anwender dadurch mitteilen will, dass ein Absatzumbruch mit den aktuell gegebenen Vorgaben nicht möglich ist. Dies bezieht sich insbesondere auf den maximal möglichen Abstand zwischen zwei Wörtern, in TeX-Notation zwischen zwei Boxen.

Die folgende Zeile müsste wegen der fehlenden Umbruchmöglichkeit mit größeren als den erlaubten Abständen gesetzt werden:

TeX-Ausgabe:
Beispielsweise der vorgegebene Wert des TeX-Längenregisters \emergencystretch=10.0pt

Erwartete TeX-Ausgabe:
Beispielsweise der vorgegebene Wert des TeX-Längenregisters

\emergencystretch=10.0pt

Diese großen Abstände sind aufgrund der Vorgabe von `\emergencystretch` nicht möglich. Ebenso wurde hier keine Trennmöglichkeit für das Befehlswort `\emergencystretch` vereinbart, sodass TeX *zwangsweise* oder absichtlich über den Rand schreibt, um dem Anwender einen notwendigen externen Eingriff zu signalisieren. Eine Abhilfe schafft meistens die Anwendung der `sloppypar`-Umgebung, die automatisch einen »schlampigen« Absatzumbruch erlaubt. Weiterhin kann der Anwender auch explizit den Wert für `\emergencystretch` lokal erhöhen. Das Beispiel 06-13-9 zeigt eine entsprechende Anwendung; der standardmäßige Wert von 0 pt für `\emergencystretch` wird durch die Umgebung `sloppypar` auf 30 pt (3 em) vergrößert, was ungefähr einem zusätzlichen zulässigen Wortzwischenraum von 1.1 cm entspricht (). Alternativ zur Umgebung kann auch der Befehl `\sloppy` benutzt werden, der als Schalter wirkt und durch `\fussy` wieder aufgehoben werden kann. Empfohlen wird aber die Anwendung der Umgebung `sloppypar` und keinesfalls eine globale Anwendung des Befehls `\sloppy`.

```
\newcommand\Lcs[1]{\texttt{\textbackslash#1}}

\rule{\linewidth}{1pt}\makebox(0,0){\put(0,-75){\line(0,-1){75}}}\par
Beispielsweise der vorgegebene Wert des \TeX-Längenregisters
\textbf{\Lcs{emergencystretch}=\the\emergencystretch}.\par
\begin{sloppypar}
Beispielsweise der vorgegebene Wert des \TeX-Längenregisters
\textbf{\Lcs{emergencystretch}=\the\emergencystretch}.
\end{sloppypar}
\sloppy
Beispielsweise der vorgegebene Wert des \TeX-Längenregisters
\textbf{\Lcs{emergencystretch}=\the\emergencystretch}.\par
\fussy
Beispielsweise der vorgegebene Wert des \TeX-Längenregisters
\textbf{\Lcs{emergencystretch}=\the\emergencystretch}.
```

6-13-9

Beispielsweise der vorgegebene Wert des TEX-Längenregisters **\emergencystretch=0.0pt**.
Beispielsweise der vorgegebene Wert des TEX-Längenregisters **\emergencystretch=32.84999pt**.
Beispielsweise der vorgegebene Wert des TEX-Längenregisters **\emergencystretch=32.84999pt**.
Beispielsweise der vorgegebene Wert des TEX-Längenregisters **\emergencystretch=0.0pt**.

6.14 Horizontale und vertikale Abstände

6.14.1 Horizontale Abstände

LATEX kennt eine Vielzahl an Möglichkeiten, um horizontalen Vorschub zu erzeugen. Bis auf Ausnahmen gelten sie sowohl für den Text- als auch Mathematikmodus.

Tabelle 6.11: Zusammenstellung der möglichen horizontalen Vorschübe im Vergleich.

Textmodus		*Mathematikmodus*	
`ab`	ab	`$ab$`	ab
`a\,b`	a b	`$a\,b$`	$a\,b$
`a\thinspace b`	a b	`$a\thinspace b$`	$a\thinspace b$
		`$a\!b$`	$a\!b$
		`$a\mkern-\thinmuskip b$`	$a\mkern-\thinmuskip b$
		`$a\>b$`	$a\>b$
		`$a\mkern\medmuskip b$`	$a\mkern\medmuskip b$
		`$a\;b$`	$a\;b$
		`$a\mkern\thickmuskip b$`	$a\mkern\thickmuskip b$
		`$a\:b$`	$a\:b$
		`$a\mkern\medmuskip b$`	$a\mkern\medmuskip b$
`a\enspace b`	a b	`$a\enspace b$`	$a\enspace b$
`a\quad b`	a b	`$a\quad b$`	$a\quad b$
`a\qquad b`	a b	`$a\qquad b$`	$a\qquad b$
`a\hskip 1em b`	a b	`$a\hskip 1em b$`	$a\hskip 1em b$
`a\kern 1pc b`	a b	`$a\kern 1pc b$`	$a\kern 1pc b$
`a\hspace{35pt}b`	a b	`$a\hspace{35pt}b$`	$a\hspace{35pt}b$
`axyzb`	axyzb	`$axyzb$`	$axyzb$
`a\hphantom{xyz}b`	a b	`$a\hphantom{xyz}b$`	$a\hphantom{xyz}b$
`a{ }b`	a b	`$a{ }b$`	$a{ }b$
`a\space b`	a b	`$a\space b$`	ab
`a\ b`	a b	`$a\ b$`	$a\ b$
`a~b`	a b	`$a~b$`	$a~b$
`a\hfill b`	a b	`$a\hfill b$`	$a\hfill b$

`\hspace` (ohne Stern) wird an bestimmten Stellen ignoriert, beispielsweise am Ende einer Zeile, wohingegen die Sternvariante `\hspace*` immer ausgewertet wird, egal an welchen Stellen es steht. Der damit vereinbarte Abstand wird wie eine Textbox der angegebenen Breite behandelt. Dies erkennt man in dem folgenden Beispiel an der zweiten Zeile, wo ein \hspace am Zeilenende ignoriert wird und das nächste Wort in der nächsten Zeile am Anfang beginnt. Dagegen wird in der dritten Zeile über den Rand geschrieben, da ein Zeilenumbruch jetzt nicht möglich ist.

-14-1

1. A B C
2. foo bar
baz
3. foo bar baz
4. foo bar
Rechts

```
1. A\hfill B\hfill C%
\makebox(0,0){\put(0,-60){\line(0,-1){75}}} \par
2.\hspace{1.8cm}foo\hspace{1.8cm}bar%
\hspace{1.8cm}baz  \par
3.\hspace*{1.8cm}foo\hspace*{1.8cm}bar%
\hspace*{1.8cm}baz  \par
4.\hspace{1cm}foo\hfill bar\hspace{1cm}\par
\hfill Rechts
```

Das Makro \hfill schiebt den folgenden Text an die rechte Textkante. Existieren mehrere \hfill in einer Zeile, so wird der Text symmetrisch auf den vorhanden Platz aufgeteilt (Zeile 1).

Mit den sogenannten \phantom-Makros können von einem Objekt abhängige Abstände erreicht werden. Die Makros sind immer dann sehr effektiv einzusetzen, wenn man allgemein Platz (\phantom), nur horizontalen (\hphantom) oder nur vertikalen Platz (\vphantom) reservieren will. Der Inhalt wird dabei jeweils nicht mit ausgegeben.

 % reserviert Platz, den *Ausdruck* belegen würde
\hphantom{*Ausdruck*} % reserviert nur den horizontalen Platz
\vphantom{*Ausdruck*} % reserviert nur den vertikalen Platz

-14-2

Von A kommt man auch nach B.
Von B.

```
Von A kommt man auch nach B.\par
Von \phantom{A  kommt man auch nach }B.\par
\fbox{\phantom{goo}}\fbox{\hphantom{goo}}%
\fbox{\vphantom{goo}}\fbox{\vphantom{foo}}
```

6.14.2 vertikale Abstände

Die Zahl der Makros, die den vertikalen Zeilenabstand beeinflussen, ist etwas kleiner. In den folgenden Beispielen wird das angegebene Makro jeweils *nach der ersten Zeile* angewendet, wobei vorher der Absatz durch \par beendet wird. Vertikale Vorschübe sollten grundsätzlich *nach* einem Absatzende (Leerzeile oder Befehl \par) eingefügt werden, also nicht am Zeilenende. TeX-intern hat dies einige Vorteile, worauf hier jedoch nicht weiter eingegangen werden soll. Der Beispielcode für \medskip, welches einer halben Zeilenhöhe entspricht, im Gegensatz zu \smallskip (Viertelzeile) und \bigskip (ganze Zeile), sieht wie folgt aus:

```
Die erste Zeile\par
\medskip
Die nächste Zeile
```

Die horizontalen Linien verdeutlichen insbesondere im Fall von `\bigskip` die Wirkung des Vorschubs.

Ohne extra Abstand	\smallskip	\medskip	\bigskip
Die erste Zeile	Die erste Zeile	Die erste Zeile	Die erste Zeile
Die nächste Zeile	Die nächste Zeile	Die nächste Zeile	Die nächste Zeile
Die letzte Zeile			

Mit dem befehl `\vspace` kann ein individueller vertikaler Vorschub erreicht werden. Das verpflichtende Argument muss eine Zahl mit zulässiger Maßeinheit sein, beispielsweise:

```
Die erste Zeile\par
\vspace{5mm}
Die nächste Zeile
```

Die horizontalen Linien mit der rechten Linienskala erleichtern das Verständnis für diesen Befehl; man erkennt insbesondere im letzten Fall, dass der Vorschub genau dem Parameter entspricht.

Ohne extra Abstand	\vspace{*2mm*}	\vspace{*5mm*}	\vspace{*10mm*}
Die erste Zeile	Die erste Zeile	Die erste Zeile	Die erste Zeile
Die nächste Zeile	Die nächste Zeile	Die nächste Zeile	Die nächste Zeile
Die letzte Zeile			

Ein `\vspace` hat am Anfang einer Seite grundsätzlich keine Bedeutung, sodass auch ein `\vfill` nur dann wirkt, wenn bereits etwas auf der Seite vorhanden ist. Mehrere `\vfill` verteilen den vorhandenen Restabstand wieder symmetrisch auf der Seite.

```
\huge Oben\par\vspace{5cm} Mitte\par\vspace{5cm}Mitte\par \vspace{5cm}Unten

\vfill Untere Seitenkante\newpage  \vfill Mitte \vfill Untere Seitenkante\newpage
\vspace*{\fill} Mitte \vfill Untere Seitenkante
```
06-14

Das obige Beispiel zeigt deutlich, dass der erste Seitenumbruch dazu führt, dass der angegebene Abstand von 5 cm zwischen den beiden »Mitte« entfällt. Zudem wird wegen des Seitenumbruchs der erste eingeplante Abstand von 5 cm gedehnt, damit nach Vorgabe der Text auf der unteren Seitenkante endet, was mit dem Befehl `\raggedbottom` in der Präambel geändert werden könnte. Das erste `\vfill` auf der dritten Seite bleibt wirkungslos, da es am Anfang der Seite steht. Abhilfe schafft hier die Sternvariante `\vspace*{\fill}`, die den Vorschub zwingend setzt. Wird \vspace innerhalb einer Textzeile angewendet, so wird erst die aktuelle Zeile mit Text gefüllt, bevor der vertikale Vorschub eingefügt wird. Die Angabe der Längen für die Abstände können auch negative Werte sein, sodass der jeweilige Vorschub für \hspace nach links und für \vspace nach oben erfolgt.

6.15 Mehrspaltiger Text

Standard-LaTeX bietet bereits die Möglichkeit, einen Text in zwei Spalten zu setzen. Dabei können mit der Dokumentenklassenoption twocolumn das gesamte Dokument oder mit dem Befehl \twocolumn einzelne oder mehrere Seiten im zweispaltigen Layout gesetzt werden.

```
\twocolumn [Überschrift]
\onecolumn
```

Über ein optionales Argument kann dem Makro \twocolumn eine über beide Spalten hinweggehende Überschrift mitgegeben werden. Mit \onecolumn kann auf das einspaltige Layout zurückgeschaltet werden, wobei beide Makros jeweils eine neue Seite beginnen.

-15-1

```
\documentclass[ngerman,twocolumn]{scrartcl}
\usepackage{blindtext}   \title{Zweispaltenmodus}   \author{Herbert Voß}
\twocolumn[\maketitle \begin{abstract} Hier kann eine einspaltige Zusammenfassung
erscheinen, die von der Abschnittsüberschrift gefolgt wird. \end{abstract}
\section{Überschrift auf Ebene 1 über die ganze Zeile (section)}]
\blindtext[2]
\begin{figure}[!]\centering \fbox{foo} \caption{Ein Bild} \end{figure}
\subsection{Überschrift auf Ebene 2 (subsection)}
\blindtext
```

Zweispaltenmodus

Herbert Voß

20. März 2021

Hier kann eine einspaltige Zusammenfassung erscheinen, die von der Abschnittsüberschrift gefolgt wird.

1 Überschrift auf Ebene 1 über die ganze Zeile (section)

„Huardest gefburn“? Kjift – mitnichten! Ein Blindtext bietet mir wichtige Informationen. An ihm messe ich die Lesbarkeit einer Schrift, ihre Anmutung, wie harmonisch die Figuren zueinander stehen und prüfe, wie breit oder schmal sie läuft. Ein Blindtext sollte möglichst viele verschiedene Buchstaben enthalten und in der Originalsprache gesetzt sein. Er muss keinen Sinn ergeben, sollte aber lesbar sein. Fremdsprachige Texte wie „Lorem ipsum“ dienen nicht dem eigentlichen Zweck, da

foo

Abbildung 1: Ein Bild

sie eine falsche Anmutung vermitteln.

1.1 Überschrift auf Ebene 2 (subsection)

Dies hier ist ein Blindtext zum Testen von Textausgaben. Wer diesen Text liest, ist selbst schuld. Der Text gibt lediglich den Grauwert der Schrift an. Ist das wirklich so? Ist es gleichgültig, ob ich schreibe: „Dies ist ein Blindtext“ oder „Huar-

3

Diese Variante des Zweispaltensatzes hat einige Vorteile; sie erlaubt Gleitumgebungen, auch solche, die über beide Spalten gehen. Auch lange Tabellen, die der Spaltenanordnung folgen, können erstellt werden. Beides ist mit den anderen Verfahren nicht möglich. Ein Nachteil ist sicherlich, dass `\twocolumn` nur auf ganzen Seiten möglich ist.

6.15.1 Das Paket `multicol`

Mit dem Paket `multicol` von Frank Mittelbach ist die Verwendung von theoretisch beliebig vielen Spalten pro Seite möglich. Sie lässt auch eine Verschachtelung zu, sodass innerhalb einer Spalte wieder unterteilt werden kann.

```
\begin{multicols*}{Spaltenzahl} [Überschrift]
Text
\end{multicols*}
\columnbreak
```

Die Umgebung `multicols` beendet einen aktuellen Absatz und beginnt mit dem Spaltensatz, was an beliebiger Stelle erfolgen kann und nicht zwingend einen Seitenumbruch einfügt. Über zwei optionale Argumente kann eine Überschrift über beide Spalten gesetzt werden. Die Umgebung `multicols` versucht standardmäßig die Spalten vertikal auszugleichen, sodass diese gleich hoch sind. Will man dieses Verhalten nicht, so steht die Sternvariante `multicols*` zur Verfügung, die diesen Ausgleich nicht vornimmt. In diesem Fall wird zunächst die erste Spalte komplett bis zur Seitenunterkante aufgefüllt, bevor weiterer Text in die nächste Spalte gesetzt wird.

```
\usepackage{multicol}  \usepackage{blindtext}

\begin{multicols}{3}[\subsection{Der Blindtext zum Testen!}]
Dies hier ist ein Blindtext zum Testen von Textausgaben. Wer diesen Text liest, ist selbst
schuld. Der Text gibt lediglich den Grauwert der Schrift an. Ist das wirklich so? Ist es
gleichgültig, ob ich schreibe: "`Dies ist ein Blindtext"' oder "`Huardest gefburn"'?.
\end{multicols}
\subsection{Nun mit zwei Spalten}
\begin{multicols}{2} \blindtext \end{multicols}
```

1.1 Der Blindtext zum Testen! 06-15-2

Dies hier ist ein Blindtext zum Testen von Textausgaben. Wer diesen Text liest, ist selbst schuld. Der Text gibt lediglich den Grauwert der Schrift an. Ist das wirklich so? Ist es gleichgültig, ob ich schreibe: „Dies ist ein Blindtext“ oder „Huardest gefburn“?.

1.2 Nun mit zwei Spalten

Dies hier ist ein Blindtext zum Testen von Textausgaben. Wer diesen Text liest, ist selbst schuld. Der Text gibt lediglich den Grauwert der Schrift an. Ist das wirklich so? Ist es gleichgültig, ob ich schreibe: „Dies ist ein Blindtext“ oder „Huardest gefburn“? Kjift – mitnichten! Ein Blindtext bietet mir wichtige Informationen. An ihm messe ich die Lesbarkeit einer Schrift, ihre Anmutung, wie harmonisch die Figuren zueinander stehen und prüfe, wie breit oder schmal sie läuft. Ein Blindtext sollte möglichst viele verschiedene Buchstaben enthalten und in der Originalsprache gesetzt sein. Er muss keinen Sinn ergeben, sollte aber lesbar sein. Fremdsprachige Texte wie „Lorem ipsum“ dienen nicht dem eigentlichen Zweck, da sie eine falsche Anmutung vermitteln.

Der Spaltenabstand kann durch die Länge `\columnsep` definiert werden und ist aktuell auf 10 pt gesetzt. Eine eventuelle Trennlinie erhält man, indem die Länge `\columnseprule` auf einen Wert größer Null gesetzt wird. Spaltenumbrüche können mit `\columnbreak` erzwungen werden, wobei die aktuelle Zeile erst aufgefüllt wird, bevor die Spalte beendet wird. Die vertikalen Abstände, die vor und nach dem Mehrspaltenblock eingefügt werden, sind `\premulticols` (50 pt) und `\postmulticols` (20 pt) und können mit `\setlength` eigenen Bedürfnissen angepasst werden.

6.15.2 Texte parallel setzen

Bei Übersetzungen werden häufig Original und Übersetzung gegenübergestellt, wobei die beiden Spalten inhaltlich voneinander unabhängig sind. Eine Möglichkeit bietet das Paket `reledpar` von , welches eine Erweiterung des alten Paketes `ledpar` von Peter Wilson ist. Zusammen mit dem Paket `reledmac` kann es auch für kritische Editionen angewendet werden. (Rouquette 2021)

```
\begin{pairs}
\begin{Leftside}
\beginnumbering
\pstart      Text ...      \pend
\endnumbering
\end{Leftside}
\begin{Rightside}
\beginnumbering
\pstart      Text ...      \pend
\endnumbering
\end{Rightside}
\end{pairs}
\Columns
```

```
\begin{pages}
\begin{Leftside}
\beginnumbering
\pstart      Text ...      \pend
\endnumbering
\end{Leftside}
\begin{Rightside}
\beginnumbering
\pstart      Text ...      \pend
\endnumbering
\end{Rightside}
\end{pages}
\Pages
```

Der parallele Text wird mit der Umgebung `pairs` oder `pages` eingeleitet. Die linke Seite wird durch die Umgebung `Leftside`, die rechte Seite durch `Rightside` festgelegt. Zusätzlich stellt das Paket die Möglichkeit bereit, die Zeilen zu nummerieren. Mit `\beginnumbering` wird dieser Mechanismus eingeschaltet, mit `\endnumbering` ausgeschaltet. Der einzelne Block wird mit `\pstart` gestartet und mit `\pend` beendet. Mit den Makros `\Columns` oder `\Pages` werden linke und rechte Seite zusammengefasst, sodass die Texte wieder synchron sind.

-15-3

```
\usepackage[series={},nocritical,noend,noeledsec,nofamiliar,noledgroup]{reledmac}
\usepackage{reledpar}

\begin{abstract}
Dieses Beispiel zeigt eine Übersetzung von \emph{Jane Eyre} von Charlotte Bront\"e
in der Gegenüberstellung, zuerst in Spalten, danach in Seiten.
\end{abstract}
\begin{pairs}
 \begin{Leftside}\beginnumbering
  \pstart There was no possibility of taking a walk that day. \pend

  \pstart We had been wandering, indeed, in the leafless shrubbery an hour in the morning;
  but since dinner (Mrs. Reed, when there was no company, dined early) the cold winter wind
```

```
  had brought with it clouds so sombre, and a rain so penetrating, that further out-door
  exercise was now out of the question.\pend
 \endnumbering\end{Leftside}
 \begin{Rightside}\beginnumbering\selectlanguage{ngerman}
  \pstart Es war ganz unmöglich, an diesem Tage einen Spaziergang zu machen.\pend

  \pstart Am Morgen waren wir allerdings während einer ganzen Stunde in den blätterlosen,
  jungen Anpflanzungen umhergewandert; aber seit dem Mittagessen --~Mrs. Reed speiste stets
  zu früher Stunde, wenn keine Gäste zugegen waren~-- hatte der kalte Winterwind so düstere,
  schwere Wolken und einen so durchdringenden Regen heraufgeweht, dass von weiterer Bewegung
  in frischer Luft nicht mehr die Rede sein konnte.\pend
 \endnumbering\end{Rightside}
\end{pairs}

\Columns% Alles spaltenweise setzen
\begin{pages}
 \begin{Leftside}\beginnumbering
  \pstart I was glad of it: I never liked long walks, especially on chilly afternoons:
  dreadful to me was the coming home in the raw twilight, with nipped fingers and toes,
  and a heart saddened by the chidings of Bessie, the nurse, and humbled by the consciousness
  of my physical inferiority to Eliza, John, and Georgiana Reed.\pend

  \pstart The said Eliza, John, and Georgiana were now clustered round their mama in the
  drawing-room: she lay reclined on a sofa by the fireside, and with her darlings
  about her (for the time neither quarrelling nor crying) looked perfectly happy.\pend
 \endnumbering\end{Leftside}
 \begin{Rightside}\beginnumbering\selectlanguage{ngerman}
  \pstart Ich war von Herzen froh darüber: lange Spaziergänge, besonders an frostigen
  Nachmittagen, waren mir stets zuwider: --~ein Greuel war es mir, in der rauhen Dämmerstunde
  nach Hause zu kommen, mit fast erfrorenen Händen und Füßen, --~mit einem Herzen, das durch
  das Schelten Bessies, der Kinderwärterin, bis zum Brechen schwer war, --~gedemütigt durch
  das Bewußtsein, physisch so tief unter Eliza, John und Georgina Reed zu stehen.\pend

  \pstart Die soeben erwähnten Eliza, John und Georgina hatten sich in diesem Augenblick im
  Salon um ihre Mama versammelt: diese ruhte auf einem Sofa in der Nähe des Kamins und
  umgeben von ihren Lieblingen, die zufälligerweise in diesem Moment weder zankten noch
  schrieen, sah sie vollkommen glücklich aus.\pend
 \endnumbering\end{Rightside}
\end{pages}
\Pages%  Alles seitenweise setzen
```

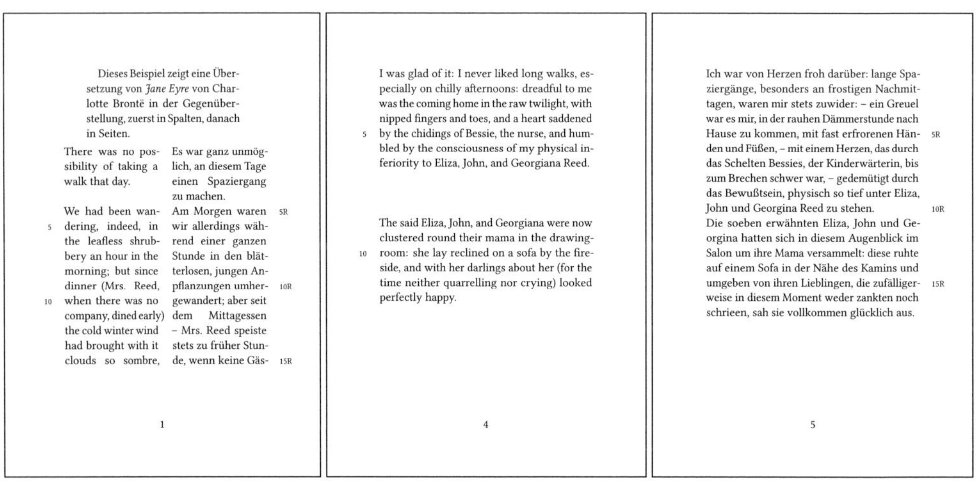

Dieses Beispiel zeigt eine Übersetzung von *Jane Eyre* von Charlotte Brontë in der Gegenüberstellung, zuerst in Spalten, danach in Seiten.

There was no possibility of taking a walk that day.	Es war ganz unmöglich, an diesem Tage einen Spaziergang zu machen.
We had been wandering, indeed, in the leafless shrubbery an hour in the morning; but since dinner (Mrs. Reed, when there was no company, dined early) the cold winter wind had brought with it clouds so sombre,	Am Morgen waren wir allerdings während einer ganzen Stunde in den blätterlosen, jungen Anpflanzungen umhergewandert; aber seit dem Mittagessen – Mrs. Reed speiste stets zu früher Stunde, wenn keine Gäs-

1

I was glad of it: I never liked long walks, especially on chilly afternoons: dreadful to me was the coming home in the raw twilight, with nipped fingers and toes, and a heart saddened by the chidings of Bessie, the nurse, and humbled by the consciousness of my physical inferiority to Eliza, John, and Georgiana Reed.

The said Eliza, John, and Georgiana were now clustered round their mama in the drawing-room: she lay reclined on a sofa by the fireside, and with her darlings about her (for the time neither quarrelling nor crying) looked perfectly happy.

4

Ich war von Herzen froh darüber: lange Spaziergänge, besonders an frostigen Nachmittagen, waren mir stets zuwider: – ein Greuel war es mir, in der rauhen Dämmerstunde nach Hause zu kommen, mit fast erfrorenen Händen und Füßen, – mit einem Herzen, das durch das Schelten Bessies, der Kinderwärterin, bis zum Brechen schwer war, – gedemütigt durch das Bewußtsein, physisch so tief unter Eliza, John und Georgina Reed zu stehen.
Die soeben erwähnten Eliza, John und Georgina hatten sich in diesem Augenblick im Salon um ihre Mama versammelt: diese ruhte auf einem Sofa in der Nähe des Kamins und umgeben von ihren Lieblingen, die zufälligerweise in diesem Moment weder zankten noch schrieen, sah sie vollkommen glücklich aus.

5

Das Paket bietet noch viele weitere Möglichkeiten. Mehr dazu findet man in der Paketdokumentation. (Rouquette 2021)

6.16 Kritische Editionen

Derartige Ausgaben von im Allgemeinen älterer Literatur werden auch als »historisch-kritische Ausgaben« bezeichnet. Grundsätzlich versteht die Editionswissenschaft darunter eine Ausgabe eines meist älteren Textes, die auf der Grundlage aller zur Verfügung stehenden Informationen basiert. Die Herstellungskosten für derartige Ausgaben, die faktisch einen »Text im Text« beschreiben, konnten zu Zeiten der handwerklichen Erstellung der Druckwerke sehr hoch sein. Mit dem Paket reledmac von Maïeul Rouquette hat man die Möglichkeit, alle Anforderungen an einen textkritischen Apparat zu erfüllen.

-16-1

```
\usepackage[series={A,B,C,D},noend,noeledsec,nofamiliar,noledgroup]{reledmac}
\Xarrangement[B]{twocol}  \Xarrangement[C]{threecol}  \Xarrangement[D]{paragraph}
\Xhsizetwocol{0.48\hsize}\Xhsizethreecol{0.32\hsize}

\selectlanguage{english}
\title{Critical notes}  \author{Hyronimous Bosch}
\maketitle
\begin{abstract}
This file provides examples of critical notes with reledmac. A critical note is associated to
a lemma, marked by \verb+\edtext+, and referenced by the line numbers of the lemma. If a
critical notes refers to a long lemma, we can use \verb+lemma+ to obtain an abbreviated form.

Here we use four series of critical notes.
\begin{itemize}
\item Each note of series A has its own paragraph.
\item Each note of series B has its own paragraph, but there are arranged in two
        columns.\footnote{More columns are possible.}
\item Each note of series C has its own paragraph, but there are arranged in three columns.
\item The notes of series D are arranged in the same paragraph.
\end{itemize}
\end{abstract}

\selectlanguage{latin}
\linenumincrement{1}\firstlinenum{1}\beginnumbering
\pstart
\msdata{ABCD}%
\edtext{Lorem}{%
  \Afootnote{A critical note}  \Bfootnote{Critical note in series B}
  \Cfootnote{Critical note in series C}  \Dfootnote{loram}}
\edtext{ipsum}{%
  \Afootnote{An other critical note}  \Bfootnote{Other critical note in series B}
  \Cfootnote{Other critical note in series C}  \Dfootnote{ipsam}}
 dolor sit amet, consectetur adipiscing elit.
 \edtext{Fusce sed dolor libero. Aenean rutrum vestibulum lacus ut pretium. Fusce et auctor
   lectus. Ut et commodo quam, quis gravida orci. Nullam at risus elementum, suscipit enim a,
   pellentesque mi}
 {\lemma{Fusce\ldots mi}
 \Afootnote{A long critical note} \Bfootnote{Again B}  \Cfootnote{Again C} \Dfootnote{omit}}.
Morbi commodo, ligula vel consectetur accumsan, massa metus egestas velit, eu fringilla leo ante
in turpis. Vivamus ut tellus sollicitudin, facilisis ipsum sit amet, tincidunt odio. Maecenas
tincidunt dolor sed ante blandit tincidunt. Etiam vulputate ultricies facilisis.
\stopmsdata
\pend
\endnumbering
```

Critical notes

Hyronimous Bosch

March 31, 2021

This file provides examples of critical notes with reledmac. A critical note is associated to a lemma, marked by `\edtext`, and referenced by the line numbers of the lemma. If a critical notes refers to a long lemma, we can use `lemma` to obtain an abbreviated form.

Here we use four series of critical notes.

- Each note of series A has its own paragraph.
- Each note of series B has its own paragraph, but there are arranged in two columns.[1]
- Each note of series C has its own paragraph, but there are arranged in three columns.
- The notes of series D are arranged in the same paragraph.

Lorem ipsum dolor sit amet, consectetur adipiscing elit. Fusce sed dolor libero. Aenean rutrum vestibulum lacus ut pretium. Fusce et auctor lectus. Ut et commodo quam, quis gravida orci. Nullam at risus elementum, suscipit enim a, pellentesque mi. Morbi commodo, ligula vel consectetur accumsan, massa metus egestas velit, eu fringilla leo ante in turpis. Vivamus ut tellus sollicitudin, facilisis ipsum sit amet, tincidunt odio. Maecenas tincidunt dolor sed ante blandit tincidunt. Etiam vulputate ultricies facilisis.

[1] More columns are possible.

Ms.] ABCD
1 Lorem] A critical note
1 ipsum] An other critical note
1–3 Fusce...mi] A long critical note

1 Lorem] Critical note in series B
1 ipsum] Other critical note in series B
1–3 Fusce...mi] Again B

1 Lorem] Critical note in series C
1 ipsum] Other critical note in series C
1–3 Fusce...mi] Again C

1 Lorem] loram 1 ipsum] ipsam 1–3 Fusce...mi] omit

6.17 Große Dokumente organisieren

Unter großen Dokumenten wird hier im Allgemeinen eine mindestens dreistellige Seitenzahl verstanden, wobei es nach oben keinerlei Beschränkungen gibt. Ein Projekt lässt sich einfacher organisieren, wenn die einzelnen Dateien vom Umfang her übersichtlich bleiben. Die meisten Editoren unterstützen bereits formal die Organisation eines Projektes, sodass immer bekannt ist, welches die Hauptdatei ist und welches die abhängigen Dateien sind. (Voß 2017b)

6.17.1 Präambel

Mit zunehmender Komplexität eines Dokuments nimmt auch der Umfang der Präambel zu. Es empfiehlt sich daher, die Präambel in eine externe Datei auszulagern und einfach über den Befehl `\input` einzulesen. Der Name für die Präambeldatei kann frei gewählt werden, beispielsweise `preamble.tex`.

```
\input{Dateiname}
\InputIfFileExists{Dateiname}{Ja-Aktion}{Nein-Aktion}
```

```
\documentclass[<Optionen>]{<Klasse>}
 \input{preamble}% hier ist kein \include möglich!
\begin{document}
 ...
\end{document}
```

6.17.2 Textkörper

Die Befehle \input und \InputIfFileExists können an jeder beliebigen Stelle des Dokuments benutzt werden, um ausgelagerten Text einzulesen. Die ausgelagerte Datei kann wiederum eine der beiden Anweisungen enthalten, usw. Für \input wird als Standarddateiendung .tex angenommen, sodass diese bei der Angabe des Dateinamens entfallen kann. Nur andere Endungen müssen mit angegeben werden.

6-17-1

Vorwort fehlt noch!

1 Tabellen

Der Tabellenabschnitt:

Tabelle 1: Eine Tabelle

Links	Rechts

Und jetzt normaler Text ...

```
\input{preamble}

\InputIfFileExists{vorwort.tex}%
  {\input{vorwort}}%
  {\textit{Vorwort fehlt noch!}}

\section{Tabellen}
Der Tabellenabschnitt:\par
\begin{table}[!htb]\centering
\caption{Eine Tabelle}\label{tab1}
\input{tabelle1}
\end{table}
Und jetzt normaler Text \ldots
```

6.17.3 Texte mit \include auslagern

Zwischen den Befehlen \input und \include bestehen wesentliche Unterschiede!

\input — Kann im Gegensatz zu \include verschachtelt werden.

\include — Kann nicht verschachtelt werden, aber selbst den Befehl \input enthalten. \include beginnt grundsätzlich eine neue Seite und erzeugt eine eigene Hilfsdatei (.aux), in der unter anderem alle Textmarken, Referenzen usw. aufgeführt sind. \include-Dateien sind nur für Kapitel empfehlenswert, da diese in der Regel mit einer neuen Seite beginnen.

Das Hauptdokument kann nun drastisch verkleinert werden, indem es nur noch Anweisungen zum Einbinden von Dateien enthält. Die Dateinamen lauten in diesem Fall preamble.tex, Kapitel-1.tex, Kapitel-2.tex usw.

```
\documentclass[<Optionen>]{<book-Klasse>}
 \input{preamble}% hier ist kein \include möglich!
\begin{document}
 \include{Vorwort}
...
 \include{Kapitel-1}
 \include{Kapitel-2}
 ...
 Zwischendurch ganz normaler Text, der hier immer gesetzt wird: unabhängig von \include{}.
 ...
 \include{Kapitel-n}
 ...
\end{document}
```

\include{*Dateiname*}
\includeonly{*Dateiliste*}

Interessant ist das Makro `\include` jedoch erst im Zusammenhang mit `\includeonly`, denn dadurch kann man bestimmte Dateien von einem erneuten Übersetzen ausschließen, was insbesondere bei sehr großen Dokumenten zu Geschwindigkeitsvorteilen führt.

```
\documentclass[<Optionen>]{<book-Klasse>}
 \input{preamble}% hier ist kein \include möglich!
 \includeonly{Vorwort,Kapitel-2}% nur Vorwort und Kapitel-2 einbinden!
\begin{document}
 \include{Vorwort}
...
 \include{Kapitel-1}% wird nicht eingebunden
 \include{Kapitel-2}
  ...
 \include{Kapitel-n}
 ...
\end{document}
```

Wird obiges Dokument übersetzt, so werden nur das »Vorwort« und »Kapitel-2« berücksichtigt. Unter der Voraussetzung, dass das gesamte Dokument vorher bereits einmal komplett durchlaufen wurde, stimmen jetzt dennoch alle Seitenzahlen und Querverweise in dem Teil »Kapitel-2«, auch wenn sich diese auf Marken in den anderen Dateien beziehen, die nicht berücksichtigt wurden. Dies ist möglich, da jede `\include`-Datei ihre eigene Hilfsdatei (`.aux`-Datei) erzeugt, in der die notwendigen Angaben über Seitenzahlen, Textmarken, Referenzen, usw. stehen und genauso ausgewertet werden können, wie beim einem vollständigen Durchlauf mit allen Dateien.

Das Makro `\includeonly` *muss* in der Präambel stehen, kann selbst aber ohne weiteres `\input`-Befehle enthalten. Wird etwas in den nicht berücksichtigten Dateien geändert, was sich auf Referenzen auswirken kann, so muss erst wieder ein kompletter Durchlauf mit allen Dateien erfolgen, damit die Hilfsdateien die aktuellen Werte enthalten. Das Manuskript dieses Buches wurde auf diese Weise erstellt und umfasst folgende Hilfsdateien:

```
buch.aux              chA-bib.aux              chA-index.aux
ch-Anhang.aux         ch-Babel.aux             ch-Bib.aux
ch-Einleitung.aux     ch-ErsteSchritte.aux     ch-FAQ.aux
ch-Floats.aux         ch-Fonts.aux             ch-Grafik.aux
ch-GUI.aux            ch-Listen.aux            ch-Mathe.aux
ch-Section.aux        ch-Tabellen.aux          ch-Text.aux
ch-Verzeichnisse.aux
```

Möchte man `\include` für eine Dokumentenklasse ohne Kapitel nutzen und auch mit `\includeonly` arbeiten, aber keine automatischen Seitenumbrüche haben, so kann man sein Dokument erst einmal wie hier oben beschrieben normal mit `\include` und `\includeonly` erstellen. Bei Fertigstellung des Dokumentes werden alle `\include` durch `\input` ersetzt und das `\includeonly` auskommentiert, womit es dann keinen automatischen Seitenvorschub gibt. Dieser Seitenvorschub ist nur für `\include` wichtig, denn die Hilfsdateien müssen eine eindeutige Zuordnung zu Seitenzahlen haben.

Mit dem Paket `excludeonly` von Dan Luecking und Donald Arseneau steht der gleichnamige Befehl `\excludeonly` zur Verfügung, der in der Wirkungsweise analog zu `\includeonly` arbeitet, nur eben die Dateien angibt, die *nicht* berücksichtigt werden sollen.

Bei sehr vielen Dateien kann es sinnvoll sein, die Hilfsdateien in ein Unterverzeichnis auszulagern. Möglich ist dies durch das optionale Argument `-output-directory`, welches dem jeweiligen Programm mitgegeben wird, beispielsweise:

```
lualatex -output-directory=aux/ ‹Hauptdatei›
```

Die Hilfsdateien werden dann in das Unterverzeichnis `aux/` geschrieben, welches allerdings bereits existieren muss; es kann nicht von LaTeX automatisch erstellt werden.

6.17.4 Verzeichnisstruktur

Eine sinnvolle Verzeichnisstruktur für eine wissenschaftliche Arbeit von mindestens 50 Seiten könnte beispielsweise folgendes Aussehen haben (Unix-Notation). Hierbei ist `Documents` das Systemverzeichnis für Dokumente, während alle anderen Verzeichnisse vom Anwender zu erstellen sind. Ebenso sind die Verzeichnis- und Dateinamen willkürlich gewählt worden und sind an die eigenen Bedürfnisse anzupassen. Für Windows ändert sich in der Darstellung lediglich der Slash, der hier zum Backslash (Windows-Notation) werden muss.

```
Documents
  /master
    main.tex
    main.bib
      /files
        chap1.tex
        chap2.tex
        chap3.tex
        dedication.tex
        introduction.tex
```

```
    preamble.tex
    summary.tex
    title.tex
  /images
    logo.pdf
    me.jpg
    elefant.jpg
    screensho1.png
  /tabulars
    tab1.tex
    tab2.tex
  ...
```

Ausgehend vom Dokumenten-Hauptverzeichnis gibt es die Unterordner `files`, `images` und `tabulars`. Diese Struktur kann natürlich beliebig ergänzt werden und hat den Vorteil, dass man für eine Sicherung der Arbeit nur das Hauptverzeichnis `master` einschließlich der Unterverzeichnisse kopieren muss. Alle notwendigen Dateien sind dann gesichert.

Auf Seite 210 findet man ein weiteres Beipiel für eine Verzeichnisstruktur einer größeren Arbeit.

Kapitel 7

Gliederung

7.1 Die Hauptebenen 131
7.2 Nichtnummerierte Ebenen 134
7.3 Definition neuer Gliederungsebenen 135

7.1 Die Hauptebenen

Für die KOMA-Script-Dokumentenklassen scrbook und scrreprt existieren die folgenden vordefinierten Gliederungsebenen, wobei »TOC« für »Table of Contents – Inhaltsverzeichnis« steht. Die rechts angegebene Zahl steht für die interne Zuordnung der jeweiligen Gliederungsebene.

```
\part [TOC] {Text}                 \part*{Text}             % -1
\chapter [TOC] {Text}              \chapter*{Text}          % 0
\section [TOC] {Text}              \section*{Text}          % 1
\subsection [TOC] {Text}           \subsection*{Text}       % 2
\subsubsection [TOC] {Text}        \subsubsection*{Text}    % 3
\paragraph [TOC] {Text}            \paragraph*{Text}        % 4
\subparagraph [TOC] {Text}         \subparagraph*{Text}     % 5
```

Bis auf die Ebene Kapitel (\chapter) findet man alle auch in der viel benutzten Dokumentenklasse scrartcl. Die Größe und Form der Schrift liegt dabei bereits intern durch die jeweilige Klasse fest, kann aber jederzeit vom Anwender überschrieben werden. Zwei Zähler steuern das Verhalten der Nummerierung und des Eintrags in das Inhaltsverzeichnis (TOC). Diese Zähler beziehen sich auf die interne numerische Zuordnung der Gliederungsebene zu einer Zahl, die in der obigen Zusammenstellung rechts angegeben ist. Der Zähler secnumdepth (section number depth) legt die maximale Tiefe fest, bis zu der die Ebenen mit einer Gliederungsnummer versehen werden. Für die hier vorliegende Dokumentenklasse hat der Zähler den Wert 2. Alle Ebenen, die darunter liegen, werden in diesem Dokument *nicht* nummeriert und auch *nicht* in das Inhaltsverzeichnis aufgenommen. *secnumd*

tocdepth Der Zähler tocdepth gibt die Ebene an, bis zu der die Gliederungsüberschriften in das Inhaltsverzeichnis (TOC – Table of Contents) aufgenommen werden. Für die hier vorliegende Dokumentenklasse hat der Zähler den Wert 1, wohingegen der Standardwert für scrartcl gleich 3 (\subsubsection) und für scrreprt und scrbook gleich 2 ist (\subsection). Beide Zähler lassen sich durch Zuweisung eines anderen Wertes zu einem beliebigen Zeitpunkt verändern, beispielsweise:

```
\setcounter{secnumdepth}{4}
\setcounter{tocdepth}{2}
```

Im folgenden Beispiel wird der Zähler tocdepth in der Präambel auf 2 gesetzt, womit nur Einträge bis zur Tiefe \subsection in dem Inhaltsverzeichnis erscheinen. Nach dem zweiten Abschnitt wird mit dem Befehl \addtocontents der Zähler auf 1 gesetzt, sodass ab diesem Moment nur noch Einträge bis zur Ebene \section im Inhaltsverzeichnis ausgegeben werden.

Inhaltsverzeichnis

1 foo **2**
1.1 bar 3

2 baz **5**

```
\setcounter{tocdepth}{2}

\tableofcontents
\clearpage
\section{foo}\newpage
\subsection{bar}\newpage
\subsubsection{barbaz}\newpage
\section{baz}\newpage
\addtocontents{toc}{\setcounter{tocdepth}{1}}
\subsection{foobar}
```

07-01-1

TOC-Eintrag Das optionale Argument, welches einen alternativen Eintrag in das Inhaltsverzeichnis ermöglicht, sollte immer dann benutzt werden, wenn der eigentliche Titel zu lang für eine Zeile ist. Im Inhaltsverzeichnis sehen einzeilige Einträge besser aus. Benutzt man die Sternvariante, so handelt es sich um eine nicht-nummerierte Ebene, die unabhängig vom Wert des Zählers tocdepth nicht ins Inhaltsverzeichnis eingetragen wird. Das Beispiel 07-01-2 zeigt die Ebenen der Klasse scrbook und Beispiel 07-01-3 auf der nächsten Seite zeigt die Ebenen der Klasse scrreprt (Report). Dabei werden standardmäßig die Überschriften bis zur Ebene \subsection nummeriert. Ausgegeben werden in den folgenden beiden Beispielen jeweils die ersten drei Seiten.

```
\documentclass[ngerman,paper=a5,DIV=15]{scrbook}  \usepackage{textdemo}

\part{Höchste Ebene von \texttt{scrbook}}     \chapter{Kapitel}               \textDemo
\section{Überschriftsebene 1}       \textDemo \subsection{Überschriftsebene 2}\textDemo
\subsubsection{Überschriftsebene 3}\textDemo \paragraph{Überschriftsebene 4} \textDemo
\subparagraph{Überschriftsebene 5} \textDemo
```

07-01

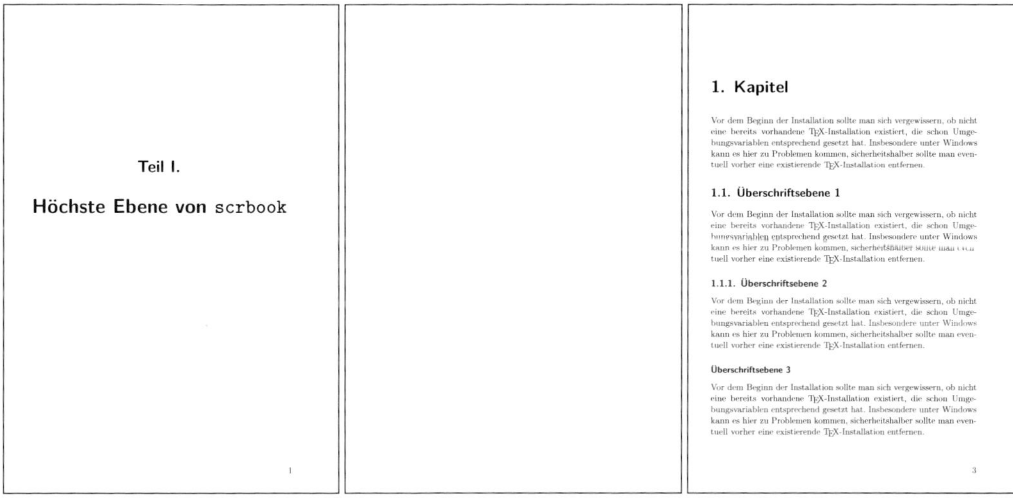

Teil I.

Höchste Ebene von scrbook

1

1. Kapitel

Vor dem Beginn der Installation sollte man sich vergewissern, ob nicht eine bereits vorhandene TeX-Installation existiert, die schon Umgebungsvariablen entsprechend gesetzt hat. Insbesondere unter Windows kann es hier zu Problemen kommen, sicherheitshalber sollte man eventuell vorher eine existierende TeX-Installation entfernen.

1.1. Überschriftsebene 1

Vor dem Beginn der Installation sollte man sich vergewissern, ob nicht eine bereits vorhandene TeX-Installation existiert, die schon Umgebungsvariablen entsprechend gesetzt hat. Insbesondere unter Windows kann es hier zu Problemen kommen, sicherheitshalber sollte man eventuell vorher eine existierende TeX-Installation entfernen.

1.1.1. Überschriftsebene 2

Vor dem Beginn der Installation sollte man sich vergewissern, ob nicht eine bereits vorhandene TeX-Installation existiert, die schon Umgebungsvariablen entsprechend gesetzt hat. Insbesondere unter Windows kann es hier zu Problemen kommen, sicherheitshalber sollte man eventuell vorher eine existierende TeX-Installation entfernen.

Überschriftsebene 3

Vor dem Beginn der Installation sollte man sich vergewissern, ob nicht eine bereits vorhandene TeX-Installation existiert, die schon Umgebungsvariablen entsprechend gesetzt hat. Insbesondere unter Windows kann es hier zu Problemen kommen, sicherheitshalber sollte man eventuell vorher eine existierende TeX-Installation entfernen.

3

Die Klasse scrreprt unterscheidet sich formal nicht von scrbook, die Ebenen sind faktisch identisch; wesentliche Unterschiede gibt es nur für \part und \chapter bei der Schriftformatierung und der Tatsache, dass das Dokument einseitig gesetzt wird (vergleiche Beispiele 07-01-2 und 07-01-3).

-01-3

```
\documentclass[ngerman,paper=a5,DIV=15]{scrreprt}  \usepackage{textdemo}
\part{Höchste Ebene von \texttt{scrreprt}}  \chapter{Kapitel}              \textDemo
\section{Überschriftsebene 1}       \textDemo \subsection{Überschriftsebene 2}\textDemo
\subsubsection{Überschriftsebene 3}\textDemo \paragraph{Überschriftsebene 4} \textDemo
\subparagraph{Überschriftsebene 5} \textDemo
```

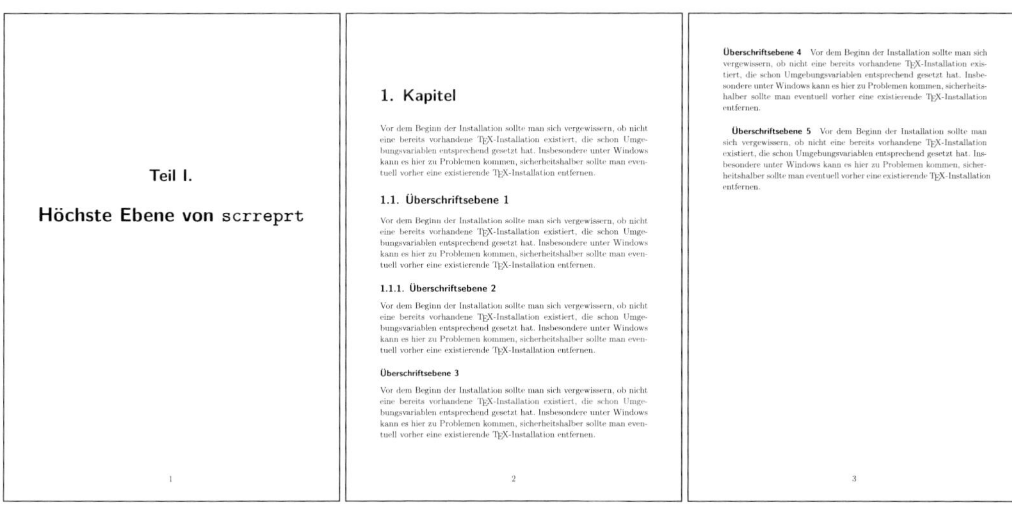

Teil I.

Höchste Ebene von scrreprt

1

1. Kapitel

Vor dem Beginn der Installation sollte man sich vergewissern, ob nicht eine bereits vorhandene TeX-Installation existiert, die schon Umgebungsvariablen entsprechend gesetzt hat. Insbesondere unter Windows kann es hier zu Problemen kommen, sicherheitshalber sollte man eventuell vorher eine existierende TeX-Installation entfernen.

1.1. Überschriftsebene 1

Vor dem Beginn der Installation sollte man sich vergewissern, ob nicht eine bereits vorhandene TeX-Installation existiert, die schon Umgebungsvariablen entsprechend gesetzt hat. Insbesondere unter Windows kann es hier zu Problemen kommen, sicherheitshalber sollte man eventuell vorher eine existierende TeX-Installation entfernen.

1.1.1. Überschriftsebene 2

Vor dem Beginn der Installation sollte man sich vergewissern, ob nicht eine bereits vorhandene TeX-Installation existiert, die schon Umgebungsvariablen entsprechend gesetzt hat. Insbesondere unter Windows kann es hier zu Problemen kommen, sicherheitshalber sollte man eventuell vorher eine existierende TeX-Installation entfernen.

Überschriftsebene 3

Vor dem Beginn der Installation sollte man sich vergewissern, ob nicht eine bereits vorhandene TeX-Installation existiert, die schon Umgebungsvariablen entsprechend gesetzt hat. Insbesondere unter Windows kann es hier zu Problemen kommen, sicherheitshalber sollte man eventuell vorher eine existierende TeX-Installation entfernen.

2

Überschriftsebene 4 Vor dem Beginn der Installation sollte man sich vergewissern, ob nicht eine bereits vorhandene TeX-Installation existiert, die schon Umgebungsvariablen entsprechend gesetzt hat. Insbesondere unter Windows kann es hier zu Problemen kommen, sicherheitshalber sollte man eventuell vorher eine existierende TeX-Installation entfernen.

Überschriftsebene 5 Vor dem Beginn der Installation sollte man sich vergewissern, ob nicht eine bereits vorhandene TeX-Installation existiert, die schon Umgebungsvariablen entsprechend gesetzt hat. Insbesondere unter Windows kann es hier zu Problemen kommen, sicherheitshalber sollte man eventuell vorher eine existierende TeX-Installation entfernen.

3

Beispiel 07-01-4 zeigt die Ebenen bei der Klasse scrartcl (Artikel). Dabei werden standardmäßig die Überschriften bis zur Ebene \subsubsection nummeriert und die höchste Ebene \part wird nicht auf einer eigenen Seite gesetzt.

Teil I.

Höchste Ebene von scrartcl

1. Überschriftsebene 1

Vor dem Beginn der Installation sollte man sich vergewissern, ob nicht eine bereits vorhandene TEX-Installation existiert, die schon Umgebungsvariablen entsprechend gesetzt hat. Insbesondere unter Windows kann es hier zu Problemen kommen, sicherheitshalber sollte man eventuell vorher eine existierende TEX-Installation entfernen.

1.1. Überschriftsebene 2

Vor dem Beginn der Installation sollte man sich vergewissern, ob nicht eine bereits vorhandene TEX-Installation existiert, die schon Umgebungsvariablen entsprechend gesetzt hat. Insbesondere unter Windows kann es hier zu Problemen kommen, sicherheitshalber sollte man eventuell vorher eine existierende TEX-Installation entfernen.

1.1.1. Überschriftsebene 3

Vor dem Beginn der Installation sollte man sich vergewissern, ob nicht eine bereits vorhandene TEX-Installation existiert, die schon Umgebungsvariablen entsprechend gesetzt hat. Insbesondere unter Windows kann es hier zu Problemen kommen, sicherheitshalber sollte man eventuell vorher eine existierende TEX-Installation entfernen.

Überschriftsebene 4 Vor dem Beginn der Installation sollte man sich vergewissern, ob nicht eine bereits vorhandene TEX-Installation existiert, die schon Umgebungsvariablen entsprechend gesetzt hat. Insbesondere unter Windows kann es hier zu Problemen kommen, sicherheitshalber sollte man eventuell vorher eine existierende TEX-Installation entfernen.

1

```
\documentclass[ngerman,paper=a5,DIV=15]{scrbook}
\usepackage{textdemo}

\part{Höchste Ebene von \texttt{scrartcl}}
\section{Überschriftsebene 1}       \textDemo
\subsection{Überschriftsebene 2}    \textDemo
\subsubsection{Überschriftsebene 3}\textDemo
\paragraph{Überschriftsebene 4}     \textDemo
\subparagraph{Überschriftsebene 5} \textDemo
```

07-01-4

Die Hierarchie der Befehle sollte eingehalten werden, da dies ansonsten eine formal seltsame Nummerierung zur Folge haben kann, wenn beispielsweise nach einem Kapitel gleich ein Unterabschnitt folgt, der dann eine Nummer wie »3.0.1« bekäme. Im Beispiel 07-01-5 wird der Gliederungszähler erhöht, sodass mehr Ebenen nummeriert werden.

1 Abschnitt

1.1 Überschriftsebene 2

1.1.1 Überschriftsebene 3

1.1.1.1 Überschriftsebene 4

1.1.1.1.1 Überschriftsebene 5

```
\setcounter{secnumdepth}{5}

\section{Abschnitt}
\subsection{Überschriftsebene 2}
\subsubsection{Überschriftsebene 3}
\paragraph{Überschriftsebene 4}
\subparagraph{Überschriftsebene 5}
```

07-01-5

7.2 Nichtnummerierte Ebenen

Unabhängig davon, ob eine Gliederungsüberschrift letztlich auch durch `\tableofcontents` ausgegeben wird, erfolgt bei den meisten Dokumentenklassen für jede nummerierte Gliederungsüberschrift ein Eintrag in die externe Datei mit der Endung `.toc`. KOMA-Script bietet über die standardmäßigen Gliederungsbefehle hinaus weitere Makros, die sich analog verhalten, jedoch grundsätzlich *nicht* nummeriert werden, aber dennoch automatisch in die externe Datei geschrieben und daraus folgend auch in das Inhaltsverzeichnis übernommen werden können.

```
\addpart [TOC] {Text}
\addpart*{Text} \addchap [TOC] {Text}
\addchap*{Text} \addsec [TOC] {Text}
\addsec*{Text}
```

Das Beispiel 07-02-1 zeigt, dass es keinen Sinn macht, wenn der Gliederungsbefehl \addchap nummerierten Abschnitten vorangestellt wird; es fehlt dann der entsprechende Teil bei der Nummerierung. \addpart, \addchap und \addsec sollten also sinnvollerweise nur *nach* einem entsprechenden \part, \chapter oder \section benutzt werden.

02-1

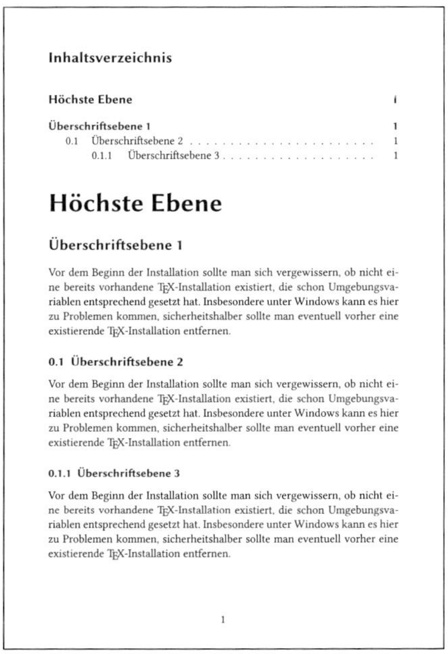

Inhaltsverzeichnis

Höchste Ebene i

Überschriftsebene 1 1
0.1 Überschriftsebene 2 1
0.1.1 Überschriftsebene 3 1

Höchste Ebene

Überschriftsebene 1

Vor dem Beginn der Installation sollte man sich vergewissern, ob nicht eine bereits vorhandene TeX-Installation existiert, die schon Umgebungsvariablen entsprechend gesetzt hat. Insbesondere unter Windows kann es hier zu Problemen kommen, sicherheitshalber sollte man eventuell vorher eine existierende TeX-Installation entfernen.

0.1 Überschriftsebene 2

Vor dem Beginn der Installation sollte man sich vergewissern, ob nicht eine bereits vorhandene TeX-Installation existiert, die schon Umgebungsvariablen entsprechend gesetzt hat. Insbesondere unter Windows kann es hier zu Problemen kommen, sicherheitshalber sollte man eventuell vorher eine existierende TeX-Installation entfernen.

0.1.1 Überschriftsebene 3

Vor dem Beginn der Installation sollte man sich vergewissern, ob nicht eine bereits vorhandene TeX-Installation existiert, die schon Umgebungsvariablen entsprechend gesetzt hat. Insbesondere unter Windows kann es hier zu Problemen kommen, sicherheitshalber sollte man eventuell vorher eine existierende TeX-Installation entfernen.

1

```
\usepackage{textdemo}

\tableofcontents
\addpart{Höchste Ebene}
\addsec{Überschriftsebene 1}       \textDemo
\subsection{Überschriftsebene 2}    \textDemo
\subsubsection{Überschriftsebene 3}\textDemo
\paragraph{Überschriftsebene 4}     \textDemo
\subparagraph{Überschriftsebene 5} \textDemo
```

Die Sternvarianten \addchap* und \addsec* erzeugen keinen Eintrag in das Inhaltsverzeichnis und löschen gleichzeitig die Kolumnentitel in eventuell vorhandenen Kopfzeilen, wobei \addchap* nicht für die Artikelklasse zur Verfügung steht.

```
\minisec{Text}
```

KOMA-Script bietet zusätzlich die Gliederungsebene \minisec an, die keinem Bereich zugeordnet ist. Dabei wird der Abstand zu den vorangegangenen und nachfolgenden Absätzen im Gegensatz zu normalen Abschnitten verkleinert. Außerdem wird keine Nummerierung durchgeführt und kein Eintrag im Inhaltsverzeichnis erstellt.

7.3 Definition neuer Gliederungsebenen

KOMA-Script erlaubt über spezielle Makros die Modifikation bestehender oder die Definition neuer Gliederungsebenen. Mit \DeclareSectionCommand wird keine Rücksicht auf bereits vorhandene Ebenen gleichen Namens genommen. Im Gegensatz dazu gibt es mit

\DeclareNewSectionCommand eine entsprechende Fehlermeldung; ein Überschreiben erfolgt nicht. \RedeclareSectionCommand setzt einen bereits bestehenden Befehl voraus und \ProvideSectionCommand definiert sie nur, falls sie noch nicht existiert. Die möglichen Optionen zeigt Tabelle 7.1. Die Angaben zu style und level sind dabei zwingend; alle anderen Optionen werden je nach verwendetem Makro mit einem Standardwert vorbelegt. Für style=section sind die Angaben von beforeskip und afterskip erforderlich.

```
\DeclareSectionCommand [Optionen] {Name}
\DeclareNewSectionCommand [Optionen] {Name}
\RedeclareSectionCommand [Optionen] {Name}
\ProvideSectionCommand [Optionen] {Name}
```

Tabelle 7.1: Mögliche vom Stil der Überschrift unabhängige Parameter und Werte für die Definition von Gliederungsbefehlen nach (Kohm 2020).

Name	*Wert*	*Bedeutung*
style	Name	*Muss* angegeben werden! Legt den Stil (Typ) der Überschrift fest. Mögliche Stile sind part (zentriert auf der Seite), chapter (stark abgesetzt vom Text) und section (einfache nummerierte Überschrift).
afterskip	Länge	Ein *negativer* Wert bedeutet, dass die Überschrift als Spitzmarke formatiert werden soll (aktive Auszeichnung am Beginn der ersten Zeile des Absatzes). Der Betrag gibt dabei den horizontalen Abstand nach dieser Auszeichnung (Überschrift) an. Ein positiver Wert führt hingegen zu einem vertikalen Abstand nach der Überschrift.
beforeskip	Länge	Der Betrag gibt den vertikalen Abstand vor der Überschrift an. Ist der Wert negativ, so wird trotzdem ein positiver Abstand eingefügt. Negative Werte bedeuten in diesem Fall, dass der Absatz nach der Überschrift ohne horizontalen Einzug gesetzt werden soll.
counterwithin	Zähler	Der zur Gliederungsebene gehörende Zähler soll vom als Wert angegebenen Zähler abhängig sein. Wird der Zähler über \stepcounter oder \refstepcounter erhöht, so wird der zur Gliederungsebene gehörende Zähler auf Null zurückgesetzt. Darüber hinaus wird \the‹Zähler› gefolgt von einem Punkt in der Ausgabe des zur Gliederungsebene gehörenden Zählers vorangestellt, beispielsweise 3.2. Erhöht sich Zähler »3«, wird Zähler »2« zurückgesetzt.
counterwithout	Zähler	Hebt eine frühere counterwithin-Einstellung auf und ist daher nur bei Änderung vorhandener Gliederungsbefehle sinnvoll.
expandtopt	Boolean	Ist dieser Schalter aktiv, so werden alle in den Einstellungen nachfolgend angegebenen Werte für Längen vollständig expandiert, ausgewertet und in pt umgerechnet gespeichert. Ist der Schalter nicht aktiv, so werden alle nachfolgend angegebenen Werte für Längen nur testweise expandiert und ausgewertet, aber lediglich expandiert gespeichert. Es werden die Werte für einfache Schalter verstanden.
font	Schrift	Die Einstellungen, die *zusätzlich* zum Element disposition bei Ausgabe der Überschrift verwendet werden sollen. Es sind alle Einstellungen erlaubt, die auch über \setkomafont und \addtokomafont für das Element des Gliederungsbefehls möglich sind.
indent	Länge	Einzug vom linken Textrand vor der Ausgabe der Nummer und des Textes der Überschrift.

Fortsetzung ...

... Fortsetzung

Name	*Wert*	*Bedeutung*
innerskip	Länge	Der vertikale Abstand zwischen Präfixzeile und Text der Überschrift (nur für die Typen part und chapter).
level	Integer	Nummerischer Wert der Gliederungsebene (siehe Definition auf Seite 131), der angegeben werden muss.
pagestyle	Seitenstil	Der Name des Seitenstils, der für die Seite mit der Überschrift verwendet werden soll (nur fur die Typen part und chapter). Es findet keine Überprüfung statt, ob der angegebene Seitenstil gültig ist. Fehlerhafte Angaben führen daher zu Fehlermeldungen bei Verwendung des Gliederungsbefehls.
prefixfont	Schrift	Die Einstellungen, die zusätzlich zum Element disposition und dem Element des Gliederungsbefehls bei der Ausgabe einer Präfixzeile in der Überschrift verwendet werden sollen (nur für die Typen part und chapter). Hier sind alle Einstellungen erlaubt, die auch über \setkomafont und \addtokomafont für das Element der Präfixzeile des Gliederungsbefehls möglich sind.
tocstyle	Name	Legt den Stil des zur Überschrift gehörenden Verzeichniseintrags fest. Es können alle definierten Verzeichniseintragsstile verwendet werden. tocindent und tocnumwidth *müssen* angegeben werden.
tocindent	Länge	Der horizontale Einzug des zum Gliederungsbefehl gehörenden Eintrags ins Inhaltsverzeichnis, falls ein solcher abhängig von tocdepth erzeugt wird.
toclevel	Integer	Die Ebene des zum Gliederungsbefehl gehörenden Eintrags ins Inhaltsverzeichnis, falls diese von level abweichen soll, wenn also beispielsweise eine \section wie eine \subsection im Inhaltsverzeichnis erscheinen soll. Hat keinen Einfluss auf die Nummerierung.
tocnumwidth	Länge	Die Breite, die für die Gliederungsnummer im zum Gliederungsbefehl gehörenden Eintrag ins Inhaltsverzeichnis reserviert wird.

Möchte man beispielsweise die Ebenen \subsubsubsection und \subsubparagraph erzeugen, so ist nur \subsubsubsection aufwändig, da sie zwischen die existierenden Gliederungsebenen eingefügt werden muss. Die entsprechende numerische Angabe zu level der nachfolgenden Gliederungsbefehle muss um eins erhöht werden. (Schubert 2017) Dagegen wird \subsubparagraph einfach an das Ende der Liste der Gliederungsbefehle »angehängt«. Die Ebenen definieren ihre eigenen Makros, die den numerischen Wert der jeweiligen Umgebung zurückgeben:

```
\partnumdepth                 \parttocdepth
\chapternumdepth              \chaptertocdepth
\sectionnumdepth              \sectiontocdepth
\subsectionnumdepth           \subsectiontocdepth
\subsubsectionnumdepth        \subsubsectiontocdepth
\paragraphnumdepth            \paragraphtocdepth
\subparagraphnumdepth         \subparagraphtocdepth
```

Eine zulässige Anwendung wäre beispielsweise:

```
\setcounter{tocdepth}{\paragraphtocdepth}
\setcounter{secnumdepth}{\subparagraphnumdepth}
```

Das »Einschieben« einer neuen Umgebung mit Modifikation der Nummerierungszähler zeigt ausführlich das Beispiel 07-03-1.

07-0

```
\DeclareNewSectionCommand[
  style=section,level=4,beforeskip=-3.25ex plus -1ex minus -.2ex,afterskip=1.5ex plus .2ex,
  font=\normalsize, counterwithin=subsubsection
]{subsubsubsection}
\DeclareNewSectionCommand[
  style=section, level=7, indent=\parindent, beforeskip=3.25ex plus1ex minus0.2ex,
  afterskip=-1em, tocindent=11em, tocnumwidth=5em, font=\normalsize,
  counterwithin=subparagraph
]{subsubparagraph}
\RedeclareSectionCommand[
  level=5, toclevel=5, tocindent=13em, tocnumwidth=5.9em, counterwithin=subsubsubsection
]{paragraph}
\RedeclareSectionCommand[level=6, toclevel=6, tocindent=15em, tocnumwidth=6.8em]{subparagraph}
\setcounter{secnumdepth}{\subsubsubsectionnumdepth}
\setcounter{tocdepth}{\subsubsubsectiontocdepth}
\tableofcontents
\chapter{Einführung} \blindtext          \section{section (1)} \blindtext
\subsection{subsection (2)} \blindtext   \subsubsection{subsubsection (3)} \blindtext
\subsubsubsection{subsubsubsection (4)} \blindtext
\paragraph{paragraph (5)} \blindtext     \subparagraph{subparagraph (6)} \blindtext
\subsubparagraph{subsubparagraph (7)} \Blindtext
\blinddocument \blinddocument
```

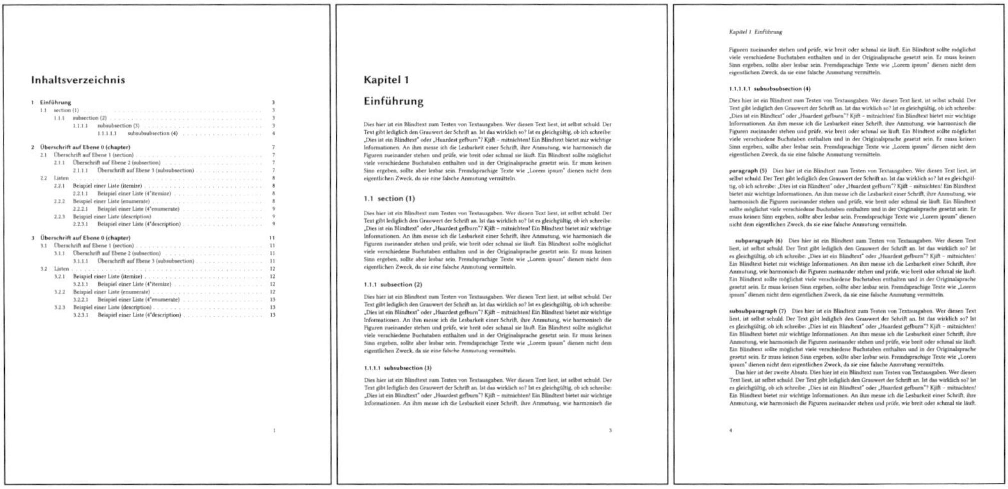

Das folgende Beispiel 07-03-2 zeigt die Modifikation der Ebene `\chapter` für die Dokumentenklasse `scrreprt`. Sie wird dahingehend geändert, dass sie sich wie der Typ `section` verhält. Prinzipiell muss dazu nur die Angabe von `style` modifiziert werden; die Angabe zu `indent` ist zwar für Gliederungen vom Typ `section` zwingend, wird aber bei fehlender Angabe durch den Standardwert 0 pt ersetzt (LaTeX-intern `\z@`). Das Beispiel 07-03-3 auf der nächsten Seite zeigt dagegen die notwendigen Änderungen, wenn die Kapitel, wie in diesem Buch zu sehen, ein besonderes Ausgabeformat bekommen sollen.

03-2

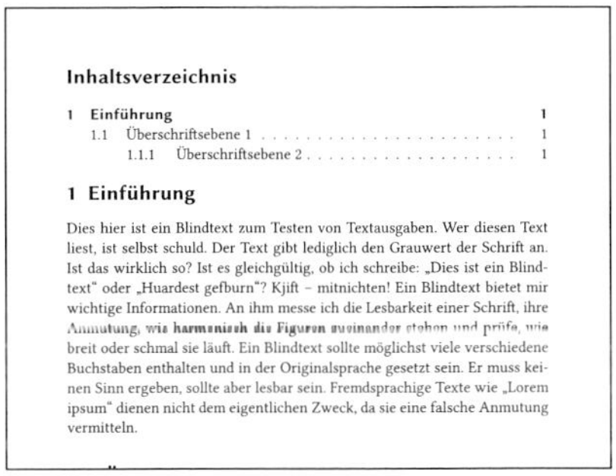
Inhaltsverzeichnis

1 Einführung 1
1.1 Überschriftsebene 1 . . . 1
1.1.1 Überschriftsebene 2 . . . 1

1 Einführung

Dies hier ist ein Blindtext zum Testen von Textausgaben. Wer diesen Text liest, ist selbst schuld. Der Text gibt lediglich den Grauwert der Schrift an. Ist das wirklich so? Ist es gleichgültig, ob ich schreibe: „Dies ist ein Blindtext" oder „Huardest gefburn"? Kjift – mitnichten! Ein Blindtext bietet mir wichtige Informationen. An ihm messe ich die Lesbarkeit einer Schrift, ihre Anmutung, wie harmonisch die Figuren zueinander stehen und prüfe, wie breit oder schmal sie läuft. Ein Blindtext sollte möglichst viele verschiedene Buchstaben enthalten und in der Originalsprache gesetzt sein. Er muss keinen Sinn ergeben, sollte aber lesbar sein. Fremdsprachige Texte wie „Lorem ipsum" dienen nicht dem eigentlichen Zweck, da sie eine falsche Anmutung vermitteln.

```
\documentclass[ngerman,paper=a5,DIV=15]{scrreprt}
\RedeclareSectionCommand[
  style=section,
  indent=0pt,
  font=\Large,
  beforeskip=-2ex plus -0.5ex minus -0.2ex,
  afterskip = 2ex plus  0.2ex]{chapter}

\tableofcontents
\chapter{Einführung} \blindtext
\section{Überschriftsebene 1} \blindtext
\subsection{Überschriftsebene 2} \blindtext
```

03-3

```
\documentclass[chapterprefix=on,parskip=half-]{scrbook}
\usepackage{libertinus}
\usepackage{microtype}% für \textls
\RedeclareSectionCommand[
  prefixfont = \Large,% \bfseries\sffamily ist schon Standard
        font = \Huge,
  beforeskip = -10ex,% minus, damit erster Abschnitt nicht eingezogen wird
   innerskip = 1cm,
   afterskip = 10ex plus  0.2ex,
  ]{chapter}
\renewcommand*\raggedchapter{\raggedleft}% Ausrichtung Kapitelüberschrift samt Präfixzeile
\renewcommand*\chapterformat{\textls*[400]{\chapapp}~\HUGE\thechapter}
\newcommand*\HUGE{\fontsize{40pt}{45pt}\selectfont}

\tableofcontents
\chapter{Einführung} \blindtext
\section{Überschriftsebene 1} \blindtext
\subsection{Überschriftsebene 2} \blindtext
\subsubsection{Überschriftsebene 3} \blindtext
\paragraph{Überschriftsebene 4} \blindtext
\blinddocument \blinddocument
```

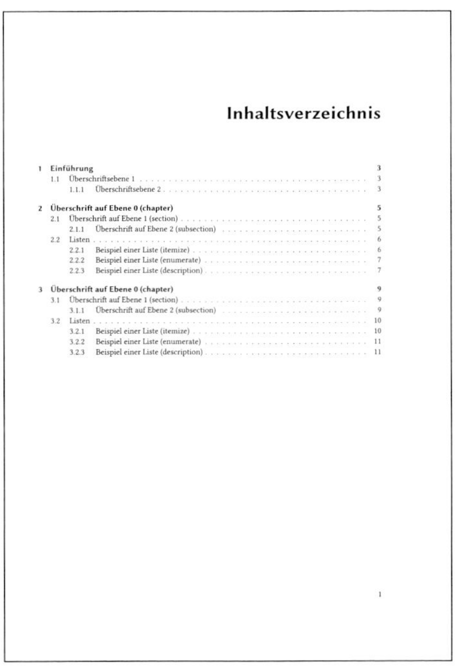
Inhaltsverzeichnis

1 Einführung 3
1.1 Überschriftsebene 1 . . . 3
1.1.1 Überschriftsebene 2 . . . 3
2 Überschrift auf Ebene 0 (chapter) 5
2.1 Überschrift auf Ebene 1 (section) . . . 5
2.1.1 Überschrift auf Ebene 2 (subsection) . . . 5
2.2 Listen . . . 6
2.2.1 Beispiel einer Liste (itemize) . . . 6
2.2.2 Beispiel einer Liste (enumerate) . . . 7
2.2.3 Beispiel einer Liste (description) . . . 7
3 Überschrift auf Ebene 0 (chapter) 9
3.1 Überschrift auf Ebene 1 (section) . . . 9
3.1.1 Überschrift auf Ebene 2 (subsection) . . . 9
3.2 Listen . . . 10
3.2.1 Beispiel einer Liste (itemize) . . . 10
3.2.2 Beispiel einer Liste (enumerate) . . . 11
3.2.3 Beispiel einer Liste (description) . . . 11

1

Kapitel 1

Einführung

Dies hier ist ein Blindtext zum Testen von Textausgaben. Wer diesen Text liest, ist selbst schuld. Der Text gibt lediglich den Grauwert der Schrift an. Ist das wirklich so? Ist es gleichgültig, ob ich schreibe: „Dies ist ein Blindtext" oder „Huardest gefburn"? Kjift – mitnichten! Ein Blindtext bietet mir wichtige Informationen. An ihm messe ich die Lesbarkeit einer Schrift, ihre Anmutung, wie harmonisch die Figuren zueinander stehen und prüfe, wie breit oder schmal sie läuft. Ein Blindtext sollte möglichst viele verschiedene Buchstaben enthalten und in der Originalsprache gesetzt sein. Er muss keinen Sinn ergeben, sollte aber lesbar sein. Fremdsprachige Texte wie „Lorem ipsum" dienen nicht dem eigentlichen Zweck, da sie eine falsche Anmutung vermitteln.

1.1 Überschriftsebene 1

Dies hier ist ein Blindtext zum Testen von Textausgaben. Wer diesen Text liest, ist selbst schuld. Der Text gibt lediglich den Grauwert der Schrift an. Ist das wirklich so? Ist es gleichgültig, ob ich schreibe: „Dies ist ein Blindtext" oder „Huardest gefburn"? Kjift – mitnichten! Ein Blindtext bietet mir wichtige Informationen. An ihm messe ich die Lesbarkeit einer Schrift, ihre Anmutung, wie harmonisch die Figuren zueinander stehen und prüfe, wie breit oder schmal sie läuft. Ein Blindtext sollte möglichst viele verschiedene Buchstaben enthalten und in der Originalsprache gesetzt sein. Er muss keinen Sinn ergeben, sollte aber lesbar sein. Fremdsprachige Texte wie „Lorem ipsum" dienen nicht dem eigentlichen Zweck, da sie eine falsche Anmutung vermitteln.

1.1.1 Überschriftsebene 2

Dies hier ist ein Blindtext zum Testen von Textausgaben. Wer diesen Text liest, ist selbst schuld. Der Text gibt lediglich den Grauwert der Schrift an. Ist das wirklich so? Ist es gleichgültig, ob ich schreibe: „Dies ist ein Blindtext" oder „Huardest gefburn"? Kjift – mitnichten! Ein Blindtext bietet mir wichtige Informationen. An ihm messe ich die Lesbarkeit einer Schrift, ihre Anmutung, wie harmonisch die Figuren zueinander stehen und prüfe, wie breit oder schmal sie läuft. Ein Blindtext sollte möglichst viele verschiedene Buchstaben enthalten und in der Originalsprache gesetzt sein. Er muss keinen Sinn ergeben, sollte aber lesbar sein. Fremdsprachige Texte wie „Lorem ipsum" dienen nicht dem eigentlichen Zweck, da sie eine falsche Anmutung vermitteln.

3

META

Kapitel **8**

Listen

8.1 Standardlisten 141
8.2 Das Paket `enumitem` 148

Unter Listen versteht man alles, was in irgendeiner tabellarischen Weise ausgegeben werden soll. Dies reicht von normalen Wortlisten bis hin zu speziell formatierten Aufzählungslisten. LaTeX unterstützt dies bereits mit einigen definierten Umgebungen, die aber häufig als nicht ausreichend empfunden werden, da die vertikalen Abstände vielfach zu groß sind. Neben der Möglichkeit, sich eigene Listen zu definieren, hat man die Wahl zwischen einer großen Zahl von Paketen, die eine erweiterte Unterstützung bieten, von denen hier nur `enumitem` behandelt werden soll. Das allgemeine Layout einer Liste zeigt Abbildung 8.1 auf der nächsten Seite, wobei zu beachten ist, dass die dort angegebenen Längen innerhalb der Umgebungen auf ihre Werte gesetzt werden und somit Vorgaben von außen wirkungslos sind.

8.1 Standardlisten

LaTeX stellt drei vordefinierte Umgebungen für Listen zur Verfügung:

- Die Umgebung `itemize` für Markierungslisten.
- Die Umgebung `enumerate` für Aufzählungslisten.
- Die Umgebung `description` für Schlagwortlisten.

Diese Standardlisten stehen für alle Dokumentenklassen zur Verfügung, können beliebig untereinander gemischt und auch verschachtelt werden. Für letzteres besteht eine Einschränkung, die im Folgenden erläutert wird.

08-00-

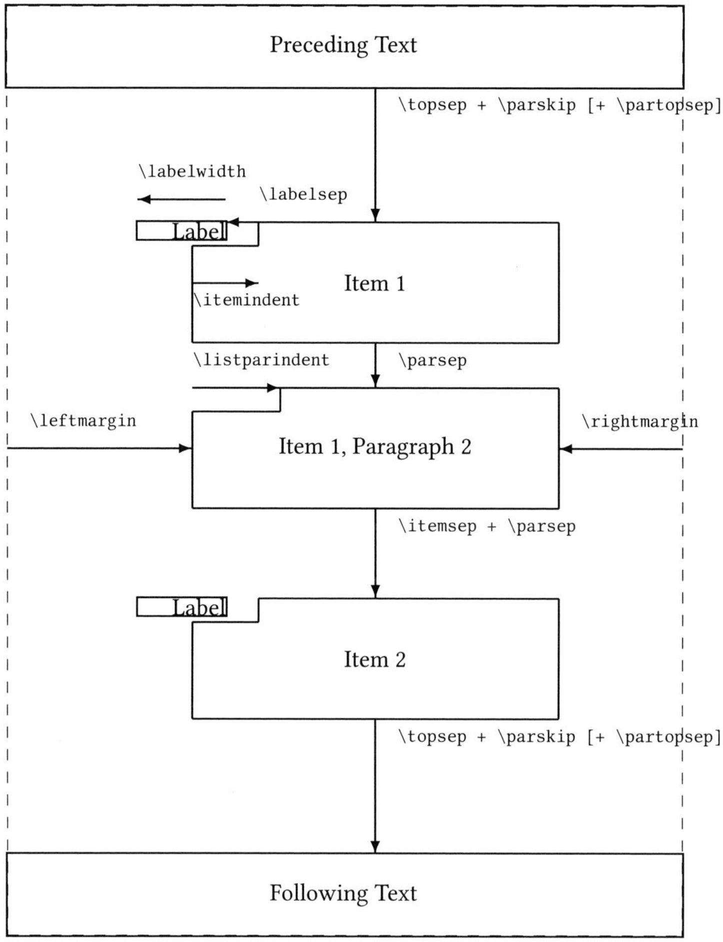

Abbildung 8.1: Layout einer allgemeinen Listenumgebung mit den entsprechenden Makronamen für die definierten Längen.

8.1.1 Die Markierungsliste

Mit der Umgebung `itemize` werden die Zeilen mit vorgegebenen Markierungen (Symbolen) versehen. Jede neue Zeile muss mit dem Befehl `\item` eingeleitet werden, wobei der optionale Parameter für eigene, von der Definition abweichende Markierungen benutzt werden kann.

```
\begin{itemize}
  \item [Symbol] Text ...
  \item [Symbol] Text ...
  ...
\end{itemize}
```

In der Regel wird man bei der Markierungsliste das optionale Argument von `\item` nicht nutzen. Das Makro `\item` beginnt jeweils eine neue Zeile, muss aber im Quelltext nicht zwingend selbst am Zeilenanfang erscheinen.

01-1

- Erster Listeneintrag

— Zweiter Listeneintrag

- Dritter Listeneintrag
- Vierter Listeneintrag, der etwas mehr Text enthält als die anderen.

```
\begin{itemize}
 \item       Erster Listeneintrag
 \item[---] Zweiter Listeneintrag
 \item       Dritter Listeneintrag
 \item       Vierter Listeneintrag, der etwas
             mehr Text enthält als die anderen.
\end{itemize}
```

Historisch bedingt lassen sich die Listen nur bis zu einer vierfachen Tiefe ineinander verschachteln, wobei je nach Ebene ein anderes Markierungssymbol und eine andere Einrückung verwendet wird. Diese Einschränkung lässt sich leicht aufheben, stellt aber auch formal kein wesentliches Problem dar.

01-2

1 Erste Ebene

- foo

    2 Punkt A

    – bar

        3 Punkt a

        ∗ baz

            4 Die tiefste Ebene

            · foobar

        ∗ Punkt b

    – Punkt B

- Punkt zwei
- Punkt drei

```
\begin{itemize}
  \item[1] Erste Ebene
  \item foo
   \begin{itemize}
    \item[2] Punkt A
    \item bar
    \begin{itemize}
      \item[3] Punkt a
      \item baz
        \begin{itemize}
          \item[4] Die tiefste Ebene
          \item foobar
        \end{itemize}
      \item Punkt b
    \end{itemize}
    \item Punkt B
  \end{itemize}
  \item Punkt zwei
  \item Punkt drei
\end{itemize}
```

Die Aufzählungspunkte werden über die vier Makros `\labelitemi`, `\labelitemii`, `\labelitemiii` und `\labelitemiv` festgelegt, wodurch die Beschränkung auf die maximal vier Ebenen bedingt ist. Für den Fall, dass diese Zahl nicht ausreicht, kann man sich eine eigene Liste definieren oder die internen LaTeX-Definitionen erweitern.

Die Symbole lassen sich durch `\renewcommand` beliebig umdefinieren, wobei darauf zu achten ist, dass bei vielen Symbolen der Mathematikmodus erforderlich ist.

- ■ Punkt eins
  - ☆ Punkt A
    - ▶ Punkt a
      - ▻ Punkt I
      - ▻ Punkt II
    - ▶ Punkt b
  - ☆ Punkt B
- ■ Punkt zwei
- ■ Punkt drei

```
\usepackage{unicode-math}
\setmathfont{Asana Math}
\renewcommand*\labelitemi{$\lgblksquare$}
\renewcommand*\labelitemii{$\medwhitestar$}
\renewcommand*\labelitemiii{$\blacktriangleright$}
\renewcommand*\labelitemiv{$\whitepointerright$}

\begin{itemize}
  \item Punkt eins
  \begin{itemize}
    \item Punkt A
    \begin{itemize}
      \item Punkt a
      \begin{itemize}
        \item Punkt I \item Punkt II
      \end{itemize}
      \item Punkt b
    \end{itemize}
    \item Punkt B
  \end{itemize}
  \item Punkt zwei    \item Punkt drei
\end{itemize}
```

08-01-

8.1.2 Die Aufzählungsliste

Der Aufbau der Aufzählungsliste ist identisch zur oben beschriebenen Markierungsliste:

```
\begin{enumerate}
  \item [Nummer] Text ...
  \item [Numemr] Text ...
  ...
\end{enumerate}
```

Mit der Umgebung `enumerate` werden die Listeneinträge fortlaufend nummeriert. Auch hier lässt sich mit dem optionalen Argument die Aufzählung ändern. Da es sich um nummerierte Einträge handelt, kann mit `\label` eine Marke gesetzt werden, auf die dann mit `\ref` eine Referenz gesetzt werden kann. Allerdings sind korrekte Referenzen nur auf die automatisch erzeugten Aufzählungsnummern möglich. Wie man dies für solche mit einem optionalen Argument erreichen kann, wird in Oberdiek u. a. (2011) gezeigt.

1. Erster Listeneintrag
2. Zweiter Listeneintrag

(3) Dritter Listeneintrag

Wie der Eintrag 2 zeigt, …

```
\begin{enumerate}
  \item      Erster Listeneintrag
  \item      Zweiter Listeneintrag\label{liste}
  \item[(3)] Dritter Listeneintrag
\end{enumerate}
Wie der Eintrag~\ref{liste} zeigt, \ldots
```

08-01-

Die nummerierten Listen lassen sich ebenfalls nur bis zur vierten Ebene verschachteln, wobei die Zählung nur in der obersten Ebene mit arabischen Ziffern erfolgt.

-01-5

1. Erste Ebene
2. Punkt 2
   a) Zweite ebene
   b) Punkt B
      i. Punkt a
      ii. Punkt b
         A. Die tiefste Ebene
         4.2 foobar
      iii. Punkt b
   c) Punkt B
3. Punkt zwei
4. Punkt drei

```
\begin{enumerate}
  \item Erste Ebene
  \item Punkt 2
   \begin{enumerate}
    \item Zweite ebene
    \item Punkt B
    \begin{enumerate}
      \item Punkt a \item Punkt b
        \begin{enumerate}
          \item Die tiefste Ebene
          \item[4.2] foobar
        \end{enumerate}
      \item Punkt b
    \end{enumerate}
    \item Punkt B
  \end{enumerate}
  \item Punkt zwei   \item Punkt drei
\end{enumerate}
```

Das Ausgabeformat der Nummerierung wird über die Makros `\labelenumi`, `\labelenumii`, `\labelenumiii` und `\labelenumiv` gesteuert, während die automatische Zählung durch die LaTeX-Zähler `enumi`, `enumii`, `enumiii` und `enumiv` vorgenommen wird. Somit lassen sich durch Redefinitionen dieser Makros andere als die standardmäßigen Zählerausgaben erzeugen.

-01-6

I Punkt eins
   I-A Punkt A
   I-B Punkt B
      b:a Punkt a
      b:b Punkt b
II Punkt zwei
III Punkt drei

```
\renewcommand\labelenumi{\Roman{enumi}}
\renewcommand\labelenumii{\Roman{enumi}-\Alph{enumii
  ↪}}
\renewcommand\labelenumiii{\theenumii:\alph{enumiii}}

\begin{enumerate}
  \item Punkt eins
  \begin{enumerate}
    \item Punkt A   \item Punkt B
    \begin{enumerate}
      \item Punkt a \item Punkt b
    \end{enumerate}
  \end{enumerate}
  \item Punkt zwei   \item Punkt drei
\end{enumerate}
```

Zu Beginn jeder neuen Umgebung `enumerate` wird der zugehörige Zähler zurückgesetzt und beginnt wieder mit den Standardwerten. Möchte man die Umgebung aber nur temporär beenden und später wieder mit dem alten Stand des Zählers fortsetzen, so muss dazu der Zählerwert gespeichert und später wieder auf diesen Wert gesetzt werden (Beispiel 08-01-7 auf der nächsten Seite). Dieser Vorgang lässt sich mithilfe des Paketes `enumitem` automatisieren (siehe Beispiel 08-02-5 auf Seite 150), sodass kein eigener Zähler definiert werden muss.

1. Punkt eins
2. Punkt A

Normaler Text zwischen den Aufzählungen ...

3. Punkt zwei
4. Punkt drei

```
\newcounter{saveNo}

\begin{enumerate}
  \item Punkt eins \item Punkt A
\end{enumerate}
Normaler Text zwischen den
Aufzählungen \ldots
\setcounter{saveNo}{\value{enumi}}
\begin{enumerate}
\setcounter{enumi}{\value{saveNo}}
  \item Punkt zwei  \item Punkt drei
\end{enumerate}
```

08-01-7

8.1.3 Die Schlagwortliste

Die Schlagwortliste besitzt formal die gleiche Syntax, wie die oben beschriebenen Listen, jedoch wird das »optionale« Argument permanent benutzt, um das »Schlagwort« hervorzuheben. Mit der Umgebung `description` *muss* also das optionale Argument benutzt werden, welches standardmäßig in fetter Schrift ausgegeben wird.

```
\begin{description}
  \item[Schlagwort] Text ...
  \item[Schlagwort] Text ...
  ...
\end{description}
```

FU Freie Universität

HU Humboldt-Universität

TFH Technische Fachhochschule

```
\begin{description}
  \item [FU] Freie Universität
  \item [HU] Humboldt-Universität
  \item [TFH]Technische Fachhochschule
\end{description}
```

08-01-8

Auch die `description`-Umgebung lässt sich verschachteln, wobei mindestens ein Zeichen dem `\item`-Befehl folgen muss, ansonsten beginnt die nächste Ebene nicht in einer neuen Zeile. Im folgenden Beispiel wird dazu die Tilde ~ benutzt, die einem `\nobreakspace` entspricht.

Universitäten

FU Freie Universität

HU Humboldt-Universität

TU Technische Universität

Fachhochschulen

FHS Fachhochschule für Sozialarbeit

TFH Technische Fachhochschule

```
\begin{description}
  \item[Universitäten] ~
  \begin{description}
   \item[FU] Freie Universität
   \item[HU] Humboldt-Universität
   \item[TU] Technische Universität
  \end{description}
  \item [Fachhochschulen] ~
  \begin{description}
   \item[FHS] Fachhochschule für Sozialarbeit
   \item[TFH] Technische Fachhochschule
  \end{description}
\end{description}
```

08-01-9

Für die Ausgabeformatierung des Schlagwortes ist das Makro `\descriptionlabel` zuständig, welches ebenfalls überschrieben werden kann, wenn man eine andere Ausgabeform bevorzugt.

01-10

FU Freie Universität

HU Humboldt-Universität

TFH Technische Fachhochschule

TU Technische Universität

```
\renewcommand*\descriptionlabel[1]{\hspace\labelsep
  \normalfont\makebox[3em][r]{\itshape#1}}

\begin{description}
  \item [FU] Freie Universität
  \item [HU] Humboldt-Universität
  \item [TFH]Technische Fachhochschule
  \item [TU] Technische Universität
\end{description}
```

8.1.4 Die `labeling`-Liste

Alle Dokumentenklassen von KOMA-Script stellen zusätzlich die eigene Listenumgebung `labeling` bereit. Dise entspricht der Umgebung `description`, wobei die Breite des hervorgehobenen Textes durch ein Muster festgelegt werden kann, sodass alle Zeilen dieselbe Labellänge aufweisen. Optional kann ein Trennzeichen zwischen Label und folgendem Text angegeben werden.

```
\begin{labeling} [Trennzeichen] {Musterlänge}
  \item [Schlagwort] Text      \item [Schlagwort] Text      ...
\end{labeling}
```

Die Schrift für das Label wird über `\addkomafont` bzw. `\setkomafont` gesetzt und hat den Namen `labelinglabel` (Tabelle 8.1). Im folgenden Beispiel wird der Ausdruck `\textbf{Muster~}` als Musterbreite für den Platzbedarf der Schlagwörter verwendet.

01-11

FU ▷ Freie Universität Berlin

TU ▷ Technische Universität

HU ▷ Humboldt-Universität

Muster ▷ Entspricht der Musterbreite

```
\setkomafont{labelinglabel}{\bfseries}

\begin{labeling}[$\scriptstyle\triangleright$]%
                {\textbf{Muster~}}
\item[FU] Freie Universität Berlin
\item[TU] Technische Universität
\item[HU] Humboldt-Universität
\item[Muster] Entspricht der Musterbreite
\end{labeling}
```

Tabelle 8.1: Die möglichen Schriftoptionen für die Umgebung `labeling`.

Name	*Bedeutung*
`labelinglabel`	Schrift für das optionale Argument (Label) des Befehls `\item` innerhalb einer Umgebung `labeling`, einschließlich des Trennzeichens.
`labelingseparator`	Schrift für das optionale Argument der Umgebung `labeling`, welches das Trennzeichen beschreibt. Die Anwendung erfolgt *nach* dem Element `labeling`.

8.2 Das Paket enumitem

Es gibt eine ganze Reihe von Paketen, die eine Unterstützung zur Erstellung von Listen geben. Unter http://mirror.ctan.org/help/Catalogue/bytopic.html#enumeration findet man eine Zusammenstellung, die die meisten Pakete umfasst.

Das Paket enumitem von Javier Bezos unterstützt nicht nur die Standardlisten enumerate und itemize; die Umgebung description wird ebenso in ihren Möglichkeiten erweitert. enumitem bietet umfangreiche Möglichkeiten, um sowohl die bestehenden Listen zu verändern als auch neue Listen beliebiger Schachtelungstiefe zu definieren. Das Paket kennt die folgenden Optionen:

inline	Es werden zusätzlichen die drei Sternvarianten enumerate*, itemize* und description* definiert, die einzeilige Listen erlauben.
loadonly	Das Paket wird geladen, führt aber keinerlei Aktionen aus. Alles bleibt dem Anwender überlassen.
ignoredisplayed	Die trivlist wird nicht modifiziert.
shortlabels	Nur für Kompatibilität zum Paket enumerate.

Die drei Standardumgebungen werden von der Syntax her um ein optionales Argument erweitert: \begin{‹Listenname›} *[Optionen]* ...

In allen Ebenen arabisch nummerierte Listen lassen sich über die Sternvariante label* definieren, wobei man auch einen zugehörigen neuen Listentyp festlegen kann.

1. Erste Ebene
2. foo
   2.1. Punkt
   2.2. bar
      2.2.1. Punkt
      2.2.2. baz
         2.2.2.1. Die tiefste Ebene
      2.2.3. Punkt
   2.3. Punkt
3. Punkt zwei
4. Punkt drei

```
\usepackage{enumitem}
\newlist{Enum}{enumerate}{10}
\setlist[Enum]{label*=\arabic*.}

\begin{Enum}
  \item Erste Ebene \item foo
   \begin{Enum}
    \item Punkt \item bar
    \begin{Enum}
      \item Punkt \item baz
        \begin{Enum}
          \item Die tiefste Ebene
        \end{Enum}
      \item Punkt
    \end{Enum}
    \item Punkt
  \end{Enum}
  \item Punkt zwei \item Punkt drei
\end{Enum}
```

08-02-1

Über das optionale Argument der Listen können den Längen, wie sie in Abbildung 8.1 auf Seite 142 dargestellt sind, über gleich lautende Schlüsselwörter Werte zugewiesen werden.

-02-2

- Salat und Fisch
- Suppe und Lasagne
- Suppe/Salat und Gulasch

Ein normaler Satz zwischen den Listen.

- Salat und Fisch
- Suppe und Lasagne
- Suppe/Salat und Gulasch

```
\usepackage{enumitem}

\begin{itemize}
\item Salat und Fisch
\item Suppe und Lasagne
\item Suppe/Salat und Gulasch
\end{itemize}
Ein normaler Satz zwischen den Listen.
\begin{itemize}[leftmargin=0pt,
 labelwidth=5mm,itemindent=5mm,itemsep=1ex]
\item Salat und Fisch
\item Suppe und Lasagne
\item Suppe/Salat und Gulasch
\end{itemize}
```

Die Ausrichtung der verschiedenen Listen kann über die Option `leftmargin` gesteuert werden und die Ausrichtung der Label durch `align`. Sollen die Listen linksbündig mit rechtsbündiger Anordnung der Label sein, so müssen `leftmargin` und `labelwidth` auf den gleichen Wert gesetzt werden. Soll die Liste zudem in kompakter Weise erstellt werden, so sind die vertikalen Abstände `itemsep` und `parsep` entsprechend der Abbildung 8.1 auf Seite 142 zu reduzieren.

-02-3

Mo-Do Suppe und Lasagne

Fr Salat und Fisch

Sa,So Suppe/Salat und Gulasch

Ein normaler Satz zwischen den Listen.

Mo-Do Suppe und Lasagne
Fr Salat und Fisch
Sa,So Suppe/Salat und Gulasch

```
\usepackage{enumitem}

\begin{description}
\item[Mo-Do] Suppe und Lasagne
\item[Fr]    Salat und Fisch
\item[Sa,So] Suppe/Salat und Gulasch
\end{description}
Ein normaler Satz zwischen den Listen.
\begin{description}[leftmargin=3cm,
    labelwidth=3em, align=right,
    itemsep=0pt,    parsep=0pt]
\item[Mo-Do] Suppe und Lasagne
\item[Fr]    Salat und Fisch
\item[Sa,So] Suppe/Salat und Gulasch
\end{description}
```

Wird die kompakte Variante in einem Dokument ausschließlich benutzt, empfiehlt sich die Umdefinition der Standardumgebung. Möglich ist dies mit dem Makro `\renewlist`, wobei mit den Parametern `noitemsep` und `nosep` automatisch alle betreffenden Abstände auf Null gesetzt werden.

```
\usepackage{enumitem}  \renewlist{description}{description}{2}
\setlist[description]{leftmargin=3cm,labelwidth=3em,align=right,noitemsep,nosep}

\begin{description}
\item[Mo-Do] Suppe und Lasagne \item[Fr] Salat und Fisch \item[Sa,So] Suppe/Salat und Gulasch
\end{description}
```

3-02-4

Mo-Do Suppe und Lasagne
Fr Salat und Fisch
Sa,So Suppe/Salat und Gulasch

Wie die Zählereinstellung einer vorhergehenden enumerate-Umgebung gespeichert und in einer weiteren Umgebung fortgeführt werden kann, wurde bereits im Beispiel 08-01-7 auf Seite 146 gezeigt, wo ein eigener Zähler für das Zwischenspeichern definiert werden musste. Mit enumitem braucht nur die Option resume bei der Umgebung angegeben zu werden, die die Zählung fortführen soll. Die Sternvariante berücksichtigt dabei die optionalen Parameter aus einer vorhergehenden Umgebung. Den Startwert für die erste Zählung kann man dagegen mit dem Parameter start vorgeben.

13. Punkt A
14. Punkt B

Zwischentext ...

15. Punkt C
16. Punkt D

```
\usepackage{enumitem}
\setlist{nosep,noitemsep}

\begin{enumerate}[start=13]
  \item Punkt A \item Punkt B
\end{enumerate}   Zwischentext \dots
\begin{enumerate}[resume]
  \item Punkt C \item Punkt D
\end{enumerate}
```

08-02-5

Sollen in einem Dokument *alle* enumerate-Umgebungen fortlaufend gezählt werden so ist dies mit \setlist[enumerate]{resume} möglich. Unabhängig davon, kann die Listenzählung jederzeit mit \restartlist{‹Listenname›} zurückgesetzt werden.

Mit der Paketoption inline wird von enumitem für die drei Standardlisten eine zugehörige Sternvariante definiert, die alle Listen zeilenorientiert anordnet und daher die kompakteste Variante der Liste darstellt.

```
\usepackage[inline]{enumitem}
\setlist*{before=\unskip{: }, itemjoin={{; }},  itemjoin*={{, and }}}

\texttt{itemize*}
\begin{itemize*}  \item foo \item bar \item baz. \end{itemize*}\par
\texttt{enumerate*}
\begin{enumerate*} \item foo \item bar \item baz \end{enumerate*}\par
\texttt{description*}
\begin{description*}[itemjoin={{;~}}, itemjoin*={~und~},labelsep=0pt,
      before={\renewcommand\makelabel[1]{\descriptionlabel{##1}}}]
\item[Mo-Do] Arbeit  \item[Fr] Kurzarbeit \item[Sa,So] Frei :-)\par
\end{description*}
```

itemize*: • foo; • bar, and • baz.
enumerate*: 1. foo; 2. bar, and 3. baz
description* **Mo-Do** Arbeit; **Fr** Kurzarbeit und **Sa,So** Frei :-)

08-02-6

In einigen Beispielen wurde bereits die Definition neuer oder Redefinition bestehender Listen gezeigt. enumitem unterstützt dies mit den folgenden Makros:

\newlist{*Name*}{*Typ*}{*Schachtelungstiefe*}
\renewlist{*Name*}{*Typ*}{*Schachtelungstiefe*}
\setlist* [*Name(n),Ebenen*] {*Key/Value-Paare*}
\setlistdepth{*Wert*}
\restartlist{*Name*}

Der *Name* kann willkürlich gewählt werden, der Typ muss einer der drei Standardlisten entsprechen und {*Schachtelungstiefe*} kann größer als die standardmäßigen Vier sein. Mit `\setlist` können auch einzelne Ebenen angegeben werden, für die die Angaben gelten sollen, beispielsweise `\setlist[Enum,1,2]{label=[\arabic*]}`. Die Sternvariante dient ausschließlich zum Setzen zusätzlicher Werte, da sie die bereits bestehenden nicht löscht. Mit `\setlistdepth` kann global für alle Listen die Schachtelungstiefe festgelegt werden. Einer neu definierten kompakten Liste vom Typ `itemize` oder `enumerate` muss immer auch eine Definition der Label mitgegeben werden, da die vorhandenen Einstellungen nicht übernommen werden:

-02-7

- ▶ foo
- ▶ bar
  - ▷ baz
  - ▷ foobar
    - ◊ foobaz
    - ◊ barbaz

```
\usepackage{unicode-math}\setmathfont{Asana Math}
\usepackage{enumitem} \newlist{CItem}{itemize}{3}
\setlist[CItem]{leftmargin=*,noitemsep,nosep}
\setlist[CItem,1]{label=$\blacktriangleright$}
\setlist[CItem,2]{label=$\triangleright$}
\setlist[CItem,3]{label=$\diamondsuit$}

\begin{CItem}
 \item foo \item bar
 \begin{CItem}
  \item baz \item foobar
  \begin{CItem}\item foobaz \item barbaz \end{CItem}
 \end{CItem}
\end{CItem}
```

Verwendet man Listen in Tabellen, so muss im Allgemeinen der zusätzliche Abstand vor und nach den Listen entfernt werden, da dies meist mit den Zeilenhöhen der anderen Spalten kollidiert. Die Korrektur kann über die optionalen Argumente von `itemize` erfolgen, indem `topsep` auf 0 pt gesetzt wird und mit `after` der zusätzliche Vorschub wieder aufgehoben wird.

```
\usepackage{tabularx, enumitem}
\usepackage[table]{xcolor}

\begin{table}
\caption{Sujet \No221 : Formation et dynamique des champs de dunes longitudinales.}
\begin{tabularx}{\textwidth}{l !{\color{blue}\vline width 3pt} >{\small}X}
   Contexte & Classification des dunes selon leur mécanisme de croissance, leur
   orientation et leur forme.
   Bonne compréhension :
   \begin{itemize}[wide=0pt, leftmargin=*, noitemsep, topsep=0pt, label=\textbullet,
         after=\vspace*{-\dimexpr\baselineskip}]
      \item du mécanisme de croissance lié à une disponibilité en sédiment grande.
      \item de la croissance sous un vent unidirectionnel.
   \end{itemize}
\\% end tabular line
   Objectifs & Étude de l'orientation longitudinale :
   \begin{itemize}[noitemsep, topsep=0pt, label=\textbullet, parsep=0pt,
      after=\vspace*{-\dimexpr\baselineskip} ]
     \item Développement d'un formalisme sous des vents multidirectionnels.
     \item Etude des dunes longitudinales dans le cas d'une faible disponibilité en
        sédiment. (\emph{Fingering mode})
     \item Inversion: données topographiques $\longrightarrow$ Données de vents
          $\rightarrow$ paléo-climats.
    \end{itemize} \\
  Outils & Modèle numérique (Rescal), Données expérimentales, Théorie. \\
\end{tabularx}
\end{table}
```

Table 1 – Sujet N° 221 : Formation et dynamique des champs de dunes longitudinales. 08-02-8

Contexte	Classification des dunes selon leur mécanisme de croissance, leur orientation et leur forme. Bonne compréhension : • du mécanisme de croissance lié à une disponibilité en sédiment grande. • de la croissance sous un vent unidirectionnel.
Objectifs	Étude de l'orientation longitudinale : • Développement d'un formalisme sous des vents multidirectionnels. • Etude des dunes longitudinales dans le cas d'une faible disponibilité en sédiment. (*Fingering mode*) • Inversion : données topographiques ⟶ Données de vents → paléo-climats.
Outils	Modèle numérique (Rescal), Données expérimentales, Théorie.

Kapitel 9

Tabellen

9.1 Einführung 153
9.2 Die `tabular`-Umgebung 154
9.3 Pakete zur Tabellenformatierung ohne Seitenumbruch 157
9.4 Pakete zur Tabellenformatierung mit Seitenumbruch 188
9.5 Farbe in Tabellen 199
9.6 Beispiele 202

9.1 Einführung

Beim Thema Tabellen spielt die Typografie eine bedeutende Rolle, denn Tabellen kann man in verschiedensten Varianten setzen, die zwar formal inhaltlich immer dasselbe darstellen, vom Leser aber nicht gleich schnell erfasst werden können. Insbesondere in wissenschaftlichen Arbeiten ist dies ein wichtiger Faktor. Konventionen als allgemein gültig zu bezeichnen, ist immer subjektiver Natur. Dennoch kann man folgende Voraussetzungen für eine typografisch gut gestaltete Tabelle als sinnvoll erachten:

Was hat eine »gute« Tabelle?

- Keine vertikalen Linien
- Keine doppelten Linien
- Zeilen nicht zu eng setzen
- Spalten nicht zu weit auseinanderziehen
- Zeilen links- und rechtsbündig mit horizontalen Linien setzen
- Horizontale Linien unterschiedlicher Dicke verwenden

Der Befehl `\footnote` kann innerhalb einer Tabelle zwar benutzt werden, führt jedoch oft nicht zum erwarteten Ergebnis; der Fußnotentext fehlt. Es bieten sich zum einen die

Pakete an, die Fußnoten in Tabellen unterstützen oder zum anderen die Verwendung der Kombination \footnotemark und \footnotetext. Letzteres funktioniert faktisch in allen Anwendungsfällen. Zu beachten ist lediglich, dass \footnotemark den Fußnotenzähler inkrementiert, sodass dieser wieder zurückgesetzt werden muss, bevor der Text mit \footnotetext geschrieben wird (siehe Beispiel im Abschnitt 6.8.3 auf Seite 96).

9.2 Die tabular-Umgebung

Die Syntax der standardmäßigen tabular-Umgebung unterscheidet sich von der möglichen Variante tabular*:

```
\begin{tabular} [Position] {Spaltendefinition}
...& ...& ...\\
...
\end{tabular}

\begin{tabular*}{Breite} [Position] {Spaltendefinition}
...& ...& ...\\
...
\end{tabular*}
```

Zulässige Notationen für die Spaltendefinition sind:

l	linksbündige Spalte (ohne Zeilenumbruch!)
c	zentrierte Spalte (ohne Zeilenumbruch!)
r	rechtsbündige Spalte (ohne Zeilenumbruch!)
p{*Länge*}	entspricht der Definition von \parbox[*c*]{*Länge*}, welche grundsätzlich im Blocksatz und mit Zeilenumbrüchen gesetzt wird.
@{*Spaltentrenner*}	vor und nach jeder Spalte wird @{*Spaltentrenner*} eingefügt, im Normalfall der Abstand \hspace{\tabcolsep}.
|	senkrechte Linie, kann beliebig erweitert werden zu ||, ...

Mit Laden des Paketes array von Frank Mittelbach steht auch der Wiederholungsoperator * für eine erweiterte Spaltendefinition zur Verfügung.

***{Anzahl}{Spaltentyp}**, wobei hier *Anzahl* für den Wiederholungsfaktor und *Spaltentyp* für eine beliebige Code-Sequenz steht. Bestehen beide Parameter nur aus einzelnen Zeichen, dann knn die Klammerung entfallen.

l	l	l	r	r	r	r
L	L	L	R	R	R	R

```
\usepackage{array}

\begin{tabular}
 {|*3l|*{4}{r|}}\cline{1-3}
l&l&l&r&r&r&r\\
L&L&L&R&R&R&R\\\cline{1-3}
\end{tabular}
```

09-02-1

@{...}, wobei hier »...« wieder für eine beliebige Code-Sequenz steht, die diesmal *anstelle* eines Spaltenabstandes der betreffenden Spalten in jeder Zeile eingefügt wird, wobei links und rechts *kein* Abstand mehr zwischen den beiden Spalten besteht. In diesem Beispiel wird wieder anstelle des Spaltenabstandes ein Doppelpunkt bzw. ein Pfeil eingefügt. Der Unterschied zu obigem Beispiel ist offensichtlich.

-02-2

Links	Rechts:Zentriert→Box		
l	r:	c	→p{1.5cm}

```
\usepackage{array}

\begin{tabular}%
   {@{}l|r@{:}c@{$\rightarrow$}p{1.5cm}@{}}
Links & Rechts & Zentriert & Box\\\cline{2-4}
l & r & c & p\{1.5cm\}\\\cline{1-1}
\end{tabular}
```

Die Sternversion der `tabular`-Umgebung erlaubt die Vorgabe einer bestimmten Tabellenbreite, wobei LaTeX ausschließlich die letzte Spalte in ihrer Breite anpasst, um auf die entsprechende Vorgabe zu kommen. (Voß 2017c) Eine Anwendung ist jedoch nicht empfehlenswert, da eine `tabularx` oder `xltabular` bessere Möglichkeiten bietet.

9.2.1 Linien

Grundsätzlich sollte man beachten, dass Linien im Allgemeinen *nicht* die Übersichtlichkeit einer Tabelle fördern und sehr häufig kontraproduktiv sind. Dies gilt ganz besonders für die vertikalen Linien. Die folgenden Beispiele dienen daher ausdrücklich nicht als Vorbild, sondern sollen lediglich als Beispiele für das formale Erstellen von Linien dienen. Horizontale Linien werden mit `\hline` erzeugt und haben grundsätzlich Vorrang vor vertikalen Linien, was insbesondere für doppelte Linien zu beachten ist. Dies ergibt sich einfach aus der Tatsache, dass TeX die vertikalen Linien zeilenweise setzt und dafür nur die Zeilenhöhe berücksichtigt.

```
\hline
\cline{Anfangsspalte-Endspalte}
```

Beide Makros müssen in der Regel einem `\\` oder `\tabularnewline` folgen; die einzige Ausnahme ist eine Anwendung direkt nach der Spaltendefinition, um eine Linie über der Tabelle zu erhalten. Sind die Werte für *Anfangsspalte* und *Endspalte* gleich, so wird nur diese Spalte mit einer Linie versehen.

-02-3

links	p–Spalte	rechts
A	jetzt hat diese Spalte eine fixe Breite und ein sorgt für eine neue Zeile in dieser Spalte	B
1	2	3

```
\begin{tabular}{|l||p{4cm}|r||}\hline
 links & p--Spalte & rechts\\
    \hline\hline\hline
 A      &  jetzt hat diese Spalte eine
           fixe Breite und ein \newline
           sorgt für eine neue Zeile in
           dieser Spalte & B \\\hline\hline
     1 &  2         & 3 \\\hline\hline
\end{tabular}
```

`\cline{`*1-2*`}` bedeutet eine Linie unter den ersten beiden Spalten und `\cline{`*2-2*`}` nur unter der zweiten Spalte.

links	p–Spalte	rechts
A	jetzt hat diese Spalte eine fixe Breite und ein sorgt für eine neue Zeile in dieser Spalte	B
1	2	3

```
\begin{tabular}{lp{4cm}r}
links & p--Spalte & rechts\\
        \cline{1-2}\hline% siehe Text
 A     &  jetzt hat diese Spalte eine
          fixe Breite und ein \newline
          sorgt für eine neue Zeile in
          dieser Spalte & B \\\cline{2-2}
    1 &  2          & 3 \\\cline{2-3}
\end{tabular}
```

09-02-4

Folgt ein `\cline` einem `\hline` oder geht diesem voran, so bleibt es ohne Wirkung, es wird von `\hline` überschrieben. `\cline` kann zwar mehrfach hintereinander auftreten, verhält sich aber ohne zusätzliche Codeänderungen wie ein einfaches `\cline`! Eine Lösung für farbige Teillinien findet man in Voß (2017c).

\cline

9.2.2 Spaltenübergreifende Zellen

Der Befehl `\multicolumn` erlaubt das Zusammenfassen von *mehreren* Zellen einer Zeile zu *einer* Zelle mit einer eigenständigen Spaltendefinition, einschließlich eigener vertikaler Linien, die nur für diese Zelle gültig sind. Sie kann auch für eine einzelne Zelle zur Änderung des Spaltentyps genutzt werden.

`\multicolumn`{*Spaltenanzahl*}{*Spaltendefinition*}{*Inhalt*}

Für die Spaltendefinition ist all das möglich, was auch innerhalb eines standardmäßigen `tabular`-Kopfes möglich ist. Bei Verwendung des `array`-Paketes erweitern sich diese Möglichkeiten entsprechend (siehe dazu Abschnitt 9.3.1 auf Seite 158).

Personen		**Beruf**	
Anzahl	Geschl.	Angest.	Frei
222	m	160	62
2	n	**1**	2
97	w	70	27
Summen			
321		231	91
		322	

```
\begin{tabular}{@{}cccc@{}}\hline
\multicolumn{2}{|@{}c}{\textbf{Personen}} &
\multicolumn{2}{@{}c|}{\textbf{Beruf}}\\\hline
Anzahl& Geschl.& Angest.& Frei\\\hline
222   &    m   &    160 & 62  \\
  2   &    n   &\textbf{1}& 2 \\[5pt]
97    &    w   &     70  & 27   \\\hline
\multicolumn{4}{c}{Summen}     \\\cline{1-1}
\multicolumn{1}{@{}|c|@{}}{321}
      &        &    231  & 91 \\
                      \cline{1-1}\cline{3-4}
 & & \multicolumn{2}{|c|}{322}\\\cline{3-4}
\end{tabular}
```

09-02-5

Die Anwendung von `\multicolumn` ist lediglich im Zusammenhang mit senkrechten Linien gewöhnungsbedürftig, denn bei der Spaltendefinition bilden der Spaltentyp mit eventuell *folgender* Liniendefinition eine Einheit. Durch `\multicolumn` werden diese Liniendefinitionen aber ignoriert, da sie als Teil der zusammengefassten Spalte aufgefasst werden. Daher *muss* innerhalb von `\multicolumn` die Liniendefinition zwingend wiederholt werden; ansonsten fehlt hier ein Teilstück der senkrechten Linie. Nur für den Fall, dass die erste Spalte mit einbezogen wird, muss auch der linke Rand entsprechend beachtet werden; nur hier wird auch der linke Rand der Zelle zugeordnet.

Erste Spalte

-02-6

Personen		**Beruf**	
Anzahl	Geschl.	Angest.	Frei
222	m	160	62
2	n	**1**	2
97	w	70	27
Summen			
321		231	91
		322	

```
\begin{tabular}{|cc|cc|@{}}\hline
\multicolumn{2}{|c}{\textbf{Personen}} &
\multicolumn{2}{c|}{\textbf{Beruf}} \\\hline
\multicolumn{4}{c}{}\\% leere Zeile ohne |
Anzahl& Geschl.& Angest.& Frei\\\hline
222  &    m   &    160 & 62  \\
  2  &    n   &\textbf{1}&2  \\[5pt]
97   &    w   &    70  & 27  \\\hline
\multicolumn{4}{c}{Summen}     \\\cline{1-1}
\multicolumn{1}{|c|}{321} & & 231 & 91
    \\\cline{1-1}\cline{3-4}
 & & \multicolumn{2}{c|}{322}\\\cline{3-4}
\end{tabular}
```

9.2.3 Verschachtelte Tabellen

Tabellen können beliebig ineinander verschachtelt werden, wobei schon ab der zweiten Stufe auf eine sinnvolle Code-Anordnung geachtet werden sollte, denn Verschachtelungen erschweren sehr häufig die Übersicht und führen zu Fehlern, die dann nur mit hohem Zeitaufwand korrigiert werden können. Andererseits erlauben verschachtelte Tabellen faktisch jegliche auch noch so komplizierte Anordnung, ohne auf das `multirow`-Paket (siehe Abschnitt 9.3.5 auf Seite 172) zurückgreifen zu müssen, welches selbst nicht immer optimale Ergebnisse liefert. Im folgenden Beispiel sind die Zellen mit kleinen Buchstaben jeweils Teil einer geschachtelten Tabelle, die man zudem mit dem `\cline`-Makro einfach einrahmen kann.

-02-7

A1	A1	A1	A1	A1
A2	a1 a1 a1	a2 a2 a2	A	a3 a3 a4
A3	A3	A3	A3	A3
A4	A4	A4*		A4
A5	A5	A5	A5	A5

```
\begin{tabular}{ccccc}
A1 & A1 & A1 & A1 & A1\\\hline
A2 & \begin{tabular}{|c|}\hline
       a1\\a1\\a1\\\hline
     \end{tabular} &
  \begin{tabular}{c}a2\\a2\\a2\\\end{tabular} &
    A &  \begin{tabular}{|c|}\hline
     a3\\a3\\a4\\\hline\end{tabular}\\
A3 & A3 & A3 & A3 & A3\\\cline{3-4}
A4 & A4 & \multicolumn{2}{|c|}{A4*}
                      & A4\\\cline{3-4}
A5 & A5 & A5 & A5 & A5\\
\end{tabular}
```

9.3 Pakete zur Tabellenformatierung ohne Seitenumbruch

In diesem Abschnitt werden einige wichtige Pakete behandelt, die sich auf die Struktur einer Tabelle beziehen und für eine wissenschaftliche Arbeit relevant sind. Eine nahezu vollständige Zusammenstellung aller Pakete mit Beispielen, die sich auf Tabellen beziehen, findet man in Voß (ebd.). Die folgende Tabelle listet die hier behandelten Paket mit ihren Eigenschaften auf. Es bleibt letztlich dem Leser überlassen, welche er dann als wichtig und notwendig empfindet. Alle Pakete in diesem Abschnitt erlauben *keinen* Seitenumbruch.

Name	*Bedeutung*	*Seite*
array	Erweiterung der array- und tabular-Umgebung.	158
bigdelim	Vertikale Längen für bessere Zeilenabstände.	175
booktabs	Besseres Layout von Tabellen.	164
datatool	Mächtiges Paket zum Einlesen und Bearbeiten externer Daten (CSV) und Darstellung als Tabelle.	168
diagbox	Geteilte Zellen in einer Tabelle.	171
multirow	Mehrzeilige Zellen innerhalb einer Tabelle.	172
rccol	Dezimalzahlen am Dezimaltrenner ausrichten, mit Rundungsmöglichkeit der Nachkommastellen.	178
siunitx	Setzen von Zahlenkolonnen mit und ohne Einheiten.	180
tabularx	Tabellen mit variablen Spaltenbreiten.	185

9.3.1 array

Mit dem array-Paket von Frank Mittelbach und David Carlisle stehen vielfältige Möglichkeiten für eine bessere Einteilung einer Tabelle zur Verfügung. Zu empfehlen ist in jedem Fall noch die Anwendung von booktabs. Ausgehend von der folgenden Tabelle wird zum Vergleich jeweils eine der neuen Möglichkeiten gezeigt, wobei der Vollständigkeit halber auch »normale« Spaltendefinitionen zur Anwendung kommen. Es sei darauf hingewiesen, dass die Vielzahl der horizontalen und vertikalen Linien nicht der »Lesbarkeit« einer Tabelle förderlich ist; sie dient hier nur zur besseren Erklärung der einzelnen Optionen. Im Allgemeinen sollte man vertikale Linien gar nicht und horizontale nur sparsam einsetzen (siehe auch Zusammenstellung auf Seite 153).

Links	Rechts	Zentriert	Eine parbox
l	r	c	p{1.5cm}

```
\usepackage{array}

\begin{tabular}{|l|r|c|p{1.5cm}|}\hline
Links & Rechts & Zentriert &Eine parbox\\\hline
l     & r      & c         &p\{1.5cm\}\\\hline
\end{tabular}
```

09-03-1

\extrarowheight vergrößert die **Höhe** der Zeile ohne Einfluss auf die Tiefe zu nehmen, sodass dieser Abstand nicht zu groß gewählt werden sollte. Er dient im Wesentlichen nur zur Vermeidung des Anstoßens von Großbuchstaben an eine obere Linie.

Links	Rechts	Zentriert	Box
l	r	c	p{1.75cm}

```
\usepackage{array}

\setlength\extrarowheight{8pt}
\begin{tabular}{|l|r|c|p{1.75cm}|}\hline
Links & Rechts & Zentriert & Box\\\hline
l & r & c & p\{1.75cm\}\\\hline
\end{tabular}
```

09-03-2

`\arraybackslash` definiert den standardmäßigen Befehl für einen Tabellenzeilenumbruch, den Doppelbackslash \\, neu. Dieser hätte sonst bei gleichzeitiger Anwendung eines der Formatierungsmakros `\raggedright`, `\raggedleft` oder `\centering` ohne `\arraybackslash` in sogenannten `p`-Spalten nicht mehr seine ursprüngliche Bedeutung. Für eine neue *Zeile in einer Spalte* benutzt man dann `\newline` und für eine neue *Tabellenzeile* dann \\ oder alternativ das Makro `\tabularnewline`.

9-03-3

L	R	Z	Box
l	r	c	p{2.5cm} neue Zeile mit \newline
l	r	c	neue Tabellenzeile mit \\
wie jetzt			

```
\usepackage{array}

\begin{tabular}{|l|r|c|>{\raggedright%
    \arraybackslash}p{2.5cm}|}\hline
L & R & Z & Box\\\hline
l & r & c & p\{2.5cm\}\newline
  neue Zeile mit \verb+\newline+\\
l & r & c & neue Tabellenzeile mit \verb+\\+\\
  wie jetzt &&& \\\hline
\end{tabular}
```

Bei Anwendung des Pakets `ragged2e` kann auf das explizite Einfügen des Befehls `\arraybackslash` verzichtet werden.

9-03-4

L	R	Z	Box
l	r	c	p{2.5cm} neue Zeile mit \newline
l	r	c	neue Tabellen- zeile mit \tabularnewline
wie jetzt			

```
\usepackage{array,ragged2e}

\begin{tabular}{|l|r|c|
    >{\RaggedRight}p{2.5cm}|}\hline
L & R & Z & Box\tabularnewline\hline
l & r & c & p\{2.5cm\}
  \newline neue Zeile mit \verb+\newline+\\
l & r & c & neue Tabellen\-zeile
  mit \verb=\tabularnewline=\\
wie jetzt&&&\tabularnewline\hline
\end{tabular}
```

>{...}, wobei hier »...« für eine beliebige Code-Sequenz steht, die *vor dem Beginn* der jeweiligen Spalte in jeder Zeile ausgeführt wird. Im folgenden Beispiel wird die Fettschrift für die erste Spalte gewählt.

9-03-5

Links	Rechts	Zentriert	Box
l	r	c	p{1.5cm}

```
\usepackage{array}

\begin{tabular}{|>{\bfseries}l|r|c|p{1.5cm}|}
Links & Rechts & Zentriert & Box\\
    l &      r &     c     & p\{1.5cm\}
\end{tabular}
```

<{...}, wobei hier »...« wieder für eine beliebige Code-Sequenz steht, die diesmal *vor dem Ende* der jeweiligen Spalte in jeder Zeile ausgeführt wird. Im folgenden Beispiel wird der mathematische Modus gewählt, indem `>{$}` den Inlinemodus ein- und das folgende `<{$}` diesen ausschaltet.

Links	*Rechts*	Zentriert	Box
l	*r*	c	p{1.5cm}

```
\usepackage{array}

\begin{tabular}{l>{$}r<{$}c|p{1.5cm}|}
Links & Rechts & Zentriert & Box\\\hline
l & r & c & p\{1.5cm\}
\end{tabular}
```

09-03-6

`!{...}`, wobei hier »...« für eine beliebige Code-Sequenz, die *anstelle* einer Trennlinie in jeder Zeile eingefügt wird, wobei links und rechts der gleiche Abstand zu den beiden Spalten bestehen bleibt. In diesem Beispiel wird anstelle der Trennlinie ein Doppelpunkt bzw. ein Pfeil eingefügt.

Links	Rechts	:	Zentriert	$\rightarrow$	Box
l	r	:	c	$\rightarrow$	p{1.5cm}

```
\usepackage{array}

\begin{tabular}{l ! {\vline}r !{:} c
    !{$\rightarrow$} p{1.5cm}}
Links & Rechts & Zentriert & Box\\\hline
l & r & c & p\{1.5cm\}
\end{tabular}
```

09-03-7

`m{...}`, wobei hier »...« für eine beliebige Längenangabe steht, beispielsweise `m{3cm}`, was für eine vertikale Zentrierung (middle) einer an der *aktuellen* Zeile ausgerichteten Box steht.

Links	Ein kurzer Absatz.
l	m{1.5cm}

```
\usepackage{array}

\begin{tabular}{l  m{1.5cm}}\hline
Links & Ein kurzer Absatz.\\\hline
l      & m\{1.5cm\}\\\hline
\end{tabular}
```

09-03-8

`b{...}`, wobei hier »...« für eine beliebige Längenangabe steht, beispielsweise `b{3cm}`, was für eine an der Unterkante (bottom) der *aktuellen* Zeile ausgerichteten Box steht.

Links	Ein kurzer Absatz.
l	b{1.5cm}

```
\usepackage{array}

\begin{tabular}{l  b{1.5cm}}\hline
Links & Ein kurzer Absatz.\\\hline
l      & b\{1.5cm\}\\\hline
\end{tabular}
```

09-03-9

Eine parbox	Eine parbox	Eine parbox
m{1.5cm}	p{1.5cm}	b{1.5cm}

```
\usepackage{array}

\begin{tabular}{m{1.5cm}  p{1.5cm}  b{1.5cm}}
\hline
Eine parbox & Eine parbox & Eine parbox\\\hline
m\{1.5cm\}  & p\{1.5cm\}  & b\{1.5cm\}\\\hline
\end{tabular}
```

09-03-10

\newcolumntype

\newcolumntype{*Zeichen*} [*n*] {*Spaltendefinition*}

Das Makro \newcolumntype erlaubt beliebige neue Spaltentypen, die dann in abgekürzter Form als Spaltendefinition im Tabellenkopf benutzt werden können. *Zeichen* kann nur ein Buchstabe sein, der von den bereits reservierten abweichen muss, da diese sonst überschrieben werden. *n* bezeichnet die Anzahl der verwendeten Parameter und bleibt unberücksichtigt, wenn die Definition ohne Parameter erfolgt. Die *Spaltendefinition* muss auf einen bereits existierenden Spaltentyp Bezug nehmen. Die folgenden Beispiele zeigen jeweils exemplarisch die Anwendung des Makros.

```
\usepackage{array} \newcolumntype{L}{>{$}l<{$}} \newcolumntype{T}{>{\ttfamily\small}l}

\begin{tabular}{@{}lLT@{\qquad}lLT@{}}\hline
Sinus  & \sin(\alpha) &<Wert> sin &Cosinus & \cos(\alpha) & <Wert> cos \\
Tangens&\tan(\alpha)&<Wert> tan &Arcus Tangens&\arctan(x)&<Wert1> <Wert2> atan\\\hline
\end{tabular}
```

03-11

Sinus	$\sin(\alpha)$	`<Wert> sin`	Cosinus	$\cos(\alpha)$	`<Wert> cos`
Tangens	$\tan(\alpha)$	`<Wert> tan`	Arcus Tangens	$\arctan(x)$	`<Wert1> <Wert2> atan`

Im folgenden Beispiel wird eine Kopfzeile gedreht, um auf diese Weise die schmalen Spalten nicht unnötig zu verbreitern, was zu Lasten der Lesbarkeit der Tabelle ginge. Wenn bei einer Spalte mehrere Zeilen im Kopf erscheinen, dann sollte das Paket varwidth von Donald Arseneau mit der gleichnamigen Umgebung eingesetzt werden, welches gegenüber der minipage-Umgebung den Vorteil hat, dass man die benötigte Breite nicht explizit angeben muss.

```
\usepackage{array,rotating} \newcolumntype{B}{>{\bfseries}c}
\newcolumntype{T}{>{\ttfamily}l}
\newcolumntype{R}[1]{>{\begin{turn}{#1}}l<{\end{turn}}}

\begin{tabular}[b]{BTl}
\multicolumn{1}{R{45}}{Abkürzung} & \multicolumn{1}{R{45}}{Bezugsspalte} &
\multicolumn{1}{R{45}}{Parameter}\\\hline B & c & - \\ T & 1 & - \\ R & 1 & 1\\\hline
\end{tabular} \qquad
\begin{tabular}[b]{@{}BTl@{}}
\multicolumn{1}{R{90}}{Abkürzung} & \multicolumn{1}{R{90}}{Bezugsspalte} &
\multicolumn{1}{R{90}}{Parameter}\\ B & c & - \\ T & 1 & - \\ R & 1 & 1
\end{tabular}
```

03-12

Abkürzung	Bezugsspalte	Parameter
B	c	-
T	1	-
R	1	1

Abkürzung	Bezugsspalte	Parameter
B	c	-
T	1	-
R	1	1

Horizontale Ausrichtungen erreicht man mit den bereits mehrfach erwähnten drei Makros \raggedleft, \centering und \raggedright, beziehungsweise den modifizierten Makros \RaggedLeft, \Centering und \RaggedRight des Paketes ragged2e von Martin

Schröder, die Worttrennungen erlauben. Insbesondere in schmalen Spalten sollte auf den Blocksatz verzichtet werden.

```
\usepackage{array,ragged2e}
\newcolumntype{L}[1]{>{\hspace{0pt}\RaggedRight}p{#1}}%% \hspace{0pt} nur pdflatex/xelatex
\newcolumntype{C}[1]{>{\hspace{0pt}\Centering}p{#1}}
\newcolumntype{R}[1]{>{\hspace{0pt}\RaggedLeft}p{#1}}

\begin{tabular}{@{}L{3cm}C{3cm}R{3cm}@{}}\hline
Eine linksbündige Spalte mit rechtsseitigem Flattersatz
  & Eine zentrierte Spalte mit linkem und rechtem Flattersatz
  & Eine rechtsbündige Spalte mit linksseitigem Flattersatz\\
L & C & R\\\hline
\end{tabular}
```

Eine linksbündige Spalte mit rechts-seitigem Flatter-satz	Eine zentrierte Spalte mit linkem und rechtem Flattersatz	Eine rechts-bündige Spalte mit linksseiti-gem Flattersatz	09-03-1
L	C	R	

Man kann mit \newcolumntype auch auf mehrere Spaltentypen Bezug nehmen, beispielsweise durch \newcolumntype{x}{llcll}.

R	L	L	C	L	L
RR	LL	LL	CC	LL	LL

```
\usepackage{array} \newcolumntype{x}{llcll}

\begin{tabular}{ r x }
R & L & L & C & L & L\\
RR& LL& LL& CC& LL& LL
\end{tabular}
```

09-03-1

Insbesondere bei der Benutzung größerer Pakete kann es manchmal hilfreich sein, sich mit \showcols die definierten Spaltentypen im Logfile ausgeben zu lassen.

```
\showcols
```

Für das Beispiel 09-03-13 findet man dann die folgenden Zeilen im Logfile:

```
Column L#1 -> >{\hspace {0pt}\RaggedRight }p{#1}
Column C#1 -> >{\hspace {0pt}\Centering }p{#1}
Column R#1 -> >{\hspace {0pt}\RaggedLeft }p{#1}
```

Vertikale Linien

Im Zusammenhang mit dem \multicolumn-Befehl muss auf die Definition vertikaler Linien geachtet werden. Insbesondere dann, wenn diese Definition sowohl in der übergeordneten Spaltendefinition als auch im Argument von \multicolumn erfolgt. Im nächsten Beispiel wurde die betroffene vertikale Linie absichtlich breiter gestaltet, um den Effekt deutlicher hervortreten zu lassen.

03-15

L	L	C	L	L
LL	CCC			L

```
\usepackage{array}

\begin{tabular}{|l!{\vrule width 3pt}l|c|l|l|}\hline
L & L & C & L & L\\
LL&\multicolumn{3}{!{\vrule width 3pt}c|}{CCC} & L\\\hline
\end{tabular}
```

Es ist offensichtlich, dass die linke vertikale Linie sowohl von der normalen als auch der `\multicolumn`-Spaltendefinition gezeichnet wurde. Dieser Effekt ist nur bei Anwendung des `array`-Paketes zu sehen, da die vertikalen Linien hier mit ihrer wirklichen Breite beachtet werden. In der normalen `tabular`-Umgebung von Standard-LaTeX werden die Linien nicht zur Bestimmung der horizontalen Abstände herangezogen, sodass dieser Effekt dort nicht zu sehen ist; die Linien werden übereinander gezeichnet. Eine Ausnahme bildet allerdings eine `\multicolumn`-Umgebung, die bereits in der ersten Spalte beginnt. Dort müssen dann beide vertikalen Linien gesetzt werden. Ansonsten gilt die Regel, dass nur auf der rechten Seite der Spaltendeklaration eine Linie zu setzen ist. Linien sind bis auf die erste Spalte grundsätzlich der vorhergehenden Spalte zugeordnet.

03-16

L	L	C	L	L
CCC			L	L
L	L	Rechts		

```
\usepackage{array}

\begin{tabular}{!{\vrule width 3pt}l|l|c|l|l|}\hline
L & L & C & L & L                     \\\cline{1-3}
\multicolumn{3}{!{\vrule width 3pt}c|}{CCC} & L & L\\\hline
L & L & \multicolumn{3}{r|}{Rechts} \\\hline
\end{tabular}
```

Horizontale Linien

Solange man eine gerahmte Tabelle in einem eigenen Absatz oder vertikal zentriert in einer Zeile hat, beispielsweise wie diese Eins Zwei Tabelle, ergibt sich keinerlei Problem der Darstellung, wenn man hier einmal von dem typografisch ungünstigen Zeilenabstand absieht. Wird diese Tabelle dagegen mit dem optionalen Argument `[t]` mit ihrer oberen Kante an der Grundlinie (Baseline) der aktuellen Zeile ausgerichtet, beispielsweise wie diese Eins Zwei Tabelle, ergibt sich das Problem mit der ersten horizontalen Linie der Tabelle. Diese ist nach Definition auf die Basislinie der Zeile ausgerichtet und nicht an der Höhe dieser aktuellen Zeile. Das die untere Linie zu sehr an der folgenden Zeile »klebt« ist dabei noch das kleinere Problem. Das Paket `array` hat für diese Situation zwei weitere spezielle Befehle definiert:

```
\firsthline      \lasthline
```

Damit kann dann sowohl für die erste als auch letzte horizontale Linie der Tabelle eine entsprechende Ausrichtung erreicht werden. Im folgenden Beispiel ist die erste Tabelle die gewohnte Anordnung, die zweite wird durch `\firsthline` nach oben verschoben und die dritte hat durch `\lasthline` zusätzlich noch einen kleinen Abstand zur folgenden Zeile.

Zeile Eins Zwei Zeile
eine neue Zeile im Absatz
Zeile Eins Zwei Zeile
eine neue Zeile im Absatz
Eins Zeile Zwei Zeile
eine neue Zeile im Absatz

```
\usepackage{array}

Zeile \begin{tabular}[t]{|c|}\hline
  Eins\\Zwei\\\hline
\end{tabular} Zeile \\
eine neue Zeile im Absatz\par Zeile
\begin{tabular}[t]{|c|}\firsthline
  Eins\\Zwei\\\hline
\end{tabular} Zeile \\
eine neue Zeile im Absatz\par Zeile
\begin{tabular}[b]{|c|}\firsthline
  Eins\\Zwei\\\lasthline
\end{tabular} Zeile \\
eine neue Zeile im Absatz
```
09-03-1

Der Abstand der Tabelle kann nach oben und nach unten durch die spezielle Länge `\extratabsurround` beeinflusst werden. Standardmäßig hat diese Länge den Wert 2 pt.

9.3.2 booktabs

Das Paket booktabs von Simon Fear und Danie Els gehört sicherlich in die Kategorie »sehr empfehlenswert« und sollte daher standardmäßig benutzt werden. Das Paket bezieht sich primär auf allgemeingültige typografische Konventionen, auf die man bei der Erstellung von Tabellen achten sollte und auf die bereits in Kapitel 1 auf Seite 1 verwiesen wurde. Diese Vorgaben werden von booktabs insbesondere bei senkrechten Linien übernommen; sie werden nicht vom Paket in besonderer Weise unterstützt.

Folgende Makros werden für horizontale Linien definiert:

`\toprule` [*Dicke*]
`\midrule` [*Dicke*]
`\cmidrule` [*Dicke*] (*hor. Trimm*) {*von–bis*}
`\morecmidrules`
`\bottomrule` [*Dicke*]
`\addlinespace` [*Abstand*]
`\specialrule`{*Dicke*}{*Abstand oben*}{*Abstand unten*}

Die vorgegebenen Werte für die einzelnen Liniendicken mit ihren zugeordneten Längen und Abständen darüber/darunter, beziehungsweise für `\cmidrule` dem optionalen horizontalen Trimm, sind in der Tabelle 9.1 auf der nächsten Seite zusammengefasst. Benutzt man jetzt die Linientypen von booktabs kommt man zu einer ansprechenden Darstellung horizontaler Linien. Da in vielen Schriften die Ziffern immer die gleiche Breite haben, reicht eine rechtsbündige Anordnung, um eine Zahlenreihe zu formatieren

Länge	*Vorgabe*	*Aktuell*	*Linientyp*
\heavyrulewidth	0.08 em	0.80002pt	\toprule, \bottomrule
\lightrulewidth	0.05 em	0.50003pt	\midrule
\cmidrulewidth	0.03 em	0.29999pt	\cmidrule
\belowrulesep	0.65 ex	2.78847pt	\toprule, \midrule, \cmidrule
\belowbottomsep	0 pt	0.0pt	\bottomrule
\aboverulesep	0.4ex	1.71596pt	\midrule, \cmidrule, \bottomrule
\abovetopsep	0 pt	0.0pt	\toprule
\cmidrulesep	2\p@	2.0pt	\cmidrule, \morecmidrules
\cmidrulekern	0.5 em	5.0pt	\cmidrule
\defaultaddspace	0.5 em	5.0pt	\addlinespace

Tabelle 9.1: Zusammenfassung der relevanten Längen und ihrer Zuordnung zu den Makros, wobei die Spalte *Aktuell* die Werte für die hier zugrundeliegende Klasse wiedergibt.

(Beispiel 09-03-18).

03-18

Fleisch		
Tier	Einheit	Preis in €
Gnome	Pfund	13.65
	Stück	0.01
Gnu	gefüllt	92.50
Emu		33.33
Schnabeltier	gefroren	8.99

```
\usepackage{eurosym,array,multirow,booktabs}

\begin{tabular}{@{}ll>{$}r<{$}@{}} \toprule
\multicolumn{2}{c}{Fleisch}\\\cmidrule(r){1-2}
Tier  &Einheit& \textrm{Preis in \euro}\\\midrule
Gnome & Pfund & 13.65      \\
      & Stück &  0.01      \\
Gnu   & \multirow{2}*{gefüllt} & 92.50\\
Emu   &         & 33.33      \\
Schnabeltier & gefroren & 8.99\\\bottomrule
\end{tabular}
```

Das Makro \cmidrule erlaubt über die Werte für die horizontale Justierung eine bessere Ausrichtung als der standardmäßige \cline-Befehl. Für die Justierung kann man die beiden Werte l und/oder r verwenden.

03-19

Eins	Zwei	Drei	Vier
Eins	Zwei	Drei	Vier
Eins	Zwei	Drei	Vier
Eins	Zwei	Drei	Vier
Eins	Zwei	Drei	Vier

```
\usepackage{booktabs}

\begin{tabular}{cccc}
Eins&Zwei&Drei&Vier\\\cmidrule{1-1}\cmidrule{2-2}
                   \cmidrule{3-3}\cmidrule{4-4}
Eins&Zwei&Drei&Vier\\\cmidrule(lr){1-2}\cmidrule(lr){3-4}
Eins&Zwei&Drei&Vier\\\cmidrule(lr){1-1}\cmidrule(lr){2-2}
                   \cmidrule(lr){3-3}\cmidrule(lr){4-4}
Eins&Zwei&Drei&Vier\\\cmidrule(r){1-2}\cmidrule(l){3-4}
Eins&Zwei&Drei&Vier\\\cmidrule(r){1-1}\cmidrule(lr){2-2}
                   \cmidrule(lr){3-3}\cmidrule(l){4-4}
\end{tabular}
```

Der Unterschied in der Anwendung sollte offensichtlich sein. Aufeinanderfolgende \cmidrule sind ohne die horizontale Ausrichtung nicht zu unterscheiden, denn sie bilden eine aneinandergereihte Linienkette. Benutzt man dagegen einen oder beide der optionalen Trimmparameter l oder r, so wird die Teillinie links und rechts um den Wert \cmidrulekern verkürzt, wobei \cmidrule dabei nicht zwischen Zellen in der Tabellenmitte oder am Tabellenrand unterscheidet. Der Wert von \cmidrulekern ist mit 0.5 em vorbelegt und kann jederzeit überschrieben werden. Alternativ ist auch eine explizite Angabe einer Länge als Parameter für l und r möglich, sodass beispielsweise mit r{\tabcolsep} eine Verkürzung um \tabcolsep möglich ist. Negative Werte bewirken eine Verlängerung der Linie nach links beziehungsweise rechts.

Das folgende Beispiel ist eine eher komplexe Anwendung der booktabs-Makros. Durch @{\kern-30pt} (negativer Spaltenabstand) im Kopf der Tabelle erreicht man ein »Heranziehen« der folgenden Spalte.

```
\usepackage{eurosym,array,booktabs}

\begin{tabular}{@{}>{\raggedright}p{4.5cm}@{\kern-30pt}*{6}{>{\small}r}@{}}\toprule
\textit{Alternative 1}  &  Investitions- & Jahr\\[-2pt]
                        &  zeitpunkt     & 2006 & 2007 & 2008 & 2009 & 2010 \\
\cmidrule(lr){3-3}\cmidrule(lr){4-4}\cmidrule(lr){5-5}
                       \cmidrule(lr){6-6}\cmidrule(l){7-7}
Einführungszahlungen    & 0 &      0 &      0 &      0 &      0 &      0 \\
Lfd. Personalzahlungen & 0 &  7.187 &  7.187 &  7.187 &  7.187 &  7.187 \\
Lfd. Zahlungen für \newline
Wartung/Systempflege    & 0 & 13.572 & 13.572 & 13.572 & 13.572 & 13.572\\
   \cmidrule[0.8pt](r){1-2}\cmidrule(lr){3-3}\cmidrule(lr){4-4}\cmidrule(lr){5-5}
   \cmidrule(lr){6-6}\cmidrule(l){7-7}
Gesamtzahlungen für die Investition
  & 0 & 20.759 & 20.759 & 20.759 & 20.759 & 20.759\\\bottomrule
\multicolumn{7}{c}{\rule{0pt}{3ex}\small(Alle Angaben in \euro)}
\end{tabular}
```

09-03-2

Alternative 1	Investitions-zeitpunkt	Jahr 2006	2007	2008	2009	2010
Einführungszahlungen	0	0	0	0	0	0
Lfd. Personalzahlungen	0	7.187	7.187	7.187	7.187	7.187
Lfd. Zahlungen für Wartung/Systempflege	0	13.572	13.572	13.572	13.572	13.572
Gesamtzahlungen für die Investition	0	20.759	20.759	20.759	20.759	20.759

(Alle Angaben in €)

\cmidrule kann analog zum Standard-LaTeX-Befehl \cline zwar mehrmals hintereinander mit gleichen Parametern aufgerufen werden, hat aber dennoch keine doppelten oder mehrfachen Linien zur Folge. Mit dem Befehl \morecmidrules zwischen zwei gleichen \cmidrule-Befehlen kann dies aber erreicht werden, wobei dieser Vorgang bei höherer Linienzahl zu wiederholen ist. Der Linienabstand ist durch \doublerulesep=2 pt vorgegeben und kann wie üblich durch einen Längenbefehl geändert werden.

Eins	Zwei	Drei	Vier
Eins	Zwei	Drei	Vier
Eins	Zwei	Drei	Vier

```
\usepackage{booktabs}

\begin{tabular}{cccc}
Eins & Zwei & Drei & Vier\\\cmidrule{2-3}\cmidrule{2-3}
Eins & Zwei & Drei & Vier\\\cmidrule{2-3}\morecmidrules\cmidrule
↪{2-3}
Eins & Zwei & Drei & Vier\\\cmidrule{2-3}\morecmidrules
                 \cmidrule{2-3}\morecmidrules\cmidrule{2-3}
\end{tabular}
```

09-03-2

Besonders im Zusammenhang mit farbigen Tabellen ist die Anwendung des Makros `\specialrule` hilfreich, da es damit möglich ist, Linien zu erstellen, die keinen vertikalen Abstand davor und dahinter erzeugen und somit direkt hinter farbige Blöcke gesetzt werden können. Dies ermöglicht gleichzeitig auch die Verwendung senkrechter Linien, die ansonsten wegen der zusätzlichen vertikalen Abstände vor und nach horizontalen Linien unterbrochen wären.

Im folgenden Beispiel wird mit `\addlinespace` an mehreren Stellen der Tabelle zusätzlicher vertikaler Abstand eingefügt. Bei Anwendung einer `longtable` kann man zusätzlich mit dem `\specialrule`-Befehl den Abstand nach einer Tabellenüberschrift steuern. Bei der Anwendung von `longtable` und `booktabs` ist zu beachten, dass sich die Syntax der Befehle etwas ändert: *Achtung:* `longtable`

`\toprule` (*hor. Trimm*) [*Dicke*]
`\midrule` (*hor. Trimm*) [*Dicke*]
`\bottomrule` (*hor. Trimm*) [*Dicke*]
`\specialrule` (*hor. Trimm*) {*Dicke*}{*Abstand oben*}{*Abstand unten*}

Das optionale Argument für den horizontalen Trimm ist nun bei allen Makros möglich. Dies ist wichtig zu wissen, denn im folgenden Beispiel ist das `\relax` nach dem letzten `\midrule` wichtig, weil es sonst wegen der in der folgenden Zeile erscheinenden runden Klammer zu einer Fehlermeldung kommt; `\midrule` würde diese für sich als den Beginn eines optionales Arguments betrachten.

```
\usepackage{longtable}\usepackage{booktabs}

\begin{longtable}{@{}lrccccr@{}}\specialrule{1pt}{5pt}{5pt}
\multicolumn{1}{l}{Verbindung} & \multicolumn{1}{c}{Lit.} & \multicolumn{1}{c}{X-Ray}
   & \multicolumn{1}{c}{Lsm.}  & \multicolumn{1}{c}{$^{125}$Te-shift}
   & \multicolumn{1}{c}{$^{19}$F-shift} \\\midrule
\addlinespace[0.3em]
\endhead
\addlinespace[0.5em]
\endfoot
\bottomrule
\endlastfoot
(CF$_3$C$_6$F$_4$)$_2$Te$_2$ &---&---&---&---&--- \\\midrule
Ph$_2$Te                     &---&---&---&729&--- \\\midrule\relax
(C$_6$F$_4$)$_2$Te$_2$       &---& ja&---&762& $-108,0$; $-152,0$
\end{longtable}
```

3-22

Verbindung	Lit.	X-Ray	Lsm.	^{125}Te-shift	^{19}F-shift
$(CF_3C_6F_4)_2Te_2$	—	—	—	—	—
Ph_2Te	—	—	—	729	—
$(C_6F_4)_2Te_2$	—	ja	—	762	$-108,0$; $-152,0$

9.3.3 datatool

Das Paket datatool von Nicola Talbot ist eigentlich eine Sammlung von mehreren Paketen, die allesamt externe Daten einlesen und in irgendeiner Weise darstellen, sei es als Tabelle, als Tortendiagramm oder als Funktionsgraph. Alle Datensätze werden zeilenweise eingelesen und müssen einen einheitlichen Trenner haben, der vom Anwender festgelegt werden kann.

Vorname	*Nachname*	*Alter*
Hannes	Wader, sen.	68
Jane	Austen	75
James	Brown	42
Jana	Voss	26
Roger	Daltry	58
Claire	Waldoff	45
Johan	Voss	29

```
\usepackage{datatool}

\DTLloaddb{Liste}{data0.csv}
\begin{tabular}{llc}
\itshape Vorname & \itshape Nachname
  & \itshape Alter
\DTLforeach{Liste}{\vorname=Vorname,
  \nachname=Nachname,\alter=Alter}{%
  \\ \vorname & \nachname & \alter}
\end{tabular}
```

09-03-

Im Standardfall wird die externe Datei eine kommaseparierte Liste sein, wobei einzelne Einträge zusätzlich durch Anführungsstriche »geklammert« werden können, wenn sie selbst ein Komma enthalten, wie im ersten Datensatz (zweite Zeile) zu sehen ist. Die erste Zeile eines Datensatz *muss* Bezeichner für die einzelnen Spalten enthalten, auf die dann mit \DTLforeach bezug genommen werden kann.

```
Vorname,Nachname,AusweisNo,Alter
Hannes,"Wader, sen.",102689,68
Jane,Austen,102647,75
James,Brown,103569,42
Jana,Voss,105488,26
Roger,Daltry,106872,58
Claire,Waldoff,104356,45
Johan,Voss,513110,29
```

\DTLloaddb{*Datenliste*}{*Dateiname*}
\DTLforeach* [*Bedingung*] {*Datenliste*}{*Zuweisungsliste*}{*Tabellenzeile*}

Die Sternversion arbeitet bei größeren Datenlisten etwas schneller, da sie keine Veränderungen der einzelnen Einträge erlaubt, sozusagen die Daten nur »read only« einliest. Das erste Argument von \DTLforeach erwartet den logischen Dateinamen, das zweite liefert die Zuweisung der einzelnen Spalten zu Makronamen und das letzte Argument stellt die Formatierung einer einzelnen Tabellenzeile dar. Wie man den Doppelbackslash einfügt, bleibt dem Anwender überlassen; es kann vor oder nach der neuen Zeile erfolgen.

Eine Nummerierung der einzelnen Zeilen kann man leicht mit dem internen Zähler DTLrowi erreichen, der in der üblichen Weise abgefragt und auch gleich für ein Label benutzt werden kann. Dann kann man jederzeit die einzelnen Zeilen der Tabelle referenzieren.

3-24

No.	*Vorname*	*Nachname*	*Alter*
1.	Hannes	Wader, sen.	68
2.	Jane	Austen	75
3.	James	Brown	42
4.	Jana	Voss	26
5.	Roger	Daltry	58
6.	Claire	Waldoff	45
7.	Johan	Voss	29

Man findet den Eintrag von James Brown in Zeile 3 der Tabelle und den von Claire in Zeile 6.

```
\usepackage{datatool}
\usepackage{booktabs}
\DTLloaddb{Liste}{data0.csv}

\begin{tabular}{ @{}cllc@{}}\toprule
\emph{No.} & \emph{Vorname} &
  \emph{Nachname} & \emph{Alter}
\DTLforeach{Liste}{\vorname=Vorname,
  \nachname=Nachname,\alter=Alter}{%
  \label{tab:\vorname\nachname}%
  \DTLiffirstrow{\\\midrule}{\\}
 \theDTLrowi.
  & \vorname & \nachname   & \alter}
\\\bottomrule
\end{tabular}\par\smallskip
Man findet den Eintrag von James Brown in
Zeile~\ref{tab:JamesBrown} der Tabelle und den
von Claire in Zeile~\ref{tab:ClaireWaldoff}.
```

Ein Referenzieren ist dann mit dem allgemein bekannten `\ref`-Befehl möglich, wobei zu beachten ist, dass man das Label vor den Zeilenumbruch `\\` setzen *muss*, damit der Bezug zu der internen Anweisung `\refstepcounterDTLrowi` gegeben ist; alle Zähler werden am Begin des Arguments *Tabellenzeile* gesetzt (siehe Syntax des Befehls). Die Zähler werden den Elementen der *Zuweisungsliste* zugeordnet und ähnlich wie bei einer normalen Liste mit kleinen römischen Buchstaben fortlaufend bezeichnet. Der erste lautet `DTLrowi`, der zweite `DTLrowii`, usw.

> `\DTLisopenbetween{`*Liste*`}{`*Anfangszeichen*`}{`*Endzeichen*`}`
> `\DTLiffirstrow{`*Wahr*`}{`*Falsch*`}`   `\DTLifoddrow{`*Wahr*`}{`*Falsch*`}`

Über das optionale Argument von `\DTLforeach` kann eine Bedingung formuliert werden, die es erlaubt, nur bestimmte Einträge auszugeben, beispielsweise nur diejenigen, deren Nachname mit »W« beginnt. Das Makro `\DTLisopenbetween` definiert den Bereich, für den die Datenliste »offen« ist, wobei die Angabe des Anfangs einschließlich und die des Endes ausschließlich zu verstehen ist.

3-25

No.	*Vorname*	*Nachname*	*Alter*
1.	Hannes	Wader, sen.	68
2.	Claire	Waldoff	45

```
\usepackage{datatool}
\DTLloaddb{Liste}{data0.csv}

\begin{tabular}{cllc}
\itshape No. & \itshape Vorname
  & \itshape Nachname & \itshape Alter
\DTLforeach[\DTLisopenbetween{\nachname}{W}{X}]%
    {Liste}{\vorname=Vorname,
  \nachname=Nachname,\alter=Alter}{\\
  \theDTLrowi.&\vorname&\nachname&\alter}
\end{tabular}
```

Mit dem Makro `\DTLifoddrow` kann auf einfache Weise eine »doppelte« Tabelle erreicht werden, indem ein Test auf die Zeile zu einem Zeilenumbruch `\\` oder zu einem Spaltentrenner `&` führt. Die Reihenfolge ist hier wichtig, da als erstes der fehlende Zeilenumbruch für die Kopfzeile erstellt werden muss. Hierbei ist allerdings zu beachten, dass die Zeilenzählung analog zur Datenliste erfolgt, bei der die erste Zeile die Spaltenbezeichner enthalten muss (vergleiche den Datensatz auf Seite 168).

```
\usepackage{datatool}
\DTLloaddb{Liste}{data0.csv}

\begin{tabular}{cllc@{\qquad}cllc}
\itshape No. & \itshape Vorname & \itshape Nachname & \itshape Alter &
\itshape No. & \itshape Vorname & \itshape Nachname & \itshape Alter
\DTLforeach{Liste}{\vorname=Vorname,\nachname=Nachname,\alter=Alter}%
  {\DTLifoddrow{\\}{&} \theDTLrowi. & \vorname & \nachname   & \alter}
\end{tabular}
```

No.	*Vorname*	*Nachname*	*Alter*	*No.*	*Vorname*	*Nachname*	*Alter*
1.	Hannes	Wader, sen.	68	2.	Jane	Austen	75
3.	James	Brown	42	4.	Jana	Voss	26
5.	Roger	Daltry	58	6.	Claire	Waldoff	45
7.	Johan	Voss	29				

09-03-

Eine weitere interessante Möglichkeit des datatool-Pakets besteht in der Sortierung der Datenzeilen.

\DTLsort* [*Sortierreihenfolge*] {*Sortierkriterium*} {*Datenliste*}

Die optionale Angabe der Sortierreihenfolge ist nur für den Fall interessant, dass das eigentliche Sortierkriterium versagt, weil kein entsprechender Eintrag in der Spalte der Datenliste vorhanden ist, ähnlich dem Null-Eintrag in einer SQL-Datenbank. Im folgenden Beispiel ist alternativ *Nachname* angegeben, was als Sortierkriterium herangezogen würde, falls eine Datenzeile keine Altersangabe hätte.

No.	*Vorname*	*Nachname*	*Alter*
1.	Jane	Austen	75
2.	Hannes	Wader, sen.	68
3.	Roger	Daltry	58
4.	Claire	Waldoff	45
5.	James	Brown	42
6.	Johan	Voss	29
7.	Jana	Voss	26

```
\usepackage{datatool}
\DTLloaddb{Liste}{data0.csv}

\DTLsort[Nachname]{Alter=descending}{Liste}
\begin{tabular}{@{}cllc@{}}
\itshape No. & \itshape Vorname
  & \itshape Nachname & \itshape Alter
\DTLforeach{Liste}{\vorname=Vorname,
  \nachname=Nachname,\alter=Alter}{%
  \DTLiffirstrow{\\\hline}{\\}
  \theDTLrowi.&\vorname&\nachname&\alter}
\end{tabular}
```

09-03-

Die optionale Angabe *descending* führt zur absteigenden Sortierung, während *ascending* zur standardmäßigen aufsteigenden Liste führt. Bei der Sortierung ist die Groß- und Kleinschreibung von Zeichenketten signifikant, wohingegen diese bei Anwendung der Sternversion ignoriert wird. In diesem Fall werden vor der Sortierung alle Zeichenketten in Kleinbuchstaben gewandelt.

Die Zahl der Möglichkeiten des datatool-Pakets ist vielfältig, wovon hier nicht alle aufgeführt werden können. Man findet viele Beispiele in der Dokumentation zum Paket. (Talbot 2019)

9.3.4 diagbox

Ein häufiger Anwendungsfall ist die gleichzeitige Angabe einer Spalten- und Zeilenbezeichnung in der obersten linken Zelle einer Tabelle. Das Paket diagbox von Leo Liu ermöglicht einen entsprechenden Aufbau.

\diagbox [*Optionen*] {*Text*} {*Text*} {*Text*}

Unterschiedliche Linienrichtungen sind über das optionale Argument von \diagbox möglich. dir=NW oder dir=SE ergibt die Standardlinie von Oben-Links (NorthWest) nach Unten-Rechts (SouthEast). Die andere Richtung erhält man mit dir=SW (SouthWest) oder dir=NE (NorthEast).

```
\usepackage{diagbox}

\begin{tabular}{r|*{5}{c}|l}
\diagbox{Fest}{Jahr}& 2007& 2008& 2009& 2010& 2011& \diagbox[dir=SW]{Jahr}{Fest}\\\hline
Ostern    & 08.04. & 23.03. & 12.04. & 04.04. & 24.04. & Ostern\\
Pfingsten & 27.05. & 11.05. & 31.05. & 23.05. & 12.06. & Pfingsten
\end{tabular}
```

3-28

Jahr Fest	2007	2008	2009	2010	2011	Jahr Fest
Ostern	08.04.	23.03.	12.04.	04.04.	24.04.	Ostern
Pfingsten	27.05.	11.05.	31.05.	23.05.	12.06.	Pfingsten

Die Argumente für die Texte werden im Absatzmodus gesetzt, sodass \\ im Argument verwendet werden kann. Dadurch wird allerdings automatisch die Spalte breiter. Durch eine Anwendung des optionalen Arguments für die Breite kann diese beeinflusst werden.

```
\usepackage{diagbox}

\begin{tabular}{l | *{5}{c} | l }
\diagbox[width=25mm]{Zwei\\Feiertage}{Jahr} &2007 &2008 &2009 &2010 &2011\\\hline
Ostern    & 08.04. & 23.03. & 12.04. & 04.04. & 24.04.\\
Pfingsten & 27.05. & 11.05. & 31.05. & 23.05. & 12.06.\\\hline
Weihnachten& 24.12.& 24.12. & 24.12. & 24.12. & 24.12.
   & \diagbox[dir=SW,height=10mm]{Jahr}{Fest}\\\hline
\end{tabular}
```

3-29

Jahr Zwei Feiertage	2007	2008	2009	2010	2011	
Ostern	08.04.	23.03.	12.04.	04.04.	24.04.	
Pfingsten	27.05.	11.05.	31.05.	23.05.	12.06.	
Weihnachten	24.12.	24.12.	24.12.	24.12.	24.12.	Jahr Fest

\diagbox geht standardmäßig davon aus, dass der Abstand \tabcolsep links und rechts von der Tabelle vorhanden ist. Wird bei der Spaltendefinition der @{}-Operator verwendet, so ergibt sich eine Linie, die genau um \tabcolsep zu weit nach links bzw. rechts verschoben ist. Mit dem optionalen Argument `trim` kann dem Makro jedoch mitgeteilt werden, auf welcher Seite kein `\tabcolsep` zur Verfügung steht. Mögliche Werte sind `l` für Links, `r` für Rechts, `lr` für Links-Rechts und `rl` für Rechts-Links. Im folgenden Beispiel kann man erkennen, dass die rechte obere diagonale Linie nicht korrekt ist. Ein zusätzliches drittes Argument ist möglich, was auf der linken Seite angewendet wird.

```
\usepackage{diagbox}

\begin{tabular}{|@{}r|*{5}{c}|l@{}|}\hline
\diagbox[trim=l]{Fest}{Datum}{Jahr} & 2007 & 2008 & 2009 & 2010 & 2011
    & \diagbox[dir=SW]{Jahr}{Fest}\\\hline
Ostern    & 08.04. & 23.03. & 12.04. & 04.04. & 24.04. & Ostern\\
Pfingsten & 27.05. & 11.05. & 31.05. & 23.05. & 12.06. & Pfingsten\\\hline
Weihnachten&24.12. & 24.12. & 24.12. & 24.12. & 24.12.
    & \diagbox[dir=SW,trim=r]{Jahr}{Fest}\\\hline
\end{tabular}
```

09-03-

Datum Jahr / Fest	2007	2008	2009	2010	2011	Jahr / Fest
Ostern	08.04.	23.03.	12.04.	04.04.	24.04.	Ostern
Pfingsten	27.05.	11.05.	31.05.	23.05.	12.06.	Pfingsten
Weihnachten	24.12.	24.12.	24.12.	24.12.	24.12.	Jahr / Fest

9.3.5 multirow, bigdelim und bigstrut

Die drei von Jerry Leichter und Piet van Oostrum geschriebenen Pakete stellen eigentlich eine Einheit dar und unterstützen im Wesentlichen das Erstellen von einzelnen Tabellenzellen über mehrere Zeilen. Prinzipiell kann jede `\multirow`-Anordnung durch eine geschachtelte Tabelle ersetzt werden, wie es bereits im Abschnitt 9.2.3 auf Seite 157 gezeigt wurde. Sehr häufig ist dies sogar die bessere Variante. Die anderen beiden Pakete erleichtern das Erstellen von Klammern um Tabellen oder Teilen von ihnen.

multirow

Das Paket kennt nur ein einziges Makro mit der folgenden Syntax:

```
\multirow{Zeilen}[Summe \bigstrut]{Breite}[Shift]{Text}
\multirow{Zeilen}[Summe \bigstrut]*[Shift]{Text}
```

Die Bedeutung der einzelnen verpflichtenden und optionalen Parameter ergibt sich aus der folgenden Zusammenstellung:

Zeilen	Anzahl der Tabellenzeilen, die formal zu einer `multirow`-Zelle zusammengefasst werden sollen.
Summe `\bigstrut`	Besonders in der `array`-Umgebung kann dieser optionale Parameter hilfreich sein, um einen besseren Abstand der Zeilen zu ermöglichen.
*	Der Spaltentyp der übergeordneten Tabelle wird übernommen.

Breite — Der Spaltentyp der übergeordneten Tabelle wird ignoriert und lokal zu einer p-Spalte der angegebenen Breite geändert.

Shift — Die optionale Angabe einer Länge ermöglicht eine vertikale Feinjustierung des Textes.

Text — Der Inhalt der `\multirow`-Zelle, der wiederum selbst aus einer Tabelle oder anderen komplexen Objekten, beispielsweise parbox bestehen kann.

3-31

Sp1 Z0	Sp2 Z0	Sp3 Z0
Sp1 Z1	Sp2 Z1	
Sp1 Z2	Sp2 Z2	Sp 3
Sp1 Z3	Sp 2	
Sp1 Z4	und	Sp3 Z4
	mehr	
	Text	

```
\usepackage{multirow}

\begin{tabular}{|l|l|l|}\hline
  Sp1 Z0 & Sp2 Z0 & Sp3 Z0\\
  Sp1 Z1 & Sp2 Z1
    & \multirow{3}{2cm}{Sp 3}\\\cline{1-1}
  Sp1 Z2 & Sp2 Z2 & \\\cline{1-2}
  Sp1 Z3 & \multirow{2}{1cm}{Sp 2 und mehr Text} &\\
    \cline{1-1}\cline{3-3}
  Sp1 Z4 &        & Sp3 Z4\\\hline
\end{tabular}
```

Das Prinzip ist relativ einfach zu verstehen; die `\multirow`-Anweisung ist in die Tabellenzelle zu setzen, die den Beginn der Mehrzeilenzelle markiert. *Danach*, d. h. mit der nächsten Tabellenzeile, lässt man die entsprechend der in `\multirow` definierten Zellen/Spalten leer. Standardmäßig wird der Eintrag horizontal linksbündig und vertikal zentriert eingefügt, wenn eine Spaltenbreite bei `\multirow` angegeben wurde; die Zelle entspricht dann dem Spaltentyp `p`. Dabei erfolgt keinerlei Kontrolle, ob der Text in die vorgegebene Zeilenzahl gesetzt werden kann oder nicht, was deutlich in obigem Beispiel zu sehen ist. In solchen Fällen muss man selbst dafür Sorge tragen, dass die entsprechende Zeilenzahl durch leere Zeilen erhöht wird.

3-32

Sp1 Z0	Sp2 Z0	Sp3 Z0
Sp1 Z1	Sp2 Z1	
Sp1 Z2	Sp2 Z2	Sp 3
Sp1 Z3	Sp 2	
Sp1 Z4	und	Sp3 Z4
	mehr	
	Text	

```
\usepackage{multirow,bigstrut}

\begin{tabular}{|l|l|l|}\hline
  Sp1 Z0 & Sp2 Z0 & Sp3 Z0\\
  Sp1 Z1 & Sp2 Z1 &
      \multirow{3}{2cm}{Sp 3}\\\cline{1-1}
  Sp1 Z2 & Sp2 Z2 & \\\cline{1-2}
  Sp1 Z3 & \multirow{4}{1cm}{Sp 2 und mehr Text} &\\
    \cline{1-1}\cline{3-3}
  Sp1 Z4 &        & Sp3 Z4\\
         &        &       \\
         &        &       \\\hline
\end{tabular}
```

Die Sternoption der `\multirow`-Anweisung übernimmt einfach den Typ der aktuellen Spalte, wie sie im Tabellenkopf definiert wurde.

Es wurde bereits darauf hingewiesen, dass `\multirow` grundsätzlich einen Spaltentyp `p` annimmt, wenn nicht anstelle einer Breitenangabe die Sternversion verwendet wird, die die übergeordnete Spaltendefinition übernimmt. Eine `p`-Spalte wird per Definition immer linksbündig im Blocksatz gesetzt. Mit der Neudefinition des Makros `\multirowsetup` kann das Verhalten geändert werden, sodass sich, wie im folgenden Beispiel zu sehen ist (Sp 3), auch ein horizontales Zentrieren innerhalb einer r-Spalte möglich ist.

Sp1 Z0	Sp2 Z0	Sp3 Z0
Sp1 Z1	Sp2 Z1	
Sp1 Z2	Sp2 Z2	Sp3
Sp1 Z3	$f(x,y) = xy$	
Sp1 Z4		Sp3 Z4

```
\usepackage{multirow,bigstrut}
\renewcommand\multirowsetup{\centering}

\begin{tabular}{| l | r | r |}\hline
 Sp1 Z0 & Sp2 Z0 & Sp3 Z0\\ Sp1 Z1 & Sp2 Z1
& \multirow{3}[6]{2cm}{Sp3}\bigstrut\\\cline{1-1}
 Sp1 Z2 & Sp2 Z2 & \bigstrut\\\cline{1-2}
 Sp1 Z3 &
 \multirow{2}[4]{2cm}[0.8\abovedisplayskip]{%
  \[f(x,y)=xy\]} &
  \bigstrut\\\cline{1-1}\cline{3-3}
 Sp1 Z4 &         & Sp3 Z4\bigstrut\\\hline
\end{tabular}
```

09-03-

Für die Darstellung der Gleichung ist dies unerheblich, da abgesetzte Formeln im Allgemeinen immer horizontal zentriert werden.

bigstrut

Das Paket bigstrut definiert nur den gleichnamigen Befehl \bigstrut, der die bereits erwähnte Box bestimmter Höhe und Tiefe, aber der Breite Null definiert.

```
\bigstrut [Position]
```

Das optionale Argument erlaubt durch Vorgabe von t oder b die unsichtbare Box nur auf die Höhe oder Tiefe zu beschränken. In diesen Fällen ist dann auch die Zählung für das optionale Argument pro Zeile anzupassen; d. h. nur einfache statt doppelte Zählung. Im folgenden Beispiel ist die linke Tabelle mit \bigstrut ohne optionales Argument (⊥), die mittlere mit t (ı) und die rechte mit b (ꜜ) gesetzt worden.[1]

```
\usepackage{multirow,bigstrut}

\begin{tabular}{|l|r|c|}\hline
  11 & 21 & \multirow{3}[6]{1cm}{3}\bigstrut\\\cline{1-1}
  12 & 22 &                         \bigstrut\\\cline{1-2}
  13 & \multirow{2}[4]{1cm}{2} &   \bigstrut\\\cline{1-1}\cline{3-3}
  14 &    & 34                      \bigstrut\\\hline
\end{tabular} \quad
\begin{tabular}{@{}|l|r|c|@{}}\hline
  11 & 21 & \multirow{3}[3]{1cm}{3}\bigstrut[t]\\\cline{1-1}
  12 & 22 &                         \bigstrut[t]\\\cline{1-2}
  13 & \multirow{2}[2]{1cm}{2} &   \bigstrut[t]\\\cline{1-1}\cline{3-3}
  14 &    & 34                      \bigstrut[t]\\\hline
\end{tabular} \quad
\begin{tabular}{@{}|l|r|c|@{}}\hline
  11 & 21 & \multirow{3}[3]{1cm}{3}\bigstrut[b]\\\cline{1-1}
  12 & 22 &                         \bigstrut[b]\\\cline{1-2}
  13 & \multirow{2}[2]{1cm}{2} &   \bigstrut[b]\\\cline{1-1}\cline{3-3}
  14 &    & 34                      \bigstrut[b]\\\hline
\end{tabular}
```

[1] Die »Rahmen« wurden mit \fbox und einem \fboxsep von 0 pt erzeugt, um sie überhaupt ansatzweise »sichtbar« zu machen und ihre Lage in Bezug zur Basislinie zu zeigen.

3-34

11	21	
12	22	3
13	2	
14		34

11	21	
12	22	3
13	2	
14		34

11	21	
12	22	3
13	2	
14		34

bigdelim

Das Paket ist eine spezielle Anwendung des `\multirow`-Befehls und ermöglicht zeilenübergreifende Klammern für Tabellen und Matrizen.

`\ldelim`{*Klammersymbol*}{*Zeilen*}{*Abstand*} [*Text*]
`\ldelim`{*Klammersymbol*}{*Zeilen*}* [*Text*]
`\rdelim`{*Klammersymbol*}{*Zeilen*}{*Astand*} [*Text*]
`\rdelim`{*Klammersymbol*}{*Zeilen*}* [*Text*]

Klammersymbol Als Klammersymbol können alle sogenannten »Delimiter« verwendet werden, die auch im mathematischen Modus für `\left` und `\right` zulässig sind, also im Wesentlichen geschweifte, runde, spitze und eckige Klammern.

Zeilen Anzahl der Zeilen, die von der linken oder rechten Klammer umspannt werden sollen.

Abstand Legt den Abstand zwischen der Klammer und der Tabelle/Matrix fest, indem die Spaltenbreite der Klammer auf *Abstand* gesetzt wird.

* Mit der Stern-Variante wird der übergeordnete Spaltentyp der `tabular`-, beziehungsweise `array`-Umgebung berücksichtigt.

Text Ein optionaler Text kann links oder rechts von der jeweiligen Klammer geschrieben werden.

)3-35

	0	…
Wenn $f(n) = \{$	1	dann mache…
	2	dann mache…
	3	dann mache…
	4	dann mache…
	5	dann mache…
	6	…
	7	…

```
\usepackage{multirow,bigdelim}

\begin{tabular}{lll}
 & 0 &\ldots\\
\ldelim\{{6}{2.3cm}[Wenn $f(n)=$]
 & 1 & dann mache\ldots\\
 & 2 & dann mache\ldots\\
 & 3 & dann mache\ldots\\
 & 4 & dann mache\ldots\\
 & 5 & dann mache\ldots\\
 & 6 &\ldots\\
 & 7 &\ldots
\end{tabular}
```

Das Prinzip ist bereits aus den Beispielen ersichtlich, denn die Klammern einschließlich eines optionalen Textes sind einfach innerhalb eines `\multirow`-Befehls angeordnet und somit Teil einer normalen Tabellenspalte. Dies ist auch der Grund, warum die Zellen vor und nach dem `\ldelim`- und `\rdelim`-Befehl jeweils leer bleiben müssen, was besonders für die erste Spalte wichtig ist. Ansonsten erscheint in diesen Zellen der entsprechende Inhalt. Die speziellen Spalten für `\ldelim`- und `\rdelim` müssen bei der Spaltendefinition berücksichtigt werden; hat man drei normale Spalten und möchte eine rechte Klammer setzen, so sind vier Spalten im Kopf von `tabular` oder `array` zu definieren.

9.3.6 pgfplotstable

Das Paket `pgfplotstable` von Christian Feuersänger unterstützt das Einlesen von externen Datensätzen, um sie in tabellarischer Form auszugeben. Eine Vielzahl von Parametern ermöglicht dabei Anpassungen an die Ausgabe.

`\pgfplotstabletypeset` [*Optionen*] {*Dateiname*}
`\pgfplotstabletypeset` [*Optionen*] {*\Macro*}
`\pgfplotstabletypeset` [*Optionen*] {*Daten*}
`\pgfplotstabletypesetfile` [*Optionen*] {*Dateiname*}
`\pgfplotstableread`{*Dateiname*}{*\Macro*}
`\pgfplotstableread`{*Daten*}{*\Macro*}
`\pgfplotstableset`Key-value-Daten

Datenzeilen, die mit % oder # beginnen, werden im Allgemeinen als Kommentarzeilen ignoriert und brauchen daher auch nicht entfernt zu werden. Die erste Datenzeile wird als Spaltenbeschreibung interpretiert und ohne Veränderung übernommen.

```
\usepackage{pgfplotstable}
\begin{filecontents*}{daten.dat}
# Convergence results
# fictional source, generated 2008
level   dof error1          error2          info grad(log(dof),log(error2)) quot(error1)
 1        4 2.50000000e-01 7.57858283e-01 48  0                0
 2       16 6.25000000e-02 5.00000000e-01 25 -3.00000000e-01 4
 3       64 1.56250000e-02 2.87174589e-01 41 -3.99999999e-01 4
 7    16384 6.10351562e-05 8.20091159e-03 40 -5.24999999e-01 4
 9   262144 3.81469727e-06 1.95312500e-03 33 -5.00000000e-01 4.00000001e+00
10 1048576 9.53674316e-07 9.76562500e-04  2 -5.00000000e-01 4.00000001e+00
\end{filecontents*}

\pgfplotstabletypeset{daten.dat}
```

level	dof	error1	error2	info	grad(log(dof),log(error2))	quot(error1)
1	4	0.25	0.76	48	0	0
2	16	$6.25 \cdot 10^{-2}$	0.5	25	-0.3	4
3	64	$1.56 \cdot 10^{-2}$	0.29	41	-0.4	4
7	16,384	$6.1 \cdot 10^{-5}$	$8.2 \cdot 10^{-3}$	40	-0.52	4
9	$2.62 \cdot 10^{5}$	$3.81 \cdot 10^{-6}$	$1.95 \cdot 10^{-3}$	33	-0.5	4
10	$1.05 \cdot 10^{6}$	$9.54 \cdot 10^{-7}$	$9.77 \cdot 10^{-4}$	2	-0.5	4

09-03-

Sämtliche Spalten können mit `\pgfplotstableset` gesondert formatiert werden, wobei die Syntax immer der Notation `columns/<Name>/.style=.../ folgt. Mit \verb<Name>|` ist der in der Datendatei vorhandene Spaltentitel gemeint.

```
\usepackage{pgfplotstable,booktabs}
\pgfplotstableset{
  columns/dof/.style={int detect,column type=r,column name=\textsc{Dof}},
  columns/error1/.style={
        sci,sci zerofill,sci sep align,precision=1,sci superscript,column name=$e_1$,
  },
  columns/error2/.style={
        sci,sci zerofill,sci sep align,precision=2,sci 10e,column name=$e_2$,
  },
  columns/{grad(log(dof),log(error2))}/.style={
        string replace={0}{}, column name={$\nabla e_2$},dec sep align,
  },
  columns/{quot(error1)}/.style={
        string replace={0}{}, % erase '0'
        column name={$\frac{e_1^{(n)}}{e_1^{(n-1)}}$}
  },
  empty cells with={--}, % replace empty cells with '--'
  every head row/.style={before row=\toprule,after row=\midrule},
  every last row/.style={after row=\bottomrule}
}

\pgfplotstabletypeset[1000 sep={\,}, columns/info/.style={
    fixed,fixed zerofill,precision=1,showpos,column type=r}]{daten.dat}
```

3-37

level	DOF	e_1	e_2	info	∇e_2	$\frac{e_1^{(n)}}{e_1^{(n-1)}}$
1	4	2.5^{-1}	$7.58{\cdot}10^{-1}$	+48.0	–	–
2	16	6.3^{-2}	$5.00{\cdot}10^{-1}$	+25.0	−0.3	4
3	64	1.6^{-2}	$2.87{\cdot}10^{-1}$	+41.0	−0.4	4
7	16 384	6.1^{-5}	$8.20{\cdot}10^{-3}$	+40.0	−0.52	4
9	262 144	3.8^{-6}	$1.95{\cdot}10^{-3}$	+33.0	−0.5	4
10	1 048 576	9.5^{-7}	$9.77{\cdot}10^{-4}$	+2.0	−0.5	4

Statt der gesamten Tabelle, könenn auch nur bestimmte Spalten ausgegeben werden. Der Zugriff erfolgt wieder über den Spaltennamen.

```
\usepackage{pgfplotstable,booktabs}

\pgfplotstableread{daten.dat}\Data
\pgfplotstabletypeset[columns={level,dof,info},1000 sep={\,},
  columns/info/.style={fixed,fixed zerofill,precision=1,showpos,column type=r}]\Data
\qquad
\pgfplotstabletypeset[columns={error1,error2}]\Data
```

3-38

level	dof	info
1	4	+48.0
2	16	+25.0
3	64	+41.0
7	16 384	+40.0
9	$2.62 \cdot 10^5$	+33.0
10	$1.05 \cdot 10^6$	+2.0

error1	error2
0.25	0.76
$6.25 \cdot 10^{-2}$	0.5
$1.56 \cdot 10^{-2}$	0.29
$6.1 \cdot 10^{-5}$	$8.2 \cdot 10^{-3}$
$3.81 \cdot 10^{-6}$	$1.95 \cdot 10^{-3}$
$9.54 \cdot 10^{-7}$	$9.77 \cdot 10^{-4}$

Die Dokumentation zum Paket enthält noch sehr viele Möglichkeiten für die Ausgabe der Tabellen. (Feuersänger 2020)

dof	info
4	48 €
16	25 €
64	41 €
16,384	40 €
$2.62 \cdot 10^5$	33 €
$1.05 \cdot 10^6$	2 €

09-03-3

```
\usepackage{pgfplotstable,eurosym}

\pgfplotstabletypeset[
 column type=r,
 columns={dof,info},
 columns/dof/.style={
  postproc cell content/.append style={
   /pgfplots/table/@cell content/.add={$\mathsf\bgroup}{\egroup$} }},
 columns/info/.style={
  postproc cell content/.append style={
   /pgfplots/table/@cell content/.add={\boldmath$}{$} },
  postproc cell content/.append style={
   /pgfplots/table/@cell content/.add={}{\,\EUR{}},}}][daten.dat}
```

level	dof	error1
1	4	0.25
2	16	$6.25 \cdot 10^{-2}$
9	$2.62 \cdot 10^5$	$3.81 \cdot 10^{-6}$
10	$1.05 \cdot 10^6$	$9.54 \cdot 10^{-7}$

09-03-4

```
\usepackage{pgfplotstable,booktabs}

\pgfplotstabletypeset[
  columns={level,dof,error1},
  every head row/.style={
    before row=\toprule,after row=\midrule},
  every last row/.style={
    after row=\bottomrule},
  skip rows between index={2}{4},
  skip rows between index={7}{9},
  outfile=daten.tex]{daten.dat}
```

Die von \pgfplotstabletypeset ausgegebene TeX-Datei daten.tex aus dem obigen Beispiel sieht wie folgt aus:

```
\begin {tabular}{ccc}%
\toprule level&dof&error1\\\midrule %
\pgfutilensuremath {1}&\pgfutilensuremath {4}&\pgfutilensuremath {0.25}\\%
\pgfutilensuremath {2}&\pgfutilensuremath {16}&\pgfutilensuremath {6.25\cdot 10^{-2}}\\%
\pgfutilensuremath {5}&\pgfutilensuremath {1{,}024}&\pgfutilensuremath {9.77\cdot 10^{-4}}\\%
\pgfutilensuremath {6}&\pgfutilensuremath {4{,}096}&\pgfutilensuremath {2.44\cdot 10^{-4}}\\%
\pgfutilensuremath {7}&\pgfutilensuremath {16{,}384}&\pgfutilensuremath {6.1\cdot 10^{-5}}\\%
\pgfutilensuremath {10}&\pgfutilensuremath {1.05\cdot 10^{6}}&
                                \pgfutilensuremath {9.54\cdot 10^{-7}}\\\bottomrule %
\end {tabular}%
```

9.3.7 rccol

Das Paket rccol von Eckhart Guthöhrlein ist eine Alternative zu dcolumn, wenn es um das Formatieren von Zahlenkolonnen geht. rccol unterstützt die folgenden Paketoptionen:

comma
: Globale Festlegung des Kommas als Dezimaltrenner (Standard). Die gleiche Wirkung hat die Option german.

point
: Globale Festlegung des Punktes als Dezimaltrenner. Die gleiche Wirkung haben die Optionen english und USenglish.

norounding
: Deaktiviert den Schalter zum Runden der Zahlenwerte.

rounding
: Setzt den Schalter zum Runden der Zahlenwerte entsprechend der durch die Spaltendefinition vorgegebenen Zahl an Nachkommastellen (Standard).

Das Paket definiert den Spaltentyp R, welcher zwei verpflichtende Parameter erwartet, einen für die Stellen des ganzzahligen Teils und einen weiteren für den Dezimalteil einer Zahl.

R{*Ganzzahlstellen*}{*Dezimalstellen*}
R - [*TEX-Trenner*] [*Ausgabe*] {*Ganzzahlstellen*}{*Dezimalstellen*}

Standardmäßig erwartet das Paket das Komma als Dezimaltrenner, anderenfalls wird bei der Formatierung davon ausgegangen, dass nur ein ganzzahliger Teil vorhanden ist; der Punkt wird in diesem Fall nicht weiter beachtet. Dieser Fall ist in der letzten Spalte des folgenden Beispiels zu sehen; der »ganzzahlige« Teil wird entsprechend der Vorgabe {3}{2} formatiert und anschließend der Punkt einfach dahintergesetzt. Auch der Platzbedarf stimmt dadurch nicht, sodass die Zahl in der Spalte auch zu weit links erscheint.

```
\usepackage{rccol}
\newcommand\mc[2]{\multicolumn{1}{#1}{\ttfamily#2}}

\begin{tabular}{| R{1}{5} | R{1}{6} @{$\cdot10^1$\hspace{\tabcolsep}} | c | R{3}{2} |}
\mc{|c|}{R\{1\}\{5\}} & \mc{c|}{R\{1\}\{6\}} & c & \mc{c|}{R\{3\}\{2\}}\\\hline
2,71828 & 0,271828 & $\pi$ & 314.16\\  0,21 & 0,21 & Q & 0.3\\
\end{tabular}
```

03-41

R{1}{5}	R{1}{6}	c	R{3}{2}
2,71828	0,271828·10^1	π	31416,00.
0,21000	0,210000·10^1	Q	03,00.

Durch den »Spaltentrenner« @{$\cdot10^1$\hspace{\tabcolsep}} ist es möglich, sowohl eine Exponentialdarstellung zu erreichen ($\cdot10^1$) als auch den üblichen Spaltenabstand einzuhalten (\hspace{\tabcolsep}); der @-Operator ist prädestiniert für derartige Konstruktionen. Der Spaltentyp R kann zwei optionale Argumente haben, die zur Steuerung des Dezimaltrenners benutzt werden können. Wird nur ein optionaler Parameter angegeben, so wird dieser sowohl für den Eingabe- als auch Ausgabetrenner benutzt. Wird das Minuszeichen angegeben (ohne Klammern!), so wird »−« bei der Zentrierung der Zahl berücksichtigt.

```
\usepackage{rccol} \newcommand\mc[2]{\multicolumn{1}{#1}{\ttfamily#2}}

\begin{tabular}{| R-{1}{4} | R{1}{6} @{$\cdot10^1$\hspace{\tabcolsep}}
    | c | R[.][,]{3}{2} |}
\mc{|c|}{R-\{1\}\{4\}} & \mc{c|}{R\{1\}\{6\}} & c & \mc{c|}{R[.][,]\{3\}\{2\}}\\\hline
-2,71828 & 0,271828 & $\pi$ & 314.16\\  -0,21 & 0,21 & Q & 0.3\\
\end{tabular}
```

03-42

R {1}{4}	R{1}{6}	c	R[.][,]{3}{2}
−2,7183	0,271828·10^1	π	314,16
−0,2100	0,210000·10^1	Q	0,30

Zu beachten ist noch, dass die Spalten nicht automatisch im Mathematikmodus gesetzt werden, was allerdings nicht für ein Minuszeichen gilt, denn die Eingabe wird daraufhin untersucht. Der Anwender muss selbst auf die korrekte Eingabe der Zahlenwerte achten, *Mathemodus* denn rccol akzeptiert faktisch jede auch noch so unsinnige alphanumerische Kombination. Die letzte Zeile muss mit einem \\ abgeschlossen werden. rccol lädt automatisch die Pakete array und fltpoint. Beide sollten jedoch in jeder aktuellen TEX-Distribution zu finden sein.

9.3.8 siunitx

Das Paket von Joseph Wright ist primär für die Darstellung von SI-Einheiten gedacht, bietet aber auch eine Unterstützung für das tabellarische Formatieren vom Dezimalzahlen. Dafür steht der Spaltentyp S zur Verfügung. Jeder Eintrag einer Zelle wird von siunitx als Zahl aufgefasst, weshalb Überschriften oder Kommentare nur als Teil eines Makros auftreten oder in geschweifte Klammern gesetzt werden sollten. Die Tabelle 9.2 zeigt eine Zusammenstellung derjenigen Parameter, die im Zusammenhang mit einer tabellarischen Ausgabe von Interesse sind. Alle weiteren kann man der Dokumentation zum Paket entnehmen. (Wright 2021)

\sisetup{*Parameterliste*}

Die Parameter können als optionale Argumente beim Laden des Paketes, durch Anwendung des Makros \sisetup oder durch Übergabe an die betreffenden Makros gesetzt werden.

Tabelle 9.2: Zusammenfassung der möglichen Parameter für das Paket siunitx, wobei *Literal* für eine beliebige Zeichenfolge steht.

Name	*Typ*	*Beschreibung*
add-decimal-zero	List	Fülle Zahlen mit Nullen auf
explizit-sign	Literal	Vorzeichensymbol für Zahlen
exponent-base	Literal	Basis für die Exponentialschreibweise
exponent-product	Literal	Multiplikationssymbol für die Exponentialschreibweise
group-separator	Code	Abstand der Ziffern in großen Zahlen
input-decimal-markers	Literal	Dezimalsymbol bei Zahlen
input-digits	Literal	Anzahl Ziffern bei Zahlen
input-exponent-markers	Literal	Exponentzeichen bei Zahlen
input-ignore	Literal	Anzahl der zu ignorierenden Zeichen
input-product	Literal	Multiplikationszeichen für Zahlen
input-quotient	Literal	Divisionszeichen für Zahlen
input-signs	Literal	Vorzeichensymbol für Zahlen
inter-unit-product	Literal	Trenner für Einheiten
math-rm	Makro	Mathematische Serifenschrift
math-rm	Makro	Serifenschrift für Einheiten
math-tt	Makro	Mathematische Schreibmaschinenschrift
mode	Typ	Textmodus oder mathematischer Modus für die Ausgabe. Mögliche Werte sind maths und text.
number-unit-product	Literal	Abstand zwischen Maßzahl und Maßeinheit

Fortsetzung ...

... Fortsetzung

Name	*Typ*	*Beschreibung*
output-decimal-marker	Symbol	Dezimalsymbol
retain-zero-exponent	Boolean	Erlaube 10^0
round mode	Zahl	Anzahl der auszugebenden Ziffern
table-align-exponent	Boolean	Ausrichtung des Exponenten in einer Tabellenspalte
table-alignment	Typ	Ausrichtung der Tabellenspalte, mögliche Werte sind center, left und right
table-auto-round	Boolean	Schalter zum automatischen Runden von Zahlen, um die durch table-format festgelegte Stellenzahl zu erreichen.
table-format	Number	Symbolische Platzangabe für Dezimalzahlen in Tabellenspalten
table-number-alignment	List	Ausrichtung von S-Spalten, mögliche Werte sind centerdecimal, center, left und right.
table-parse-only	Boolean	S-Spalten nicht am Dezimaltrenner ausrichten
table-text-alignment	Typ	Ausrichtung von Text in S-Spalten, mögliche Werte sind centre, left und right.
table-unit-alignment	Typ	Ausrichtung von Einheiten s-Spalten, mögliche Werte sind center, left und right.
text-rm	Makro	Roman-Font für Text
text-sf	Makro	Sans-Serif-Font für Text
text-tt	Makro	Monotype-Font für Text
tight-spacing	Boolean	Reduziere den Abstand um ±
unit-math-tt	Makro	Typewriter-Mathefont für Einheiten
use-xspace	Boolean	Benutze das Makro \xspace aus dem gleichnamigen Paket nach einer Einheit.

9.3.9 Zahlenkolonnen

Zahlenkolonnen werden im Standardfall am Dezimalpunkt ausgerichtet und dann mit diesem Punkt als Maßstab horizontal so angeordnet, dass alle Punkte einer Spalte untereinander erscheinen. Dieser Fall entspricht der Option table-number-alignment = center-decimal-marker. Die zweite Spalte im folgenden Beispiel wird mit table-number-alignment=center gesetzt, womit die Zahlenkolonne als ganzes zentriert angeordnet wird. Die dritte und vierte Spalte zeigen rechts- und linksbündig angeordnete Spalten. In allen Fällen wird die Spalte zuerst am Dezimalpunkt ausgerichtet, der über die Option output-decimal-marker=comma als Komma ausgegeben werden kann.

```
\usepackage{siunitx,booktabs}

\begin{tabular}{S
               S[table-number-alignment=center,table-format=2.4]
               S[table-number-alignment=right, table-format=2.4]
               S[table-number-alignment=left,table-format=2.4, output-decimal-marker=,]
              }\toprule
\emph{Standard}&\emph{Zentriert}&\emph{Rechtsbündig}&\emph{Linksbündig}\\\midrule
 2.3456 &  2.3456 &  2.3456 &  2.3456 \\
```

```
34.25   & 34.25   & 34.25   & 34.25   \\
 6.7835 &  6.7835 &  6.7835 &  6.7835 \\
90.473  & 90.473  & 90.473  & 90.473  \\\bottomrule
\end{tabular}
```

09-03-4

Standard	*Zentriert*	*Rechtsbündig*	*Linksbündig*
2.3456	2.3456	2.3456	23456
34.25	34.25	34.25	3425
6.7835	6.7835	6.7835	67835
90.473	90.473	90.473	90473

Die Formatierung der Zahlenkolonnen erfolgt über die Option `table-format`, mit der durch einen Punkt getrennt, die Anzahl der Stellen vor und nach dem Dezimaltrenner festgelegt werden kann.

```
\usepackage[exponent-product=\cdot]{siunitx}  \usepackage{booktabs}

\begin{tabular}{S[table-number-alignment=center,table-format=2.2e2]
                S[table-number-alignment=center,table-format=+2.2e2]
                S[table-number-alignment=center,table-format=2.2e1.1]
                S}\toprule
\emph{Sehr große Werte} & \emph{Sehr große Werte} &
\emph{Sehr große Werte} & \emph{Werte}\\\midrule
  2.3e1   &    2.34e1   & +-2.34e1   &  +2.31  \\
-34.23e45 & -34.23e45 & -34.23e45 &  34.23  \\
-56.78    & -56.78    & -56.78    & -56.78  \\
  1.0e34  &    1.0e34  &  +1.0e34  & +-1.0   \\\bottomrule
\end{tabular}
```

09-03-4

Sehr große Werte	*Sehr große Werte*	*Sehr große Werte*	*Werte*
$2.3 \cdot 10^{1}$	$2.34 \cdot 10^{1}$	$\pm 2.34 \cdot 10^{1}$	2.31
$-34.23 \cdot 10^{45}$	$-34.23 \cdot 10^{45}$	$-34.23 \cdot 10^{45}$	34.23
-56.78	-56.78	-56.78	-56.78
$1.0 \cdot 10^{34}$	$1.0 \cdot 10^{34}$	$1.0 \cdot 10^{34}$	± 1.0

Das Format für die Option `table-format` ist ‹*Zahl*› ‹*Dezimalzeichen*› ‹*Zahl*›, beispielsweise `2.4`; für die Formatierung werden dann zwei Vorkomma- und vier Nachkommastellen berücksichtigt. Gleiches gilt für den Platz des Exponenten, sodass `2.2e1.1` insgesamt vier Stellen für die Mantisse (2.2) und insgesamt zwei Stellen für den Exponenten berücksichtigt (1.1). Der Exponent wird in der logarithmischen Schreibweise jedoch keine Nachkommastelle aufweisen.

Ein Vorzeichen vor der Formatierungsangabe weist das Paket an, ein eventuelles Vorzeichen in der Eingabe bei der Ausrichtung der Zahlenkolonne zu berücksichtigen. In der Exponentialschreibweise kann man über die Option `table-align-exponent` die Formatierung vorgeben. Mit `true` wird die Zahlenkolonne so angeordnet, dass die Zahlen sowohl an dem Dezimaltrenner als auch an der Zehnerpotenz ausgerichtet werden. Mit `false` folgt die Zehnerpotenz direkt der Mantisse.

03-45

Spalte	*Spalte*
$1.2 \quad \cdot 10^{3}$	$1.2 \cdot 10^{3}$
$1.234 \cdot 10^{56}$	$1.234 \cdot 10^{56}$

```
\usepackage[exponent-product=\cdot]{siunitx}
\usepackage{booktabs}
\sisetup{table-format=1.3e2,table-number-alignment=center}

\begin{tabular}{SS[table-align-exponent=false]}\toprule
\emph{Spalte} & \emph{Spalte} \\\midrule
1.2e3         & 1.2e3\\
1.234e56      & 1.234e56\\\bottomrule
\end{tabular}
```

Eine automatische Formatierung durch Rundung oder Auffüllen mit Nullen kann mit der Option `table-auto-round` erreicht werden. Diese Option wird jedoch ignoriert, wenn der Spalteninhalt durch Angabe von `table-number-alignment=center-decimal-marker` am Dezimalpunkt zentriert werden soll. Das Ausrichten an dem Dezimaltrenner und/oder dem Exponenten kann durch `table-parse-only=true` unterdrückt werden; die Spalten werden dann ausschließlich durch die Vorgabe von `table-number-alignment` ausgerichtet.

03-46

Zentriert	*Linksbündig*	*Rechtsbündig*
14.2	14.2	14.2
1.234 56	1.234 56	1.234 56
$1.2 \cdot 10^{3}$	$1.2 \cdot 10^{3}$	$1.2 \cdot 10^{3}$

```
\usepackage[exponent-product=\cdot]{siunitx}
\sisetup{table-parse-only}
\usepackage{booktabs}

\begin{tabular}{ S S[table-number-alignment=left]
  S[table-number-alignment=right]}\toprule
\emph{Zentriert} & \emph{Linksbündig}
  & \emph{Rechtsbündig} \\\midrule
14.2    & 14.2    & 14.2 \\
1.23456 & 1.23456 & 1.23456\\
1.2e3   & 1.2e3   & 1.2e3\\\bottomrule
\end{tabular}
```

In Anlehnung an das Paket `dcolumn` wird auch eine Ausrichtung der Tabelleneinträge ermöglicht, wenn sie nicht direkt einer Zahleingabe entsprechen, beispielsweise `2.3456 + 0.02` für eine Zahl mit zusätzlicher Fehlerangabe, die als Plus/Minuswert zu verstehen ist. Durch eine entsprechende Definition der Optionen `group-separator` für den Ziffernabstand, `output-decimal-marker` für den auszugebenden Dezimaltrenner, `input-digits` für die Ziffern und Symbole der Eingabe und `input-decimal-markers` für den Eingabetrenner. Ab einer bestimmten Komplexität sollte man mit `\newcolumntype` einen eigenen Spaltentyp definieren, der auf dem Typ `S` aufbaut.

03-47

Zahlenwerte
2.3456 ± 0.02
34.2345 ± 0.001
56.7835 ± 0.067
90.473 ± 0.021

```
\usepackage{siunitx} \usepackage{booktabs}

\begin{tabular}{
  S[group-separator={},output-decimal-marker={\,\pm\,},
  input-digits={0123456789.},input-decimal-markers=+]}\toprule
\emph{Zahlenwerte}\\\midrule
 2.3456 + 0.02  \\
34.2345 + 0.001 \\
56.7835 + 0.067 \\
90.473  + 0.021 \\\bottomrule
\end{tabular}
```

9.3.10 Zahlenkolonnen mit Einheiten

Neben dem Spaltentyp S gibt es den Typ s, der der Formatierung von Einheiten vorbehalten ist und auch als normale Spalte mit dem zugehörigen Abstand \tabcolsep zur vorhergehenden ausgegeben wird.

Wert	*Einheit*
2.16×10^{-5}	$\mathrm{m^2\,s^{-1}}$
2.83×10^{-6}	$\mathrm{m^2\,s^{-1}}$
7.39×10^{3}	$\mathrm{Pa\,m^3\,mol^{-1}}$
1.0×10^{5}	Pa

```
\usepackage{siunitx}  \usepackage{booktabs}
\begin{tabular}{
  S[table-format=1.2e-1,table-number-alignment=center]
  s[table-unit-alignment=left]}\toprule
{\emph{Wert}} & \emph{Einheit}\\\midrule
2.16e-5 & \metre\squared\per\second    \\
2.83e-6 & \metre\squared\per\second    \\
7.39e3  & \pascal\cubic\metre\per\mole\\
1.0e5   & \pascal                      \\\bottomrule
\end{tabular}
```

09-03-4

Setzt man den Spaltenabstand auf \thinspace (\,), so kann die Maßeinheit dichter an die Maßzahl gerückt werden.

Wert	*Einheit*
2.16×10^{-5}	$\mathrm{m^2\,s^{-1}}$
2.83×10^{-6}	$\mathrm{m^2\,s^{-1}}$
7.39×10^{3}	$\mathrm{Pa\,m^3\,mol^{-1}}$
1.0×10^{5}	Pa

```
\usepackage{siunitx} \usepackage{booktabs}
\begin{tabular}{S[table-format=1.2e-1,
                   table-number-alignment=center]@{\,}
                 s[table-unit-alignment=left]}\toprule
{\emph{Wert}} & \emph{Einheit}\\\midrule
2.16e-5 & \metre\squared\per\second    \\
2.83e-6 & \metre\squared\per\second    \\
7.39e3  & \pascal\cubic\metre\per\mole\\
1.0e5   & \pascal                      \\\bottomrule
\end{tabular}
```

09-03-4

Bei immer derselben Einheit kann diese bereits in der Spaltendefinition der Tabelle festgelegt werden, wobei hier die Doppelklammerung <{{...}} zu beachten ist!

No	*Masse*	Masse/10^3 kg
1	$4.56 \cdot 10^{3}$ kg	4.56
2	$2.40 \cdot 10^{3}$ kg	2.40
3	$1.345 \cdot 10^{4}$ kg	13.45
4	$4.5 \cdot 10^{2}$ kg	0.45

```
\usepackage[exponent-product=\cdot]{siunitx}
\usepackage{booktabs}
\sisetup{table-number-alignment=center}
\begin{tabular}{c
  S[table-format=1.3e1]<{{\,\si{\kilogram}}}
  S[table-format=2.2]}\toprule
\emph{No} & \multicolumn{1}{c}{\emph{Masse}}
  & {Masse/\SI{e3}{\kilogram}}\\\midrule
1 & 4.56e3  & 4.56 \\ 2 & 2.40e3  & 2.40\\
3 & 1.345e4 & 13.45\\ 4 & 4.5e2   & 0.45\\
\bottomrule
\end{tabular}
```

09-03-5

9.3.11 tabularx

Das Paket `tabularx` von David Carlisle wird häufig angewendet, da es auf einfache Weise das Anpassen der Tabellenbreite an die aktuelle Zeilenbreite erlaubt. Dazu definiert das Paket den Spaltentyp `X`, der für eine variable Breite einer `p`-Spalte in Abhängigkeit einer vom Anwender vorzugebenden Tabellenbreite steht. Die Syntax ist identisch zu einer normalen Tabelle, wobei hier nur noch die Tabellenbreite vorgegebenen werden muss.

```
\begin{tabularx} [Position] {Tabellenbreite}{Spaltendefinition}
...& ...& ...\\
...
\end{tabularx}
```

Der Spaltentyp `X` kann beliebig mit anderen Standardtypen oder benutzerdefinierten Spaltentypen kombiniert werden. Der wesentliche Unterschied zur `tabular*`-Umgebung liegt darin, dass bei `tabularx` die Spaltenbreite und bei `tabular*` der Spaltenzwischenraum angepasst wird.

```
\usepackage{tabularx}\usepackage[table]{xcolor}
```

```
Text vor der Tabelle, der fast über die ganze Zeile geht.\par
\begin{tabularx}{\linewidth}{>{\columncolor{blue!50}}l >{\columncolor{blue!25}}X }\hline
SPD & Die Sozialdemokratische Partei Deutschlands ist eine bundesweit vertretene politische
Partei in Deutschland. Sie ist eine politische Wiedergründung der Nachkriegszeit vom
Oktober 1945.\\\hline
CDU & Die Christlich Demokratische Union Deutschlands ist eine politische Partei in allen
deutschen Ländern mit Ausnahme des Freistaates Bayern.\\\hline
CSU & Die Cauchy-Schwarz-Ungleichung ist eine Ungleichung, die in vielen Bereichen der
Mathematik verwendet wird, z.\,B. in der Linearen Algebra, in der Analysis, in der
Wahrscheinlichkeitstheorie sowie bei der Integration von Produkten.
\end{tabularx}  \par  Text nach der Tabelle, der fast über die ganze Zeile geht.
```

03-51 Text vor der Tabelle, der fast über die ganze Zeile geht.

SPD	Die Sozialdemokratische Partei Deutschlands ist eine bundesweit vertretene politische Partei in Deutschland. Sie ist eine politische Wiedergründung der Nachkriegszeit vom Oktober 1945.
CDU	Die Christlich Demokratische Union Deutschlands ist eine politische Partei in allen deutschen Ländern mit Ausnahme des Freistaates Bayern.
CSU	Die Cauchy-Schwarz-Ungleichung ist eine Ungleichung, die in vielen Bereichen der Mathematik verwendet wird, z. B. in der Linearen Algebra, in der Analysis, in der Wahrscheinlichkeitstheorie sowie bei der Integration von Produkten.

Text nach der Tabelle, der fast über die ganze Zeile geht.

Die sogenannten `X`-Spalten haben innerhalb einer Tabelle immer dieselbe Breite, unabhängig davon, ob sie nebeneinander erscheinen oder durch andere Spaltentypen getrennt sind.

Text vor der Tabelle, der über die ganze Zeile geht, um zu zeigen, dass die Tabelle auch so breit ist.

Die Breite der Spalte wird automatisch bestimmt.	Diese Spalte ist 1 cm breit.	Die Breite der Spalte wird automatisch bestimmt.

Text nach der Tabelle, der über die ganze Zeile geht, um zu zeigen, dass die Tabelle auch so breit ist.

```
\usepackage{tabularx}

Text vor der Tabelle, der über die ganze Zeile
geht, um zu zeigen, dass die Tabelle auch so
breit ist.\par
\begin{tabularx}{\linewidth}{@{}X|p{1cm}|X@{}}
Die Breite der Spalte wird automatisch bestimmt.
& Diese Spalte ist 1\,cm breit.
& Die Breite der Spalte wird automatisch bestimmt.
\end{tabularx}\par
Text nach der Tabelle, der über die ganze Zeile
geht, um zu zeigen, dass die Tabelle auch so
breit ist.
```

09-03-5

Das individuelle Einstellen der X-Spalten kann über `\hsize` erfolgen, indem ein jeweiliger dezimaler Anteil an der gesamten Breite der X-Spalten vorgegeben wird. Im folgenden Beispiel wird die erste X-Spalte nur das 0,7- und die andere das 1,3-fache der regulären Breite betragen.

Text vor der Tabelle, der über die ganze Zeile geht, um zu zeigen, dass die Tabelle auch so breit ist.

Die Breite der Spalte wird automatisch bestimmt.	Diese Spalte ist 1 cm breit.	Die Breite der Spalte wird automatisch bestimmt.

Text nach der Tabelle, der über die ganze Zeile geht, um zu zeigen, dass die Tabelle auch so breit ist.

```
\usepackage{tabularx}

Text vor der Tabelle, der über die ganze Zeile
geht, um zu zeigen, dass die Tabelle auch so
breit ist.\par
\begin{tabularx}{\linewidth}{@{}
  >{\setlength\hsize{0.7\hsize}}X |
  p{1cm} |
  >{\setlength\hsize{1.3\hsize}}X@{}}
Die Breite der Spalte wird automatisch
bestimmt.
& Diese Spalte ist 1\,cm breit.
& Die Breite der Spalte wird automatisch
bestimmt.
\end{tabularx}\par
Text nach der Tabelle, der über die ganze Zeile
geht, um zu zeigen, dass die Tabelle auch so
breit ist.
```

09-03-5

\hsize Bei drei X-Spalten hätte die Summe der `\hsize`-Längen drei ergeben müssen. In allen Beispielen zu `tabularx` existiert das Problem mit dem Blocksatz in schmalen Spalten. Es empfiehlt sich daher, hier grundsätzlich mit `\raggedright` oder `\RaggedRight` aus dem `ragged2e`-Paket von Martin Schröder zu arbeiten. Letzteres erspart den expliziten Aufruf von `\arraybackslash`.

03-54

Text vor der Tabelle, der über die ganze Zeile geht, um zu zeigen, dass die Tabelle auch so breit ist.

Die Breite der Spalte wird automatisch bestimmt.	Diese Spalte ist 1 cm breit.	Die Breite der Spalte wird automatisch bestimmt.

Text nach der Tabelle, der über die ganze Zeile geht, um zu zeigen, dass die Tabelle auch so breit ist.

```
\usepackage{tabularx,ragged2e}

Text vor der Tabelle, der über die ganze Zeile
geht, um zu zeigen, dass die Tabelle auch so
breit ist.\par
\begin{tabularx}{\linewidth}{@{}
 >{\setlength\hsize{0.7\hsize}\RaggedRight}X |
 >{\RaggedRight}p{1cm} |
 >{\setlength\hsize{1.3\hsize}\RaggedRight}X@{}}
Die Breite der Spalte wird automatisch bestimmt.
  & Diese Spalte ist 1\,cm breit.
  & Die Breite der Spalte wird automatisch
    bestimmt.
\end{tabularx}\par
Text nach der Tabelle, der über die ganze
Zeile geht, um zu zeigen, dass die Tabelle
auch so breit ist.
```

Alle X-Spalten entsprechen dem p-Spaltentyp und können durch eine Neudefinition der Zuweisung in einen anderen Typ umgewandelt werden. Das folgende Beispiel zeigt die Änderung von der p- zu einer m-Spalte und zusätzlich kleineren Schrift. Das Ergebnis sollte nur auf den ersten Blick irritierend sein; beide X-Spalten sind zueinander vertikal zentriert und ebenfalls zentriert auf den Anfang der mittleren p-Spalte.

03-55

Text nach der Tabelle, der über die ganze Zeile geht.

Die Breite der Spalte wird automatisch bestimmt.	Diese Spalte ist 1 cm breit.	Die Breite der Spalte wird automatisch bestimmt.

Text nach der Tabelle, der über die ganze Zeile geht, um zu zeigen, dass die Tabelle auch so breit ist.

```
\usepackage{tabularx,ragged2e}
\renewcommand\tabularxcolumn[1]{%
  >{\small\RaggedRight}m{#1}}

Text nach der Tabelle, der über die ganze Zeile
geht.\par
\begin{tabularx}{\linewidth}{@{}
  >{\setlength\hsize{0.7\hsize}} X | p{1cm} |
  >{\setlength\hsize{1.3\hsize}} X @{}}
Die Breite der Spalte wird automatisch bestimmt.
  & Diese Spalte ist 1\,cm breit.
  & Die Breite der Spalte wird automatisch
    bestimmt.
\end{tabularx}\par
Text nach der Tabelle, der über die ganze
Zeile geht, um zu zeigen, dass die Tabelle
auch so breit ist.
```

Bei der Anwendung von tabularx gibt es einiges zu beachten:

- tabularx setzt die Tabelle intern mehrmals, um die optimale Breite der X-Spalten berechnen zu können. Dadurch kann sich bei vielen entsprechenden Tabellen ein LaTeX-Durchlauf deutlich verlangsamen.
- \verb und \verb* können innerhalb der Tabelle benutzt werden, jedoch kann es zu falschen horizontalen Abständen kommen.
- tabularx-Tabellen können beliebig geschachtelt werden, jedoch müssen die jeweils inneren Tabellen gruppiert werden, also in {...}, \bgroup...\egroup oder \begingroup...\endgroup gesetzt werden.

9.4 Pakete zur Tabellenformatierung mit Seitenumbruch

Es gibt eine ganze Reihe von Paketen, die einen Seitenumbruch ermöglichen. An dieser Stelle sollen nur die am häufigsten verwendeten behandelt werden. In Voß (2017c) findet man eine vollständige Liste mit Beispielen.

Name	*Bedeutung*	*Seite*
`longtable`	Unterstützung für Seitenumbrüche innerhalb von Tabellen.	188
`xltabular`	Erweiterung der `tabularx`-Umgebung um Seitenumbrüche innerhalb der Tabelle analog zum Paket `longtable` zu ermöglichen.	194
`threeparttablex`	Erlaubt Tabellen mit Über-, Unterschriften und Fußnoten derselben Breite.	196

9.4.1 `longtable`

Mit dem Paket `longtable` von David Carlisle stehen vielfältige Möglichkeiten für eine mehrseitige Tabelle zur Verfügung. Die Syntax entspricht im einfachsten Fall prinzipiell der einer normalen `tabular`-Umgebung:

```
\begin{longtable}[HPos]{Spaltendefinition}
...& ...& ...\\
...& ...& ...\end{longtable}
```

Die `longtable` wird *immer* als eigener Absatz gesetzt, kann im Gegensatz zur Umgebung `tabular` nicht Teil einer Zeile sein. Das optionale Argument bestimmt die horizontale Ausrichtung, wobei die Werte `l`, `c` (Standard) und `r` möglich sind.

Links Zentriert Rechts

Links	Zentriert	Rechts	Box
l	c	r	p{1.7cm}

Links	Zentriert	Rechts	Box
l	c	r	p{1.7cm}

Links	Zentriert	Rechts	Box
l	c	r	p{1.7cm}

09-04-1

```
\usepackage{longtable}

Links \hfill Zentriert \hfill Rechts

\begin{longtable}{|l|c|r|p{1.7cm}|}\hline
Links & Zentriert & Rechts & Box\\\hline
l & c & r & p\{1.7cm\}\\\hline
\end{longtable}
% Rechtsbündig
\begin{longtable}[r]{|l|c|r|p{1.7cm}|}\hline
Links & Zentriert & Rechts & Box\\\hline
l & c & r & p\{1.7cm\}\\\hline
\end{longtable}
% Linksbündig
\begin{longtable}[l]{|l|c|r|p{1.7cm}|}\hline
Links & Zentriert & Rechts & Box\\\hline
l & c & r & p\{1.7cm\}\\\hline
\end{longtable}
```

9.4.2 Seitenumbruch

Per Definition ist ein Seitenumbruch für `longtable` automatisch nur *nach* einer Tabellenzeile möglich (siehe Beispiel 09-04-2), nicht jedoch innerhalb dieser. Dieser Seitenumbruch kann auch vom Anwender durch `\newpage` (siehe Beispiel 09-04-4 auf der nächsten Seite) erzwungen werden. Mögliche Umbruchstellen kann man am Ende einer Tabellenzeile durch `\\*` oder `\nopagebreak` verhindern.

Besonders bei unausgeglichenen Spalten kann dies zu einem unbefriedigenden Layout führen, wie im Beispiel 09-04-2 eindrücklich zu sehen ist. Dort besteht die Tabelle lediglich aus drei Zeilen, wovon die dritte im Verhältnis zu den anderen beiden eine extrem große Höhe hat. Der Seitenumbruch muss daher bereits nach der zweiten Tabellenzeile erfolgen, da die Tabelle sonst mit der dritten (letzten) Tabellenzeile nicht auf die erste Seite passen würde.

-04-2

```
\usepackage{longtable,booktabs}
\usepackage[ngerman]{babel}
\begin{longtable}{@{}l c r p{2.8cm}@{}}\toprule
l & c & r & 1. Zeile\\\midrule
l & c & r & 2. Zeile\\\midrule
l & c & r & Eine Zeile mit besonders viel Text, der dazu führt, dass bereits
   nach der zweiten Tabellenzeile umbrochen werden muss, da die dritte Tabellenzeile
   nicht mehr auf die erste Seite passt.\\
\bottomrule
\end{longtable}
```

longtable-Demo

l	c	r	1. Zeile
l	c	r	2. Zeile

Seite 1

longtable-Demo

l	c	r	Eine Zeile mit besonders viel Text, der dazu führt, dass bereits nach der zweiten Tabellenzeile umbrochen werden muss, da die drit-te Tabellenzeile nicht mehr auf die erste Seite passt.

Seite 2

In solch extremen Fällen hilft dann nur ein manueller Eingriff in den normalen Tabellenaufbau. Man könnte in die Tabelle nach der Zeile »muss, da die drit-« einen manuellen Seitenumbruch mit `\newpage` einfügen. Dies führt aber dazu, dass die letzte Zeile dann nicht mehr im Blocksatz gesetzt wird. Es ist daher sinnvoller, direkt nach dem Teilwort »drit-« die *Tabellenzeile* zu beenden, TEX aber mitzuteilen, dass die Zeile bis zum Rand gestreckt werden soll. Dazu definiert man sich einen Befehl `\NewLine`:

```
\newcommand\NewLine{\setlength\parfillskip{0pt}\tabularnewline}}
```

Innerhalb einer Tabellenzelle braucht man keine große Rücksicht auf andere Definitionen zu nehmen, die eventuell überschrieben werden können; sämtliche Tabellenzellen werden in eine Gruppe gesetzt, sodass die Änderungen des Absatzlayouts lokal bleiben. Der Befehl `\NewLine` setzt vor dem Ende der Tabellenzeile die Länge `\parfillskip` auf den Wert von 0 pt, sodass dieser Absatz am Ende nicht mit Leerraum aufgefüllt wird und daher im Blocksatz erscheint. In der Ausgabe ist jetzt kein Unterschied mehr zur Tabelle ohne diesen manuellen Seitenumbruch zu erkennen.

```
\usepackage{longtable,booktabs}
\newcommand\NewLine{\setlength\parfillskip{0pt}\tabularnewline}
```
09-04

```
\begin{longtable}{@{}l c r p{2.8cm}@{}}\toprule
l & c & r & 1. Zeile\\\midrule
l & c & r & 2. Zeile\\\midrule
l & c & r & Eine Zeile mit besonders viel Text, der dazu führt, dass bereits
            nach der zweiten Tabellenzeile umbrochen werden muss, da die drit-\NewLine%!!!
  &   &   & te Tabellenzeile nicht mehr auf die erste Seite passt.\\
\bottomrule
\end{longtable}
```

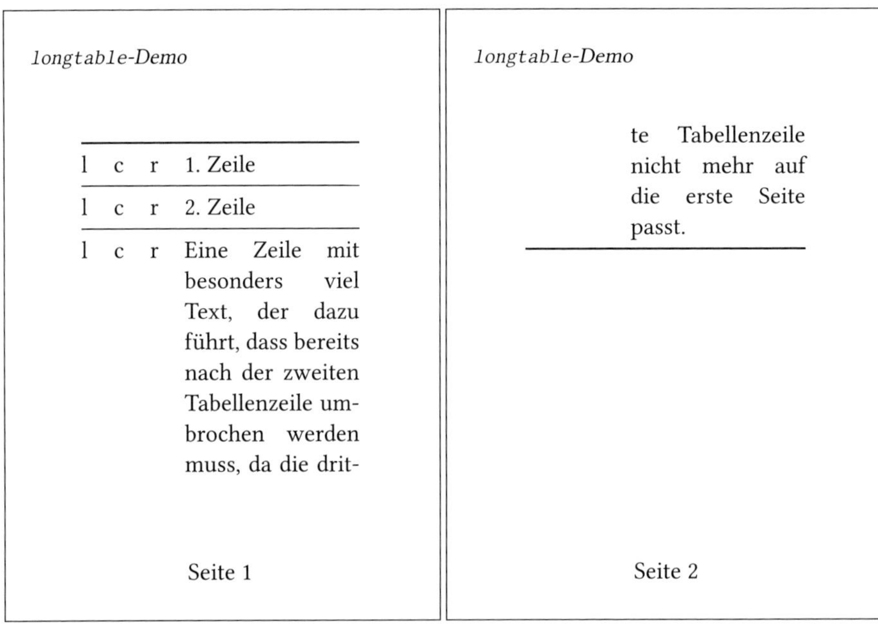

\newpage *Nach* einer Tabellenzeile kann mit dem bekannten \newpage-Befehl jederzeit ein Seitenumbruch erzwungen werden.

```
\usepackage{longtable}
```
09-04

```
\begin{longtable}{@{}l c r p{1.5cm}@{}}
L & Z & R & Box\\\hline
l & c & r & 1. Zeile\\ l & c & r & 2. Zeile\\ l & c & r & 3. Zeile\\
l & c & r & 4. Zeile\\ l & c & r & 5. Zeile\\ l & c & r & 6. Zeile\\\newpage
l & c & r & 7. Zeile\\ l & c & r & 8. Zeile\\ l & c & r & 9. Zeile\\
l & c & r &10. Zeile\\ l & c & r &11. Zeile\\ l & c & r &12. Zeile
\end{longtable}
```

longtable-Demo

L	Z	R	Box
l	c	r	1. Zeile
l	c	r	2. Zeile
l	c	r	3. Zeile
l	c	r	4. Zeile
l	c	r	5. Zeile
l	c	r	6. Zeile

Seite 1

longtable-Demo

l	c	r	7. Zeile
l	c	r	8. Zeile
l	c	r	9. Zeile
l	c	r	10. Zeile
l	c	r	11. Zeile
l	c	r	12. Zeile

Seite 2

9.4.3 Kopf- und Fußzeilen

Die allgemeine Syntax einer `longtable`-Umgebung ist etwas aufwändiger als die einer normalen Tabelle, wobei die Angabe der `\caption` alternativ zu verstehen ist, entweder oberhalb oder unterhalb der eigentlichen Tabelle. Weiteres findet man im Abschnitt 9.4.4 auf der nächsten Seite. Hier ist nur wichtig, dass je nach Anordnung diese Bildüber- oder Bildunterschrift auch zur Kopf- oder Fußzeile gehören kann und somit auf jeder neuen Seite wiederholt auftreten würde.

```
\begin{longtable} [HPos] {Spaltendefinition}
\caption * [LOT] {Text}\\
⟨Definitionen erster Tabellenkopf⟩ ...
\endfirsthead
⟨Definitionen andere Tabellenköpfe⟩ ...
\endhead
⟨Definitionen andere Tabellenfüße⟩ ...
\endfoot
⟨Definitionen letzter Tabellenfuß⟩ ...
\endlastfoot
...& ...& ...\\
...& ...& ...
\caption * [LOT] {Text}\\
\end{longtable}
```

Alle vier Angaben zu `\endfirsthead`, `\endhead`, `\endlastfoot` und `\endfoot` sind zum Einen fakultativ und zum Anderen in ihrer Reihenfolge unabhängig. Sie müssen lediglich vor der eigentlichen Tabelle erscheinen. Fehlt die Angabe einer `\endfirsthead` beziehungsweise `\endlastfoot`, so wird dies automatisch durch die Angaben zu `\endhead` beziehungsweise `\endfoot` ergänzt. Man kann ganz auf die erweiterten Möglichkeiten verzichten, wenn die Tabelle nur eine erste Kopfzeile und eine letzte Fußzeile aufweist; dies kann über normale Tabellenzeilen erfolgen.

```
\usepackage{longtable,booktabs}
\begin{longtable}{@{}l c r p{1.5cm}@{}}
\caption{Meine lange Tabelle.\label{tab:foo}}\\\toprule
L & Z & R & Box\\\midrule
\endfirsthead
\multicolumn{4}{@{}l}{\small\ldots\emph{Fortsetzung}}\\\midrule L & Z & R & Box\\\midrule
\endhead
\midrule \multicolumn{4}{r@{}}{\small\emph{Fortsetzung nächste Seite} \ldots}\\
\endfoot
\bottomrule
\endlastfoot
l & c & r & 1. Zeile\\l & c & r & 2. Zeile\\l & c & r & 3. Zeile\\l & c & r & 4. Zeile\\
l & c & r & 5. Zeile\\l & c & r & 6. Zeile\\l & c & r & 7. Zeile\\l & c & r & 8. Zeile\\
l & c & r & 9. Zeile\\l & c & r &10. Zeile\\l & c & r &11. Zeile\\l & c & r &12. Zeile
\end{longtable}
Siehe Tabelle~\ref{tab:foo}.
```
09-04

longtable-Demo

Table 1: Meine lange Tabelle.

L	Z	R	Box
l	c	r	1. Zeile
l	c	r	2. Zeile
l	c	r	3. Zeile
l	c	r	4. Zeile
l	c	r	5. Zeile
l	c	r	6. Zeile
l	c	r	7. Zeile

Fortsetzung nächste Seite ...

Seite 1

longtable-Demo

...Fortsetzung

L	Z	R	Box
l	c	r	8. Zeile
l	c	r	9. Zeile
l	c	r	10. Zeile
l	c	r	11. Zeile
l	c	r	12. Zeile

Siehe Tabelle 1.

Seite 2

9.4.4 Tabellenüber- und Tabellenunterschriften

Die Syntax für den Befehl `\caption` wurde bereits in der Definition auf Seite 191 angegeben.

- Die Sternversion unterdrückt die Nummerierung und darausfolgend einen Eintrag in der »list of tables (lot)«.
- Bei leerem optionalen Argument (`\caption[]{...}`) erfolgt kein Eintrag in der »list of tables (lot)«.
- Mit einem optionalen Argument erfolgt das normale Verhalten; das optionale Argument wird in die »(lot)« übernommen.

Grundsätzlich ist der Befehl `\caption` im Zusammenhang mit `longtable` ein Synonym für `\multicolumn`, denn die Tabellenüberschrift oder -unterschrift ist Teil der Umgebung und kein eigenständiger Absatz wie der »normale« `\caption`-Befehl. Daraus folgt, dass die Zeile am Ende mit `\\` oder `\tabularnewline` abzuschließen ist.

-04-6

```
\usepackage{longtable}
\begin{longtable}{@{}l c r p{1.5cm}@{}}
\caption{Tabellenüberschrift}\label{tab:l1}\\\hline
L & Z & R & Box\\\hline
\endfirsthead
\multicolumn{4}{@{}l}{\small\ldots\emph{Fortsetzung}}\\\hline
L & Z & R & Box\\\hline
\endhead
\hline
\multicolumn{4}{r@{}}{\small\emph{Fortsetzung nächste Seite} \ldots}\\
\endfoot
\hline
\endlastfoot
l & c & r & 1. Zeile\\ l & c & r & 2. Zeile\\ l & c & r & 3. Zeile\\
l & c & r & 4. Zeile\\ l & c & r & 5. Zeile\\ l & c & r & 6. Zeile\\
l & c & r & 7. Zeile\\ l & c & r & 8. Zeile\\ l & c & r & 9. Zeile\\
l & c & r &10. Zeile\\ l & c & r &11. Zeile\\ l & c & r &12. Zeile
\end{longtable}
Wie Tabelle~\ref{tab:l1} zeigt, \ldots
```

longtable-Demo

Table 1: Tabellenüberschrift

L	Z	R	Box
l	c	r	1. Zeile
l	c	r	2. Zeile
l	c	r	3. Zeile
l	c	r	4. Zeile
l	c	r	5. Zeile
l	c	r	6. Zeile
l	c	r	7. Zeile
l	c	r	8. Zeile

Fortsetzung nächste Seite ...

Seite 1

longtable-Demo

...Fortsetzung

L	Z	R	Box
l	c	r	9. Zeile
l	c	r	10. Zeile
l	c	r	11. Zeile
l	c	r	12. Zeile

Wie Tabelle 1 zeigt, ...

Seite 2

Da der `\caption` Befehl prinzipiell Teil der Tabelle ist, kann man ihn auch in die Kopf- oder Fußzeile einfügen, sodass sie wiederholt auftreten kann, ohne dass der interne Tabellenzähler inkrementiert wird. Wichtig ist in diesem Zusammenhang, dass ein `\label`-Befehl nur einmal erscheinen sollte, entweder im ersten Kopf- oder im letzten *\label* Fußteil oder alternativ irgendwo in der eigentlichen Tabelle. Anderenfalls kann es zur Fehlermeldung »multiply defined labels« kommen.

Die Breite der Tabellenüberschrift oder -unterschrift kann mit dem Makro \setcapwidth beeinflusst werden (siehe Beispiel 11-06-5 auf Seite 234). Die in der Beschreibung von longtable erwähnte Länge \LTcapwidth ist im Zusammenhang mit KOMA-Script nicht relevant.

09-04

```
\usepackage{longtable} \setkomafont{captionlabel}{\bfseries}
\setkomafont{caption}{\sffamily}\setcapindent{0pt}
```

```
{\centering\rule{4cm}{0.5pt}\par}% zur Demo
\setcapwidth{4cm}
\begin{longtable}{@{}l c r p{1.5cm}@{}}
\caption{Eine Tabellenüberschrift mit einer Breite von 4\,cm.\label{tab:14}}\\[5pt]
L & Z & R & Box\\\hline
l & c & r & 1. Zeile\\ l & c & r & 2. Zeile\\ l & c & r & 3. Zeile\\
l & c & r & 4. Zeile\\ l & c & r & 5. Zeile\\ l & c & r & 6. Zeile\\
l & c & r & 7. Zeile\\ l & c & r & 8. Zeile\\ l & c & r & 9. Zeile\\
l & c & r &10. Zeile\\ l & c & r &11. Zeile\\ l & c & r &12. Zeile\\\hline
\end{longtable}
```

longtable-Demo

Tabelle 1: Eine Tabellenüberschrift mit einer Breite von 4 cm.

L	Z	R	Box
l	c	r	1. Zeile
l	c	r	2. Zeile
l	c	r	3. Zeile
l	c	r	4. Zeile
l	c	r	5. Zeile

Seite 1

longtable-Demo

l	c	r	6. Zeile
l	c	r	7. Zeile
l	c	r	8. Zeile
l	c	r	9. Zeile
l	c	r	10. Zeile
l	c	r	11. Zeile
l	c	r	12. Zeile

Seite 2

9.4.5 Fußnoten

In einer Umgebung longtable kann der standardmäßige Befehl \footnote verwendet werden, der auch die normale Fußnotenzählung fortsetzt. Die Fußnoten werden jeweils auf der Seite ausgegeben, wo sie definiert wurden.

9.4.6 xltabular

Das xltabular-Paket von Rolf Niepraschk und mir erweitert die tabularx-Umgebung durch die Eigenschaft möglicher Seitenumbrüche. Im Gegensatz zum ähnlichen Paket ltxtable, braucht man hier keine externe Dateien, sondern kann die Tabelle in der gewohnten Weise verwenden, wobei jetzt eine Tabellenüber- oder Tabellenunterschrift möglich ist. Das optionale Argument erlaubt die horizontale Ausrichtung der Tabelle (l für Links, r für Rechts und c für Mitte (Standard).

```
\begin{xltabular}[hPos]{Tabellenbreite}{Spaltendefinition}
\caption*{Text}\\
...& ...& ...\\
...& ...& ...\\
...\\
\end{xltabular}
```

Das Paket arbeitet ähnlich zum bekannten longtable-Paket und benötigt daher auch mindestens zwei LaTeX-Durchläufe für das korrekte Ermitteln der Spaltenbreiten.

-04-8

```
\usepackage{xltabular,ragged2e}
\begin{xltabular}{\linewidth}{@{}>{\ttfamily}l>{\RaggedRight}X@{}}
\caption{Dateiendungen}\\
aux & (auxiliary) Hilfsdatei, enthält Querverweise usw. \\
bbl & (bibliography) Hilfsdatei, enthält die Einträge für die Literatur\\
bib & (bibtex) enthält die Literaturdaten\\
blg & (bibliography log) enthält die Ausgaben eines Bib\TeX-Laufs\\
cfg & (config) Konfigurationsdatei\\
clo & (class options) Definitionen für die Dokumentenklasse und die entsprechenden Klassen-Optionen
 ↪\\
cls & (class) Dokument-Klassendatei\\
\end{xltabular}
```

xltabular-Demo

Tabelle 1: Dateiendungen

aux	(auxiliary) Hilfsdatei, enthält Querverweise usw.
bbl	(bibliography) Hilfsdatei, enthält die Einträge für die Literatur
bib	(bibtex) enthält die Literaturdaten
blg	(bibliography log) enthält die Ausgaben eines BibTeX-Laufs
cfg	(config) Konfigurationsdatei

Seite 1

xltabular-Demo

clo	(class options) Definitionen für die Dokumentenklasse und die entsprechenden Klassen-Optionen
cls	(class) Dokument-Klassendatei

Seite 2

Die Festlegung der Kopf- und Fußzeilen geschieht völlig analog zum longtable-Paket, sodass hier auf die in Abschnitt 9.4.3 auf Seite 191 angegebene Syntax verwiesen wird. Außerdem beachte man wieder den Hinweis, dass Tabellen mit möglichem Seitenumbruch *nicht* Teil einer Gleitumgebung table sein sollten.

```
\usepackage{xltabular,ragged2e}
\begin{xltabular}{\linewidth}{@{}>{\ttfamily}l>{\RaggedRight}X@{}}      09-04
\caption*{Dateiendungen}\\
.ext & Beschreibung\\\hline
\endfirsthead
\multicolumn{2}{@{}l}{\ldots\ \small Fortsetzung}\\\hline
.ext & Beschreibung\\\hline
\endhead
\hline
\multicolumn{2}{r@{}}{\small Fortsetzung\ldots}\\
\endfoot
\hline
\endlastfoot
aux &  (auxiliary) Hilfsdatei, enthält Querverweise usw. \\
bbl &  (bibliography) Hilfsdatei, enthält die Einträge für die Literatur\\
bib &  (bibtex) enthält die Literaturdaten\\
blg &  (bibliography log) enthält die Ausgaben eines Bib\TeX-Laufs\\
cfg &  (config) Konfigurationsdatei\\
clo &  (class options) Definitionen für die Dokumentenklasse
    und die entsprechenden Klassen-Optionen\\
\end{xltabular}
```

xltabular-Demo

Dateiendungen

.ext	Beschreibung
aux	(auxiliary) Hilfsdatei, enthält Querverweise usw.
bbl	(bibliography) Hilfsdatei, enthält die Einträge für die Literatur
bib	(bibtex) enthält die Literaturdaten

Fortsetzung...

Seite 1

xltabular-Demo

... Fortsetzung

.ext	Beschreibung
blg	(bibliography log) enthält die Ausgaben eines BibTEX-Laufs
cfg	(config) Konfigurationsdatei
clo	(class options) Definitionen für die Dokumentenklasse und die entsprechenden Klassen-Optionen

Seite 2

9.4.7 threeparttablex

Das Paket threeparttablex von Lars Madsen ist eine Erweiterung des älteren Paketes threeparttable und lädt dieses standardmäßig. Ziel des Paketes ist es, die Möglichkeiten auf Tabellen mit einem Seitenumbruch zu erweitern. threeparttablex erlaubt die Anwendung von tablenotes zusammen mit der Umgebung longtable. Zusätzlich zu de in Abschnitt 9.4.7 angegebenen Möglichkeiten, gibt es die folgenden Erweiterungen:

- Die Umgebung ThreePartTable ist ein Container für die neue Umgebung TableNotes und longtable.

- Die Umgebung `TableNotes` hat die gleichen Möglichkeiten wie die Umgebung `tablenotes` aus `threeparttable`, muss jedoch *vor* der Umgebung `longtable` erscheinen.
- Das Makro `\insertTableNotes` ermöglicht gegenüber der Umgebung `TableNotes` auch eine Anwendung innerhalb von `longtable`. Benutzt wird dazu das Makro `\multicolumn`.

```
\usepackage{longtable}
04-10 \usepackage[referable]{threeparttablex}

\begin{ThreePartTable}
\begin{TableNotes}
\item[a] Eine Anmerkung zu der Tabelle
\item[b] Diese Tabelle ist nur eine Demonstration
\end{TableNotes}
\begin{longtable}{@{}l c r p{1.5cm}@{}}
L & Z & R & Box\\\hline
\endfirsthead
\multicolumn{4}{@{}l}{\small\ldots\emph{Fortsetzung}}\\\hline
L & Z & R & Box\\\hline
\endhead
\hline
\multicolumn{4}{r@{}}{\small\emph{Fortsetzung nächste Seite} \ldots}\\
\endfoot
\hline
\insertTableNotes
\endlastfoot
l & c & r & 1. Zeile\\ l & c & r & 2. Zeile\\ l & c & r & 3. Zeile\\
l & c\tnote{a} & r & 4. Zeile\\ l & c & r\tnote{b} & 5. Zeile\\
l & c & r & 6. Zeile\\ l & c & r & 7. Zeile\\ l & c & r & 8. Zeile\\
l & c & r & 9. Zeile\\ l & c & r &10. Zeile\\ l & c & r &11. Zeile\\
l & c & r &12. Zeile
\end{longtable}
\end{ThreePartTable}
```

threeparttablex-Demo

L	Z	R	Box
l	c	r	1. Zeile
l	c	r	2. Zeile
l	c	r	3. Zeile
l	c[a]	r	4. Zeile
l	c	r[b]	5. Zeile
l	c	r	6. Zeile
l	c	r	7. Zeile
l	c	r	8. Zeile
l	c	r	9. Zeile
l	c	r	10. Zeile

Fortsetzung nächste Seite ...

Seite 1

threeparttablex-Demo

...Fortsetzung

L	Z	R	Box
l	c	r	11. Zeile
l	c	r	12. Zeile

[a] Eine Anmerkung zu der Tabelle
[b] Diese Tabelle ist nur eine Demonstration

Seite 2

Die Anmerkungen innerhalb der Umgebung `TableNotes` können mit einem Label versehen und dann mit dem Makro `\tnotex` referenziert werden. Voraussetzung ist, dass das Paket mit der Option `referable` geladen wird. Die Sternversion `\tnotex*` verhindert einen Link, falls das Paket `hyperref` benutzt wird.

09-04

```
\usepackage{longtable}
\usepackage[referable]{threeparttablex}

\begin{ThreePartTable}
\begin{TableNotes}
\item[a]\label{tn:a} Eine Anmerkung zu der Tabelle
\item[b]\label{tn:b} Diese Tabelle ist nur eine Demonstration
\end{TableNotes}
\begin{longtable}{@{}l c r p{1.5cm}@{}}
L & Z & R & Box\\\hline
\endfirsthead
\multicolumn{4}{@{}l}{\small\ldots\emph{Fortsetzung}}\\\hline
L & Z & R & Box\\\hline
\endhead
\hline
\multicolumn{4}{r@{}}{\small\emph{Fortsetzung nächste Seite} \ldots}\\
\endfoot
\hline
\insertTableNotes
\endlastfoot
l & c & r & 1. Zeile\\ l & c & r & 2. Zeile\\ l & c & r & 3. Zeile\\
l & c\tnotex{tn:a} & r & 4. Zeile\\ l & c & r\tnotex{tn:b} & 5. Zeile\\
l & c & r & 6. Zeile\\ l & c & r & 7. Zeile\\ l & c & r & 8. Zeile\\
l & c & r & 9. Zeile\\ l & c & r &10. Zeile\\ l & c & r &11. Zeile\\
l & c & r &12. Zeile
\end{longtable}
\end{ThreePartTable}

In den Anmerkungen~\ref{tn:a} und~\ref{tn:b} der Tabelle \ldots
```

threeparttablex-Demo

L	Z	R	Box
l	c	r	1. Zeile
l	c	r	2. Zeile
l	c	r	3. Zeile
l	c[a]	r	4. Zeile
l	c	r[b]	5. Zeile
l	c	r	6. Zeile
l	c	r	7. Zeile
l	c	r	8. Zeile
l	c	r	9. Zeile
l	c	r	10. Zeile

Fortsetzung nächste Seite …

Seite 1

threeparttablex-Demo

…Fortsetzung

L	Z	R	Box
l	c	r	11. Zeile
l	c	r	12. Zeile

[a] Eine Anmerkung zu der Tabelle
[b] Diese Tabelle ist nur eine Demonstration

In den Anmerkungen a und b der Tabelle …

Seite 2

9.5 Farbe in Tabellen

Das Paket `xcolor` von Uwe Kern ist nicht speziell auf Tabellen ausgerichtet, es erweitert aber das spezielle Paket `colortbl` von David Carlisle, wenn man `xcolor` mit der Paketoption `table` lädt (vergleiche Tabelle 9.3). Es können zudem die unterschiedlichsten Farbmodelle verarbeitet werden, die alle in Tabelle 9.4 aufgeführt sind.

Tabelle 9.3: Zusammenstellung der Paketoptionen von `xcolor`.

Option	*Bedeutung*
`natural`	(Standard) Benutze alle Farben innerhalb ihres Modells, wobei `RGB` nach `rgb`, `HSB` nach `hsb` und `Gray` nach `gray` konvertiert wird.
`rgb`	Konvertiert alle Farben in das rgb-Modell.
`cmy`	Konvertiert alle Farben in das cmy-Modell.
`cmyk`	Konvertiert alle Farben in das cmyk-Modell.
`hsb`	Konvertiert alle Farben in das hsb-Modell.
`gray`	Konvertiert alle Farben in das gray-Modell.
`RGB`	Konvertiert alle Farben in das RGB-Modell und danach ins rgb-Modell.
`HTML`	Konvertiert alle Farben in das HTML-Modell und danach ins rgb-Modell.
`HSB`	Konvertiert alle Farben in das HSB-Modell und danach ins hsb-Modell.
`Gray`	Konvertiert alle Farben in das Gray-Modell und danach ins gray-Modell.
`dvipsnames`	Lädt die vordefinierten dvips-Farben.
`svgnames`	Lädt die vordefinierten SVG-Farben.
`prologue`	Schreibt die Liste der Farbnamen (`dvipsnames`) in den PS-Header, was für die Dokumentenerstellung via dvips wichtig ist.
`table`	Lädt das `colortbl` Paket, um farbige Tabellenzeilen zu ermöglichen.
`hyperref`	Unterstützung von `hyperref`.
`showerrors`	(Standard) Gibt eine Meldung bei undefinierten Farben aus.
`hideerrors`	Gibt nur eine Fehlermeldung aus, wenn eine undefinierte Farbe benutzt wird und setzt sie dann auf Schwarz.

Name	*Grundfarben*	*Parameterbereich*	*Standard*
`rgb`	`red, green, blue`	$[0,1]$	
`cmy`	`cyan, magenta, yellow`	$[0,1]$	
`cmyk`	`cyan, magenta, yellow, black`	$[0,1]$	
`hsb`	`hue, saturation, brightness`	$[0,1]$	
`gray`	`gray`	$[0,1]$	
`RGB`	`Red, Green, Blue`	$\{0,1,\dots,L\}$	$L = 255$
`HTML`	`RRGGBB`	{`000000`,…,`FFFFFF`}	
`HSB`	`Hue, Saturation, Brightness`	$\{0,1,\dots,M\}$	$M = 240$
`Gray`	`Gray`	$\{0,1,\dots,N\}$	$N = 15$
`wave`	`lambda (nm)`	$[363,814]$	

Tabelle 9.4: Unterstützte Farbmodelle (L, M, N sind natürliche Zahlen).

Prinzipiell macht es keinen Unterschied, ob man die einzelnen Zellen einer Tabelle (Textmodus) oder einer Matrix (Mathematikmodus) farbig hinterlegen will.

$$\bar{A} = \begin{pmatrix} A & B & C \\ A & BBB & C \\ A & B & C \end{pmatrix}$$

09-05-

```
\usepackage[table]{xcolor}

\[ \bar{A}=\left(\begin{array}{c>{\columncolor{magenta}}cc}
  A & B & C\\
\rowcolor{cyan} A & \cellcolor{white} BBB & C\\
  A & B & C
  \end{array}\right) \]
```

Farben

Bei der Verwendung von Farben sollte man in wissenschaftlichen Arbeiten einiges beachten:

- Farbe nur als unterstützendes Mittel verwenden, um kleinere Textbereiche hervorzuheben.
- Bestimmte Farbkombinationen vermeiden.
- Farbgrenzen beachten; großflächiges Rot, welches an großflächiges Blau trifft, kann zum Flimmern im Grenzbereich führen.
- Druckform beachten: Bei Ausdruck mit Graustufen sollte man auch nur Grautöne verwenden.

Mit den Makros `\columncolor`, `\rowcolor` und `\cellcolor` kann jede individuelle Kombination hergestellt werden. Alternativ zu `\cellcolor` kann auch eine Zelle mit `\multicolumn` definiert werden, für die dann wieder `\columncolor` möglich ist. Die Syntax der drei Farbbefehle unterscheidet sich nicht von denen aus `colortbl`, wobei `xcolor` weitere drei Befehle für das alternierende Färben von Zeilen zur Verfügung stellt.

`\columncolor` [*Farbmodell*] {*Farbe*} [*Überhang Links*] [*Überhang Rechts*]
`\rowcolor` [*Farbmodell*] {*Farbe*} [*Überhang Links*] [*Überhang Rechts*]
`\cellcolor` [*Farbmodell*] {*Farbe*}
`\rowcolors*` [*Befehl*] {*Startzeile*} {*Farbe–ungerade Zeile*} {*Farbe–gerade Zeile*}
`\showrowcolors`
`\hiderowcolors`

Das optionale Argument von `\rowcolors*` kann dazu benutzt werden, um die üblichen hier zulässigen Befehle auszuführen, wie `\hline` oder `\noalign{...}`. Der Vorteil des optionalen Arguments ist, dass man die Anwendung dieser Befehle durch die Verwendung der Sternversion für Zeilen unterdrücken kann, für die `\rowcolors` nicht aktiv ist. (Voß 2017c) Die Argumente für die Farbe der ungeraden und geraden Zeilen kann auch jeweils leer bleiben.

Tabelle 1		
A	BBB	C
A	B	C

Tabelle 2		
A	BBB	C
A	B	C

09-05-

```
\usepackage[table]{xcolor}

\rowcolors{1}{red!40}{blue!30}
\begin{tabular}{|ccc|}\hline
  \multicolumn{3}{|c|}{Tabelle 1}\\\hline
  A & BBB & C\\\hline  A & B & C\\\hline
\end{tabular}  \par\bigskip
\rowcolors*[\hline]{1}{red!40}{blue!30}
\begin{tabular}{|ccc|}
  \multicolumn{3}{|c|}{Tabelle 2}\\ \hiderowcolors
  A & BBB & C\\ A & B & C\\
\end{tabular}
```

Das folgende Beispiel zeigt eine Anwendung der einfachen Farbbefehle für Zeilen, Spalten und Zellen, wobei hier wegen des ausschließlichen mathematischen Inhalts der einzelnen Zellen gleich eine array-Umgebung verwendet wird.

```
\usepackage[table]{xcolor}
\definecolor{umbra}{rgb}{0.8,0.8,0.5}
\newcommand*\zero{\multicolumn{1}{>{\columncolor{white}}c}{0}}
\newcommand*\colCell[2]{\multicolumn{1}{>{\columncolor{#1}}c}{#2}}

\[ \left[\,
\begin{array}{*{5}{>{\columncolor[gray]{0.95}}c}}
  h_{k,1,0}(n) & h_{k,1,1}(n) & h_{k,1,2}(n) & \zero & \zero \\
  h_{k,2,0}(n) & h_{k,2,1}(n) & h_{k,2,2}(n) & \zero & \zero \\
  h_{k,3,0}(n) & h_{k,3,1}(n) & h_{k,3,2}(n) & \zero & \zero \\
  h_{k,4,0}(n) & \colCell{umbra}{h_{k,4,1}(n)} & h_{k,4,2}(n) & \zero & \zero \\
  \zero & h_{k,1,0}(n-1) & h_{k,1,1}(n-1) & h_{k,1,2}(n-1) & \zero \\
  \zero & h_{k,2,0}(n-1) & h_{k,2,1}(n-1) & h_{k,2,2}(n-1) & \zero \\
  \zero & h_{k,3,0}(n-1) & h_{k,3,1}(n-1) & h_{k,3,2}(n-1) & \zero \\
  \zero & \colCell{umbra}{h_{k,4,0}(n-1)} & h_{k,4,1}(n-1) & h_{k,4,2}(n-1) & \zero \\
  \zero & \zero & h_{k,1,0}(n-2) & h_{k,1,1}(n-2) & h_{k,1,2}(n-2)\\
  \rowcolor[gray]{0.75}\zero&\zero& h_{k,2,0}(n-2) & h_{k,2,1}(n-2) & h_{k,2,2}(n-2)\\
  \zero & \zero & h_{k,3,0}(n-2) & h_{k,3,1}(n-2) & h_{k,3,2}(n-2)\\
  \zero & \zero & h_{k,4,0}(n-2) & h_{k,4,1}(n-2) & h_{k,4,2}(n-2)
\end{array} \,\right]_{12\times 5} \]
```

05-3

$$\left[\begin{array}{ccccc}
h_{k,1,0}(n) & h_{k,1,1}(n) & h_{k,1,2}(n) & 0 & 0 \\
h_{k,2,0}(n) & h_{k,2,1}(n) & h_{k,2,2}(n) & 0 & 0 \\
h_{k,3,0}(n) & h_{k,3,1}(n) & h_{k,3,2}(n) & 0 & 0 \\
h_{k,4,0}(n) & h_{k,4,1}(n) & h_{k,4,2}(n) & 0 & 0 \\
0 & h_{k,1,0}(n-1) & h_{k,1,1}(n-1) & h_{k,1,2}(n-1) & 0 \\
0 & h_{k,2,0}(n-1) & h_{k,2,1}(n-1) & h_{k,2,2}(n-1) & 0 \\
0 & h_{k,3,0}(n-1) & h_{k,3,1}(n-1) & h_{k,3,2}(n-1) & 0 \\
0 & h_{k,4,0}(n-1) & h_{k,4,1}(n-1) & h_{k,4,2}(n-1) & 0 \\
0 & 0 & h_{k,1,0}(n-2) & h_{k,1,1}(n-2) & h_{k,1,2}(n-2) \\
0 & 0 & h_{k,2,0}(n-2) & h_{k,2,1}(n-2) & h_{k,2,2}(n-2) \\
0 & 0 & h_{k,3,0}(n-2) & h_{k,3,1}(n-2) & h_{k,3,2}(n-2) \\
0 & 0 & h_{k,4,0}(n-2) & h_{k,4,1}(n-2) & h_{k,4,2}(n-2)
\end{array}\right]_{12\times 5}$$

Für eine alternierende Färbung der Zeilen müsste der Befehl \rowcolors mit den entsprechenden Argumenten *vor* der Tabelle aufgerufen werden.

\rowcolors

Zu beachten ist, dass der Zeilenzähler für \rowcolors beim Beenden der Tabelle *nicht* zurückgesetzt wird, sodass folgende Tabellen, die ebenfalls alternierend gefärbt werden sollen, eine falsche Färbung der Zeilen erhalten können. Der TEX-Zähler muss manuell zurückgesetzt werden: rownum=0

Für die Färbung der Zeilen kann auch eine Farbserie verwendet werden, die sich über den Befehl \definecolorseries festlegen lässt und dann wieder über den \rowcolors-Befehl auf einfache Weise durch das Argument {*CS!!+*} inkrementieren lässt. Weitere Informationen dazu findet man in der Beschreibung zum Paket xcolor. (Kern 2016)

9.6 Beispiele

In diesem Abschnitt werden verschiedene Beispiele behandelt, die im Wesentlichen den allgemein bekannten Newsgroups oder Mailinglisten entnommen wurden. Der entsprechende Autor ist dann jeweils genannt. Unabhängig davon wurden fast alle Tabellen den eigenen Vorstellungen von guter Typografie angepasst, sodass sie in der Regel nur die Zelleneinträge mit dem Original gemeinsam haben. Die meisten Beispiele stammen aus Reichert (1999), der Standardliteratur auf CTAN für das Setzen von Tabellen. Weitere Beispiele findet man in Voß (2017c).

```
\usepackage{booktabs, ragged2e}
\usepackage[table]{xcolor}   \newcommand\N{\phantom{0}}% Platzhalter
\newcolumntype{P}[1]{>{\scriptsize\Centering}p{#1}}

\begin{tabular}{ l *3c }\toprule
\scriptsize Ort
  & \multicolumn{1}{P{6em}@{}}{Gesamtzahl der Orts"~~und Ferngespräche}
  & \multicolumn{1}{P{6em}@{}}{Ortsgespräche in öffentlichen Fernsprechstellen}
  & \multicolumn{1}{P{6em}@{}}{Ferngespräche im Selbstwählfernverkehr} \\
\cmidrule(r){1-1}\cmidrule(lr){2-2}\cmidrule(lr){3-3}\cmidrule(l){4-4}
München     & \N723849  & \N436322 & \N287527  \\
Ludwigshafen& \N957365  & \N593146 & \N364219  \\
Hamburg     & 1242212   &\cellcolor{blue!30}1115321 &\cellcolor{green!30}1326861 \\
Wiesbaden   &\cellcolor{red!30}1641050   & \N942316 & \N698734 \\
Berlin      & 1351204   & \N651223 & \N442747  \\
Düsseldorf  & 1274714   & \N394613 & \N915853  \\
\bottomrule
\end{tabular}
```

09-06-

Ort	Gesamtzahl der Orts- und Ferngespräche	Ortsgespräche in öffentlichen Fernsprechstellen	Ferngespräche im Selbstwähl-fernverkehr
München	723849	436322	287527
Ludwigshafen	957365	593146	364219
Hamburg	1242212	1115321	1326861
Wiesbaden	1641050	942316	698734
Berlin	1351204	651223	442747
Düsseldorf	1274714	394613	915853

```
\usepackage{rccol,booktabs,tabularx,ragged2e}

\begin{tabularx}{\linewidth}{@{} >{\RaggedRight}X l c R{2}{2} @{}}\toprule
\small Schmelzeinsätze & \small Schalter & \small kg & \multicolumn{1}{c}{\euro} \\
   \cmidrule(r){1-1}\cmidrule(lr){2-2}\cmidrule(lr){3-3}\cmidrule(l){4-4}
Pilzdruckknopf mit Rastung und Drehentriegelung & rot     & 54 & 13,0 \\
   \cmidrule(r){1-1}\cmidrule(lr){2-2}\cmidrule(lr){3-3}\cmidrule(l){4-4}
Pilzdruckknopf mit Rastung und Schloss          & rot     & 32 & 21,60 \\
   \cmidrule(r){1-1}\cmidrule(lr){2-2}\cmidrule(lr){3-3}\cmidrule(l){4-4}
Schlüsselantrieb mit abziehbarem Schlüssel      & schwarz & 43 & 15,10 \\
   \cmidrule(r){1-1}\cmidrule(lr){2-2}\cmidrule(lr){3-3}\cmidrule(l){4-4}
Knebel mit 3~Schaltstellungen                   & schwarz & 23 &  5,40 \\\bottomrule
\end{tabularx}
```

09-06-2

Schmelzeinsätze	Schalter	kg	€
Pilzdruckknopf mit Rastung und Drehentriegelung	rot	54	13,00
Pilzdruckknopf mit Rastung und Schloss	rot	32	21,60
Schlüsselantrieb mit abziehbarem Schlüssel	schwarz	43	15,10
Knebel mit 3 Schaltstellungen	schwarz	23	5,40

```
\usepackage{array,booktabs,multirow,ragged2e}
\renewcommand\multirowsetup{\RaggedRight\footnotesize}
\newcolumntype{N}{>{\footnotesize}l} \newcolumntype{C}{>{\footnotesize}c}
\newcommand\mc[3]{\multicolumn{#1}{#2}{#3}}

\begin{tabular}{@{} *{5}{l} @{}}\toprule
 & & \mc{2}{N}{Ohne Sicherungen} & \multirow{3}{7em}{%
   Höchstzulässiger Erdungswider\-stand bei Berüh\-rungsspannung}\\\cmidrule(lr){3-4}
\mc{1}{C}{Reihe} & \mc{1}{C}{Spannung} & \mc{1}{C}{Type} & \mc{1}{C}{Preis} \\
 & \mc{1}{C}{V} & & \mc{1}{C}{\euro} \\\cmidrule(r){1-1}\cmidrule(lr){2-2}
   \cmidrule(lr){3-3}\cmidrule(lr){4-4}\cmidrule(l){5-5}
\ldots \\\bottomrule
\end{tabular}
```

06-3

		Ohne Sicherungen		Höchstzulässiger Erdungswiderstand bei Berührungsspannung
Reihe	Spannung	Type	Preis	
	V		€	
…				

```
\usepackage{array,booktabs,ragged2e,rotating}
\newcolumntype{N}{>{\small}l}   \newcommand\mc[1]{\multicolumn{1}{R{4.5em}}{#1}}
\newcolumntype{R}[1]{>{\begin{turn}{90}\begin{minipage}{#1}
  \footnotesize\RaggedRight} l <{\end{minipage}\end{turn}}}

\begin{tabular}{@{} *{8}{l} @{}}\toprule
\small Typ&\multicolumn{6}{N}{Anlagen mit Freileitungen}&\small Preis\\\cmidrule(lr){2-7}
 & \mc{Betriebsspannung~kV} & \mc{Löschspannung~kV} & \mc{Wechselspannung~kV}
 & \mc{Ansprechspannung~kV} & \mc{Restspannung kV} & \mc{Nettogewicht~ kg}
 & \multicolumn{1}{c}{\small\euro}\\\cmidrule(r){1-1}\cmidrule(lr){2-2}\cmidrule(lr){3-3}
\cmidrule(lr){4-4}\cmidrule(lr){5-5}\cmidrule(lr){6-6}\cmidrule(lr){7-7}\cmidrule(l){8-8}
\ldots \\\bottomrule
\end{tabular}
```

06-4

Typ	Anlagen mit Freileitungen						Preis
	Betriebsspannung kV	Löschspannung kV	Wechselspannung kV	Ansprechspannung kV	Restspannung kV	Nettogewicht kg	€
…							

```
\usepackage{booktabs,dcolumn,ragged2e}
\newcolumntype{N}{>{\footnotesize}l}
\newcolumntype{P}[1]{>{\footnotesize\RaggedRight\hspace{0pt}}p{#1}}
\newcolumntype{d}[1]{D{.}{,}{#1}}
\newcommand\mc[2]{\multicolumn{1}{#1}{#2}}

\begin{tabular}{@{}l *{6}{d{3.0}} @{}}\toprule
\mc{@{}N}{Zeit} & \multicolumn{2}{N}{Material von Drischel}
  & \multicolumn{2}{N}{Material von Bauer} & \multicolumn{2}{N@{}}{Eigenes Material}\\
    \cmidrule(lr){2-3}\cmidrule(lr){4-5}\cmidrule(l){6-7}
  & \mc{P{3.5em}}{Häufigster Wert} & \mc{P{3.5em}}{Extremwert}
  & \mc{P{3.5em}}{Häufigster Wert} & \mc{P{3.5em}}{Extremwert}
  & \mc{P{3.5em}}{Häufigster Wert} & \mc{P{3.5em}@{}}{Extremwert}\\
    \cmidrule(r){1-1}\cmidrule(lr){2-2}\cmidrule(lr){3-3}\cmidrule(lr){4-4}%
    \cmidrule(lr){5-5}\cmidrule(lr){6-6}\cmidrule(l){7-7}\addlinespace
Latenzzeit      & 220 & 330 & 245 & 325 & 235 & 320 \\
                &     & 150 &     & 155 &     & 160 \\\addlinespace
Halbwertszeit & 210 & 380 & 145 & 535 & 180 & 320 \\
des Anstiegs  &     &  90 &     &  95 &     &  70 \\\addlinespace
Gipfelzeit      & 485 & 700 & 375 & 535 & 420 & 600 \\
                &     & 260 &     & 315 &     & 290 \\\addlinespace
Halbwertszeit & 855 & 870 & 665 & 945 & 775 & 820 \\
des Abstiegs  &     & 590 &     & 575 &     & 490 \\\addlinespace\bottomrule
\end{tabular}
```

09-06-

Zeit	Material von Drischel		Material von Bauer		Eigenes Material	
	Häufigster Wert	Extremwert	Häufigster Wert	Extremwert	Häufigster Wert	Extremwert
Latenzzeit	220	330	245	325	235	320
		150		155		160
Halbwertszeit	210	380	145	535	180	320
des Anstiegs		90		95		70
Gipfelzeit	485	700	375	535	420	600
		260		315		290
Halbwertszeit	855	870	665	945	775	820
des Abstiegs		590		575		490

```
\usepackage{booktabs,dcolumn,ragged2e}
\newcolumntype{N}{>{\footnotesize}l}
\newcolumntype{P}[1]{>{\footnotesize\RaggedRight\hspace{0pt}}p{#1}}
\newcolumntype{d}[1]{D{.}{,}{#1}}
\newcommand\mc[2]{\multicolumn{1}{#1}{#2}}

\begin{tabular}{@{}lld{2.0}@{$\!$--}d{2.0}d{3.0}ld{1.0}@{$\!$--}d{2.0}d{3.0}l@{}}\toprule
  & \multicolumn{8}{N}{Zum Umsetzen} & \\\cmidrule(lr){2-9}
  & \multicolumn{4}{N}{von Frequenzen im} & \multicolumn{4}{N}{auf Frequenzen im} \\
     \cmidrule(lr){2-5}\cmidrule(lr){6-9}
\mc{@{}N}{Type} & \mc{P{3em}}{Fernsehbereich} & \multicolumn{2}{N}{Kanal} & \mc{N}{MHz}
  & \mc{P{3em}}{Fernsehbereich} & \multicolumn{2}{N}{Kanal} & \mc{N}{MHz}
  & \mc{P{2em}@{}}{Bauform}\\
    \cmidrule(r){1-1}\cmidrule(lr){2-2}\cmidrule(lr){3-4}\cmidrule(lr){5-5}
    \cmidrule(lr){6-6}\cmidrule(lr){7-8}\cmidrule(lr){9-9}\cmidrule(l){10-10}
SAFE 381 WK & F I   &  2 &  4 & 174 & F III & 5 & 12 & 174 & DO \\
SAFE 382 WK & F II  &  5 & 12 &  68 & F I   & 2 &  4 &  47 & DO \\
```

```
SAFE 383 WK & F III & 21 & 38 & 174 & F III & 5 & 12 & 174 & ES \\
SAFE 384 WK & F IV  & 42 & 48 &  47 & F III & 5 & 12 & 174 & ET \\\bottomrule
\end{tabular}
```

06-6

Type	Zum Umsetzen von Frequenzen im Fernseh-bereich	Kanal	MHz	auf Frequenzen im Fernseh-bereich	Kanal	MHz	Bau-form
SAFE 381 WK	F I	2– 4	174	F III	5–12	174	DO
SAFE 382 WK	F II	5–12	68	F I	2– 4	47	DO
SAFE 383 WK	F III	21–38	174	F III	5–12	174	ES
SAFE 384 WK	F IV	42–48	47	F III	5–12	174	ET

```
\usepackage{dcolumn,booktabs,ragged2e,rotating}
\newcolumntype{C}{>{\footnotesize}c}
\newcolumntype{N}{>{\footnotesize}l}
\newcolumntype{P}[1]{>{\footnotesize\RaggedRight\hspace{0pt}}p{#1}}
\newcolumntype{d}[1]{D{.}{,}{#1}}
\newcommand\mc[2]{\multicolumn{1}{#1}{#2}}
\newcommand\Rotate[1]{\begin{turn}{90}\rlap{#1}\end{turn}}

\begin{tabular}{@{}d{1.0}*{3}{d{3.0}}d{2.0}d{3.0}d{2.2}@{}}\toprule
  & \multicolumn{4}{N}{Leistungsaufnahme} & & \\\cmidrule(lr){2-5}
  & \multicolumn{2}{P{7em}}{kurzzeitig beim Ein"~~und Umschalten}
  & \multicolumn{2}{P{7em}}{nach dem Umschalten in die Dreieckstufe}
  & \mc{C}{\raisebox{-4em}{\Rotate{Spannung}}}
  & \mc{C@{}}{\raisebox{-4em}{\Rotate{Mehrpreis für}}
  \raisebox{-4em}{\Rotate{abweichende}} \raisebox{-4em}{\Rotate{Spannung}}}\\
    \cmidrule(lr){2-3}\cmidrule(lr){4-5}
\mc{@{}C}{\Rotate{Schaltergröße}}&\mc{C}{VA}&\mc{C}{W}&\mc{C}{VA}&\mc{C}{W}&\mc{C}{VA}
  & \mc{C}{\euro}\\\cmidrule(r){1-1}\cmidrule(lr){2-2}\cmidrule(lr){3-3}
    \cmidrule(lr){4-4}\cmidrule(lr){5-5}\cmidrule(lr){6-6}\cmidrule(l){7-7}
1& 120& 100& 16&  6&  24& 12.$---$\\ 2& 150& 100&  36& 12& 110& 15.$---$\\
4& 342& 210& 60& 18& 220& 19.$---$\\ 6& 733& 320& 100& 36& 220& 29.$---$\\\bottomrule
\end{tabular}
```

06-7

Schaltergröße	Leistungsaufnahme kurzzeitig beim Ein- und Umschalten VA	W	nach dem Umschalten in die Dreieckstufe VA	W	Spannung VA	Mehrpreis für abweichende Spannung €
1	120	100	16	6	24	12,–
2	150	100	36	12	110	15,–
4	342	210	60	18	220	19,–
6	733	320	100	36	220	29,–

```
\usepackage{dcolumn,booktabs,ragged2e,rotating}
\newcommand\Rotate[1]{\raisebox{-3ex}{\begin{turn}{90}\rlap{#1}\end{turn}}}
```

```
\newcolumntype{C}{>{\footnotesize}c} \newcolumntype{N}{>{\footnotesize}l}
\newcolumntype{P}[1]{>{\footnotesize\RaggedRight\hspace{0pt}}p{#1}}
\newcommand\mc[2]{\multicolumn{1}{#1}{#2}}

\begin{tabular}{@{}l *{5}{r} c@{}}\toprule
\mc{@{}N}{Heilanstalten} & \multicolumn{6}{N}{Ärzte} \\\cmidrule(l){2-7}
  & \multicolumn{2}{N}{insgesamt} & \multicolumn{4}{N@{}}{davon}\\
    \cmidrule(lr){2-3}\cmidrule(l){4-7}
  & & & & \multicolumn{3}{N@{}}{nachgeordnete Ärzte} \\\cmidrule(l){5-7}
  & & & & & \multicolumn{2}{C}{davon}\\\cmidrule(l){6-7}
  & \mc{C}{\Rotate{zusammen}} & \mc{C}{\Rotate{davon weiblich}}
  & \mc{C}{\Rotate{leitende Ärzte}} &  \mc{C}{\Rotate{insgesamt}}
  & \mc{P{2em}@{}}{Ober"-ärzte} & \mc{P{3.5em}@{}}{Assistenz"-ärzte} \\
    \cmidrule(r){1-1}\cmidrule(lr){2-2}\cmidrule(lr){3-3}\cmidrule(lr){4-4}%
    \cmidrule(lr){5-5}\cmidrule(lr){6-6}\cmidrule(l){7-7}
Josefsstift, Bad Brückenau & 90 & 24 & 11 & 79 & 15 & 64 \\
Tannenheim, Schlüchtern    & 37 & 12 &  8 & 27 &  7 & 22 \\
Waldfrieden, Selters       & 24 &  8 &  2 & 22 &  6 & 22 \\
Habichtshöhe, Lauterbach   & 36 & 13 &  3 & 33 &  8 & 25 \\\bottomrule
\end{tabular}
```

09-06-

Heilanstalten	Ärzte					
	insgesamt		davon			
				nachgeordnete Ärzte		
					davon	
	zusammen	davon weiblich	leitende Ärzte	insgesamt	Ober-ärzte	Assistenz-ärzte
Josefsstift, Bad Brückenau	90	24	11	79	15	64
Tannenheim, Schlüchtern	37	12	8	27	7	22
Waldfrieden, Selters	24	8	2	22	6	22
Habichtshöhe, Lauterbach	36	13	3	33	8	25

```
\usepackage{array,graphicx,booktabs,pifont} \usepackage[table]{xcolor}
\newcommand*\rot{\rotatebox{90}}   \newcommand*\OK{\ding{51}}

\begin{tabular}{@{} cr*{10}c }
  & & \multicolumn{10}{c}{Knowledge Areas} \\[1ex]
\rowcolor{blue!30} \cellcolor{white}
  & & \rot{Integration} & \rot{Scope} & \rot{Time} & \rot{Cost}
    & \rot{Quality} & \rot{Human Resource~} & \rot{Communication}
    & \rot{Risk} & \rot{Procurement} & \rot{\shortstack[l]{Stakeholder\\Management}} \\
    \cmidrule{2-12}
\rowcolor{black!15} \cellcolor{white}
  & Initiating  &\OK &     &     &     &     &\OK &     &\OK \\
  & Planning    &\OK &\OK &\OK &\OK &\OK &\OK &\OK &\OK &\OK &\OK \\
\rowcolor{black!15} \cellcolor{white}
  & Executing   &\OK &     &     &\OK &\OK &\OK &     &\OK &\OK \\
  & Monitoring and Control &\OK &\OK &\OK &\OK &\OK &     &\OK &\OK &\OK &\OK \\
\rowcolor{black!15} \cellcolor{white} \rot{\rlap{~Processes}}
  & Closing     &\OK &     &     &     &     &\OK &     &\OK &\OK \\\cmidrule[1pt]{2-12}
  \end{tabular}
```

09-06-

Knowledge Areas

Processes	Integration	Scope	Time	Cost	Quality	Human Resource	Communication	Risk	Procurement	Stakeholder Management
Initiating	✓						✓			✓
Planning	✓	✓	✓	✓	✓	✓	✓	✓	✓	✓
Executing	✓				✓	✓	✓		✓	✓
Monitoring and Control	✓	✓	✓	✓	✓		✓	✓	✓	✓
Closing	✓						✓		✓	✓

```
\usepackage{booktabs,units,multirow,bigdelim,rotating}
```

```
\rotatebox{90}{\sffamily\small%  Beispiel von Stefan Junge
\begin{tabular}{@{}lcccccllll@{}}\toprule
Autor & Fläche & Airgap & Empfindl. &Frequenz & Rauschen & Materialien & Quellen & Aufbauart \\
& & & & & & Membran, Elektrode & & \\
\cmidrule(lr){2-2}\cmidrule(lr){3-3}\cmidrule(lr){4-4}\cmidrule(lr){5-5}\cmidrule(lr){6-6}
  & \unit{mm\textsuperscript{2}} & \unit{\textmu m} & \unit{mV/Pa} &
    \unit{Hz-kHz} &  \unit{dBA SPL} & & & \\
\cmidrule(r){1-1}\cmidrule(lr){2-2}\cmidrule(lr){3-3}\cmidrule(lr){4-4}\cmidrule(lr){5-5}
\cmidrule(lr){6-6}\cmidrule(lr){7-7}\cmidrule(lr){8-8}\cmidrule(l){9-9}  \addlinespace
Schellin & 1 & & 0,3 & -- & & Poly-Si, Poly-Si & [6,7,9] & \\
van der Donk & & & & & & & [12] & \\
Bernstein & 0,57 & 2,2 & 10,77 & -20 &--& Nitrid, Gold & [13] & \\
Chen &-- &2 &40 &50--15 &-- &Poly-Si, Mono-Si & [17,18]& \\
Dehé & $\varnothing$1.2&1 &3,2 &100--10 &30 &Poly-Si, Epi-Poly & [19,10] & \\
Hsu &2 &4 &--&200--10 &&Poly-Si, Mono-Si & [7]& \\
Kronast &2 &1,3 &11 &300--20&--&Nitrid+Alu, Mono-Si & [20,21,22]& \\
Li &1 &--&9,6 &100--19&--&Poly-Si, Poly-Si & [1,24]& \\
Pedersen & 4,84 &3,6 &--&100--15 &60 &Gold, Polymid & [2,6]& \\
Rombach &1 &0,9 &14 &20--10&22,5 &Poly-Si, Poly-Si & [17,18]& \\
Kovács &0,25 &1,5 &-- &-- &-- &Poly-Si, Poly-Si & [25,26]& \\
Torkkeli &1 &1,3 &2 &10--12 &35 &Poly-Si, Poly-Si & [26]& \rdelim\}{-12}{1mm}[1 Chip] \\\
 ↪addlinespace
\cmidrule(r){1-1}\cmidrule(lr){2-2}\cmidrule(lr){3-3}\cmidrule(lr){4-4}\cmidrule(lr){5-5}
\cmidrule(lr){6-6}\cmidrule(lr){7-7}\cmidrule(lr){8-8}\cmidrule(l){9-9}\addlinespace
Bay &4 &0,4 &27 &&&& [26,27,28,30]& \\   Füldner&&&&&&&&\\
Tajima &4 &15 &7 &75--24 &-- &Oxid, Mono-Si & [29]& \rdelim\}{-3}{1mm}[2 Chip] \\\addlinespace
\cmidrule(r){1-1}\cmidrule(lr){2-2}\cmidrule(lr){3-3}\cmidrule(lr){4-4}\cmidrule(lr){5-5}
\cmidrule(lr){6-6}\cmidrule(lr){7-7}\cmidrule(lr){8-8}\cmidrule(l){9-9}\addlinespace
Kressmann &1 &1 &2,9 &100--10&39 &Oxid+Nitrid, Poly-Si& [11,12]& \\
Thielemann & & & & & & & [8] & \\
Hsieh & 64 & 4,5 & 40 & 100--10 & 60 & Nitrid, Nitrid & [1,2,4] & \\
Murphy & -- & -- & 8 & 100--15 & -- & Al + Nitrid, Mono-Si& [3] & \\
Zou & 1 & 2,6 & 14,2 & 9--16 & -- & Poly-Si , Mono-Si & [7] & \rdelim\}{-5}{1mm}[Elektret] \\
\addlinespace \bottomrule
\end{tabular}}% end of rotatebox
```

Autor	Fläche	Airgap	Empfindl.	Frequenz	Rauschen	Materialien Membran, Elektrode	Quellen	Aufbauart
	mm^2	µm	mV/Pa	Hz-kHz	dBA SPL			
Schellin	1		0,3	–		Poly-Si, Poly-Si	[6,7,9]	1 Chip
van der Donk							[12]	
Bernstein	0,57	2,2	10,77	-20	–	Nitrid, Gold	[13]	
Chen	–	2	40	50–15	–	Poly-Si, Mono-Si	[17,18]	
Dehé	∅1.2	1	3,2	100–10	30	Poly-Si, Epi-Poly	[19,10]	
Hsu	2	4	–	200–10		Poly-Si, Mono-Si	[7]	
Kronast	2	1,3	11	300–20	–	Nitrid+Alu, Mono-Si	[20,21,22]	
Li	1	–	9,6	100–19	–	Poly-Si, Poly-Si	[1,24]	
Pedersen	4,84	3,6	–	100–15	60	Gold, Polymid	[2,6]	
Rombach	1	0,9	14	20–10	22,5	Poly-Si, Poly-Si	[17,18]	
Kovács	0,25	1,5	–	–	–	Poly-Si, Poly-Si	[25,26]	
Torkkeli	1	1,3	2	10–12	35	Poly-Si, Poly-Si	[26]	
Bay	4	0,4	27				[26,27,28,30]	2 Chip
Füldner								
Tajima	4	15	7	75–24	–	Oxid, Mono-Si	[29]	
Kressmann	1	1	2,9	100–10	39	Oxid+Nitrid, Poly-Si	[11,12]	Elektret
Thielemann							[8]	
Hsieh	64	4,5	40	100–10	60	Nitrid, Nitrid	[1,2,4]	
Murphy	–	–	8	100–15	–	Al + Nitrid, Mono-Si	[3]	
Zou	1	2,6	14,2	9–16	–	Poly-Si , Mono-Si	[7]	

Kapitel 10

Abbildungen einfügen

10.1 Einführung 209
10.2 Anwendung 211
10.3 PDF-Dokumente 213

10.1 Einführung

Das formale Einfügen von Abbildungen unterscheidet sich prinzipiell nicht vom Einfügen eines einzelnen Buchstabens. Die Abbildung verhält sich als einzelne Box analog zu einer Zeichenbox, wobei angenommen werden kann, dass eine Abbildungsbox nur selten eine Tiefe aufweist. Das Paket graphicx stellt die notwendigen Befehle für die Einbindung von Abbildungen zur Verfügung:

```
\includegraphics* [Platzierung] {Dateiname}
\graphicspath{ {PfadA} {PfadB} ...}
```

Das Einfügen erfolgt mit dem Befehl \includegraphics. Dem Namen der Abbildungen ist der komplette Pfadname mitzugeben, wobei Windows-Anwender darauf achten müssen, dass Verzeichnisse bei der Pfadangabe grundsätzlich in Unix- Notation angegeben werden müssen. Eine Angabe wie C:\Users\Ich\Abbildungen\haus ist unzulässig, C:/Users/Ich/Abbildungen/haus dagegen korrekt. Auf die Angabe des Pfades kann verzichtet werden, wenn man einen oder mehrere Suchpfade durch \graphicspath festlegt, wobei die Pfadangaben mit einem Schrägstrich (slash) enden müssen.

-01-1

```
\usepackage{graphicx}
\graphicspath{{images/gui/}{images/abbildungen/}}

\includegraphics[width=3cm]{IMG_0015}
```

Grundsätzlich sollte man die Abbildungen in einem Unterverzeichnis relativ zum Dokumentenverzeichnis speichern, beispielsweise:

```
WissArbeit/
├── abkuerzung_local.tex
├── befehle_local.tex
├── Bib.bib
├── bin
│   ├── bstFiles.lst
│   ├── clean-index2.awk
├── images
│   ├── babel
│   │   ├── Rechtschreibkontrolle.png
│   │   └── TS-label.png
│   ├── bib
│   │   ├── biblatex-biber-crop.pdf
│   │   ├── biblatex-crop.pdf
│   │   ├── biblatex-howitworks.pdf
[...]
├── include-Dateien
│   ├── ch10-verzeichnisse-indexTAB0.tex
│   ├── ch10-verzeichnisse-indexTAB1.tex
│   ├── ch-Abbildungen-intro.tex
│   ├── ch-Anhang-laengenTAB0.tex
│   ├── ch-Anhang-tastaturkuerzel.tex
│   ├── ch-Bib-biblatex.tex
```

Der Vorteil in einer derartigen Dateistruktur zeigt sich auch beim Sichern der gesamten Dateien; alles Wichtige befindet sich *unterhalb* vom Hauptverzeichnis `WissArbeit` und kann daher leicht einer `.zip`-Datei hinzugefügt werden.

Die meisten grafischen Editoren erlauben das Einfügen einer Grafik über ein Menü, welches im Allgemeinen über einen Ordner-Button verfügt, sodass Pfad und Dateiname gewählt werden können. TeX selbst interessiert sich nur für die Größe der Grafik, die in der Regel nur durch Breite und Höhe festgelegt ist. Die Grafik an sich, wird in keiner Weise verändert. Der Anwender muss selbst dafür Sorge tragen, dass sie in einem für LuaTeX lesbaren Format vorliegt.

Ohne weitere Angaben wird eine Abbildung in der Originalgröße eingefügt. Fehlt eine Dateiendung bei der Angabe der Datei, so sucht TeX in dieser Reihenfolge: `.pdf`, `.png`, `.jpg`, `.mps`, `.jpeg`, `.jbig2`, `.jb2`, `.PDF`, `.PNG`, `.JPG`, `.JPEG`, `.JBIG2`, `.JB2`. Grundsätzlich kann man sich die Angabe der Endung sparen, wenn die Datei nur in einem einzigen und somit eindeutigen Format vorliegt.

10.1.1 Unterstütze Grafikformate

Im Wesentlichen werden nur die Grafikformate `pdf` (z. B. Vektorgrafiken), `png` (z. B. Bildschirmfotos), `mps` (METAPOST) und `jpg` (z. B. Fotos) verarbeitet. Andere Grafikformate sind möglich, müssen aber durch Festlegung der Regeln für eine Konvertierung zugänglich gemacht werden. (Voß 2010b) TeX selbst verändert eine Grafik in keiner Weise; es interessiert sich ausschließlich nur für die Größe der Abbildung (Box).

10.1.2 Paketoptionen

In vielen Beispielen, die im Netz auftauchen, findet man die Angabe eines Treibers bei den Optionen, beispielsweise `dvips`. Dies ist grundsätzlich nicht nötig und kann auch kontraproduktiv sein, wenn der falsche Treiber nicht zum verwendeten Programm passt. Prinzipiell sind nur drei Paketoptionen von Interesse:

`draft` Die Grafik wird nicht in das Dokument eingebunden. Stattdessen wird ein Rahmen in der Größe der Grafik zusammen mit dem Dateinamen ausgegeben.

`final` Das Gegenteil von `draft` (Vorgabe).

`demo` Nur für einen Testmodus von Interesse, da das Vorhandensein der Grafikdatei nicht überprüft wird. Es wird stattdessen ein schwarzes Rechteck der Größe 150 pt×100 pt oder eines in der angegeben Breite/Höhe ausgegeben.

10.2 Anwendung

Mit dem Befehl `\includegraphics` kann über optionale Parameter die Ausgabe der Grafik beeinflusst werden. Dabei werden die Informationen für eine eventuelle Rotation, Skalierung oder ein Clipping (Beschneiden) in das erstellte PDF -Dokument geschrieben. Die Grafik an sich wird unabhängig von den Optionen immer in der Originalgröße in die PDF eingefügt.

Die Reihenfolge der Optionen ist signifikant; ein Rotieren und anschließendes Skalieren kann ein anderes Ergebnis liefern als bei umgekehrter Reihenfolge.

-02-1

```
\usepackage{graphicx}
\graphicspath{{images/gui/}{images/abbildungen/}}

\includegraphics[width=2cm,angle=90]{IMG_3565}
\includegraphics[angle=90,width=2cm]{IMG_3565}
```

10.2.1 Rotation

Das Rotieren betrifft hauptsächlich Abbildungen, die von sich aus nicht in der aufrechten Form gespeichert sind. Mit `angle` und einer eventuellen Angabe des Rotationspunktes durch `origin`, der standardmäßig auf der linken Seite der Basislinie liegt. Je nach Wahl des Rotationspunktes (Fixpunkt) kann die Box der gedrehten Grafik durchaus eine Tiefe aufweisen.

-02-2

X_ 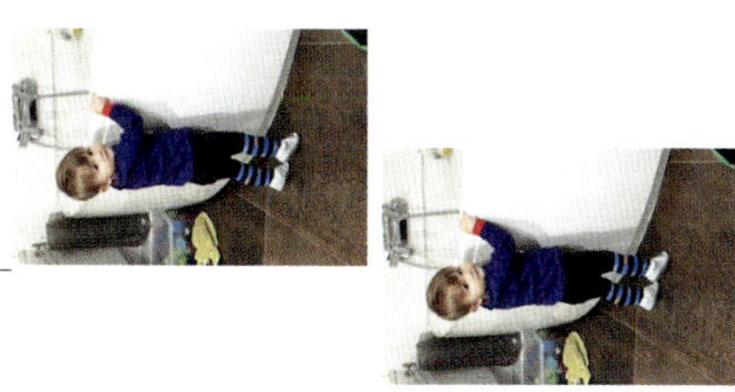 _X

```
\usepackage{graphicx}
\graphicspath{{images/abbildungen/}}

X\_\includegraphics[width=2cm,
  angle=90]{IMG_3995}
\includegraphics[width=2cm,
  angle=90,origin=cb]{IMG_3995}\_X
```

10.2.2 Skalierung

Die Skalierung einer Abbildung kann relativ oder absolut erfolgen. Hat man in einem Dokument mehrere Abbildungen, deren Größe zueinander in Bezug steht, dann sollte man diese Grafiken mit `scale` relativ skalieren. Die absolute Skalierung mit `width` oder `height` bietet sich vor allen Dingen dann an, wenn Abbildungen zu breit oder zu hoch sind, oder mehrere nebeneinander gesetzt werden sollen.

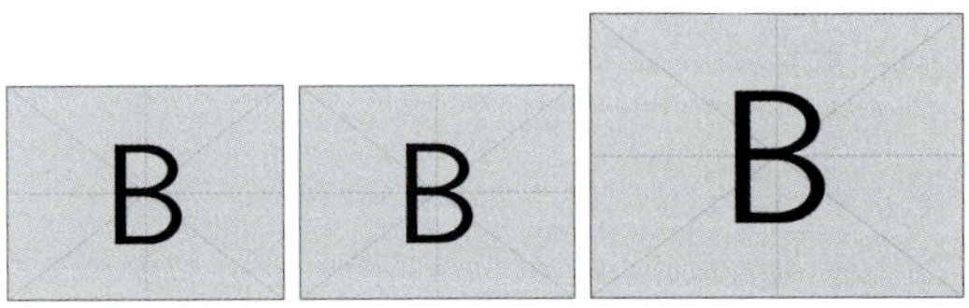

10-02-3

```
\usepackage{graphicx}

\includegraphics[scale=0.2]{example-image-b}
\includegraphics[width=2.25cm]%
    {example-image-b}
\includegraphics[height=2.25cm]%
    {example-image-b}
```

Werden `width` und `height` gleichzeitig angegeben, so führt dies in der Regel zum Verlust der Proportion. Will man diese erhalten, so sollte `keepaspectratio` auf `true` gesetzt werden. Dann wird derjenige Wert genommen, der zur größten Abbildung führt. Dies ist eine einfache Methode, um eine Abbildung so groß wie möglich werden zu lassen. Ganzseitige Abbildungen, die die komplette Seite ausfüllen, können mit dem Paket `eso-pic` von Rolf Niepraschk oder mit `hvfloat` (siehe auf Seite 246) erstellt werden.

10-02

```
\usepackage{graphicx,eso-pic,showframe}

\includegraphics[width=\textwidth,height=\textheight]{rj}\newpage
\includegraphics[width=\textwidth,height=\textheight,keepaspectratio]{rj}\newpage
\AddToShipoutPictureBG*{\includegraphics[width=\paperwidth,height=\paperheight]{rj}}\null
```

Aus Gründen der Effektivität (Speicherplatz, Anzeigegeschwindigkeit) wird in obigem Beispiel die Grafik automatisch nur einmal in die PDF eingebunden.

Abbildungen

Werden Abbildungen in einem Dokument mehrfach verwendet, so werden sie dennoch nur einmal in das erstellte PDF -Dokument eingebunden. Dies ist unabhängig davon, ob sie durch Anwendung der optionalen Parameter von `\includegraphics` unterschiedlich dargestellt wurden.

10.2.3 Bildausschnitt

Interessieren von Abbildungen nur Teile, so kann man auf eine externe Bearbeitung durch ein Grafikprogramm verzichten und stattdessen eine der Optionen `viewport` oder `trim` benutzen. Beide Optionen erwarten vier Angaben: Bei `viewport` ausgehend von der linken unteren Ecke und bei `trim` zum einen von der linken unteren Ecke und zum anderen von der rechten oberen Ecke. Die Angabe `viewport=0 0 2cm 2cm` reduziert die Abbildung auf ein Quadrat von 2 cm Seitenlänge. Die Angabe `trim=0 0 3cm 2cm` hingegen schneidet von unten links nichts und von oben rechts 3 cm (x), beziehungsweise 2 cm (y) ab. Die Angaben zu `viewport` und `trim` können ohne Einheiten erfolgen, dann wird automatisch die Einheit `pt` angenommen. Zu beachten ist unbedingt, dass diese Angaben nur die Boxmaße verändern, mit denen TeX die Grafik in das Dokument einfügt. Erst mit der Option `clip` wird nur noch der gewählte Bereich angezeigt.

-02-5

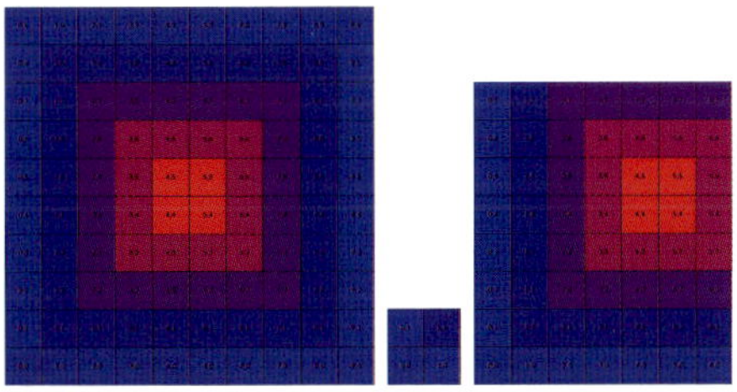

```
\usepackage{graphicx}

\includegraphics{example-grid-100x100pt}
\includegraphics[viewport=0 0 20 20,% jeweils pt
                 clip]{example-grid-100x100pt}
\includegraphics[trim=0 0 30 20,% jeweils pt
                 clip]{example-grid-100x100pt}
```

10.3 PDF-Dokumente

Mit der Option `page` kann mit `\includegraphics` aus mehrseitigen PDF -Dokumenten eine ganze Seite als Grafik eingefügt werden.

-03-1

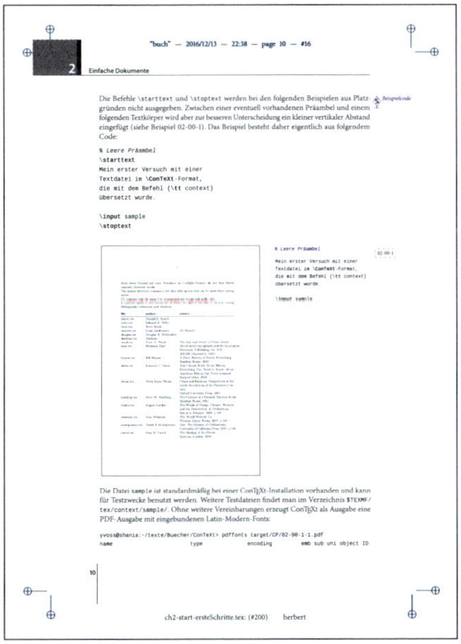

"buch" — 2016/12/13 — 22:38 — page 10 — #16

2 Einfache Dokumente

Die Befehle `\starttext` und `\stoptext` werden bei den folgenden Beispielen aus Platzgründen nicht ausgegeben. Zwischen einer eventuell vorhandenen Präambel und einem folgenden Textkörper wird aber zur besseren Unterscheidung ein kleiner vertikaler Abstand eingefügt (siehe Beispiel 02-00-1). Das Beispiel besteht daher eigentlich aus folgendem Code: Beispielcode

```
% Leere Präambel
\starttext
Mein erster Versuch mit einer
Textdatei im \ConTeXt-Format,
die mit dem Befehl {\tt context}
übersetzt wurde.

\input sample
\stoptext
```

02-00-1

```
% Leere Präambel

Mein erster Versuch mit einer
Textdatei im \ConTeXt-Format,
die mit dem Befehl {\tt context}
übersetzt wurde.

\input sample
```

Die Datei `sample` ist standardmäßig bei einer ConTeXt-Installation vorhanden und kann für Testzwecke benutzt werden. Weitere Testdateien findet man im Verzeichnis `$TEXMF/tex/context/sample/`. Ohne weitere Vereinbarungen erzeugt ConTeXt als Ausgabe eine PDF-Ausgabe mit eingebundenen Latin-Modern-Fonts:

```
yvoss@shania:~/texte/Buecher/ConTeXt> pdffonts target/CP/02-00-1-1.pdf
name                    type            encoding         emb sub uni object ID
```

10

ch2-start-ersteSchritte.tex: (#200) herbert

```
\usepackage{graphicx}

\includegraphics[page=16,scale=0.34]{%
  data/ConTeXt/buch}
```

Bei mehreren Seiten ist der Befehl `\includegraphics` dann entsprechend oft zu wiederholen oder der Befehl `\includepdf` aus dem Paket `pdfpages` von Andreas Matthias zu benutzen. Mit `\includepdf` wird im Gegensatz zu `\includegraphics` die gesamte externe Seite als vollständige Seite in das aktuelle Dokument eingefügt.

```
\usepackage{pdfpages}
```

10-03

```
\section{Die erste Seite}
\blindtext
\includepdf[pages=16-17]{data/ConTeXt/buch}
\section{Die vierte Seite}
\blindtext
```

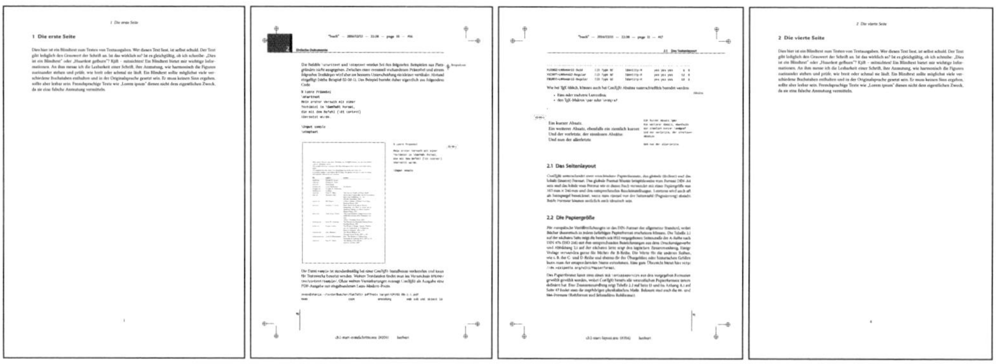

Kapitel **11**

Gleitumgebungen

11.1 Definition 216
11.2 Platzierung 217
11.3 Parameter 219
11.4 Über- oder Unterschriften 222
11.5 Seitliche Beschriftungen 228
11.6 Die Formatierung der Beschriftung 230
11.7 Nicht-gleitende Abbildungen und Tabellen 236
11.8 Mehrere Objekte in einer Gleitumgebung 239
11.9 Ganz- und mehrseitige Objekte mit dem Paket `hvfloat` 246
11.10 Textumflossene Tabellen und Abbildungen 259
11.11 TEXnisches 260

Das optimal gesetzte Dokument hält alle zusammenhängenden Objekte wie Text, Gleichungen, Bilder oder Tabellen so zusammen, dass sie auf einer Seite erscheinen; ein Umblättern sollte nur nötig sein, weil die aktuelle Seite gefüllt ist. Diesem Ideal steht aber die Wirklichkeit entgegen, denn wenn zwei zusammenhängende Grafiken bereits mehr Platz als eine Seite benötigen, kann der zugehörige Text oder Hinweis auf die Grafiken oft nur auf einer der beiden Seiten erscheinen. Andererseits verlangen manche Vorgaben, dass Abbildungen grundsätzlich oben auf einer Seite erscheinen sollen, was ebenfalls eine Beeinträchtigung für den Textsatz darstellt. Aus wissenschaftlicher Sicht ist es im Prinzip unerheblich, wo eine Abbildung erscheint, denn diese sollte normalerweise mit einer Beschriftung (`\caption`) versehen werden, auf die man im Text mit einem Verweis Bezug nehmen kann. Zudem haben Grafiken, auf die im Text *nicht* Bezug genommen wird, nichts in einer wissenschaftlichen Arbeit zu suchen.

Es gibt noch weitere Kriterien, die eine Platzierung von Abbildungen und Tabellen beeinflussen, wie beispielsweise den prozentualen Textanteil auf einer Seite, die Anzahl an Abbildungen oder Tabellen auf einer Seite usw. LATEX gibt dem Anwender mit sogenannten Gleitumgebungen (Floats) die Möglichkeit, die Kontrolle über die Platzierung derartiger Objekte grundsätzlich LaTeX selbst zu überlassen, um möglichst viele Kriterien berücksichtigen zu können.

11.1 Definition

Jede Umgebung, die nicht notwendigerweise an der Stelle erscheinen muss, wo sie im Quelltext auftritt, wird formal als Gleitumgebung bezeichnet. LaTeX selbst unterscheidet hierbei nicht zwischen Tabellen, Abbildungen oder anderen Objekten. Der Inhalt einer Gleitumgebung ist daher für LaTeX uninteressant, auch wenn man allgemein davon ausgehen kann, dass in einer Umgebung `table` eine Tabelle zu finden sein wird. Die speziellen Gleitumgebungen für Tabellen oder Abbildungen werden erst durch die jeweiligen Dokumentenklassen definiert, wobei man davon ausgehen kann, dass dies mindestens für die folgenden beiden gilt:

```
\begin{figure*} [Platzierung] ... \end{figure*}
\begin{table*} [Platzierung] ... \end{table*}
\suppressfloats [Platzierung]
```

Die Sternversionen beziehen sich ausschließlich auf den Zweispaltensatz durch `\twocolumn` und ermöglichen eine Anordnung über beide Spalten hinweg. Sie funktionieren nicht mit der bekannten Umgebung `multicols` aus dem Paket `multicol`.

Die beiden Umgebungen `figure` und `table` unterscheiden sich lediglich in der Weise, dass sie getrennte Listen führen, die für Beschriftungen genutzt werden können. Diese werden dann häufig als Tabellen- und Abbildungsverzeichnis am Anfang oder Ende eines größeren Dokumentes ausgegeben. Die formale Struktur einer Gleitumgebung vom Typ `table` ist:

```
\begin{table}
\centering % Falls Tabelle/Abbildung zentriert werden soll
\caption{Es folgt eine Tabelle}\label{tab:xyz}
\begin{tabular}{...}
...
\end{tabular}
\end{table}
```

Bei Abbildungen kommt lediglich die `\caption` *nach* dem Befehl `\includegraphics`. Ansonsten unterscheiden sich die Gleitumgebungen nicht.

Gleitobjekte

Ein Gleitobjekt kann *keinen* Seitenumbruch haben, womit das Objekt auch nicht größer als eine Seite sein kann. Der Typ (Abbildung oder Tabelle) wird durch den Namen des Gleitobjekts festgelegt. Ein Gleitobjekt muss nicht zwingend eine Beschriftung enthalten.

11.2 Platzierung

Der optionale Platzierungsparameter kann die Werte `t` (top), `b` (bottom), `p` (page), `h` (here) und `!` annehmen. Hierbei ist insbesondere `h` nicht *wörtlich* zu nehmen, da diese Angabe nur in Abhängigkeit der in Tabelle 11.1 auf Seite 219 angegebenen Parameter zu sehen ist. Nur wenn die dort aufgeführten Randbedingungen nicht verletzt werden, wird bei der Platzierung der Gleitumgebung dem Parameter `h` entsprochen. Wie man Abbildungen und Tabellen absolut positionieren kann, wird in Abschnitt 11.7 auf Seite 236 gezeigt. Die Reihenfolge der Platzierungsparameter ist unwichtig, `bt` hat daher dieselbe Auswirkung wie `tb`. Wird dem Parameter das Ausrufezeichen vorangestellt, so werden alle Randbedingungen aus Tabelle 11.1 auf Seite 219 ignoriert und ein `!b` würde die Gleitumgebung auch dann unten auf die Seite setzen, wenn die Vorgabe von `\bottomfraction` nicht erfüllt würde. Voraussetzung ist allerdings, dass die Gleitumgebung grundsätzlich auf die aktuelle Seite passt und alle vorhergehenden Gleitumgebungen bereits von LaTeX gesetzt wurden. *here*

Die Standardplatzierung (float placement specifier) wird im Allgemeinen in der Dokumentenklasse festgelegt. In der Regel werden diese auf den Wert `tbp` gesetzt, können aber vom Anwender global für das ganze Dokument mithilfe des Paketes `hvfloat-fps` überschrieben werden.

```
\usepackage[figure=b]{hvfloat-fps}
```

-02-1

```
\textDemo
\begin{figure} \centering\rule{0.75\linewidth}{1cm} \end{figure}
\textDemo
\begin{figure} \centering\rule{0.75\linewidth}{1cm} \end{figure}
\textDemo
\vfill
Das Ende vom Lied \ldots
```

Vor dem Beginn der Installation sollte man sich vergewissern, ob nicht eine bereits vorhandene TeX-Installation existiert, die schon Umgebungsvariablen entsprechend gesetzt hat. Insbesondere unter Windows kann es hier zu Problemen kommen, sicherheitshalber sollte man eventuell vorher eine existierende TeX-Installation entfernen.

Vor dem Beginn der Installation sollte man sich vergewissern, ob nicht eine bereits vorhandene TeX-Installation existiert, die schon Umgebungsvariablen entsprechend gesetzt hat. Insbesondere unter Windows kann es hier zu Problemen kommen, sicherheitshalber sollte man eventuell vorher eine existierende TeX-Installation entfernen.

Vor dem Beginn der Installation sollte man sich vergewissern, ob nicht eine bereits vorhandene TeX-Installation existiert, die schon Umgebungsvariablen entsprechend gesetzt hat. Insbesondere unter Win-

Die folgende Zusammenstellung zeigt den Ablauf für die Platzierungsentscheidung, ausgehend von der Platzierungsangabe:

1. Ist ! angegeben, ignoriere die in Tabelle 11.1 auf der nächsten Seite angegeben Randbedingungen.
2. Ist h angegeben, dann versuche die Gleitumgebung an die aktuelle Position zu setzen. Ist dies wegen der gegebenen Randbedingungen nicht möglich, dann ersetze h durch t, womit die Gleitumgebung frühestens auf der nächsten Seite erscheinen kann.
3. Ist t angegeben, so versuche die Gleitumgebung oben auf die aktuelle oder folgende Seite zu setzen.
4. Ist b angegeben, so versuche die Gleitumgebung unten auf die aktuelle oder folgende Seite zu setzen.
5. Ist p angegeben, so setze die Gleitumgebung alleine ohne Text auf die folgende Seite.

Mit \suppressfloats kann das Setzen von Gleitumgebungen mit den Platzierungsparametern b und t für die aktuelle Seite unterbunden werden. Wird einer dieser beiden Platzierungsparameter explizit angegeben, so bezieht sich dieses Unterbinden nur auf diese Platzierungsart. Insbesondere beim Anfang oder Ende eines Abschnitts in der Mitte einer Seite kann die Anwendung dieses Makros sinnvoll sein, da TEX nicht überprüft, ob der Abschnitt, der die Gleitumgebung definiert, schon begonnen beziehungsweise beendet wurde. Im Beispiel 11-02-2 befinden sich daher beide Gleitumgebungen im falschen Abschnitt.

11-02

```
\section{Erster Abschnitt}
\textDemo
\section{Zweiter Abschnitt}
\begin{figure}[htp] \centering\rule{0.75\linewidth}{1cm} \end{figure}
\textDemo
\section{Dritter Abschnitt}
\begin{figure}      \centering\rule{0.75\linewidth}{1cm} \end{figure}
\textDemo
\vfill
Das Ende vom Lied \ldots
```

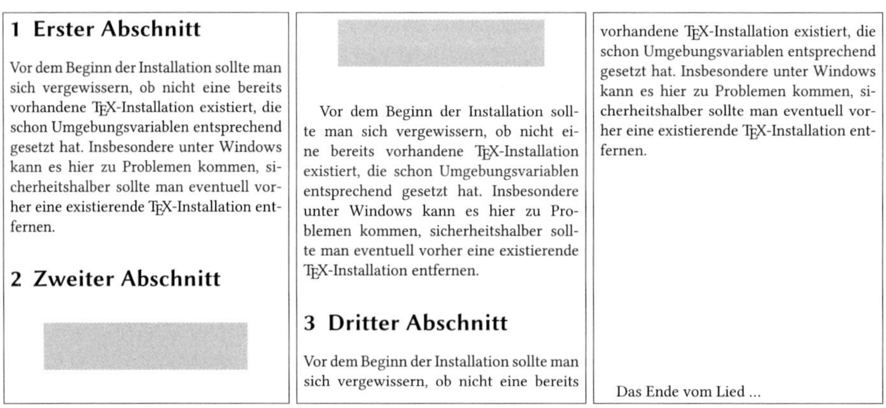
1 Erster Abschnitt

Vor dem Beginn der Installation sollte man sich vergewissern, ob nicht eine bereits vorhandene TEX-Installation existiert, die schon Umgebungsvariablen entsprechend gesetzt hat. Insbesondere unter Windows kann es hier zu Problemen kommen, sicherheitshalber sollte man eventuell vorher eine existierende TEX-Installation entfernen.

2 Zweiter Abschnitt

Vor dem Beginn der Installation sollte man sich vergewissern, ob nicht eine bereits vorhandene TEX-Installation existiert, die schon Umgebungsvariablen entsprechend gesetzt hat. Insbesondere unter Windows kann es hier zu Problemen kommen, sicherheitshalber sollte man eventuell vorher eine existierende TEX-Installation entfernen.

3 Dritter Abschnitt

Vor dem Beginn der Installation sollte man sich vergewissern, ob nicht eine bereits vorhandene TEX-Installation existiert, die schon Umgebungsvariablen entsprechend gesetzt hat. Insbesondere unter Windows kann es hier zu Problemen kommen, sicherheitshalber sollte man eventuell vorher eine existierende TEX-Installation entfernen.

Das Ende vom Lied ...

Im folgenden Beispiel 11-02-3 wurde nach dem Beginn des dritten Abschnitts das Setzen der Gleitumgebung auf der oberen Seite durch \suppressfloats[t] unterbunden.

11-02

```
\section{Erster Abschnitt}
\textDemo
\section{Zweiter Abschnitt}
\begin{figure}[htp] \centering\rule{0.75\linewidth}{1cm} \end{figure}
```

```
\textDemo
\section{Dritter Abschnitt}   \suppressfloats[t]
\begin{figure}      \centering\rule{0.75\linewidth}{1cm} \end{figure}
\textDemo
\vfill
Das Ende vom Lied \ldots
```

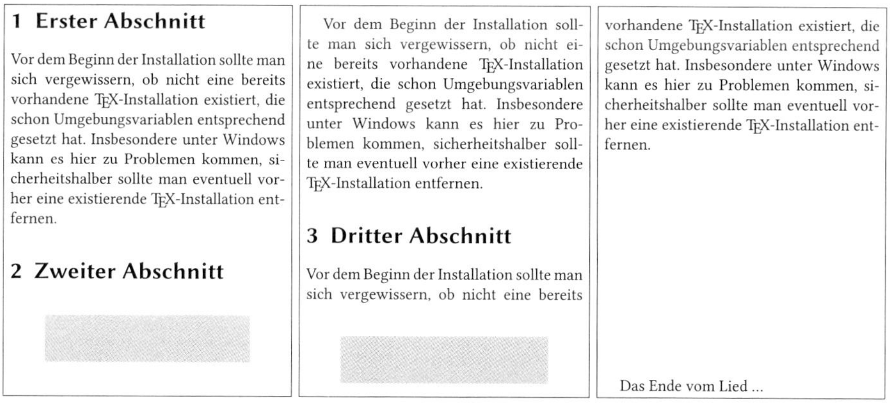

1 Erster Abschnitt

Vor dem Beginn der Installation sollte man sich vergewissern, ob nicht eine bereits vorhandene TEX-Installation existiert, die schon Umgebungsvariablen entsprechend gesetzt hat. Insbesondere unter Windows kann es hier zu Problemen kommen, sicherheitshalber sollte man eventuell vorher eine existierende TEX-Installation entfernen.

2 Zweiter Abschnitt

Vor dem Beginn der Installation sollte man sich vergewissern, ob nicht eine bereits vorhandene TEX-Installation existiert, die schon Umgebungsvariablen entsprechend gesetzt hat. Insbesondere unter Windows kann es hier zu Problemen kommen, sicherheitshalber sollte man eventuell vorher eine existierende TEX-Installation entfernen.

3 Dritter Abschnitt

Vor dem Beginn der Installation sollte man sich vergewissern, ob nicht eine bereits vorhandene TEX-Installation existiert, die schon Umgebungsvariablen entsprechend gesetzt hat. Insbesondere unter Windows kann es hier zu Problemen kommen, sicherheitshalber sollte man eventuell vorher eine existierende TEX-Installation entfernen.

Das Ende vom Lied ...

11.3 Parameter

Die Tabelle 11.1 stellt alle möglichen Parameter mit ihren Standardwerten zusammen. Diese gelten für alle Gleitumgebungen, unabhängig davon, ob es sich dabei um eine Tabelle, eine Abbildung oder ein anderes Objekt handelt. Zähler können dabei über `\setcounter`, Längen über `\setlength` und Makros über `\renewcommand` geändert werden.

Tabelle 11.1: Zusammenstellung der Parameter für Gleitumgebungen

Name	*Vorgabe*	*Bedeutung*
`topnumber`	2	Zähler: Legt die Maximalzahl an Gleitobjekten am Anfang einer Seite oder Spalte fest.
`bottomnumber`	1	Zähler: Legt die Maximalzahl an Gleitobjekten am Ende einer Seite oder Spalte fest.
`totalnumber`	3	Zähler: Legt die Maximalzahl an Gleitobjekten auf einer Seite oder in einer Spalte fest.
`dbltopnumber`	2	Zähler: Legt die Maximalzahl an spaltenübergreifenden Gleitobjekten am Anfang einer Seite im Zweispaltensatz fest.
`\topfraction`	0.7	Makro: Legt den relativen Platzanteil einer Seite fest, der durch Gleitumgebungen am Kopf der Seite oder Spalte eingenommen werden darf. Die Vorgabe entspricht 70 % der bedruckbaren Seitenhöhe.
`\bottomfraction`	0.3	Makro: Legt den relativen Platzanteil einer Seite oder Spalte fest, der durch Gleitumgebungen am Fuß der Seite oder Spalte eingenommen werden darf. Die Vorgabe entspricht 30 % der bedruckbaren Seitenhöhe.
`\textfraction`	0.2	Makro: Legt den minimalen relativen Textanteil einer Seite oder Spalte fest, der nicht unterschritten werden darf.

Fortsetzung ...

... Fortsetzung

Name	*Vorgabe*	*Bedeutung*
\floatpagefraction	0.5	Makro: Legt den minimalen relativen Anteil an Gleitobjekten einer Seite oder Spalte fest, die nur Gleitobjekte enthält. Dieser Wert darf nicht unterschritten werden.
\dbltopfraction	0.7	Makro: Legt den relativen Platzanteil einer Seite im Zweispaltensatz fest, der durch spaltenübergreifende Gleitumgebungen am Kopf der Seite eingenommen werden darf. Die Vorgabe entspricht 70 % der bedruckbaren Seitenhöhe.
\dblfloatpagefraction	0.5	Makro: Legt den minimalen relativen Anteil an spaltenübergreifenden Gleitobjekten einer Seite im Zweispaltensatz fest, die nur Gleitobjekte enthält. Dieser Wert darf nicht unterschritten werden.
\floatsep	–[1]	Länge: Zusätzlicher vertikaler Abstand zwischen Gleitobjekten am Kopf oder Fuß einer Seite oder Spalte.
\textfloatsep	–[2]	Länge: Zusätzlicher vertikaler Abstand zwischen Gleitobjekten und Text am Kopf oder Fuß einer Seite oder Spalte.
\intextsep	–[3]	Länge: Zusätzlicher vertikaler Abstand vor und nach Gleitobjekten in der Mitte einer Seite oder Spalte, wenn der Platzierungsparameter h gegeben ist.
\dblfloatsep	–[3]	Länge: Zusätzlicher vertikaler Abstand zwischen Gleitobjekten, die über beide Spalten im Zweispaltensatz gehen.
\dbltextfloatsep	–[4]	Länge: Zusätzlicher vertikaler Abstand nach Gleitobjekten, die über beide Spalten im Zweispaltensatz gehen.
\topfigrule	–	Trennelement zwischen Gleitobjekt und folgendem Text am Anfang einer Seite, in der Regel eine Linie. Diese darf keinen vertikalen Platz belegen und wird direkt vor dem vertikalen Abstand \textfloatsep eingefügt!
\botfigrule	–	Dito, für den Fuß einer Seite.
\dblfigrule	–	Dito, für den Zweispaltensatz.

Die Vorgaben für die einzelnen Parameter sind nicht immer optimal, sodass es empfehlenswert ist, diese wie folgt zu verändern.

\topfraction, \bottomfraction Diese Werte sollte man nicht zu groß wählen, bei vielen Abbildungen lieber den Wert von \floatpagefraction kleiner wählen. Insbesondere \bottomfraction sollte man klein halten, da Abbildungen gewöhnlich auf einer Seite oben vermutet werden. Empfehlenswert sind Werte zwischen 0.5 und 0.85 (50% und 85%) für \topfraction und 0.2 bis 0.5 (20% bis 50%) für \bottomfraction.

- Einer dieser beiden Werte sollte stets größer als \floatpagefraction sein.
- \topfraction sollte nie auf 1 gesetzt werden.
- \bottomfraction sollte nie auf 0 gesetzt werden.

`\renewcommand\topfraction{0.8}` `\renewcommand\bottomfraction{0.5}`

\dbltopfraction,\dblfloatpagefraction

`\renewcommand\dbltopfraction{0.8}` `\renewcommand\dblfloatpagefraction{0.6}`

[1] Vorgabe ist abhängig von der Schriftgröße. 12 pt plus 2 pt minus 2 pt für 10 pt und 11 pt Grundschrift und 12 pt plus 2 pt minus 4 pt für eine 12 pt Grundschrift.

[2] Vorgabe: 20 pt plus 2 pt minus 4 pt

[3] Siehe \floatsep

[4] Siehe \textfloatsep

topnumber, totalnumber Hat man viele kleine Abbildungen sollte man den Wert erhöhen. Will man Abbildungen möglichst auf eine »float page«' setzen, sollte man topnumber und bottomnumber auf 0 setzen und \floatpagefraction bis auf 0.01 verringern.
`\setcounter{topnumber}{3}` `\setcounter{totalnumber}{5}`

-03-1

```
\usepackage[figure=b]{hvfloat-fps}

\textDemo
\begin{figure} \centering\rule{0.75\linewidth}{2.7cm} \end{figure}
\textDemo
\begin{figure} \centering\rule{0.75\linewidth}{2.7cm} \end{figure}
\textDemo
\vfill
Das Ende vom Lied \ldots \clearpage
%
\textDemo
\begin{figure}[!b] \centering\rule{0.75\linewidth}{2.7cm} \end{figure}
\textDemo
\begin{figure}[!b] \centering\rule{0.75\linewidth}{2.7cm} \end{figure}
\textDemo
\vfill
Das Ende vom zweiten Lied \ldots
```

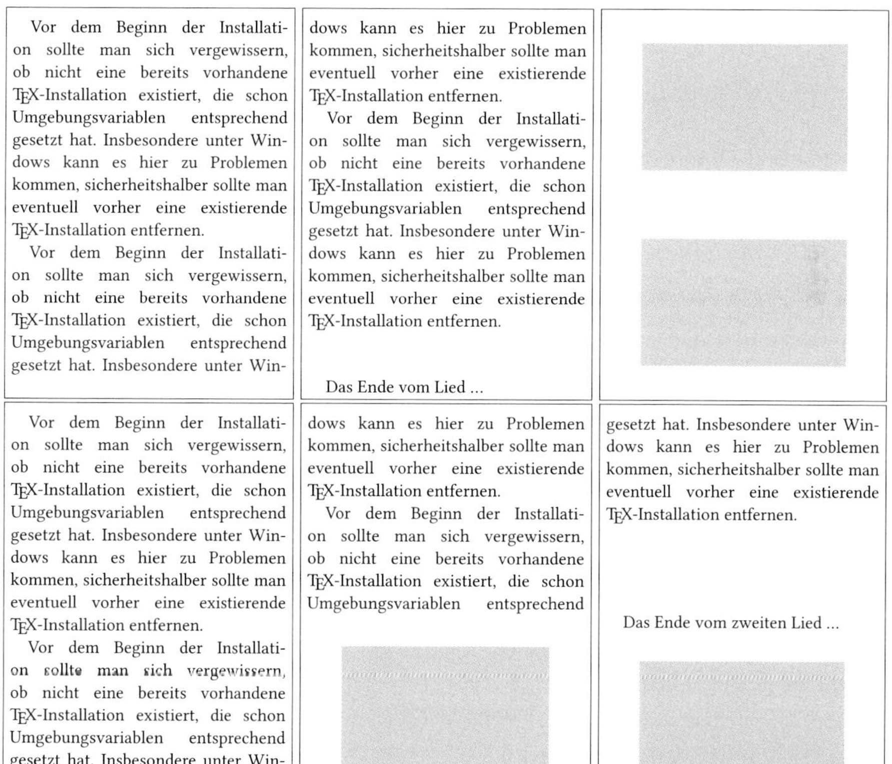

Werden die im Beispiel 11-02-1 auf Seite 217 vorhandenen Gleitumgebungen auf 50 % der Texthöhe vergrößert, so wird die Randbedingung von \bottomfraction verletzt, sodass die Gleitumgebungen auf eine eigene Seite gesetzt werden. Dies erfolgt dann unabhängig davon, ob auf der vorhergehenden Seite noch Platz für die Grafik wäre. Dies kann verhindert werden, indem der Platzierungsvorgabe das Ausrufezeichen mitgegeben wird, wodurch die Randbedingung nun nicht mehr beachtet wird und die Gleitumgebungen wieder unten auf der Seite landen. Durch die Verwendung von \clearpage werden erst alle offenen Gleitumgebungen ausgegeben und danach eine neue Seite begonnen (Beispiel 11-03-1 auf der vorherigen Seite).

\clearpage

11.4 Über- oder Unterschriften

Normalerweise wird eine Abbildung mit einer Unterschrift und eine Tabelle mit einer Überschrift versehen, wozu LaTeX allgemein das Makro \caption bereitstellt. Für Tabellen sind in der Literatur teilweise auch Unterschriften zu finden. Dies sollte man vermeiden, da es insbesondere bei mehrseitigen Tabellen vorteilhafter ist, wenn man gleich zu Beginn der Tabelle die Beschriftung lesen kann. Eine Beschriftung erscheint grundsätzlich dort, wo sie innerhalb der Gleitumgebung angegeben wurde. Da im Allgemeinen die *vertikalen* Abstände vor und nach einer Beschriftung nicht gleich sind, muss KOMA-Script mitgeteilt werden, wo man die einzelnen Beschriftungen anordnen wird. Nur dann kann KOMA-Script die vertikalen Abstände korrekt setzen. Dies ist wichtig, da ohne weiteres widersprüchliche Angaben möglich sind, beispielsweise caption=heading und dann die Anordnung von \caption *unterhalb* des Objekts. In solchen Fällen ergeben sich dann ungünstige vertikale Abstände; die Beschriftung »klebt« zu dicht am Objekt.

Das folgende Beispiel 11-04-1 zeigt diesen Sachverhalt anschaulich; im zweiten Beispiel wurde die Beschriftung oberhalb gesetzt, obwohl KOMA-Script über die Dokumentenklassen-Option captions=bottom mitgeteilt wurde, dass sie *alle* unterhalb erscheinen werden. Tabelle 11.2 auf der nächsten Seite stellt die möglichen Werte für die Formatierung der Beschriftung zusammen.

Hier kommt normaler Text in der Zeile, der auch länger sein kann.

Abbildung 1: Korrekte Abstände von Beschriftung und Gleitobjekt.

Hier kommt normaler Text in der Zeile, der auch länger sein kann.

Abbildung 2: Falsche Abstände der Beschriftung; der Text ist zu dicht am Objekt.

```
\documentclass[captions=bottom]{scrartcl}

Hier kommt normaler Text in der Zeile, der
auch länger sein kann.

\begin{figure}
\centering\rule{0.75\linewidth}{1cm}
\caption{Korrekte Abstände von Beschriftung
  und Gleitobjekt.}
\end{figure}

Hier kommt normaler Text in der Zeile, der
auch länger sein kann.

\begin{figure}
\caption{Falsche Abstände der Beschriftung; der
Text ist zu dicht am Objekt.}
\centering\rule{0.75\linewidth}{1cm}
\end{figure}
```

11-04-1

TEXnisches

Der Abstand oberhalb einer Beschriftung (`\caption`) ist in dem Längenmakro `\abovecaptionskip` (Vorgabe Standard-LaTeX und KOMA-Script: 10 pt) und der Abstand unterhalb in `\belowcaptionskip` (Vorgabe Standard-LaTeX und KOMA-Script: 0 pt) gespeichert. Zur Erinnerung: 28,82 pt $\approx$ 1 cm

Tabelle 11.2: Zusammenstellung der möglichen Werte für die Option `caption` für Gleitumgebungen.

Name	*Bedeutung*
`bottombeside` `besidebottom`	Anordnung der Beschriftung bei der Umgebung `captionbeside`, die hier mit der Grundlinie auf Höhe der Grundlinie des Inhalts der Gleitumgebung ausgerichtet wird.

`centeredbeside`
`besidecentered`
`middlebeside`
`besidemiddle`
	Anordnung der Beschriftung bei der Umgebung `captionbeside`, die hier zentriert zum Inhalt der Gleitumgebung ausgerichtet wird.

`figureheading`
`figureabove`
`abovefigure`
`topatfigure`
	Bei Abbildungen wird unabhängig von `captions=signature` die Formatierung als Überschrift gewählt.

`figuresignature`
`figurebelow`
`belowfigure`
`bottomatfigure`
	Bei Abbildungen wird unabhängig von `captions=heading` die Formatierung als Unterschrift gewählt.

`heading`
`above`
`top`
	Beschriftungen werden als Überschriften formatiert. Die Option impliziert auch `captions=tableheading` und `captions=figureheading`.

`innerbeside` `besideinner`	Beschriftungen der Umgebung `captionbeside` (siehe Abschnitt 11.5 auf Seite 228) werden bei zweiseitigem Satz innen neben dem Inhalt der Gleitumgebung gesetzt. Dies entspricht im einseitigen Satz `captions=leftbeside`.
`leftbeside` `besideleft`	Beschriftungen der Umgebung `captionbeside` werden links neben dem Inhalt der Gleitumgebung gesetzt.
`nooneline`	Einzeilige Über- und Unterschriften von Gleitumgebungen werden nicht gesondert behandelt.
`oneline`	Einzeilige Über- und Unterschriften von Gleitumgebungen werden im Allgemeinen unabhängig von der eigentlichen Formatierung zentriert.
`outerbeside` `besideouter`	Beschriftungen der Umgebung `captionbeside` werden bei zweiseitigem Satz außen neben dem Inhalt der Gleitumgebung gesetzt. Dies entspricht im einseitigen Satz `captions=rightbeside`.
`rightbeside` `besideright`	Beschriftungen der Umgebung `captionbeside` werden rechts neben dem Inhalt der Gleitumgebung gesetzt.
`topbeside` `besidetop`	Beschriftungen der Umgebung `captionbeside` werden mit der obersten Grundlinie auf Höhe der obersten Grundlinie des Inhalts der Gleitumgebung ausgerichtet.

Fortsetzung ...

... Fortsetzung

Name	*Bedeutung*
signature below bot bottom	Beschriftungen werden als Unterschriften formatiert. Diese Option impliziert auch captions=tablesignature und captions=figuresignature.
tableheading tableabove abovetable abovetabular topattable	Bei Tabellen wird unabhängig von captions=signature die Formatierung als Überschrift gewählt.
tablesignature belowtable belowtabular bottomattable	Bei Tabellen wird unabhängig von captions=heading die Formatierung als Unterschrift gewählt.

KOMA-Script stellt prinzipiell drei Makros für die Anordnung der Beschriftung bereit. Dabei sollte man in der Regel nur \caption benutzen und auf eine korrekte Einstellung der Parameter achten.

```
\caption[ListOf-Eintrag]{Beschriftung}
\label{Name}
\captionbelow[ListOf-Eintrag]{Beschriftung}
\captionabove[ListOf-Eintrag]{Beschriftung}
```

\label nach \caption!

Der Typ der Gleitumgebung spielt erst bei Anwendung des Makros \caption eine Rolle; für eine Umgebung figure wird die Bildunterschrift automatisch mit »Figure« beziehungsweise »Abbildung« eingeleitet. Für eine Umgebung table dann analog »Table« beziehungsweise »Tabelle«. Welche der Varianten benutzt wird, hängt von der verwendeten Dokumentensprache und einem Paket ab, welches Spracheinstellungen unterstützt (siehe auch Abschnitt 5.2 auf Seite 55). Wichtig ist vor allen Dingen, dass ein Label *immer nach* einer Caption gesetzt wird; ansonsten stimmt der interne Zähler nicht, der erst durch den Befehl \caption aktualisiert wird.

11-04

```
\usepackage{caption}
\usepackage[figure=ht]{hvfloat-fps}
\usepackage{varioref}

\textDemo
\begin{figure}
\centering\rule{0.75\linewidth}{1cm}
\caption{Ein breiter, schwarzer Strich}\label{fig:demo}
\end{figure}
\textDemo
\begin{table}
\caption{Ein breite, schwarze Tabelle}\label{tab:demo}
\centering\rule{0.75\linewidth}{2.75cm}
\end{table}
\textDemo
\vfill
Siehe auch Abbildung~\vref{fig:demo} und Tabelle~\vref{tab:demo}\ldots
```

Vor dem Beginn der Installation sollte man sich vergewissern, ob nicht eine bereits vorhandene TEX-Installation existiert, die schon Umgebungsvariablen entsprechend gesetzt hat. Insbesondere unter Windows kann es hier zu Problemen kommen, sicherheitshalber sollte man eventuell vorher eine existierende TEX-Installation entfernen.

Abbildung 1: Ein breiter, schwarzer Strich

Vor dem Beginn der Installation sollte man sich vergewissern, ob nicht eine bereits vorhandene TEX-Installation existiert, die schon Umgebungsvariablen entsprechend gesetzt hat. Insbesondere unter Windows kann es hier zu Problemen kommen, sicherheitshalber sollte man eventuell vorher eine existierende TEX-Installation entfernen.

Vor dem Beginn der Installation sollte man sich vergewissern, ob nicht eine bereits vorhandene TEX-Installation existiert, die schon Umgebungsvariablen entsprechend gesetzt hat. Insbesondere unter Win-

Tabelle 1: Ein breite, schwarze Tabelle

dows kann es hier zu Problemen kommen, sicherheitshalber sollte man eventuell vorher eine existierende TEX-Installation entfernen.

Siehe auch Abbildung 1 auf Seite 1 und Tabelle 1...

Die Gleitumgebungen erlauben faktisch jeden Inhalt; in einer Umgebung `figure` kann ohne weiteres eine Tabelle oder Gleichung enthalten sein. Ein *Seitenumbruch* ist nicht möglich – eine `longtable` innerhalb einer Gleitumgebung macht daher keinen Sinn. Das Makro `\caption` »fragt« intern nur nach dem Typ der Gleitumgebung, kann in Standard-LATEX somit auch mehrfach in einer Gleitumgebung angewendet werden.

```
\usepackage[all=ht]{hvfloat-fps}  \usepackage{varioref}
```

-04-3

```
\textDemo
\begin{figure}[htb] \centering \rule{0.75\linewidth}{1cm}
\caption{Ein breiter, schwarzer Strich}\label{fig:demo1}
\centering\rule{0.75\linewidth}{1cm}
\caption{Ein breiter, schwarzer Strich}\label{fig:demo2}
\end{figure} \textDemo \begin{table}
\caption{Ein breite, schwarze Tabelle}\label{tab:demo1}
\centering\rule{0.75\linewidth}{1cm}
\caption{Ein breite, schwarze Tabelle}\label{tab:demo2}
\centering\rule{0.75\linewidth}{1cm}
\end{table}
\textDemo   \vfill
Siehe auch Abbildung~\ref{fig:demo1} und \vref{fig:demo2} und Tabelle~\vref{tab:demo1}\ldots
```

Vor dem Beginn der Installation sollte man sich vergewissern, ob nicht eine bereits vorhandene TEX-Installation existiert, die schon Umgebungsvariablen entsprechend gesetzt hat. Insbesondere unter Windows kann es hier zu Problemen kommen, sicherheitshalber sollte man eventuell vorher eine existierende TEX-Installation entfernen.

Vor dem Beginn der Installation sollte man sich vergewissern, ob nicht eine bereits vorhandene TEX-Installation existiert, die schon Umgebungsvariablen entsprechend gesetzt hat. Insbesondere unter Windows kann es hier zu Problemen kommen, sicherheitshalber sollte man eventuell vorher eine existierende TEX-Installation entfernen.

Abbildung 1: Ein breiter, schwarzer Strich

Abbildung 2: Ein breiter, schwarzer Strich

Vor dem Beginn der Installation sollte man sich vergewissern, ob nicht eine bereits vorhandene TEX-Installation existiert, die schon Umgebungsvariablen entsprechend gesetzt hat. Insbesondere unter Windows kann es hier zu Problemen kommen, sicherheitshalber

Tabelle 1: Ein breite, schwarze Tabelle

Tabelle 2: Ein breite, schwarze Tabelle

sollte man eventuell vorher eine existierende TEX-Installation entfernen.

Siehe auch Abbildung 1 und 2 auf der vorherigen Seite und Tabelle 1...

Das optionale Argument von `\caption` sollte immer dann verwendet werden, wenn man ein Verzeichnis der Gleitumgebungen ausgeben und dabei lange Einträge vermeiden will. Typografisch ist es sinnvoller, wenn in dem Verzeichnis ähnlich zum normalen Inhaltsverzeichnis nur einzeilige Angaben erscheinen. Dies macht es dem Leser einfacher, sich in längeren Listen zurechtzufinden.

11.4.1 Mehrere Beschriftungen in einer Gleitumgebung

Die Zahl der Beschriftungen in einer Gleitumgebung ist grundsätzlich nicht beschränkt, denn mit der Anwendung von `\caption` wird lediglich überprüft, ob man sich in einer Gleitumgebung befindet und wenn ja, wird der aktuelle Zähler inkrementiert. Daher lassen sich auch Abbildungen oder Tabellen nebeneinander mit jeweils eigenen Beschriftungen setzen, wenn diese in eine `minipage` gesetzt werden. Sollen die Objekte untereinander gesetzt werden, so braucht nichts weiter beachtet zu werden.

```
\renewcaptionname{ngerman}{\figurename}{Abb.} \renewcaptionname{ngerman}{\tablename}{Tab.}
```

11-04

```
\textDemo \begin{figure} \centering
  \begin{minipage}{0.48\linewidth}
  \centering\rule{0.75\linewidth}{1cm}\caption{Ein breiter, schwarzer Strich}
  \end{minipage}\hfill% damit eine Links-Rechts-Anordnung entsteht
  \begin{minipage}{0.48\linewidth}
  \centering\Rule{0.5\linewidth}{1cm}\caption{Noch ein breiter, schwarzer Strich}
  \end{minipage}
  \par\bigskip\textcolor{lightgray}{\rule{0.9\linewidth}{1cm}}
  \caption{Eine Beschriftung über die gesamte Breite der Zeile.}\label{fig:A}
\end{figure}
\textDemo
\begin{table}\centering
  \caption{Eine Tabellenbeschriftung über die gesamte Breite (siehe auch Abb~\protect\ref{fig:A}
  \textcolor{lightgray}{\rule{0.9\linewidth}{1cm}}
  \par\bigskip
  \begin{minipage}{0.48\linewidth}
  \centering\caption{Eine breite, schwarze Tabelle}\rule{0.5\linewidth}{1cm}
  \end{minipage}\hfill% damit eine Links-Rechts-Anordnung entsteht
  \begin{minipage}{0.48\linewidth} \centering
  \caption{Noch eine breite, schwarze Tabelle}
  \Rule{0.75\linewidth}{1cm}
  \end{minipage}
\end{table} \textDemo
```

Abb. 1: Ein breiter, schwarzer Strich

Abb. 2: Noch ein breiter, schwarzer Strich

Abb. 3: Eine Beschriftung über die gesamte Breite der Zeile.

Vor dem Beginn der Installation sollte man sich vergewissern, ob nicht eine bereits vorhandene TEX-Installation existiert, die schon Umgebungsvariablen entsprechend gesetzt hat. Insbesondere unter Windows kann es hier zu Problemen kommen, sicherheitshalber sollte man eventuell vorher eine existierende TEX-Installation entfernen.

Vor dem Beginn der Installation sollte man sich vergewissern, ob nicht eine bereits vorhandene TEX-Installation existiert, die schon Umgebungsvariablen entsprechend gesetzt hat. Insbesondere unter Windows kann es hier zu Problemen kommen, sicherheitshalber sollte man eventu-

1

Tab. 1: Eine Tabellenbeschriftung über die gesamte Breite (siehe auch Abb 3).

Tab. 2: Eine breite, schwarze Tabelle

Tab. 3: Noch eine breite, schwarze Tabelle

ell vorher eine existierende TEX-Installation entfernen.

Vor dem Beginn der Installation sollte man sich vergewissern, ob nicht eine bereits vorhandene TEX-Installation existiert, die schon Umgebungsvariablen entsprechend gesetzt hat. Insbesondere unter Windows kann es hier zu Problemen kommen, sicherheitshalber sollte man eventuell vorher eine existierende TEX-Installation entfernen.

2

11.4.2 Querverweise in Beschriftungen

Beispiel 11-04-4 auf der vorherigen Seite zeigt die Anwendung des Makros \ref innerhalb des Makros \caption. Es handelt sich hier um ein »moving argument«, welches nicht vorzeitig expandiert (zerlegt) werden darf (siehe Abschnitt A.6.1 auf Seite 399). Diese Problematik kann immer dann auftreten, wenn ein Makro im Argument eines anderen Makros erscheint. In solchen Fällen ist dann das innere Makro durch ein vorangestelltes \protect vor dem Zerbrechen zu schützen.

11.4.3 Fußnoten in Beschriftungen

Fußnoten in Beschriftungen von Gleitumgebungen sind grundsätzlich problematisch, da LaTeX zuerst den normalen Text formatiert, um anhand der Kriterien aus Tabelle 11.1 auf Seite 219 zu entscheiden, wo die Gleitumgebung mit der Beschriftung zu platzieren ist. Dadurch ist es dann zu spät für die Fußnote, sie fehlt einfach. Eine denkbare Abhilfe wäre, wie bei Tabellen nur die Fußnotenmarkierung zu setzen und *nach* der Gleitumgebung den Fußnotentext. Hier erscheint dann zwar die Fußnote, aber zum einen stimmt die Zählung nicht mehr, da das \caption-Argument mehrmals gelesen wird und zum anderen kann die durch \footnotemark und \footnotetext gesetzte Fußnote auf der falschen Seite erscheinen. Ist man auf die Fußnote angewiesen, beispielsweise für eine Quellenangabe, so gibt es verschiedene Möglichkeiten. Man kann man den Inhalt der Gleitumgebung in eine minipage setzen, sodass die für eine minipage typische Form der Fußnote gesetzt wird. Die Fußnotenmarkierung wird im mathematischen Modus mit ^{a} gesetzt.

-04-5

ne existierende TeX-Installation entfernen.

Abbildung 1: Ein breiter, schwarzer Strich[a]

[a]Manchmal auch blau

Abbildungsverzeichnis

1 Ein breiter, schwarzer Strich 2

```
\textDemo \textDemo
\begin{figure}[!htb]
\begin{minipage}{\textwidth}
\centering\rule{0.75\linewidth}{1cm}
\caption[Ein breiter, schwarzer Strich]
        {Ein breiter, schwarzer Strich${}^a$}
\footnotetext[1]{Manchmal auch blau}
\end{minipage}
\end{figure}
\listoffigures
```

Zum anderen kann man in einem Durchgang das Dokument setzen, um die Position der Gleitumgebung zu ermitteln. Danach kann man mit \footnotetext den Fußnotentext irgendwo in den Quelltext setzen, wo man sicher ist, dass er auf derselben Seite der Gleitumgebung erscheinen wird.

11.5 Seitliche Beschriftungen

KOMA-Script kennt die Umgebung captionbeside, die eine seitliche Beschriftung eines Gleitobjekts erlaubt. Auch hier sollte man bei der Zuordnung Abbildung–unten und Tabelle–oben bleiben, wenn auch letzteres nicht automatisch erfolgen kann (vergleiche Beispiel 11-05-2 auf der nächsten Seite). Die Umgebung captionbeside *muss* selbst Teil einer Gleitumgebung sein, kann daher nicht isoliert verwendet werden.

\begin{captionbeside} [*ListOf*] {*Beschriftung*} [*Anordnung*] [*Breite*] [*Offset*] *
Gleitobjekt (Tabelle/Abbildung/...)
\end{captionbeside}

Die Umgebung hat nur die Beschriftung als verpflichtendes Argument; alle anderen sind optional und beeinflussen den Eintrag im Abbildungs- oder Tabellenverzeichnis (\listof...) oder die Positionierung der Beschriftung. Die Anordnung kann durch die vier Kürzel l (Links), r (Rechts), i (Innen) und o (Außen) vorgegeben werden. Standard für einseitige Dokumente ist Rechts und für zweiseitige Außen. Die {*Breite*} bezieht sich auf Beschriftung *und* Gleitobjekt und der {*Offset*} auf eine horizontale Verschiebung. Der optionale Stern kann diese Verschiebung beeinflussen, indem sie nicht mehr auf Links–Rechts, sondern Innen–Außen wirkt. Bei der Angabe der optionalen Argumente muss beachtet werden, dass jeweils direkt folgende weggelassen werden können, nicht jedoch *direkt* vorhergehende. Bei Angabe einer Breite muss daher auch die Anordnung vorgegeben werden, damit die Zuordnung der optionalen Argumente gewährleistet bleibt.

Das folgende Beispiel stellt ein einseitiges Dokument dar und verwendet nur das optionale Argument für den Eintrag in das Tabellenverzeichnis. Alle anderen Werte entsprechen den Standardvorgaben.

```
\usepackage[all=!htb]{hvfloat-fps} \usepackage{mwe}

Eine Beschriftung an der oberen Kante ausgerichtet zeigt Abb.~\ref{fig:captionbeside3}.
\blindtext
\begin{figure}
\begin{captionbeside}%
   [Beispiel: Bildbeschreibung daneben, unten]%
   {Eine Bildbeschreibung weder über noch unter der Abbildung, sondern unten daneben}[o]
\includegraphics[width=200bp]{images/floats/taucher}
\end{captionbeside}\label{fig:captionbeside}
\end{figure}

Siehe auch Abbildung~\ref{fig:captionbeside} \blindtext

\KOMAoption{captions}{centeredbeside}
\begin{figure}
\begin{captionbeside}%
   [Beispiel: Bildbeschreibung daneben, mittig]%
   {Eine Bildbeschreibung weder über noch unter der Abbildung, sondern mittig daneben}[o]
\includegraphics[width=200bp]{images/floats/taucher}
\end{captionbeside}\label{fig:captionbeside2}
\end{figure}

Siehe auch Abbildung~\ref{fig:captionbeside2} \blindtext

\KOMAoption{captions}{topbeside}
\begin{figure}
```

11-05

```
\begin{captionbeside}%
   [Beispiel: Bildbeschreibung daneben, oben]%
   {Eine Bildbeschreibung weder über noch unter der Abbildung, sondern oben daneben}[o]
\raisebox{\dimexpr\baselineskip-\totalheight\relax}{\includegraphics[width=200bp]{images/floats/
↪taucher}}
\end{captionbeside}\label{fig:captionbeside3}
\end{figure}

\blindtext \listoffigures
```

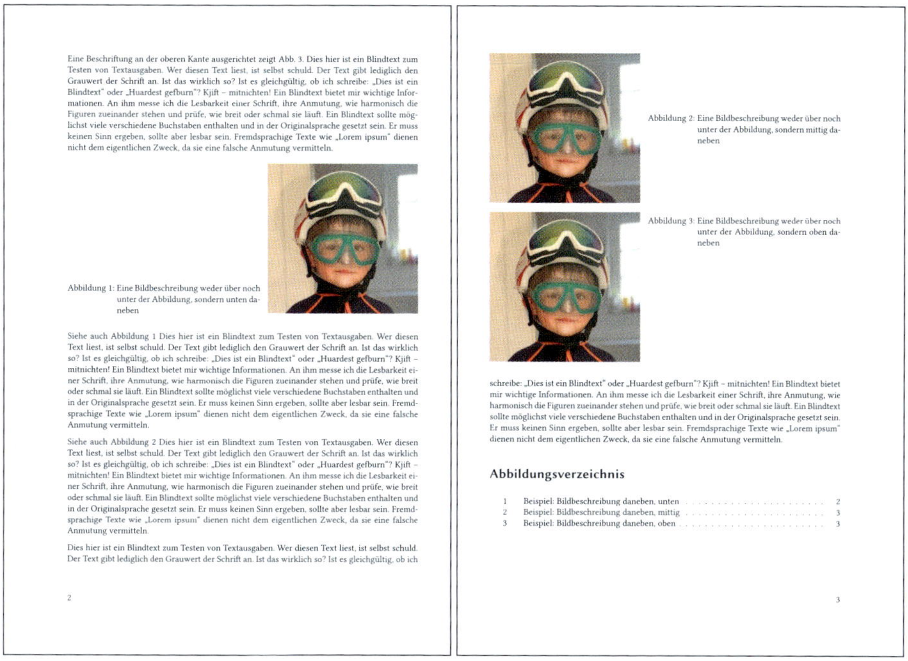

Eine Beschriftung an der oberen Kante ausgerichtet zeigt Abb. 3. Dies hier ist ein Blindtext zum Testen von Textausgaben. Wer diesen Text liest, ist selbst schuld. Der Text gibt lediglich den Grauwert der Schrift an. Ist das wirklich so? Ist es gleichgültig, ob ich schreibe: „Dies ist ein Blindtext" oder „Huardest gefburn"? Kjift – mitnichten! Ein Blindtext bietet mir wichtige Informationen. An ihm messe ich die Lesbarkeit einer Schrift, ihre Anmutung, wie harmonisch die Figuren zueinander stehen und prüfe, wie breit oder schmal sie läuft. Ein Blindtext sollte möglichst viele verschiedene Buchstaben enthalten und in der Originalsprache gesetzt sein. Er muss keinen Sinn ergeben, sollte aber lesbar sein. Fremdsprachige Texte wie „Lorem ipsum" dienen nicht dem eigentlichen Zweck, da sie eine falsche Anmutung vermitteln.

Abbildung 1: Eine Bildbeschreibung weder über noch unter der Abbildung, sondern unten daneben

Siehe auch Abbildung 1 Dies hier ist ein Blindtext zum Testen von Textausgaben. Wer diesen Text liest, ist selbst schuld. Der Text gibt lediglich den Grauwert der Schrift an. Ist das wirklich so? Ist es gleichgültig, ob ich schreibe: „Dies ist ein Blindtext" oder „Huardest gefburn"? Kjift – mitnichten! Ein Blindtext bietet mir wichtige Informationen. An ihm messe ich die Lesbarkeit einer Schrift, ihre Anmutung, wie harmonisch die Figuren zueinander stehen und prüfe, wie breit oder schmal sie läuft. Ein Blindtext sollte möglichst viele verschiedene Buchstaben enthalten und in der Originalsprache gesetzt sein. Er muss keinen Sinn ergeben, sollte aber lesbar sein. Fremdsprachige Texte wie „Lorem ipsum" dienen nicht dem eigentlichen Zweck, da sie eine falsche Anmutung vermitteln.

Siehe auch Abbildung 2 Dies hier ist ein Blindtext zum Testen von Textausgaben. Wer diesen Text liest, ist selbst schuld. Der Text gibt lediglich den Grauwert der Schrift an. Ist das wirklich so? Ist es gleichgültig, ob ich schreibe: „Dies ist ein Blindtext" oder „Huardest gefburn"? Kjift – mitnichten! Ein Blindtext bietet mir wichtige Informationen. An ihm messe ich die Lesbarkeit einer Schrift, ihre Anmutung, wie harmonisch die Figuren zueinander stehen und prüfe, wie breit oder schmal sie läuft. Ein Blindtext sollte möglichst viele verschiedene Buchstaben enthalten und in der Originalsprache gesetzt sein. Er muss keinen Sinn ergeben, sollte aber lesbar sein. Fremdsprachige Texte wie „Lorem ipsum" dienen nicht dem eigentlichen Zweck, da sie eine falsche Anmutung vermitteln.

Dies hier ist ein Blindtext zum Testen von Textausgaben. Wer diesen Text liest, ist selbst schuld. Der Text gibt lediglich den Grauwert der Schrift an. Ist das wirklich so? Ist es gleichgültig, ob ich

2

Abbildung 2: Eine Bildbeschreibung weder über noch unter der Abbildung, sondern mittig daneben

Abbildung 3: Eine Bildbeschreibung weder über noch unter der Abbildung, sondern oben daneben

schreibe: „Dies ist ein Blindtext" oder „Huardest gefburn"? Kjift – mitnichten! Ein Blindtext bietet mir wichtige Informationen. An ihm messe ich die Lesbarkeit einer Schrift, ihre Anmutung, wie harmonisch die Figuren zueinander stehen und prüfe, wie breit oder schmal sie läuft. Ein Blindtext sollte möglichst viele verschiedene Buchstaben enthalten und in der Originalsprache gesetzt sein. Er muss keinen Sinn ergeben, sollte aber lesbar sein. Fremdsprachige Texte wie „Lorem ipsum" dienen nicht dem eigentlichen Zweck, da sie eine falsche Anmutung vermitteln.

Abbildungsverzeichnis

1 Beispiel: Bildbeschreibung daneben, unten 2
2 Beispiel: Bildbeschreibung daneben, mittig 3
3 Beispiel: Bildbeschreibung daneben, oben 3

3

Das nächste Beispiel ist ein zweiseitiges Dokument, welches die gesamte Breite von Text und Randbemerkung für die Beschriftung und Gleitobjekt benutzt. Der {*Offset*} wird auf 0 pt gesetzt und mit der Option [i] ist gewährleistet, dass die Beschriftung immer innen angeordnet wird. Je nach Anordnung der Gleitumgebung kann es sein, dass erst bei einem zweiten LuaLaTeX-Durchlauf die richtige Ausrichtung vorhanden ist.

-05-2

```
\usepackage[all=!htb]{hvfloat-fps} \usepackage{mwe} \newlength\fullwidth
\setlength\fullwidth{\dimexpr\linewidth+\marginparwidth+\marginparsep\relax}
```

```
Eine Beschriftung an der oberen Kante ausgerichtet zeigt Abb.~\ref{fig:captionbesideC}.
\blindtext
\begin{figure}
\begin{captionbeside}%
   [Beispiel: Bildbeschreibung daneben, unten]{\textDemo}[i][\fullwidth][0pt]
\includegraphics[width=200bp]{images/floats/raphi+opi}
\end{captionbeside}\label{fig:captionbesideA}
\end{figure}

Siehe auch Abbildung~\ref{fig:captionbesideA} \blindtext

\KOMAoption{captions}{centeredbeside}
\begin{figure}
\begin{captionbeside}%
   [Beispiel: Bildbeschreibung daneben, mittig]{\textDemo}[i][\fullwidth][0pt]
\includegraphics[width=200bp]{images/floats/raphi+opi}
```

```
\end{captionbeside}\label{fig:captionbesideB}
\end{figure}

Siehe auch Abbildung~\ref{fig:captionbesideB} \blindtext

\KOMAoption{captions}{topbeside}
\begin{figure}
\begin{captionbeside}%
   [Beispiel: Bildbeschreibung daneben, oben]{\textDemo}[i][\fullwidth][0pt]*
\raisebox{\dimexpr\baselineskip-\totalheight\relax}{%
    \includegraphics[width=200bp]{images/floats/raphi+opi}}
\end{captionbeside}\label{fig:captionbesideC}
\end{figure}

\blindtext \listoffigures
```

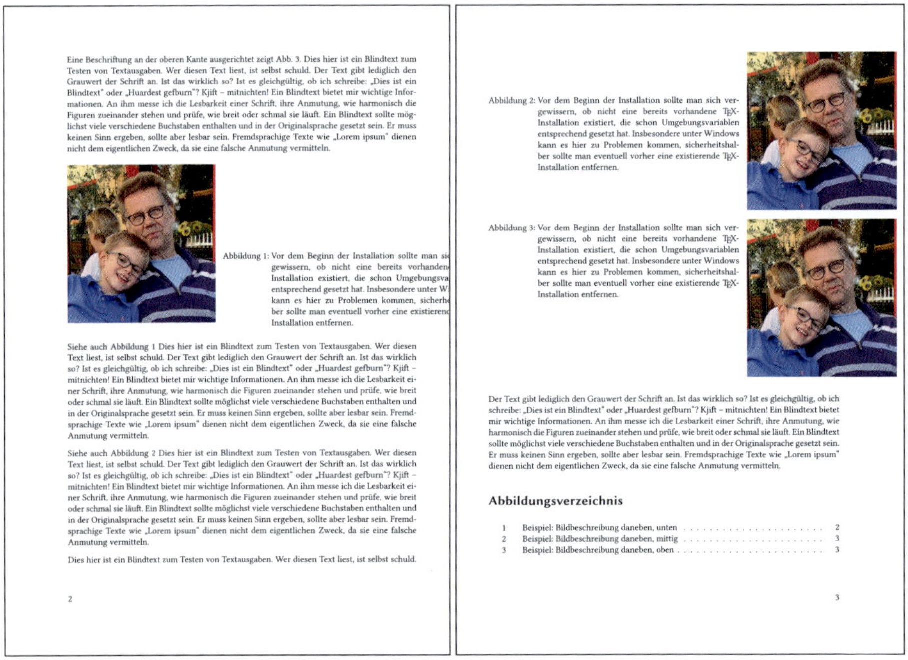

Eine Beschriftung an der oberen Kante ausgerichtet zeigt Abb. 3. Dies hier ist ein Blindtext zum Testen von Textausgaben. Wer diesen Text liest, ist selbst schuld. Der Text gibt lediglich den Grauwert der Schrift an. Ist das wirklich so? Ist es gleichgültig, ob ich schreibe: „Dies ist ein Blindtext" oder „Huardest gefburn"? Kjift – mitnichten! Ein Blindtext bietet mir wichtige Informationen. An ihm messe ich die Lesbarkeit einer Schrift, ihre Anmutung, wie harmonisch die Figuren zueinander stehen und prüfe, wie breit oder schmal sie läuft. Ein Blindtext sollte möglichst viele verschiedene Buchstaben enthalten und in der Originalsprache gesetzt sein. Er muss keinen Sinn ergeben, sollte aber lesbar sein. Fremdsprachige Texte wie „Lorem ipsum" dienen nicht dem eigentlichen Zweck, da sie eine falsche Anmutung vermitteln.

Abbildung 1: Vor dem Beginn der Installation sollte man si gewissern, ob nicht eine bereits vorhanden Installation existiert, die schon Umgebungsva entsprechend gesetzt hat. Insbesondere unter W kann es hier zu Problemen kommen, sicherh ber sollte man eventuell vorher eine existieren Installation entfernen.

Siehe auch Abbildung 1 Dies hier ist ein Blindtext zum Testen von Textausgaben. Wer diesen Text liest, ist selbst schuld. Der Text gibt lediglich den Grauwert der Schrift an. Ist das wirklich so? Ist es gleichgültig, ob ich schreibe: „Dies ist ein Blindtext" oder „Huardest gefburn"? Kjift – mitnichten! Ein Blindtext bietet mir wichtige Informationen. An ihm messe ich die Lesbarkeit einer Schrift, ihre Anmutung, wie harmonisch die Figuren zueinander stehen und prüfe, wie breit oder schmal sie läuft. Ein Blindtext sollte möglichst viele verschiedene Buchstaben enthalten und in der Originalsprache gesetzt sein. Er muss keinen Sinn ergeben, sollte aber lesbar sein. Fremdsprachige Texte wie „Lorem ipsum" dienen nicht dem eigentlichen Zweck, da sie eine falsche Anmutung vermitteln.

Siehe auch Abbildung 2 Dies hier ist ein Blindtext zum Testen von Textausgaben. Wer diesen Text liest, ist selbst schuld. Der Text gibt lediglich den Grauwert der Schrift an. Ist das wirklich so? Ist es gleichgültig, ob ich schreibe: „Dies ist ein Blindtext" oder „Huardest gefburn"? Kjift – mitnichten! Ein Blindtext bietet mir wichtige Informationen. An ihm messe ich die Lesbarkeit einer Schrift, ihre Anmutung, wie harmonisch die Figuren zueinander stehen und prüfe, wie breit oder schmal sie läuft. Ein Blindtext sollte möglichst viele verschiedene Buchstaben enthalten und in der Originalsprache gesetzt sein. Er muss keinen Sinn ergeben, sollte aber lesbar sein. Fremdsprachige Texte wie „Lorem ipsum" dienen nicht dem eigentlichen Zweck, da sie eine falsche Anmutung vermitteln.

Dies hier ist ein Blindtext zum Testen von Textausgaben. Wer diesen Text liest, ist selbst schuld.

2

Abbildung 2: Vor dem Beginn der Installation sollte man sich vergewissern, ob nicht eine bereits vorhandene TeX-Installation existiert, die schon Umgebungsvariablen entsprechend gesetzt hat. Insbesondere unter Windows kann es hier zu Problemen kommen, sicherheitshalber sollte man eventuell vorher eine existierende TeX-Installation entfernen.

Abbildung 3: Vor dem Beginn der Installation sollte man sich vergewissern, ob nicht eine bereits vorhandene TeX-Installation existiert, die schon Umgebungsvariablen entsprechend gesetzt hat. Insbesondere unter Windows kann es hier zu Problemen kommen, sicherheitshalber sollte man eventuell vorher eine existierende TeX-Installation entfernen.

Der Text gibt lediglich den Grauwert der Schrift an. Ist das wirklich so? Ist es gleichgültig, ob ich schreibe: „Dies ist ein Blindtext" oder „Huardest gefburn"? Kjift – mitnichten! Ein Blindtext bietet mir wichtige Informationen. An ihm messe ich die Lesbarkeit einer Schrift, ihre Anmutung, wie harmonisch die Figuren zueinander stehen und prüfe, wie breit oder schmal sie läuft. Ein Blindtext sollte möglichst viele verschiedene Buchstaben enthalten und in der Originalsprache gesetzt sein. Er muss keinen Sinn ergeben, sollte aber lesbar sein. Fremdsprachige Texte wie „Lorem ipsum" dienen nicht dem eigentlichen Zweck, da sie eine falsche Anmutung vermitteln.

Abbildungsverzeichnis

1 Beispiel: Bildbeschreibung daneben, unten 2
2 Beispiel: Bildbeschreibung daneben, mittig 3
3 Beispiel: Bildbeschreibung daneben, oben 3

3

11.6 Die Formatierung der Beschriftung

Eine Beschriftung (`\caption`) wird in vier Bereiche unterteilt, die in Abbildung 11.1 auf der nächsten Seite anschaulich dargestellt sind.

1. Name der Gleitumgebung (Tabelle, Abbildung, ...)
2. Nummer
3. Trenner (:, –, <Leerzeichen>, ...)
4. Text

11.6.1 Ändern der Schriftart

Die Schriftart kann über zwei `KOMAfont`-Optionen eingestellt werden: `captionlabel` und `caption`, wobei zuerst die Angaben zu `caption` ausgeführt werden.

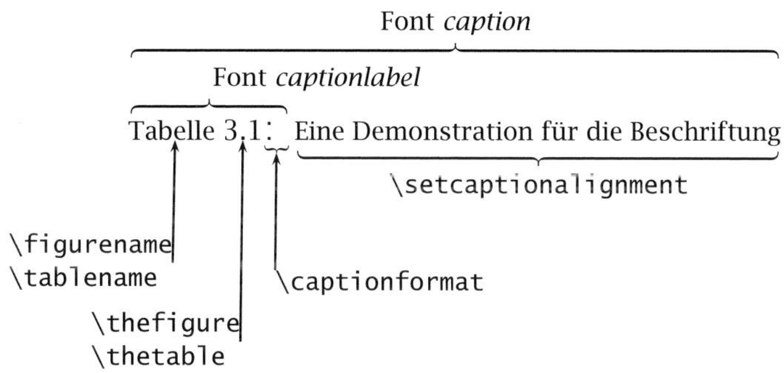

dung 11.1: Aufbau der Be-
ftung einer Gleitumgebung.

06-1

Abbildung 1: Das standardmäßige Format einer Beschriftung.

```
\usepackage[all=!ht]{hvfloat-fps}

\begin{figure}
\centering\rule{0.75\linewidth}{2mm}
\caption{Das standardmäßige Format einer Beschriftung.}
\end{figure}
```

Abbildung 2: Eine formatierte Beschriftung mit neu gesetztem Captionlabelfont.

```
\setkomafont{captionlabel}{\small\sffamily}
\begin{figure}
\centering\rule{0.75\linewidth}{2mm}
\caption{Eine formatierte Beschriftung mit
  neu gesetztem Captionlabelfont.}
\end{figure}
```

Abbildung 3: `Eine formatierte Beschriftung mit neu gesetztem Captionfont.`

```
\setkomafont{caption}{\footnotesize\ttfamily}
\begin{figure}
\centering\rule{0.75\linewidth}{2mm}
\caption{Eine formatierte Beschriftung mit
  neu gesetztem Captionfont.}
\end{figure}
```

Abbildung 4: Eine formatierte Beschriftung, die nur `captionlabel` verändert.

```
\setkomafont{caption}{}
\setkomafont{captionlabel}{\bfseries}
\begin{figure}
\centering\rule{0.75\linewidth}{2mm}
\caption{Eine formatierte Beschriftung,
  die nur \texttt{captionlabel} verändert.}
\end{figure}
```

Achtung:
Die Schriftdefinition für `caption` wird auch auf `captionlabel` angewendet, indem sie vor die Definition von `captionlabel`, also zuerst gesetzt wird.

11.6.2 Ändern des Labels

Das Label als Ganzes wird in KOMA-Script durch zwei Makros festgelegt, deren interne Definition hier ebenfalls angegeben sind:

```
\figureformat{Code}
\tableformat{Code}
```

```
\newcommand*\figureformat{\figurename~\thefigure\autodot}
\newcommand*\tableformat{\tablename~\thetable\autodot}
```

Die Angaben zu \figurename und \tablename sind sprachenspezifisch und unterliegen der Kontrolle des Paketes babel, sodass sie nicht einfach mit \renewcommand geändert werden sollten. KOMA-Script stellt dafür das Makro \renewcaptionname zur Verfügung.

11-06-

Tab. 1: Eine standardmäßige Beschriftung

Abb. 1: Eine geänderte Beschriftung.

Tab. 2: An english caption for a table.

Fig. 2: An english caption for a figure.

```
\usepackage[english,ngerman]{babel}
\renewcaptionname{ngerman}{\figurename}{Abb.}
\renewcaptionname{english}{\figurename}{Fig.}
\renewcaptionname{ngerman,english}{\tablename}{Tab.}

\begin{table}\centering\rule{0.7\linewidth}{2mm}
\caption{Eine standardmäßige Beschriftung}
\end{table}

\begin{figure}\centering\rule{0.7\linewidth}{2mm}
\caption{Eine geänderte Beschriftung.}
\end{figure}

\selectlanguage{english}
\begin{table}
\caption{An english caption for a table.}
\centering\rule{0.7\linewidth}{2mm}
\end{table}

\begin{figure}
\caption{An english caption for a figure.}
\centering\rule{0.7\linewidth}{2mm}
\end{figure}
```

11.6.3 Ändern des Trenners

Grundsätzlich ist in den Dokumentenklassen festgelegt, welches Trennzeichen zwischen der Nummer und dem folgenden Beschriftungstext gesetzt wird. Dieses Zeichen kann durch den Befehl \captionformat, der etwas missverständlich ist, geändert werden.

11-06-

Tabelle 1– Eine standardmäßige Beschriftung.

Abbildung 1; Eine standardmäßige Beschriftung.

```
\renewcommand*\captionformat{--~}

\begin{table}
\caption{Eine standardmäßige Beschriftung.}
\centering\rule{0.7\linewidth}{2mm}
\end{table}

\renewcommand*\captionformat{;~}
\begin{figure}
\centering\rule{0.7\linewidth}{2mm}
\caption{Eine standardmäßige Beschriftung.}
\end{figure}
```

11.6.4 Absatzformatierung der Beschriftung

Die Standardformatierung des Textes kann den zahlreichen vorhergehenden Beispielen entnommen werden. Die Optionen `oneline` und `nooneline` (siehe Tabelle 11.2 auf Seite 223) beeinflussen die Formatierung für den Fall, dass die Beschriftung nur aus einer Zeile besteht. Diese kann dann standardmäßig zentriert (`oneline` – Vorgabe) oder so wie der gesamte Absatz gesetzt werden. Dieser wird standardmäßig hängend gesetzt; ab der zweiten Zeile wird links eingezogen.

Die folgenden Makros steuern den Einzug:

```
\setcapindent*{Einzug}
\setcaphanging
```

Sowohl die Verwendung der Sternvariante als auch negative Werte für den Einzug ermöglichen unterschiedliche Einzüge. Die Sternvariante fügt grundsätzlich nach dem Label einen Zeilenumbruch ein. Ein negativer Wert für den Einzug führt ebenfalls zu einem Zeilenumbruch, aber es wird nur die *erste* Zeile um den angegebenen Wert eingezogen, der als positive Zahl interpretiert wird. In dem Fall gibt es keinen Unterschied zwischen dem normalen Makro und der Sternversion.

```
\usepackage{textdemo}
\newcommand\demo[1][]{\fbox{\parbox{0.75\linewidth}{%
  \if$#1$\else\centering\Large\texttt{\textbackslash#1}\fi}}}

\begin{figure} \centering
  \demo[setcaphanging (Standard)]
  \caption{\textDemo}
\end{figure}

\renewcaptionname{ngerman}{\figurename}{Abb.}
\begin{figure} \centering
  \demo[setcaphanging (Standard)]
  \caption{\textDemo}
\end{figure}

\setcapindent{0pt}
\begin{figure} \centering
  \demo[setcapindent\{0pt\}]
  \caption{\textDemo}
\end{figure}

\setcapindent{1em}
\begin{figure}\centering
  \demo[setcapindent\{1em\}]
  \caption{\textDemo}
\end{figure}

\setcapindent*{1em}
\begin{figure} \centering
  \demo[setcapindent*\{1em\}]
  \caption{\textDemo}
\end{figure}

\setcapindent{-1em}
\begin{figure} \centering
  \demo[setcapindent\{-1em\}]
  \caption{\textDemo}
\end{figure}
```

11-06-4

\setcaphanging (Standard)

Abbildung 1: Vor dem Beginn der Installation sollte man sich vergewissern, ob nicht eine bereits vorhandene TEX-Installation existiert, die schon Umgebungsvariablen entsprechend gesetzt hat. Insbesondere unter Windows kann es hier zu Problemen kommen, sicherheitshalber sollte man eventuell vorher eine existierende TEX-Installation entfernen.

\setcaphanging (Standard)

Abb. 2: Vor dem Beginn der Installation sollte man sich vergewissern, ob nicht eine bereits vorhandene TEX-Installation existiert, die schon Umgebungsvariablen entsprechend gesetzt hat. Insbesondere unter Windows kann es hier zu Problemen kommen, sicherheitshalber sollte man eventuell vorher eine existierende TEX-Installation entfernen.

\setcapindent{0pt}

Abb. 3: Vor dem Beginn der Installation sollte man sich vergewissern, ob nicht eine bereits vorhandene TEX-Installation existiert, die schon Umgebungsvariablen entsprechend gesetzt hat. Insbesondere unter Windows kann es hier zu Problemen kommen, sicherheitshalber sollte man eventuell vorher eine existierende TEX-Installation entfernen.

\setcapindent{1em}

Abb. 4: Vor dem Beginn der Installation sollte man sich vergewissern, ob nicht eine bereits vorhandene TEX-Installation existiert, die schon Umgebungsvariablen entsprechend gesetzt hat. Insbesondere unter Windows kann es hier zu Problemen kommen, sicherheitshalber sollte man eventuell vorher eine existierende TEX-Installation entfernen.

\setcapindent*{1em}

Abb. 5:
Vor dem Beginn der Installation sollte man sich vergewissern, ob nicht eine bereits vorhandene TEX-Installation existiert, die schon Umgebungsvariablen entsprechend gesetzt hat. Insbesondere unter Windows kann es hier zu Problemen kommen, sicherheitshalber sollte man eventuell vorher eine existierende TEX-Installation entfernen.

\setcapindent{-1em}

Abb. 6:
Vor dem Beginn der Installation sollte man sich vergewissern, ob nicht eine bereits vorhandene TEX-Installation existiert, die schon Umgebungsvariablen entsprechend gesetzt hat. Insbesondere unter Windows kann es hier zu Problemen kommen, sicherheitshalber sollte man eventuell vorher eine existierende TEX-Installation entfernen.

Die Breite der Beschriftung richtet sich im Allgemeinen nach der aktuellen Textbreite. Eine Änderung ist über die folgenden drei Makros möglich, wobei ein optionales Argument die Ausrichtung steuern kann. Es sind die üblichen Werte für eine horizontale Ausrichtung möglich: `l` für Links, `r` für Rechts, `c` für Zentriert, sowie `o` und `i` für Außen und Innen beim zweiseitigen Satz.

`\setcapwidth` [*Ausrichtung*] *Breite*
`\setcapdynwidth` [*Ausrichtung*] {*Breite*}
`\setcapmargin*` [*Rand links/innen*] *Rand*

Normalerweise erfolgt die Auswertung einer relativen Breite wie `\linewidth` bei der Definition des Makros. Dies kann in Fällen, wo `\setcapwidth` selbst Teil eines anderen Makros ist, zu früh sein. Mit dem Makro `\setcapdynwidth` kann die Auswertung verzögert werden.

```
\usepackage{textdemo}
\newcommand\cs[1]{\texttt{\textbackslash#1}}
\newcommand\demo[1][]{\fbox{\parbox{0.75\linewidth}{%
  \if$#1$\else\centering\Large#1\fi}}}

\begin{figure}
\centering \demo[\cs{setcapwidth}\{\cs{linewidth}\} (Standard)] \caption{\textDemo}
\end{figure}

\setcapwidth{0.9\linewidth}
\begin{figure} \centering \demo[\cs{setcapwidth}\{0.9\cs{linewidth}\}] \caption{\textDemo} \end{
↪figure}

\setcapwidth[l]{11cm}
\begin{figure} \demo[\cs{setcapwidth[l]}\{11cm\}] \caption{\textDemo} \end{figure}

\setcapmargin{1cm}
\begin{figure} \centering \demo[\cs{setcapmargin}\{1cm\}] \caption{\textDemo} \end{figure}
```

06-5

\setcapwidth{\linewidth} (Standard)

Abbildung 1: Vor dem Beginn der Installation sollte man sich vergewissern, ob nicht eine bereits vorhandene TEX-Installation existiert, die schon Umgebungsvariablen entsprechend gesetzt hat. Insbesondere unter Windows kann es hier zu Problemen kommen, sicherheitshalber sollte man eventuell vorher eine existierende TEX-Installation entfernen.

\setcapwidth{0.9\linewidth}

Abbildung 2: Vor dem Beginn der Installation sollte man sich vergewissern, ob nicht eine bereits vorhandene TEX-Installation existiert, die schon Umgebungsvariablen entsprechend gesetzt hat. Insbesondere unter Windows kann es hier zu Problemen kommen, sicherheitshalber sollte man eventuell vorher eine existierende TEX-Installation entfernen.

\setcapwidth[l]{11cm}

Abbildung 3: Vor dem Beginn der Installation sollte man sich vergewissern, ob nicht eine bereits vorhandene TEX-Installation existiert, die schon Umgebungsvariablen entsprechend gesetzt hat. Insbesondere unter Windows kann es hier zu Problemen kommen, sicherheitshalber sollte man eventuell vorher eine existierende TEX-Installation entfernen.

\setcapmargin{1cm}

Abbildung 4: Vor dem Beginn der Installation sollte man sich vergewissern, ob nicht eine bereits vorhandene TEX-Installation existiert, die schon Umgebungsvariablen entsprechend gesetzt hat. Insbesondere unter Windows kann es hier zu Problemen kommen, sicherheitshalber sollte man eventuell vorher eine existierende TEX-Installation entfernen.

11.6.5 Textformatierung der Beschriftung

Standardmäßig wird der Text der Beschriftung im Blocksatz gesetzt. Für schmale Textspalten kann dies ungünstig sein, weshalb sich eine Ausgabe im rechtsseitigen Flattersatz anbietet. KOMA-Script bietet verschiedene Optionen für die Ausrichtung des Textes an, die in Tabelle 11.3 auf der nächsten Seite zusammengefasst sind.

Tabelle 11.3: Mögliche Parameter für die Ausrichtung der Beschreibungen von Gleitumgebungen, der für die Kleinbuchstaben nicht getrennt wird.

Option	*Bedeutung*
c	zentriert (center)
j	Blocksatz (justify)
l	linksbündig
r	rechtsbündig
C	zentriert mit Trennungen (Paket ragged2e)
J	Blocksatz mit Trennungen (Paket ragged2e)
L	linksbündig mit Trennungen (Paket ragged2e)
R	rechtsbündig mit Trennungen (Paket ragged2e)

`\setcaptionalignment` [*Gleittyp*] *Ausrichtung*

Die Ausrichtung kann lokal innerhalb einer Gleitumgebung erfolgen oder global an beliebiger Stelle im Text oder der Präambel. Ohne Angabe der optionalen Gleitumgebung bezieht sich die Festlegung immer auf alle Gleitumgebungstypen, anderenfalls auf die angegebene.

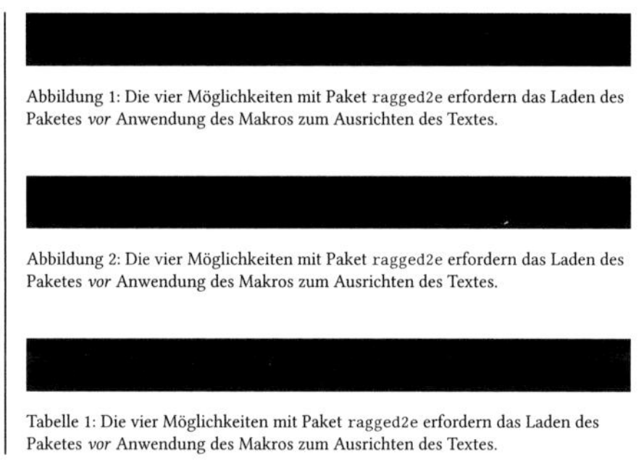

11-06-

```
\usepackage{ragged2e}
\setcapindent{0pt}
\setcaptionalignment{l}% rechts Flattersatz

\begin{figure}
  \centering \rule{\linewidth}{1cm}
  \caption{\demotext}
\end{figure}

\setcaptionalignment[figure]{L}% nur figure L
\begin{figure}
  \centering \rule{\linewidth}{1cm}
  \caption{\demotext}
\end{figure}

\begin{table}
  \centering \rule{\linewidth}{1cm}
  \caption{\demotext} % wieder Typ l
\end{table}
```

Verwendet man `\setcaptionalignment` ohne den optionalen Parameter *innerhalb* einer einer Gleitumgebung, so bezieht sich die Angabe ausschließlich auf die einzelne Umgebung. Außerhalb wird dagegen ein leere stattfindet. Innerhalb einer Gleitumgebung wird dann die Ausrichtung für diese Gleitumgebung gesetzt. Außerhalb wird hingegen ein leerer optionaler Parameter angenommen.

11.7 Nicht-gleitende Abbildungen und Tabellen

Der Wunsch, dass Tabellen oder Abbildungen genau an der Stelle auftreten sollen, wo sie im Quelltext definiert wurden, ist grundsätzlich ein negativer Eingriff in den Absatzalgorithmus von TeX. Formal werden Abbildungen und Tabellen wie ein einzelnes

Zeichen behandelt, welches lediglich breiter und höher ist. Wenn dieses von TEX frei platziert werden kann, ist es vorteilhaft. Kann oder will man es jedoch nicht vorsehen, so bietet KOMA-Script mehrere Makros, die eine Beschriftung von Abbildungen/Tabellen mit gleichzeitiger Aufnahme in die entsprechenden `\listof...` außerhalb einer Gleitumgebung erlauben.

`\captionof{`*Objekttyp*`}` [*ListOf...*] {*Titel*}
`\captionaboveof{`*Objekttyp*`}` [*ListOf...*] {*Titel*}
`\captionbelowof{`*Objekttyp*`}` [*ListOf...*] {*Titel*}

Die Anwendung nicht-gleitender Umgebungen setzt den Verzicht auf die Umgebungen `figure` und `table` voraus. Diese Umgebungen sorgen aber zum einen für die Zuordnung von Beschriftung zum Typ und zum anderen für das Zusammenhalten von Beschriftung und Gleitobjekt; ein Seitenumbruch zwischen diesen beiden ist innerhalb der Umgebungen `table` oder `figure` nicht möglich (siehe Abschnitt 11.1 auf Seite 216).

Der Gleittyp ist daher bei Verwendung der obigen Makros `\captionof` explizit anzugeben. Weiterhin sollte man das nicht-gleitende Objekt und die Beschriftung in eine gemeinsame Box setzen, um keinen Seitenumbruch zwischen Beschriftung und Objekt zu erlauben.

```
\usepackage[english,ngerman]{babel}
\usepackage{graphicx}
\renewcaptionname{ngerman}{\figurename}{Abb.}
\renewcaptionname{english}{\figurename}{Fig.}
\renewcaptionname{ngerman,english}{\tablename}{Tab.}
\newenvironment{NonFloat}%
  {\par\begin{minipage}{\linewidth}}%
  {\end{minipage}\par}
\newcommand\Bild{%
  \includegraphics[trim=0 8cm 0 8cm,clip,width=0.8\linewidth]{images/floats/rose}}

\begin{NonFloat}
  \setcapwidth[l]{\linewidth}
  \Bild
  \captionof{figure}{Eine standardmäßige Beschriftung}
\end{NonFloat}

\begin{NonFloat}
  \centering\Bild
  \captionbelowof{figure}{Eine geänderte Beschriftung.}
\end{NonFloat}

\KOMAoptions{captions=tableabove}
\selectlanguage{english}
\begin{NonFloat}
  \captionaboveof{table}{An english caption for a table.}
  \centering\rule{0.7\linewidth}{2mm}
\end{NonFloat}

\begin{NonFloat}
  \captionof{table}{An english caption for a table.}
  \centering\rule{0.7\linewidth}{2mm}
\end{NonFloat}

\selectlanguage{ngerman}
\listoftables
\listoffigures
```

07-1

Abb. 1: Eine standardmäßige Beschriftung

Abb. 2: Eine geänderte Beschriftung.

Tab. 1: An english caption for a table.

Tab. 2: An english caption for a table.

Tabellenverzeichnis

1	An english caption for a table.	1
2	An english caption for a table.	1

Abbildungsverzeichnis

1	Eine standardmäßige Beschriftung	1
2	Eine geänderte Beschriftung.	1

Auch für seitliche Beschriftungen besteht die Möglichkeit, nicht-gleitende Objekte mit Beschriftung zu erstellen. Es gelten dieselben Voraussetzungen wie bereits oben beschrieben.

```
\begin{captionofbeside}{Objekttyp} [ListOf...] {Titel} [Anordnung] [Breite] *
...
\end{captionofbeside}
```

11-0

```
\usepackage[english,ngerman]{babel}  \usepackage{graphicx}
\renewcaptionname{ngerman}{\figurename}{Abb.}  \renewcaptionname{english}{\figurename}{Fig.}
\renewcaptionname{ngerman,english}{\tablename}{Tab.}
\usepackage{mwe} \newlength\fullwidth
\setlength\fullwidth{\dimexpr\linewidth+\marginparwidth+\marginparsep\relax}
\newenvironment{NonFloat}{\par\begin{minipage}{\linewidth}} {\end{minipage}\par}
Eine Beschriftung an der oberen Kante ausgerichtet zeigt Abb.~\ref{fig:captionbeside3}.
\blindtext
\begin{NonFloat}
\begin{captionofbeside}{figure}[Beispiel: Beschreibung daneben, unten]%
   {\textDemo}[i][\fullwidth][0pt]*
\includegraphics[width=200bp]{images/floats/sonne}
\end{captionofbeside}\label{fig:captionbeside}
\end{NonFloat}

Siehe auch Abbildung~\ref{fig:captionbeside}
```

```
\KOMAoption{captions}{centeredbeside}
\begin{NonFloat}
\begin{captionofbeside}{figure}[Beispiel: Beschreibung daneben, mittig]%
   {\textDemo}[i][\fullwidth][0pt]*
\includegraphics[width=200bp]{images/floats/sonne}
\end{captionofbeside}\label{fig:captionbeside2}
\end{NonFloat}

Siehe auch Abbildung~\ref{fig:captionbeside2} \blindtext

\KOMAoption{captions}{topbeside}
\begin{NonFloat}
\begin{captionofbeside}{table}[Beispiel: Beschreibung daneben, oben]%
   {\textDemo}[i][\fullwidth][0pt]*
\raisebox{\dimexpr\baselineskip-\totalheight\relax}{%
  \includegraphics[width=200bp]{images/floats/sonne}}
\end{captionofbeside}\label{fig:captionbeside3}
\end{NonFloat}

\blindtext \listoffigures
```

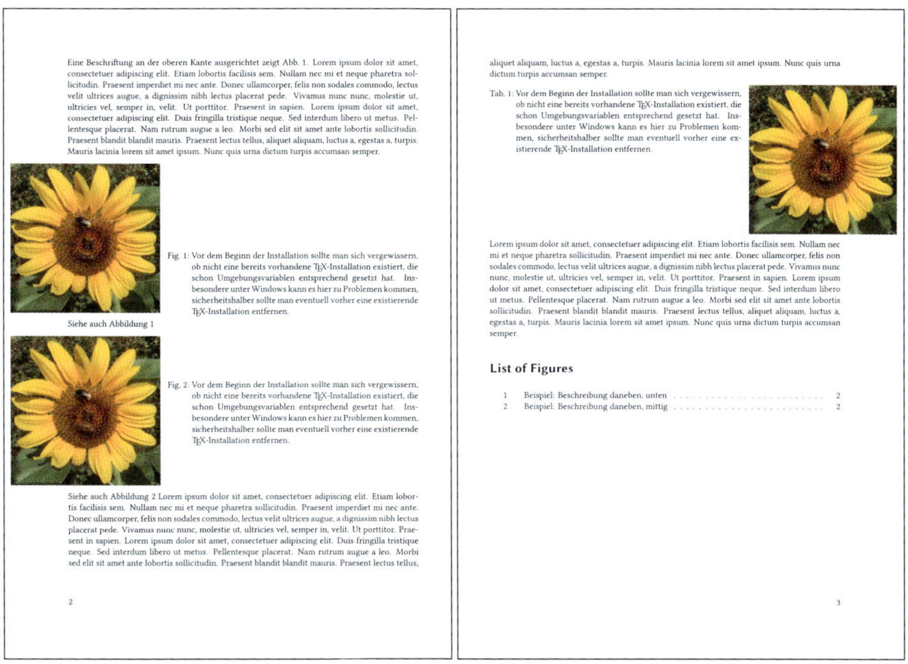

Eine Beschriftung an der oberen Kante ausgerichtet zeigt Abb. 1. Lorem ipsum dolor sit amet, consectetuer adipiscing elit. Etiam lobortis facilisis sem. Nullam nec mi et neque pharetra sollicitudin. Praesent imperdiet mi nec ante. Donec ullamcorper, felis non sodales commodo, lectus velit ultrices augue, a dignissim nibh lectus placerat pede. Vivamus nunc nunc, molestie ut, ultricies vel, semper in, velit. Ut porttitor. Praesent in sapien. Lorem ipsum dolor sit amet, consectetuer adipiscing elit. Duis fringilla tristique neque. Sed interdum libero ut metus. Pellentesque placerat. Nam rutrum augue a leo. Morbi sed elit sit amet ante lobortis sollicitudin. Praesent blandit blandit mauris. Praesent lectus tellus, aliquet aliquam, luctus a, egestas a, turpis. Mauris lacinia lorem sit amet ipsum. Nunc quis urna dictum turpis accumsan semper.

Fig. 1: Vor dem Beginn der Installation sollte man sich vergewissern, ob nicht eine bereits vorhandene TEX-Installation existiert, die schon Umgebungsvariablen entsprechend gesetzt hat. Insbesondere unter Windows kann es hier zu Problemen kommen, sicherheitshalber sollte man eventuell vorher eine existierende TEX-Installation entfernen.

Siehe auch Abbildung 1

Fig. 2: Vor dem Beginn der Installation sollte man sich vergewissern, ob nicht eine bereits vorhandene TEX-Installation existiert, die schon Umgebungsvariablen entsprechend gesetzt hat. Insbesondere unter Windows kann es hier zu Problemen kommen, sicherheitshalber sollte man eventuell vorher eine existierende TEX-Installation entfernen.

Siehe auch Abbildung 2 Lorem ipsum dolor sit amet, consectetuer adipiscing elit. Etiam lobortis facilisis sem. Nullam nec mi et neque pharetra sollicitudin. Praesent imperdiet mi nec ante. Donec ullamcorper, felis non sodales commodo, lectus velit ultrices augue, a dignissim nibh lectus placerat pede. Vivamus nunc nunc, molestie ut, ultricies vel, semper in, velit. Ut porttitor. Praesent in sapien. Lorem ipsum dolor sit amet, consectetuer adipiscing elit. Duis fringilla tristique neque. Sed interdum libero ut metus. Pellentesque placerat. Nam rutrum augue a leo. Morbi sed elit sit amet ante lobortis sollicitudin. Praesent blandit blandit mauris. Praesent lectus tellus,

2

aliquet aliquam, luctus a, egestas a, turpis. Mauris lacinia lorem sit amet ipsum. Nunc quis urna dictum turpis accumsan semper.

Tab. 1: Vor dem Beginn der Installation sollte man sich vergewissern, ob nicht eine bereits vorhandene TEX-Installation existiert, die schon Umgebungsvariablen entsprechend gesetzt hat. Insbesondere unter Windows kann es hier zu Problemen kommen, sicherheitshalber sollte man eventuell vorher eine existierende TEX-Installation entfernen.

Lorem ipsum dolor sit amet, consectetuer adipiscing elit. Etiam lobortis facilisis sem. Nullam nec mi et neque pharetra sollicitudin. Praesent imperdiet mi nec ante. Donec ullamcorper, felis non sodales commodo, lectus velit ultrices augue, a dignissim nibh lectus placerat pede. Vivamus nunc nunc, molestie ut, ultricies vel, semper in, velit. Ut porttitor. Praesent in sapien. Lorem ipsum dolor sit amet, consectetuer adipiscing elit. Duis fringilla tristique neque. Sed interdum libero ut metus. Pellentesque placerat. Nam rutrum augue a leo. Morbi sed elit sit amet ante lobortis sollicitudin. Praesent blandit blandit mauris. Praesent lectus tellus, aliquet aliquam, luctus a, egestas a, turpis. Mauris lacinia lorem sit amet ipsum. Nunc quis urna dictum turpis accumsan semper.

List of Figures

1 Beispiel: Beschreibung daneben, unten 2
2 Beispiel: Beschreibung daneben, mittig 2

3

11.8 Mehrere Objekte in einer Gleitumgebung

KOMA-Script gibt keine eigene Unterstützung für Teilabbildungen mit Teilbeschriftungen innerhalb einer Gleitumgebung. Es gibt mehrere Pakete, die derartige Anordnungen unterstützen. Hier wird ausschließlich das Paket `subcaption` von Axel Sommerfeld benutzt, welches man mit der Paketoption `list=true` laden muss, wenn die Beschriftungen der Teilabbildungen ebenfalls in die Verzeichnislisten geschrieben werden sollen. Die anderen Pakete liefern gleichwertige Möglichkeiten. Das wesentliche Makro ist:

```
\subcaption [Listof...] {Beschriftung}
\subcaption* {Beschriftung}
```

Die Sternversion erlaubt Beschriftungen, die kein Label erhalten, also nicht gezählt werden und somit auch nicht in dem jeweiligen Verzeichnis `\listof...` erscheinen.

```
\usepackage{graphicx}
\usepackage[list=true]{subcaption}

\begin{figure}
  \begin{minipage}[b]{.49\linewidth}
    \centering\includegraphics[width=4cm]{images/floats/r0}
    \subcaption{Ein grüner Schneeanzug.}\label{fig:gruen}
  \end{minipage}%
  \hfill
  \begin{minipage}[b]{.5\linewidth}
  \centering\includegraphics[width=4cm]{images/floats/j0}
  \subcaption{Ein bunter Schneeanzug.}\label{fig:bunt}
  \end{minipage}
  \caption{Zusammenstellung von verschiedenen Schneeanzügen.}\label{fig:demo}
\end{figure}

Siehe auch den grünen Schneeanzug in Abbildung~\ref{fig:gruen} und den bunten in
Abbildung~\ref{fig:bunt}, wobei Abbildung~\ref{fig:demo} beide zusammen darstellt.
```

11-08-

(a) Ein grüner Schneeanzug. (b) Ein bunter Schneeanzug.

Abbildung 1: Zusammenstellung von verschiedenen Schneeanzügen.

Siehe auch den grünen Schneeanzug in Abbildung 1a und den bunten in Abbildung 1b, wobei Abbildung 1 beide zusammen darstellt.

Alternativ zur `minipage` können auch die Umgebungen `subfigure` oder `subtable` benutzt werden, die dieselbe Syntax haben.

```
\begin{subfigure} [Position] {Breite}
...
\caption [Listof...] {Beschriftung}
\end{subfigure}

\begin{subtable} [Position] {Breite}
...
\caption [Listof...] {Beschriftung}
\end{subtable}
```

Diese Umgebungen erlauben dann die Verwendung des Makros `\caption` in der gewohnten Weise, wobei auch die Sternversion von `\caption` zur Verfügung steht. Diese erstellt ebenso wie `\subcaption*` eine Beschriftung ohne Label und ohne Eintragung in die entsprechende Liste.

```
\usepackage{graphicx,subcaption}

\begin{figure}
  \begin{subfigure}[b]{.49\linewidth}
    \centering\includegraphics[width=4cm]{images/floats/r0}
    \caption{Ein grüner Schneeanzug, der auch hier in Farbe dargestellt ist.}\label{fig:gruen}
  \end{subfigure}%
  \hfill
  \begin{subfigure}[b]{.5\linewidth}
    \centering\includegraphics[width=4cm]{images/floats/j0}
    \caption*{Ein bunter Schneeanzug.}\label{fig:bunt}
  \end{subfigure}
  \caption{Zusammenstellung von grünem und buntem Schneeanzug.}\label{fig:demo}
\end{figure}
Siehe auch den grünen Schneeanzug in Abbildung~\ref{fig:gruen} und den bunten in
Abbildung~\ref{fig:bunt}, deren Referenz jetzt nicht geht, weil die Sternvariante von
\texttt{\textbackslash caption} keine Marke setzt. Die Abbildung~\ref{fig:demo} zeigt beide
Abbildungen.
```

08-2

(a) Ein grüner Schneeanzug, der auch hier in Farbe dargestellt ist.

Ein bunter Schneeanzug.

Abbildung 1: Zusammenstellung von grünem und buntem Schneeanzug.

Siehe auch den grünen Schneeanzug in Abbildung 1a und den bunten in Abbildung ??, deren Referenz jetzt nicht geht, weil die Sternvariante von `\caption` keine Marke setzt. Die Abbildung 1 zeigt beide Abbildungen.

Beispiel 11-08-2 zeigt ein Problem bei der Ausrichtung; beide Abbildungen sind an der Unterkante der Beschriftung ausgerichtet. Sinnvoller wäre aber eine Ausrichtung an der ersten Zeile der Beschriftung, was mit der Anwendung von `\subcaptionbox` möglich ist.

`\subcaptionbox` [*Listof...*] {*Beschriftung*} [*Breite*] [*Ausrichtung*] {*Objekt*}
`\subcaptionbox*` {*Beschriftung*} [*Breite*] [*Ausrichtung*] {*Objekt*}
`\subcaptiontype` {*Typ*}

Die beiden Argumente [*Listof...*] und {*Beschriftung*} werden direkt an `\caption` weitergereicht. Die {*Breite*} gibt die Breite der Absatzbox an, mit der das Objekt gesetzt wird. Bei fehlender Angabe wird die natürliche Breite des Objekts genommen. Die Ausrichtung bezieht sich auf das Innere der Absatzbox, wobei die folgenden Werte möglich sind: `c` (Zentriert – Standard), `l` (Linksbündig), `r` (Rechtsbündig) und `s` (keine Anwendung eines Makros).

```
\usepackage{graphicx,subcaption}
\DeclareCaptionSubType*[arabic]{table}  \DeclareCaptionSubType[arabic]{figure}
\captionsetup[subtable]{labelformat=simple,labelsep=colon}
\captionsetup[subfigure]{labelformat=brace}
```

```
\begin{figure}
  \subcaptionbox[Grüner Schneeanzug]%
        {Ein grüner Schneeanzug, der auch hier in Farbe dargestellt ist.\label{fig:gruen}}%
        [0.49\linewidth][c]{\includegraphics[width=4cm]{images/floats/r0}}
  \subcaptionbox{Ein bunter Schneeanzug.\label{fig:bunt}}[0.49\linewidth][c]%
        {\includegraphics[width=4cm]{images/floats/j0}}
  \caption{Zusammenstellung von buntem~\subref{fig:bunt} und grünem~\subref{fig:gruen}
        Schneeanzug.}\label{fig:demo}
\end{figure}
\begin{table}\centering \KOMAoptions{captions=tableabove}
\caption{Zwei Tabellen nebeneinander.\label{tab:1}}
\subcaptionbox{Die erste Tabelle\label{tab:1a}}[4cm]{%
                                     \begin{tabular}{cc}A & B\\ C & D\\ \end{tabular}}
\subcaptionbox{Zweite Tabelle}[3cm]{\begin{tabular}{cc}E & F\\ G & H\\ \end{tabular}}
\end{table}

Siehe auch den Schneeanzug (Abbildung~\subref{fig:gruen}) oder die Tabelle~\subref{tab:1a},
```

11-08-

1) Ein grüner Schneeanzug, der auch hier in Farbe dargestellt ist.

2) Ein bunter Schneeanzug.

Abbildung 1: Zusammenstellung von buntem 2 und grünem 1 Schneeanzug.

Tabelle 1: Zwei Tabellen nebeneinander.

1.1: Die erste Tabelle

A	B
C	D

1.2: Zweite Tabelle

E	F
G	H

Siehe auch den Schneeanzug (Abbildung 1) oder die Tabelle 1.1,

Mit dem Makro `\subref` kann auf die Teilabbildung Bezug genommen werden, ohne dass die übergeordnete Zählung beachtet wird (Beispiel 11-08-3 auf der vorherigen Seite). Die Ausgabe der Teilzähler `subfig` und `subtable` kann über die folgenden beiden Makros beeinflusst werden:

`\DeclareCaptionSubType*` [*Ausgabetyp*] {*Gleittyp*}
`\captionsetup` [*sub<Typ>*] {*Definitionen*}

Innerhalb einer Gleitumgebung lässt sich jede beliebige Anordnung von Objekten erreichen. Dies kann sowohl mit jeweiliger Anwendung des Befehls `\caption` als auch mit Teilabbildungen erfolgen. Mithilfe von `minipages` oder Tabellen kann man die Objekte platzieren. Der Befehl `\caption` kann innerhalb einer Gleitumgebung beliebig oft angewendet werden; der betreffende Zähler wird einfach normal weitergezählt. Ein Problem kann lediglich die Anordnung sein, denn Abbildung/Tabelle sind formal von ihrer Beschriftung getrennt und müssen somit auch getrennt angeordnet werden.

Im folgenden Beispiel erkennt man die Problematik an der unterschiedlichen Höhe der ersten beiden Abbildungen. Verwendet man eigene Absatzboxen mit unterschiedlicher Ausrichtung, ergibt sich eine bessere Ausgabe.

```
\usepackage{graphicx}

\begin{figure}
  \parbox{0.49\linewidth}{\centering\includegraphics[width=3cm]{images/floats/r0}
    \caption{Ein grüner Schneeanzug, der auch hier in Farbe dargestellt ist.\label{fig:gruen}}}
  \hfill
  \parbox{0.49\linewidth}{\centering\includegraphics[width=3cm]{images/floats/j0}
    \caption{Ein bunter Schneeanzug.\label{fig:bunt}}}
\end{figure}

\begin{figure}
  \parbox[b]{0.49\linewidth}{\centering\includegraphics[width=3cm]{images/floats/rj1}}
  \hfill
  \parbox[b]{0.49\linewidth}{\centering\includegraphics[width=3cm]{images/floats/rj2}}

  \parbox[t]{0.49\linewidth}{%
    \caption{Ein grüner und bunter Schneeanzug, die hier in Farbe dargestellt sind.\label{fig:
    ↪gruen2}}}
  \hfill
  \parbox[t]{0.49\linewidth}{\caption{Noch mehr Schneeanzüge.\label{fig:bunt2}}}
\end{figure}
```

-08-4

Abbildung 1: Ein grüner Schneeanzug, der auch hier in Farbe dargestellt ist.

Abbildung 2: Ein bunter Schneeanzug.

Abbildung 3: Ein grüner und bunter Schneeanzug, die hier in Farbe dargestellt sind.

Abbildung 4: Noch mehr Schneeanzüge.

Prinzipiell besteht kein Unterschied zu Teilabbildungen, die durch eine beliebige Anordnung mithilfe von Absatzboxen (minipage oder \parbox) angeordnet werden.

```
\usepackage{graphicx,subcaption}

\begin{figure}
\subcaptionbox{Ein grüner Schneeanzug, der auch hier in Farbe dargestellt ist.\label{fig:gruen}}%
              [0.49\linewidth][c]{\includegraphics[width=3cm]{images/floats/r0}}
\hfill
\subcaptionbox{Ein bunter Schneeanzug.\label{fig:bunt}}[0.49\linewidth][c]%
              {\includegraphics[width=3cm]{images/floats/j0}}
\subcaptionbox{Wieder bunte Schneeanzüge, die hier in Farbe dargestellt sind.\label{fig:gruen2}}%
              [0.49\linewidth][c]{\includegraphics[width=3cm]{images/floats/rj1}}
```

```
\hfill
\begin{minipage}{0.49\linewidth}\setcapindent{0pt}
\caption{Zusammenstellung eines bunten (\subref{fig:bunt}) und eines grünen (\subref{fig:gruen}
      und \subref{fig:gruen2}) Schneeanzugs, wobei die Hauptbeschriftung im unteren rechten
      Quadrat erscheint.}\label{fig:demo}
\end{minipage}
\end{figure}

Siehe auch den Schneeanzug (Abbildung~\ref{fig:gruen}) oder den bunten~\subref{fig:bunt} in der
Abbildung~\ref{fig:demo}.
\listoffigures
```

11-08-5

(a) Ein grüner Schneeanzug, der auch hier in Farbe dargestellt ist.

(b) Ein bunter Schneeanzug.

(c) Wieder bunte Schneeanzüge, die hier in Farbe dargestellt sind.

Abbildung 1: Zusammenstellung eines bunten (b) und eines grünen (a und c) Schneeanzugs, wobei die Hauptbeschriftung im unteren rechten Quadrat erscheint.

Siehe auch den Schneeanzug (Abbildung 1a) oder den bunten b in der Abbildung 1.

Abbildungsverzeichnis

1 Zusammenstellung eines bunten (b) und eines grünen (a und c) Schneeanzugs, wobei die Hauptbeschriftung im unteren rechten Quadrat erscheint. 1

Werden Abbildungen und Tabellen zusammen in einer Gleitumgebung dargestellt, so muss für einen Typ der Objekte das Makro `\captionof{`*Typ*`}` benutzt werden.

```
\usepackage{graphicx,subcaption}

\begin{figure}
  \subcaptionbox{Ein grüner Schneeanzug, der auch hier in Farbe dargestellt ist.%
    \label{fig:gruen}}[0.49\linewidth][c]{\includegraphics[width=4cm]{images/floats/r0}}
  \hfill
  \subcaptionbox{Ein bunter Schneeanzug.\label{fig:bunt}}[0.49\linewidth][c]%
    {\includegraphics[width=4cm]{images/floats/j0}}

  \begin{minipage}[t]{0.49\linewidth}\setcapindent{0pt}
    \caption{Zusammenstellung eines bunten~\subref{fig:bunt} und eines grünen
      Schneeanzugs~\subref{fig:gruen}, wobei die Hauptbeschriftung im unteren rechten Quadrat
      erscheint.}\label{fig:demo}
  \end{minipage} \hfill
  \begin{minipage}[t]{0.45\linewidth}\centering
    \captionof{table}{Eine Tabelle in einer übergeordneten \texttt{figure}-Umgebung.%
    \label{tab:demo}}
    \begin{tabular}{cc}E & F\\ G & H\\ I & J \\ G & H\end{tabular}
  \end{minipage}
\end{figure}
```

```
Siehe auch den grünen (Abbildung~\ref{fig:gruen}) oder den bunten Schneeanzug~\subref{fig:bunt}
in der Abbildung~\ref{fig:demo}, sowie die Tabelle~\ref{tab:demo}, die sich alle zusammen in
\emph{einer} Gleitumgebung befinden.
```

-08-6

(a) Ein grüner Schneeanzug, der auch hier in Farbe dargestellt ist.

(b) Ein bunter Schneeanzug.

Abbildung 1: Zusammenstellung eines bunten b und eines grünen Schneeanzugs a, wobei die Hauptbeschriftung im unteren rechten Quadrat erscheint.

Tabelle 1: Eine Tabelle in einer übergeordneten `figure`-Umgebung.

E	F
G	H
I	J
G	H

Siehe auch den grünen (Abbildung 1a) oder den bunten Schneeanzug b in der Abbildung 1, sowie die Tabelle 1, die sich alle zusammen in *einer* Gleitumgebung befinden.

Bezüglich der Anordnung von Objekten mit Beschriftung besteht formal kein Unterschied zwischen gleitenden und nichtgleitenden Umgebungen. Es ist lediglich darauf zu achten, dass entweder `\caption` durch `\captionof` zu ersetzen ist oder bei Teilabbildungen der Gleittyp mit `\setcaptiontyp` festzulegen ist. Es ist auch ohne weiteres möglich, innerhalb einer Gleitumgebung nur mit dem Makro `\captionof` zu arbeiten. Es wurde bereits erwähnt, dass eine Gleitumgebung prinzipiell nichts weiter darstellt als einen Container für beliebige Inhalte und dass faktisch nur `\caption` an dem Typ der Gleitumgebung interessiert ist.

```
\usepackage{graphicx,subcaption}

Text vor der nicht-gleitenden Umgebung.\par
\begin{minipage}{\linewidth} \setcaptiontype{figure}
  \parbox{0.49\linewidth}{\centering\includegraphics[width=3cm]{images/floats/r0}
     \subcaption{Ein grüner Schneeanzug, der auch hier in Farbe dargestellt ist.\label{fig:gruen}}}
  \hfill
  \parbox{0.49\linewidth}{\centering\includegraphics[width=3cm]{images/floats/j0}
    \subcaption{Ein bunter Schneeanzug.\label{fig:bunt}}}

  \parbox{0.49\linewidth}{\centering\includegraphics[width=4cm]{images/floats/rj1}
     \subcaption{Noch mehr Schneeanzüge, die hier auch in Farbe dargestellt sind.\label{fig:gruen2
     ↪}}}
  \hfill
  \begin{minipage}{0.49\linewidth}\setcapindent{0pt}
        \caption{Zusammenstellung von bunten~\subref{fig:bunt} und grünen
                Schneeanzügen~\subref{fig:gruen} und  \subref{fig:gruen2},
                wobei die Hauptbeschriftung im unteren rechten Quadrat erscheint.}\label{fig:demo}
  \end{minipage}
\end{minipage}
\listoffigures
```

-08-7

Text vor der nicht-gleitenden Umgebung.

(a) Ein grüner Schneeanzug, der auch hier in Farbe dargestellt ist.

(b) Ein bunter Schneeanzug.

(c) Noch mehr Schneeanzüge, die hier auch in Farbe dargestellt sind.

Abbildung 1: Zusammenstellung von bunten b und grünen Schneeanzügen a und c, wobei die Hauptbeschriftung im unteren rechten Quadrat erscheint.

Abbildungsverzeichnis

1 Zusammenstellung von bunten b und grünen Schneeanzügen a und c, wobei die Hauptbeschriftung im unteren rechten Quadrat erscheint. 1

11.9 Ganz- und mehrseitige Objekte mit dem Paket hvfloat

Bei ganzseitigen Objekten ist zu unterscheiden zwischen dem Textbereich ohne Kopf- und Fußzeile(n) und der gesamten Seite, einschließlich Kopf- und Fußzeile(n). Eine eventuelle Beschriftung kann dann nicht mehr automatisch auf die Seite der Abbildung gesetzt werden; sie muss entweder auf der Seite davor oder danach erscheinen. Sinnigerweise sollte eine Beschriftung bei ganzseitigen Abbildung und/oder Tabellen unten auf der Seite platziert werden. Für den Befehl `\hvFloat` *und* `\includegraphics` gibt es die beiden Optionen `fullpage` und `FULLPAGE`, um größtmögliche und ganzseitige Abbildungen zu erstellen. Bei einseitigen und einspaltigen Dokumenten spielt die Anordnung in der Regel keine große Rolle. Bei zweiseitigen Dokumenten sollten dabei Objekt und Beschriftung auf gegenüberliegenden Seiten erscheinen.

11.9.1 Einzelne Objekte (Abbildungen, Tabellen, ...)

`\hvFloatSet`{*key=value, key=value, ...*}
`\setDefaults`
`\defhvstyle`{*Name*}{*key=value, key=value, ...*}
`\hvFloat` * [*Optionen*] +{*Typ*}{*Gleitobjekt*} [*Caption-Kurz*] {*Caption-Lang*}{*Label*}

Tabelle 11.4: Zusammenstellung der optionalen Argumente des Makros \hvFloat.

Option	*Vorgabe*	*Beschreibung*
floatPos	htb	Positionierungsparameter der Gleitumgebungen.
rotAngle	0	Rotation sowohl für das Objekt als auch die Beschriftung.
capWidth	n	Breite der Beschriftung. Kann die Werte »n« für natürliche Breite, »w« für die Breite des Objekts, »h« für die Höhe des Objekts oder eine Dezimalzahl für die relative Skalierung in Bezug auf \columnwidth.
capAngle	0	Rotation der Beschriftung (im mathematischen Sinn).
capPos	before	Anordnung der Beschriftung relativ zum Objekt: before: immer vor (links) dem Objekt; left: immer vor (links) dem Objekt, im Zweispaltensatz aber auf derselben Seite wie das Objekt; after: immer nach (rechts) dem Objekt; right: immer nach (rechts) dem Objekt, im Zweispaltensatz aber auf derselben Seite wie das Objekt; inner: im twoside-Modus in der inneren Spalte setzen. outer: im twoside-Modus in der äußeren Spalte setzen. evenPage: im twoside-Modus und der Option fullpage die Beschriftung auf eine gerade Seite setzen. oddPage: dito., aber ungerade Seite.
capVPos	c	Nur interessant für capPos=left|right, nur dann kann die Beschriftung vertikal unterschiedlich angeordnet werden: bottom, center und top.
objectPos	center	Die horizontale Anordnung des Objekts relativ zur Textbreite. Mögliche Werte sind (**l**)eft|(**c**)enter|(**r**)ight.
objectAngle	0	Rotation des Objekts (im mathematischen Sinn).
floatCapSep	5pt	Abstand zwischen Objekt und Beschriftung (falls nebeneinander).
useOBox	false	Anstelle das Objekt als Parameter an \hvFloat zu übergeben, kann es vorher in der Box \hvOBox gespeichert werden und durch useOBox=true benutzt werden.
nonFloat	false	Umgebung als nicht-gleitend definieren. Objekt und Beschriftung erscheinen als normale Absätze, wobei der jeweilige Zähler (Abbildung/Tabelle) normal inkrementiert wird.
wide	false	Für die Umgebung kann die Breite \textwidth+\marginparwidth benutzt werden.
objectFrame	false	Setzt mit \frame einen Rahmen um das Objekt (ohne Abstand).
style	---	Anwenderdefinierter Stil, der vorher festgelegt sein muss.
fullpage	false	Setzt die Beschriftung unten auf die vorhergehend oder folgende Seite, während das Objekt den gesamten Textbereich beansprucht.
FULLPAGE	false	dito., nur wird die Papiergröße für das Objekt benutzt. Der Seitenstil ist dabei automatisch empty.
multiFloat	false	Mehrere Gleitobjekte zusammen als ein fullpage-Objekt mit jeweils eigener Beschriftung setzen (11.9.2 auf Seite 249).
subFloat	false	Mehrere Gleitobjekte zusammen als ein fullpage-Objekt mit einer Hauptbeschriftung und jeweiliger Teilbeschriftung (\subcaption) setzen (11.9.3 auf Seite 251.
separatorLine	true	Setze eine horizontale Linie (analog zu einer Funotenlinie) mit der gegebenen Dicke von 0.4pt zwischen Text und folgender Beschriftung. Nur sinnvoll bei einem fullpage-Objekt im Modus twocolumn.

Option	*Vorgabe*	*Beschreibung*
`capFormat`	---	Alle Angaben werden an das Paket caption weitergeleitet (siehe Dokumentation zu caption).
`subcapFormat`	---	dito., für das Paket \subcaption.

```
\usepackage{blindtext,xcolor} \usepackage{hvfloat}
\Blindtext\blindtext\par
\fbox{Die Abb.~\ref{fig:fullpage0-cap} hat die Beschriftung auf Seite~\pageref{fig:
 ↪fullpage0-cap}
und die Abbildung aber auf Seite~\pageref{fig:fullpage0}.}

\hvFloat[fullpage,capPos=evenPage]%
  {figure}%
  {\includegraphics[fullpage]{Images/floats/baumhaus}}%
  [Ein »fullpage« float mit normaler Caption]%
  {\color{red}Eine normale  Beschriftung eines »fullpage»-Objekts mit den standardmäßigen
   ↪ Vorgaben, was
   eine Beschriftung links vom Objekt erzeugt. Sie erscheint also immer \emph{vor} dem
    ↪Objekt. Dies kann
   eine gerade (even) oder ungerade (odd) Seite sein, was daher eigentlich nur bei einem
    ↪einseitigen
   Dokument (oneside) Sinn macht. Es funktioniert aber auch bei einem zweiseitigen
    ↪Dokument.}%
  {fig:fullpage0}
\Blindtext\Blindtext
```
11-09

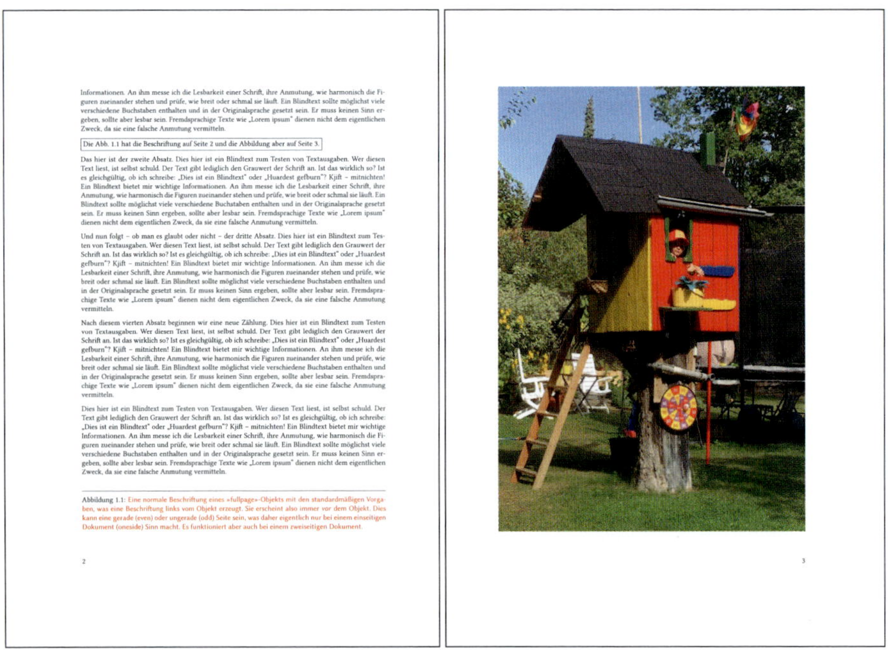

Informationen. An ihm messe ich die Lesbarkeit einer Schrift, ihre Anmutung, wie harmonisch die Figuren zueinander stehen und prüfe, wie breit oder schmal sie läuft. Ein Blindtext sollte möglichst viele verschiedene Buchstaben enthalten und in der Originalsprache gesetzt sein. Er muss keinen Sinn ergeben, sollte aber lesbar sein. Fremdsprachige Texte wie „Lorem ipsum" dienen nicht dem eigentlichen Zweck, da sie eine falsche Anmutung vermitteln.

Die Abb. 1.1 hat die Beschriftung auf Seite 2 und die Abbildung aber auf Seite 3.

Das hier ist der zweite Absatz. Dies hier ist ein Blindtext zum Testen von Textausgaben. Wer diesen Text liest, ist selbst schuld. Der Text gibt lediglich den Grauwert der Schrift an. Ist das wirklich so? Ist es gleichgültig, ob ich schreibe: „Dies ist ein Blindtext" oder „Huardest gefburn"? Kjift – mitnichten! Ein Blindtext bietet mir wichtige Informationen. An ihm messe ich die Lesbarkeit einer Schrift, ihre Anmutung, wie harmonisch die Figuren zueinander stehen und prüfe, wie breit oder schmal sie läuft. Ein Blindtext sollte möglichst viele verschiedene Buchstaben enthalten und in der Originalsprache gesetzt sein. Er muss keinen Sinn ergeben, sollte aber lesbar sein. Fremdsprachige Texte wie „Lorem ipsum" dienen nicht dem eigentlichen Zweck, da sie eine falsche Anmutung vermitteln.

Und nun folgt – ob man es glaubt oder nicht – der dritte Absatz. Dies hier ist ein Blindtext zum Testen von Textausgaben. Wer diesen Text liest, ist selbst schuld. Der Text gibt lediglich den Grauwert der Schrift an. Ist das wirklich so? Ist es gleichgültig, ob ich schreibe: „Dies ist ein Blindtext" oder „Huardest gefburn"? Kjift – mitnichten! Ein Blindtext bietet mir wichtige Informationen. An ihm messe ich die Lesbarkeit einer Schrift, ihre Anmutung, wie harmonisch die Figuren zueinander stehen und prüfe, wie breit oder schmal sie läuft. Ein Blindtext sollte möglichst viele verschiedene Buchstaben enthalten und in der Originalsprache gesetzt sein. Er muss keinen Sinn ergeben, sollte aber lesbar sein. Fremdsprachige Texte wie „Lorem ipsum" dienen nicht dem eigentlichen Zweck, da sie eine falsche Anmutung vermitteln.

Nach diesem vierten Absatz beginnen wir eine neue Zählung. Dies hier ist ein Blindtext zum Testen von Textausgaben. Wer diesen Text liest, ist selbst schuld. Der Text gibt lediglich den Grauwert der Schrift an. Ist das wirklich so? Ist es gleichgültig, ob ich schreibe: „Dies ist ein Blindtext" oder „Huardest gefburn"? Kjift – mitnichten! Ein Blindtext bietet mir wichtige Informationen. An ihm messe ich die Lesbarkeit einer Schrift, ihre Anmutung, wie harmonisch die Figuren zueinander stehen und prüfe, wie breit oder schmal sie läuft. Ein Blindtext sollte möglichst viele verschiedene Buchstaben enthalten und in der Originalsprache gesetzt sein. Er muss keinen Sinn ergeben, sollte aber lesbar sein. Fremdsprachige Texte wie „Lorem ipsum" dienen nicht dem eigentlichen Zweck, da sie eine falsche Anmutung vermitteln.

Dies hier ist ein Blindtext zum Testen von Textausgaben. Wer diesen Text liest, ist selbst schuld. Der Text gibt lediglich den Grauwert der Schrift an. Ist das wirklich so? Ist es gleichgültig, ob ich schreibe: „Dies ist ein Blindtext" oder „Huardest gefburn"? Kjift – mitnichten! Ein Blindtext bietet mir wichtige Informationen. An ihm messe ich die Lesbarkeit einer Schrift, ihre Anmutung, wie harmonisch die Figuren zueinander stehen und prüfe, wie breit oder schmal sie läuft. Ein Blindtext sollte möglichst viele verschiedene Buchstaben enthalten und in der Originalsprache gesetzt sein. Er muss keinen Sinn ergeben, sollte aber lesbar sein. Fremdsprachige Texte wie „Lorem ipsum" dienen nicht dem eigentlichen Zweck, da sie eine falsche Anmutung vermitteln.

Abbildung 1.1: Eine normale Beschriftung eines »fullpage»-Objekts mit den standardmäßigen Vorgaben, was eine Beschriftung links vom Objekt erzeugt. Sie erscheint also immer *vor* dem Objekt. Dies kann eine gerade (even) oder ungerade (odd) Seite sein, was daher eigentlich nur bei einem einseitigen Dokument (oneside) Sinn macht. Es funktioniert aber auch bei einem zweiseitigen Dokument.

2

3

Bei zweiseitigen Dokumenten wird mit den Platzierungsoptionen capPos=even und capPos=odd immer eine Anordnung auf *gegenüberliegenden* Seiten erreicht.

```
\usepackage{blindtext,xcolor} \usepackage{hvfloat}
\Blindtext\blindtext\par
```
11-09-

```
\fbox{Die Abb.~\ref{fig:fullpage1-cap} hat die Beschriftung auf Seite~\pageref{fig:
  ↪fullpage1-cap}
und die Abbildung aber auf Seite~\pageref{fig:fullpage1}.}

\hvFloat[FULLPAGE,capPos=oddPage]%
  {figure}%
  {\includegraphics[FULLPAGE]{images/floats/baumhaus}}%
  [Ein »fullpage« float mit normaler Caption]%
  {\color{red}Eine normale  Beschriftung eines »fullpage»-Objekts mit den standardmäßigen
   ↪ Vorgaben, was
   eine Beschriftung links vom Objekt erzeugt. Sie erscheint also immer \emph{vor} dem
    ↪Objekt. Dies kann
   eine gerade (even) oder ungerade (odd) Seite sein, was daher eigentlich nur bei einem
    ↪einseitigen
   Dokument (oneside) Sinn macht. Es funktioniert aber auch bei einem zweiseitigen
    ↪Dokument.}%
  {fig:fullpage1}
\Blindtext \Blindtext \Blindtext
```

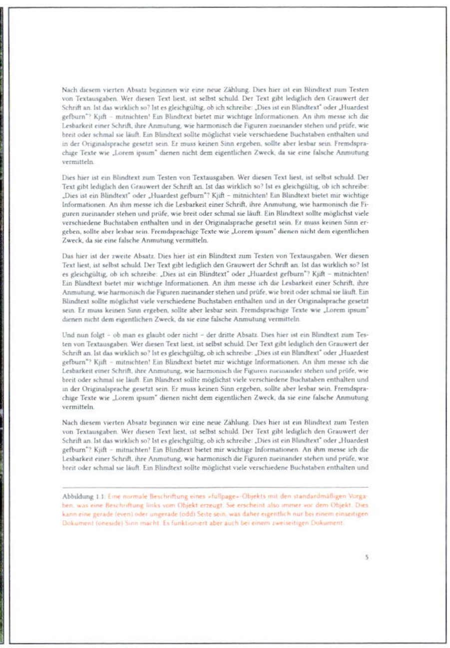

Nach diesem vierten Absatz beginnen wir eine neue Zählung. Dies hier ist ein Blindtext zum Testen von Textausgaben. Wer diesen Text liest, ist selbst schuld. Der Text gibt lediglich den Grauwert der Schrift an. Ist das wirklich so? Ist es gleichgültig, ob ich schreibe: „Dies ist ein Blindtext“ oder „Huardest gefburn“? Kjift – mitnichten! Ein Blindtext bietet mir wichtige Informationen. An ihm messe ich die Lesbarkeit einer Schrift, ihre Anmutung, wie harmonisch die Figuren zueinander stehen und prüfe, wie breit oder schmal sie läuft. Ein Blindtext sollte möglichst viele verschiedene Buchstaben enthalten und in der Originalsprache gesetzt sein. Er muss keinen Sinn ergeben, sollte aber lesbar sein. Fremdsprachige Texte wie „Lorem ipsum“ dienen nicht dem eigentlichen Zweck, da sie eine falsche Anmutung vermitteln.

Dies hier ist ein Blindtext zum Testen von Textausgaben. Wer diesen Text liest, ist selbst schuld. Der Text gibt lediglich den Grauwert der Schrift an. Ist das wirklich so? Ist es gleichgültig, ob ich schreibe: „Dies ist ein Blindtext“ oder „Huardest gefburn“? Kjift – mitnichten! Ein Blindtext bietet mir wichtige Informationen. An ihm messe ich die Lesbarkeit einer Schrift, ihre Anmutung, wie harmonisch die Figuren zueinander stehen und prüfe, wie breit oder schmal sie läuft. Ein Blindtext sollte möglichst viele verschiedene Buchstaben enthalten und in der Originalsprache gesetzt sein. Er muss keinen Sinn ergeben, sollte aber lesbar sein. Fremdsprachige Texte wie „Lorem ipsum“ dienen nicht dem eigentlichen Zweck, da sie eine falsche Anmutung vermitteln.

Das hier ist der zweite Absatz. Dies hier ist ein Blindtext zum Testen von Textausgaben. Wer diesen Text liest, ist selbst schuld. Der Text gibt lediglich den Grauwert der Schrift an. Ist das wirklich so? Ist es gleichgültig, ob ich schreibe: „Dies ist ein Blindtext“ oder „Huardest gefburn“? Kjift – mitnichten! Ein Blindtext bietet mir wichtige Informationen. An ihm messe ich die Lesbarkeit einer Schrift, ihre Anmutung, wie harmonisch die Figuren zueinander stehen und prüfe, wie breit oder schmal sie läuft. Ein Blindtext sollte möglichst viele verschiedene Buchstaben enthalten und in der Originalsprache gesetzt sein. Er muss keinen Sinn ergeben, sollte aber lesbar sein. Fremdsprachige Texte wie „Lorem ipsum“ dienen nicht dem eigentlichen Zweck, da sie eine falsche Anmutung vermitteln.

Und nun folgt – ob man es glaubt oder nicht – der dritte Absatz. Dies hier ist ein Blindtext zum Testen von Textausgaben. Wer diesen Text liest, ist selbst schuld. Der Text gibt lediglich den Grauwert der Schrift an. Ist das wirklich so? Ist es gleichgültig, ob ich schreibe: „Dies ist ein Blindtext“ oder „Huardest gefburn“? Kjift – mitnichten! Ein Blindtext bietet mir wichtige Informationen. An ihm messe ich die Lesbarkeit einer Schrift, ihre Anmutung, wie harmonisch die Figuren zueinander stehen und prüfe, wie breit oder schmal sie läuft. Ein Blindtext sollte möglichst viele verschiedene Buchstaben enthalten und in der Originalsprache gesetzt sein. Er muss keinen Sinn ergeben, sollte aber lesbar sein. Fremdsprachige Texte wie „Lorem ipsum“ dienen nicht dem eigentlichen Zweck, da sie eine falsche Anmutung vermitteln.

Nach diesem vierten Absatz beginnen wir eine neue Zählung. Dies hier ist ein Blindtext zum Testen von Textausgaben. Wer diesen Text liest, ist selbst schuld. Der Text gibt lediglich den Grauwert der Schrift an. Ist das wirklich so? Ist es gleichgültig, ob ich schreibe: „Dies ist ein Blindtext“ oder „Huardest gefburn“? Kjift – mitnichten! Ein Blindtext bietet mir wichtige Informationen. An ihm messe ich die Lesbarkeit einer Schrift, ihre Anmutung, wie harmonisch die Figuren zueinander stehen und prüfe, wie breit oder schmal sie läuft. Ein Blindtext sollte möglichst viele verschiedene Buchstaben enthalten und

Abbildung 1.1: Eine normale Beschriftung eines »fullpage«-Objekts mit den standardmäßigen Vorgaben, was eine Beschriftung links vom Objekt erzeugt. Sie erscheint also immer vor dem Objekt. Dies kann eine gerade (even) oder ungerade (odd) Seite sein, was daher eigentlich nur bei einem einseitigen Dokument (oneside) Sinn macht. Es funktioniert aber auch bei einem zweiseitigen Dokument.

5

Bei ganzseitigen Objekten ergibt sich ein Problem mit dem Marke (`\label`), falls man sich mit `\pageref` auf die zugehörige Seitenzahl beziehen möchte, denn Beschriftung und Objekt sind auf unterschiedlichen Seiten. Aus diesem Grund definiert das Paket `hvfloat` eine zusätzliche Marke mit der Endung `-cap`, die sich ausschließlich auf die Beschriftung bezieht, sodass man sich, wie in den Beispielen 11-09-1 und 11-09-2 zu sehen ist, auf unterschiedliche Seiten beziehen kann. Bezüglich der Abbildungsnummer besteht bei beiden Marken kein Unterschied.

11.9.2 Multifloats

Hierunter versteht man die Ausgabe einer Gleitumgebung mit mehreren Objekten, die jeweils eine Hauptbeschriftung und mehrere Teilbeschriftungen aufweisen. Die Syntax ist daher weitaus komplexer, wobei die Option `multiFloat` zwingend angegeben werden muss (siehe Beispiel 11-09-3):

```
\hvFloat [Optionen] +{float type}{floating object} [short caption] {long caption}{label}
                    +{float type}{floating object} [short caption] {long caption}{label}
                    +...
                    +{float type}{floating object} [short caption] {long caption}{label}
```

Das Symbol + definiert ein jeweils folgendes Teilobjekt. Hierbei muss der Anwender dafür Sorge tragen, dass die Objekte in der Summe auf eine Seite passen; ein Seitenumbruch ist nicht möglich. Das folgende Beispiel zeigt die Seiten 4–11 des zweiseitigen und einspaltigen Dokuments.

```
\usepackage{blindtext,varioref} \usepackage{hvfloat}
\title{Example for fullpage floats}\author{Herbert Voß}\maketitle  \tableofcontents
\blinddocument
\section{File \texttt{\jobname}}
The fullpage multifloat~\vref{img:demo2} has a caption~\vpageref{img:demo2-cap}.

\captionsetup{singlelinecheck=false}
\hvFloat[fullpage,capPos=after,multiFloat]%
  +{figure}{\includegraphics[width=\linewidth]{images/floats/CTAN}}%%  no 1
   [Short caption A]%
   {A Caption A of a ``fullpage'' object, which follows on the left or
    right column. This can be an even or odd page. And some more text whch has no
    real meaning because it fills only the space for a long caption.}%
   {img:demo0}%
  +{table}{\begin{tabular}{lrcp{3cm}}\hline                    %              no 2
            Linksbündig & Rechtsbündig & Zentriert & Parbox\\\hline
            L           & R            & C         & P\\
            left        & right        & center    & Text with possible linebreaks\\
            \multicolumn{4}{c}{Multicolumn over all columns}\\\hline
           \end{tabular}}%
   [Short Caption B]%
   {A Caption B of a ``fullpage'' object, which follows on the left or
        right column. This can be an even or odd page.}{}%
  +{figure}{\includegraphics[width=\linewidth]{images/floats/seiser}}%%  no 3
   {A Caption C of a ``fullpage'' object, which follows on the left or
      right column.}%
   {img:demo1}
  +{figure}{\includegraphics[width=\linewidth]{images/floats/felsen-wasser-small}}%%  no
  ↪4
   {A Caption D of a ``fullpage'' object, which follows on the left or
      right column.}%
   {img:demo2}

\blinddocument

\captionsetup{singlelinecheck=false}
\hvFloat[fullpage,capPos=after,multiFloat]%
  +{table}{\begin{tabular}{lrcp{3cm}}\hline                    %              no 2
            Linksbündig & Rechtsbündig & Zentriert & Parbox\\\hline
            L           & R            & C         & P\\
            left        & right        & center    & Text with possible linebreaks\\
            \multicolumn{4}{c}{Multicolumn over all columns}\\\hline
           \end{tabular}}%
   [Short Caption B]%
```

11-09

```
  {A Caption B of a ``fullpage'' object, which follows on the left or
      right column. This can be an even or odd page.}{}%
 +{figure}{\includegraphics[width=\linewidth]{images/floats/CTAN}}%% no 1
  [Short caption A]%
  {A Caption A of a ``fullpage'' object, which follows on the left or
   right column. This can be an even or odd page. And some more text whch has no
   real meaning because it fills only the space for a long caption.}%
  {img:demo3}%
 +{fiqure}{\includegraphics[width=\linewidth]{images/floats/felsen-wasser-small}}%% no
 ↪3
  {A Caption C of a ``fullpage'' object, which follows on the left or
     right column.}%
  {img:demo4}
 +{figure}{\includegraphics[width=\linewidth]{images/floats/seiser}}%% no 4
  {A Caption D of a ``fullpage'' object, which follows on the left or
     right column.}%
  {img:demo5}
\blinddocument \Blindtext \blindtext
```

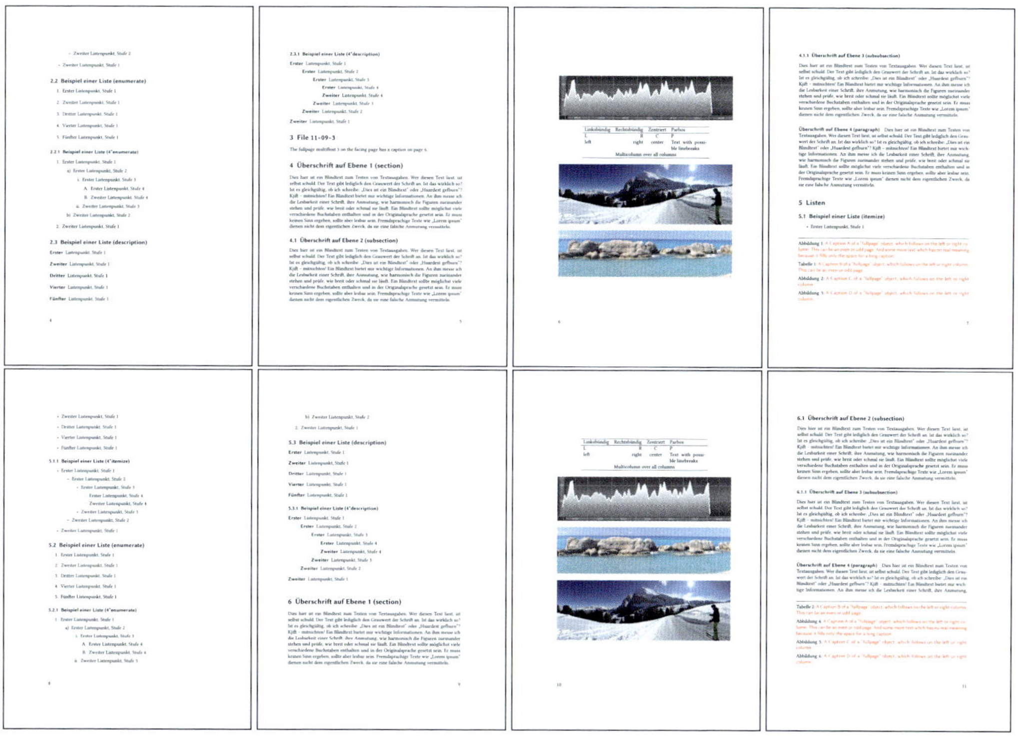

11.9.3 Subfloats

Im Gegensatz zu »Multifloats« können bei »Subfloats« die einzelnen Teilobjekte eine eigene Beschriftung erhalten, die jeweils direkt unter das Teilobjekt gesetzt wird. Standardmäßig kommt dabei das Paket subcaption von Axel Sommerfeld zum Einsatz. Die Syntax ist ähnlich komplex und erwartet zwingend das Schlüsselwort subFloat. Da die erste Angabe von {*float type*} für das gesamte Objekt gilt, können die folgenden Angaben entfallen; sie werden ohnehin von \hvFloat ignoriert. Die Teilobjekte müssen jeweils vom gleichen Typ sein.

\hvFloat [*Optionen*] +{*float type*}{*<empty>*} [*short caption*] {*long caption*}{*label*}
+{*<empty>*}{*floating object*} [*short caption*] {*long caption*}{*label*}
+...
+{*<empty>*}{*floating object*} [*short caption*] {*long caption*}{*label*}

Die Option singlelinecheck sollte für die Teilabbildungen standardmäßig aktiviert werden: \captionsetup[*sub*][*singlelinecheck*].

```
\usepackage{blindtext,varioref} \usepackage{hvfloat}
```

11-09

```
\title{Example for fullpage floats} \author{Herbert Voß} \maketitle \tableofcontents
\blinddocument
\section{File \texttt{\jobname}}
The multi images~\vref{sub:demo0} has a caption~\vpageref{sub:demo0-cap} and the
subimage~~\vref{sub:demo1} has a caption~\vpageref{sub:demo1}.

\captionsetup[sub]{singlelinecheck}
\hvFloat[fullpage,capPos=l,objectFrame,subFloat]%
  +{figure}{}[Short main caption of the objects]%   main short lsi entry
   {The main  caption of a ``fullpage'' object, which follows on the left or
        right column. This can be an even or odd page. And some more text whch has no
        real meaning because it fills only the space for a long caption.}%  main caption
   {sub:demo0}%
  +{}{\includegraphics[width=\linewidth]{images/floats/CTAN}}%
   [Short caption B]%
   {A Caption B of a ``fullpage'' sub object.}%  subcaption
   {}%
  +{}{\includegraphics[width=\linewidth]{images/floats/CTAN2021}}%
   {A Caption C of a ``fullpage'' object, which follows on the left or right column.}%
   {sub:demo1}
  +{}{\includegraphics[width=\linewidth]{images/floats/patrick}}%
   {A Caption D of a ``fullpage'' object}%
   {sub:demo2}
  +{}{\includegraphics[width=\linewidth]{images/floats/golf2}}%
   {A Caption E of a ``fullpage'' object}%
   {sub:demo3}

\blinddocument
\captionsetup[sub]{singlelinecheck}
\hvFloat[fullpage,capPos=l,objectFrame,subFloat]%
  +{figure}{}[Short main caption of the objects]%   main short lsi entry
   {The main  caption of a ``fullpage'' object, which follows on the left or
        right column. This can be an even or odd page. And some more text whch has no
        real meaning because it fills only the space for a long caption.}%  main caption
   {sub:demo4}%
  +{}{\includegraphics[width=\linewidth]{images/floats/CTAN}}%
   [Short caption B]%
   {A Caption B of a ``fullpage'' sub object.}%  subcaption
   {}%
  +{}{\includegraphics[width=\linewidth]{images/floats/CTAN2021}}%
   {A Caption C of a ``fullpage'' object, which follows on the left or right column.}%
   {sub:demo5}
  +{}{\includegraphics[width=\linewidth]{images/floats/patrick}}%
   {A Caption D of a ``fullpage'' object}%
   {sub:demo7}
  +{}{\includegraphics[width=\linewidth]{images/floats/golf2}}%
   {A Caption E of a ``fullpage'' object}%
   {sub:demo6}
```

```
\blinddocument \Blindtext \blindtext
```

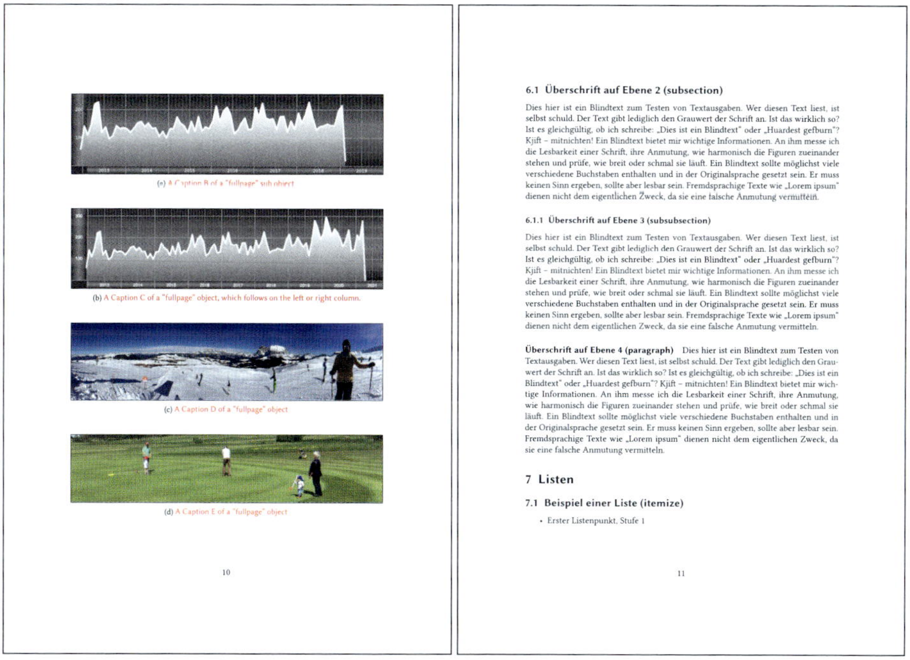

(a) A Caption B of a "fullpage" sub object

(b) A Caption C of a "fullpage" object, which follows on the left or right column.

(c) A Caption D of a "fullpage" object

(d) A Caption E of a "fullpage" object

10

6.1 Überschrift auf Ebene 2 (subsection)

Dies hier ist ein Blindtext zum Testen von Textausgaben. Wer diesen Text liest, ist selbst schuld. Der Text gibt lediglich den Grauwert der Schrift an. Ist das wirklich so? Ist es gleichgültig, ob ich schreibe: „Dies ist ein Blindtext" oder „Huardest gefburn"? Kjift – mitnichten! Ein Blindtext bietet mir wichtige Informationen. An ihm messe ich die Lesbarkeit einer Schrift, ihre Anmutung, wie harmonisch die Figuren zueinander stehen und prüfe, wie breit oder schmal sie läuft. Ein Blindtext sollte möglichst viele verschiedene Buchstaben enthalten und in der Originalsprache gesetzt sein. Er muss keinen Sinn ergeben, sollte aber lesbar sein. Fremdsprachige Texte wie „Lorem ipsum" dienen nicht dem eigentlichen Zweck, da sie eine falsche Anmutung vermitteln.

6.1.1 Überschrift auf Ebene 3 (subsubsection)

Dies hier ist ein Blindtext zum Testen von Textausgaben. Wer diesen Text liest, ist selbst schuld. Der Text gibt lediglich den Grauwert der Schrift an. Ist das wirklich so? Ist es gleichgültig, ob ich schreibe: „Dies ist ein Blindtext" oder „Huardest gefburn"? Kjift – mitnichten! Ein Blindtext bietet mir wichtige Informationen. An ihm messe ich die Lesbarkeit einer Schrift, ihre Anmutung, wie harmonisch die Figuren zueinander stehen und prüfe, wie breit oder schmal sie läuft. Ein Blindtext sollte möglichst viele verschiedene Buchstaben enthalten und in der Originalsprache gesetzt sein. Er muss keinen Sinn ergeben, sollte aber lesbar sein. Fremdsprachige Texte wie „Lorem ipsum" dienen nicht dem eigentlichen Zweck, da sie eine falsche Anmutung vermitteln.

Überschrift auf Ebene 4 (paragraph) Dies hier ist ein Blindtext zum Testen von Textausgaben. Wer diesen Text liest, ist selbst schuld. Der Text gibt lediglich den Grauwert der Schrift an. Ist das wirklich so? Ist es gleichgültig, ob ich schreibe: „Dies ist ein Blindtext" oder „Huardest gefburn"? Kjift – mitnichten! Ein Blindtext bietet mir wichtige Informationen. An ihm messe ich die Lesbarkeit einer Schrift, ihre Anmutung, wie harmonisch die Figuren zueinander stehen und prüfe, wie breit oder schmal sie läuft. Ein Blindtext sollte möglichst viele verschiedene Buchstaben enthalten und in der Originalsprache gesetzt sein. Er muss keinen Sinn ergeben, sollte aber lesbar sein. Fremdsprachige Texte wie „Lorem ipsum" dienen nicht dem eigentlichen Zweck, da sie eine falsche Anmutung vermitteln.

7 Listen

7.1 Beispiel einer Liste (itemize)

- Erster Listenpunkt, Stufe 1

11

11.9.4 Doppelseitige Objekte

Das Paket hvfloat unterstützt ebenfalls die Ausgabe von Objekten (Abbildungen, Tabellen, ...) auf *zwei* gegenüberliegenden (links–rechts) Seiten. Logischerweise macht dies nur Sinn bei zweiseitigen Dokumenten. Hierbei obliegt es dem Anwender, dafür zu sorgen, dass die Objekte entsprechend skaliert werden, wenn sie größer als die doppelte Papierbreite sind. Dies bedeutet bei einer Veröffentlichung im Format DIN A5, beispielsweise maximal DIN A4. Die Skalierung kann über die Optionen bei `\includegraphics` oder bei anderen Objekten über `\resizebox` vorgenommen werden.

Es existieren drei spezielle Optionen für doppelseitige Objekte:

doublePage Ein geteiltes Objekt mit oder ohne Beschriftung an der Oberkante der Doppelseite, wobei das Objekt in der oberen linken Ecke des *Textbereiches* beginnt und je nach Breite auf der rechten Seite endet. Es darf eine maximale Breite von `2*\paperwidth-4*Rand` haben, anderenfalls wird es über den rechten Rand gesetzt. Eine Beschriftung kann vertikal gedreht rechts neben das Objekt oder rechts unterhalb gesetzt werden. Der frei bleibende Bereich der Doppelseite kann mit Text gefüllt werden.

doublePAGE Ein geteiltes Objekt an der Oberkante der Doppelseite mit oder ohne Beschriftung, wobei das Objekt horizontal am linken *Papierrand* und vertikal am *Textbereich* beginnt und je nach Breite auf der rechten Seite endet. Es darf eine maximale Breite von `2*\paperwidth` haben, anderenfalls wird es über den rechten Rand gesetzt. Eine Beschriftung kann vertikal gedreht rechts neben das Objekt oder rechts unterhalb gesetzt werden. Es wird kein weiterer Text auf die Doppelseite gesetzt.

doubleFULLPAGE Ein geteiltes Objekt mit oder ohne Beschriftung an der Oberkante der Doppelseite, wobei das Objekt in der linken oberen Ecke beginnen kann. Ist es kleiner als die Papierhöhe, wird es vertikal zentriert. Es darf eine maximale Breite von `2*\paperwidth` haben, anderenfalls wird es über den rechten Rand gesetzt. Eine Beschriftung kann vertikal gedreht rechts über das Objekt gesetzt werden, wobei es dem Anwender obliegt, die richtige Textfarbe im Verhältnis zum Objekt zu benutzen. Es werden alle Optionen des Paketes `caption` unterstützt. Es wird kein weiterer Text auf die Doppelseite gesetzt und Kopf- und Fußzeile werden ebenfalls nicht ausgegeben.

In den folgenden Beispielen werden immer die vier gegenüberliegenden Seiten 2, 3, 4 und 5 angezeigt. Zum besseren Verständnis wird durch die Ausgabe einer Randnotiz (Abbildungs- oder Tabellennummer) die Position, bei der das Objekt im LaTeX-Quellcode definiert wurde, markiert.

doubleFULLPAGE

Aufgrund der benötigten Doppelseite kann das Objekt frühestens auf der folgenden geraden Seite beginnen (linke Seite). Wie bei Gleitumgebungen üblich, kann dazu eventuell folgender Text vorgeholt werden, sodass die vorhergehenden Seiten mit Text gefüllt werden können.

11-09

```
\usepackage{blindtext,hvfloat,marginnote}
% showpages={2,3,4,5}
\Blindtext \Blindtext
\marginnote{Fig.~\ref{fig:doubleFULLPAGE0}}

 \hvFloat[doubleFULLPAGE,capPos=r]%
  {figure}%
  {\includegraphics[angle=90,width=2\paperwidth]{images/floats/r+j}}%
  [Eine doppelseitige Abbildung mit Caption auf der Abbildung]%
  {Eine Beschriftung einer doppelseitigen Abbildung, die ÜBER den rechten
   Teil der Abbildung platziert wird. Die Abbildung beginnt am linken
   Papierrand. Auf den Seiten wird kein weiterer Text
   platziert. Für das LOF wird dabei eine Kurzform berücksichtigt. Parameter
   ist \texttt{doubleFULLPAGE}}%
  {fig:doubleFULLPAGE0}

\Blindtext \Blindtext
```

1-09-6

```
\usepackage{blindtext,hvfloat,marginnote}
% showpages={2,3,4,5}
\Blindtext \Blindtext
\marginnote{Fig.~\ref{fig:doubleFULLPAGE1}}

 \hvFloat[doubleFULLPAGE,capPos=r]%
  {figure}%
  {\includegraphics[height=\paperheight]{images/floats/rheinsberg}}%
  {Eine Beschriftung einer doppelseitigen Abbildung, die ÜBER den rechten
   Teil der Abbildung platziert wird. Die Abbildung beginnt am linken
   Papierrand. Auf den Seiten wird kein weiterer Text
   platziert. Für das LOF wird dabei eine Kurzform berücksichtigt. Parameter
   ist \texttt{doubleFULLPAGE}}%
  {fig:doubleFULLPAGE1}

\Blindtext \Blindtext
```

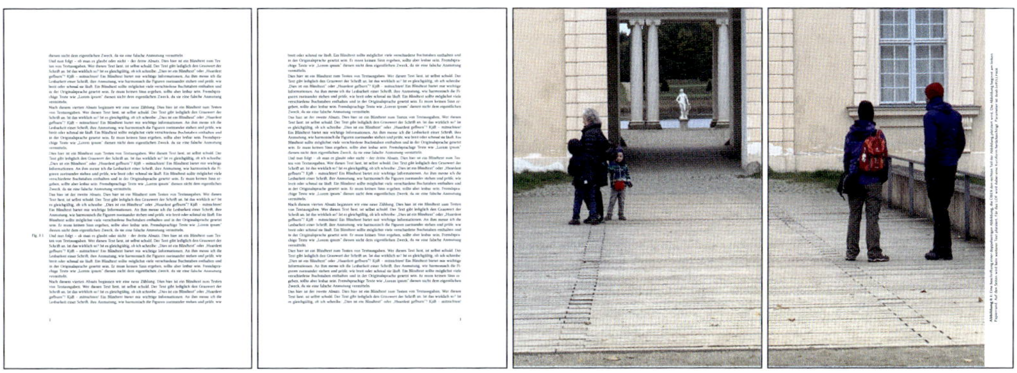

Bis eine Abbildung an der richtigen Stelle erscheint, können mehrere LaTeX-Durchläufe erforderlich sein. Insbesondere dann, wenn wie in obigen Beispiel die Abbildung erst zwei Seiten später erscheint. Die Markierung im Rand auf der linken Seite zeigt die Stelle an, bei der \hvFloat im Quelltext steht.

doublePAGE

Im Gegensatz zu doubleFULLPAGE werden hier Kopf- und Fußzeile nicht unterdrückt und eine Beschriftung kann sowohl rechts neben das Objekt oder rechts unterhalb des Objekts gesetzt werden. Zusätzlicher Text wird nicht auf der Doppelseite platziert.

1-09-7

```
\usepackage{blindtext,hvfloat,marginnote}
% showpages={2,3,4,5}
\Blindtext \Blindtext
\marginnote{Fig. \ref{fig:doublePAGE0}}

\hvFloat[doublePAGE]%
  {figure}%
  {\includegraphics[width=2\paperwidth]{images/floats/seiser}}%
  [Eine doppelseitige Abbildung mit Caption unterhalb der rechten Abbildung]%
  {Eine Beschriftung einer doppelseitigen Abbildung, die unterhalb der rechten
   Teils der Abbildung platziert wird. Die Abbildung beginnt am linken
   Papierrand. Auf den Seiten wird kein weiterer Text
   platziert. Für das LOF wird dabei eine Kurzform berücksichtigt. Parameter
   ist \texttt{doublePAGE}}%
  {fig:doublePAGE0}
```

```
\Blindtext \Blindtext
```

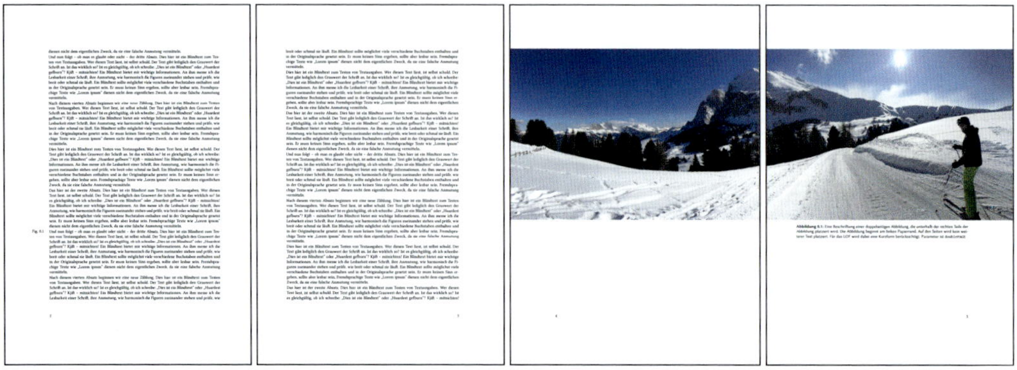

Ist das Objekt eine Tabelle, so empfiehlt sich die vorherige Speicherung in der Box \hvOBox, um diese dann im Makro \hvFloat zu verwenden. Dabei sollte die Definition mit \global vorgenommen werden Tabellen müssen in der Regel nachbearbeitet werden, denn sie wird ohne Rücksicht auf die Spaltenanordnung geteilt, so dass diese Teilung mitten durch eine Spalte gehen kann. In solchen Fällen fügt man mit dem Operator @{} zusätzlichen Zwischenraum vor der entsprechenden Spalte ein.

Aus reinen Platzgründen werden hier nur ein paar Zeilen angezeigt, wobei der Quellcode der Tabelle aus https://golatex.de/viewtopic.php?t=19969 entnommen wurde:

```
\global\savebox\hvOBox{%
\begin{tabular}{ l >{$}l<{$} l p{14cm} p{10cm} }\toprule
\bfseries Model  & \textbf{Variable} & \bfseries Number of equations
  & \bfseries Advantages & \bfseries Disadvantages\\ \midrule
Mixing length & \mu_t & 0 & easy to implement and cost-effective in computing resources,
  good predictions for thin shear layer, e.~g. wakes and boundary layer & unable to
  describe flows with separation and recirculation \\\midrule
Spalart-Allmaras & \mu_t & 1 & cost-effective, usable for external aerodynamic flows
   & not able to reproduce complex flow structures\\ \midrule
[...]
LRR-RSM & \tau_{ij}^\text{RS}, \varepsilon & 4 (2D),\par 7 (3D)
& most general of all models, very accurate of mean flow properties and all Reynolds
  stresses & very large computing costs, some troubles like $k$-$\varepsilon$
  because of $\varepsilon$ equation\\\bottomrule
\end{tabular}}
```

```
\usepackage{booktabs,mathtools}
\usepackage{blindtext,hvfloat,marginnote}
% showpages={2,3,4,5}
```
11-09-

```
\Blindtext \Blindtext
\marginnote{Fig. \ref{tab:doublePAGE0}}

\hvFloat[doublePAGE]{table}{\usebox\hvOBox}{Overview of different turbulence models}{tab:
↪doublePAGE0}

\Blindtext \Blindtext
```

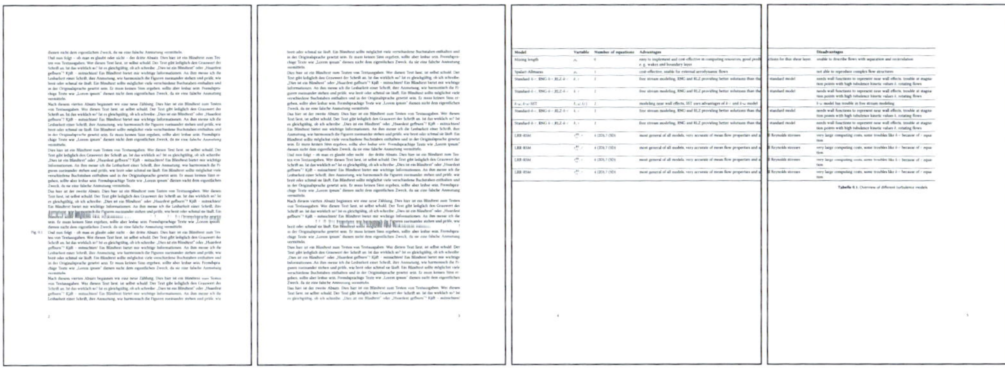

11.9.5 doublePage

Bei dieser Option beginnt das Objekt in der linken oberen Ecke des Textbereiches. Die Beschriftung kann vertikal rotiert rechts neben das Objekt oder normal rechts unterhalb des Objekts gesetzt werden. Kopf- und Fußzeilen erscheinen normal und der Rest der Doppelseite kann mit normalem Text gefüllt werden.

-09-9

```
\usepackage{blindtext,hvfloat,marginnote}
% showpages={2,3,4,5}

\Blindtext
\marginnote{Fig. \ref{fig:doublePage0}}

\hvFloat[doublePage,capWidth=n,capPos=r]%
  {figure}%
  {\includegraphics[width=2\textwidth]{images/floats/sonne-meer}}%
  [Eine doppelseitige Abbildung mit rechtsseitiger Caption unterhalb]%
  {Eine Beschriftung einer doppelseitigen Abbildung, die unterhalb des rechten
   Teils der Abbildung platziert wird. Die Abbildung beginnt am linken
   Textrand. Auf den Seiten wird ansonsten weiterer Text
   platziert. Für das LOF wird dabei eine Kurzform berücksichtigt. Parameter
   ist \texttt{doublePage}}%
  {fig:doublePage0}

\Blindtext \Blindtext \Blindtext
```

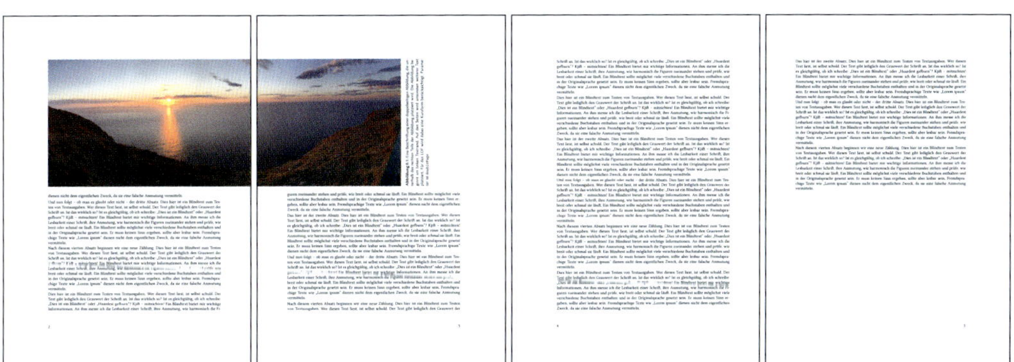

Ist das Objekt eine Tabelle, so empfiehlt sich wieder die Speicherung in der Box \hvOBox, um diese dann im Makro \hvFloat zu verwenden. Dabei sollte die Definition mit \global vorgenommen werden Aus reinen Platzgründen werden hier nur ein paar Zeilen angezeigt:

```
\global\savebox\hvOBox{%
 \begin{tabular}{l*{20}r} \toprule
  & \textbf{1972} & \textbf{1973} & \textbf{1974} & \textbf{1975} & \textbf{1976}
  & \textbf{1977} & \textbf{1978} & \textbf{1979} & \textbf{1980} & \textbf{1981}
  & \textbf{1982} & \textbf{1983} & \textbf{1984} & \textbf{1985} & \textbf{1986}
  & \textbf{1987} & \textbf{1988} & \textbf{1989}\\\midrule
Zeile 1 & 1 & 3 & 1 & 1 & 1 & 0 & 1 & 1 & 0 & 0 & 0 & 0 &20 & 0 & 2 & 2 & 2 & 1 & 1 & 1\\
Zeile 2 & 1 & 1 & 3 & 1 & 0 & 0 & 0 & 0 & 0 & 0 & 2 & 1 & 3 & 4 & 4 & 6 & 4 & 2 & 1 & 1\\
[...]
Artikel gesamt & 2 & 6 & 13 & 8 & 4 & 3 & 5 & 4 & 0 & 6 & 3 & 5 &23 &10 & 8 & 15 & 1 & 1
   & 13 &1 \\bottomrule
\end{tabular}}
```

11-09

```
\usepackage{blindtext,hvfloat,marginnote}
% showpages={2,3,4,5}
\Blindtext
\marginpar{Tab.~\ref{tab:doublePage3}}

\hvFloat[doublePage,capWidth=n,capPos=r]%
  {table}%
  {\usebox\hvOBox}%%%%%%%%%%%%%%
  {Eine Beschriftung einer doppelseitigen Tabelle, die unterhalb des rechten Teils der
   ↪Abbildung
   platziert wird. Die Tabelle beginnt am linken Textrand. Auf den Seiten wird ansonsten
    ↪weiterer Text
   platziert. Für das LOT wird dabei eine Kurzform berücksichtigt. Parameter ist \texttt{
    ↪doublePage}}%
  {tab:doublePage3}

\Blindtext \Blindtext \Blindtext
```

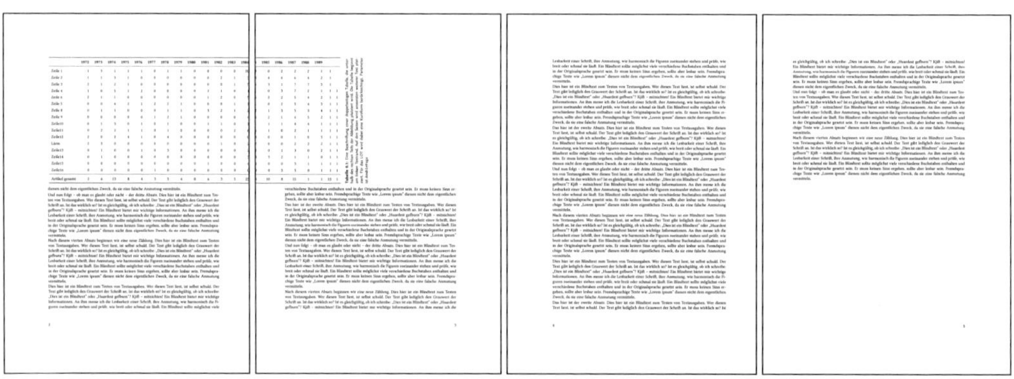

Hinweise

Insbesondere für die Fälle, bei denen das Makro `\hvFloat` auf einer ungeraden (linken) Seite definiert wird, kann es zu Problemen mit der Platzierung kommen, da das Objekt erst zwei Seiten später erscheint. Abhilfe schafft hier immer das Verschieben von `\hvFloat` auf eine ungerade (rechte) Seite. Weiterhin ist mit Abstandsproblemen zu rechnen, wenn das rechtsseitige Teilobjekt innerhalb einer Listenumgebung erscheint.

11.10 Textumflossene Tabellen und Abbildungen

Mit dem Paket `wrapfig` von Donald Arseneau lassen sich Abbildungen und Tabellen in einen Absatz integrieren. Grundsätzlich sollte man dies in wissenschaftlichen Arbeiten vermeiden. Lediglich bei sehr kleinen Abbildungen oder Tabellen kann es Sinn machen. Eine alternatives Paket wäre `cutwin` von Peter Wilson und Alan Hoenig, welches auch Abbildungen mitten im Text erlaubt. Allerdings erfordert dies in der Regel einige Handarbeit, denn sowohl die horizontalen als vertikalen Abstände können nicht vollautomatisch bestimmt werden. Weitere Hinweise findet man in der Dokumentation Hoenig u. a. (2010) oder in Voß (2010a). Im Folgenden wird ausschließlich das Paket `wrapfig` behandelt werden.

Die Umgebungen `wrapfigure` und `wraptable` sind formal »Gleitumgebungen«, sodass der Befehl `\caption` benutzt werden kann.

```
\begin{wrapfigure}[Zeilen]{Position}[Randüberhang]{Breite}
  ...
\end{wrapfigure}
\begin{wraptable}[Zeilen]{Position}[Randüberhang]{Breite}
  ...
\end{wraptable}
```

Mit dem Parameter *Zeilen* wird festgelegt, wie viele Zeilen um das Bild fließen sollen. Wird hier kein Wert angegeben, so wird dieser aus der Bildhöhe berechnet. Mit *Position* wird die Position des Bildes bestimmt. Mögliche Werte sind hier `l` für links, `r` für rechts, `i` für innen und `o` für außen bei doppelseitigem Druck. Zusätzlich sind die Parameter in Großbuchstaben möglich, die dafür sorgen, dass das Bild entsprechend gleitet. Mit *Randüberhang* wird der Wert angegeben, der festlegt, um welchen Wert das Bild in den Rand hineinragen soll. Zuletzt wird die Breite festgelegt.

```
\usepackage{wrapfig,graphicx,url} \renewcaptionname{ngerman}{\figurename}{Abb.}

\begin{wrapfigure}{l}{4cm}\setcapindent{0pt}
\includegraphics[width=\linewidth]{images/floats/usa0}
\caption{Blick zum Atlantik}\label{fig:sea}
\end{wrapfigure}
Der Ort liegt etwa 40 Kilometer (25 Meilen) nordöstlich von Boston, der Hauptstadt und
größten Stadt des Staates Massachusetts und der Region Newengland, an der Spitze von
Cape Ann, nahe der Grenze zu New Hampshire, in Essex County. Rockport liegt am Endpunkt
einer Nahverkehrs-Eisenbahnlinie der Massachusetts Bay Transportation Authority von
Boston North Station über Newburyport nach Rockport. Der nächste internationale
Flughafen ist der Logan International Airport in Boston. Der Ort ist heute vor allem
vom Tourismus, aber auch noch von der traditionellen Hummer-Fischerei geprägt. Mit einer
Fahrtstrecke von 60 Kilometer bis ins Zentrum von Boston leben viele Pendler in Rockport.
(Quelle: \url{http://www.wikipedia.de})

Das Foto entstand auf der Rundfahrt durch die Neuengland"=Staaten nach der TUG"=Tagung
2010 in Boston (Connecticut, New Hampshire, Maine, Massachusetts, Rhode Island und Vermont).
Die Rundfahrt führte bis nach Halifax in Canada, um die Gräber auf dem Friedhof
der Toten des Titanic"=Unglücks zu besuchen
(\url{https://de.wikipedia.org/wiki/Fairview_Cemetery}).
Zurück ging es wieder von Boston nach Berlin über Frankfurt.
```

11-10-1

Abb. 1.1: Blick zum Atlantik

Der Ort liegt etwa 40 Kilometer (25 Meilen) nordöstlich von Boston, der Hauptstadt und größten Stadt des Staates Massachusetts und der Region Newengland, an der Spitze von Cape Ann, nahe der Grenze zu New Hampshire, in Essex County. Rockport liegt am Endpunkt einer Nahverkehrs-Eisenbahnlinie der Massachusetts Bay Transportation Authority von Boston North Station über Newburyport nach Rockport. Der nächste internationale Flughafen ist der Logan International Airport in Boston. Der Ort ist heute vor allem vom Tourismus, aber auch noch von der traditionellen Hummer-Fischerei geprägt. Mit einer Fahrtstrecke von 60 Kilometer bis ins Zentrum von Boston leben viele Pendler in Rockport. (Quelle: `http://www.wikipedia.de`)

Das Foto entstand auf der Rundfahrt durch die Neuengland-Staaten nach der TUG-Tagung 2010 in Boston (Connecticut, New Hampshire, Maine, Massachusetts, Rhode Island und Vermont). Die Rundfahrt führte bis nach Halifax in Canada, um die Gräber auf dem Friedhof der Toten des Titanic-Unglücks zu besuchen (`https://de.wikipedia.org/wiki/Fairview_Cemetery`). Zurück ging es wieder von Boston nach Berlin über Frankfurt.

11.11 TEXnisches

11.11.1 Platzierung

Müssen aus irgendwelchen Gründen alle »Gleitobjekte« dort erscheinen, wo sie im Text definiert wurden, so ist es besser, sich eine eigene Umgebung zu erstellen. Damit die Beschriftung nicht vom eigentlichen Objekt durch einen eventuellen Seitenumbruch getrennt wird, sollte beides in eine Umgebung `minipage` gesetzt werden; diese lässt keinen Seitenumbruch zu. Durch `\captionof{`*Typ*`}` kann dann der entsprechende Typ der Gleitumgebung festgelegt werden. Die Beschriftung muss allerdings zwischengespeichert werden, da der Parameter `#1` nur für den `\begin`-Teil der Umgebung bekannt ist. Dies geschieht durch die Definition mit `\def`.

```
\usepackage{graphicx}
\newenvironment{Bild}[1]% caption als Parameter
 {\par\medskip\noindent\begin{minipage}{\linewidth}\centering
  \def\BildCaption{#1}%  zwischenspeichern
 }{\captionof{figure}{\BildCaption}%
   \end{minipage}\par\medskip}

Text vor der Abbildung, der auch über die komplette Zeile gehen kann,
um zu zeigen, wie breit diese Zeile ist \ldots

\begin{Bild}{Eine Abbildung, oder eben eine Box, die genau an der Stelle erscheint, wo
   sie im Quelltext definiert wurde.\label{Bild} }
\includegraphics[width=0.8\linewidth]{images/floats/IMG_2035}
\end{Bild}

Text nach der Abbildung~\ref{Bild} auf Seite~\pageref{Bild}, die auch mit einem
Label versehen werden kann, sodass auch Referenzen auf derartige Abbildungen
möglich sind.
```

-11-1

Text vor der Abbildung, der auch über die komplette Zeile gehen kann, um zu zeigen, wie breit diese Zeile ist ...

Abbildung 1: Eine Abbildung, oder eben eine Box, die genau an der Stelle erscheint, wo sie im Quelltext definiert wurde.

Text nach der Abbildung 1 auf Seite 1, die auch mit einem Label versehen werden kann, sodass auch Referenzen auf derartige Abbildungen möglich sind.

11.11.2 Gleichungen in Gleitumgebungen

Es wurde bereits darauf hingewiesen, dass eine Gleitumgebung lediglich ein Container für einen *beliebigen* Inhalt ist, den TEX in Abhängigkeit bestimmter Parameter frei platzieren kann. Der Name der Gleitumgebung hat dabei nur eine Relevanz für das Makro `\caption`. Im Zweispaltensatz kann man daher ohne weiteres eine Gleichung in eine Gleitumgebung setzen, wenn die normale Spaltenbreite für die Gleichung zu schmal ist. Zu beachten ist jedoch, dass TEX die Sternversionen `figure*` und `table*` nur mit der Platzierung `t` setzt, also an den Anfang einer Seite, aber nicht auf die erste Seite. *Tipp*

11.11.3 Zu große Objekte

Wenn ein Objekt in der Breite und/oder Höhe größer ist als die aktuellen Werte für `\textwidth` und `\textheight`, so wird das Gleitobjekt an das Ende des Kapitels beziehungsweise Dokuments geschoben. Dies hat gleichzeitig zur Folge, dass alle weiteren Gleitumgebungen ebenfalls am Ende landen, denn die Reihenfolge der Umgebungen im Dokument bleibt unverändert. Es lässt sich leicht feststellen, welche Gleitumgebung dafür verantwortlich ist, da es die erste in der am Ende befindlichen Liste an Gleitumgebungen ist. *Tipp*

Nichtgleitende Objekte verhalten sich analog zu einer einzelnen Zeichenbox oder Grafik. Es es nicht möglich, dieses auf die aktuelle Seite zu platzieren, so wird es für den Fall, dass sie nur zu breit ist, einfach über den rechten Rand hinaus gesetzt. Es ist dagegen zu hoch, so wird ein Seitenumbruch eingefügt und die Abbildung auf die folgende Seite verschoben.

11.11.4 Fehler

In größeren Dokumenten kann der Fehler »LaTeX Error: Too many unprocessed floats« auftreten. LaTeX reserviert für alle Gleitumgebungen eines Dokuments 18 sogenannte Insertion-Registertupel, die Gleitumgebungen zwischenspeichern, wenn sie nicht sofort platziert werden können. Betrifft es mehr als 18 Objekte, so folgt beim 19. diese Fehlermeldung. Abhilfe schafft zum einen ein gezieltes `\clearpage`, welches für die Ausgabe aller aufgelaufenen Gleitumgebungen sorgt, bevor eine neue Seite eingefügt wird. Zum anderen kann man das Paket `morefloats` von Hans-Martin Münch laden, welches die Zahl auf 36 erhöht.

Eine Gleitumgebung darf nicht Teil einer anderen Umgebung sein, die Einschränkungen bezüglich der freien Platzierbarkeit hat, beispielsweise einer `minipage`. Möchte man diese verwenden, so muss sie Teil der Gleitumgebung sein und nicht umgekehrt.

Eine Beschriftung mit `\caption` darf nur *innerhalb* einer Gleitumgebung gesetzt werden, ansonsten bekommt man die Fehlermeldung »LaTeX Error: caption outside float«. Eine Alternative ist der Befehl `\captionof`, der auch außerhalb einer Gleitumgebung erscheinen kann (Abschnitt 11.7 auf Seite 236).

Kapitel 12

Verzeichnisse

12.1 Standardverzeichnisse 263
12.2 Eigene Verzeichnisse erstellen 270
12.3 Stichwortverzeichnis 272
12.4 Glossar 282

Das Erstellen eines Dokuments mit LaTeX funktioniert nach dem sogenannten »Ping-Pong-Prinzip«. Alles, was in externe Dateien geschrieben wird, wie beispielsweise alle Einträge für Verzeichnisse, steht im Allgemeinen *nicht* für den aktuellen Lauf zur Verfügung, sondern frühestens nach dem nächsten Übersetzungsvorgang des Dokuments. Alle externen Dateien werden am Anfang des LaTeX-Laufs eingelesen und am Ende neu geschrieben. Je nach verwendetem Texteditor (GUI) kann dies auch automatisiert im Hintergrund erfolgen, sodass der Anwender dieses Prinzip gar nicht wahrnehmen muss.

12.1 Standardverzeichnisse

12.1.1 Inhaltsverzeichnis

Das Inhaltsverzeichnis ist neben dem Abbildungs- und Tabellenverzeichnis unter der Kontrolle von LaTeX und bedarf prinzipiell keines Eingriffs des Anwenders. Formal gilt die Regel, dass jede nummerierte Überschrift in das Inhaltsverzeichnis kommt. Für spezielle Fälle stellt KOMA-Script jedoch mehrere Befehle bereit, die manuelle Einträge in die externe Inhaltsverzeichnisdatei erlauben. Der von Standard-LaTeX bekannte Befehl `\addcontentsline` sollte nicht benutzt werden, wenn man mit einer KOMA-Script-Klasse arbeitet.

```
\tableofcontents
\addparttocentry{Nummer}{Überschrift}
\addchaptertocentry{Nummer}{Überschrift}
\addsectiontocentry{Nummer}{Überschrift}
\addsubsectiontocentry{Nummer}{Überschrift}
\addsubsubsectiontocentry{Nummer}{Überschrift}
\addparagraphtocentry{Nummer}{Überschrift}
\addsubparagraphtocentry{Nummer}{Überschrift}
\addtocontents{Typ}{Text}
```

Die Anweisung \tableofcontents kann an jeder beliebigen Stelle des Dokumentes erscheinen, eine wiederholte Ausgabe ist nicht möglich. Beim ersten LaTeX-Lauf werden die Überschriften in einer formatierten Zeile in die externe .aux-Hilfsdatei gespeichert. Beispiel 12-01-1 erstellt per Skript eine Testdatei, die anschließend mit lualatex ausgeführt wird. Die dabei erstellte .aux-Datei wird anschließend ausgegeben.

```
cat << EOF >test-aux.tex
\documentclass{scrbook}
\begin{document}
\chapter{Einführung} foo bar baz \newpage
\section{baz} foo bar \subsection{foobar}
\end{document}
EOF
#
lualatex test-aux 2&>/dev/null
#----------------------------------
cat test-aux.aux
\relax
\providecommand*\new@tpo@label[2]{}
\@writefile{toc}{\contentsline {chapter}{\numberline {1}Einführung}{1}{}\protected@file@percent
↪ }
\@writefile{lof}{\addvspace {10\p@ }}
\@writefile{lot}{\addvspace {10\p@ }}
\@writefile{toc}{\contentsline {section}{\numberline {1.1}baz}{2}{}\protected@file@percent }
\@writefile{toc}{\contentsline {subsection}{\numberline {1.1.1}foobar}{2}{}\
↪protected@file@percent }
\gdef \@abspage@last{2}
```

Die Befehle mit \@writefile sind allesamt wirkungslos, da das Dokument keine Befehle zum Ausgeben der Verzeichnisse \tableofcontents (.toc), \listoffigures (.lof) und \listoftables (.lot) aufweist. Erst wenn ein entsprechender Befehl im Dokument erscheint, wird dadurch die entsprechende Datei zum Schreiben geöffnet und mit dem Erreichen von \end{document} mit den einzelnen Einträgen aus der .aux-Datei gefüllt. Daher wird beim ersten Durchlauf nur die Überschrift sichtbar sein. Ein weiterer Lauf bringt dann das gewünschte Ergebnis für das Inhaltsverzeichnis, kann aber zu einer weiteren Seite des Dokuments führen, sodass noch ein dritter LaTeX-Lauf notwendig sein könnte, um eventuelle Querverweise, Referenzen und die Seitenzahlangaben in den Verzeichnissen durch die zusätzliche Seite zu aktualisieren. Das folgende Beispiel ist prinzipiell identisch zu 12-01-1; es wird nur nach einem *zweiten* LaTeX-Lauf die erzeugte .toc-Datei ausgegeben.

3 LaTeX-Läufe

```
cat << EOF >test-toc.tex
\documentclass{scrbook}
\begin{document}
\tableofcontents
```

```
\chapter{Einführung}
foo bar baz \newpage
\section{baz}
foo bar \subsection{foobar}
\end{document}
EOF
#
lualatex test-toc 2&>/dev/null     # erster Durchlauf
lualatex test-toc 2&>/dev/null     # zweiter Durchlauf
#---------------------------------
cat test-toc.toc                   # test-toc.toc ausgeben
\contentsline {chapter}{\numberline {1}Einführung}{3}{}%
\contentsline {section}{\numberline {1.1}baz}{4}{}%
2-01-2 \contentsline {subsection}{\numberline {1.1.1}foobar}{4}{}%
\providecommand \tocbasic@end@toc@file {}\tocbasic@end@toc@file
```

Verzeichnisse

Jede Änderung in Verzeichnissen, die über externe Dateien gesteuert werden, ist immer erst mit dem nächsten LaTeX-Lauf sichtbar!

Mit `\addtocontents` kann beliebiger Code in eine der Dateien des Typs `.toc`, `.lof` oder `.lot` geschrieben werden, der normalerweise von LaTeX nicht in die Datei geschrieben würde. Man könnte beispielsweise im Inhaltsverzeichnis einen Seitenumbruch vor einem bestimmten neuen Abschnitt oder Kapitel erzeugen wollen, was mit mit dem Makro möglich ist. Handelt es sich um zerbrechliche Befehle (siehe Abschnitt A.6.1 auf Seite 399), so sind diese mit `\protect` zu schützen:

```
\addtocontents{toc}{\protect\newpage}
```

Das folgende Beispiel erzeugt im Inhaltsverzeichnis vor dem zweiten Abschnitt einen Seitenumbruch. Zu beachten ist, dass die meisten Befehle durch ein `\protect` vor dem »Zerbrechen« (Expandieren) zu schützen sind. In der externen Datei soll aber explizit der Befehl `\newpage` erscheinen und nicht seine längere Definition aus dem LaTeX-Kern: `\def\newpage{\if@noskipsec...}` Das Einfügen von `\newpage` kann manchmal hilfreich sein, wenn der Seitenumbruch bei einem längeren Inhaltsverzeichnis an ungünstiger Stelle erscheint. *\protect*

```
\usepackage{blindtext}   \setcounter{tocdepth}{\subsectionnumdepth}
01-3 \tableofcontents
\blinddocument\blinddocument\blinddocument\blinddocument\blinddocument\blinddocument
```

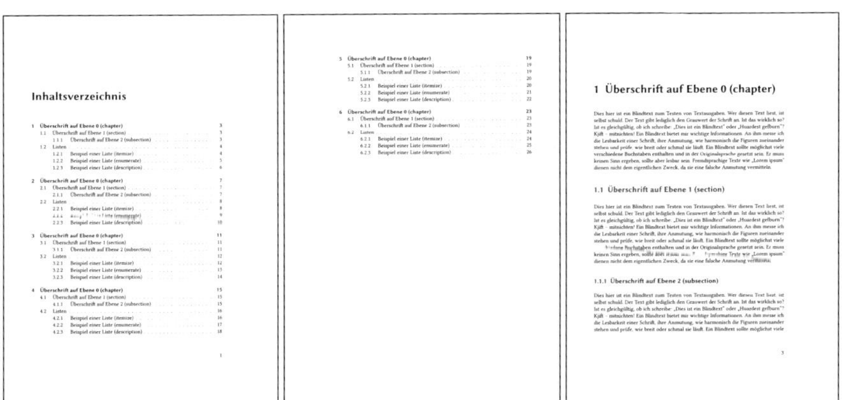

```
\documentclass[DIV=10,fontsize=12pt,parskip=half-]{scrartcl}
\usepackage{blindtext} \setcounter{tocdepth}{\subsectionnumdepth}
\tableofcontents
\blinddocument\blinddocument\blinddocument\blinddocument\blinddocument
\addtocontents{toc}{\protect\newpage} \blinddocument
```

12-0

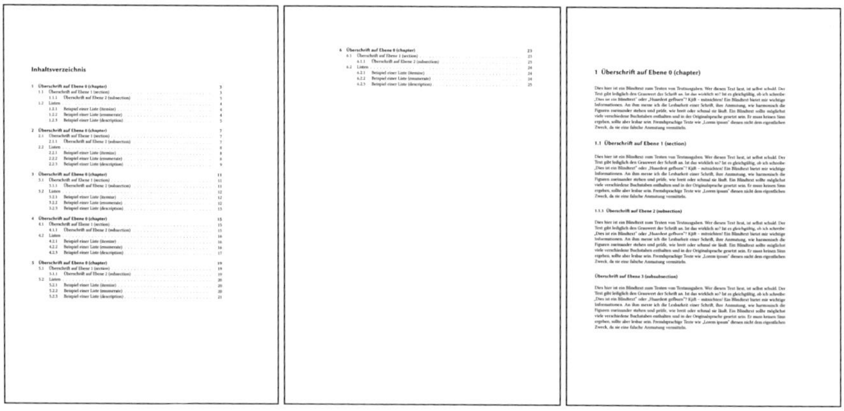

Im Allgemeinen gilt die Regel, dass das Inhaltsverzeichnis nur nummerierte Überschriften umfasst. Dies impliziert, dass beispielsweise eine Bibliografie nicht im Inhaltsverzeichnis aufgeführt wird. Da diese ohnehin am Ende eines Dokuments erscheint, ist eine Angabe im Inhaltsverzeichnis prinzipiell redundant. Auf *keinen Fall* sollte man das Inhaltsverzeichnis selbst mit einem Eintrag versehen! Seit einigen Jahren ist es üblich, alle Verzeichnisse, die im Allgemeinen nicht nummeriert werden, auch in das Inhaltsverzeichnis aufzunehmen. Unter KOMA-Script kann man dies über Klassenoptionen erreichen. Tabelle 12.1 zeigt alle wichtigen Klassenoptionen, die im Zusammenhang mit Verzeichnissen stehen.

Tabelle 12.1: Zusammenstellung der Optionen für Dokumentenklassen von KOMA-Script.

Name	*Werte*	*Erklärung*
`bibliography`	`leveldown`	Das Literaturverzeichnis wird um eine Gliederungsebene nach unten verschoben.
	`nottotoc`	Das Literaturverzeichnis erhält keinen Eintrag im Inhaltsverzeichnis und wird auch nicht nummeriert.
	`totoc`	Das Literaturverzeichnis erhält einen Eintrag im Inhaltsverzeichnis, ohne dass es nummeriert wird.
	`totocnumbered`	Das Literaturverzeichnis erhält einen Eintrag im Inhaltsverzeichnis und wird nummeriert.
`chapteratlists`		Ohne Zuweisung eines Arguments wird in alle mit `\listofxxx` erzeugten Verzeichnisse die Kapitelüberschrift sowohl mit Nummer als auch Titel eingetragen. Standardmäßig wird bei einem neuen Kapitel nur ein kleiner zusätzlicher Abstand eingefügt.
	`entry`	dito
	`<Länge>`	Es wird die angegebene vertikale Länge bei einem neuen Kapitel eingefügt.
`chapterentrydots`	<Ein-Aus>	Kapiteleinträge in Listen mit Punkten bis zur Seitenzahl auffüllen.
`headings`	`big`	Ausgabe der Überschriften in größerer Schriftgröße.
	`normal`	Ausgabe der Überschriften in »normal großer« Schrift ausgeben.
	`small`	Ausgabe der Überschriften in kleinerer Schriftgröße ausgeben.

Name	*Werte*	*Erklärung*
	`optiontoheadandtoc`	Optionales Argument von Überschriften wie in Standardklassen verwenden.
	`optiontotoc`	Optionales Argument von Überschriften nur für das Inhaltsverzeichnis verwenden, nicht jedoch für Kolumnentitel.
`index`	`numbered`	Titel eines Index nummerieren und ins Inhaltsverzeichnis eintragen.
	`totoc`	Übernahme eines nichtnummerierten Index in das Inhaltsverzeichnis.
`listof`	`chapterentry`	In Gleitumgebungsverzeichnissen auch Kapiteltitel aufnehmen.
	`chaptergapline`	In Gleitumgebungsverzeichnissen Kapitelanfänge durch einen vorhergehenden vertikalen Abstand von einer Zeile markieren.
	`chaptergapsmall`	dito, nur mit kleinerem Abstand.
	`entryprefix`	Eintrag mit dem entsprechenden Präfix der Gleitumgebung versehen.
	`flat`	Verzeichnis in Tabellenform ausgeben (linksbündig).
	`graduated`	Verzeichnis gestuft (Dreiecksform) ausgeben.
	`leveldown`	Die Verzeichnisüberschriften werden eine Ebene tiefer angeordnet, bspw. `\chapter -> \section`.
	`nochaptergap`	Kapitelanfänge in den Verzeichnissen nicht hervorheben.
	`nonumberline`	Einträge ohne Nummer linksbündig mit den Nummern anderer Einträge setzen.
	`notoc`	Verzeichnisse nicht in das Inhaltsverzeichnis übernehmen und nicht nummerieren.
	`numbered`	Verzeichnisse nummerieren *und* ins Inhaltsverzeichnis übernehmen.
	`numberline`	Einträge ohne Nummer linksbündig mit dem Text von nummerierten Einträgen setzen.
	`totoc`	Verzeichnisse ins Inhaltsverzeichnis übernehmen, aber nicht nummerieren.
`sectionentrydots`	<Ein-Aus>	Im Inhaltsverzeichnis auch für die höchste Ebene eine gepunktete Linie bis zur Seitenzahl ziehen (Standard: keine Punkte).
`toc`	`bibliography`	Bibliografie in das Inhaltsverzeichnis übernehmen, aber nicht nummerieren.
	`bibliographynumbered`	Bibliografie nummerieren und in das Inhaltsverzeichnis übernehmen.
	`chapterentrywithdots`	Auch Kapitel mit einer Punktlinie zur Seitenzahl verbinden.
	`chapterentrywithoutdots`	Kapitel ohne Punktlinie im Inhaltsverzeichnis (Standard).
	`flat`	Ebenen im Inhaltsverzeichnis nicht einrücken (linksbündig).
	`graduated`	Ebenen im Inhaltsverzeichnis einrücken.
	`index`	Analog zu `bibliography`.
	`indexnumbered`	dito.
	`listof`	Listen der Gleitumgebungen nicht nummerieren und ins Inhaltsverzeichnis eintragen.
	`listofnumbered`	Listen der Gleitumgebungen nummerieren und ins Inhaltsverzeichnis eintragen.
	`nobibliography`	Bibliografie nicht nummerieren und nicht ins Inhaltsverzeichnis eintragen.
	`noindex`	dito für den Index.
	`nolistof`	dito, für Listen der Gleitumgebungen.
	`nonumberline`	Nichtnummerierte Einträge linksbündig zur Nummer anderer Einträge setzen.
	`numberline`	Nichtnummerierte Einträge linksbündig zum Text anderer Einträge setzen.

Name	Werte	Erklärung
	sectionentrywithdots	Bei der Klasse scrartcl Abschnittseinträge mit einer punktierten Linie zur Seitenzahl verbinden.
	sectionentrywithoutdots	Bei der Klasse scrartcl Abschnittseinträge *nicht* mit einer punktierten Linie zur Seitenzahl verbinden.

Im Prinzip besteht nur in Ausnahmefällen die Notwendigkeit, einen manuellen Eintrag in das Inhaltsverzeichnis hinzuzufügen. In Standard-LaTeX benutzt man dazu den Befehl \addcontentsline, während man mit KOMA-Script die Möglichkeit hat, durch die auf Seite 264 angegebenen Befehle eine vereinfachte Eingabe zu haben. Der jeweilige Befehlsname steht gleichzeitig für die Ebene, unter der der manuelle Eintrag gesetzt werden soll. Ist dabei das Feld {*Nummer*} leer, so wird ein Eintrag ohne Nummerierung erzeugt.

```
\usepackage{blindtext}
\tableofcontents
\addchaptertocentry{}{Der Einführungsteil}
\blinddocument
\addsectiontocentry{0.1}{Der zweite Einführungsteil}
\blinddocument
\addsubsectiontocentry{0.0.1}{Der dritte Einführungsteil}
\blinddocument
\addchaptertocentry{3A}{Der dritte Einführungsteil mit Anhang}
\blinddocument\blinddocument\blinddocument
```

12-0

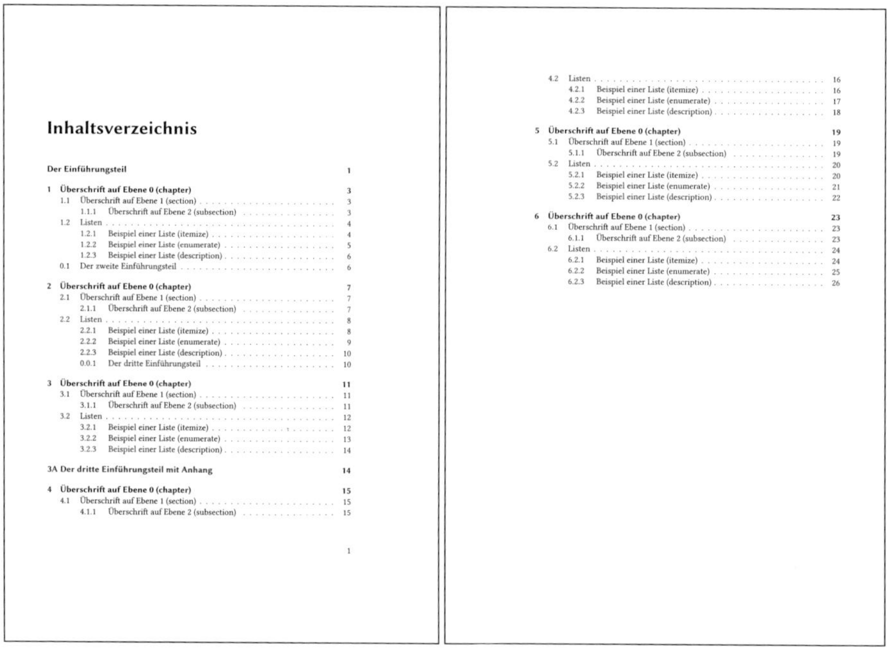

Inhaltsverzeichnis

Der Einführungsteil 1
1 Überschrift auf Ebene 0 (chapter) 3
1.1 Überschrift auf Ebene 1 (section) 3
1.1.1 Überschrift auf Ebene 2 (subsection) 3
1.2 Listen 4
1.2.1 Beispiel einer Liste (itemize) 4
1.2.2 Beispiel einer Liste (enumerate) 5
1.2.3 Beispiel einer Liste (description) 6
0.1 Der zweite Einführungsteil 6
2 Überschrift auf Ebene 0 (chapter) 7
2.1 Überschrift auf Ebene 1 (section) 7
2.1.1 Überschrift auf Ebene 2 (subsection) 7
2.2 Listen 8
2.2.1 Beispiel einer Liste (itemize) 8
2.2.2 Beispiel einer Liste (enumerate) 9
2.2.3 Beispiel einer Liste (description) 10
0.0.1 Der dritte Einführungsteil 10
3 Überschrift auf Ebene 0 (chapter) 11
3.1 Überschrift auf Ebene 1 (section) 11
3.1.1 Überschrift auf Ebene 2 (subsection) 11
3.2 Listen 12
3.2.1 Beispiel einer Liste (itemize) 12
3.2.2 Beispiel einer Liste (enumerate) 13
3.2.3 Beispiel einer Liste (description) 14
3A Der dritte Einführungsteil mit Anhang 14
4 Überschrift auf Ebene 0 (chapter) 15
4.1 Überschrift auf Ebene 1 (section) 15
4.1.1 Überschrift auf Ebene 2 (subsection) 15

1

4.2 Listen 16
4.2.1 Beispiel einer Liste (itemize) 16
4.2.2 Beispiel einer Liste (enumerate) 17
4.2.3 Beispiel einer Liste (description) 18
5 Überschrift auf Ebene 0 (chapter) 19
5.1 Überschrift auf Ebene 1 (section) 19
5.1.1 Überschrift auf Ebene 2 (subsection) 19
5.2 Listen 20
5.2.1 Beispiel einer Liste (itemize) 20
5.2.2 Beispiel einer Liste (enumerate) 21
5.2.3 Beispiel einer Liste (description) 22
6 Überschrift auf Ebene 0 (chapter) 23
6.1 Überschrift auf Ebene 1 (section) 23
6.1.1 Überschrift auf Ebene 2 (subsection) 23
6.2 Listen 24
6.2.1 Beispiel einer Liste (itemize) 24
6.2.2 Beispiel einer Liste (enumerate) 25
6.2.3 Beispiel einer Liste (description) 26

Für die KOMA-Script-Klassen kann mit dem Makro \addchap oder \addsec gearbeitet werden. Ihre Anwendung entspricht den normalen \chapter- und \section-Makros, nur dass sie nicht nummeriert werden, aber dennoch in das Inhaltsverzeichnis kommen und gegebenenfalls Marken für die Kopf- und Fußzeilen setzen.

01-6

```
\documentclass[paper=a5,bibliography=leveldown,fontsize=11pt]{scrartcl}
\usepackage{url,dtk-logos,blindtext}
\tableofcontents \clearpage
\addsec{Vorwort -- Deutsch} \blindtext
\addsec{Vorwort -- English} \blindtext
\section{foo}\subsection{foobar}
\blindtext
\addsec{Quellen}
\begin{thebibliography}{xx}
\item{foo} Bar, baz:
\emph{foobar}, Berlin 2010.
\end{thebibliography}
\subsection*{Onlinequellen}
DANTE \eV: \url{http://www.dante.de}
```

Inhaltsverzeichnis

Vorwort – Deutsch 2

Vorwort – English 2

1 foo 2
1.1 foobar 2

Quellen 3

Ist das wirklich so? Ist es gleichgültig, ob ich schreibe: „Dies ist ein Blindtext“ oder „Huardest gefburn“? Kjift – mitnichten! Ein Blindtext bietet mir wichtige Informationen. An ihm messe ich die Lesbarkeit einer Schrift, ihre Anmutung, wie harmonisch die Figuren zueinander stehen und prüfe, wie breit oder schmal sie läuft. Ein Blindtext sollte möglichst viele verschiedene Buchstaben enthalten und in der Originalsprache gesetzt sein. Er muss keinen Sinn ergeben, sollte aber lesbar sein. Fremdsprachige Texte wie „Lorem ipsum“ dienen nicht dem eigentlichen Zweck, da sie eine falsche Anmutung vermitteln.

Quellen

Literatur

[1] foo Bar, baz: *foobar*, Berlin 2010.

Onlinequellen

DANTE e.V.: `http://www.dante.de`

12.1.2 Tabellen- und Abbildungsverzeichnis

Die Verzeichnisse für Tabellen und Abbildungen werden analog zum Inhaltsverzeichnis erstellt und haben die Dateiendungen `.lot` (list of tables) und `.lof` (list of figures). Die Verzeichnisse können an jeder beliebigen Stelle im Dokument eingefügt werden und benötigen wie das Inhaltsverzeichnis mindestens zwei LaTeX-Durchläufe.

```
\listoftables
\listoffigures
```

Im nächsten Beispiel wird `\clearpage` verwendet, damit sichergestellt ist, dass die Gleitumgebungen auch vor dem Seitenumbruch ausgegeben werden.

Tabellenverzeichnis

1 Erste Tabelle 3
2 Zweite Tabelle 4
3 Dritte Tabelle 5

Abbildungsverzeichnis

1 Erstes Bild 2
2 Zweites Bild 4
3 Drittes Bild 4
4 Viertes Bild 5


```
\newcommand\Fig[1]{\begin{figure}
  foo \caption{#1}\end{figure}}
\newcommand\Tab[1]{\begin{table}
  bar \caption{#1}\end{table}}

\listoftables \listoffigures
\clearpage
\Fig{Erstes Bild}\clearpage
\Tab{Erste Tabelle}\clearpage
\Fig{Zweites Bild} \Tab{Zweite Tabelle}
\Fig{Drittes Bild}\clearpage
\Fig{Viertes Bild} \Tab{Dritte Tabelle}
```

12-01-

12.2 Eigene Verzeichnisse erstellen

Durch einen einzigen Befehl kann mit KOMA-Script ein neues Verzeichnis erstellt werden. (Kohm 2017) Über optionale Argumente kann der Anwender Anpassungen an seine Bedürfnisse vornehmen.

`\DeclareNewTOC` [*Optionen*] {*Dateiendung*}

Tabelle 12.2 zeigt die möglichen Optionen für `\DeclareNewTOC`. Im einfachsten Fall definiert man ein neues Verzeichnis ohne eine entsprechende Umgebung, sodass Einträge nur über das Makro `\addxcontentsline` möglich sind.

`\addxcontentsline`{*Dateierweiterung*}{*Ebene*} [*Gliederungsnummer*] {*Text*}

Tabelle 12.2: Zusammenstellung der wichtigsten Optionen für `\DeclareNewTOC`.

Name	*Werte*	*Erklärung*
`atbegin`	Code	Beliebiger LaTeX-Code, der jeweils am Anfang der neuen Umgebung ausgeführt wird.
`atend`	Code	Beliebiger LaTeX-Code, der jeweils am Anfang der neuen Umgebung ausgeführt wird.
`counterwithin`	Zähler	Angabe eines LaTeX-Zählers, von dem der durch die neue Umgebung definierte Zähler abhängen (zurückgesetzt werden) soll (analog zu der Abhängigkeit von `\subsection` zu `\section`).
`float`	Boolean	Definition einer neuen Gleitumgebung `Eintragstyp` (siehe auch `type`).
`floatpos`	Parameter	Entspricht dem optionalen Argument von `figure`, beziehungsweise `table`. Vorgabe ist `tbp` (top–bottom–page).
`floattype`	Zahl	Jeder Gleitumgebung wird eine Zahl zugeordnet, die darüber entscheidet, ob eine Abhängigkeit zu anderen Gleitumgebungen besteht. Die Gleitumgebungen `figure` und `table` haben normalerweise die Typen 1 und 2, können sich daher gegenseitig »überholen«. Ohne Angabe wird Typ 16 angenommen.

Name	*Werte*	*Erklärung*
`forcenames`		Definiert alle notwendigen Makros auch für den Fall, dass sie schn definiert sind (siehe Option `name` und `listname`).
`listname`	Titel	Ohne Angabe wird als Verzeichnistitel »List of *Plural des Eintragstyps*« (siehe Option `types`) verwendet. Eine nachträgliche Änderung ist über das gleichzeitig definierte `\list`⟨*Eintragstyp*⟩`name` möglich. Bei Verwendung von von `hyperref` sollte diese Option unbedingt angegeben werden, da es ansonsten zu Problemen bei der Ausgabe des Namens kommen kann.
`name`	Name	Optionales Präfix für die Einträge im Verzeichnis oder die Beschriftung in einer entsprechenden Umgebung. Entspricht der Bezeichnung »Abbildung« beziehungsweise »Tabelle« bei den Standardgleitumgebungen. Ohne diese Option wird die Angabe von `type` verwendet.
`nonfloat`	Boolean	Im Prinzip wie eine gleitende Umgebung ohne die Fähigkeit innerhalb des Textkörpers zu gleiten. Der Name der Umgebung wird durch ein Minuszeichen ergänzt (siehe Beispiel 12-02-2).
`tocentrystyle`	Eintragsstil	Form der Ausgabe im zugehörigen Verzeichnis.
`tocentry`⟨*Stiloption*⟩	Wert	Erlaubt Angaben zu den im Paket `tocbasic` definierten Optionen.
`type`	Eintragstyp	Entspricht der Angabe `figure` beziehungsweise `table`. Fehlt die Angabe, so wird stattdessen die Dateierweiterung benutzt.
`types`	Name	Für die Ausgabe des Verzeichnisses als `\listof`⟨*Name*⟩. Fehlt die Angabe, so wird einfach `\listof`⟨*type*⟩s verwendet.

-02-1

Anhang

Versuchsreihen

Serie 1 2
Serie 2 6
Serie 3 10
Serie 4 14

Versuchsreihe 1

A. Überschrift auf Ebene 1 (section)

Dies hier ist ein Blindtext zum Testen von Textausgaben. Wer diesen Text liest, ist selbst schuld. Der Text gibt lediglich den Grauwert der Schrift an. Ist das wirklich so? Ist es gleichgültig, ob ich schreibe: „Dies ist ein Blindtext" oder „Huardest gefburn"? Kjift – mitnichten! Ein Blindtext bietet mir wichtige Informationen. An ihm messe ich die Lesbarkeit einer Schrift, ihre Anmutung, wie harmonisch die Figuren zueinander stehen und prüfe, wie breit oder schmal sie läuft. Ein Blindtext sollte möglichst viele verschiedene Buchstaben enthalten und in der Originalsprache gesetzt sein. Er muss keinen Sinn ergeben, sollte aber lesbar sein. Fremdsprachige Texte wie „Lorem ipsum" dienen nicht dem eigentlichen Zweck, da sie eine falsche Anmutung vermitteln.

A.1. Überschrift auf Ebene 2 (subsection)

Dies hier ist ein Blindtext zum Testen von Textausgaben. Wer diesen Text liest, ist selbst schuld. Der Text gibt lediglich den Grauwert der Schrift an. Ist das wirklich so? Ist es gleichgültig, ob ich schreibe: „Dies ist ein Blindtext" oder „Huardest gefburn"? Kjift – mitnichten! Ein Blindtext bietet mir wichtige Informationen. An ihm messe ich die Lesbarkeit einer Schrift, ihre Anmutung, wie harmonisch die Figuren zueinander stehen und prüfe, wie breit oder schmal sie läuft. Ein Blindtext sollte möglichst viele verschiedene Buchstaben enthalten und in der Originalsprache gesetzt sein. Er muss keinen Sinn ergeben, sollte aber lesbar sein. Fremdsprachige Texte wie „Lorem

2

```
\DeclareNewTOC[types=versuche,
listname=Versuchsreihen]{lov}

Textende\clearpage
\appendix\addsec{Anhang}
\listofversuche
\addsec{Versuchsreihe 1}
\addxcontentsline{lov}{subsection}{Serie 1}
\blinddocument\clearpage
\addsec{Versuchsreihe 2}
\addxcontentsline{lov}{subsection}{Serie 2}
\blinddocument\clearpage
\addsec{Versuchsreihe 3}
\addxcontentsline{lov}{subsection}{Serie 3}
\blinddocument\clearpage
\addsec{Versuchsreihe 4}
\addxcontentsline{lov}{subsection}{Serie 4}
```

Das folgende Beispiel definiert das Verzeichnis »Merksätze« mit zugehöriger Umgebung `Merksatz-`, wobei das Minuszeichen hier darauf hindeutet, dass es sich um eine nicht gleitende Umgebung handelt. Da der Option `type` bereits die Umgebung in korrekter Schreibweise (großer Anfangsbuchstabe) zugewiesen wurde, hätte man auch auf die Option `name` verzichten können.

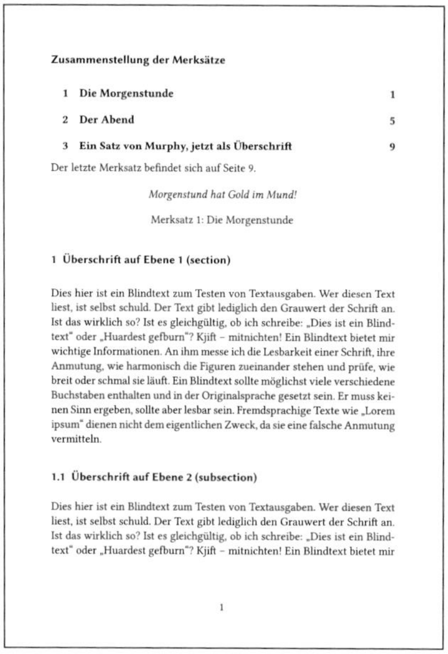

Zusammenstellung der Merksätze

1 Die Morgenstunde 1

2 Der Abend 5

3 Ein Satz von Murphy, jetzt als Überschrift 9

Der letzte Merksatz befindet sich auf Seite 9.

Morgenstund hat Gold im Mund!

Merksatz 1: Die Morgenstunde

1 Überschrift auf Ebene 1 (section)

Dies hier ist ein Blindtext zum Testen von Textausgaben. Wer diesen Text liest, ist selbst schuld. Der Text gibt lediglich den Grauwert der Schrift an. Ist das wirklich so? Ist es gleichgültig, ob ich schreibe: „Dies ist ein Blindtext" oder „Huardest gefburn"? Kjift – mitnichten! Ein Blindtext bietet mir wichtige Informationen. An ihm messe ich die Lesbarkeit einer Schrift, ihre Anmutung, wie harmonisch die Figuren zueinander stehen und prüfe, wie breit oder schmal sie läuft. Ein Blindtext sollte möglichst viele verschiedene Buchstaben enthalten und in der Originalsprache gesetzt sein. Er muss keinen Sinn ergeben, sollte aber lesbar sein. Fremdsprachige Texte wie „Lorem ipsum" dienen nicht dem eigentlichen Zweck, da sie eine falsche Anmutung vermitteln.

1.1 Überschrift auf Ebene 2 (subsection)

Dies hier ist ein Blindtext zum Testen von Textausgaben. Wer diesen Text liest, ist selbst schuld. Der Text gibt lediglich den Grauwert der Schrift an. Ist das wirklich so? Ist es gleichgültig, ob ich schreibe: „Dies ist ein Blindtext" oder „Huardest gefburn"? Kjift – mitnichten! Ein Blindtext bietet mir

1

12-02-

```
\DeclareNewTOC[types=Merksaetze,
  type=Merksatz, name=Merksatz, nonfloat,
  atbegin=\itshape,
  listname=Zusammenstellung der Merksätze,
  tocentrystyle=undottedtocline]{loM}

\listofMerksaetze
Der letzte Merksatz befindet sich
auf Seite~\pageref{Merksatz-Ende}.
\begin{Merksatz-}\centering
Morgenstund hat Gold im Mund!
\caption{Die Morgenstunde}
\end{Merksatz-}
\blinddocument
\begin{Merksatz-}\centering
Lobe den Abend nicht vor dem Morgen!
\caption{Der Abend}
\end{Merksatz-}
\blinddocument
\begin{Merksatz-}\centering
\caption{Ein Satz von Murphy, jetzt als
Überschrift}\label{Merksatz-Ende}
Wenn es dir schlecht geht, mach' dir nichts
daraus, es könnte noch schlechter gehen!
\end{Merksatz-}
```

12.3 Stichwortverzeichnis

Im Allgemeinen wird man in einer wissenschaftlichen Arbeit keinen Sachindex erwarten. Es sei denn, es handelt sich um eine längere Dissertation, wo dies Sinn machen kann. Neben dem Sachindex sind aber andere Verzeichnisse sinnvoll, beispielsweise ein Personenindex. Alle funktionieren nach demselben Prinzip, wobei Abbildung 12.1 auf der nächsten Seite die Erstellung des standardmäßigen Index zeigt. LaTeX selbst nimmt keinerlei Einfluss auf die Formatierung eines Stichwortverzeichnisses, sondern erwartet analog zu einer extern erstellten Bibliografie eine fertig formatierte Liste, die über den Befehl `\input` eingelesen werden kann. Werden keine weiteren Voraussetzungen getroffen, so erscheint während eines LaTeX-Laufs keine Information über die entsprechenden `\index`-Befehle in der `.aux`-Datei. Erst durch das Makro `\makeindex`, welches zwingend in der Präambel erscheinen muss, wird LaTeX angewiesen, eine `.idx`-Datei zu öffnen und alle Indexeinträge darin in chronologischer Ordnung mit Angabe der Seitenzahl zu speichern. Diese Datei dient als Eingabe für das Programm makeindex, welches wiederum als Ausgabe eine für einen zukünftigen LaTeX-Lauf verwertbare `.ind`-Datei erstellt.

`\makeindex` nur in der Präambel

Das Makro `\index` schreibt sein Argument ohne Expansion in die `.idx`-Datei, im TeX-Jargon: »Es liest sein Argument verbatim«.

```
\index{Argument}
\makeindex            % nur in der Präambel
```

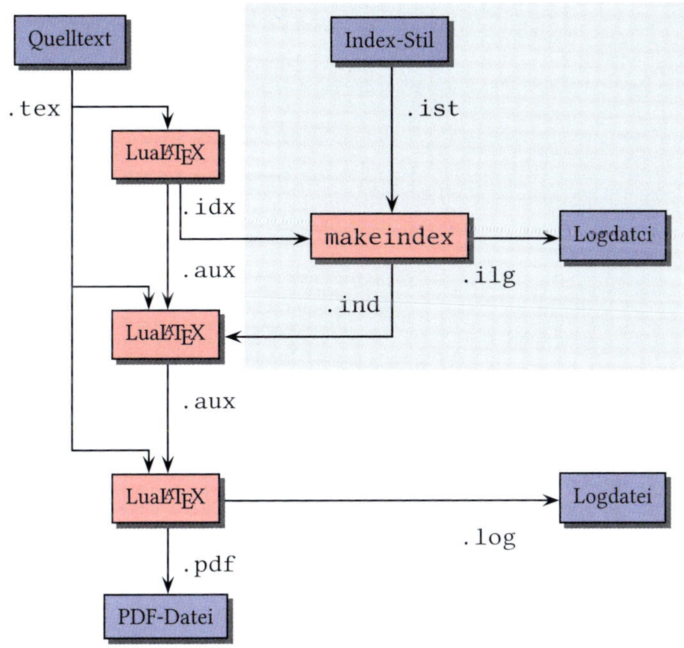

ldung 12.1: Prinzip der Index-
ugung mit dem Programm
eindex. Andere Indexprogram-
rbeiten ähnlich.

12.3.1 Programm makeindex

Zwischen dem Makro `\makeindex` und dem Programm makeindex muss unterschieden werden. Das Makro `\makeindex`, welches sinnigerweise nur einmal ausgeführt werden kann, da es die formalen Voraussetzungen für das Erstellen eines Indexes schafft, kann für verschiedene Programme genutzt werden. (Voß 2017b)

-03-1

Ein Index wird erstellt. Die Datei sammelt die Einträge.

```
\indexentry{Index}{1}
\indexentry{Datei.idx}{1}
\indexentry{Eintrag}{1}
\indexentry{sammeln}{1}
```

```
\usepackage{fancyvrb} \fvset{fontsize=\small}
\newsavebox\verbatimbox
\IfFileExists{\jobname.idx}{\begin{lrbox}{\verbatimbox}
  \BVerbatimInput{\jobname.idx}\end{lrbox}}{}
\makeindex% braucht 2 LaTeX-Laeufe
```

```
Ein Index\index{Index} wird erstellt. Die Datei
\index{Datei.idx} sammelt die Einträge.\index{Eintrag}
\index{sammeln}   \par
\medskip\noindent\usebox\verbatimbox
```

Das externe Programm makeindex übernimmt zum einen die Aufgabe des Sortierens der Einträge und zum anderen die des Aufbereitens zu einer Umgebung `theindex`, welche von LaTeX entsprechend interpretiert werden kann. Das Programm wird im einfachsten Fall mit dem Namen der Dokumentendatei ohne Dateierweiterung ausgeführt, beispielsweise `makeindex Datei`. Wie in Abb. 12.1 zu sehen ist, erzeugt das Programm dabei eine Datei gleichen Hauptnamens, aber mit der Endung `.ind`, welche das formatierte Stichwortverzeichnis enthält und eine Datei mit der Endung `.ilg`, welche das Logfile des makeindex-Laufs ist.

```
\usepackage{fancyvrb} \usepackage{makeidx} \makeindex% braucht 2 LaTeX-Laeufe
Ein Index\index{Index} wird erstellt. \newpage
Die Datei\index{Datei} sammelt die Einträge.\index{Eintrag}\newpage foo\index{foo}

\IfFileExists{\jobname.ind}{\VerbatimInput{\jobname.ind}}{} \printindex
```

12-03

```
foo
\begin{theindex}
  \item Datei, 2
  \indexspace
  \item Eintrag, 2
  \indexspace
  \item foo, 3
  \indexspace
  \item Index, 1
\end{theindex}

3
```

Index

Datei, 2

Eintrag, 2

foo, 3

Index, 1

Das Makro `\IfFileExists`{*Datei*}{*Wahr*}{*Falsch*} muss hier eingesetzt werden, da es sonst zu einer Fehlermeldung kommt; die Datei `jobname.ind` existiert erst nach einem makeindex-Lauf. Die Umgebung `theindex` erstellt automatisch eine Überschrift und gibt standardmäßig einen zweispaltigen Index aus, der zwischen Einträgen von verschiedenen Anfangsbuchstaben den Abstand `\indexspace` einfügt.

Das Standardpaket für einen einfachen Index sollte `makeidx` sein, welches einige wenige, aber nützliche Makros bietet, die zudem vom Paket `babel` sprachenspezifisch unterstützt werden.

```
\see{Text}
\seealso{Text}
\printindex
\seename         % Name für \see
\alsoname        % Name für \seealso
```

Das Makro `\printindex` ist lediglich eine Vereinfachung für das Einlesen der `.ind`-Datei. `\see` und `\seealso` werden im Zusammenhang mit Indexeinträgen der Art »Clown, siehe Zirkus« benötigt. Die gesamte Formatierung des Indexes muss von einem externen Programm übernommen werden. Da der Befehl `\index` sein Argument nicht expandiert, besteht die Möglichkeit, es in Abhängigkeit des externen Programms in verschiedenen

Variationen zu nutzen; das externe Programm kann dann daraus Folgerungen für die Formatierung treffen.

```
\index{Eintrag}
\index{Haupteintrag! Untereintrag}
\index{Haupteintrag! Untereintrag! Untereintrag!...}
\index{Eintrag|(}
\index{Eintrag|)}
\index{Sortiereintrag@Eintrag}
\index{Eintrag|see{Eintrag}}
\index{Eintrag|seealso{Eintrag}}
```

Syntax	*Bedeutung*
!	Es folgt ein Unterverzeichniseintrag, der dem vorangehenden untergeordnet ist und im Index im Allgemeinen entsprechend eingerückt wird. Die Zahl der Untereinträge ist auf zwei begrenzt, sodass es bei einem dritten ! eine Fehlermeldung gibt. Die jeweilige Dokumentenklasse muss aber dennoch die Makros `\subitem`, `\subsubitem`, ... definieren.
@	Die erste Angabe ist das Sortierkriterium, während der dem @-Zeichen folgende Eintrag im Index dargestellt wird.
|	Das sogenannte Encap-Zeichen interpretiert den folgenden Namen als Makro, beispielsweise `|bfseries` oder `|see{was auch immer}`.
|(	Die Seitenzahlen des Indexeintrages werden bis zu einem entsprechenden Eintrag mit dem `|)`-Zeichen zusammengefasst.
|)	Gegenstück zu `|(`.

Es sind auch Kombinationen der einzelnen Optionen möglich, beispielsweise:
`\index{Zirkus!Pic@\textsc{Pic}|see{Clown}}`

-03-3

Index

β, 8
&, 10

123, 9

ABC-Schütze, 6
α, 8

Clown
    Pic, 7

Eintrag, 3–6

Gemüse
    Bohnen, 7
    Erbsen, 6

idx-Datei, 4
Index, 2

Manege, *siehe* Zirkus
Mathematik, 7

Show, *siehe auch* Zirkus
`shutdown`, 7

Wichtig, 7

Zirkus
    Pɪᴄ, *siehe* Clown
    Roncalli, 4

```
\usepackage{makeidx}\makeindex

\printindex         \newpage
1) \index{Index}    \newpage
2) \index{Eintrag|(}\newpage
3) \index{idx-Datei@\texttt{idx}-Datei}
4) \index{Zirkus!Roncalli}    \newpage
5) \index{Manege|see{Zirkus}}\newpage
6) \index{Eintrag}\index{ABC-Schütze}
7) \index{Eintrag|)}
8) \index{Show|seealso{Zirkus}}
9) \index{Gemüse!Erbsen}      \newpage
10)\index{Gemüse!Bohnen}
11)\index{shutdown@\texttt{shutdown}}
12)\index{Wichtig@\textbf{Wichtig}}
13)\index{Mathematik}
14)\index{Clown!Pic}\newpage
15)\index{alpha@$\alpha$}
16)\index{$\beta$}  \newpage
17)\index{123}      \newpage
18)\index{\&}       \newpage
19)\index{Zirkus!Pic@\textsc{Pic}|see{Clown}}
```

Sonderzeichen Möchte man eines der für makeindex aktiven Zeichen selbst eingeben, so ist dieses durch das Zeichen " zu maskieren, indem es dem besonderen Zeichen vorangestellt wird.

12-03-4

Index

!, 2
! (Ausrufezeichen), 6
", 4
"(Anführungsstriche), 6
(Nummer), 6
$ (Dollar), 6
% (Prozentzeichen), 6
& (Kaufmännisch Und), 6
? (Fragezeichen), 6
@, 5
@ (Klammeraffe (at)), 6
\ (Backslash), 6
|, 3
| (Senkrechter Strich), 6

␣ (space), 6

```
\usepackage{makeidx}\makeindex

\printindex   \newpage 1) \index{"!} \newpage
2) \index{"|} \newpage 3) \index{""} \newpage
4) \index{"@} \newpage
5) \index{" @\textvisiblespace{} (space)}
   \index{"!@"! (Ausrufezeichen)}
   \index{""@"" (Anführungsstriche)}
   \index{%@\% (Prozentzeichen)}
   \index{#@\# (Nummer)}
   \index{$@\$ (Dollar)}
   \index{&@\& (Kaufmännisch Und)}
   \index{?@? (Fragezeichen)}
   \index{"@@"@ (Klammeraffe (at))}
   \index{"\@"\verb=\= (Backslash)}
   \index{"|@"\verb="|= (Senkrechter Strich)}
```

Das Einfügen der Zeichen {, } und % ist etwas schwieriger, da das Makro \index sein Argument »verbatim« liest, womit der Backslash nicht mehr die eigentliche Bedeutung hat und somit \{ für \index wie zwei öffnende Klammern interpretiert wird. Eine Abhilfe für dieses Problem wird im Abschnitt 12.3.5 auf Seite 281 gezeigt.

Dem Beispiel 12-03-3 auf der vorherigen Seite kann das Prinzip der standardmäßigen *Sortierung* Sortierung durch makeindex bereits entnommen werden: *Sonderzeichen – Zahlen – Buchstaben.* Leerzeichen werden grundsätzlich wie ein Buchstabe behandelt, der allen anderen vorangeht; das Leerzeichen ist Teil des Wortes. Mit der Option -l kann makeindex veranlasst werden, ein Leerzeichen zu ignorieren und bei der Sortierung nicht zu berücksichtigen.

Das nächste Beispiel sortiert standardmäßig, intern auch als »word sort« bezeichnet. Das *Leerzeichen* Leerzeichen kommt vor dem »c« von »clown«, womit »Zirkus Roncalli« zuerst einsortiert wird. Auch gibt es mit \index{*gnu*}, \index{*␣gnu*}, \index{*gnu␣*}, \index{*ein␣space*} und \index{*ein␣␣space*} jeweils einen unterschiedlichen Eintrag, denn durch die Beachtung des Leerzeichens (␣) sind die Einträge nie gleich.

12-03-5

Index

gnu, 4

ein space, 4
ein space, 4

gnu, 4
gnu , 4

Zirkus Roncalli, 2
Zirkusclown, 3

```
\usepackage{makeidx}\makeindex
% makeindex datei (ohne Option -l)

\printindex    \newpage
1) \index{Zirkus Roncalli}\newpage
2) \index{Zirkusclown}    \newpage
3) \index{gnu}\index{ gnu}\index{gnu }
4) \index{ein space}\index{ein  space}
```

Der Parameter -l veranlasst makeindex eine Sortierung von Wörtern ohne Beachtung von Leerzeichen durchzuführen, intern auch als »letter sort« bezeichnet. Dadurch wird jetzt »Zirkusclown« zuerst einsortiert. Im nächsten Beispiel werden die Parameter -c -l benutzt, die grundsätzlich alle Leerzeichen und Tabulatoren unterdrücken, sodass jetzt nur noch zwei weitere Indexeinträge erscheinen; alle »gnu«- und »space«-Varianten sind jetzt identisch. Der Parameter -c wirkt auf alle Indexeinträge, reduziert aber Leerzeichen *zwischen* Wörtern nur zu minimal einem. Dagegen wirkt -l nur auf Wörter, beseitigt aber vor der Sortierung alle Leerzeichen zwischen diesen.

-03-6

Index

ein space, 4

gnu, 4

Zirkusclown, 3
Zirkus Roncalli, 2

```
\usepackage{makeidx}\makeindex
% makeindex -c -l datei

\printindex      \newpage
1) \index{Zirkus Roncalli}\newpage
2) \index{Zirkusclown}     \newpage
3) \index{gnu}\index{ gnu}\index{gnu }
4) \index{ein space}\index{ein  space}
```

Grundsätzlich wird Groß-/Kleinschreibung bei der Sortierung nicht beachtet, bei gleicher Buchstabenfolge kommt der Großbuchstabe jedoch vor dem Kleinbuchstaben. Zahlen werden sinnvollerweise numerisch sortiert; 10 kommt nach 9. Lexikografisch gesehen, wäre es umgekehrt.

12.3.2 Programm xindex

Eine Alternative zu makeindex ist das Lua-Program xindex, welches unicodefähig ist und somit auch für eine korrekte Sortierung innerhalb des LaTeX-Dokuments keine besonderen Vorkehrungen braucht. Das folgende Beispiel sortiert die deutschen Umlaute wie die zugehörigen Vokale und das ß wie ss.

-03-7

Index

F
Fluss
  - Oder, 1

G
Göbel, 1
Goethe, 1
Goldmann, 1
Göthe, 1
Götz, 1

O
Ober, 1
Oberin, 1
Obstler, 1
Ödem, 1
oder, 1
Oder, 1, *siehe auch* Fluss
Öl, 1
ölen, 1
Oligarch, 1
Öresund, 1
Ostern, 1
Österreich, 1

```
\usepackage{hvindex}% für \Index
\usepackage{makeidx}\makeindex

Sortiert mit \verb|xindex -l DE|

\Index{Österreich} \Index{Öresund}
\Index{Ostern}     \Index{Ober}
\Index{Oberin}     \Index{Österreich}
\Index{Öresund}    \Index{Ostern}
\Index{Ober}       \Index{Oberin}
\Index{Obstler}    \Index{Öl}
\Index{ölen}       \Index{Ödem}
\Index{Oligarch}   \Index{Oder}
\Index{oder}       \index{Fluss!Oder}
\index{Oder|seealso{Fluss}}
\Index{Göbel}      \Index{Goethe}
\Index{Göthe}      \Index{Götz}
\Index{Goldmann}

\printindex
```

Bei der Sortierung nach DIN werden die Umlaute vor der Sortierung in die jeweilige durch das e ergänzte Buchstabenkombination umgewandelt, beispielsweise ü→ue.

Index

F
Fluss
- Oder, 1

G
Göbel, 1
Goethe, 1
Göthe, 1
Götz, 1
Goldmann, 1

O
Ödem, 1
Öl, 1
ölen, 1
Öresund, 1
Österreich, 1
Ober, 1
Oberin, 1
Obstler, 1
Oder, 1
oder, 1
Oder, *siehe auch* Fluss
Oligarch, 1
Ostern, 1

12-03-8

```
\usepackage{hvindex}% für \Index
\usepackage{makeidx}\makeindex

Sortiert mit \verb|--config DIN2 -l DE|

\Index{Österreich} \Index{Öresund}
\Index{Ostern}      \Index{Ober}
\Index{Oberin}      \Index{Österreich}
\Index{Öresund}     \Index{Ostern}
\Index{Ober}        \Index{Oberin}
\Index{Obstler}     \Index{Öl}
\Index{ölen}        \Index{Ödem}
\Index{Oligarch}    \Index{Oder}
\Index{oder}        \index{Fluss!Oder}
\index{Oder|seealso{Fluss}}
\Index{Göbel}       \Index{Goethe}
\Index{Göthe}       \Index{Götz}
\Index{Goldmann}

\printindex
```

xindex ist in Lua geschrieben und kann frei konfiguriert werden. Der Aufruf erfolgt analog zu makeindex, hat aber andere Parameter: `xindex ‹Parameter› ‹idx-Datei›`

```
-q,--quiet
-h,--help
-v... Verbosity level; can be -v, -vv, -vvv
-c,--config (default cfg)
-e,--escapechar (default ")
-n,--noheadings
-a,--no_casesensitive
-o,--output (default "")
-l,--language (default en)
-p,--prefix (default L)
```

12.3.3 Neue Indexlisten mit `imakeidx`

Es gibt verschiedene Pakete, mit denen man einen neuen Index erstellen kann. Hier soll das Paket `imakeidx` von Enrico Gregorio vorgestellt werden, welches das externe Programm makeindex selbst ausführt. Der Anwender kann die Steuerung des Programms aus seinem Quelldokument heraus vornehmen. Lediglich die Bedeutung der Stildatei für makeindex ist gleichgeblieben. (Voß 2017b, S. 505ff)

```
\makeindex[Optionen]
\indexprologue{Text}
\index[Name]{Eintrag}
\printindex[Optionen]
\indexsetup[Optionen]
```

2-03-9

Mein eigener Index

Dieser Index wurde mit dem Paket `imakeidx` erstellt, welches das Ausführen des externen Programms `makeindex` selbst übernimmt.

β, 7
&, 9

123, 8

ABC-Schütze, 5
α, 7

Clown
    Pic, 6

Eintrag, 2–5

Gemüse
    Bohnen, 6
    Erbsen, 5

`idx`-Datei, 3
Index, 1

Manege, *siehe* Zirkus
Mathematik, 6

Show, *siehe auch* Zirkus
`shutdown`, 6

Wichtig, 6

Zirkus
    PIC, *siehe* Clown
    Roncalli, 3

```
\usepackage{imakeidx}
\makeindex[title=Mein eigener Index]

\indexprologue{Dieser Index wurde mit dem Paket
\texttt{imakeidx} erstellt, welches das Ausführen
des externen Programms \texttt{makeindex} selbst
übernimmt.}
1) \index{Index}     \newpage
2) \index{Eintrag|(}\newpage
3) \index{idx-Datei@\texttt{idx}-Datei}
4) \index{Zirkus!Roncalli}    \newpage
5) \index{Manege|see{Zirkus}}\newpage
6) \index{Eintrag}\index{ABC-Schütze}
7) \index{Eintrag|)}
8) \index{Show|seealso{Zirkus}}
9) \index{Gemüse!Erbsen}       \newpage
10)\index{Gemüse!Bohnen}
11)\index{shutdown@\texttt{shutdown}}
12)\index{Wichtig@\textbf{Wichtig}}
13)\index{Mathematik}14)\index{Clown!Pic}\newpage
15)\index{alpha@$\alpha$}16)\index{$\beta$}\newpage
17)\index{123}\newpage18)\index{\&}\newpage
19)\index{Zirkus!Pic@\textsc{Pic}|see{Clown}}
\printindex
```

Das Beispiel 12-03-9 unterscheidet sich von Beispiel 12-03-3 auf Seite 275 nur durch die Tatsache, dass der externe Lauf von makeindex durch das Paket `imakeidx` selbst durchgeführt wird. Mehrere Indexe lassen sich durch wiederholtes Aufrufen von `\makeindex` erzeugen, indem ein signifikanter Name für den neuen Index gewählt wird. Beim LaTeX-Lauf werden dann zusätzlich zu dem standardmäßigen Index die Dateien `⟨name⟩.idx`, sowie `⟨name⟩.ind` und `⟨name⟩.ilg` erzeugt. Dies sind die Datei mit den gesammelten Indexeinträgen, die von makeindex fertig formatierte Datei und das jeweilige Log file der Indexerzeugung.

03-10

Indexverzeichnis

Allgemeiner Index

Afghanistan, 1

Daimler, 2

Mercedes-Benz, 2

Paktika, 1

Tuareg, 1

VW, 1

Volkswagen

Sharan, 1

Tuareg, 1

Mercedes-Benz

A-Klasse, 2

M-Klasse, 2

```
\usepackage{imakeidx}
\indexsetup{level=\subsection*,noclearpage}
\makeindex[title=Allgemeiner Index]
\makeindex[name=vw,title=Volkswagen]
\makeindex[name=mb,title=Mercedes-Benz]

Der Tuareg\index[vw]{Tuareg}\index{Tuareg} ist
sowohl eine Marke von VW\index{VW} als auch ein
Volksstamm in Algerien. Sharan\index[vw]{Sharan}
ist auch die Hauptstadt von
Paktika\index{Paktika} in Afghanistan.%
\index{Afghanistan} \newpage
Mercedes-Benz\index{Mercedes-Benz} hat nicht
solche exotische Namen, sondern teilt seine
Autos in Klassen ein, beispielsweise
A-Klasse\index[mb]{A-Klasse} oder M-Klasse.%
\index[mb]{M-Klasse}\index{Daimler}\newpage
\addsec{Indexverzeichnis}
\printindex \printindex[vw] \printindex[mb]
```

```
\usepackage{imakeidx} \makeindex % Erstellt Standardindex
\makeindex[name=author,title=Namensverzeichnis,columnsep=10pt]
```
12-03-

```
foo\index{Auto}\index[author]{Daimler, Hans}\index{Motor}\index[author]{Wankel, Horst}
\index{PSTricks}\index[author]{Voß, Herbert}\index{Mathematik}\index[author]{Riese, Adam}
\index{$E=mc^2$}\index[author]{Einstein, Albert}\index{\TeX}\index[author]{Knuth, Donald}
\index{VW}\index[author]{Porsche, Ferdinand}\index[author]{Piëch, Ferdinand}
\index{Oper}\index[author]{Verdi, Giacomo}\index[author]{Puccini, Giacomo}
\printindex  % Der Standardindex
\indexprologue{Die Autorenliste wurde willkürlich ausgewählt}
\printindex[author] % Der Autorenindex
```

Index

$E = mc^2$, 1
TEX, 1

Auto, 1

Mathematik, 1
Motor, 1

Oper, 1

PSTricks, 1

VW, 1

Namensverzeichnis

Die Autorenliste wurde willkürlich ausgewählt

Daimler, Hans, 1

Einstein, Albert, 1

Knuth, Donald, 1

Piëch, Ferdinand, 1
Porsche, Ferdinand, 1

Puccini, Giacomo, 1

Riese, Adam, 1

Verdi, Giacomo, 1
Voß, Herbert, 1

Wankel, Horst, 1

Wenn das Schlüsselwort `name` nicht angegeben ist, beziehen sich die optionalen Angaben von `\makeindex` immer auf den Hauptindex `jobname.idx`. Das Paket erlaubt die Wahl des Indexprogramms: makeindex, xindy oder splitindex. Optionen für die jeweiligen Programme können ebenfalls übergeben werden.

12.3.4 Paket `showidx`

Das Paket von Leslie Lamport erlaubt Randmarkierungen für jeden Indexeintrag. Die Anwendung ist für eine Überprüfung der vorhandenen `\index`-Einträge im fertigen Dokument gedacht. Dort hat man sonst keine Kontrolle über die eingefügten `\index`-Befehle. Die Ausgabe entspricht dabei dem Argument des Makros `\index`.

```
\usepackage{makeidx}\makeindex
\usepackage{showidx}
```

```
Mit dem Paket\index{Paket} \texttt{showidx} kann man in der Randspalte
die in der jeweiligen Zeile\index{Absatz!Zeile} erstellten Indexeinträge
anzeigen lassen. Dies dient der Kontrolle \index{Kontrolle} im
erstellten Dokument.
```

-03-12 Mit dem Paket showidx kann man in der Randspalte die in der jeweiligen Zeile erstellten Indexeinträge anzeigen lassen. Dies dient der Kontrolle im erstellten Dokument.

Paket
Absatz!Zeile
Kontrolle

12.3.5 TEXnisches

Trick

Im Allgemeinen ist es müßig, jeden Eintrag für den Index zweimal einzugeben, einmal für den normalen Text und einmal für den Index. Es empfiehlt sich daher, entsprechende Makros zu definieren, die beides übernehmen. Die einfachste Variante wäre ein Befehl \Index, der sein Argument normal ausgibt und gleichzeitig den entsprechenden Indexbefehl formuliert.

```
\newcommand*\Index[1]{#1\index{#1}}
```

hvindex

Das Paket hvindex bietet eine Reihe solcher Makros an, die jeweils das Argument im Text ausgeben und zusätzlich einen Indexeintrag formulieren. Insbesondere \IBraceL und \IBraceR, beziehungsweise die Varianten mit kleinem i, können hilfreich sein, da es nicht einfach ist, die geschweiften Klammern in den Index zu bekommen.

```
\usepackage[makeidx]{hvindex}
```

-03-13

```
Jetzt \Index{muss} nicht \Index{jedes} \Index{Wort} doppelt \bfIndex{getippt}
\Index{wird!werden}, denn das \Index{Makro} \ttIndex{\textbackslash Index} schreibt
alles in den \sfIndex{Text} und in den \scIndex{Index}. Das ist \Index{schon@schön}!
Auch die \Index{Klammern} \IBraceL{} und \IBraceR{} kann man mit dem \Index{Paket}
in den Index bei richtiger \Index{Sortierung} bekommen, denn der senkrechte
\Index{Strich} \IVert{} muss dazwischen einsortiert werden.
\newpage \printindex
```

Jetzt muss nicht jedes Wort doppelt **getippt** werden, denn das Makro \Index schreibt alles in den Text und in den INDEX. Das ist schön! Auch die Klammern { und } kann man mit dem Paket in den Index bei richtiger Sortierung bekommen, denn der senkrechte Strich | muss dazwischen einsortiert werden.

Index

{, 1
|, 1
}, 1
\Index, 1

getippt, 1

INDEX, 1

jedes, 1

Klammern, 1

Makro, 1
muss, 1

Paket, 1

schön, 1
Sortierung, 1
Strich, 1

Text, 1

werden, 1
Wort, 1

12.4 Glossar

Ein Glossar unterscheidet sich prinzipiell nicht von einem Index; der einzige Unterschied ist der Verweis, der beim Glossar nicht nur auf eine Seite, sondern auch auf eine Erklärung zeigt. Mit dem Paket glossaries von Nicola Talbot lässt sich ein Glossar in unterschiedlicher Formatierung erstellen. Wie beim Index werden die Einträge zuerst in eine externe Datei geschrieben und dann mit einem externen Programm sortiert und in eine LaTeX-konforme Syntax gebracht. Als Sortier- und Formatierungsprogramm lässt sich neben den beiden in diesem Kapitel bereits erwähnten makeindex und xindy auch das Perlprogramm makeglossaries verwenden. Dieses macht dabei nichts anderes als makeindex mit den entsprechenden Parametern aufzurufen. Dadurch braucht sich der Anwender bei einer Standardausgabe des Glossars nicht um die Anordnung der Parameter zu kümmern. Für das Beispiel 12-04-1 auf Seite 284 entspricht dann der Aufruf von makeglossaries:

```
makeindex -s "12-04-1.ist" -t "12-04-1.glg" -o "12-04-1.gls" "12-04-1.glo"
```

Das Paket kommt mit einer Vielzahl von optionalen Parametern, die alle in Tabelle 12.3 zusammengefasst sind.

Tabelle 12.3: Zusammenstellung möglichen Optionen für das Paket glossary, wobei die Standardwerte in Klammern angegeben sind.

Name	*Bedeutung*
automake	Das Ausführen von makeindex oder xindy erfolgt automatisch während des Übersetzungsvorgangs des Dokuments mit LuaLaTeX.
counterwithin	Festlegung eines Zählers, bei dessen Erhöhung glossaryentry zurückgesetzt wird. Durch die Angabe wird automatisch entrycounter=true angenommen.
entrycounter	(false) Wenn die Option auf true gesetzt wird, dann wird jeder Haupteintrag nummeriert. Dazu wird der Zähler glossaryentry erstellt, der eine Referenzierung auf die Nummer mit \glsrefentry{*Label*} erlaubt, wobei *Label* mit dem Glossareintrag assoziiert ist.
subentrycounter	(false) Entspricht entrycounter nur für eine Ebene tiefer (Level 1). Dazu wird der Zähler glossarysubentry erstellt, der mit jedem Haupteintrag (Level 0) zurückgesetzt wird. Er ist unabhängig vom Zähler entrycounter. Eine Referenzierung ist wieder möglich.
style	(list) Zuweisung eines der definierten oder selbstdefinierten Stile. glossaries stellt die Stile, die in den Paketen glossary-list, glossary-long, glossary-super und glossary-tree definiert sind, zur Verfügung.
nolong	Die Pakete glossary-long und longtable werden nicht geladen, sodass die in glossary-long definierten Stile nicht zur Verfügung stehen.
nosuper	Die Pakete glossary-super und supertabular werden nicht geladen, sodass die in glossary-super definierten Stile nicht zur Verfügung stehen.
nolist	Das Paket glossary-list wird nicht geladen, sodass die darin definierten Stile nicht zur Verfügung stehen.
notree	Das Paket glossary-tree wird nicht geladen, sodass die darin definierten Stile nicht zur Verfügung stehen.
nostyles	Keines der Pakete, die Stile definieren, wird geladen, was nur dann Sinn macht, wenn der Anwender einen selbstdefinierten Stil verwendet.
nonumberlist	Die standardmäßige Ausgabe der Seitennummer unterdrücken.

Fortsetzung ...

... Fortsetzung

Name	*Bedeutung*
seeautonumberlist	Wenn \numberlist mit nonumberlist unterdrückt wird, sind ebenfalls keine Querverweise mit dem Parameter see in \newglossaryentry oder \glssee möglich. Mit der Option seeautonumberlist wird durch see in solchen Fällen automatisch nonumberlist=false gesetzt. Auf \glssee hat dies jedoch keinen Einfluss.
counter	(page) Angabe des zu verwendenden Zählers für die Verlinkung bei deaktivierter Option nonumberlist.
sort	standard: Die Einträge werden in Abhängigkeit des Parameters sort von \newglossaryentry sortiert. Fehlt der Parameter wird name herangezogen. def : Einträge werden entsprechend der Reihenfolge ihrer Definition ausgegeben. Der Parameter sort wird in diesem Fall ignoriert.
order	(word) Buchstaben- oder wortweise Sortierung kann durch Zuweisung von letter oder word erreicht werden.
makeindex	(true) Für die Sortierung und Formatierung das Programm makeindex verwenden.
xindy	Verwendet für die Sortierung das Programm xindy anstelle des standardmäßigen makeindex.
acronym	Es wird ein Glossar mit dem Namen »acronym« erstellt, was identisch ist zu \newglossary[alg]{acronym}{acr}{acn}{\acronymname}.
acronymlists	Angabe einer durch Komma getrennten Liste von Akronymen, die als Einheit behandelt werden.
shortcuts	Ermöglich Kurzbefehle für Akronyme.

Das Makro \makeglossaries wird in der Präambel verwendet und sorgt für die Erstellung einer Datei mit der Endung .glo, welche die Glossareinträge sammelt. Außerdem wird eine Stildatei für makeindex mit der Endung .ist erstellt. Mit dem Makro \newglossaryentry wird ein Eintrag in die Liste des Glossars erzeugt, wobei eventuelle Parameter in der gewohnten Key/Value-Syntax übergeben werden. Die möglichen Parameter sind in Tabelle 12.4 auf der nächsten Seite zusammengestellt.

```
\newglossary[Endung-Log]{Name}{Endung-Ein}{Endung-Aus}{Titel}[Zähler]
\makeglossaries
\newglossaryentry{Label}{Key/Value-Parameter}
\printglossary[Optionen]
\printglossaries
\gls[Optionen]{Label}
```

Standardmäßig wird ein Hauptglossar *main* erstellt, welches folgendem Aufruf enspricht:

```
\newglossary{main}{gls}{glo}{\glossaryname}
```

Möchte man weitere, voneinander unabhängige Glossare erstellen, so müssen die Dateierweiterungen eindeutig sein, sie dürfen nicht schon verwendet werden. Beispielsweise .del, .des und .deo für ein Glossar mit einem Logfile ‹*Datei*›.del, einer Hilfsdatei ‹*Datei*›.des und dem von makeindex oder xindy erstellten formatierten Glossar ‹*Datei*›.deo. Mit \printglossary wird ein einzelnes und mit \printglossaries werden alle erstellten Glossare ausgegeben. Innerhalb des Textes kann man mit `\gls` auf die einzelnen Einträge verweisen.

```
\usepackage{glossaries}  \makeglossaries
\newglossaryentry{lua}{name=\LuaTeX,
   description={\TeX\ mit der übergeordneten Skriptsprache Lua}}
\newglossaryentry{luahb}{name=\LuahbTeX,
   description={\LuaTeX\ mit HarfBuzz Unterstützung}}
\newglossaryentry{xtx}{name=\XeTeX,
   description={\TeX\ mit der Fähigkeit Unicode zu verarbeiten}}
\newglossaryentry{pdf}{name=pdf\LaTeX,description={\TeX\ mit PDF-Ausgabe}}

Es gibt verschiedene, sogenannte \emph{engines} für die Anwendung von \TeX:
Die zur Zeit am häufigsten angewendete "`Maschine"' ist sicher \gls{pdf}, welche
voraussichtlich von \gls{lua} abgelöst wird, da hiermit auch numerische
Berechnungen möglich sind. Die neuere Entwicklung ist \gls{luahb} mit Unterstützung
für HarfBuzz. Eine andere Variante ist \gls{xtx}, welches bei der Eingabe Unicode
verarbeiten kann.
\printglossaries
```

Es gibt verschiedene, sogenannte *engines* für die Anwendung von TEX: Die zur Zeit am häufigsten angewendete „Maschine“ ist sicher pdfLATEX, welche voraussichtlich von LuaTEX abgelöst wird, da hiermit auch numerische Berechnungen möglich sind. Die neuere Entwicklung ist LuahbTEX mit Unterstützung für HarfBuzz. Eine andere Variante ist XƎTEX, welches bei der Eingabe Unicode verarbeiten kann. 12-04-1

Glossar

LuaTEX TEX mit der übergeordneten Skriptsprache Lua. 1

LuahbTEX LuaTEX mit HarfBuzz Unterstützung. 1

XƎTEX TEX mit der Fähigkeit Unicode zu verarbeiten. 1

pdfLATEX TEX mit PDF-Ausgabe. 1

Tabelle 12.4: Die möglichen Parameter für das Makro `\newglossaryentry`.

Name	*Bedeutung*
`name`	Der (Kurz-)Name des Eintrags. Wird dieser nicht angegeben, so wird entweder der Eintrag für eine eventuelle `parent`-Angabe oder aber der Label-Name verwendet.
`description`	Die allgemeine Beschreibung des Glossareintrags.
`descriptionplural`	Die Beschreibung im Plural. Bei fehlender Angabe wird auf `description` zurückgegriffen.
`text`	Legt den auszugebenden Text für das Makro `\gls` fest.
`plural`	Legt den auszugebenden Text für das Makro `\glspl` fest.
`firstplural`	Legt den Text für das erste Auftreten von `\glspl` fest, danach wird der Inhalt von `plural` verwendet. Wird hier kein Wert angegeben, so wird der Inhalt von `plural` verwendet.
`parent`	Das Label des übergeordneten Eintrags. Dieser *muss* vor dem Untereintrag definiert werden.
`first`	Wie `text`, nur für das erste Auftreten. Bei fehlender Angabe wird der Inhalt von `text` verwendet.
`symbol`	Legt ein zum Eintrag gehörendes Symbol fest.

Fortsetzung ...

... Fortsetzung

Name	*Bedeutung*
symbolplural	Legt die Pluralform fest. Wird hier nichts angegeben, so wird der Inhalt von symbol verwendet.
sort	Nach diesem Inhalt wird sortiert. Ist hier nichts angegeben, so wird der Inhalt von name verwendet.
nonumberlist	Der Eintrag wird nicht nummeriert.
type	Legt den Namen des Glossars fest, dem der Eintrag zugeordnet wird. Standardmäßig main oder acronym.
see	Verweist auf einen anderen Eintrag.

12.4.1 Einträge aus einer Datei laden

Die Einträge für ein Glossar lassen sich mit \loadglsentries auch aus einer externen Datei einlesen. In dieser Datei müssen die Einträge mit dem Makro \newglossaryentry in der oben angegeben Weise eingetragen sein. Wird kein *Glossar* angegeben, wird immer das standardmäßige *main* benutzt.

\loadglsentries [*Glossartyp*] {*Dateiname*}

Die Einträge in einer externen werden nur insoweit berücksichtigt als sie auch verwendet werden, beispielsweise mit dem Makro \gls. Der eigentliche Sinn für ein Glossar ergibt sich erst durch die Verwendung von hyperref, welches die mit \gls erstellten Einträge auf die entsprechenden Zeilen im Glossar verlinken kann. Zu beachten ist dabei, dass hyperref *vor* glossaries geladen werden muss. *hyperref vor glossaries*

2-04-2

Die TEX-Engines

Name	*Anteil in %*
pdfLATEX	77
LATEX	17
XƎTEX	8
LuaTEX	8

Glossar

LATEX pdfTEX mit DVI-Ausgabe. 1

LuaTEX TEX mit der übergeordneten Skriptsprache Lua. 1

XƎTEX TEX mit der Fähigkeit Unicode zu verarbeiten. 1

pdfLATEX pdfTEX mit PDF-Ausgabe. 1

```
\usepackage{hyperref,glossaries}
\hypersetup{colorlinks}
\makeglossaries
\loadglsentries{%
  data/verzeichnisse/glossdata0.txt}

\section*{Die \TeX-Engines}
\begin{tabular}{@{} l r @{}}
\emph{Name} & \emph{Anteil in \%} \\
\gls{pdf}   & 77    \\
\gls{ltx}   & 17    \\
\gls{xtx}   &  8    \\
\gls{lua}   &  8    \\
\end{tabular}
\printglossaries
```

Besteht der Name aus einem für TEX oder makeindex relevanten Symbol, so ist die Zuweisung in geschweifte Klammern zu setzen, beispielsweise name={"}. Dann kann auch ein Verzeichnis der entsprechenden Zeichen erstellt werden.

Die für makeindex aktiven Zeichen

Name	*Beispiel*
"	\index{""}
!	\index{Auto!VW}
@	\index{vw@VW}
#	\index{\#}
|	\index{|@\vert}

Glossar

! Das Ausrufezeichen.

" Normale Anführungsstriche.

@ Das Symbol „at", auch Klammeraffe genannt.

Das „hash"-Symbol, auch Nummernzeichen genannt.

| Der senkrechte Strich.

```
\usepackage[nonumberlist]{glossaries}
\makeglossaries
\loadglsentries
  {data/verzeichnisse/glossdata1.txt}

\section*{Die für \texttt{makeindex}
         aktiven Zeichen}
\begin{tabular}{@{} l l @{}}\hline
\emph{Name}&\emph{Beispiel}  \\\hline
\gls{quote}&\verb=\index{""}=\\
\gls{excl} &\verb=\index{Auto!VW}=\\
\gls{at}   &\verb=\index{vw@VW}=\\
\gls{hash} &\verb=\index{\#}=\\
\gls{bar}  &\verb=\index{|@\vert}=\\\hline
\end{tabular}
\printglossaries
```

12-04-3

12.4.2 Sortierung festlegen

Die Sortierung der Einträge erfolgt in der Regel mit den Angaben, die dem Parameter name übergeben werden. Handelt es sich hierbei aber um spezielle, durch LaTeX-Befehle kodierte Angaben, so ergibt sich eine falsche Sortierung. Über das optionale Argument sort kann jedem Eintrag eine Zeichenfolge zugeordnet werden, die nur für die Sortierung relevant ist:

Es gibt pdfLaTeX, LuaTeX, XeLaTeX und auch ℵ.

Glossar

ℵ TeX Unterstützung von 16-Bit Zeichen. 1

LuaTeX TeX mit der übergeordneten Skriptsprache Lua. 1

pdfLaTeX TeX mit PDF-Ausgabe. 1

XeLaTeX TeX mit der Fähigkeit Unicode zu verarbeiten. 1

```
\usepackage{dtk-logos,glossaries}
\makeglossaries
\newglossaryentry{lua}{name=\LuaTeX,sort=luatex,
 description={\TeX\ mit der übergeordneten
 Skriptsprache Lua}}
\newglossaryentry{xtx}{name=\XeLaTeX,
 sort=xelatex,description={\TeX\ mit
 der Fähigkeit Unicode zu verarbeiten}}
\newglossaryentry{aleph}{name={$\aleph$},
 sort=aleph,description={\TeX\
 Unterstützung von 16-Bit Zeichen}}
\newglossaryentry{pdf}{name=pdf\LaTeX,
 sort=pdflatex,
 description={\TeX\ mit PDF-Ausgabe}}

Es gibt \gls{pdf}, \gls{lua}, \gls{xtx}
und auch \gls{aleph}.   \printglossaries
```

12-04-4

12.4.3 Die Formatierung der Ausgabe

Es stehen verschiedene Makros zur Verfügung, die das Ausgabeformat beeinflussen:

```
\glsnamefont          \acronymfont
\glsnumberformat      \firstacronymfont
\glsgroupheading
```

Dabei wird mit \glsnamefont die Schrift für den Eintrag im Glossar gesetzt. Das Makro \glsnumberformat wird für das Setzen der Seitenzahl verwendet und \glsgroupheading für die Gruppierung mit dem Anfangsbuchstaben. Zu beachten ist dabei, dass der Anfangsbuchstabe in einer Liste gesetzt wird, was bedeutet, dass man \item verwenden muss. \acronymfont bzw. \firstacronymfont legen die Schrift im laufenden Text fest. Durch Umdefinieren der Makros kann das Aussehen beeinflusst werden.

2-04-5

```
\usepackage{xcolor,glossaries} \makeglossaries
\loadglsentries{data/verzeichnisse/glossdata2.txt}
\renewcommand*\glsnamefont[1]{\textcolor{blue}{#1}}
\renewcommand*\glsnumberformat[1]{\dotfill #1}
\renewcommand*\glsgroupheading[1]{\item[\textsf{\textbf{#1}}]}
```

```
\section*{Registrierte Lobbyisten im Bundestag}
Es gibt unter anderem \gls{IDKV}, \gls{BVS} \gls{BVDA}, \gls{GdW}, \gls{BFW} \gls{Fuss},
\gls{DeGEval}, \gls{GfKORR}, \gls{tekom}, \gls{GPRA}, \gls{GdS}, \gls{Ghorfa} und \gls{DEUVET}.
\printglossaries
```

Registrierte Lobbyisten im Bundestag

Es gibt unter anderem IDKV, BVS BVDA, GdW, BFW Fuss, DeGEval, GfKORR, tekom, GPRA, GdS, Ghorfa und DEUVET.

Glossar

B

BFW Bundesverband Freier Immobilien- und Wohnungsunternehmen. 1

BVDA Bundesverband Deutscher Apotheker e.V.. 1

BVS Bundesverband des Sanitätsfachhandels e.V.. 1

D

DeGEval Gesellschaft für Evaluation e.V.. 1

DEUVET Bundesverband für Clubs klassischer Fahrzeuge e.V.. 1

F

Fuss Fachverband Fußverkehr Deutschland. 1

G

GdS Gewerkschaft der Sozialversicherung. 1

GdW Bundesverband deutscher Wohnungs- und Immobilienunternehmen e.V.. 1

GfKORR Gesellschaft für Korrosionsschutz e.V.. 1

Ghorfa Arab-German Chamber of Commerce and Industry e.V.. 1

12.4.4 Vordefinierte Stile verwenden

Das Paket stellt eine Anzahl von vordefinierten Stilen zur Verfügung, die über das Makro `\glossarystyle` ausgewählt werden können. Die möglichen Stile sind in Tabelle 12.6 auf der nächsten Seite zusammengefasst.

```
\glossarystyle{Stil}
```

Für den Stil `listdotted` sind keine Untereinträge möglich. Das Programm makeindex kann nur zwei Ebenen verarbeiten. Ist die Funktion Homograph (Homogramm) aktiviert, so sind gleich geschriebene Wörter mit unterschiedlicher Bedeutung (Aussprache) möglich, beispielsweise »Montage«. Die Funktion Symbol ermöglicht das Setzen eines Symbols, so ein entsprechender Eintrag vorhanden ist.

Die Strecke s wird in m und die Masse m in kg gemessen. Es gibt auch die Größen ω, t und a.

Glossar

Name	Bedeutung	Symbol	Seiten
a	Beschleunigung	a	1
m	Masse	kg	1
ω	Kreisgeschw.	ω	1
s	Strecke	s	1
t	Zeit	t	1

Glossar

Name	Bedeutung	Seiten
a	Beschleunigung	1
m	Masse	1
ω	Kreisgeschw.	1
s	Strecke	1
t	Zeit	1

12-04-6

```
\usepackage[style=long4colheaderborder]
         {glossaries}
\makeglossaries
\newglossaryentry{t}{name={t},
   description={Zeit},symbol=t}
\newglossaryentry{a}{name={a},
   description={Beschleunigung},symbol=a}
\newglossaryentry{s}{name={s},
   description={Strecke},symbol=s}
\newglossaryentry{omega}{name={$\symup{\omega}$},
   sort=o,description={Kreisgeschw.},
   symbol=$\symup{\omega}$}
\newglossaryentry{m}{name={m},
   description={Masse},symbol=kg}

Die Strecke \gls{s} wird in m und die
Masse \gls{m} in kg gemessen.
Es gibt auch die Größen \gls{omega},
\gls{t} und \gls{a}.
\renewcommand*\entryname{Name}
\renewcommand*\descriptionname{Bedeutung}
\printglossaries

\setglossarystyle{long3colheader}
\setlength\glsdescwidth{3.5cm}
\printglossaries
```

Die tabellenorientierten Stile erlauben auch mehrzeilige Beschreibungen, wobei die Spaltenbreite durch `\glsdescwidth` und die Tabellenbreite durch `\glspagelistwidth` festgelegt ist.

Die Listenstile werden in dem zusätzlichen Paket `glossary-list` verwaltet, welches automatisch von `glossaries` geladen wird, wenn nicht die Optionen `nolist` oder `nostyles` verwendet werden.

12.4.5 Verweis auf andere Zähler

Standardmäßig werden die Glossarverweise auf die aktuelle Seitenzahl gesetzt. Mit dem optionalen Argument `counter` ist es möglich, die Verlinkung auf jeden existierenden Zähler zu setzen. Dabei ist jedoch zu beachten, dass diese Änderung dem Paket hyperref bekannt zu machen ist, denn es muss *vor* dem Paket glossaries geladen werden und bekommt daher Änderungen nicht mehr mit. Die Anwendung des Makros \ensuremath ist zwingend notwendig, wenn das Paket hyperref für die Erstellung von Bookmarks mit mathematischen Symbolen oder Zeichen verwendet wird, beispielsweise name=\ensuremath{\alpha} Weitergehende Informationen zu beiden Punkten findet man in der Dokumentation. (Talbot 2020)

Name	*Beschreibung*
list	Für die Anzeige wird die Umgebung description verwendet.
listgroup	Wie list, jedoch mit Überschriften.
listhypergroup	Wie listgroup, jedoch mit einer Navigationsleiste.
altlist	Wie list, jedoch beginnt die Beschreibung in der nächsten Zeile.
altlistgroup	Wie altlist, jedoch mit Überschriften.
altlisthypergroup	Wie altlistgroup, jedoch mit einer Navigationsleiste.
listdotted	Mit einer gepunkteten Linie zwischen Namen und Beschreibung und ohne Seitenzahl.
sublistdotted	Wie listdotted, jedoch werden Untereinträge berücksichtigt.

Tabelle 12.5: Vordefinierte Listenstile für ein Glossar.

Stil	*Ebenen*	*Homograph*	*Symbol*
listdotted	0		
sublistdotted	1		
list*	1	✓	
altlist*	1	✓	
long*3col*	1	✓	
long4col*	1	✓	✓
altlong*4col*	1	✓	✓
long*	1	✓	
super*3col*	1	✓	
super4col*	1	✓	✓
altsuper*4col*	1	✓	✓
super*	1	✓	
index	2		✓
treenoname*	–	✓	✓
tree	–		✓
alttree	–		✓
inline	1	✓	

Tabelle 12.6: Vordefinierte Stile für ein Glossar, wobei für den ersten von zwei Sternen ragged und für den zweiten oder einzigen Stern header, border oder headerborder eingesetzt werden kann

12.4.6 Singular und Plural

Mit dem Parameter plural lässt sich der Plural eines Glossareintrages definieren, auf den dann mit dem Makro Pluralmakro \glspl zugegriffen werden kann. In der Glossarliste selbst wird nur der Begriff im Singular verwendet.

12.4.7 Einträge ohne Textbezug

Standardmäßig werden in Glossar nur Einträge aufgenommen, auf die im Text mit `\gls` Bezug genommen wird. Es existieren jedoch analog zum Makro `\cite` für Literaturverweise zwei Möglichkeiten, um einzelne oder auch alle Glossareinträge ins Verzeichnis zu übernehmen, auch wenn im Text nicht auf diese verlinkt wird. Mit `\glsadd` wird ein Eintrag und mit `\glsaddall` werden alle mit `\newglossaryentry` erzeugten Einträge hinzugefügt.

`\glsadd` [*Optionen*] {*Label*}	`\glsaddall` [*Optionen*]

12.4.8 Akronyme

Mit der Paketoption `acronym` wird ein Glossar für Akronyme erstellt, welches sich formal nicht von dem standardmäßigen Glossar *main* unterscheidet. Soll ein derartiges Verzeichnis zusätzlich zu einem Glossar erstellt werden, so ist dies mit

```
\newglossary[alg]{acronym}{acr}{acn}{\acronymname}
```

möglich, was der Option `acronym` entspricht. Verwendet man *nicht* die Paketoption `automake`, so muss das Programm makeglossaries mit Parametern aufzufuren werden, wenn es sich nicht um die standardmäßige Dateiendung `.gls` handelt, beispielsweise:

```
makeglossaries -t ‹Datei›.alg -o ‹Datei›.acn -s ‹Datei›.ist ‹Datei›.acr
```

Die Einträge für die Akronyme können über das Makro `\newacronym` vorgenommen werden, wobei die Definitionen auch in eine externe Datei geschrieben werden können, die dann eingelesen wird.

`\newacronym` [*Parameter*] {*Label*} {*Abkürzung*} {*Beschreibung*}

Das Makro ist die Kurzform für eine entsprechende Anwendung mit `\newglossaryentry`:

```
\newglossaryentry{Label}{type=\acronymtype,
  name={Abkürzung},
  description={Beschreibung},
  text={Abkürzung},
  first={Beschreibung (Abkürzung)},
  plural={Abkürzung\glspluralsuffix},
  firstplural={Beschreibung\glspluralsuffix\ (Abkürzung\glspluralsuffix)},
  Parameter}
```

Das folgende Beispiel erstellt zwei getrennte Acronymlisten, auf die über das optionale Argument `type` zugegriffen werden kann. Zu beachten ist, dass makeglossaries nur auf das standardmäßige *acronym* mit der Endung `.acn` angewendet werden kann. Für die zweite Liste mit der Endung `.acn2` muss das Programm makeindex aufgerufen werden:

```
makeglossaries -o ‹Datei›.acr -t ‹Datei›.alg -s ‹Datei›.ist ‹Datei›
makeindex -o ‹Datei›.acr2 -t ‹Datei›.alg2 -s ‹Datei›.ist ‹Datei›.acn2
```

```
\usepackage[acronym,nomain,nonumberlist,acronymlists={grafik,acronym}]{glossaries}
\newglossary[alg2]{grafik}{acr2}{acn2}{Grafikpakete}
\makeglossaries
\newacronym[type=grafik]{pstricks}{PSTricks}{PostScript Tricks}
\newacronym[type=grafik]{tikz}{\tikz}{\tikz\ ist kein Zeichenprogramm}
\newacronym[type=grafik]{png}{PNG}{Portable Network Graphic}
\newacronym[type=grafik]{pdf}{PDF}{Portable Document Format}
\newacronym{gnu}{GNU}{GNU is not Unix}
\newacronym{wine}{Wine}{Wine is not an Emulator}
\newacronym{kile}{Kile}{KDE Integrated \LaTeX\ Environment}
\newacronym{perl}{Perl}{Practical Extraction and Reporting Language}
\newacronym{php}{PHP}{PHP Hypertext Preprocessor}

Für Grafiken gibt es \gls{pstricks} und \gls{tikz} und für Linux die
Begriffe \gls{gnu}, \gls{wine}, \gls{perl} und \gls{php}.
\glsadd{png}\glsadd{pdf}

%\printglossaries
\printglossary[type=grafik]
\printglossary[type=acronym,title=Linux]
```

-04-7 Für Grafiken gibt es PostScript Tricks (PSTricks) und Ti*k*Z ist kein Zeichenprogramm (Ti*k*Z) und für Linux die Begriffe GNU is not Unix (GNU), Wine is not an Emulator (Wine), Practical Extraction and Reporting Language (Perl) und PHP Hypertext Preprocessor (PHP).

Linux

Ti*k*Z Ti*k*Z ist kein Zeichenprogramm.

PDF Portable Document Format.

PNG Portable Network Graphic.

PSTricks PostScript Tricks.

12.4.9 Verlinkung von Acronymverzeichnis und Glossar

Sollen im Verzeichnis der Acronyme automatisch Hinweise auf Einträge im Glossar ausgegeben werden, die zudem durch die Anwendung von hyperref verlinkt werden sollen, so ist dies über den Parameter name möglich. Die Verzeichnisse können durch einfachen Aufruf des Programmes makeglossaries erzeugt werden, wobei mehrere LaTeX-Durchläufe nötig sind.

-04-8

```
\usepackage[colorlinks]{hyperref}
\usepackage[toc,acronym,style=long]{glossaries}
\makeglossaries
%%%%%%%%%%Glossary%%%%%%%%%%%%%%%%%%%%%%%%%%%%%%%%%%
\newglossaryentry{ctg}{name={CT},
    description={A medical imaging technique to investigate the anatomy using x-rays}}
\newglossaryentry{mrt}{name={MRT},
    description={A medical imaging technique to investigate the anatomy using a
      magnetic field}}
%%% define the acronym
\newglossaryentry{ct}{type=\acronymtype, name={CT},
  description={Computed Tomography. \emph{Glossary:} \gls{ctg}},
```

```
  first={Computed Tomography (CT)\glsadd{ctg}}}
\newglossaryentry{mt}{type=\acronymtype, name={MRT},
  description={Magnetic resonance imaging. \emph{Glossary:} \gls{mrt}},
  first={Magnetic resonance imaging (MRT)\glsadd{mrt}}}
\newglossaryentry{tomo}{name={Tomography}, description={Imaging by sections through an object}}
\newglossaryentry{mrt-tomo}{name={Magnetic Tomography}, description={Imaging by sections
  through an object without x-rays}}
Some nonsense text \gls{ct} for the demo. And some more nonsense \gls{mt} \ldots

\glsadd{tomo}\glsadd{mrt-tomo}
\printglossary[type=\acronymtype,nonumberlist]% Acronyme
\printglossary[type=main]                     % Glassar
```

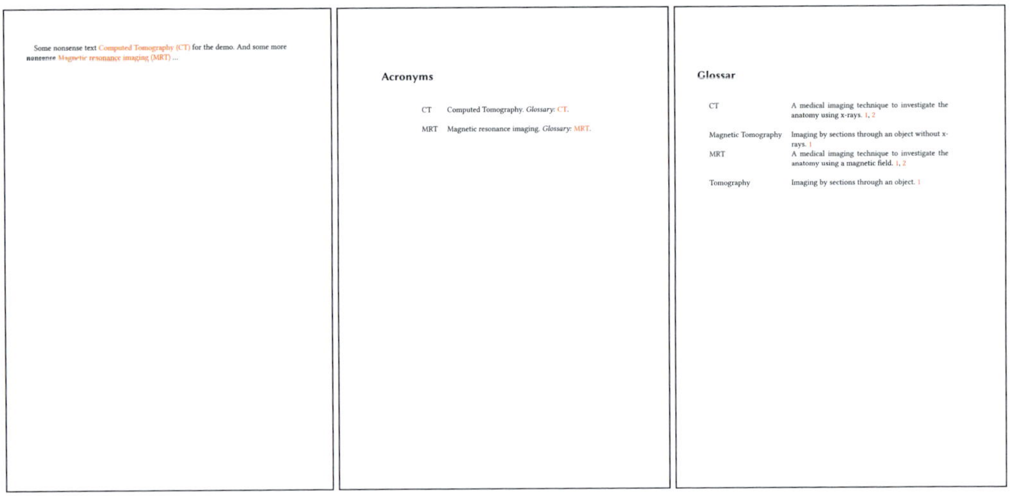
Some nonsense text Computed Tomography (CT) for the demo. And some more nonsense Magnetic resonance imaging (MRT) ...

Acronyms

CT Computed Tomography. *Glossary:* CT.

MRT Magnetic resonance imaging. *Glossary:* MRT.

Glossar

CT	A medical imaging technique to investigate the anatomy using x-rays. 1, 2
Magnetic Tomography	Imaging by sections through an object without x-rays. 1
MRT	A medical imaging technique to investigate the anatomy using a magnetic field. 1, 2
Tomography	Imaging by sections through an object. 1

Kapitel 13

Bibliografie

13.1 Einführung 293
13.2 Bibliografie-Datenbanken 295
13.3 Bibliografien mit BibLATEX und Biber 310

13.1 Einführung

Eine Veröffentlichung sollte nicht nur im wissenschaftlichen Bereich immer auch eine Angabe der zugrunde liegenden Quellen beinhalten. Im allgemeinen Fall wird dies eine Angabe der Primär- und/oder Sekundärliteratur sein und nur ein Verzeichnis umfassen, in der Regel als Bibliografie oder Literaturverzeichnis bezeichnet. Größere Arbeiten können dabei die Aufteilung in mehrere Verzeichnisse erfordern, was automatisch höhere Ansprüche an den Autor stellt. Es ist nicht nur die Frage der Datenbank, sondern auch die Art und Weise des Verweises im Text und das Einfügen in die abschließenden Verzeichnisse zu klären. (Bialek u. a. 2012; Jacob 1997; Voß 2017b)

Es gibt grundsätzlich drei Möglichkeiten ein Literaturverzeichnis zu erstellen. Unabhängig davon, dass jede in sich nochmal in verschiedenen Varianten auftreten kann:

- Völlig selbst gestaltete Bibliografie.
- Anwenden der Umgebung `thebibliography` (siehe Abschnitt 13.1.2 auf Seite 295).
- Benutzen einer BIBTEX-Datenbank und eines externen Programms zur Aufbereitung der Daten.

Bei mehr oder weniger kurzen Literaturverzeichnissen (ca. 10 Angaben) kann man gut mit der zweiten Variante arbeiten, welche auch von Interesse sein könnte, wenn man eine absolut ungewöhnliche Formatierung vornehmen *muss*. Insbesondere noch nicht so erfahrene LATEX-Anwender werden hiermit die wenigstens Probleme haben. Die dritte Variante ist prinzipiell zu empfehlen; sie deckt einfachste bis höchste Ansprüche ab und sollte daher bevorzugt eingesetzt werden. Es gibt mittlerweile für fast alle Fachrichtungen von Veröffentlichungen vorgefertigte Stildateien, die die unterschiedlichsten

Verweis- und Literaturformate ermöglichen. Die erste Variante der oben angegebenen Möglichkeiten der Literaturerstellung sollte eine reine Notfalllösung bleiben, denn dass die anderen Varianten nicht gehen, ist unwahrscheinlich.

13.1.1 Typografische Aspekte

Die Zahl der zitierten Onlinequellen nimmt bekanntermaßen ständig zu, so dass auch ein Literaturverzeichnis davon stark geprägt ist. Da Internetadressen (URLs[1]) grundsätzlich nicht den allgemeinen Trennregeln der jeweiligen Sprache unterliegen, könnten sie beliebig umbrochen werden. Dennoch wird aus Gründen der Übersichtlichkeit nicht an jeder Stelle einer URL ein eventuell notwendiger Zeilenumbruch vorgenommen. Die *URL* Anwendung des Paketes `url` mit dem gleichnamigen Makro ist unbedingt anzuraten, da dann ein automatischer Umbruch an folgenden Zeichen erfolgen kann:

```
. @ \ / ! _ | ; > ] ) , ? ' + = # :
```

Innerhalb des normalen Textteiles einer URL wird nicht umbrochen, was bei einer Bibliografie sehr schnell zu typografisch zweifelhaften Formatierungen führen kann, da diese leider oft im Blocksatz (Links- und Rechtsbündigkeit des Textes) gesetzt wird. Das Makro `\url` kann um weitere Umbruchmöglichkeiten erweitert werden, jedoch sollte man berücksichtigen, dass die Lesbarkeit von URLs schlechter werden kann, wenn auch zwischen normalen Buchstaben umbrochen wird.

13.1.2 Literaturverweise

Für die Form von Verweisen gibt es ebenso viele Varianten wie für die Formatierung der Literaturverzeichnisse. Für die Ansprüche im technischen Bereich reichen aber häufig die von Standard-LaTeX bereitgestellten Makros aus. Von der Anwendung von `\nocite` ist in wissenschaftlichen Arbeiten abzuraten, denn es bleibt ansonsten die Frage, welchen Stellenwert eine Quellenangabe hat, auf die im laufenden Text nicht verwiesen wird.

`\cite` [*Optionen*] {*Schlüssel1,Schlüssel2,...*}
`\nocite`{*Schlüssel*}
`\nocite`{*}

Das Prinzip der Literaturverweise ist unabhängig von der Erstellung des eigentlichen Literaturverzeichnisses, denn der Schlüssel kann sich auf eine Angabe in einer intern oder extern erzeugten Umgebung `thebibliography` beziehen. In diesem Abschnitt wird daher auch nur der jeweilige Beispielausschnitt gezeigt, der für das Verweisen im Text relevant ist. Das eigentliche Literaturverzeichnis wird aus reinen Platzgründen hier nicht angegeben. Dieses kann aber in den auf CTAN vorhandenen kompletten Beispielen nachvollzogen werden.

`\cite` erwartet als verpflichtendes Argument mindestens einen Schlüssel, der auf die Bibliografie verweist. In welcher Form dieser dann im Text ausgegeben wird, hängt ausschließlich von der Umgebung `thebibliography` und dem Makro `\bibitem` ab. Dies wird

[1] URL: Uniform Resource Locator, eine Unterart der Uniform Resource Identifier (URI).

im folgenden Beispiel aus reinen Demonstrationszwecken deutlich, wo ein numerischer Verweis einem Autor-Verweis folgt, was normalerweise unüblich ist.

```
Was \cite[S.\,12]{levy:2001} zeigt, sieht man in \cite{anbar:j_dent_res:1974}
noch einmal besser formuliert.
\begin{thebibliography}{999}% 999=Labelmusterbreite
\bibitem[Levy]{levy:2001}
 Steven Levy: \emph{Hackers: Heroes of the Computer Revolution}, New York:
 Penguin Books, 2001.
\bibitem{anbar:j_dent_res:1974} Marcus Anbar, Fred Farley:
 \emph{Potential use of organic polyphosphonates as adhesives
 in the restoration of teeth}, J Dent Res 53, 879--888, 1974.
\end{thebibliography}
```

01-1 Was [Levy, S. 12] zeigt, sieht man in [1] noch einmal besser formuliert.

Literatur

[Levy] Steven Levy: *Hackers: Heroes of the Computer Revolution*, New York: Penguin Books, 2001.

[1] Marcus Anbar, Fred Farley: *Potential use of organic polyphosphonates as adhesives in the restoration of teeth*, J Dent Res 53, 879–888, 1974.

Hinweis

Mit `\nocite{*}` kann man sehr effektiv komplette Literaturdatenbanken ausgeben; der Stern steht stellvertretend für alle in der Datenbank vorhanden Einträge.

Die Umgebung `thebibliography` erwartet ein Muster zur Festlegung der Labelbreite, beispielsweise »999« (siehe Beispiel 13-01-1), dann wird soviel Platz für das Label reserviert wie die Zeichenfolge »999« im aktuellen Zeichensatz einnimmt. Dies ist jedoch nur bei numerischer Aufzählung sinnvoll.

```
\begin{thebibliography}{Labelbreite}
   \bibitem[Optionen]{Schlüssel} Text
   \bibitem[Optionen]{Schlüssel} Text
   ...
   \bibitem[Optionen]{Schlüssel} Text
\end{thebibliography}
```

Der {*Schlüssel*} dient als Referenz für das Makro `\cite` bei entsprechenden Verweisen im laufenden Text. Die Nummerierung erfolgt fortlaufend, falls nicht über das optionale Argument von `\bibitem` ein anderes Label vorgesehen wird. Im Text wird mit dem Makro `\cite` auf die Literaturstellen verwiesen. `\nocite` macht hier keinen Sinn, da die Bibliografie durch »Handarbeit« erstellt wird und somit ohnehin alle Einträge erscheinen.

13.2 Bibliografie-Datenbanken

Bei Literaturverzeichnissen, die mehr als zehn Angaben umfassen, sollte man unbedingt die Arbeit mit einer externen Datenbank vorsehen. Diese kann grundsätzlich mit einem der zur Zeit populären Formate wie Endnote, Citavi oder Medeley bearbeitet werden, ein Export in das BIBTEX-Format wird von allen Programmen unterstützt.

BIBTEX-kompatible Datenbank

Mit BIBTEX wird sowohl das Dateiformat als auch das Programm bezeichnet. Während das Format immer noch aktuell ist, ist das Programm mittlerweile bedeutungslos, da es nicht-englische Sprachen nur unzureichend unterstützt. Das *Programm* sollte daher nicht mehr benutzt werden, sehr wohl aber das Datenbankformat BIBTEX.

13.2.1 BIBTEX-Datenformat

Im Bereich TEX haben sich die sogenannten BIBTEX-kompatiblen Datenbanken durchgesetzt, die formal mit jedem beliebigen Texteditor bearbeitet werden können und folgende Einträge (Schlüsselwörter) enthalten dürfen:

@string: Definiert Abkürzungen, die in den BIBTEX-Einträgen verwendet werden können, beispielsweise `@string {SV = "Springer Verlag"}`. Die Abkürzung `SV` kann dann in den Literatureinträgen verwendet werden, beispielsweise `publisher = SV,`. Sie werden *nicht* in geschweifte Klammern oder in Anführungszeichen gesetzt.

@preamble: Kann zur Definition von LATEX-Makros benutzt werden, die in den einzelnen Literatureinträgen auftauchen und nicht zwingend in der vom Anwender verwendeten Dokumentenklasse erscheinen, beispielsweise mit `\providecommand`: `@preamble = "\providecommand\url[1]{\texttt{#1}}"`, um sicherzustellen, dass URLs ausgegeben werden (soweit sie keine Sonderzeichen wie _ enthalten), auch wenn der Anwender das Paket `url` *nicht* geladen hat.

@comment: Die Zeilen werden ignoriert.

@⟨*Typ*⟩: Datentyp eines BIBTEX-Eintrags. Eine Zusammenstellung für BibLATEX/Biber zeigt Tabelle 13.1 auf Seite 299.

Ein Datenbankeintrag im BIBTEX-Format beginnt grundsätzlich mit dem Publikationstyp, der von einem eindeutigen Schlüssel und einer kommaseparierten Liste von verschiedenen Tags gefolgt wird:

```
@<Typ>{<bibkey>,
  <1. Feldname> = {<1. Feldinhalt>},
  <2. Feldname> = {<2. Feldinhalt>},
  ...
  <n-ter Feldname> = {<n-ter Feldinhalt>},
}
```

Anstelle der Klammerung der Feldinhalte durch `{...}` kann auch die in der Programmierung übliche Kombination `"..."` verwendet werden. Empfehlenswert erscheint die erste Variante; Anführungsstriche, die beispielsweise Teil eines Titels sind, müssten im zweiten Fall gesondert behandelt werden:

```
  title        = "Comments on {"}Filenames and Fonts{"}",
  title        = {Comments on "Filenames and Fonts"},
```

Ein Beispiel für den Publikationstyp `manual`, der sich für interne Institutsberichte oder allgemeine Beschreibungen (Manuals) eignet, wäre dann:

```
@manual{hv,
  author = {Herbert Voß},
  title  = {Beschreibung eines Steuergerätes zur Pulsverhältnissteuerung
```

```
          (PULSE RATIO MODULATION)},
  publisher= {Technische Universität Berlin -- Institut für
              Allgemeine Elektrotechnik},
  day     = 1,
  month   = 12,
  year    = 1978,
  pages   = {24},
}
```

Die Groß-/Kleinschreibung ist bei den Tags *nicht* signifikant. Dem Publikationstyp muss als erstes der Schlüssel (key) folgen, der für den Verweis im Dokument mit \cite oder einem ähnlichen Befehl relevant ist. Danach *müssen* die verpflichtenden Tags und *können* die optionalen Tags folgen. Tabelle 13.1 auf Seite 299 zeigt eine Zusammenstellung der möglichen Tags, die jedem verwendeten BIBTEX-Stil bekannt sein sollten. Darüber hinaus können auch andere Tags verwendet werden, sobald die verwendete Stildatei diese unterstützt. Ist ein Tag nicht bekannt, so wird er einfach ignoriert. Die Angaben der Werte für die einzelnen Tags können alternativ in "..." oder {...} eingeschlossen werden, wobei reine Zahlenwerte explizit als solche erscheinen können. Wird jedoch der @string-Typ benutzt, an den noch ein anderer Text angehängt werden soll, so ist nur die "..."-Variante möglich. Das #-Zeichen sorgt für das Zusammenfassen der beiden Zeichenketten:

Groß- und Kleinschreibung

```
@string {SV = "Springer Verlag"}
@book{abc:2010,
  author    = {Anastasius Krachulke},
  title     = {Das Sozialleben der Ameisen},
  publisher = SV # { Heidelberg},
  year      = 2010,
}
```

LuaLATEX und das Bibliografieprogramm Biber unterstützen bei der Sortierung den vollen Bereich von Unicode, brauchen daher auch keine besonderen Vorkehrungen bei der Formulierung von Datenbankeinträgen. Lediglich diejenigen Zeichen, die nicht auf der Tastur zur Verfügung stehen, müssen in TEX-Notation eingegeben werden. So gibt es im folgenden Code beispielsweise das »dotless-ı« (Aksın) auf der Tastatur, aber nicht das Zeichen Ç (Çetinkaya).

```
@unpublished{hvA,
  author = {Herbert Voß},
  title  = {Allgemeine und  sprachenspezifische Probleme bei
            der Entwicklung eines Textsatzsystems am Beispiel von \TeX},
  note   = {Vortrag im Institut für germanistische
            Sprachwissenschaft, Friedrich-Schiller-Universität Jena},
   date  = 2007,
}
@article{aksin,
  author       = {Aksın, Özge and Türkmen, Hayati and Artok, Levent
                  and {\c{C}}etinkaya, Bekir and Ni, Chaoying and
                  Büyükgüngör, Orhan and Özkal, Erhan},
  title        = {Effect of immobilization on catalytic characteristics of
                  saturated Pd-N-heterocyclic carbenes in Mizoroki-Heck
```

```
                    reactions},
  journaltitle = jomch,
  date         = 2006,
  volume       = 691,
  number       = 13,
  pages        = {3027-3036},
  indextitle   = {Effect of immobilization on catalytic characteristics},
}
```

```
\usepackage{ragged2e}     \usepackage[autostyle,german=guillemets]{csquotes}
\usepackage[style=authoryear]{biblatex}   \addbibresource{case4.bib}
```

```
Ein Verweis~\parencite{hvA,aksin} und eine Bibliografie mit \texttt{biber} erstellt.
\printbibliography
```

Ein Verweis (Voß 2007; Aksın u. a. 2006) und eine Bibliografie mit biber erstellt. 13-02-1

Literatur

Aksın, Özge u. a. (2006). »Effect of immobilization on catalytic characteristics of saturated Pd-N-heterocyclic carbenes in Mizoroki-Heck reactions«. In: 691.13, S. 3027–3036.

Voß, Herbert (2007). »Allgemeine und sprachenspezifische Probleme bei der Entwicklung eines Textsatzsystems am Beispiel von TEX«. Vortrag im Institut für germanistische Sprachwissenschaft, Friedrich-Schiller-Universität Jena.

Der Aufbau einer Datenbank, die mit biblatex verwendet wird, unterscheidet sich von einer herkömmlichen BIBTEX-Datenbank grundsätzlich nicht. Im Folgenden wird deshalb nur auf einige Besonderheiten eingegangen, während die Grundlagen hinreichend in Abschnitt 13.2.1 auf Seite 296 beschrieben sind.

biblatex führt eine ganze Reihe neuer Felder ein, die entweder von den mitgelieferten Stilen bereits verwendet werden oder zur Verfügung stehen, um sie in angepassten Stilen einzusetzen (siehe Tabelle 13.1 auf der nächsten Seite). Das reicht von redactor für Bearbeiter eines Werkes über shorthand für abgekürzt zitierte Literatur bis hin zu subtitle für Untertitel oder bookauthor für den Fall, dass der Autor eines Aufsatzes und der Buchautor (nicht der Herausgeber) übereinstimmen. Als Beispiel wäre hier an die gesammelten Aufsätze eines Autors zu denken, wobei man nur einen Aufsatz zitieren will, nicht aber das gesamte Buch. Dieser Fall konnte bisher mit BIBTEX nicht zufriedenstellend gelöst werden; mit biblatex gibt man den Autor (in den Feldern author und bookauthor), den Titel des Aufsatzes (title) und den Buchtitel (booktitle) an und erhält eine passende Ausgabe. In den mitgelieferten Stilen wird die Nennung des Buchautors unterdrückt. Mit modifizierten Stilen ließe er sich aber ausgeben oder durch »Ders.« ersetzen. Weiterhin gibt es die Felder origlanguage, origlocation, origtitle und origyear, die für übersetzte *\orig???* oder nachgedruckte Werke benutzt werden können, um die Angaben des Originalwerks in die Bibliografie aufzunehmen. Bis auf origlanguage werden diese Felder zwar nicht von den Standardstilen genutzt, sie lassen sich aber in angepassten Stilen verwenden.

Tabelle 13.1: Zusammenstellung der von biblatex unterstützten Typen für Datenbankeinträge. Angaben wie volume/number bedeuten volume oder number.

Name	*Typ*	*Felder*	*optionale Felder*
article	Zeitung oder Zeitschrift	author, title, journaltitle, year/date	translator, annotator, commentator, subtitle, titleaddon, editor, editora, editorb, editorc, journalsubtitle, journaltitleaddon, issuetitle, issuesubtitle, issuetitleaddon, language, origlanguage, series, volume, number, eid, issue, month, pages, version, note, issn, addendum, pubstate, doi, eprint, eprintclass, eprinttype, url, urldate
book	Buch mit einem/mehreren Autoren	author, title, year/date	editor, editora, editorb, editorc, translator, annotator, commentator, introduction, foreword, afterword, subtitle, titleaddon, maintitle, mainsubtitle, maintitleaddon, language, origlanguage, volume, part, edition, volumes, series, number, note, publisher, location, isbn, eid, chapter, pages, pagetotal, addendum, pubstate, doi, eprint, eprintclass, eprinttype, url, urldate
mvbook	»Multivolume« Buch	author, title, year/date	editor, editora, editorb, editorc, translator, annotator, commentator, introduction, foreword, afterword, subtitle, titleaddon, language, origlanguage, edition, volumes, series, number, note, publisher, location, isbn, pagetotal, addendum, pubstate, doi, eprint, eprintclass, eprinttype, url, urldate
inbook	Teil eines Buches	author, title, booktitle, year/date	bookauthor, editor, editora, editorb, editorc, translator, annotator, commentator, introduction, foreword, afterword, subtitle, titleaddon, maintitle, mainsubtitle, maintitleaddon, booksubtitle, booktitleaddon, language, origlanguage, volume, part, edition, volumes, series, number, note, publisher, location, isbn, eid, chapter, pages, addendum, pubstate, doi, eprint, eprintclass, eprinttype, url, urldate
bookinbook	wie inbook		--
suppbook	»Supplemental Material«: wie inbook		
booklet	Gebundenes Druckwerk	author/editor, title, year/date	subtitle, titleaddon, language, howpublished, type, note, location, eid, chapter, pages, pagetotal, addendum, pubstate, doi, eprint, eprintclass, eprinttype, url, urldate
collection	Sammelband	editor, title, year/date	editora, editorb, editorc, translator, annotator, commentator, introduction, foreword, afterword, subtitle, titleaddon, maintitle, mainsubtitle, maintitleaddon, language, origlanguage, volume, part, edition, volumes, series, number, note, publisher, location, isbn, eid, chapter, pages, pagetotal, addendum, pubstate, doi, eprint, eprintclass, eprinttype, url, urldate

Fortsetzung ...

... Fortsetzung

Name	*Typ*	*Felder*	*optionale Felder*
mvcollection	Ein »multi volume« Sammelband	editor, title, year/date	editora, editorb, editorc, translator, annotator, commentator, introduction, foreword, afterword, subtitle, titleaddon, language, origlanguage, edition, volumes, series, number, note, publisher, location, isbn, pagetotal, addendum, pubstate, doi, eprint, eprintclass, eprinttype, url, urldate
incollection	Teil eines Sammelbands	author, title, booktitle, year/date	editor, editora, editorb, editorc, translator, annotator, commentator, introduction, foreword, afterword, subtitle, titleaddon, maintitle, mainsubtitle, maintitleaddon, booksubtitle, booktitleaddon, language, origlanguage, volume, part, edition, volumes, series, number, note, publisher, location, isbn, eid, chapter, pages, addendum, pubstate, doi, eprint, eprintclass, eprinttype, url, urldate
suppcollection	ähnlich ~~zu~~ subbook, aber		zugehörig zu incollection
dataset	Mehrere Einträge zusammengefasst.	author/editor, title, year/date	subtitle, titleaddon, language, edition, type, series, number, version, note, organization, publisher, location, addendum, pubstate, doi, eprint, eprintclass, eprinttype, url, urldate
manual	Technische Dokumentation	author/editor, title, year/date	subtitle, titleaddon, language, edition, type, series, number, version, note, organization, publisher, location, isbn, eid, chapter, pages, pagetotal, addendum, pubstate, doi, eprint, eprintclass, eprinttype, url, urldate
misc	beliebig (Fallback)	author/editor, title, year/date	subtitle, titleaddon, language, howpublished, type, version, note, organization, location, month, addendum, pubstate, doi, eprint, eprintclass, eprinttype, url, urldate
online	WEB-Dokument	author/editor, title, year/date, doi/eprint/url	subtitle, titleaddon, language, version, note, organization, month, addendum, pubstate, eprintclass, eprinttype, urldate
patent	Patent	author, title, number, year/date	holder, subtitle, titleaddon, type, version, location, note, month, addendum, pubstate, doi, eprint, eprintclass, eprinttype, url, urldate

Fortsetzung ...

... Fortsetzung

Name	Typ	Felder	optionale Felder
periodical	ähnlich zu article	editor, title, year/date	editora, editorb, editorc, subtitle, titleaddon, issuetitle, issuesubtitle, issuetitleaddon, language, series, volume, number, issue, month, note, issn, addendum, pubstate, doi, eprint, eprintclass, eprinttype, url, urldate
suppperiodical	wie periodical, ähnlich zu supbook		
proceedings	Konferenz-bericht	title, year/date	editor, subtitle, titleaddon, maintitle, mainsubtitle, maintitleaddon, eventtitle, eventtitleaddon, eventdate, venue, language, volume, part, volumes, series, number, note, organization, publisher, location, month, isbn, eid, chapter, pages, pagetotal, addendum, pubstate, doi, eprint, eprintclass, eprinttype, url, urldate
mvproceedings	»multi-volume« proceedings	title, year/date	editor, subtitle, titleaddon, eventtitle, eventtitleaddon, eventdate, venue, language, volumes, series, number, note, organization, publisher, location, month, isbn, pagetotal, addendum, pubstate, doi, eprint, eprintclass, eprinttype, url, urldate
inproceedings	Teil eines proceedings	author, title, booktitle, year/date	editor, subtitle, titleaddon, maintitle, mainsubtitle, maintitleaddon, booksubtitle, booktitleaddon, eventtitle, eventtitleaddon, eventdate, venue, language, volume, part, volumes, series, number, note, organization, publisher, location, month, isbn, eid, chapter, pages, addendum, pubstate, doi, eprint, eprintclass, eprinttype, url, urldate
reference	wie collection, beispielsweise eine Enzyklopädie		
mvreference	wie mvcollection		--
inreference	wie incollection		--
report	Institusbe-richt	author, title, type, institution, year/date	subtitle, titleaddon, language, number, version, note, location, month, isrn, eid, chapter, pages, pagetotal, addendum, pubstate, doi, eprint, eprintclass, eprinttype, url, urldate
set	Veröffentli-chungsliste	entryset	alle
software	Programme		alias für misc
thesis	Bachelor-Master-, Doktorar-beit	author, title, type, institution, year/date	subtitle, titleaddon, language, note, location, month, isbn, eid, chapter, pages, pagetotal, addendum, pubstate, doi, eprint, eprintclass, eprinttype, url, urldate

Fortsetzung ...

... Fortsetzung

Name	*Typ*	*Felder*	*optionale Felder*
unpublished	unveröffentlicht	author, title, year/date	subtitle, titleaddon, type, eventtitle, eventtitleaddon, eventdate, venue, language, howpublished, note, location, isbn, month, addendum, pubstate, doi, eprint, eprintclass, eprinttype, url, urldate
xdata	Datencontainer		
custom[a-f]	Für spezielle Bibliografiestile		
conference	wie inproceedings		
electronic	wie online		--
masterthesis	wie thesis mit optionalem type		--
phdthesis	wie masterthesis		--
techreport	wie report mit optionalem type		--
www	Alias für online		--
Nichtunterstütze Typen			
artwork			
audio			
bibnote			
commentary			
image			
jurisdiction			
legislation			
legal			
letter			
movie			
music			
performance			
review			
standard			
video			

biblatex unterscheidet verschiedene Arten von Feldern:

- Wortgetreue Felder wie title, deren Inhalt ausgegeben wird, wie er ist.
- Bereichsfelder wie page oder year, bei denen ein einfacher Divis (-) durch einen Halbgeviertstrich (LaTeX-Eingabe: --, Ausgabe: –) ersetzt wird.
- Zahlfelder wie edition oder month, die entweder als Ordinalzahl ausgegeben oder durch ein Wort ersetzt werden können.
- Datumsfelder wie date oder urldate, die ein bestimmtes Eingabeformat erfordern, nämlich JJJJ-MM-TT, also z. B. 2016-01-25 für den 25. Januar 2016.
- Verbatim-Felder wie url oder doi, deren Inhalt bestimmte Sonderzeichen enthalten kann, z. B. Unterstriche (_) oder die Tilde (~).

Hinzu kommen noch Key-Felder, die einen bestimmten, festgelegten Wert enthalten können. Ein Beispiel für ein solches Feld ist pagination, in das man die Werte page, column, line, verse, paragraph und none eintragen kann. Dieses Feld bestimmt dann den Paginierungstyp, der beim Zitieren eines Werks benutzt wird. Normalerweise sind das Seiten (page), aber beispielsweise werden manche Lexika nach Spalten (column) gezählt. In Gedichtbänden könnte ein Verweis auf Verse sinnvoll sein, in kritischen Editionen auf Zeilennummern (line) oder in juristischen Werken auf Paragraphen. Stellt man pagination entsprechend ein, wird die Angabe im optionalen Argument des \cite-Befehls durch die sprachabhängige Bezeichnung oder ihr Kürzel (im Deutschen: S., Sp., Z., V., §) eingeleitet. Wählt man none aus, wird keine Paginierungsangabe gemacht. *Paginierung*

Neben den genannten Feldern gibt es noch Listenfelder, die aus mehreren Einheiten bestehen, getrennt jeweils durch ein and. In traditionellem BibTeX ist diese Art von Feld lediglich bei author und editor gegeben; das entspricht in biblatex den Namenslisten (name lists), die in vier Teile zerlegt werden können: Vorname, Namenspräfix (z. B. »von«), Nachname und Namenssuffix (z. B. »senior«). biblatex führt aber noch eine weitere Art von Listenfeldern ein, die literal lists. Felder dieser Art sind sozusagen eine eingeschränkte Version der Namenslisten, die lediglich am »and« getrennt werden. Die Felder publisher, institution (bzw. school), organization und location (bzw. address) sind solche literal lists. Man sollte also den Ort einer Publikation folgendermaßen angeben:

```
location = {New York and Toronto and Berlin and Tokyo and Madrid},
```

Das hat den Vorteil, dass man mit den Paketoptionen maxitems und minitems die Zahl der auszugebenden Orte (Verlage, Institutionen usw.) eingrenzen kann. Die Standardwerte sind »3« für maxitems sowie »1« für minitems. Das obige Beispiel würde in der Standardeinstellung also »New York u. a.« ergeben. biblatex gibt das Feld auch aus, wenn die Orte durch Kommata getrennt sind, allerdings ist die maxitems/minitems-Funktionalität damit nicht mehr möglich. Für Namenslisten (Autoren/Herausgeber) heißen die entsprechenden Optionen maxnames und minnames. Sie können sowohl global (für alle Bibliografien in einem Dokument) als auch separat für jedes einzelne Verzeichnis definiert werden. *maxitems, minitems*

Neben neuen Feldern gibt es auch Eintragstypen, die beim Standard-BibTeX nicht dabei sind. Dies sind beispielsweise:

- collection für Bücher mit mehreren eigenständigen Beiträgen, die (normalerweise) keinen Autor, sondern einen oder mehrere Herausgeber haben; Beispiele sind Sammelbände oder Lexika.

- online für Internetquellen; die Typen electronic und www können synonym gebraucht werden. Das Feld url ist auch in anderen Eintragstypen verfügbar, das heißt, dass ein Artikel, der auch online erschienen ist, mit article erfasst werden sollte, während online eher für Webseiten, Blogs usw. gedacht ist.
- patent für Patente.
- periodical für Einzelausgaben von Zeitschriften (z. B. Sonderausgaben). Wenn sie einen eigenen Titel haben, kann er im Feld issuetitle angegeben werden. Damit wird dieser Eintragstyp anders verwendet als bei jurabib, wo periodical für Aufsätze in Zeitschriften gedacht war, die nach Bandzählung zitiert werden, nicht nach Jahreszählung. Das ist bei biblatex aber genauso mit article-Einträgen möglich.

Daneben definiert biblatex eine ganze Reihe von Eintragstypen, ohne sie in den Standardstilen einzusetzen. Das heißt, sie werden entweder ignoriert oder verweisen auf einen anderen Eintragstyp. Als Beispiel seien reference und inreference genannt, die Lexika bzw. Lexikonartikel repräsentieren. In den Standardstilen werden diese Eintragstypen wie collection bzw. incollection ausgegeben. In eigenen Bibliografiestilen lassen sich solche Eintragstypen dann nutzen und anpassen. Eine vollständige Liste dieser Eintragstypen findet sich in der biblatex-Dokumentation. (Philip Kime 2020)

thesis Außerdem werden einige Typen anders verwendet als bei traditionellem BIBTEX. Dazu gehören phdthesis und mastersthesis, die nur als Alias für den allgemeineren Eintragstyp thesis dienen. Dieser Eintragstyp hat wiederum ein Feld type, in dem die Art der Arbeit festgelegt werden kann. Vordefiniert sind phdthesis für Doktorarbeiten und mathesis für Magisterarbeiten. Wenn man nun phdthesis benutzt, wird eigentlich thesis mit type={phdthesis} verwendet. Die als Alias unterstützten Eintragstypen wie phdthesis können jedoch nicht für die Definition von unterteilten Literaturverzeichnissen aufgrund des Eintragstyps verwendet werden, d. h. in \printbibliography[nottype=phdthesis] bliebe die angegebene Option ohne Wirkung, während \printbibliography[nottype=thesis] auch die Einträge mit phdthesis ausschließt.

inbook Auch inbook wird anders behandelt. Es ist kein Kapitel eines Buches, sondern ein selbständiger Beitrag in einem Buch und verhält sich damit zu book wie incollection zu collection. Wenn man überhaupt Buchkapitel in das Literaturverzeichnis aufnehmen möchte, kann man dafür die Felder chapter und pages heranziehen.

Obwohl biblatex für viele Probleme, die beim Umstieg von anderen Paketen wie natbib oder jurabib auftreten können, bereits Lösungen bereithält, wird man zumindest dann nicht umhinkommen, seine .bib-Dateien anzupassen, wenn man die Flexibilität von biblatex voll ausschöpfen möchte. Das sei noch kurz an einem Beispiel erläutert, nämlich der Handhabung von mehrbändigen Werken. Ein Werk in drei Bänden, das man als Ganzes zitieren möchte, gibt man etwa folgendermaßen an:

```
@Book{TP93-1,
  sorttitle = {TEX in Practice},
  author    = {von Bechtolsheim, Stephan},
  title     = {{\TeX} in Practice},
  subtitle  = {Basics},
  volume    = 1,
```

```
  volumes   = 4,
  publisher = {Springer-Verlag},
  location  = {New York and Berlin and Heidelberg and London},
  date      = 1993,
  isbn      = {0-387-97595-0}}
```

02-2

St. v. Bechtolsheim. [1]

References

[1] Stephan von Bechtolsheim. *TEX in Practice: Basics.* 3 vols. Berlin, Heidelberg (Germany), and London (UK): Springer-Verlag, 1993. ISBN: 0-387-97595-0.

```
\usepackage{biblatex}
\addbibresource{demo4.bib}

St.\,v.\,Bechtolsheim.~\cite{TP93}

\RaggedRight\printbibliography
```

Das Feld volumes gibt also die Gesamtzahl der Bände an, der Ausdruck »Bde.« richtet sich nach der Spracheinstellung. Will man nun lediglich auf den zweiten Band dieses Werkes verweisen, bräuchte man ja zwei title-Felder, eins für den Werktitel, das zweite für den Titel des Bandes. In diesem Fall wird der Werktitel mit maintitle gesetzt:

```
@book{voss:PST:2016,
  author   = {Herbert Voß},
  maintitle= {DANTE-Edition},
  title    = {PSTricks -- Grafik mit PostScript für {\TeX} und {\LaTeX}},
  edition  = 7,
  volume   = 2,
  location = {Berlin and Heidelberg},
  date     = 2016}
```

```
\usepackage{biblatex}   \addbibresource{demo5.bib}

Herbert Voß.~\cite{voss:PST:2016}

\printbibliography
```

-02-3

Herbert Voß. [1]

Literatur

[1] Herbert Voß. *DANTE-Edition.* Bd. 2: *PSTricks – Grafik mit PostScript für TEX und LATEX.* 7. Aufl. Berlin und Heidelberg, 2016.

Das volumes-Feld ist in diesem Fall nicht gesetzt, sondern lediglich das Feld volume (Singular), das die Nummer des Einzelbandes angibt. Damit lassen sich also für viele Fälle flexible Lösungen finden, wie an einem weiteren Beispiel demonstriert werden soll:

```
@BOOK{Christiansen1980a,
  author         = {{Saxo Grammaticus}},
  title          = {Books X, XI, XII and XIII},
  location       = {Oxford},
  date           = 1980,
  gender         = {sm},
  series         = {BAR International Series},
  number         = 84,
  mainsubtitle   = {Books X--XVI},
  maintitle      = {Danorum Regum Heroumque Historia},
  maintitleaddon = {The text of the first edition with translation and commentary
                    in three volumes},
  translator     = {Eric Christiansen},
  volume         = 1,
}
```

```
\usepackage[autostyle]{csquotes}  \usepackage[style=authoryear]{biblatex}
\addbibresource{demo6.bib}

Verweis.~\parencite{Christiansen1980a}

\printbibliography
```

Verweis. (Saxo Grammaticus 1980) 13-02-4

Literatur

Saxo Grammaticus (1980). *Danorum Regum Heroumque Historia. Books X–XVI.* The text of the first edition with translation and commentary in three volumes. Bd. 1: *Books X, XI, XII and XIII.* Übers. von Eric Christiansen. BAR International Series 84. Oxford.

Die obigen Beispiele zeigen aber nicht nur die Flexibilität von `biblatex`, die eine Anpassung der bibliografischen Daten erfordern, sondern lassen auch erkennen, dass man sich gut überlegen sollte, ob sich der Aufwand, die eigenen `.bib`-Dateien umzustellen, lohnt. Denn hat man seine Daten einmal umgestellt, sind sie unter Umständen nicht mit anderen, »herkömmlichen« Bibliografiestilen verwendbar, ohne die Anpassungen wieder rückgängig zu machen. Dennoch überwiegen eindeutig die Vorteile von `biblatex` und aus Sicherheitsgründen kann man von bestehenden Datenbanken eine Sicherheitskopie anlegen, bevor man sie auf eine Anwendung mit `biblatex` umstellt.

URLs und Besuchsdatum

Die zunehmende Zahl an Onlinequellen impliziert in der Regel auch eine Angabe des letzten Datums, bei der die Quelle noch vorhanden war. `biblatex` unterstützt dies mit dem Feldeintrag `urldate`, welches eine Angabe in der sogenannten Tagebuchnotation `YYYY-MM-TT` erwartet.

```
@Online{biblatex,
 sorttitle  = {biblatex package},
 author     = {Lehman, Philipp and Kime, Philipp and Boruvka, Audrey and Wright, Joseph},
 title      = {The \texttt{biblatex} package},
```

```
  subtitle   = {Programmable bibliographies and citations},
  version    = {3.9},
  date       = {2017-11-21},
  url        = {http://mirror.ctan.org/macros/latex/biblatex/doc/biblatex.pdf},
  urldate    = {2017-12-20},
  annotation = {The official \texttt{biblatex} documentation.}
}
```

-02-5

biblatex. [1]

References

[1] Philipp Lehman et al. *The biblatex package. Programmable bibliographies and citations.* Version 3.9. Nov. 21, 2017. URL: http://mirror.ctan.org/macros/latex/biblatex/doc/biblatex.pdf (visited on 12/20/2017).

```
\usepackage[autostyle]{csquotes}
\usepackage{biblatex}
\addbibresource{demo11.bib}

\texttt{biblatex}.~\cite{biblatex}

\RaggedRight\printbibliography
```

Sigel

Eine sehr nützliche Funktion von biblatex ist die Handhabung von Sigeln, also von Abkürzungen für häufig zitierte Literatur. Diese Sigel sind in den Geisteswissenschaften recht häufig anzutreffen. Als Beispiel sei hier ein Lexikon angeführt:

```
@COLLECTION{LMA,
  title     = {Lexikon des Mittelalters},
  address   = {München and Zürich},
  year      = {1980--1999},
  volumes   = {10},
  shorthand = {LexMA}}
```

Sobald ein shorthand definiert ist, wird es für den Literaturverweis herangezogen. Es wird also bei numerischer Zitierweise keine Zahl ausgegeben, sondern »[LexMA]«. Das Gleiche gilt für die alphabetische Zitierweise. Bei authoryear und authortitle wird entsprechend »LexMA« ausgegeben. Bei den verbose-Stilen hingegen, bei denen der erste Verweis ja ein Vollzitat ist, wird die entsprechende Information angehängt.

-02-6

… [*Lexikon des Mittelalters.* 9 Bde. München und Zürich, 1980–1999 (im Folgenden zit. als LexMA)] und nun nochmal zitiert. [LexMA]

Literatur

Lexikon des Mittelalters. 9 Bde. München und Zürich, 1980–1999.

```
\usepackage[autostyle]{csquotes}
\usepackage[style=verbose]%
   {biblatex}
\addbibresource{demo7.bib}

\ldots\ [\cite{LMA}] und
nun nochmal zitiert.~[\cite{LMA}]
\printbibliography
```

Nutzt man solche Kürzel, sind sie bei Autor-Jahr- und Autor-Titel-Verweisen nicht mehr einfach im Literaturverzeichnis aufzufinden. Bei numerischer und alphabetischer Zitierweise werden in der Bibliografie die Label vor die Literaturangabe geschrieben, so dass das Auffinden dort kein Problem darstellt. Man kann sich aber mit dem Befehl `\printshorthands` an beliebiger Stelle im Dokument eine Liste dieser Kürzel ausgeben lassen. Analog zu den vordefinierten Überschriften (siehe Seite 325), kann man dieses Sigelverzeichnis auch mit den Befehlen `\printshorthands[heading=losintoc]` und `\printshorthands[heading=losnumbered]` in das Inhaltsverzeichnis aufnehmen und im zweiten Fall nummerieren.

13.2.2 Querverweise

Das BIBTEX-Format erlaubt bei den Feldeinträgen Querverweise, so dass insbesondere für Tagungsbände auf andere Einträge verwiesen werden kann, aus denen dann die fehlenden Elemente kopiert werden. Die im folgenden Beispiel zitierte Literatur hat keine Angaben zum Autor und zum Verlag; diese werden aufgrund von `crossref = "TAOCP"`, aus dem Datensatz mit dem Schlüssel `TAOCP` geholt.

```
@BOOK{TAOCP2,
   crossref = {TAOCP},
   title    = {Seminumerical Algorithms},
   volume   = 2,
   series   = {The Art of Computer Programming},
   edition  = 2,
   date     = 1981}
```

Ein Verweis Knuth 1981

Literatur

Knuth, Donald E. (1981). *Seminumerical Algorithms.* 2. Aufl. Bd. 2. The Art of Computer Programming. Addison-Wesley.

```
\usepackage[style=authoryear]%
  {biblatex}
\addbibresource{data/bib/crossref.bib}

Ein Verweis~\cite{TAOCP2}
\printbibliography
```

13-02-7

Normalerweise führen Querverweise nur zum Einfügen der fehlenden Angaben in den aktuellen Literaturverweis. Erfolgt dies jedoch von mindestens zwei Verweisen, so wird das Hauptwerk auf das sich der Querverweis bezieht, ebenfalls in der Literaturliste angegeben, ohne dass ein expliziter Verweis auf dieses Werk in dem Dokument erfolgte. Die notwendige Mindestanzahl an Querverweisen wird durch den Programmparameter `min-crossrefs` festgelegt, der in allen Programmen für die Generierung des Literaturverzeichnisses zur Verfügung steht und lediglich eine leicht abgewandelte Schreibweise aufweisen kann.

Das folgende Beispiel enthält wegen der zwei Querweise auf den Eintrag *TAOCP* insgesamt drei Literaturangaben, obwohl nur zwei Verweise im Text erscheinen (hier [1] und [2]).

-02-8

Ein Verweis zur Programmierung. [1, 2]

Literatur

[1] Donald E. Knuth. *Seminumerical Algorithms*. Second. Bd. 2. The Art of Computer Programming. Addison-Wesley, 14. Feb. 2005.

[2] Donald E. Knuth. *Sorting and Searching*. Second. Bd. 3. The Art of Computer Programming. Addison-Wesley, 26. Juli 2005.

[3] Donald E. Knuth. *The Art of Computer Programming*. 7 Bände. Addison-Wesley, 1968.

```
\usepackage{biblatex}
\addbibresource{data/bib/
↪crossref2.bib}

Ein Verweis zur
Programmierung.~%
\cite{TAOCP2,TAOCP3}
\printbibliography
```

Querverweise sollten insbesondere bei mehreren Angaben aus Sammelwerken, Tagungs- oder Konferenzbänden angewendet werden. In obigem Beispiel erscheint die Literatur ohne Verweis im Text als letzter Eintrag, während er im nächsten Beispiel als erster erscheint. Je nach Bibliografiestil ist mit unterschiedlicher Reihzenfolge zu rechnen.

-02-9

Verändern der Ausgabereihenfolge durch Anwendung von `biblatex`: für Knuth – 1968. Knuth 2005a; Knuth 2005b.

Literatur

Knuth, Donald E. (1968). *The Art of Computer Programming*. 7 Bände. Addison-Wesley.

– (14. Feb. 2005a). *Seminumerical Algorithms*. Second. Bd. 2. The Art of Computer Programming. Addison-Wesley.

– (26. Juli 2005b). *Sorting and Searching*. Second. Bd. 3. The Art of Computer Programming. Addison-Wesley.

```
% biber-Lauf
\usepackage[style=authoryear]%
  {biblatex}
\addbibresource%
   {data/bib/crossref3.bib}

Verändern der
Ausgabereihenfolge durch
Anwendung von
\texttt{biblatex}: für
Knuth~--~%
1968.~\cite{TAOCP2,TAOCP3}.
\printbibliography
```

13.2.3 Autorennamen

Durch Vor- und Nachnamen bei Autoren gibt es mehrere Varianten für die Anordnung, die insbesondere bei mehreren Autoren eines Werkes beachtet werden sollten, um falsche Ausgaben zu vermeiden. Allgemein werden von BIBTEX/Biber folgende Anordnungen verstanden:

- First von Last and VN von NN and others
- von Last, First and von NN, VN and others
- von Last, Jr, First and von NN, Jr, VN and others

Mehrere Autoren sind also *grundsätzlich* durch das Schlüsselwort *and* miteinander zu verknüpfen. Daneben kann zwischen der Reihenfolge »VN–von–NN« oder »von–NN–VN« gewählt werden, wobei zwei Kommata immer für eine Anordnung »von–NN–Jr–VN« stehen. Die Schlüsselwörter *and others* führen im Allgemeinen zur Ausgabe von *et. al.*. Bei Angaben wie *Jean de La Fontaine* kommt es auf die Groß-/Kleinschreibung an, wie die Namen interpretiert werden. Da kein Komma vorhanden ist und es mehr als zwei Wörter sind, kann es nur die Kombination »VN–von–NN« sein. Dadurch, dass »La« großgeschrieben ist, wird dies als zum Nachnamen gehörend interpretiert. Die beiden verbleibenden Zeichenketten werden daher als Vorname und Zusatz aufgefasst. Soll der Zusatz entfallen und zum Vornamen gehören, so müssen die beiden in Klammern eingeschlossen werden: *and*

```
author = {{Jean de} {La Fontaine}},
```

Mit dieser Schreibweise entsteht eindeutig eine Zuordnung »VN–NN«, da es nur noch formal zwei Zeichenketten gibt. Existiert im eigentlichen Sinne kein Vorname, beispielsweise bei Institutionen oder Firmen, so muss dies ebenfalls in Klammern gesetzt werden, da BIBTEX sonst den ersten Teil immer dem Vornamen zuordnen wird. Eine Angabe `author={{Freie Universität Berlin}}`, wäre daher korrekt, denn ein Vorname kann fehlen, ein Nachname *muss* vorhanden sein. Ohne Klammern geschrieben wird `Freie Universität` dem Vornamen und `Berlin` dem Nachnamen zugeordnet, was dann auch zu einer falschen Sortierung führt. Das folgende Beispiel verwendet die Klammerung, sonst wäre »Böll« *nach* Berlin einsortiert worden.

Kein Vorname

Ein Verweis (FU 2017; Böll 1974)

Literatur

Böll, Heinrich (1974). *Die verlorene Ehre der Katharina Blum oder: Wie Gewalt entstehen und wohin sie führen kann.* Köln: Kiepenheuer & Witsch.

Freie Universität Berlin (2017). *Vorlesungsverzeichnis Sommersemester.*

```
\usepackage[style=authoryear]%
  {biblatex}
\addbibresource{demo9.bib}

Ein Verweis~%
\parencite{FU17,boell:1974}
\printbibliography
```

13-02-10

Weitere Beispiele für mögliche Anordnungen und entsprechende Interpretationen durch BIBTEX, beziehungsweise Beamer findet man in (Markey 2009; Patashnik 2010; Philip Kime 2020). Entscheidend ist, dass man bei einer einheitlichen Anordnung von Vor- und Nachnamen innerhalb eines Eintrag bleibt.

13.3 Bibliografien mit BibLATEX und Biber

Das Paket `biblatex` von Philipp Lehman, Philip Kime und Moritz Wemheuer Lehman hat einen völlig anderen Ansatz als die traditionelle Methode mit den Stildateien für das alte Programm BIBTEX. (Philip Kime 2020) Das Prinzip der mit `biblatex` erzeugten Bibliografie zeigt die Abbildung 13.1 auf der nächsten Seite. (Philip Kime 2020; Waßenhoven 2008a,b)

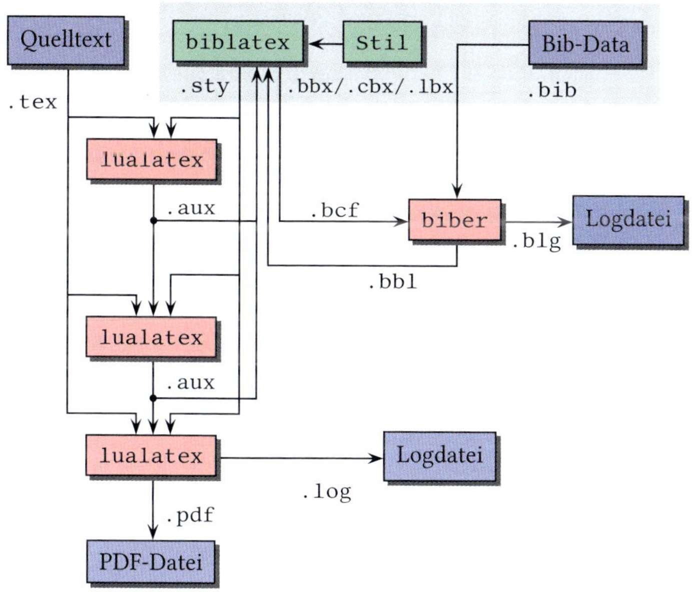

Abbildung 13.1: Prinzip der Erzeugung des Literaturverzeichnisses mit dem Paket biblatex und dem Programm Biber.

Das Erscheinungsbild der Bibliografie und der Verweise wird mit biblatex ausschließlich durch LATEX-Befehle gesteuert, während das Programm Biber nur für die Sortierung und Aufbereitung der Bibliografieeinträge herangezogen wird. Weiterhin erweitert biblatex aber auch die verfügbaren bibliografischen Kategorien, stellt also mehr Felder und Eintragstypen zur Verfügung (mehr dazu auf Seite auf Seite 325).

13.3.1 Die Verweisstile

Das Paket biblatex unterstützt sowohl die numerischen Verweise, die bei LATEX der Standard sind, als auch das Autor-Jahr-Schema. Darüber hinaus bietet biblatex auch Stile für Autor-Titel-Verweise und für alphanumerische Verweise. Der gewünschte Stil wird als Paketoption an biblatex übergeben, also beispielsweise style=authoryear. Es lassen sich sogar unterschiedliche Verweisstile für die Literaturverweise im Text und die Bibliografie einstellen. Dafür sind die Optionen citestyle und bibstyle zuständig, die anstelle von style benutzt werden können. Damit deckt biblatex einen Großteil der Verweisstile ab, für die bisher auf verschiedene Pakete zurückgegriffen werden musste. Einige der unterschiedlichen Verweisstile und ihre Ausgabe sind in Tabelle 13.2 angeführt.

Verweisstil	*Beispielausgabe*
numeric	[1, 4, 3, 5]
numeric-comp	[1, 3–5]
numeric-verb	[1]; [4]; [3]; [5]
alphabetic	[Ang02; Spr50; GMS94; VLUR93]
alphabetic-verb	[Ang02]; [Spr50]; [GMS94]; [VLUR93]
authoryear	Angenendt 2002
authortitle	Angenendt, »In Honore Salvatoris«

Tabelle 13.2: Einige Verweisstile von biblatex: Zitiert wurden *angenendt, companion, vazques-de-parga* und *springer*, außerdem wurde *geer* per \nocite eingebunden. Bei authoryear und authortitle wurde lediglich *angenendt* zitiert.

13.3.2 Kurztitelverweise (authortitle und verbose)

Für das Kurztitelschema, das vornehmlich zur Verwendung in Fußnoten gedacht ist, stellt biblatex insgesamt sechs Verweisstile zur Verfügung. Den Kurztitel holt sich biblatex aus dem Eintrag im shorttitle-Feld der BIBTEX-Datenbank, sofern dieser existiert. Gibt es keinen shorttitle-Eintrag, wird der gesamte Titel als Kurztitel genutzt.

```
\usepackage[babel]{csquotes} \usepackage[style=authortitle-comp]{biblatex}
\addbibresource{biblatex-examples.bib}%  benötigt einen Biber-Lauf

Aristoteles.~\cite{aristotle:rhetoric,averroes/bland,aristotle:physics,%
  aristotle:poetics}              \printbibliography
```

Aristoteles. Aristotle, *Physics*, *Poetics*, *Rhetoric*; Averroes, *Possibility of Conjunction* 13-03-1

Literatur

Aristotle. *Physics.* Übers. von P. H. Wicksteed und F. M. Cornford. New York: G. P. Putnam, 1929.

– *Poetics.* Hrsg. von D. W. Lucas. Clarendon Aristotle. Oxford: Clarendon Press, 1968.

– *The Rhetoric of Aristotle with a commentary by the late Edward Meredith Cope.* Hrsg. und komm. von Edward Meredith Cope. 3 Bde. Cambridge University Press, 1877.

Averroes. *The Epistle on the Possibility of Conjunction with the Active Intellect by Ibn Rushd with the Commentary of Moses Narboni.* Hrsg. und übers. von Kalman P. Bland. Moreshet: Studies in Jewish History, Literature and Thought 7. New York: Jewish Theological Seminary of America, 1982.

In der kompakten Variante (authortitle-comp) wird der Autor nur einmal ausgegeben, sofern zwei Werke desselben Autors in einem Literaturverweis erscheinen. Daneben gibt es zwei Varianten, die den Kurztitel nur ausgeben, sofern ein Autor mit mindestens zwei Werken vertreten ist. Das obige Beispiel wird mit authortitle-terse zu:

```
\usepackage[babel]{csquotes}     \usepackage[style=authortitle-terse]{biblatex}
\addbibresource{biblatex-examples.bib}%  benötigt einen Biber-Lauf

Aristoteles.~\cite{aristotle:rhetoric,averroes/bland,aristotle:physics,%
  aristotle:poetics}
\clearpage    \printbibliography
```

Aristoteles. Aristotle, *Rhetoric*; Averroes; Aristotle, *Physics*; Aristotle, *Poetics* 13-03-2

und mit authortitle-tcomp zu:

```
\usepackage[babel]{csquotes}     \usepackage[style=authortitle-tcomp]{biblatex}
\addbibresource{biblatex-examples.bib}%  benötigt einen Biber-Lauf

Aristoteles.~\cite{aristotle:rhetoric,averroes/bland,aristotle:physics,%
    aristotle:poetics}
\clearpage \printbibliography
```

Aristoteles. Aristotle, *Physics*, *Poetics*, *Rhetoric*; Averroes 13-03-3

Der Kurztitel von Averroes wird also in beiden terse-Varianten unterdrückt. Diese beiden Stile sind damit an den MLA-Stil angelehnt und können durchaus auch für Literaturverweise im Text genutzt werden. Daneben gibt es noch zwei Stile, die direkte Folgezitate durch »ebd.« ersetzen (»ebenda«, bzw. das Äquivalent der eingestellten Sprache): authortitle-ibid und authortitle-icomp, wobei die letztgenannte kompakte Variante der Verkürzung von authortitle-comp entspricht. Falls das Wiederholungszitat das erste auf einer Seite (bzw. einer Doppelseite) ist, werden jedoch in beiden Stilen Autor und Kurztitel ausgegeben. Das hängt von der Option pagetracker ab, die die Werte false, page (einzelne Seite), spread (Doppelseite) und true (automatische Erkennung von ein- oder zweiseitigem Layout) annehmen kann.

Neben diesen verkürzenden Varianten gibt es auch ausführliche Zitierstile des Kurztitelschemas, die verbose-Stile. Der Stil verbose liefert beim ersten Verweis eine vollständige Literaturangabe und erst bei Folgezitaten die Ausgabe des Autors und des Kurztitels. Das Gleiche ist mit verbose-ibid der Fall, der einzige Unterschied besteht darin, dass bei zwei direkt aufeinanderfolgenden Verweisen desselben Werkes »ebd.« ausgegeben wird.

Der Stil verbose-note gibt ebenfalls zunächst ein Vollzitat aus. Die Folgezitate enthalten dann aber Verweise zur Fußnote, in der die erste Literaturangabe erfolgt ist, indem »s. Anm. ...« angefügt wird. Damit lässt sich dieser Stil *ausschließlich* in Fußnoten anwenden. Das gilt genauso für den Stil verbose-inote, der direkte Folgezitate durch »ebd.« ersetzt, ansonsten aber identisch ist mit verbose-note.

Die »traditionellen« Stile verbose-trad1 und verbose-trad2 gehören ebenfalls zu den ausführlichen Stilen und produzieren beim ersten Verweis Vollzitate, für die Folgeverweise kommen dann Abkürzungen zum Einsatz. Der Einfachheit halber sei die Funktionalität an einem Beispiel verdeutlicht:

```
\usepackage[babel]{csquotes}     \usepackage[style=verbose-trad1]{biblatex}
\addbibresource{biblatex-examples.bib}%  benötigt einen Biber-Lauf

Aristoteles\footcite{averroes/bland}\footcite{aristotle:physics}
\footcite{aristotle:rhetoric}\footcite[21]{averroes/bland}\footcite{aristotle:physics}
\footcite[23]{aristotle:rhetoric}\footcite[23]{aristotle:rhetoric}
\footcite[21]{averroes/bland}\footcite{aristotle:physics}
\clearpage \printbibliography
```

3-03-4 Aristoteles[1][2][3][4][5][6][7][8][9]

[1]Averroes. *The Epistle on the Possibility of Conjunction with the Active Intellect by Ibn Rushd with the Commentary of Moses Narboni*. Hrsg. und übers. von Kalman P. Bland. Moreshet: Studies in Jewish History, Literature and Thought 7. New York: Jewish Theological Seminary of America, 1982.

[2]Aristotle. *Physics*. Übers. von P. H. Wicksteed und F. M. Cornford. New York: G. P. Putnam, 1929.

[3]Aristotle. *The Rhetoric of Aristotle with a commentary by the late Edward Meredith Cope*. Hrsg. und komm. von Edward Meredith Cope. 3 Bde. Cambridge University Press, 1877.

[4]Averroes, a. a. O., S. 21.

[5]Aristotle, *Physics*.

[6]Ders., *Rhetoric*, S. 23.

[7]Ebd., S. 23.

[8]Averroes, a. a. O.

[9]Aristotle, *Physics*.

Mit verbose-trad2 sieht die Ausgabe folgendermaßen aus:

```
\usepackage[babel]{csquotes}    \usepackage[style=verbose-trad2]{biblatex}
\addbibresource{biblatex-examples.bib}% benötigt einen Biber-Lauf

Aristoteles\footcite{averroes/bland}\footcite{aristotle:physics}
\footcite{aristotle:rhetoric}\footcite[21]{averroes/bland}\footcite{aristotle:physics}
\footcite[23]{aristotle:rhetoric}\footcite[23]{aristotle:rhetoric}
\footcite[21]{averroes/bland}\footcite{aristotle:physics}
\clearpage \printbibliography
```

Aristoteles[1][2][3][4][5][6][7][8][9] 13-03-5

[1]Averroes. *The Epistle on the Possibility of Conjunction with the Active Intellect by Ibn Rushd with the Commentary of Moses Narboni.* Hrsg. und übers. von Kalman P. Bland. Moreshet: Studies in Jewish History, Literature and Thought 7. New York: Jewish Theological Seminary of America, 1982.

[2]Aristotle. *Physics.* Übers. von P. H. Wicksteed und F. M. Cornford. New York: G. P. Putnam, 1929.

[3]Aristotle. *The Rhetoric of Aristotle with a commentary by the late Edward Meredith Cope.* Hrsg. und komm. von Edward Meredith Cope. 3 Bde. Cambridge University Press, 1877.

[4]Averroes, *Possibility of Conjunction*, a. a. O., S. 21.

[5]Aristotle, *Physics*, a. a. O.

[6]Ders., *Rhetoric*, a. a. O., S. 23.

[7]Ebd., S. 23.

[8]Averroes, *Possibility of Conjunction*, a. a. O., S. 21.

[9]Aristotle, *Physics*, a. a. O.

Für eine ausführliche Erläuterung muss an dieser Stelle ein Hinweis auf die Beispiele genügen, die im examples-Ordner von biblatex enthalten sind und die Funktionsweise dieser Stile hinreichend illustrieren.

13.3.3 Die Verweisbefehle

Im letzten Beispiel ist »Ebd.« und »Ders.« (Abkürzung für »Derselbe«) jeweils groß geschrieben. Falls es sich um einen weiblichen Autor handelt, muss das Feld gender={sf} gesetzt sein, wobei (sf für »single female«) steht. Weitere Werte für gender werden in der biblatex-Dokumentation erläutert. Für die Großschreibung sorgt das Makro \footcite, das neben der Literaturangabe auch eine Fußnote erzeugt. Man kann das Verhalten aber auch mit jedem anderen Verweisbefehl erreichen, denn es gibt sie alle auch mit einem Großbuchstaben (also z. B. \Cite), wodurch Großschreibung erzwungen wird. Bei Namen fällt das normalerweise nicht auf, solange sie nicht ein »von« enthalten. Verwendet man einen Verweisbefehl mit Großbuchstaben, wird »von« zu »Von«, »ebd.« zu »Ebd.«, »ders.« zu »Ders.« usw.

Neben \cite gibt es die Befehle \parencite für Verweise in Klammern (siehe Tabelle 13.3), \textcite für Verweise im Fließtext (siehe Tabelle 13.4) und \footcite für Literaturangaben in Fußnoten. Der \textcite-Befehl steht allerdings in den verbose-Stilen *nicht* zur Verfügung. Stattdessen wird auf den Befehl \cite zurückgegriffen. Bei \footcite wird dieselbe Ausgabe, die der \cite-Befehl erzeugt, in eine Fußnote gepackt, an deren Ende ein Punkt angefügt wird.

Zitierstil	*Beispiel-Ausgabe*
numeric	[1, S. 121]
alphabetic	[Spr50, S. 121]
authoryear	(Springer 1950, S. 121)
authortitle	(Springer, »Mediaeval Pilgrim Routes«, S. 121)
verbose	(Springer, »Mediaeval Pilgrim Routes«, S. 121)

Tabelle 13.3: Der \parencite-Befehl: Stil verbose wird die Ausgabe eines Folgeverweises gezeigt.

Zitierstil	*Beispiel-Ausgabe*
numeric	Springer [1, S. 121]
alphabetic	Springer [Spr50, S. 121]
authoryear	Springer (1950, S. 121)
authortitle	Springer (»Mediaeval Pilgrim Routes«, S. 121)

Tabelle 13.4: Der Verweisbefehl \textcite: Die nebenstehenden Ausgaben wurden mit \textcite[121]{springer} erzeugt.

Neben diesen Befehlen, die je nach Zitierstil eine unterschiedliche Ausgabe erzeugen, gibt es auch Makros, die nur einen Teil der Literaturangabe ausgeben und für Verweise im Text gedacht sind. Die Befehle lauten \citeauthor für Autoren oder Herausgeber, \citetitle für Titel oder – sofern vorhanden – Kurztitel (shorttitle), \citetitle* für den Inhalt des gesamten title-Feldes, auch wenn ein Kurztitel vorhanden ist, \citeyear für das Jahr und \citeurl für URLs.

```
\usepackage[babel]{csquotes}    \usepackage[style=authortitle]{biblatex}
\addbibresource{biblatex-examples.bib}%  benötigt einen Biber-Lauf

\ldots\ schrieb er in \citetitle[121]{springer}.
\clearpage \printbibliography
```

3-03-6 ... schrieb er in „Mediaeval Pilgrim Routes“, S. 121.

Mit den Makros \citefield, \citename (author, editor) und \citelist (z. B. location) kann auf jedes Feld eines BIBTEX-Eintrags zurückgegriffen werden. Die Befehle haben zwei obligatorische Elemente, den key des Eintrags und den Namen des Felds, das ausgegeben werden soll. Auch \nocite für Literatur, die nicht zitiert wird, aber in der Bibliografie erscheinen soll, \fullcite für Vollzitate und \footfullcite für Vollzitate in Fußnoten werden von biblatex bereitgestellt. Alle diese Befehle (außer \nocite) können optionale Argumente mit einleitenden Angaben (prenote, also etwa »vgl.«) und abschließenden Angaben (postnote, beispielsweise eine Seitenzahl) enthalten.

```
\usepackage[babel]{csquotes}    \usepackage[style=authortitle]{biblatex}
\addbibresource{biblatex-examples.bib}%  benötigt einen Biber-Lauf

\ldots\ schrieb \citename{springer}{author} in \citefield[121]{springer}{title}.
\clearpage \printbibliography
```

3-03-7 ... schrieb Otto Springer in Mediaeval Pilgrim Routes from Scandinavia to Rome, S. 121.

Außerdem erkennt biblatex automatisch, ob im zweiten optionalen Argument eines \cite-Befehls eine Seitenangabe oder sonstiger Text steht und unterdrückt gegebenenfalls den Ausdruck »S.«, wie folgendes Beispiel mit dem Stil alphabetic demonstriert.

```
\usepackage[babel]{csquotes}    \usepackage[style=alphabetic]{biblatex}
\addbibresource{biblatex-examples.bib}%  benötigt einen Biber-Lauf

\cite[Siehe dazu][10]{angenendt}, \cite[vgl.][im Vorwort]{companion}.
\clearpage \printbibliography
```

[Siehe dazu Ang02, S. 10], [vgl. GMS94, im Vorwort]. 13-03-8

biblatex führt auch Befehle ein, mit denen man mehrere Werke auf einmal zitieren und ihnen dabei eigene optionale Argumente mitgeben kann. Das ist mit einem normalen \cite-Befehl nicht möglich, wie folgendes Beispiel verdeutlicht:

[Vgl. 1, 2, S. 433]

```
\usepackage[babel]{csquotes}
\usepackage{biblatex}
\addbibresource{biblatex-examples.bib}%  benötigt
 ↪einen Biber-Lauf

\cite[Vgl.][433]{angenendt,springer}
```

13-03-9

Will man jedoch jeweils eigene Seitenangaben machen, kann man den Befehl \cites verwenden. Die Syntax ist etwas anders, denn die einzelnen Schlüssel werden nicht in einer kommaseparierten Liste im obligatorischen Argument angegeben, wie es bei \cite der Fall ist, sondern in jeweils eigenen, von geschweiften Klammern umgebenen Argumenten. Diesen Argumenten können jeweils eigene optionale Argumente vorangestellt werden:

[1, S. 433, vgl. 2, S. 123]

```
\usepackage[babel]{csquotes}
\usepackage{biblatex}
\addbibresource{biblatex-examples.bib}%  benötigt einen
 ↪Biber-Lauf

\cites[433]{angenendt}[vgl.][123]{springer}
```

13-03-10

Es ist darüber hinaus auch möglich, prenotes und postnotes zum \cites-Befehl selbst hinzuzufügen, die in der Eingabe von runden Klammern eingeschlossen werden müssen. Das ist vor allem nützlich, wenn man \parencites oder \footcites benutzt.

```
\usepackage[babel]{csquotes}
\usepackage[style=alphabetic]{biblatex}
\addbibresource{biblatex-examples.bib}%  benötigt einen Biber-Lauf

\ldots\ hier endet ein Satz
 \parencites(siehe zum Ganzen)(vgl. auch Kap.~xy)[433]{angenendt}[vgl.][123]{springer}.
```

… hier endet ein Satz [siehe zum Ganzen Ang02, S. 433; vgl. Spr50, S. 123, vgl. auch Kap. xy]. 13-03-11

Mit biblatex lässt sich auch die Funktionalität der natbib-Option super nutzen. Es stellt dafür die Befehle \supercite und \supercites bereit, die nur in den numerischen Zitierstilen verfügbar sind und die numerischen Verweise als hochgestellte Ziffern ohne Klammern darstellen. Der Befehl \supercite ignoriert alle optionalen Argumente.

Schließlich steht noch der Befehl \autocite zur Verfügung, der je nach Zitierstil unterschiedliche Ausgaben erzeugt. Das besondere dabei ist, dass Satzzeichen hinter dem Befehl je nach Bedarf verschoben werden und auch ein Leerzeichen vor dem Befehl entfernt wird.

```
\usepackage[babel]{csquotes}
\usepackage[style=numeric]{biblatex}
\addbibresource{biblatex-examples.bib}%  benötigt einen Biber-Lauf

\ldots\ wenn es um \LaTeX{} geht \autocite{companion}.
```

-03-12 ... wenn es um LATEX geht [1].

Analog dazu sieht die Ausgabe bei alphabetic und authoryear aus, nur der Verweisstil ändert sich natürlich. Die Ausgabe mit authortitle sieht dagegen folgendermaßen aus:

-03-13 ... wenn es um LATEX geht.[1]

[1]Goossens, Mittelbach und Samarin, *LaTeX Companion.*

```
\usepackage[babel]{csquotes}
\usepackage[style=authortitle]{biblatex}
\addbibresource{biblatex-examples.bib}

\ldots\ wenn es um \LaTeX{}
geht \autocite{companion}.
```

Der Verweis wird dann in der Fußnote ausgegeben. Im zweiten Fall verschiebt biblatex also den Punkt des Satzendes vor das Fußnotenzeichen und löscht das vorangegangene Leerzeichen. Die Verweisstile setzen dazu einen Wert für die Option autocite, die das Verhalten steuert. Diese Option kann die Werte inline (wie im ersten Beispiel), footnote (wie im zweiten Beispiel), superscript (nur bei numerischer Zitierweise) und plain (wie ein normaler \cite-Befehl) annehmen. Will man beispielsweise das Autor-Jahr-Schema benutzen und bei \autocite-Befehlen die Literaturverweise in den Fußnoten ausgeben lassen, muss die Option autocite=footnote explizit angegeben werden. Ein letztes Beispiel soll die Kombination von numeric und autocite=superscript verdeutlichen:

```
\usepackage[babel]{csquotes}
\usepackage[autocite=superscript]{biblatex}
\addbibresource{biblatex-examples.bib}%  benötigt einen Biber-Lauf

\ldots\ antike Klassiker \autocite{aristotle:rhetoric,averroes/bland,%
  aristotle:physics,aristotle:poetics}.
```

-03-14 ... antike Klassiker.[3,4,1,2]

13.3.4 Die Ausgabe des Literaturverzeichnisses

Mit dem Befehl \addbibresource wird nur die Datei festgelegt, der die Datensätze für die Bibliografie entnommen werden. Hierbei ist auch die Angabe mehrerer Dateien möglich. Eine Ausgabe der Bibliografie wird hingegen mit dem Befehl \printbibliography erzeugt.

\printbibliography [*Optionen*]

Mit Hilfe von optionalen Parametern, die \printbibliography mitgegeben werden können, ist es so leicht möglich, mehrere Bibliografien in einem Dokument oder ein unterteiltes Literaturverzeichnis ausgeben zu lassen. Der bekannte Ablauf latex – biber – latex – latex zum Erzeugen des fertigen Dokuments ist um einen LaTeX-Lauf verkürzt, d. h. es reicht nach dem BibTeX-Lauf im Allgemeinen ein weiterer LaTeX-Lauf aus, um die Bibliografie und alle Literaturverweise zu erzeugen. Je nach speziellem Zitierstil sind jedoch weitere Läufe nötig, um beispielsweise die ibidem-Funktionalität zu gewährleisten. biblatex gibt im Logfile eine Warnung aus, falls ein weiterer LaTeX-Lauf nötig sein sollte.

Das Aussehen des Literaturverzeichnisses richtet sich nach dem Bibliografiestil, der für die Label verantwortlich ist. Bei den Stilen numeric und alphabetic wird das Label, das auch für die Verweise im Text angegeben wird, vor die bibliografischen Angaben geschrieben. Der Stil authortitle gibt dieselben Angaben ohne Label aus, während authoryear das Erscheinungsjahr in Klammern hinter den Autoren-/Herausgebernamen setzt.

Außerdem lässt sich das Erscheinungsbild der Bibliografie mit Hilfe einiger Optionen beim Laden des Pakets beeinflussen. Hier soll als Beispiel nur die Sortierung angeführt werden – für weitere Optionen sei auf die biblatex-Anleitung verwiesen. In der Standardeinstellung sortiert biblatex die einzelnen Einträge nach Autornamen, Titel und Jahr (in dieser Reihenfolge). Das entspricht der Paketoption sorting=nty. Nutzt man aber beispielsweise den Stil alphabetic und möchte zunächst nach Label, dann nach Autornamen, Jahr und Titel sortieren lassen, so geht das mit der Paketoption sorting=anyt. Die Option sorting=none gibt das Literaturverzeichnis hingegen in der Reihenfolge aus, in der die Einträge zitiert wurden. Darüber hinaus sind weitere Sortieroptionen möglich.

Unterteilte Literaturverzeichnisse

Gerade in den Geisteswissenschaften kommt es häufig vor, dass Bibliografien unterteilt werden, beispielsweise in ein Quellenverzeichnis und ein Verzeichnis der Sekundärliteratur. Bisher war man für solche Anforderungen auf zusätzliche Pakete angewiesen, nämlich bibtopic, multibib oder splitbib. Mit biblatex, welches zu diesen Paketen inkompatibel ist, sind dafür hingegen keine zusätzlichen Pakete nötig, stattdessen kann man dem Befehl \printbibliography entsprechende Optionen mitgeben.

Will man seine Bibliografie thematisch unterteilen, kann man das Feld keywords heranziehen. Braucht man etwa eine Unterteilung in deutsche und englische Literatur, kann man jedem Eintrag, der in den Abschnitt mit der deutschen Literatur aufgenommen werden soll, den Ausdruck deutsch mitgeben:

```
@book{...,
  ...,
  keywords = {Stichwort1,Stichwort2,deutsch},
  ...
}
```

Diese Stichworte sind nicht als druckbarer Text anzusehen, sondern als »Label«. Es dürfen also nur Zeichen im ASCII -Format benutzt werden, keine LaTeX-Syntaxelemente oder aktive Zeichen. Außerdem sollte man beachten, dass zwischen Groß- und Kleinschreibung unterschieden wird; »Deutsch« ist also nicht dasselbe wie »deutsch«. Hat man seine bibliografischen Daten in dieser Form aufbereitet, braucht man biblatex nur noch mitzuteilen, das entsprechende Stichwort zu berücksichtigen:

```
\printbibliography[keyword=deutsch]
\printbibliography[keyword=english]
```

Mit Hilfe der Option notkeyword lassen sich alle zitierten Literaturangaben ausgeben, die nicht über das Stichwort *deutsch* verfügen. Damit reicht es aus, nur einen Teil der bibliografischen Daten entsprechend zu kennzeichnen.

```
\printbibliography[keyword=deutsch]
\printbibliography[notkeyword=deutsch]
```

Es lassen sich auch mehrere Stichworte miteinander kombinieren, falls man ein mehrfach untergliedertes Literaturverzeichnis benötigt. Wenn man die Bibliografie in dieser Weise teilt und mit den oben genannten \printbibliography-Befehlen aufruft, ergibt sich allerdings das Problem, dass beide Verzeichnisse mit der Standardüberschrift »Literatur« versehen werden. Man kann sich jedoch mit dem Befehl \defbibheading, der in der Präambel eines Dokumentes eingesetzt wird, eigene Überschriften definieren:

\defbibheading{*Name*}{*Code*}

Für obiges Beispiel mit sprachlich unterteilter Literatur wäre dann eine sinnvolle Angabe:

```
\defbibheading{de}{\section{Deutsche Literatur}}
\defbibheading{en}{\section{Englische Literatur}}
```

Das erste Argument von \defbibheading ist ein frei zu vergebender Name, mit dem man später auf die Überschrift zurückgreift. Das zweite Argument enthält den Code, der ausgeführt werden soll. Hierbei ist zu beachten, dass nicht nur der gewünschte Name angegeben wird, sondern auch der Gliederungsbefehl. Die so definierten Überschriften werden nun durch Angabe der Kennung beim Parameter heading im optionalen Argument von \printbibliography verwendet.

-03-15

```
\usepackage[babel]{csquotes}
\usepackage[style=numeric,autocite=superscript]{biblatex}
\defbibheading{en}{\section*{Englische Literatur}}
\defbibheading{de}{\section*{Deutsche Literatur}}
\addbibresource{examplesC.bib}

\null\newpage% only for demo
A~\footfullcite{westfahl:space} und B~\footfullcite{angenendt} und C~\footfullcite{springer} und
D~\footfullcite{baez/article} und E~\footfullcite{spiegelberg}.
\chapter*{Bibliografie}
\printbibliography[heading=en,keyword=english]
\printbibliography[heading=de,keyword=deutsch]
```

A[1] und B[2] und C[3] und D[4] und E[5].

[1]Gary Westfahl. „The True Frontier. Confronting and Avoiding the Realities of Space in American Science Fiction Films“. In: *Space and Beyond. The Frontier Theme in Science Fiction*. Hrsg. von Gary Westfahl. Westport, Conn. und London: Greenwood, 2000, S. 55–65.
[2]Arnold Angenendt. „In Honore Salvatoris – Vom Sinn und Unsinn der Patrozinienkunde“. In: *Revue d'Histoire Ecclésiastique* 97 (2002), S. 431–456, 791–823.
[3]Otto Springer. „Mediaeval Pilgrim Routes from Scandinavia to Rome“. In: *Mediaeval Studies* 12 (1950), S. 92–122.
[4]John C. Baez und Aaron D. Lauda. „Higher-Dimensional Algebra V: 2-Groups“. Version 3. In: *Theory and Applications of Categories* 12 (2004), S. 423–491. arXiv: `math/0307200v3`.
[5]Herbert Spiegelberg. „‚Intention‘ und ‚Intentionalität‘ in der Scholastik, bei Brentano und Husserl“. In: *Studia Philosophica* 29 (1969), S. 189–216.

2

Bibliografie

Englische Literatur

[2] John C. Baez und Aaron D. Lauda. „Higher-Dimensional Algebra V: 2-Groups“. Version 3. In: *Theory and Applications of Categories* 12 (2004), S. 423–491. arXiv: `math/0307200v3`.

[4] Otto Springer. „Mediaeval Pilgrim Routes from Scandinavia to Rome“. In: *Mediaeval Studies* 12 (1950), S. 92–122.

[5] Gary Westfahl. „The True Frontier. Confronting and Avoiding the Realities of Space in American Science Fiction Films“. In: *Space and Beyond. The Frontier Theme in Science Fiction*. Hrsg. von Gary Westfahl. Westport, Conn. und London: Greenwood, 2000, S. 55–65.

Deutsche Literatur

[1] Arnold Angenendt. „In Honore Salvatoris – Vom Sinn und Unsinn der Patrozinienkunde“. In: *Revue d'Histoire Ecclésiastique* 97 (2002), S. 431–456, 791–823.

[3] Herbert Spiegelberg. „‚Intention‘ und ‚Intentionalität‘ in der Scholastik, bei Brentano und Husserl“. In: *Studia Philosophica* 29 (1969), S. 189–216.

3

Damit würde die Bibliografie insgesamt als Kapitel, die einzelnen Verzeichnisse mit deutscher und englischer Literatur jeweils als Abschnitt ausgegeben und in das Inhaltsverzeichnis aufgenommen. Will man die Aufnahme in das Inhaltsverzeichnis verhindern, müsste man stattdessen die Sternvarianten der Gliederungsbefehle verwenden, also `\chapter*` und beim Definieren der Überschriften `\section*`. Zu den vordefinierten Überschriften, die `biblatex` zur Verfügung stellt, siehe Seite 325.

```
\DeclareBibliographyCategory{Name}
\bibbycategory
\defbibheading{Name}{Code}
```

Möchte oder kann man die Daten in der `.bib`-Datei nicht ändern, gibt es noch eine Alternative, denn `biblatex` bietet die Möglichkeit, die Bibliografie unter Verwendung der BIBTEX-Schlüssel (keys) in Kategorien zu unterteilen. Der Befehl dazu lautet `\DeclareBibliographyCategory`. Für die Ausgabe einer derartigen nach Kategorien unterteilten Bibliografie gibt es die Kurzform `\bibbycategory`.

13-03-

```
\usepackage[babel]{csquotes}
\usepackage[style=authortitle]{biblatex}
\DeclareBibliographyCategory{prim} \DeclareBibliographyCategory{sec}
\addtocategory{prim}{aristotle:anima,aristotle:physics,averroes/bland}
\addtocategory{sec}{hyman,moraux,nussbaum,pines} \addbibresource{biblatex-examples.bib}

\chapter{Referenzen nach Kategorien}
Der Mensch Aristoteles\footcite{aristotle:anima} und der Nussbaum\footcite{nussbaum},
sowie dieser Artikel\footcite{averroes/bland} und ein weiter Artikel\footcite{hyman}.
Die Physik von Aristoteles\footcite{aristotle:physics} ist im Artikel\footcite{moraux}
und im Artikel\footcite{pines} beschrieben.
\defbibheading{prim}{\section*{Primärquellen}}
\defbibheading{sec}{\section*{Sekundärquellen}}
\chapter*{Bibliografie} \bibbycategory
```

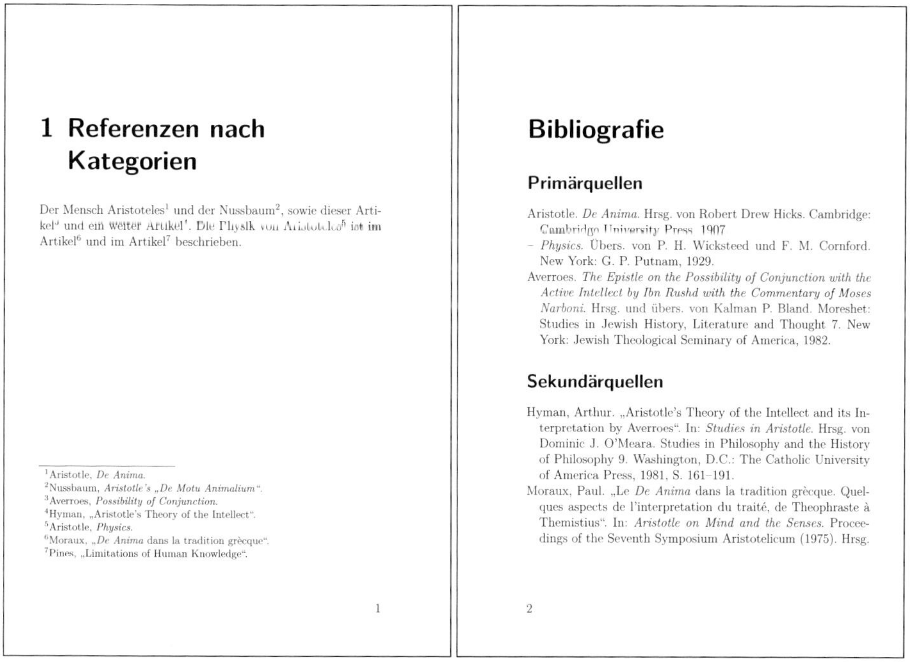

1 Referenzen nach Kategorien

Der Mensch Aristoteles[1] und der Nussbaum[2], sowie dieser Artikel[3] und ein weiter Artikel[4]. Die Physik von Aristoteles[5] ist im Artikel[6] und im Artikel[7] beschrieben.

[1] Aristotle, *De Anima*.
[2] Nussbaum, *Aristotle's „De Motu Animalium"*.
[3] Averroes, *Possibility of Conjunction*.
[4] Hyman, „Aristotle's Theory of the Intellect".
[5] Aristotle, *Physics*.
[6] Moraux, „*De Anima* dans la tradition grècque".
[7] Pines, „Limitations of Human Knowledge".

1

Bibliografie

Primärquellen

Aristotle. *De Anima*. Hrsg. von Robert Drew Hicks. Cambridge: Cambridge University Press, 1907.
– *Physics*. Übers. von P. H. Wicksteed und F. M. Cornford. New York: G. P. Putnam, 1929.
Averroes. *The Epistle on the Possibility of Conjunction with the Active Intellect by Ibn Rushd with the Commentary of Moses Narboni*. Hrsg. und übers. von Kalman P. Bland. Moreshet: Studies in Jewish History, Literature and Thought 7. New York: Jewish Theological Seminary of America, 1982.

Sekundärquellen

Hyman, Arthur. „Aristotle's Theory of the Intellect and its Interpretation by Averroes". In: *Studies in Aristotle*. Hrsg. von Dominic J. O'Meara. Studies in Philosophy and the History of Philosophy 9. Washington, D.C.: The Catholic University of America Press, 1981, S. 161–191.
Moraux, Paul. „Le *De Anima* dans la tradition grècque. Quelques aspects de l'interpretation du traité, de Theophraste à Themistius". In: *Aristotle on Mind and the Senses*. Proceedings of the Seventh Symposium Aristotelicum (1975). Hrsg.

2

Man muss also mit Hilfe des Befehls \addtocategory für jede Kategorie explizit angeben, welche Werke darin aufgelistet werden sollen. Der Befehl \bibbycategory gibt dann für jede Kategorie ein Verzeichnis aus und setzt die Überschrift darüber, die denselben Namen hat wie die Kategorie. Man darf also nicht vergessen, für jede Kategorie eine Überschrift zu definieren. Alternativ ist es auch möglich, die \printbibliography-Befehle dafür zu verwenden. Das hat – zumindest bei nur zwei Kategorien – den Vorteil, dass man nur für eine der beiden Kategorien die keys festlegen muss und die andere mit der Angabe notcategory im optionalen Argument des \printbibliography-Befehls aufrufen kann:

```
\chapter{Bibliografie}
\printbibliography[heading=prim,category=primary]
\printbibliography[heading=sec,notcategory=primary]
```

Da es für längere Arbeiten trotzdem schnell unübersichtlich wird, wenn man die BIBTEX-Keys einzeln angeben muss, kann man sich stattdessen einen eigenen Zitierbefehl erstellen, mit dem man den zitierten Titel automatisch einer Kategorie zuweist. Damit ist eine Benutzung analog zur Vorgehensweise von multibib möglich:
\citeCat‹*Kategorie*› [*Optionen*] {*Key*}

```
\usepackage[babel]{csquotes}
03-17 \usepackage[style=authortitle]{biblatex} \makeatletter
\def\citeCat{\@ifnextchar<\citeCat@i\citeCat@iv}
\def\citeCat@i<#1>{\@ifnextchar[{\citeCat@ii{#1}}{\citeCat@iii{#1}}}
\def\citeCat@ii#1[#2]#3{\addtocategory{#1}{#3}\footcite[#2]{#3}}
\def\citeCat@iii#1#2{\addtocategory{#1}{#2}\footcite{#2}}
\newcommand*\citeCat@iv[2][]{\cite[#1]{#2}}
\makeatother
\DeclareBibliographyCategory{prim} \DeclareBibliographyCategory{sec}
\addbibresource{examples.bib}
```

```
\chapter{Referenzen nach Kategorien}
Der Mensch Aristoteles\citeCat<prim>{aristotle:anima} und der
Nussbaum\citeCat<sec>{nussbaum}, sowie dieser Artikel%
\citeCat<sec>{averroes/bland} und ein weiter Artikel\citeCat<sec>{hyman}.
Die Physik von Aristoteles\citeCat<prim>{aristotle:physics} ist im
Artikel\citeCat<sec>{moraux} und im Artikel\citeCat<sec>{pines}
beschrieben. \par
Nach demselben Prinzip wie die \texttt{keywords}-Unterscheidung funktioniert
auch eine Unterteilung nach Typen, wenn man beispielsweise Internetquellen
separat angeben möchte. Die Anweisung lautet in diesem Fall \texttt{type}
bzw. \texttt{nottype}:
\defbibheading{prim}{\section*{Primärquellen}}
\defbibheading{sec}{\section*{Sekundärquellen}}
\chapter*{Bibliografie}
\bibbycategory
```

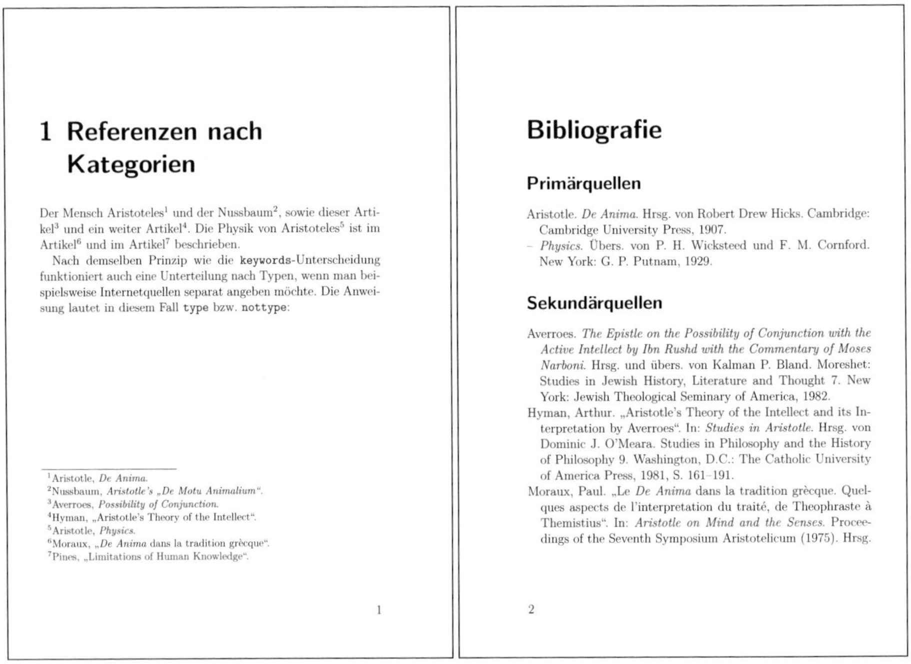

1 Referenzen nach Kategorien

Der Mensch Aristoteles[1] und der Nussbaum[2], sowie dieser Artikel[3] und ein weiter Artikel[4]. Die Physik von Aristoteles[5] ist im Artikel[6] und im Artikel[7] beschrieben.

Nach demselben Prinzip wie die `keywords`-Unterscheidung funktioniert auch eine Unterteilung nach Typen, wenn man beispielsweise Internetquellen separat angeben möchte. Die Anweisung lautet in diesem Fall `type` bzw. `nottype`:

[1] Aristotle, *De Anima*.
[2] Nussbaum, *Aristotle's „De Motu Animalium"*.
[3] Averroes, *Possibility of Conjunction*.
[4] Hyman, „Aristotle's Theory of the Intellect".
[5] Aristotle, *Physics*.
[6] Moraux, „*De Anima* dans la tradition grècque".
[7] Pines, „Limitations of Human Knowledge".

1

Bibliografie

Primärquellen

Aristotle. *De Anima*. Hrsg. von Robert Drew Hicks. Cambridge: Cambridge University Press, 1907.
– *Physics*. Übers. von P. H. Wicksteed und F. M. Cornford. New York: G. P. Putnam, 1929.

Sekundärquellen

Averroes. *The Epistle on the Possibility of Conjunction with the Active Intellect by Ibn Rushd with the Commentary of Moses Narboni*. Hrsg. und übers. von Kalman P. Bland. Moreshet: Studies in Jewish History, Literature and Thought 7. New York: Jewish Theological Seminary of America, 1982.
Hyman, Arthur. „Aristotle's Theory of the Intellect and its Interpretation by Averroes". In: *Studies in Aristotle*. Hrsg. von Dominic J. O'Meara. Studies in Philosophy and the History of Philosophy 9. Washington, D.C.: The Catholic University of America Press, 1981, S. 161–191.
Moraux, Paul. „Le *De Anima* dans la tradition grècque. Quelques aspects de l'interpretation du traité, de Theophraste à Themistius". In: *Aristotle on Mind and the Senses*. Proceedings of the Seventh Symposium Aristotelicum (1975). Hrsg.

2

```
...
\defbibheading{online}{\subsection*{Online-Quellen}}
\defbibheading{offline}{\subsection{Literatur}}
...
\section*{Literaturverzeichnis}
\printbibliography[heading=online,type=online]
\printbibliography[heading=offline,nottype=online]
```

Alle zitierten Einträge der `.bib`-Datenbank vom Typ `@online` landen hier also im ersten Verzeichnis, das mit der Überschrift »Online-Quellen« versehen wird. Ebenso könnte man auch nach Zeitschriftenartikeln und Tagungsbänden einerseits, sowie nach Büchern und Sammelbänden andererseits unterscheiden:

```
\printbibliography[type=article,incollection,inproceedings]
\printbibliography[type=book,collection,proceedings]
```

Mehrere Bibliografien in einem Dokument

Neben unterteilten Literaturverzeichnissen werden auch immer wieder mehrere Bibliografien in einem Dokument benötigt, etwa beim Publizieren eines Tagungsbandes. Die Pakete chapterbib oder bibunits benötigt man nicht mit biblatex; sie sind inkompatibel. Stattdessen benutzt man die Umgebung refsection, um sein Dokument in verschiedene Bereiche einzuteilen.

```
\begin{refsection} ... \end{refsection}
```

biblatex erzeugt dann für jede refsection eine eigene aux-Datei und benennt sie »⟨*Datei*⟩1-blx.aux«, »⟨*Datei*⟩2-blx.aux« usw. Für jede dieser .aux-Dateien muss man einen eigenen BIBTEX-Lauf durchführen, beispielsweise:

```
latex   Datei
biber  Datei1-blx
biber  Datei2-blx
....
latex   Datei
```

Im einfachsten Fall, wenn am Ende eines jeden Bereiches das Verzeichnis ausgegeben werden soll, reicht ein simples \printbibliography *vor* dem Ende der Umgebung refsection. Stimmen die Bereiche mit der Gliederung des Dokumentes überein, gibt es sogar die Möglichkeit, mit der Paketoption refsection die Umgebungen für jeden Abschnitt automatisch erstellen zu lassen. Diese Option kann die Werte none, part, chapter, section und subsection annehmen.

Soll die Bibliografie hingegen ganz am Ende erscheinen und nach den einzelnen, im Dokument festgelegten Umgebungen refsection unterteilt werden, benutzt man das Makro \bibbysection, welches alle Umgebungen ausgibt, in denen Verweise vorkommen, und solche ohne Verweise überspringt. biblatex gibt jeder Umgebung refsection ein Label mit, das den Namen »refsection:« und die fortlaufende Nummer hinter dem Doppelpunkt erhält. Dadurch kann auf die einzelnen refsection-Umgebungen verwiesen werden. Die Abschnitte der Bibliografie würden in diesem Fall also mit der Überschrift »Literatur zu Abschnitt 1« usw. versehen. Man kann auch auf den Namen des jeweiligen Abschnitts verweisen, wenn man das Paket nameref einbindet. (Rahtz u. a. 2021) Die Definition für die Überschrift könnte dann folgendermaßen aussehen:

```
\usepackage{nameref}
\defbibheading{bibliography}{\section*{Literatur zum Kapitel \enquote{%
      \nameref{refsection:\therefsection}}}}
```

Das nächste Beispiel zeigt eine Anwendung dieser Definition.

03-18

```
\usepackage[babel]{csquotes}
\usepackage[style=authoryear]{biblatex}    \usepackage{nameref}
\defbibheading{bibliography}{\section*{Literatur zum Kapitel \therefsection:
    \nameref{refsection:\therefsection}}}
\addbibresource{biblatex-examples.bib}
\chapter{Ein Beispiel}
\begin{refsection}
Ein Verweis mit \texttt{parencite}~\parencite{westfahl:space}. Und noch ein
weiterer.~\parencite{nietzsche:ksa}.
\end{refsection}
```

```
\chapter{Noch ein Beispiel}
\begin{refsection}
Ein Verweis mit \texttt{parencite}~\parencite{nietzsche:historie}.
Und noch ein weiterer.~\parencite{westfahl:frontier}.
\end{refsection}
\chapter{Das letzte}
\begin{refsection}
Ein Verweis mit \texttt{parencite}~\parencite{aristotle:anima}.
Und noch ein weiterer.~\parencite{averroes/bland}.
\end{refsection}

\chapter*{Referenzen}  \bibbysection
```

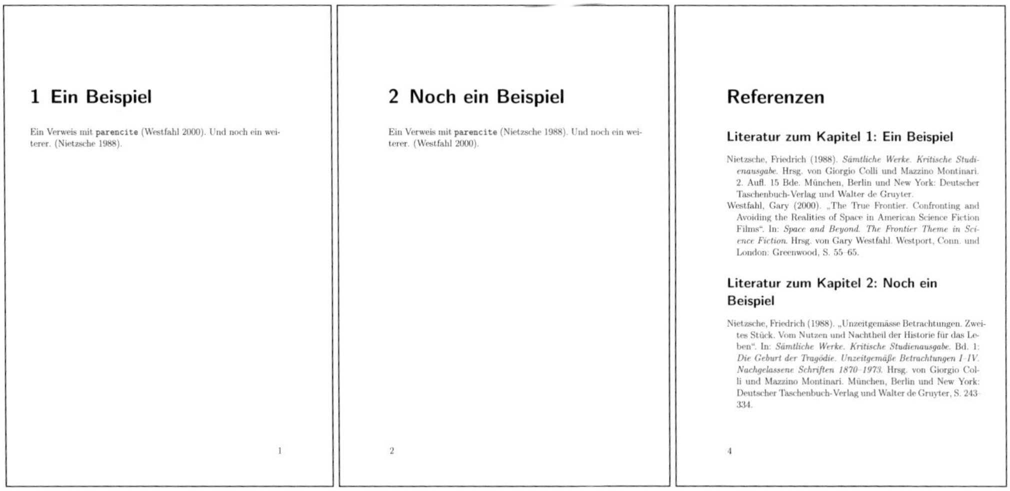

1 Ein Beispiel

Ein Verweis mit `parencite` (Westfahl 2000). Und noch ein weiterer. (Nietzsche 1988).

1

2 Noch ein Beispiel

Ein Verweis mit `parencite` (Nietzsche 1988). Und noch ein weiterer. (Westfahl 2000).

2

Referenzen

Literatur zum Kapitel 1: Ein Beispiel

Nietzsche, Friedrich (1988). *Sämtliche Werke. Kritische Studienausgabe.* Hrsg. von Giorgio Colli und Mazzino Montinari. 2. Aufl. 15 Bde. München, Berlin und New York: Deutscher Taschenbuch-Verlag und Walter de Gruyter.

Westfahl, Gary (2000). „The True Frontier. Confronting and Avoiding the Realities of Space in American Science Fiction Films“. In: *Space and Beyond. The Frontier Theme in Science Fiction.* Hrsg. von Gary Westfahl. Westport, Conn. und London: Greenwood, S. 55–65.

Literatur zum Kapitel 2: Noch ein Beispiel

Nietzsche, Friedrich (1988). „Unzeitgemässe Betrachtungen. Zweites Stück. Vom Nutzen und Nachtheil der Historie für das Leben“. In: *Sämtliche Werke. Kritische Studienausgabe.* Bd. 1: *Die Geburt der Tragödie. Unzeitgemäße Betrachtungen I–IV. Nachgelassene Schriften 1870–1973.* Hrsg. von Giorgio Colli und Mazzino Montinari. München, Berlin und New York: Deutscher Taschenbuch-Verlag und Walter de Gruyter, S. 243–334.

4

Das Makro `\bibbysection` ist eine Abkürzung für:

```
\printbibliography[section=1]
\printbibliography[section=2]
\printbibliography[section=3]
```

Je nach Zitierstil ist für eine unterteilte Gesamtbibliografie die Umgebung `refsegment` der oben angegebenen Umgebung `refsection` vorzuziehen. Der Unterschied besteht darin, dass die Label, die `biblatex` für jedes zitierte Werk generiert, für `refsection` lokal sind, während sie mit `refsegment` global für das gesamte Dokument gelten. Bei numerischer Zitierweise fangen die Label also bei jeder Umgebung `refsection` wieder bei »[1]« an. Aber auch bei der Verwendung des Stils `authoryear` kann es sinnvoll sein, die Umgebung `refsegment` einzusetzen, weil nur damit gewährleistet ist, dass im gesamten Dokument nicht zweimal dasselbe Label vergeben wird, sondern beispielsweise »Meier 2000a« und »Meier 2000b«.

Die Umgebungen `refsection` und `refsegment` können nicht weiter verschachtelt werden, man kann aber innerhalb einer `refsection`-Umgebung mehrere `refsegment` definieren, um beispielsweise für die Literaturverzeichnisse einzelner Artikel in einem Tagungsband jeweils eine thematische Untergliederung zu ermöglichen.

Vordefinierte Überschriften

Normalerweise wird ein Literaturverzeichnis als nicht nummerierter Abschnitt (oder Kapitel) ausgegeben. Will man die Bibliografie in das Inhaltsverzeichnis übernehmen, kann man auf vordefinierte Überschriften für den heading-Parameter im optionalen Argument des \printbibliography-Befehls zurückgreifen. Wie man sich eigene Überschriften definiert wurde bereits in Beispiel 13-03-16 auf Seite 320 und den folgenden gezeigt. Der Standard nennt sich bibliography, das heißt, dass \printbibliography[*heading=bibliography*] nichts anderes bewirkt als derselbe Befehl ohne optionales Argument. Will man die Literaturangaben im Text und im Inhaltsverzeichnis eine Gliederungsebene tiefer haben (beispielsweise \subsection* bei Artikel-Dokumentenklassen, \section* bei Buch-Klassen), so gibt es subbibliography. Mit bibintoc oder subbibintoc wird die Bibliografie in das Inhaltsverzeichnis aufgenommen. Eine zusätzliche Nummerierung erreicht man mit bibnumbered bzw. subbibnumbered.

13.3.5 Der Aufbau der BIBTEX-Datei

Der Aufbau einer BIBTEX-Datenbank, die mit biblatex verwendet wird, unterscheidet sich von einer herkömmlichen BIBTEX-Datenbank grundsätzlich nicht im Aufbau. Im Folgenden wird deshalb nur auf einige Besonderheiten eingegangen, während die Grundlagen hinreichend in Abschnitt 13.2.1 auf Seite 296 beschrieben sind.

biblatex führt eine ganze Reihe neuer Felder ein, die entweder von den mitgelieferten Stilen bereits verwendet werden oder zur Verfügung stehen, um sie in angepassten Stilen einzusetzen. Das reicht von redactor für Bearbeiter eines Werkes über shorthand für abgekürzt zitierte Literatur bis hin zu subtitle für Untertitel. Alle neuen Felder hier vorzustellen, würde zu weit führen, deshalb sollen nur einige Felder erwähnt werden, die gerade für die Geisteswissenschaften interessant sind. Weitergehende Informationen finden sich in der biblatex-Dokumentation. (Philip Kime 2020)

Als erstes neues Element ist hier bookauthor zu nennen, das für den Fall vorgesehen ist, wenn der Autor eines Aufsatzes und der Buchautor (nicht der Herausgeber) übereinstimmen. Als Beispiel wäre hier an die gesammelten Aufsätze eines Autors zu denken, wobei man nur einen Aufsatz zitieren will, nicht aber das gesamte Buch. Dieser Fall konnte bisher mit BIBTEX nicht zufriedenstellend gelöst werden; mit biblatex gibt man den Autor (in den Feldern author und bookauthor), den Titel des Aufsatzes (title) und den Buchtitel (booktitle) an und erhält eine passende Ausgabe. In den mitgelieferten Stilen wird die Nennung des Buchautors unterdrückt. Mit modifizierten Stilen ließe er sich aber ausgeben oder durch »Ders.« ersetzen. Weiterhin gibt es die Felder origlanguage, origlocation, origtitle und origyear, die für übersetzte oder nachgedruckte Werke benutzt werden können, um die Angaben des Originalwerks in die Bibliografie aufzunehmen. Bis auf origlanguage werden diese Felder zwar nicht von den Standardstilen genutzt, sie lassen sich aber in angepassten Stilen verwenden.

biblatex unterscheidet verschiedene Arten von Feldern:

- Wortgetreue Felder wie title, deren Inhalt ausgegeben wird, wie er ist,
- Bereichsfelder wie pages oder year, bei denen ein einfacher Divis (-) durch einen Halbgeviertstrich (LATEX-Eingabe: --, Ausgabe: –) ersetzt wird,

- Zahlfelder wie `edition` oder `month`, die entweder als Ordinalzahl ausgegeben oder durch ein Wort ersetzt werden können,
- Datumsfelder wie `date` oder `urldate`, die ein bestimmtes Eingabeformat erfordern, nämlich `JJJJ-MM-TT`, also z. B. `2008-01-25` für den 25. Januar 2008, sowie
- Verbatim-Felder wie `url` oder `doi`, deren Inhalt bestimmte Sonderzeichen enthalten kann, z. B. Unterstriche (_) oder die Tilde (~).

Hinzu kommen noch Key-Felder, die einen bestimmten, festgelegten Wert enthalten können. Ein Beispiel für ein solches Feld ist `pagination`, in das man die Werte `page`, `column`, `line`, `verse`, `paragraph` und `none` eintragen kann. Dieses Feld bestimmt dann den Paginierungstyp, der beim Zitieren eines Werks benutzt wird. Normalerweise sind das Seiten (`page`), aber beispielsweise werden manche Lexika nach Spalten (`column`) gezählt. In Gedichtbänden könnte ein Verweis auf Verse sinnvoll sein, in kritischen Editionen auf Zeilennummern (`line`) oder in juristischen Werken auf Paragraphen. Stellt man `pagination` entsprechend ein, wird die Angabe im optionalen Argument des `\cite`-Befehls durch die sprachabhängige Bezeichnung oder ihr Kürzel (im Deutschen: S., Sp., Z., V., §) eingeleitet. Wählt man `none` aus, wird keine Paginierungsangabe gemacht.

Neben den genannten Feldern gibt es noch Listenfelder, die aus mehreren Einheiten bestehen, getrennt jeweils durch ein `and`. In traditionellem BibTeX ist diese Art von Feld lediglich bei `author` und `editor` gegeben; das entspricht in `biblatex` den Namenslisten (`name lists`), die in vier Teile zerlegt werden können: Vorname, Namenspräfix (z. B. »von«), Nachname und Namenssuffix (z. B. »senior«). `biblatex` führt aber noch eine weitere Art von Listenfeldern ein, die `literal lists`. Felder dieser Art sind sozusagen eine eingeschränkte Version der Namenslisten, die lediglich am »and« getrennt werden. Die Felder `publisher`, `institution` (bzw. `school`), `organization` und `location` (bzw. `address`) sind solche `literal lists`. Man sollte also den Ort einer Publikation folgendermaßen angeben:

```
location = {New York and Toronto and Berlin and Tokyo and Madrid},
```

Das hat den Vorteil, dass man mit den Paketoptionen `maxitems` und `minitems` die Zahl der auszugebenden Orte (Verlage, Institutionen usw.) eingrenzen kann. Die Standardwerte sind »3« für `maxitems` sowie »1« für `minitems`. Das obige Beispiel würde in der Standardeinstellung also »New York u. a.« ergeben. `biblatex` gibt das Feld auch aus, wenn die Orte durch Kommata getrennt sind, allerdings ist die `maxitems`/`minitems`-Funktionalität damit nicht mehr möglich. Für Namenslisten (Autoren/Herausgeber) heißen die entsprechenden Optionen `maxnames` und `minnames`. Sie können sowohl global (für alle Bibliografien in einem Dokument) als auch separat für jedes einzelne Verzeichnis definiert werden.

Neben neuen Feldern gibt es auch Eintragstypen, die beim Standard-BibTeX nicht dabei sind. Dies sind im Einzelnen:

- `@collection` für Bücher mit mehreren eigenständigen Beiträgen, die (normalerweise) keinen Autor, sondern einen oder mehrere Herausgeber haben; Beispiele sind Sammelbände oder Lexika.
- `@online` für Internetquellen; die Typen `@electronic` und `@www` können synonym gebraucht werden. Das Feld `url` ist auch in anderen Eintragstypen verfügbar, das heißt, dass ein Artikel, der auch online erschienen ist, mit `@article` erfasst werden sollte, während `@online` eher für Webseiten, Blogs usw. gedacht ist.

- @patent für Patente.
- @periodical für Einzelausgaben von Zeitschriften (z. B. Sonderausgaben). Wenn sie einen eigenen Titel haben, kann er im Feld issuetitle angegeben werden. Damit wird dieser Eintragstyp anders verwendet als bei jurabib, wo @periodical für Aufsätze in Zeitschriften gedacht war, die nach Bandzählung zitiert werden, nicht nach Jahreszählung. Das ist bei biblatex aber genauso mit @article-Einträgen möglich.

Daneben definiert biblatex eine ganze Reihe von Eintragstypen, ohne sie in den Standardstilen einzusetzen. Das heißt, sie werden entweder ignoriert oder verweisen auf einen anderen Eintragstyp. Als Beispiel seien @reference und @inreference genannt, die Lexika bzw. Lexikonartikel repräsentieren. In den Standardstilen werden diese Eintragstypen wie @collection bzw. @incollection ausgegeben. In eigenen Bibliografiestilen lassen sich solche Eintragstypen dann nutzen und anpassen. Eine vollständige Liste dieser Eintragstypen findet sich in der biblatex-Dokumentation. (Philip Kime 2020)

Obwohl biblatex für viele Probleme, die beim Umstieg von anderen Paketen wie natbib oder jurabib auftreten können, bereits Lösungen bereithält, wird man zumindest dann nicht umhinkommen, seine .bib-Dateien anzupassen, wenn man die Flexibilität von biblatex voll ausschöpfen möchte. Das sei noch kurz an einem Beispiel erläutert, nämlich der Handhabung von mehrbändigen Werken. Ein Werk in drei Bänden, das man als Ganzes zitieren möchte, gibt man etwa folgendermaßen an:

```
@Book{TP93,
  author    = {Stephan von Bechtolsheim},
  title     = {{\TeX} in Practice: Basics},
  sorttitle = {TeX in Practice},
  volumes   = {3},
  publisher = {Springer-Verlag},
  date      = 1993,
  location  = {Berlin and Heidelberg (Germany) and London (UK)},
  ISBN      = {0-387-97595-0},
}
```

13-19

St. v. Bechtolsheim. [1]

Literatur

[1] Stephan von Bechtolsheim. *TEX in Practice: Basics*. 3 Bde. Berlin, Heidelberg (Germany) und London (UK): Springer-Verlag, 1993. ISBN: 0-387-97595-0.

```
\usepackage[babel]{csquotes}
\usepackage{biblatex}
\addbibresource{demo4.bib}
\usepackage[colorlinks]{hyperref}

St.\,v.\,Bechtolsheim.~\cite{TP93}

\printbibliography
```

Das Feld volumes gibt also die Gesamtzahl der Bände an, der Ausdruck »Bde.« richtet sich nach der Spracheinstellung. Will man nun lediglich den zweiten Band dieses Werkes zitieren, bräuchte man ja zwei title-Felder, eins für den Werktitel, das zweite für den Titel des Bandes. In diesem Fall wird der Werktitel mit maintitle gesetzt:

```
@book{voss:PST:2016,
  author    = {Herbert Voß},
  maintitle= {DANTE-Edition},
  title     = {PSTricks -- Grafik mit PostScript für {\TeX} und {\LaTeX}},
  volumes   = 2,
  edition   = 7,
  location  = {Berlin and Heidelberg},
  date      = {2016}
}
```

```
\usepackage[backref]{biblatex} \addbibresource{demo5.bib}

Herbert Voß.~\cite{voss:PST:2016}

\printbibliography
```

Herbert Voß. [1]

Literatur

[1] Herbert Voß. *DANTE-Edition*. Bd. 2: *PSTricks – Grafik mit PostScript für TEX und LATEX*. 7. Aufl. Berlin und Heidelberg, 2016 (siehe S. 1).

13-03-2

Das volumes-Feld ist in diesem Fall nicht gesetzt, sondern lediglich das Feld volume (Singular), das die Nummer des Einzelbandes angibt. Damit lassen sich also für viele Fälle flexible Lösungen finden.

```
@BOOK{Christiansen1980a,
  author          = {{Saxo Grammaticus}},
  title           = {Books X, XI, XII and XIII},
  location        = {Oxford},
  year            = {1980},
  gender          = {sm},
  series          = {BAR International Series},
  number          = {84},
  mainsubtitle    = {Books X--XVI},
  maintitle       = {Danorum Regum Heroumque Historia},
  maintitleaddon = {The text of the first edition with translation and commentary
                     in three volumes},
  translator      = {Eric Christiansen},
  volume          = {1} }
```

```
\usepackage[backref,style=authoryear]{biblatex}  \addbibresource{demo6.bib}

\ldots\ foo~\parencite{Christiansen1980a}.

\printbibliography
```

13-03-2

... foo (Saxo Grammaticus 1980).

Literatur

Saxo Grammaticus (1980). *Danorum Regum Heroumque Historia. Books X–XVI.* The text of the first edition with translation and commentary in three volumes. Bd. 1: *Books X, XI, XII and XIII.* Übers. von Eric Christiansen. BAR International Series 84. Oxford (siehe S. 1).

13.3.6 Anpassungen

Einzelne Elemente anders darstellen

Als Beispiel sollen die Titel von Zeitschriftenartikeln nicht von Anführungszeichen umschlossen werden. Für die Titel in den Verweisen ist das Feldformat »citetitle« verantwortlich. In `.biblatex.def` sind diese Feldformate folgendermaßen definiert:

```
\DeclareFieldFormat{citetitle}{\mkbibemph{#1}}
\DeclareFieldFormat[article]{citetitle}{\mkbibquote{#1}}
```

Titel in Verweisen werden definitionsgemäß kursiv gesetzt, Titel von Literaturangaben des Typs `@article` werden dagegen in Anführungszeichen gesetzt. Der Befehl `\mkbibemph` hebt den Text wie `\emph` hervor; das Makro `\mkbibquote` aus dem Paket `biblatex` baut auf `\enquote` aus dem Paket `csquotes` auf, das für die Benutzung von `biblatex` dringend empfohlen wird. (Lehman u. a. 2021) Diese Befehle lassen sich abändern, sodass die Angaben beispielsweise in normaler Schrift erfolgen: *csquotes*

```
\DeclareFieldFormat{citetitle}{#1\isdot}
\DeclareFieldFormat[article]{citetitle}{#1\isdot}
```

Analog zu `@article` kann man auch die »citetitle« anderer Typen anpassen. Für die Darstellung im Literaturverzeichnis sind dagegen andere Feldformate zuständig, die sich natürlich ebenfalls ändern lassen:

```
\DeclareFieldFormat{title}{#1\isdot}
\DeclareFieldFormat[article]{title}{#1\isdot}
```

Genauso lässt sich die Darstellung von allen anderen Feldern beeinflussen, wobei nicht für jedes Feld eine Unterscheidung zwischen Literaturverweisen und Bibliografie getroffen wird.

Darstellung und Reihenfolge von Namen

Anders als bei den übrigen Feldern eines BIBTEX-Eintrags wird die Formatierung der Namen nicht durch `\DeclareFieldFormat` eingestellt. Das ist vor allem der Komplexität der Darstellung von Namen geschuldet, die für fast alle europäischen Namen in insgesamt vier Bestandteile zerlegt werden können, für deren Darstellung es jeweils einen eigenen

Befehl gibt. Die oben angesprochenen Autorennamen in Kapitälchen erreicht man mit der Anweisung `\renewcommand*\mkbibnamefamily{\textsc{\namepartfamily}}`

Analog zum Nachnamen (`\mkbibnamefamily`) lassen sich Vornamen (`\mkbibnamegiven` – given name) anpassen: Der sogenannte »von-Teil« des Namens (`\mkbibnameprefix`), sowie ein nachgestellter Teil (`\mkbibnamesuffix`), wie beispielsweise der in amerikanischen Namen vorkommende Junior (»Jr.«). Will man in Verweisen die Reihenfolge der Namen ändern, etwa »Nachname, V.« statt »Vorname Nachname«, muss man sich die Namensformate ansehen. Für die Verweise ist das Namensformat »labelname« zuständig, allerdings in unterschiedlichen Definitionen:

```
\DeclareNameFormat{labelname}{% Biber
 \nameparts{#1}%
 \ifcase\value{uniquename}%
  \usebibmacro{name:family}{\namepartfamily}{\namepartgiven}%
                          {\namepartprefix}{\namepartsuffix}\or
 \ifuseprefix
  {\usebibmacro{name:given-family}{\namepartfamily}{\namepartgiveni}%
                                  {\namepartprefix}{\namepartsuffixi}}
  {\usebibmacro{name:given-family}{\namepartfamily}{\namepartgiveni}%
                                  {\namepartprefixi}{\namepartsuffixi}}\or
  \usebibmacro{name:given-family}{\namepartfamily}{\namepartgiven}%
                                 {\namepartprefix}{\namepartsuffix}%
 \fi
 \usebibmacro{name:andothers}}
```

Die aktuelle Version von BibLATEX (3.7) benutzt nur noch einen Parameter, der allerdings einer kommaseparierten Liste entspricht. Diese Liste bezeichnet die Teile eines Namens. Standardmäßig wird die von BIBTEX verwendete Zuordnung verwendet, die es erlaubt, einen Namen in vier Teile zu zerlegen: Präfix, Familienname, Familiennamenszusatz und Vorname. In BibLATEX -Notation:

`\namepartprefix`, `\namepartprefixi`, `\namepartfamily`, `\namepartfamilyi`, `\namepartsuffix`, `\namepartsuffixi`, `\namepartgiven` und `\namepartgiveni`.

Die Varianten mit anschließenden `i` stehen für das Initial des entsprechenden Parameters. Ermittelt werden diese Namensteile durch Anwendung des Makros `\nameparts`, welches die kommaseparierte Liste in die Bestandteile zerlegt. In neueren Version von `biblatex` sollte der Aufruf von `\nameparts` automatisch erfolgen. Besteht der Autorenname nur aus einem einzigen Teil, beispielsweise *Aristoteles*, so wird dieser automatisch dem Familiennamen zugeordnet. Die standardmäßige Definition der Namenszuordnung ist in Anlehnung an das traditionelle BIBTEX:

```
\DeclareDatamodelConstant[type=list]{nameparts}{family,given,prefix,suffix}
```

Die Liste kann beliebig überschrieben werden, um beispielsweise andere Namenskonventionen zu ermöglichen, die vom traditionellen mitteleuropäischen System nicht mehr erfasst werden, beispielsweise Alexander Sergejewitsch Puschkin (russ. Александр Серге́евич Пу́шкин). Hier bezeichnet Sergejewitsch, dass Alexander der Sohn von Sergej ist und mit Alexander Sergejewitsch angeredet wird. Derartige *Patronyme* (*Vatername*) oder auch *Metronyme* (Muttername), kann man gesondert erfassen und bei der Sortierung entsprechend berücksichtigen. (Voß 2017a)

Biblatex Cheat Sheet

For further details, explanations, hints, caveats, examples and alternatives to the backend Biber, see the Biblatex manual. For a list of *contributed* styles and extensions, see mirror.ctan.org/pkg/biblatex.

Basic Setup

Compilation sequence: ???latex → biber → ???latex (×2).

```
\documentclass[<language option>]{<class>}
...
\usepackage{babel,csquotes}% recommended
\usepackage[<options>]{biblatex}
\addbibresource[<options>]{<first resource>}
\addbibresource[<options>]{<second resource>}
...
\begin{document}
  ...
  \printbibliography[<options>]
  ...
  \printbibliography[<options>]
  ...
\end{document}
```

Common Package Options

style	= ⟨*style*⟩	style of bibliography and citations
bibstyle	= ⟨*style*⟩	bibliography style
citestyle	= ⟨*style*⟩	citation style
refsection	= ⟨*division*⟩	new refsection at document division
refsegment	= ⟨*division*⟩	new refsegment at document division
autocite	= ⟨*style*⟩	behaviour of \autocite etc.
sortcites	= ⟨*boolean*⟩	whether to sort multiple citations
maxnames	= ⟨*integer*⟩	truncate longer name lists
minnames	= ⟨*integer*⟩	no. of names in truncated name lists
backref	= ⟨*boolean*⟩	whether to print back references
mincrossrefs	= ⟨*integer*⟩	minimum number of cross references
sorting	= ⟨*sort order*⟩	bibliography sort order
indexing	= ⟨*boolean*⟩	whether to enable indexing support

Sources of Bibliographical Data

\addbibresource[⟨*options*⟩]{⟨*resource*⟩}	add to default resource list
\addglobalbib[⟨*options*⟩]{⟨*resource*⟩}	add to global resource list

Options:

location	= local	local file	(default)
	= remote	HTTP/FTP	
datatype	= bibtex	BibTeX	(default)
	= ris	RIS	
	= zoterordfxml	Zotero RDF/XML	
	= endnotexml	EndNote XML	

⟨*resource*⟩ *must be one of:*

⟨*filename*⟩.bib	local database
http://.../⟨*filename*⟩.bib	remote
ftp://.../⟨*filename*⟩.bib	remote

Citations

Standard commands:

[c,m]	\cite[⟨*pre*⟩][⟨*post*⟩]{⟨*key*⟩}	bare
[c,m]	\parencite[⟨*pre*⟩][⟨*post*⟩]{⟨*key*⟩}	parenthetical
[m]	\footcite[⟨*pre*⟩][⟨*post*⟩]{⟨*key*⟩}	footnote (\footnote)
[m]	\footcitetext[⟨*pre*⟩][⟨*post*⟩]{⟨*key*⟩}	footnote (\footnotetext)

Common commands:

[c,m]	\textcite[⟨*pre*⟩][⟨*post*⟩]{⟨*key*⟩}	textual
[c,m]	\smartcite[⟨*pre*⟩][⟨*post*⟩]{⟨*key*⟩}	context-dependent
[a]	\cite*[⟨*pre*⟩][⟨*post*⟩]{⟨*key*⟩}	year/title only
[a]	\parencite*[⟨*pre*⟩][⟨*post*⟩]{⟨*key*⟩}	year/title only
[m,n]	\supercite[⟨*pre*⟩][⟨*post*⟩]{⟨*key*⟩}	superscript

Style-independent commands:

[c,m]	\autocite[⟨*pre*⟩][⟨*post*⟩]{⟨*key*⟩}	style-dependent
[c,m]	\autocite*[⟨*pre*⟩][⟨*post*⟩]{⟨*key*⟩}	style-dependent

Text commands:

[c]	\citeauthor[⟨*pre*⟩][⟨*post*⟩]{⟨*key*⟩}	author list
[c]	\citeauthor*[⟨*pre*⟩][⟨*post*⟩]{⟨*key*⟩}	compressed author list
	\citetitle[⟨*pre*⟩][⟨*post*⟩]{⟨*key*⟩}	(short) title
	\citetitle*[⟨*pre*⟩][⟨*post*⟩]{⟨*key*⟩}	(full) title
[s]	\citeyear[⟨*pre*⟩][⟨*post*⟩]{⟨*key*⟩}	year
[s]	\citedate[⟨*pre*⟩][⟨*post*⟩]{⟨*key*⟩}	date
	\citeurl[⟨*pre*⟩][⟨*post*⟩]{⟨*key*⟩}	URL

Multi-volume commands:

[c,m]	\volcite[⟨*pre*⟩]{⟨*vol*⟩}[⟨*page*⟩]{⟨*key*⟩}	cite by volume + page
[c,m]	\pvolcite[⟨*pre*⟩]{⟨*vol*⟩}[⟨*page*⟩]{⟨*key*⟩}	parenthetical
[c,m]	\fvolcite[⟨*pre*⟩]{⟨*vol*⟩}[⟨*page*⟩]{⟨*key*⟩}	footnote (\footnote)
	\ftvolcite[⟨*pre*⟩]{⟨*vol*⟩}[⟨*page*⟩]{⟨*key*⟩}	footnote (\footnotetext)
[c,m]	\svolcite[⟨*pre*⟩]{⟨*vol*⟩}[⟨*page*⟩]{⟨*key*⟩}	context-dependent
[c,m]	\tvolcite[⟨*pre*⟩]{⟨*vol*⟩}[⟨*page*⟩]{⟨*key*⟩}	textual
[c,m]	\avolcite[⟨*pre*⟩]{⟨*vol*⟩}[⟨*page*⟩]{⟨*key*⟩}	style-dependent

Standalone citation commands:

\fullcite[⟨*pre*⟩][⟨*post*⟩]{⟨*key*⟩}	full reference
\footfullcite[⟨*pre*⟩][⟨*post*⟩]{⟨*key*⟩}	full reference in footnote

Inclusion in bibliography without citation:

	\nocite{⟨*key*⟩} \nocite{*}	inclusion only
[c]	\notecite[⟨*pre*⟩][⟨*post*⟩]{⟨*key*⟩}	with notes
[c]	\pnotecite[⟨*pre*⟩][⟨*post*⟩]{⟨*key*⟩}	with parenthetical notes
	\fnotecite[⟨*pre*⟩][⟨*post*⟩]{⟨*key*⟩}	with footnote notes

[a] Author-year and author-title styles only.
[c] Capitalised command(s) also provided. e.g. \Textcite, \Autocites.
[m] Multicite command(s) available.
e.g. \cites(⟨*multipre*⟩)(⟨*multipost*⟩)[⟨*pre*⟩][⟨*post*⟩]{⟨*key*⟩}[⟨*pre*⟩][⟨*post*⟩]{⟨*key*⟩}. . . .
[n] Numerical styles only.
[s] Starred version available to include extra year information.

BibTeX Databases

A BibTeX database file is a plain text file with extension .bib. It consists of entries of the following form:

```
@<entrytype>{<key>,          e.g.    @book{tolkien-hobbit,
   <field> = <value>,                   author = {Tolkien, J. R. R.},
   <field> = <value>,                   title  = {The Hobbit},
   <field> = <value>,                   date   = {YYYY-MM-DD},
   ...}                                 ...}
```

⟨*entrytype*⟩ partially determines which fields are required and which optional. ⟨*key*⟩ is a unique identifier used in citation commands to reference the entry. ⟨*field*⟩ is the name of a database field and determines the expected format of ⟨*value*⟩. ⟨*value*⟩ is the value of the relevant ⟨*field*⟩ for the entry.

BibTeX Database Entry Types

Material from journals, magazines & newspapers:

@article	journal, magazine or newspaper article
@periodical	whole issue of a periodical
@suppperiodical	supplemental material in periodical

Material from single-authored or co-authored books:

@inbook	book part with own title
@suppbook	supplemental material in book
@bookinbook	originally published as standalone book
@book	single-volume book by author(s) of whole
@mvbook	multi-volume book

Material from edited anthologies:

@incollection	contribution to anthology
@suppcollection	supplemental material in anthology
@collection	single-volume edited anthology
@mvcollection	multi-volume collection

Material from conference proceedings:

@inproceedings	article in conference proceedings
@proceedings	single-volume conference proceedings
@mvproceedings	multi-volume conference proceedings

Material from works of reference:

@inreference	article in a reference work
@reference	single-volume work of reference
@mvreference	multi-volume reference work

Material from technical & institutional publications:

@manual	technical or other documentation
@report	institutional report or white paper
@patent	patent or patent request
@thesis	work completed to fulfil degree requirement

Material from online, informal & other sources:

@online	*inherently* online source
@booklet	informally published book
@unpublished	work not formally published
@misc	last resort (check manual first!)

Special entries for database management:

@set	(static) entry set
@xdata	data-container (cannot be cited)

BibTeX Database Fields

Individuals	author[s]	author(s) of title, authortype specifies kind
	bookauthor	author(s) of booktitle
	editor[s]	editor(s), editortype specifies role
	editora/b/c	secondary editor(s), editora/b/ctype for roles
	afterword	author(s) of afterword
	annotator	author(s) of annotations
	commentator	author(s) of commentary
	forward	author(s) of forward
	introduction	author(s) of introduction
	translator	translator(s) of (book)title
	holder	of patent
Orgs	institution	university or similar
	organization	manual/website publisher or event sponsor
	publisher[o]	publisher(s)
Titles	title[a,o,s,u]	title
	indextitle	if different from title
	booktitle[a,u]	title of book
	maintitle[a,u]	title of multi-volume book
	journaltitle[u]	or journal[s]
	issuetitle[u]	title of journal special issue
	eventtitle[a]	title of conference or event
	reprinttitle	title of a reprint of the work
	series[s]	publication series
Volumes & Versions	volume	volume of journal or multi-volume book
	number	numbered issue of journal or book in series
	part	number of physical part of logical volume
	issue	non-number issue of journal
	volumes	number of volumes for multi-volume work
	edition	as ⟨*integer*⟩ rather than ordinal
	version	revision number for software or manual
	pubstate	publication state
Pages	pages	page list or range
	pagetotal	total number of pages
	(book)pagination	pagination format of (book)title
Dates	date[o]	publication date as ⟨*YYYY-MM-DD*⟩
	eventdate	conference or event date as ⟨*YYYY-MM-DD*⟩
	urldate	access date for url as ⟨*YYYY-MM-DD*⟩
Places	location[o]	or address, where published
	venue	of event
Digital	url	URL
	doi	Digital Object Identifier
	eid	electronic identifier of @article
	eprint	archive-specific electronic identifier
	eprinttype	type of identifier, eprintclass for further details
Types	type	of @manual, @patent, @report or @thesis
	entrysubtype	for finer-grained specification of type
Misc.	addendum	miscellaneous data printed at end of entry
	note	miscellaneous data printed within entry
	howpublished	non-standard publication details
	language[o]	language of work

[a] An –addon field is available e.g. nameaddon, eventtitleaddon.
[o] An orig– field is available e.g. origdate, origlanguage.
[s] A short– field is available e.g. shortauthor, shortitle.
[u] A –subtitle field is available e.g. subtitle, mainsubtitle.

International Standards	isan	International Standard Audiovisual Number
	isbn	International Standard Book Number
	ismn	International Standard Music Number
	isrn	International Standard Technical Report Number
	issn	International Standard Serial Number
	iswc	International Standard Work Code
	abstract	record of work's abstract
	annotation	for annotated bibliographies
	file	local link
	library	library name, call number or similar
Labels	label	fall-back label
	shorthand	special designator, overrides label in citations
	shorthandintro	override default introduction of shorthand

Special fields for non-printable data:

	execute	arbitrary TeX code
	keywords	separated list of keywords
	options	per-entry options
	ids	citation key aliases
Related	related	another entry key, relatedoptions for options
	relatedtype	relationship identifier for related
	relatedstring	override value of relatedtype
Inherit Data	entryset	list of entry keys in @set
	crossref	another entry key
	xref	another entry key
	xdata	entry key for @xdata container
Lang.	langid	babel/polyglossia language identifier
	langidopts	polyglossia options for langid
	gender	gender of author or editor
Sorting	presort	modify sorting
	sortkey	sort key, overrides everything except presort
	sortname	replaces author or editor when sorting
	sortshorthand	sortkey if entry has shorthand
	sorttitle	replaces title when sorting
	indexsorttitle	replaces title when sorting index
	sortyear	replaces year (from date) when sorting

Built-In Styles

citestyle	bibstyle	
numeric[c,v]	numeric	numeric
alphabetic[v]	alphabetic	alphabetic
authoryear[c,ib,ic]	authoryear	author-year
authortitle[c,ib,ic,t,tc,tic]	authortitle	
verbose[ib,in,n]	verbose	full reference on first citation
verbose-trad1/2/3[tr]		traditional footnote citations
reading[1]	reading	reading list
draft	draft	show entry keys
debug	debug	for debugging

[c] -comp option (compact). [ib] -ibid option (use *ibidem*). [ic] -icomp option (compact & *ibidem*). [in] -inote option (notes & *ibidem*). [n] -note option (full citations as footnotes). [t] -terse option (omit title if unique). [tc] -tcomp option (compact & terse). [tic] -ticomp option (compact, terse & *ibidem*). [tr] The three use different scholarly abbreviations in different ways. [v] -verb option (verbose). [1] Equivalent to citestyle=authortitle.

Multiple, Divided & Filtered Bibliographies

Bibliography section Document part with its own bibliography.

Bibliography segment Document part corresponding to a sub-division of a global bibliography.

See package options refsection and refsegment for automated creation according to document division. Finer-grained control is also possible:

```
\begin{refsection}
  [<resource>,...]% replace default list
  ...
\end{refsection}
```

```
\begin{refsegment}
...
\end{refsegment}
```

Bibliography category Topic or source type corresponding to a sub-division of a global bibliography.

\DeclareBibliographyCategory{⟨*category*⟩}	new category
\addtocategory{⟨*category*⟩}{⟨*key*⟩}	add entry to category

Printing Bibliographies

\printbibliography[⟨*options*⟩]	typeset the bibliography
\printbiblist[⟨*options*⟩]{⟨*name*⟩}	typeset bibliography list ⟨*name*⟩ e.g. shorthand

Options:

env	= ⟨*name*⟩	e.g. bibliography
heading	= ⟨*heading*⟩	e.g. subbibliography, (sub)bibintoc
title	= ⟨*text*⟩	
prenote	= ⟨*name*⟩	define start/end notes with
postnote	= ⟨*name*⟩	\defbibnote{⟨*name*⟩}{⟨*text*⟩}
section	= ⟨*integer*⟩	for refsection ⟨*integer*⟩
segment	= ⟨*integer*⟩	for refsegment ⟨*integer*⟩
category[n]	= ⟨*category*⟩	only entries in ⟨*category*⟩
keyword[n]	= ⟨*keyword*⟩	only entries with keyword ⟨*keyword*⟩
type[n]	= ⟨*entrytype*⟩	only entries of type ⟨*entrytype*⟩

[n] A negated filter is available as not– e.g. notcategory=⟨*category*⟩.

\bibbysection[⟨*options*⟩]	all refsection bibliographies
\bibbysegment[⟨*options*⟩]	all refsegment bibliographies
\bibbycategory[⟨*options*⟩]	bibliographies for all categories

Biber

```
biber [options] file[.bcf]
biber [options] --tool <datasource>
```

By default, Biber reads a .bcf and produces a .bbl which LaTeX needs to produce a document's citations and bibliography. But Biber also has a powerful tool mode. The manual explains the details but biber --help is a more comprehensible starting point.

To produce a document-specific .bib:

```
biber --output_format=bibtex --output_resolve <filename>.bcf
```

Kapitel 14

Mathematik

14.1 Typografische Regeln . . . 334
14.2 Das Paket `amsmath` . . . 335
14.3 Der Zeilenmodus . . . 336
14.4 Mathematik im abgesetzten Modus . . . 340
14.5 Matrix-Umgebungen . . . 351
14.6 Gleichungsnummern . . . 353
14.7 Marken (Label) . . . 355
14.8 Weitere mathematische Elemente . . . 357

Nahezu alle Textverarbeitungsprogramme oder Satzsysteme unterscheiden zwischen einem Text- und einem Mathematikmodus. Dies liegt primär an den verwendeten mathematischen Zeichen, die in der Regel nicht Teil des normalen Text-Zeichensatzes sind. Ob dies mit der »ewigen Baustelle« Unicode jemals erfolgversprechend geändert werden kann, bleibt immer noch abzuwarten.

Neben den normalen Zeichen gibt es auch grundsätzliche Unterschiede zum Textsatz, denn im Mathematikmodus werden andere Abstände und Zeichengrößen benutzt. Diese wesentlichen Unterschiede erleichtern nicht gerade das Verständnis für die vielfältigen Möglichkeiten, die ein Mathematiksatz mit LaTeX ermöglicht. Es gibt nur wenige Dokumente, die ganz und gar auf den Mathematiksatz verzichten können, denn schon das Minuszeichen als negatives Vorzeichen kann im Textmodus gesetzt werden »-4.321« oder im Mathematikmodus »-4.321«. Es gibt ein völlig anders aussehendes Minuszeichen, denn Textzeichensatz und Mathematikzeichensatz müssen nicht immer notwendigerweise den eigenen Vorstellungen entsprechen und auch nicht immer passend zueinander erscheinen. Ein anderes Beispiel ist $\pm 12\%$, welches nur im Mathematikmodus möglich ist, denn das Makro `\pm` steht für den Textmodus gar nicht zur Verfügung. Dies betrifft den größten Teil der Symbole, wobei man die allumfassende Liste mit mehreren hundert verschiedenen Symbolen auf CTAN findet. (Pakin 2020)

Ohnehin muss man sich daran gewöhnen, dass es einiger Informationen bedarf, um zu einer Textschrift *x* eine passende Mathematikschrift *y* zu finden. Dabei sei jetzt erst einmal dahingestellt, was man unter einer »passenden« Schrift verstehen soll, denn typografische Kriterien unterliegen keiner objektiven Betrachtungsweise, sondern zu einem wesentlichen Teil dem nicht unbedeutenden Zeitgeist.

14.1 Typografische Regeln

Das Setzen mathematischer Formeln sollte möglichst konform mit den Vorstellungen der ISO 80000 gehen. Es handelt sich um den Standard der Internationalen Organisation für Normung (ISO) zu physikalischen Größen und Einheiten. (Mills u. a. 2007)

Mathematische Variablen oder physikalische Größen werden durch ein Symbol dargestellt, welches aus einem einzelnen Buchstaben des lateinischen oder griechischen Alphabets stammt. Diese werden grundsätzlich kursiv gesetzt, beispielsweise:

- Einfache Variable x, y, z;
- Mathematische Funktionen $z = f(x, y), \Psi(t) = \int_t \psi \mathrm{d}t$;
- Physikalische Konstanten ϵ_0, μ_0;
- Indizes, die Variablen oder physikalischen Konstanten entsprechen $a_{i,j}, c_v$.

Aufrecht gesetzt werden hingegen:

- Alle Ziffern 123, A_{17};
- Mathematische Operatoren $\mathbf{A}^\mathrm{T} = \mathbf{B}$;
- Mathematische Funktionen mit bestimmten Eigenschaften $y = \sin(x), \Gamma(x)$;
- Maßeinheiten, einschließlich Teile oder Vielfache $\lambda = 0{,}234\,\mu\mathrm{m}$, 12 kg
- Indizes, die etwas bestimmtes kennzeichnen $x_{\mathrm{max}}, \mu_\mathrm{B}$;
- Chemische Bezeichnungen von Molekülen H_2O.

Physikalische Größen bestehen immer aus einer Maßzahl und einer Maßeinheit, wobei

- Maßzahl und Maßeinheit durch ~ (Tilde) oder mindestens einem `\thinspace` (`\,`) voneinander getrennt werden, beispielsweise `12~km` (12 km), `12\,km` (12 km), `21~\textcelsius`(21 ℃), `21\,\textcelsius`(21 ℃). Der Unterschied zwischen den beiden Möglichkeiten ist allerdings marginal: 2.5 pt versus 1.66702 pt.
- Die einzigen Ausnahmen bilden die Angaben in Grad, Minute und Sekunde, also $12^\circ 37' 14''$.
- Einheiten können wie Variablen ausgeklammert werden, beispielsweise sind $(7 + 21)\,℃ = 21\,℃$ oder $P = 99\,\mathrm{kW} \pm 5\,\mathrm{kW} = (99 \pm 5)\,\mathrm{kW}$.

Weitere zu beachtende Punkte sind:

- Prozent- und Promilleangaben werden mit einem `\thinspace` (`\,`) gesetzt: 12 % und 1,4 ‰ (`12\,\%` und `$1{,}4\,\mbox{\textperthousand}$`).
- Mathematische Produkte können als *ab*, *a b*, $a \cdot b$ oder $a \times b$ geschrieben werden, wobei der Multiplikationspunkt (`\cdot`) nicht verwendet werden soll, wenn bei Dezimalzahlen der ganzzahlige Teil ebenfalls mit einem Punkt abgetrennt wird. Zahlen, die kleiner als Null sind, sollten immer mit einer Null vor dem Dezimaltrennzeichen beginnen: -0.001.

- Zahlenkolonnen können zur besseren Lesbarkeit von rechts beginnend in Dreiergruppen unterteilt werden, indem ebenfalls `\thinspace` (`\,`) eingefügt wird: 1234567890 versus 1 234 567 890.
- Treten in einem Ausdruck verschiedene Indizes mit gleichzeitigem Exponenten auf, so muss bei Variablen, wo der Exponent fehlt, dieser formal durch `^{}` erzeugt werden, um gleiche Tiefen bei den Indizes zu erhalten. Man vergleiche den Ausdruck $a_i^2 b_j c_k^2$ mit $a_i^2 b_j^{} c_k^2$ (`$a_i^2 b_j^{} c_k^2$`).
- Standardmäßig ist der Punkt als Dezimaltrenner definiert. Schreibt man den Ausdruck 1.11 mit dem Komma anstelle des Punktes, stimmen die Abstände nicht mehr: $1, 11$. Dies kann korrigiert werden, indem das Komma geklammert wird: 1,11 (`$1{,}11$`, siehe auch Abschnitt 14.8.7 auf Seite 365).

14.2 Das Paket amsmath

Die American Mathematical Society (AMS) hat bereits frühzeitig die wesentlichen Vorteile von TeX und später LaTeX erkannt und sehr schnell entsprechende Ergänzungen veröffentlicht (`http://www.ams.org/tex/author-info.html`). Diese produktive Phase brachte verschiedene Pakete und Klassen hervor, die häufig zu Missverständnissen führen, da vielen nicht klar ist, welche Klasse und welches Paket wofür anzuwenden ist. Zu unterscheiden sind die Dokumentenklassen und die Pakete. Letztere sollen hier behandelt werden, denn die Klassen beziehen sich prinzipiell darauf und sind hier nicht primäres Thema. Dies stellt jedoch keinen gravierenden Nachteil dar, denn die Dokumentenklassen `amsbook` und `amsart` verwenden die `amsmath`-Pakete per Definition, unterscheiden sich aber sonst nur in kleineren Dingen von den Standard-LaTeX-Klassen. Grundsätzlich wird hier unter AMS immer nur die Anwendung der Pakete, nicht jedoch die der Klassen verstanden. Hier soll primär das Paket `amsmath` behandelt werden. Dieses lädt allerdings schon selbst die Pakete `amstext`, `amsbsy`, `amsopn` und `amsgen`.

Paket amsmath

Das Paket `amsmath` muss im Zusammenhang mit dem Programm LuaLaTeX unbedingt vor den Paketen `fontspec`, beziehungsweise `unicode-math` geladen werden.

Tabelle 14.1: Zusammenstellung der wichtigsten Pakete aus dem Projekt der AMS.

Name	*Erklärung*
`amsmath`	Stellt eine große Zahl an zusätzlichen Makros und Umgebungen bereit.
`amsbsy`	Stellt ein Makro für fette Symbole bereit, so die aktuelle Schrift solche zur Verfügung hat. Anderenfalls kann das Makro `\pmb` (»poor man's bold«) verwendet werden.
`amsopn`	Makro `\DeclareMathOperator` zum Definieren eigener Operatornamen.
`amstext`	Definiert das Makro `\text` zur Verwendung innerhalb einer mathematischen Umgebung. Es berücksichtigt dabei die aktuelle Schriftgröße.
`amsgen`	Stellt allgemeine Makros bereit, die von den anderen Paketen benötigt werden.
`amscd`	Erstellen von kommutativen Diagrammen.
`amsrefs`	Spezielle Form von Bibliografieverweisen.
`amsthm`	Theorem-Umgebungen für die Dokumentenklassen `amsart`, `amsproc` und `amsbook`.
`upref`	Ermöglicht die Ausgabe von Referenzen mit `\ref` in normaler Textform, auch innerhalb von Italic oder Slanted.

Aus den Paketbeschreibungen ergibt sich die jeweilige Bedeutung dieser Pakete, die in Tabelle 14.1 auf der vorherigen Seite zusammengestellt sind. Das wichtigste Paket amsmath kann mit den in der Tabelle 14.2 angegebenen Optionen geladen werden. Die Aktivierung bzw. das Laden der Optionen erfolgt in der für LaTeX üblichen Weise: \usepackage [*Optionen*] {*amsmath*}. Die Optionen können aber auch alternativ über das optionale Feld der Dokumentenklasse übergeben und dann an das Paket amsmath weitergereicht werden. Es obliegt dem Anwender, welche Methode er bevorzugt. Bei bestimmten Optionen, die von mehreren Paketen ausgewertet werden, ist die Übergabe durch die Dokumentenklasse zu empfehlen.

Tabelle 14.2: Zusammenstellung der Paketoptionen für das Paket amsmath.

Name	*Erklärung*
sumlimits	(Standard) Platziere die Summengrenzen ober- und unterhalb für abgesetzte Formeln. Diese Option betrifft ebenso die Symbole $\prod$, $\coprod$, $\bigotimes$, $\bigoplus$, usw., aber ohne Integrale.
nosumlimits	Platziere die Summengrenzen als Exponent oder Index.
intlimits	Analog zu sumlimits für Integrale.
nointlimits	(Standard) Das Gegenteil von intlimits.
namelimits	(Standard) Wie sumlimits, aber für Operatornamen wie \det, \inf, \lim, \max, \min, welche normalerweise »subscripts« in einer abgesetzten Gleichung unterhalb des Symbols platzieren.
nonamelimits	Das Gegenteil von namelimits.
centertags	(Standard) Bei mehrzeiligen Gleichungen wird die Gleichungsnummer vertikal zentriert angeordnet.
tbtags	»Top-or-bottom tags« Bei mehrzeiligen Gleichungen wird die Gleichungsnummer auf der Höhe der letzten oder der ersten Zeile gesetzt, je nach dem ob diese rechts oder links angeordnet werden.

Tabelle 14.3: Zusammenfassung der sinnvollen Dokumentenklassen-Optionen

Name	*Erklärung*
leqno	Gleichungsnummern werden links angeordnet.
reqno	(Standard) Gleichungsnummern werden rechts angeordnet.
fleqn	Gleichungen werden mit einem festen Abstand zum linken Rand gesetzt. amsmath definiert die Länge \mathindent und berücksichtigt diese, wenn die Gleichung nur ein Kaufmanns-Und (&) aufweist.

nur abgesetzte Formeln

Allgemeingültige Optionen, die auch von LaTeX berücksichtigt werden, sind in Tabelle 14.3 zusammengefasst. Zu beachten ist noch, dass das amsmath-Paket ausschließlich für abgesetzte Formeln Erweiterungen bietet.

14.3 Der Zeilenmodus

Grundsätzlich unterscheidet man im mathematischen Satz den Zeilenmodus und den abgesetzten Modus (Absatzmodus). Letzterer setzt seinen Inhalt immer als eigenen

Absatz. Unter dem Zeilenmodus (inline mode) versteht man das Einfügen mathematischer Elemente in die laufende Zeile, wie in diesem Beispiel: $f(x) = \int_a^b \frac{\sin x}{x} \mathrm{d}x$. Dabei gibt es formal keine Beschränkung hinsichtlich des Inhalts und der Größe, sodass es hier zu einem zweifelhaften Layout kommen kann, wenn man beispielsweise eine Matrix in einer Zeile anordnet: $\underline{A} = \begin{bmatrix} a & b & c \\ d & e & f \\ g & h & i \end{bmatrix}$. Lässt sich dies aus inhaltlichen Gründen nicht vermeiden, so sollte man die `smallmatrix`-Umgebung aus dem `amsmath`-Paket vorziehen (siehe Abschnitt 14.5 auf Seite 351): $\underline{A} = \left[\begin{smallmatrix} a & b & c \\ d & e & f \\ g & h & i \end{smallmatrix}\right]$. Eine weitere, meist bessere Alternative ist die Anwendung einer abgesetzten Formel, welche ausführlich im Abschnitt 14.4 auf Seite 340 beschrieben werden. Der Zeilenmodus kann durch drei verschiedene Umgebungen aktiviert werden:

-03-1

$\sum_{i=1}^{n} i = \frac{1}{2}\,n\cdot(n+1)$

$\sum_{i=1}^{n} i = \frac{1}{2}\,n\cdot(n+1)$

$\sum_{i=1}^{n} i = \frac{1}{2}\,n\cdot(n+1)$

```
\( \sum_{i=1}^{n}i=\frac{1}{2}\,n\cdot(n+1) \)\par
$ \sum_{i=1}^{n}i=\frac{1}{2}\,n\cdot(n+1) $\par
\begin{math}
  \sum_{i=1}^{n}i=\frac{1}{2}\,n\cdot(n+1)
\end{math}
```

Für den Anwender besteht im Prinzip kein Unterschied zwischen den drei Varianten. Lediglich bei Anwendung des Paketes `alltt` mit der gleichnamigen Umgebung kann die Variante $...$ nicht benutzt werden. Sie ist dennoch zu empfehlen, da sieganz einfach Tipparbeit erspart.

14.3.1 Integrationsgrenzen

Um die Zeilenhöhe zu reduzieren, werden im Zeilenmodus die Integrationsgrenzen (`\limits`) im Allgemeinen nur als Index, beziehungsweise im sogenannten »Superscript«- oder »Subscript«-Modus gesetzt und Brüche (`\frac`) werden grundsätzlich im Schriftstil (`\scriptstyle`) gesetzt (siehe dazu auch Abschnitt 14.8.9 auf Seite 367). Die Anordnung der Integrations- beziehungsweise Summen- oder Produktgrenzen lässt sich mit dem `\limits`-Makro ändern, welches unmittelbar einem mathematischen Operator folgen muss, ansonsten gibt LaTeX eine Fehlermeldung aus:

-03-2

$\int\limits_{1}^{\infty}\frac{1}{x^2}\,\mathrm{d}x=1$

$\int\sum_{n=1}^{\infty}\frac{1}{2^n}=1$

```
$\int\limits_{1}^{\infty}\frac{1}{x^2}\,\mathrm{d}x=1$\par
$\int\sum_{n=1}^{\infty}\frac{1}{2^n}=1$
```

14.3.2 Brüche

Brüche innerhalb einer Textzeile werden standardmäßig in dem Schriftstil `\scriptstyle` gesetzt. Tabelle 14.9 auf Seite 367 zeigt die möglichen mathematischen Stile. Die etwas kleinere Wahl der Schriftgröße für $y = \frac{a}{b+1}$ (`$y=\frac{a}{b+1}$`) ergibt eine bessere

Zeilenschaltung, was aber durchaus unerwünscht sein kann, wenn Zähler oder Nenner des Bruches wichtige Dinge beschreiben, die es gilt, hervorzuheben. Es gibt verschiedene Möglichkeiten, die Schriftgröße zu verändern:

1. Anwenden einer abgesetzten Formel anstelle des Zeilenmodus, was immer die beste Variante ist. Dafür ist im Allgemeinen automatisch ein etwas größerer Schriftstil vorgesehen.
2. Verändern des Schriftstils durch das \displaystyle-Makro, welches den Bruch $y = \dfrac{a}{b+1}$ zwar jetzt »lesbarer« erscheinen lässt, aber wieder das mehrfach angesprochene Problem des Zeilenabstandes aufweist.
3. Anwenden des Makros \dfrac aus amsmath, welches standardmäßig auf den größeren Schriftstil (\textstyle) umschaltet.

Text $y = \frac{a}{b+1} = \dfrac{a}{b+1}$ Text $\dfrac{a}{b+1}$

```
\usepackage{amsmath}
\usepackage{unicode-math}

Text $ y=\frac{a}{b+1}={\displaystyle\frac{a}{b+1}} $
Text $\dfrac{a}{b+1}$
```

14-03-3

14.3.3 Mathematische Ausdrücke in \part, \chapter, \section u. a. Überschriften, wie $f(x) = \prod_{i=1}^{n} \left(i - \frac{1}{2i}\right)$

Sämtliche Makros, die an andere Makros weitergereicht werden, wie beispielsweise für das Inhaltsverzeichnis, den Index oder die Kopfzeilen, müssen robust, beziehungsweise unzerbrechlich sein. Dies bedeutet, dass die Makros in ihrer Struktur erhalten bleiben und nicht durch LaTeX expandiert (zerlegt) werden, bevor sie an das übergeordnete Makro weitergereicht oder im Falle des Inhaltsverzeichnisses (\tableofcontents) im Originalzustand in die sogenannte .toc-Datei geschrieben werden. Möchte man mathematische Elemente in eine Kapitel- oder Abschnittsüberschrift einfügen, ist die Anwendung der $-Umgebung oder alternativ ein vorangestelltes \protect zwingend (siehe auch Abschnitt A.6.1 auf Seite 399). Der Quellcode für die Überschrift zu diesem Abschnitt lautet:

```
\usepackage{libertinus-otf}
\setmonofont{DejaVuSans Mono}[Scale=MatchLowercase,FakeStretch=0.9]
\newcommand*\cs[1]{\texttt{\textbackslash#1}}

\section{Mathematische Ausdrücke in \cs{part}, \cs{chapter}, \cs{section} u.\,a.
Überschriften, wie \boldmath$f(x)=\prod_{i=1}^{n} \left(i-\frac{1}{2i}\right)$}
Normaler Text \ldots
```

9.2.3 Mathematische Ausdrücke in \part, \chapter, \section u. a. Überschriften, wie $f(x) = \prod_{i=1}^{n} \left(i - \frac{1}{2i}\right)$

Normaler Text ...

14-03-4

Das optionale Argument wurde hier benutzt, um eine sinnvolle Kurzform für das Inhaltsverzeichnis zu erhalten, denn die folgenden Formeln haben hier keinen informellen Wert. Für Überschriften ist zu beachten, dass die mathematischen Elemente in der Regel nicht in Fettschrift gesetzt werden, da das für Text gültige \bfseries nicht für den

Mathematikteil wirksam ist. Wie dies einheitlich geschehen kann, wird in Voß (2018) gezeigt.

Im Zusammenhang mit PDF -Dokumenten kann der mathematische Modus grundsätzlich Probleme bereiten, wenn Bookmarks verwendet werden, denn für diese ist nur reiner Text möglich. Mathematische Symbole werden nicht gedruckt oder in Textform interpretiert, was zu unansehlichen Bookmarks führen kann. (ebd., S. 11) Abhilfe schafft hier das Makro `\texorpdfstring` aus dem `hyperref`-Paket, welches zwei Argumente erwartet, eines für die TEX-Ausgabe und eines für die Bookmarks der PDF-Ausgabe. Die Syntax ist einfach: `hyperref`

`\texorpdfstring{`*TEX-Ausgabe*`}{`*PDF-Ausgabe*`}`

So ist es möglich, für die Bookmarks nur normale Zeichen zu verwenden und für die Überschrift die LATEX-spezifischen:

```
\usepackage[linktocpage,linktoc=all,colorlinks,bookmarks]{hyperref}

\tableofcontents
\section{\texorpdfstring{$ \protect\int_a^b \protect\sin(x)\mathrm{d}x $}{Sinus-Integral}}
\subsection{\texorpdfstring{$ \sqrt{x_1^2+x_2^2} $}{sqrt(x\_1\^{}2+x\_2\^{}2)}}
bar
```

-03-5

Inhaltsverzeichnis

1 $\int_a^b \sin(x)\mathrm{d}x$ 1
1.1 $\sqrt{x_1^2 + x_2^2}$ 1

1 $\int_a^b \sin(x)\mathrm{d}x$

1.1 $\sqrt{x_1^2 + x_2^2}$

bar

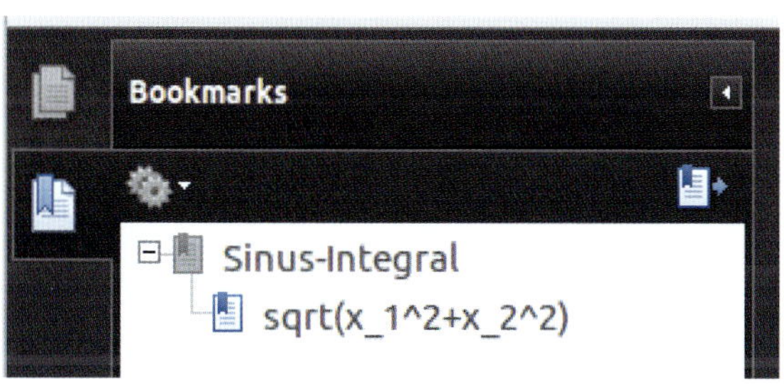

Abbildung 14.1: Erzeugen von *lesbaren* Bookmarks mit Hilfe des Makros `\texorpdfstring` (siehe Beispiel 14-03-5).

14.3.4 Zeilenumbruch

LATEX kann im Zeilenmodus innerhalb eines mathematischen Ausdruckes nur dann einen Zeilenumbruch einfügen, wenn ein sogenanntes Relationssymbol (relation symbol) der Art =, <, >, ... oder ein sogenanntes binäres Symbol (binary operation symbol) der Art

+, −, … auftritt und zusätzlich mindestens eines dieser Symbole in der äußersten Gruppenebene vorkommt. Letzteres bedeutet, dass innerhalb von `$a+b+c$` ein Zeilenumbruch möglich ist, bei `${a+b+c}$` aber nicht, denn hier sind durch die geschweiften Klammern die Elemente dazwischen sozusagen eine Gruppenebene tiefer gerutscht.

Standardverhalten beim Umbruch	$f(x) = a_n x^n + a_{n-1} x^{n-1} + a_{n-2} x^{n-2} + \cdots + a_i x^i +$ $a_2 x^2 + a_1 x^1 + a_0$
Der gleiche Ausdruck innerhalb einer Gruppe {...} (kein Umbruch!)	${f(x) = a_n x^n + a_{n-1} x^{n-1} + a_{n-2} x^{n-2} + \cdots + a_i x^i + a_2 x^2 + a}$
Ohne für eine Trennung geeignete Symbole (kein Umbruch!)	$f(x) = a_n \left(a_{n-1} \left(a_{n-2} \left(a_{n-3} \left(a_{n-4} \left(\ldots\right) \ldots\right) \ldots\right) \ldots\right) \ldots\right)$
Ohne für eine Trennung geeignete Symbole, aber mit manueller Unterteilung der Formel	$f(x) = a_n \left(a_{n-1} \left(a_{n-2} \left(a_{n-3} \left(a_{n-4} \left(\ldots\right) \ldots\right) \ldots\right.\right.\right.$ $\left.\left.\left.\right) \ldots\right) \ldots\right)$

Der letzte Fall zeigt bereits eine einfache Möglichkeit, auch bei Fehlen eines Relationssymbols einen Zeilenumbruch zu erhalten, die Formel wird einfach manuell in zwei voneinander unabhängige Teile zerlegt: \$...\$ \$...\$. Zwischen diesen kann LaTeX dann einen normalen Zeilenumbruch vornehmen. Dies muss nicht unbedingt leicht zu realisieren sein, denn in obigem Beispiel müssen die Klammerebenen beachtet werden, da hier mit `\left` und `\right` gearbeitet wurde.

```
$f(x)=a_n\left(a_{n-1}\left(a_{n-2}\left(a_{n-3}\left(a_{n-4}
    \left(\ldots\right)\ldots\right) \ldots \right.\right.\right.$
$\left.\left.\left.\right) \ldots \right) \ldots \right)$
```

TeXnisches ...

`\relpenalty=9999` `\binoppenalty=9999`

Mit diesen Werten kann für ein ganzes Dokument oder innerhalb einer Gruppe die Trennung unterbunden werden, sodass die Gleichungen grundsätzlich über den rechten Rand ragen, falls kein sinnvoller Umbruch vor der Gleichung möglich ist.

14.4 Mathematik im abgesetzten Modus

»Abgesetzt« meint hier, dass die eigentliche Formel nicht Teil der aktuellen Textzeile ist, sondern einen eigenen Absatz darstellt, wodurch sich einige Unterschiede zu den Makros im Zeilenmodus ergeben (vergleiche Abschnitt 14.3 auf Seite 336).

14.4.1 Standard-LaTeX

Die Umgebungen aus Standard-LaTeX sind mittlerweile mehr oder weniger historisch überholt, denn mit dem Paket `amsmath` stehen erheblich bessere Umgebungen zur Verfügung. Prinzipiell findet nur noch die Umgebung \[...\] für eine *einzeilige* und nicht-nummerierte Umgebung Anwendung. Sie ist formal identisch zur Umgebung `displaymath`, wobei letztere wegen des erhöhten Tippaufwands nur selten benutzt wird.

`\[`	`\begin{displaymath}`
...Formel ...	...Formel ...
`\]`	`\end{displaymath}`

4-04-1

$$f(x)=\prod_{i=1}^{n}\left(i-\frac{1}{2i}\right)$$

$$1+2+3+\cdots+n=\sum_{i=1}^n i=\frac{n(n+1)}{2}$$

```
\[
  f(x)=\prod_{i=1}^{n}\left(i-\frac{1}{2i}\right)
\]
\begin{displaymath}
1+2+3+\cdots+n=\sum_{i=1}^n i=\frac{n(n+1)}{2}
\end{displaymath}
```

Sie bezieht sich auf die für TeX gültige Makro-Kombination $$...$$, modifziert diese jedoch etwas, indem der vertikale Abstand besser beeinflusst wird. Die TeX-Syntax ist grundsätzlich zu vermeiden, da sie eine Reihe von Nachteilen aufweist. (Voß 2018) Die `equation`-Umgebung hat eine Gleichungsnummer, die standardmäßig rechtsbündig erscheint. Eine Stern-Version existiert nur beim Laden des `amsmath`-Pakets und unterdrückt dann die Ausgabe einer Gleichungsnummer.

$$...$$ nicht benutzen!

`equation*`

```
\begin{equation}
... Formel ...
\end{equation}
```

4-04-2

Eine ganz normale Textzeile vor der bekannten `equation`-Umgebung.

$$f(x)=\prod_{i=1}^{n}\left(i \quad \frac{1}{2i}\right) \qquad (14.1)$$

Eine ganz normale Textzeile nach der bekannten `equation`-Umgebung.

```
Eine ganz normale Textzeile vor der
bekannten \texttt{equation}-Umgebung.
%
\begin{equation}
 f(x)=\prod_{i=1}^{n}\left(i-\frac{1}{2i}\right)
\end{equation}
%
Eine ganz normale Textzeile nach der
bekannten \texttt{equation}-Umgebung.
```

Soll diese linksbündig erscheinen, so kann die Klassenoption `leqno` beim Laden der Dokumentenklasse benutzt werden:

Eine ganz normale Textzeile vor der bekannten equation-Umgebung.

$$f(x) = \prod_{i=1}^{n}\left(i - \frac{1}{2i}\right) \tag{14.2}$$

Eine ganz normale Textzeile nach der bekannten equation-Umgebung.

```
\documentclass[leqno]{article}

Eine ganz normale Textzeile vor der bekannten
\texttt{equation}-Umgebung.
%
\begin{equation}
 f(x)=\prod_{i=1}^{n}\left(i-\frac{1}{2i}\right)
\end{equation}
%
Eine ganz normale Textzeile nach der bekannten
\texttt{equation}-Umgebung.
```

14-04-3

14.4.2 amsmath

Die align-Umgebungen

Es existieren im Prinzip drei verschiedene »align«-Umgebungen (*to align*: ausrichten), die alle in den Beispielen 14-04-4 bis 14-04-6 zusammengefasst sind und im Folgenden ausführlich behandelt werden. Der dabei berücksichtigte Code für die *grafische* Darstellung entspricht im Wesentlichen dem folgenden Prinzip:

```
\begin{<name>}
   <name> & = x & x & = x\\
   <name> & = x & x & = x
\end{<name>}
```

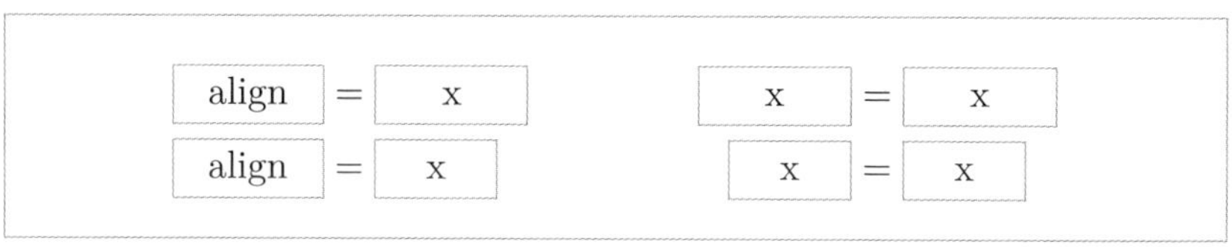

14-04-4

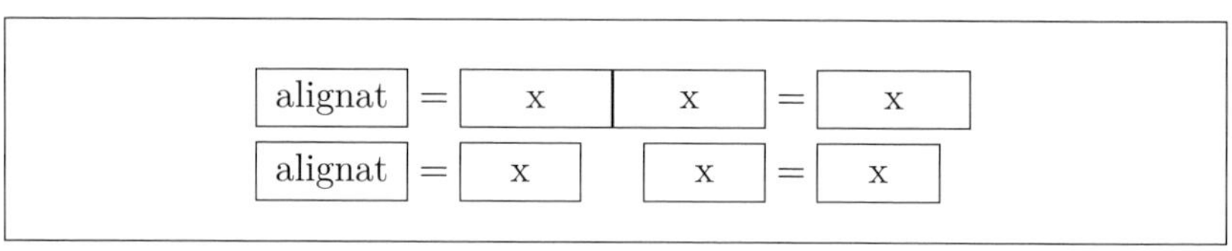

14-04-5

14-04-6

Das Spaltentrennungssymbol & sollte grundsätzlich *vor* das mathematische Symbol gesetzt werden (y &= x); anderenfalls kann es zu falschen horizontalen Abständen kommen.

Die Anzahl der &-Zeichen in einer Zeile ist formal nicht begrenzt; die Zeile wird einfach weiter mit dem angegebenen Inhalt aufgefüllt.

Die `align`-Umgebung besteht aus Rechts–Links-Anordnungen ({`rlrl`...}) mit entsprechender vertikaler Ausrichtung, was auch durch die Beispiele 14-04-4 auf der vorherigen Seite bestätigt wird.

```
\begin{align*}
Links & Rechts & Links & Rechts ...\\
Links & Rechts & Links & Rechts ...\\
...
Links & Rechts & Links & Rechts ...
\end{align*}
```

Die Gleichungsnummern werden standardmäßig rechts angeordnet, wenn vom Anwender nichts anderes vereinbart wird. Im Folgenden gezeigt für die `flalign`-Umgebung, die sich von `align` nur dadurch unterscheidet, dass sie links- und rechtsbündig in der Zeile gesetzt wird, falls mindestens zwei *Links–Rechts*-Anordnungen vorhanden sind.

-04-7

$$\boxed{\text{flalign}} = \boxed{\text{x}} \qquad \boxed{\text{x}} = \boxed{\text{x}} \qquad (14.3)$$

Dieselben Gleichungen mit der Paketoption `leqno` erstellt, ergibt prinzipiell dieselbe Anordnung. Reicht der Platz für die einzelnen *Links–Rechts*-Blöcke nicht mehr aus, so wird die Gleichung unterhalb der Gleichungsnummer platziert. Dem Beispiel 14-04-8 kann entnommen werden, dass ein festgelegter, minimaler Abstand zwischen den Blöcken nicht unterschritten wird. Die Vorgabe für diesen mit `\minalignsep` bezeichneten Abstand beträgt zum Zeitpunkt der Erstellung dieses Buches 10 pt. Dieser Abstand ist nicht als Länge, sondern als Makro definiert, er kann daher auch nur durch einen `\renewcommand`-Befehl geändert werden. Im Beispiel wurde dies vor der letzten Gleichungszeile vorgenommen, sodass diese dann doch neben der Gleichungsnummer angeordnet werden kann.

\minalignsep

Makro

```
\usepackage{amsmath}
\usepackage{unicode-math}%%% Würde auch automatisch von libertinus-otf geladen!
\usepackage{libertinus-otf}

\begin{align}
 y &= f(x)
\end{align}
\begin{align}
 y &= f(x) & y &= f(x) & y &= f(x)
\end{align}
\begin{align}
 y &= f(x) & y &= f(x) & y &= f(x) & y &= f(x) & y &= f(x)
\end{align}
\begin{align}
 y &= f(x) & y &= f(x) & y &= f(x) & y &= f(x) & y &= f(x) & y &= f(x)  & y &= f(x)
\end{align}

\renewcommand\minalignsep{2pt}% Verringerung des minimalen Zwischenraumes
\begin{align}
 y &= f(x) & y &= f(x) & y &= f(x) & y &= f(x) & y &= f(x) & y &= f(x)  & y &= f(x)
\end{align}
```

-04-8

$$y = f(x) \tag{14.4}$$

$$y = f(x) \qquad y = f(x) \qquad y = f(x) \tag{14.5}$$

$$y = f(x) \quad y = f(x) \quad y = f(x) \quad y = f(x) \quad y = f(x) \tag{14.6}$$

(14.7)
$$y = f(x) \quad y = f(x) \quad y = f(x) \quad y = f(x) \quad y = f(x) \quad y = f(x) \quad y = f(x)$$

(14.8)
$$y = f(x)\; y = f(x)\; y = f(x)\; y = f(x)\; y = f(x)\; y = f(x)\; y = f(x)$$

Letzte Zeile in der `align`-Umgebung

Für alle `align`-artigen Umgebungen gilt, dass die *letzte* Zeile nicht mit einem Zeilenendezeichen \\ abgeschlossen werden sollte, denn die folgende (leere) Zeile wird sonst mit einer Zeilennummer versehen.

Die `alignat`-Umgebung

Der Name der `alignat`-Umgebung leitet sich aus »align at several places« ab und entspricht im Prinzip zwei eigenständigen `align`-Umgebungen nebeneinander (side-by-side). Der wesentliche Unterschied ist jedoch der erwartete Parameter, der die Zahl dieser nebeneinander stehenden Objekte (Blöcke) angibt, wobei diese durch einen weiteren &-Spaltentrenner voneinander unterschieden werden. Ein Parameterwert *2* impliziert dann, dass in einer Zeile insgesamt 3 Spaltentrenner auftreten müssen. Allgemein formuliert: Für einen Parameter n müssen insgesamt $2n - 1$ Spaltentrenner auftreten. Fehlt die Angabe über die Zahl der Blöcke, gibt LATEX eine Fehlermeldung aus. Folgende Syntax ist daher zwingend:

```
\begin{alignat*}{Anzahl Blöcke}
  Links & Rechts & Links & Rechts ...\\
  ...
  Links & Rechts & Links & Rechts ...
\end{alignat*}
```

Die letzten obigen Gleichungen mit der `alignat`-Umgebung gesetzt, ergeben ein nur leicht verändertes Ergebnis, allerdings kommt es in der Mitte zu einem ungünstigen Aneinanderstoßen der beiden Blöcke. Der Vorteil der `alignat`-Umgebung ist die Möglichkeit, mehrere Gleichungen vertikal an verschiedenen Trennern auszurichten, was auch bei extrem unterschiedlich langen Teilausdrücken möglich ist:

```
\usepackage{amsmath}
\usepackage{libertinus-otf}

\begin{alignat}{3}
  abc &= xxx            &&= xxxxxxxxxxxx &&= aaaaaaaaa \\
  ab  &= yyyyyyyyyyyyyy &&= yyyy         &&= ab
\end{alignat}
```

4-04-9

$$abc = xxx \qquad = xxxxxxxxxxxx = aaaaaaaa \qquad (14.9)$$
$$ab = yyyyyyyyyyyyyy = yyyy \qquad = ab \qquad (14.10)$$

Die flalign-Umgebung

Die `flalign`-Umgebung ist der Ersatz für die veraltete `xalignat` und ebenso für die `xxalignat`. `flalign` unterscheidet sich wenig von den alten Umgebungen, wenn man einmal davon absieht, dass sie linksbündig ist und etwas weiter auseinander gezogen erscheint.

-04-10

Ganz normaler und sinnloser Text vor der Umgebung `flalign`.

$$i_{11} = 0.25$$
$$i_{21} = \frac{1}{3}i_{11} \qquad (14.11)$$
$$i_{31} = 0.33i_{22} \qquad (14.12)$$

```
\usepackage{amsmath}

Ganz normaler und sinnloser Text vor der
Umgebung \texttt{flalign}.
\begin{flalign}
  i_{11} &= 0.25     \nonumber \\
  i_{21} &= \frac{1}{3}i_{11}\\
  i_{31} &= 0.33i_{22}
\end{flalign}
```

Wie obigem Beispiel leicht entnommen werden kann, sind die Gleichungen nicht linksbündig, obwohl die bisherigen Demonstrationen (siehe Gleichung 14-04-7 auf Seite 343) dies zeigten. Der Grund ist, dass dort mehr als ein Spaltentrenner verwendet wurde, während in diesem Beispiel lediglich einer auftritt. In diesen Fällen erscheinen die Gleichungen nur zentriert und unterscheiden sich nicht von der Standard `align`-Umgebung. Treten dagegen mehrere Spaltentrenner (&) auf, tritt der bereits zitierte Effekt der Linksbündigkeit ein. Dies ist eine einfache Möglichkeit, die Gleichungen des obigen Beispiels dennoch linksbündig zu erhalten, es werden einfach zusätzliche Spaltentrenner (&) an das Ende der Gleichungen gesetzt. (Voß 2018)

Mehrere Gruppen können im Gegensatz zu der `alignat`-Umgebung ohne Angabe der Zahl der Blöcke nebeneinander gesetzt werden. Es ist lediglich auf die korrekte Anordnung der Spaltentrenner zu achten.

Die aligned-Umgebung

Die `aligned`-Umgebung ist die wichtige, analoge Variante zur `array`-Umgebung; sie ermöglicht mehrzeilige Formeln, die aber zusammen nur eine Gleichungsnummer bekommen, hat aber eine weitaus bessere horizontale Ausrichtung der Formelteile. Auch kann sie nur Teil einer anderen mathematischen Umgebung sein. Dies ist auch der Grund, warum es keine Sternversion gibt, denn die übergeordnete Umgebung bestimmt, ob die Gleichungsnummer gesetzt wird oder nicht.

```
\begin{aligned}
  Links & Rechts & Links & Rechts ...\\
  ...
  Links & Rechts & Links & Rechts ...
\end{aligned}
```

Im Vergleich zur ähnlich aufgebauten split-Umgebung (siehe Abschnitt 14.4.2 auf Seite 348), erlaubt die aligned-Umgebung mehrere Spaltentrenner.

Eine normale sinnlose Textzeile vor der Formel, die keinen Sinn hat.

$$\begin{aligned} 2x+3 &= 7 & 2x+3-3 &= 7-3 \\ 2x &= 4 & \frac{2x}{2} &= \frac{4}{2} \\ x &= 2 \end{aligned} \tag{14.13}$$

```
\usepackage{amsmath}

Eine normale sinnlose Textzeile vor der
Formel, die keinen Sinn hat.
\begin{align}
\begin{aligned}
 2x+3 &= 7 &      2x+3-3   &= 7-3    \\
 2x   &= 4 & \frac{2x}{2} &= \frac42\\
 x    &= 2
\end{aligned}
\end{align}
```

14-04-1

Die gather- und gathered-Umgebung

Die gather-Umgebung ist immer dort einzusetzen, wo Gleichungen einfach nur horizontal zentriert werden sollen. Es gibt für diese Umgebung keine Spaltentrenner, es ist lediglich die Folge von Gleichungen einzugeben.

```
\begin{gather*}                   \begin{gathered}
  Ausdruck\\                        Ausdruck\\
  ...                               ...
  Ausdruck                          Ausdruck
\end{gather*}                     \end{gathered}
```

Eine normale sinnlose Textzeile vor der Formel, die keinen Sinn hat.

$$\begin{gather} i_{11}=0.25 \tag{14.14}\\ i_{21}=\frac{1}{3}i_{11} \\ i_{31}=0.33i_{22} \end{gather}$$

```
\usepackage{amsmath}

Eine normale sinnlose Textzeile vor der
Formel, die keinen Sinn hat.
\begin{gather}
 i_{11}=0.25\\
 i_{21}=\frac{1}{3}i_{11}\nonumber \\
 i_{31}=0.33i_{22}        \nonumber
\end{gather}
```

14-04-1

Die gathered-Umgebung kann analog zu aligned nur Teil einer anderen mathematischen Umgebung sein, wodurch eine einzelne Nummerierung erreicht werden kann.

$$\begin{gathered} i_{11}=0.25 \\ i_{21}=\frac{1}{3}i_{11} \\ i_{31}=0.33i_{22} \\ i_{41}=i_{11}+i_{22} \end{gathered} \tag{14.15}$$

Eine Referenz auf Gl. (14.15).

```
\usepackage{amsmath}

\begin{gather}\label{eq:gather}
\begin{gathered}
 i_{11}=0.25\\ i_{21}=\frac{1}{3}i_{11}\\
 i_{31}=0.33i_{22}\\ i_{41}=i_{11}+i_{22}
\end{gathered}
\end{gather}
%
Eine Referenz auf Gl.~\eqref{eq:gather}.
```

14-04-1

Die `multline`-Umgebung

Die `multline`-Umgebung ist ebenfalls eine der Mehrzeilen-Umgebungen (multi line), die jedoch insbesondere für sehr lange Gleichungen Vorteile bietet, denn ihr interner Aufbau ist entsprechend Beispiel 14-04-14 gleich der Anordnungsfolge links – zentriert – ... – zentriert – rechts. Weiterhin erhält nur die letzte Zeile eine Gleichungsnummer, die mit der Sternversion unterdrückt werden kann.

04-14

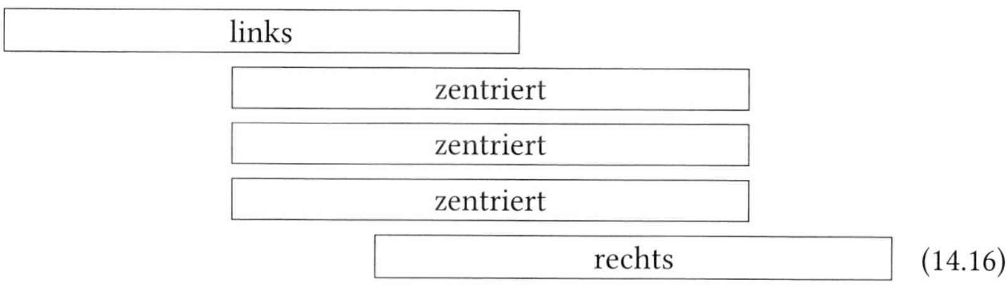

Das Beispiel aus dem vorhergehenden Abschnitt kann jetzt in einer optisch günstigeren Anordnung gesetzt werden:

```
\usepackage{amsmath}

\begin{multline}
A = \lim_{n\rightarrow\infty}\Delta x\left(a^{2}+\left(a^{2}+2a \Delta x
     +\left(\Delta x\right)^{2}\right)\right.\\
 +\left(a^{2}+2\cdot2a\Delta x+2^{2}\left(\Delta x\right)^{2}\right)\\
 +\left(a^{2}+2\cdot3a\Delta x+3^{2}\left(\Delta x\right)^{2}\right)\\
 + \ldots\\
\left.+\left(a^{2}+2\cdot(n-1)a\Delta x+(n-1)^{2}\left(\Delta x\right)^{2}\right)\right)\\
 = \frac{1}{3}\left( b^{3}-a^{3}\right)
\end{multline}
```

04-15

$$A = \lim_{n\rightarrow\infty}\Delta x\left(a^{2}+\left(a^{2}+2a \Delta x +\left(\Delta x\right)^{2}\right)\right.$$
$$+\left(a^{2}+2\cdot2a\Delta x+2^{2}\left(\Delta x\right)^{2}\right)$$
$$+\left(a^{2}+2\cdot3a\Delta x+3^{2}\left(\Delta x\right)^{2}\right)$$
$$+\ldots$$
$$\left.+\left(a^{2}+2\cdot(n-1)a\Delta x+(n-1)^{2}\left(\Delta x\right)^{2}\right)\right)$$
$$= \frac{1}{3}\left(b^{3}-a^{3}\right) \qquad (14.17)$$

Die standardmäßige Anordnung der einzelnen Zeilen als »lc...cr« (left – center – ... – center – right) kann durch die beiden Makros `\shoveleft` und `\shoveright` beeinflusst werden. Diese erlauben eine Abweichung, indem sie einzelne Zeilen nach links oder rechts schieben, was deutlich in Beispiel 14-04-16 auf der nächsten Seite zu sehen ist.

`\shoveleft{`*Inhalt*`}` `\shoveright{`*Inhalt*`}`

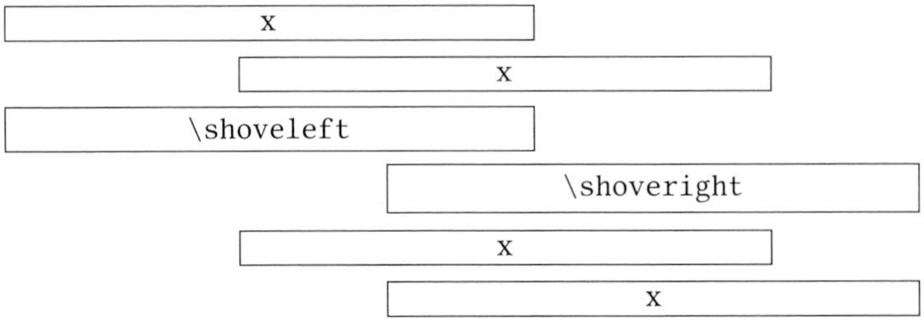

(14.18) 14-04-1

Das Verschieben der ersten Zeile nach rechts und der letzten nach links wird nur für den letzten Fall unterstützt, wobei hier auch die Gleichungsnummer mitwandert. Dies ist jedoch kein Problem, denn dieses läuft ohnehin der eigentlichen Idee der `multline`-Umgebung zuwider:

```
\usepackage{amsmath}
\newcommand*\CMD[1]{\texttt{\textbackslash#1}}

\begin{multline}
  \shoveright{\framebox[0.5\columnwidth]{\CMD{shoveright}}}\\
  \framebox[0.5\columnwidth]{x}\\
  \framebox[0.5\columnwidth]{x}\\
  \framebox[0.5\columnwidth]{x}\\
  \shoveleft{\framebox[0.5\columnwidth]{\CMD{shoveleft}}}
\end{multline}
```

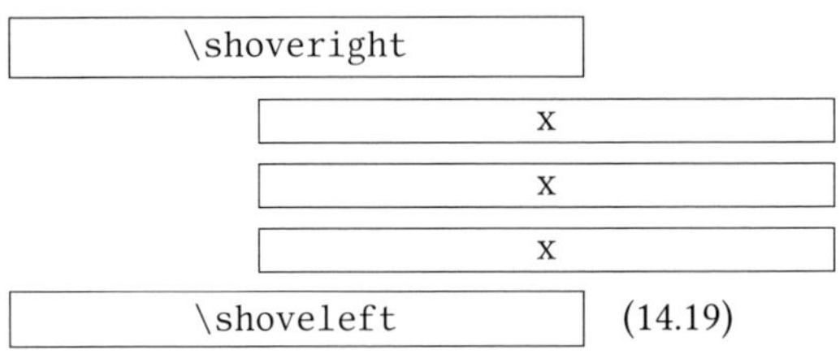

(14.19) 14-04-1

Die split-Umgebung

Keine eigene Gleichungsnummer

Die `split`-Umgebung hat Ähnlichkeit mit der `multline`-Umgebung und wird auch dort angewendet, wo die eigentliche Gleichung zu lang für eine Zeile ist. Im Gegensatz dazu kann `split` nur innerhalb anderer mathematischer Umgebungen benutzt werden (analog zu der `aligned`-Umgebung). Zu beachten ist, dass `split` aus diesem Grund über keine eigene Gleichungsnummerierung verfügt. Wird die `split`-Umgebung nicht innerhalb einer anderen benutzt, so wird eine entsprechende Fehlermeldung ausgegeben. Benutzt man `split` ohne jeden Spaltentrenner, so werden alle Zeilen rechtsbündig angeordnet, mit einem Spaltentrenner dagegen zentriert, aber ohne jeden mittleren Abstand, wenn dort kein mathematischer Vergleichsoperator erscheint.

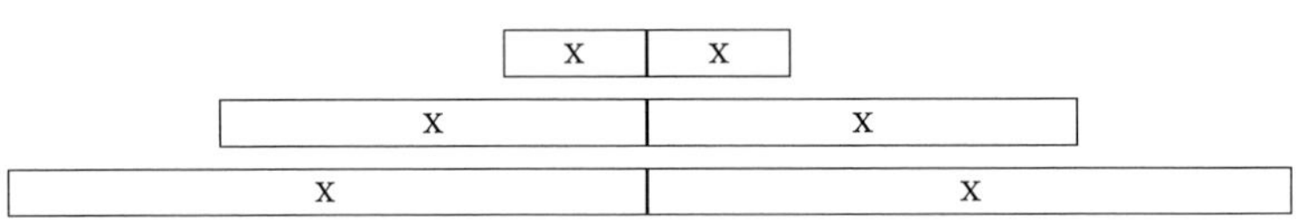

14-04-1

04-19

$$
\begin{split}
f(x) &= x \\
g(x) &= \sinh\left(x^2 - 1\right) \\
h(x) &= \arctan\left(\frac{x}{\sqrt{1+x^2}}\right)
\end{split} \tag{6.6}
$$

```
\usepackage{amsmath}

\begin{align}
\begin{split}
 f(x) &= x                        \\
 g(x) &= \sinh\left(x^2 1\right)\\
 h(x) &= \arctan\left(\frac{x}{\sqrt{1+x^2}}\right)
\end{split}
\end{align}
```

Im Gegensatz zur Umgebung `aligned` (siehe Abschnitt 14.4.2 auf Seite 345) erlaubt `split` nur einen einzigen Spaltentrenner.

Die cases-Umgebung

Die cases-Umgebung bietet für Fallunterscheidungen eine bessere Unterstützung als die Umgebung `array`. Die Syntax ist ähnlich einer $n \times 2$-Matrix:

```
\begin{cases}
  ...&...\\        ...& ...\\ ...
  ...&...
\end{cases}
```

Die Umgebung kann nur innerhalb des mathematischen Modus' auftreten, als Teil entweder einer anderen mathematischen Umgebung oder eines Makros. Im folgenden Beispiel wird bereits das später behandelte `\text`-Makro angewendet. Muss der Text wegen seiner Länge umbrochen werden, so kann eine `\parbox` eingesetzt werden, die allerdings mit einer festen Größe vorgegeben werden muss und zudem mit `\raggedright` gesetzt werden sollte, um ungünstige Wortabstände zu vermeiden.

```
\usepackage{amsmath}

\begin{align}
x &= \begin{cases}
      0 & \text{falls } a=\ldots\\
      1 & \text{falls } b=\ldots\\
      x & \parbox{5cm}{\raggedright Dieser Text kann so lang sein, wie er will,
           aber es gibt manchmal Probleme \ldots\ jetzt nicht mehr :-)}
\end{cases}
\end{align}
```

04-20

$$
x = \begin{cases}
0 & \text{falls } a = \ldots \\
1 & \text{falls } b = \ldots \\
x & \parbox{5cm}{Dieser Text kann so lang sein, wie er will, aber es gibt manchmal Probleme \ldots\ jetzt nicht mehr :-)}
\end{cases} \tag{14.20}
$$

Weitere Umgebungen mit einer case-Struktur erhält man durch das Laden des Paketes `mathtools` von Lars Madsen. (Høgholm u. a. 2021)

14.4.3 »Subequations«

Das Nummerieren von Untergleichungen wird mit Standard-LaTeX nicht unterstützt. Bei Benutzung von amsmath kann man allerdings auf die hier definierte subequations zurückgreifen. Dabei muss die »normale« mathematische Umgebung vollständig Teil von subequations sein.

$$y = d \tag{14.21a}$$
$$y = cx + d \tag{14.21b}$$
$$y = bx^2 + cx + d \tag{14.21c}$$
$$y = ax^3 + bx^2 + cx + d \tag{14.21d}$$

```
\usepackage{amsmath}

\begin{subequations}
\begin{align}
y &= d\\
y &= cx+d\\
y &= bx^{2}+cx+d\\
y &= ax^{3}+bx^{2}+cx+d
\end{align}
\end{subequations}
```

14-04-2

Dem Beispiel kann entnommen werden, dass die Zählung der Untergleichungen standardmäßig durch ein Anhängen eines Kleinbuchstabens erfolgt. Eine Änderung ist jetzt nur mit dem Makro \theparentequation möglich. Diese speichert die letzte »normale« und übergeordnete Gleichungsnummer im Zähler parentequation, da intern weiterhin der auch außerhalb der subequations gültige Zähler equation benutzt wird, der allerdings hier jetzt bei 1 beginnt. Um beim Ende der Umgebung wieder auf den alten Zähler zurückspringen zu können, wird der gespeicherte Wert von parentequation benötigt.

subequations

Modifikationen der Gleichungsnummer müssen *nach* Beginn der subequations erfolgen, wenn das Makro \theparentequation benutzt wird. Dieses wird erst innerhalb der Umgebung definiert.

$$y = d \tag{14.22-1}$$
$$y = cx + d \tag{14.22-2}$$
$$y = bx^2 + cx + d \tag{14.22-3}$$
$$y = ax^3 + bx^2 + cx + d \tag{14.22-4}$$

Eine Referenz zu Gl. 14.22-2 auf S. 1.

```
\usepackage{amsmath}

\begin{subequations}
\renewcommand{\theequation}{%
  \theparentequation -\arabic{equation}}
\begin{align}
y &= d\\
y &= cx+d\label{eq:subequation}\\
y &= bx^{2}+cx+d\\
y &= ax^{3}+bx^{2}+cx+d
\end{align}
\end{subequations}
Eine Referenz zu Gl.~\ref{eq:subequation}
  auf S.~\pageref{eq:subequation}.
```

14-04-2

Beispiel 14-04-22 zeigt, dass eine Referenz auf eine Untergleichung in gleicher Weise erfolgt wie auf normale Gleichungen.

Seitenumbruch

`amsmath` stellt zwei Makros bereit, mit denen der Benutzer den Seitenumbruch zwischen den Zeilen abgesetzter Gleichungen beeinflussen kann. Das erste Makro wirkt auf alle Gleichungen innerhalb der aktuellen oder tieferliegenden Gruppe bzw. Gruppen; das zweite dagegen nur auf den dem Makro folgenden Zeilenumbruch (\\).

```
\allowdisplaybreaks [Wert]
\displaybreak [Wert]
```

Die Syntax folgt im Falle von `\displaybreak` der von `\pagebreak`; der Parameterwert 0 ermöglicht also einen Seitenumbruch (ohne ihn zu begünstigen), während der Wert 4 einen Seitenumbruch erzwingt. Ein fehlender Parameter ist identisch zur Eingabe des Wertes 4. Bei `\allowdisplaybreaks` ist es umgekehrt: Der Wert 0 verhindert Seitenumbrüche generell, was dem Standardverhalten nach Laden des Pakets entspricht. Der Wert 4 dagegen überlässt es LaTeX beziehungsweise den Makros von `amsmath`, den optimalen Platz für einen Seitenumbruch zu bestimmen.

14.5 Matrix-Umgebungen

Unter Standard-LaTeX müssen die Begrenzer einer Matrix selbst vorgegeben werden, die Umgebung `array` ist prinzipiell identisch zur Umgebung `tabular`, mit der Ausnahme, dass als Zelleninhalte ausnahmslos mathematische Ausdrücke erwartet werden. Die Syntax ist daher bei beiden gleich, denn TeX unterscheidet intern eigentlich nicht zwischen diesen beiden. Die `array`-Umgebung kann selbst nur Teil eines anderen mathematischen Makros oder einer anderen Umgebung sein, denn sie selbst aktiviert nicht den Mathematik-Modus. Optionaler Zeilenvorschub und Linien sind ebenfalls möglich, wobei letztere hier nicht die Bedeutung wie in einer Tabelle haben.

```
\begin{array} [Position] {Spaltendefinition}
  ...& ...& ...& ...\\ [Zeilenvorschub]
  ...& ...& ...& ...\\ \hline
  ...
  ...& ...& ...& ...\\ \cline{von-bis}
  ...& ...& ...& ...
\end{array}
```

Das folgende Beispiel zeigt die möglichen Optionen für die vertikale Anordnung. Eine weitergehende Erklärung der Spaltendefinitionen findet man in Voß (2017c). Der Positionsparameter `c` ist der Standard, falls keine entsprechende Angabe vorhanden ist.

```
\[ z=f(x,y) \rightarrow
  \begin{array}[b]{|rl|} y &=f(x)\\ y &= 3x^2     \end{array} \rightarrow
  \begin{array}[c]{|rl|} x &=f(u)\\ x &= \sqrt{u} \end{array} \rightarrow
\setlength\arraycolsep{1.4pt}% Bessere Abstände
  \begin{array}[t]{|rl|} v &=f(w)\\ v &= u^2-w^3  \end{array} \rightarrow
  f(w) \]
```

4-05-1

$$z=f(x,y) \rightarrow \begin{array}[b]{|rl|} y &=f(x)\\ y &= 3x^2 \end{array} \rightarrow \begin{array}[c]{|rl|} x &=f(u)\\ x &= \sqrt{u} \end{array} \rightarrow \begin{array}[t]{|rl|} v &=f(w)\\ v &= u^2-w^3 \end{array} \rightarrow f(w)$$

Benutzt man die Umgebung array für Gleichungen, so sollte der Spaltenabstand entsprechend korrigiert werden, indem \arraycolsep verkleinert wird. Dieser wird erst in den jeweiligen Dokumentklassen mit einem Wert festgelegt (in der hier verwendeten Klasse mit 5.0pt). Setzt man diesen Wert auf ähnliche Abstände, wie sie in den anderen Umgebungen für abgesetzte Formeln verwendet werden, so erhält man eine weitaus bessere Ausrichtung als ohne Anpassung (siehe letzte Matrix in Beispiel 14-05-1 auf der vorherigen Seite). Will man diese Änderung global vornehmen, so kann dies innerhalb der Präambel vorgenommen werden. Soll sie lokal für eine Gleichung gelten, so wird alles mit \begingroup und \endgroup in eine Gruppe gesetzt.

Matrixumgebungen mit vordefinieren Klammern bietet das Paket amsmath. Tabelle 14.5 zeigt eine Zusammenstellung der verschiedenen Umgebungen.

Tabelle 14.4: Zusammenstellung der verschiedenen Matrix-Umgebungen.

Umgebung	*Beispiel*	*Umgebung*	*Beispiel*	*Umgebung*	*Beispiel*
Vmatrix	$\begin{Vmatrix} a & b \\ c & d \end{Vmatrix}$	Bmatrix	$\begin{Bmatrix} a & b \\ c & d \end{Bmatrix}$	matrix	$\begin{matrix} a & b \\ c & d \end{matrix}$
vmatrix	$\begin{vmatrix} a & b \\ c & d \end{vmatrix}$	bmatrix	$\begin{bmatrix} a & b \\ c & d \end{bmatrix}$	pmatrix	$\begin{pmatrix} a & b \\ c & d \end{pmatrix}$
smallmatrix	$\begin{smallmatrix} a & b \\ c & d \end{smallmatrix}$				

Alle Matrix-Umgebungen können beliebig verschachtelt werden, sodass jede noch so komplizierte Anordnung möglich sein sollte. Sie müssen jedoch Teil einer anderen mathematischen Umgebung oder eines anderen Makros sein, da sie selbst nicht den mathematischen Modus aktivieren können.

$$\begin{bmatrix} a & b \\ \begin{Vmatrix} A & B \\ C & D \end{Vmatrix} & c & d \end{bmatrix} \tag{14.23}$$

14-05-2

```
\usepackage{amsmath}

\begin{align} \begin{bmatrix}
  a & b\\
  \begin{Vmatrix} A & B\\ C & D \end{Vmatrix}
  c & d
\end{bmatrix} \end{align}
```

Die Anordnung der einzelnen Elemente ist für alle Matrix-Umgebungen standardmäßig zentriert, was nicht immer angebracht ist, beispielsweise bei negativen Zahlenkolonnen. Das Paket mathtools stellt MAtrixumgebungen bereit, deren Ausrichtung über einen optionalen Parameter angegeben werden kann.

Maximale Spaltenzahl

Die Maximalzahl an Spalten ist bei Matrizen, die ohne explizite Spaltendefinition erstellt werden, intern willkürlich auf 10 Spalten begrenzt. Durch Erhöhung des internen Zählers MaxMatrixCols kann dies jederzeit verändert werden, beispielsweise durch \setcounter{*MaxMatrixCols*}{*20*}.

14.6 Gleichungsnummern

In der Regel kann man für jede Zeile einer Gleichung eine Gleichungsnummer erstellen. Einzelne Zeilen können bei mehrzeiligen Umgebungen mit dem Makro `\nonumber` von der Nummerierung ausgenommen werden, alle Zeilen dagegen durch die Verwendung der Sternversion der betreffenden Umgebung. Grundsätzlich gelten für die Art der Nummerierung folgende Voraussetzungen (für »subequations« siehe Abschnitt 14.4.3 auf Seite 350):

- Ist die Dokumentenklasse vom Typ `article`, so erfolgt die Nummerierung durchgängig über alle Teile und Abschnitte hinweg. Der Zähler kann nur manuell zurückgesetzt werden, was in den folgenden Abschnitten gezeigt wird.
- Ist die Dokumentenklasse vom Typ `book`, wird die Nummerierung kapitelweise vorgenommen, d. h. mit Beginn eines neuen Kapitels startet die Zählung der Gleichungen wieder von vorne. Zur Unterscheidung wird daher in der Regel die Kapitelnummer vor die Gleichungsnummer gesetzt.
- In Standard-LaTeX besteht ein Problem mit der Zeilennummerierung, wenn die Gleichung zu lang ist. In diesem Fall wird die Gleichungsnummer über die eigentliche Gleichung geschrieben. Der Anwender muss hier manuell eingreifen oder das `amsmath`-Paket verwenden; dann wird die Nummer unter die Gleichung gesetzt.

Gleichungsnummerierung

Aus wissenschaftlicher Sicht sollten alle Gleichungen nummeriert werden. Auf die einzelnen Gleichungsnummern sollte dann im Text verwiesen werden. Eine Gleichungsnummer ohne Verweis im Text sollte vermieden werden.

14.6.1 Änderung des Stils der Nummerierung

Das Makro `\theequation` speichert den Stil, mit dem Gleichungsnummern gesetzt werden und wird in der jeweiligen Dokumentenklasse neu definiert, beispielsweise in `scrbook` zu:

```
\renewcommand*\theequation{\thechapter.\arabic{equation}}
```

Eine Umdefinition kann an jeder beliebigen Stelle des Dokumentes erfolgen, wobei es keine Auswirkung auf bereits gesetzte Gleichungen hat. Im folgenden Beispiel ist die Nummerierung der Art »9.12« willkürlich und ohne praktischen Sinn in »3-G« geändert worden.

4-06-1

$$f(x) = \int \frac{\sin x}{x}\,\mathrm{d}x \qquad (24)$$

$$f(x) = \int \frac{\sin x}{x}\,\mathrm{d}x \qquad (14\text{-}Y)$$

```
\newcommand*\diff{\mathop{}\!\mathrm{d}}
\begin{equation}
f(x)= \int\frac{\sin x}{x}\diff x \end{equation}
\renewcommand*\theequation{%
  \thesection-\Alph{equation}}
\begin{equation}
f(x)= \int\frac{\sin x}{x}\diff x
\end{equation}
```

14.6.2 Zurücksetzen einer Zählerdefinition

Unabhängig von der im vorigen Abschnitt gezeigten Neudefinition der Gleichungsnummerierung erfolgt im folgenden Beispiel 14-06-2 das standardmäßige Zurücksetzen des Zählers bei Beginn eines neuen Kapitels bei einer scrbook-Klasse; der chapter-Zähler läuft weiter, der equation-Zähler startet neu.

14-06-

```
\documentclass{scrbook}
\usepackage{amsmath} \newcommand*\diff{\mathop{}\!\mathrm{d}}
\chapter{foo}
Die Gleichungen werden kapitelweise gezählt.
\begin{equation} f(x)= \int\frac{\sin x}{x}\diff x \end{equation}
\begin{equation} f(x)= \int\frac{1}{x^2}\diff x    \end{equation}
\chapter{bar}
Die \texttt{equation}-Zählung wird jetzt durch das neue Kapitel zurückgesetzt und
beginnt von vorne.
\begin{equation} f(x)= \int\frac{\sin x}{x}\diff x \end{equation}
\begin{equation} f(x)= \int\frac{1}{x^2}\diff x    \end{equation}
```

1 foo

Die Gleichungen werden kapitelweise gezählt.

$$f(x) = \int \frac{\sin x}{x} \mathrm{d}x \qquad (1.1)$$

$$f(x) = \int \frac{1}{x^2} \mathrm{d}x \qquad (1.2)$$

2 bar

Die equation-Zählung wird jetzt durch das neue Kapitel zurückgesetzt und beginnt von vorne.

$$f(x) = \int \frac{\sin x}{x} \mathrm{d}x \qquad (2.1)$$

14.6.3 Gleichungsnummerierung mit amsmath

Das Makro \numberwithin wird von amsmath zusätzlich definiert, mit welchem auf einfache Weise festgelegt werden kann, welche Ebenen Teil des Zählers sein sollen. Die Wirkung wird an den folgenden Beispielen gezeigt, wozu erst einmal die Kapitel- und Abschnittsnummer beispielhaft entfernt werden sollen.

\numberwithin{*Zähler*}{*Ebene*}

Standardmäßig werden bei der book-Klasse die Gleichungen in der Form »Kapitel.Nr« nummeriert. Möchte man jetzt beispielsweise zusätzlich den Abschnitt (section) haben, also »Kapitel.Abschnitt.Nr«, so erreicht man dies mit dem Makro \numberwithin. Zu beachten ist, dass kein korrespondierendes Makro \numberwithout existiert. Ein Rückstellen muss dann über eine Redefinition von \theequation erfolgen.

```
\renewcommand\theequation{Definition}
```

4-06-3

$$z = f(x,y) \tag{14.27}$$

$$\begin{array}{c|cccccc} & c & o & l & u & m & n \\ \hline l & 1 & 0 & 0 & 0 & \cos\phi & \sin\phi \\ i & 0 & 1 & 0 & 0 & -\sin\phi & \cos\phi \\ n & 0 & 0 & 1 & 0 & 0 & 0 \\ e & 0 & 0 & 0 & 1 & 0 & 0 \end{array} \tag{14.6.28}$$

$$y = f(x) \tag{29}$$

```
\documentclass{scrbook}
\usepackage{amsmath} \usepackage{libertinus-otf}

\begin{flalign} z &= f(x,y) \end{flalign}
\numberwithin{equation}{section}
\begin{align}
\bordermatrix{%
  & c& o& l& u& m &n \cr
 l& 1& 0& 0& 0& \cos \phi& \sin\phi\cr
 i& 0& 1& 0& 0& -\sin\phi& \cos\phi\cr
 n& 0& 0& 1& 0&    0    &    0    \cr
 e& 0& 0& 0& 1&    0    &    0    \cr}
\end{align}
\renewcommand\theequation{\arabic{equation}}
\begin{flalign} y &= f(x) \end{flalign}
```

amsmath verwendet im Zusammenhang mit den Gleichungsnummern den Begriff »tag«. Das Makro \tag kann faktisch jeden beliebigen Inhalt als Parameter haben.

```
\usepackage{amsmath} \usepackage{libertinus-otf}

\begin{align}
  H_c &= \frac{1}{2n} \sum^n_{l=0} (-1)^l (n-l)^{p-2} \sum_{l_1 + \dots + l_p=l}
         \prod^p_{i=1} \binom{n_i}{l_i} \tag{*}\label{eq:tagDemo}\\
      & \quad\cdot [(n-l)-(n_i-l_i)]^{n_i-l_i}\tag{II-AZ}\label{eq:tagDemo2}
\end{align}
Man kann auch auf einen Tag verweisen, wie auf obiges Label~\eqref{eq:tagDemo}
oder auf~\eqref{eq:tagDemo2}.
```

4-06-4

$$H_c = \frac{1}{2n}\sum_{l=0}^{n}(-1)^l(n-l)^{p-2}\sum_{l_1+\dots+l_p=l}\prod_{i=1}^{p}\binom{n_i}{l_i} \tag{*}$$

$$\cdot\,[(n-l)-(n_i-l_i)]^{n_i-l_i} \tag{II-AZ}$$

Man kann auch auf einen Tag verweisen, wie auf obiges Label (*) oder auf (II-AZ).

Mit der äußeren Form der Gleichungsnummerierung ist hier lediglich die übliche Klammerung gemeint, die ebenfalls überschrieben, beziehungsweise in der LaTeX-üblichen Weise neu definiert werden kann. In amsmath ist das Makro \tagform@ dafür zuständig. Es gibt aber auch einzelne Pakete, die eine einfachere Änderung in dem Sinne ermöglichen, dass man nicht auf \makeatletter ...\makeatother angewiesen ist. Für einzelne Gleichungen bietet sich auch das Makro \tag an, welches im folgenden Abschnitt beschrieben wird.

14.7 Marken (Label)

Jede nummerierte Gleichung oder Gleichungszeile kann mit einer externen Marke versehen werden. Intern werden derartige Gleichungen sowieso über die entsprechenden

Zähler markiert. Auf diese Marken kann dann mit einer Referenz in der üblichen Art und Weise Bezug genommen werden.

Marken

Es gibt faktisch keine Einschränkungen bezüglich der Markennamen, dennoch sollte man vorsorglich auf die speziellen aktiven TEX-Zeichen ($ _ # ^ ~ \ & % { }.), das Leerzeichen und die Umlaute verzichten. Die Marken werden bei einer Referenzierung von TEX durch die zugehörige Gleichungsnummer ersetzt.

Für einzelne Gleichungen kann die Sternversion des \tag-Makros angewendet werden, welches jede Klammerung ignoriert und nur sein Argument ausgibt. Dieses kann unter anderem auch für einfache Gleichungsbeschreibungen »missbraucht« werden:

```
\usepackage{amsmath} \usepackage{libertinus-otf}

\begin{align}
  f(x) &= cx+b              \tag*{linear}\\
  g(x) &= dx^2+cx+b         \tag*{quadratisch}\\
  h(x) &= ex^3+dx^2+cx+b \tag*{kubisch}
\end{align}
```

$$f(x) = cx + b \qquad \text{linear}$$
$$g(x) = dx^2 + cx + b \qquad \text{quadratisch}$$
$$h(x) = ex^3 + dx^2 + cx + b \qquad \text{kubisch}$$

14-07-1

Zusätzlich zum standardmäßigen Makro \ref zum Referenzieren auf Marken, definiert amsmath das Makro \eqref, welches lediglich wieder die Klammern um die Gleichungsnummer setzt (siehe Beispiel 14-06-4). Das \tag-Makro ignoriert jede \nonumber-Anweisung für einzelne Zeilen und jede Sternversion einer Umgebung; das Argument von \tag wird in jedem Fall ausgegeben, die Umgebung ist für diese Zeile keine Sternversion mehr.

$$\sqrt{a}\cdot\sqrt{b} = \sqrt{ab}$$
$$\frac{\sqrt{a}}{\sqrt{b}} = \sqrt{\frac{a}{b}} \qquad (\bullet)$$
$$a\sqrt{b} = \sqrt{a^2 b}$$

```
\usepackage{amsmath}

\begin{align*}
  \sqrt{\vphantom{b}a}\cdot\sqrt{b}
    &= \sqrt{ab} \\
  \frac{\sqrt{a}}{\sqrt{b}}
    &= \sqrt{\frac{a}{b}} \tag{$\bullet$}\\
  a\sqrt{b} & =\sqrt{a^2 b}
\end{align*}
```

14-07-2

Textmodus \tag setzt sein Argument im Textmodus, sodass ein mathematisches Symbol wie \bullet als Argument von \tag nur dann gültig ist, wenn es, wie in obigem Beispiel zu sehen ist, in $...$ eingeschlossen wird. Dies erfolgt unabhängig davon, dass \tag selbst schon im Mathematikmodus war.

Es existieren zwei Paketoptionen speziell für Marken (Label), die beim Laden von amsmath angegeben werden können. Zum einen ctagsplit und zum anderen righttag. Eine Beschreibung der Bedeutung befindet sich am Beginn dieses Kapitels auf Seite 336.

14.8 Weitere mathematische Elemente

Diese Elemente können sowohl im Zeilenmodus als auch im abgesetzten Modus angewendet werden. Im ersten Fall sind all die Dinge zu beachten, wie sie im Abschnitt 14.3 auf Seite 336 bereits angesprochen wurden.

14.8.1 Wurzeln (Roots)

Das Makro \sqrt setzt die Quadratwurzel oder über das optionale Argument jede beliebige andere zulässige Wurzel:

\sqrt [*Wurzelexponent*] {*Radikand*}

14-08-1

$\sqrt{x} \quad \sqrt[3]{x} \quad \sqrt[\pi]{\pi}$

```
\large
$\sqrt{x} \quad  \sqrt[3]{x} \quad \sqrt[\pi]{\pi}$
```

Hat man mehrere Wurzelausdrücke hintereinander, kann es zu verschiedenen Höhen der Wurzeln kommen. Der rechte Ausdruck in der ersten Gleichung des Beispiels 14-08-2 zeigt diesen Fall ganz deutlich, wohingegen dies für die zweite Gleichung durch Einsatz des \vphantom-Makros verhindert wird (siehe Abschnitt 06-14-2 auf Seite 119).

14-08-2

$$\sqrt{a}\,\sqrt{T}\,\sqrt{2\alpha k_{B_1}T^i} \qquad (1)$$

$$\sqrt{a\vphantom{k_{B_1}T^{\scriptscriptstyle i}}}\,\sqrt{T\vphantom{k_{B_1}T^{\scriptscriptstyle i}}}\,\sqrt{2\alpha k_{B_1}T^i} \qquad (2)$$

```
\begin{equation}
  \sqrt{a}\,\sqrt{T}\,\sqrt{2\alpha k_{B_1}T^i}
\end{equation}
\begin{equation}
 \sqrt{a\vphantom{k_{B_1}T^{\scriptscriptstyle i}}}\,
 \sqrt{T\vphantom{k_{B_1}T^{\scriptscriptstyle i}}}\,
 \sqrt{2\alpha k_{B_1}T^i}
\end{equation}
```

Wurzeln werden je nach benötigter Größe mit unterschiedlichen Symbolen dargestellt. Eine einfache Demonstration macht dies deutlich:

14-08-3

$$\sqrt{1+\sqrt{1+\sqrt{1+\sqrt{1+\sqrt{1+\sqrt{1+x}}}}}}$$

```
\[
   \sqrt{1+ \sqrt{1+ \sqrt{1+ \sqrt{1
     + \sqrt{1 + \sqrt{1+x}}}}}}
\]
```

Verschiedene Wurzelausdrücke ansprechend nebeneinander zu setzen ist nicht immer einfach. Am Anfang dieses Abschnitts wurden bereits einige Möglichkeiten für eine Optimierung beschrieben. amsmath definiert zwei weitere Hilfsmakros, um das Setzen von Wurzeln weiter zu verbessern. Diese können jedoch nur im Zusammenhang mit dem eigentlichen Wurzelmakro \sqrt sinnvoll verwendet werden.

\sqrt [\leftroot{*Wert*} \uproot{*Wert*} *n*] {*Radikand*}

Hierin bezeichnet *Wert* zum einen die horizontale Verschiebung und zum anderen die vertikale Verschiebung des Wurzelexponenten (n), der Radikand bleibt hiervon unberührt. *Wert* muss eine ganze Zahl sein, also ohne Einheit angegeben werden, wird aber intern in mu interpretiert (»math unit«: 1mu = 1/18em). Um die Wirkung der beiden Makros zu verdeutlichen, wird das Beispiel durch `\Large` vergrößert dargestellt.

$\sqrt[k_n]{a} \quad \sqrt[\uproot{2}k_n]{a} \quad \sqrt[\leftroot{2}\uproot{2}k_n]{a}$

```
\usepackage{amsmath}

\Large $\sqrt[k_n]{a}$ \quad
$\sqrt[\uproot{2}k_n]{a}$ \quad
$\sqrt[\leftroot{2}\uproot{2}k_n]{a}$
```
14-08-4

Neben dem Platzieren des Exponenten kann das des Radikanden ebenso einige Korrekturen erfordern, insbesondere dann, wenn dieser einen Index oder sogar einen gestockten Index (Doppelindex) aufweist. Das Makro `\smash` ermöglicht eine Modifikation der Basislinie, auf die sich die Wurzel bezieht.

> `\smash` [*Position*] {*Radikand*}

Das optionale Argument kann drei mögliche Werte annehmen, wobei `tb` der Standardvorgabe entspricht.

`t` Lässt die Basis fest und verändert die Höhe.
`b` Lässt die Höhe fest und verändert die Basis.
`tb` Verändert sowohl die Basis als auch die Höhe.

Grundsätzlich wird damit nur der Radikand beeinflusst, der Wurzelexponent bleibt davon unberührt.

```
\usepackage{amsmath}
\newcommand\rV{\rule{5mm}{0.4pt}}

\Large A\rV$\sqrt{\frac{x}{\lambda}}\rV\sqrt{\smash[b]{\frac{b}{\lambda}}}
  \rV\sqrt{\smash[t]{\frac{t}{\lambda}}}\rV\sqrt{\smash[tb]{\frac{tb}{\lambda}}}
  \rV\sqrt{\frac{b}{\lambda_{k_{i}}}}\rV
     \sqrt{\frac{b}{\smash[b]{\lambda_{k_{i}}}}}$\rV B
```

$$\mathrm{A}\rule{5mm}{0.4pt}\sqrt{\frac{x}{\lambda}}\rule{5mm}{0.4pt}\sqrt{\smash[b]{\frac{b}{\lambda}}}\rule{5mm}{0.4pt}\sqrt{\smash[t]{\frac{t}{\lambda}}}\rule{5mm}{0.4pt}\sqrt{\smash[tb]{\frac{tb}{\lambda}}}\rule{5mm}{0.4pt}\sqrt{\frac{b}{\lambda_{k_{i}}}}\rule{5mm}{0.4pt}\sqrt{\frac{b}{\smash[b]{\lambda_{k_{i}}}}}\rule{5mm}{0.4pt}\mathrm{B}$$
14-08-5

14.8.2 Klammern (bracket, brace und parenthesis)

Das Setzen von Klammern unterschiedlicher Ebenen und unterschiedlichen Typs gehört zu den Standardproblemen des mathematischen Satzes. Unter Klammer wird bei LaTeX alles verstanden, was zu der folgenden Liste gehört: $()[]/\backslash\ \{\}\ |\ \|\ \lfloor\rfloor\ \lceil\rceil\ \langle\rangle\ \uparrow\Uparrow\ \downarrow\Downarrow\ \updownarrow\Updownarrow$, auch wenn es nicht unbedingt einsichtig erscheint. Die Klammersymbole sollten in der Regel immer in der Kombination von `\left` und `\right` benutzt werden, wobei die Symbole jeweils das Argument dieser Makros sind und grundsätzlich paarweise auftreten müssen. Der Vorteil dieser Klammersetzung ist, dass LaTeX automatisch versucht, die

Höhe entsprechend zu wählen, sodass der umklammerte Teil niemals größer als die Klammern selbst werden kann. Dies wird auch bei geschachtelten Klammern beachtet.

`\left`-`\right`-Kombination

Da zu einem `\left` zwingend ein `\right` innerhalb *derselben* Zeile gehört, gibt es die Möglichkeit, durch Verwendung des Punktes als Parameter das Setzen der zugehörigen Klammer zu unterdrücken. Es wird dann nur ein kleiner zusätzlicher Abstand eingefügt.

Da eine Tabelle standardmäßig immer zentriert zur Basislinie gesetzt wird, kann man sie auch im Mathematikmodus benutzen, um eine große vertikale Klammer zu setzen. Die Höhe wird automatisch durch die `\left`-`\right`-Kombination bestimmt. Die Tabelle selbst schaltet im Mathematikmodis automatisch in den Textmodus.

08-6

$$\left.\begin{array}{ccc} \text{a} & \text{b} & \text{c}\\ \text{A} & \text{A} & \text{C}\\ \text{y} & \text{x} & \text{b}\\ \text{u} & \text{V} & \text{w} \end{array}\right\}\text{ Auch dies geht.}$$

```
$ \left. % Keine Klammer setzen
  \begin{tabular}{ccc}
    a & b & c\\
    A & A & C\\
    y & x & b\\
    u & V & w\\
\end{tabular} \right\}$ Auch dies geht.
```

Es ist offensichtlich, dass im folgenden Beispiel im ersten Fall die Höhen der verschachtelten Klammern nur suboptimal sind. Die innere Klammer sollte jeweils etwas kleiner sein als die umschließende. Das Problem ist in diesem und anderen Fällen die Kontrolle der Klammerhöhen über die Länge `\delimitershortfall` und den TeX-Zähler `\delimiterfactor`, die auf folgende Werte gesetzt sind:

```
\delimitershortfall=5pt
\delimiterfactor=901
```

Die Bedeutung kann man in Voß (2018) nachlesen. Hier soll der Hinweis reichen, dass man beispielsweise durch Verkleinern von `\delimitershortfall` eine bessere Abstufung erreichen kann.

```
\[ \left(\left(\left(\left(\left(\left(\left(\left(\left(\left(\left(
   \left(\left(\left(\left( A \right)\right)\right)\right)\right)\right)
   \right)\right)\right)\right)\right)\right)\right)\right)\right) \]

{ \setlength\delimitershortfall{-3pt} % lokal halten
\[ \left(\left(\left(\left(\left(\left(\left(\left(\left(\left(\left(
   \left(\left(\left(\left( A \right)\right)\right)\right)\right)\right)
   \right)\right)\right)\right)\right)\right)\right)\right)\right) \] }
```

08-7

$$(((((((((((((((A)))))))))))))))$$

$$\left(\left(\left(\left(\left(\left(\left(\left(\left(\left(\left(\left(\left(\left(\left(A\right)\right)\right)\right)\right)\right)\right)\right)\right)\right)\right)\right)\right)\right)\right)$$

Die geschweifte Klammer kann den beiden Makros `\left` und `\right` nur zugewiesen werden, wenn sie durch den Backslash maskiert (escaped) wird. In manchen Anwendungsfällen ist es einfacher, feste Klammergrößen vorzugeben.

`\big`⟨*Klammersymbol*⟩	`\Big`⟨*Klammersymbol*⟩
`\bigg`⟨*Klammersymbol*⟩	`\Bigg`⟨*Klammersymbol*⟩

Die folgende Aufstellung zeigt alle von Standard-LaTeX als sogenannte Delimiter definierte Klammersymbole, die jedoch nicht alle beliebig vergrößert werden können. Das Beispiel 14-08-7 mit den »`\left`–`\right`«-Kombinationen ist hier nur aus Gründen der Vollständigkeit angegeben, denn die Größe der Symbole orientiert sich normalerweise an der Größe der eingeschlossenen Umgebung.

```
\setmathfont{XITS Math}[range={\lmoustache,\rmoustache}]

$ \big(\Big(\bigg(\Bigg(x\Bigg)\bigg)\Big)\big)\qquad
  \big[\Big[\bigg[\Bigg[x\Bigg]\bigg]\Big]\big]\qquad
  \big|\Big|\bigg|\Bigg|x\Bigg|\bigg|\Big|\big|\qquad
  \big\lbrace\Big\lbrace\bigg\lbrace\Bigg\lbrace x
   \Bigg\rbrace\bigg\rbrace\Big\rbrace\big\rbrace\qquad
  \big<\Big<\bigg<\Bigg<x\Bigg>\bigg>\Big>\big> $

$ \big/\Big/\bigg/\Bigg/x
    \Bigg\backslash\bigg\backslash\Big\backslash\big\backslash\qquad
  \big\lceil\Big\lceil\bigg\lceil\Bigg\lceil x
   \Bigg\rceil\bigg\rceil\Big\rceil\big\rceil\qquad
  \big\lfloor\Big\lfloor\bigg\lfloor\Bigg\lfloor x
   \Bigg\rfloor\bigg\rfloor\Big\rfloor\big\rfloor\qquad
  \big\lmoustache\Big\lmoustache\bigg\lmoustache\Bigg\lmoustache x
   \Bigg\rmoustache\bigg\rmoustache\Big\rmoustache\big\rmoustache $
```

14-08-

$$\big(\Big(\bigg(\Bigg(x\Bigg)\bigg)\Big)\big)\qquad \big[\Big[\bigg[\Bigg[x\Bigg]\bigg]\Big]\big]\qquad \big|\Big|\bigg|\Bigg|x\Bigg|\bigg|\Big|\big|\qquad \big\lbrace\Big\lbrace\bigg\lbrace\Bigg\lbrace x\Bigg\rbrace\bigg\rbrace\Big\rbrace\big\rbrace\qquad \big\langle\Big\langle\bigg\langle\Bigg\langle x\Bigg\rangle\bigg\rangle\Big\rangle\big\rangle$$

$$\big/\Big/\bigg/\Bigg/x\Bigg\backslash\bigg\backslash\Big\backslash\big\backslash\qquad \big\lceil\Big\lceil\bigg\lceil\Bigg\lceil x\Bigg\rceil\bigg\rceil\Big\rceil\big\rceil\qquad \big\lfloor\Big\lfloor\bigg\lfloor\Bigg\lfloor x\Bigg\rfloor\bigg\rfloor\Big\rfloor\big\rfloor\qquad \big\lmoustache\Big\lmoustache\bigg\lmoustache\Bigg\lmoustache x\Bigg\rmoustache\bigg\rmoustache\Big\rmoustache\big\rmoustache$$

Die obigen Makros unterscheiden nicht zwischen Links- und Rechtsklammern, was sinnvoll ist, wenn man z. B. den folgenden mathematischen Ausdruck hat:

$$\bigg)\times\frac{a}{b}\times\bigg(\qquad (1)$$

```
\begin{equation}
  \bigg)\times \frac{a}{b} \times\bigg(
\end{equation}
```

14-08-

`\bigl`⟨*Klammersymbol*⟩	`\bigr`⟨*Klammersymbol*⟩
`\Bigl`⟨*Klammersymbol*⟩	`\Bigr`⟨*Klammersymbol*⟩
`\biggl`⟨*Klammersymbol*⟩	`\biggr`⟨*Klammersymbol*⟩
`\Biggl`⟨*Klammersymbol*⟩	`\Biggr`⟨*Klammersymbol*⟩

In diesem Fall ist der horizontale Abstand zwischen mathematischem Ausdruck und den Klammern etwas zu groß. Für solche Fälle kann die Links-/Rechtsvariante `\biggl` und `\biggr` benutzt werden:

08-10

$$\biggl)\times \frac{a}{b} \times\biggr(\qquad (1)$$

```
\begin{equation}
  \biggl)\times \frac{a}{b} \times\biggr(
\end{equation}
```

LaTeX interpretiert das `\biggl`- beziehungsweise `\biggr`-Makro als sogenanntes Mathopen-Symbol, welches standardmäßig einen kleineren horizontalen Zwischenraum einfügt. Die Links-/Rechtsvarianten gibt es für alle oben angewendeten Makros. Eine Besonderheit ist dagegen die »m«-Variante, welche für »middle« steht und wieder für alle Kombinationen zur Verfügung steht: `\bigm`, `\Bigm`, `\biggm` und `\Biggm`. Diese Version funktioniert analog zu den Versionen ohne den »m«-Zusatz, fügt also einen bestimmten horizontalen Zwischenraum ein, was im folgenden Beispiel sinnvoll ist.

`\bigm`⟨*Klammersymbol*⟩	`\Bigm`⟨*Klammersymbol*⟩
`\biggm`⟨*Klammersymbol*⟩	`\Biggm`⟨*Klammersymbol*⟩

08-11

$$\bigg(\frac{1}{3}\bigg|\frac{3}{4}\bigg)$$
$$\bigg(\frac{1}{3}\biggm|\frac{3}{4}\bigg)$$

```
\everymath{\displaystyle}

$\bigg(\frac{1}{3}\bigg|\frac{3}{4}\bigg)$\\ % Normalversion
$\bigg(\frac{1}{3}\biggm|\frac{3}{4}\bigg)$ % m-Version
```

14.8.3 Text im Mathematikmodus

Normaler Text sollte im Mathematikmodus immer in aufrechter Form gesetzt werden; nur mathematische Variablen sollen vereinbarungsgemäß schräg gestellt erscheinen: $Mathe\ \text{Text}\ Mathe$ (siehe auch Tabelle 14.8 auf Seite 365). Es wurde bereits mehrfach darauf hingewiesen, dass Buchstaben und Zahlen im Mathematikmodus aus einem anderen Zeichensatz kommen als normaler Text. Es gibt verschiedene Möglichkeiten, innerhalb des mathematischen Modus' in den normalen Textmodus zu wechseln:

08-12

$Mathe - \text{aufrecht} - \text{aufrecht} - \text{aufrecht}$

$A^{\text{text}}_{\text{text}_\text{text}} \quad A^{\text{text}}_{\text{text}_\text{text}}$

$A^{\text{text}}_{\text{text}_{\text{text}}} \quad A^{\text{text}}_{\text{text}_\text{text}}$

```
\usepackage{amsmath}\everymath{\displaystyle}

$Mathe - \text{aufrecht} -
  \textrm{aufrecht} - \mbox{aufrecht}$
\par\Large
$A^{\text{text}}_{\text{text}_\text{text}}$\quad
$A^{\textrm{text}}_{\textrm{text}_\textrm{text}}$\par
$A^{\mbox{text}}_{\mbox{text}_{\mbox{text}}}$ \quad
$A^{\textnormal{text}}_{%
    \textnormal{text}_\textnormal{text}}$
```

`\textrm` Es werden die Zeichen aus dem Textzeichensatz genommen, die standardmäßig aufrecht sind.

`\mbox` Es werden die Zeichen aus dem Textzeichensatz genommen, zusätzlich wird der Text im `\textstyle`-Mathematikstil gesetzt (siehe Abschnitt 14.8.9 auf Seite 367), sodass Vorsicht geboten ist, wenn `\mbox` für einen Exponenten oder einen Index eingesetzt wird.

`\text` Mit dem Paket `amsmath` steht dieses Makro zur Verfügung, welches bevorzugt angewendet werden sollte.

Je nach Zeichensatz ist dann noch zu beachten, dass `\mathrm` seine Zeichen grundsätzlich aus dem Roman-Zeichensatz nimmt. Da es im mathematischen Satz für Text keinen Zeilenumbruch gibt, muss man in solchen Fällen auf eine `\parbox` oder `minipage` zurückgreifen:

Tabelle 14.5: Font-Makros im Mathematikmodus, ohne dass außer `unicode-math` zusätzliche Pakete geladen werden (`\symcal` und `\symfrak` nur für große Buchstaben). Die verwendete standardmäßige Mathematikschrift ist `Latin Modern Math Regular`.

14-08-1

Makro	*Test*
`\symup`	ABCDEFGHIJKLMNOPQRSTUVWXYZ abcdefghijklmnopqrstuvwxyz
`\symit`	*ABCDEFGHIJKLMNOPQRSTUVWXYZ* *abcdefghijklmnopqrstuvwxyz*
`\symbf`	**ABCDEFGHIJKLMNOPQRSTUVWXYZ** **abcdefghijklmnopqrstuvwxyz**
`\symsf`	ABCDEFGHIJKLMNOPQRSTUVWXYZ abcdefghijklmnopqrstuvwxyz
`\symtt`	ABCDEFGHIJKLMNOPQRSTUVWXYZ abcdefghijklmnopqrstuvwxyz
`\symnormal`	*ABCDEFGHIJKLMNOPQRSTUVWXYZ* *abcdefghijklmnopqrstuvwxyz*
`\symbfup`	**ABCDEFGHIJKLMNOPQRSTUVWXYZ** **abcdefghijklmnopqrstuvwxyz**
`\symbfit`	***ABCDEFGHIJKLMNOPQRSTUVWXYZ*** ***abcdefghijklmnopqrstuvwxyz***
`\symsfup`	ABCDEFGHIJKLMNOPQRSTUVWXYZ abcdefghijklmnopqrstuvwxyz
`\symsfit`	*ABCDEFGHIJKLMNOPQRSTUVWXYZ* *abcdefghijklmnopqrstuvwxyz*
`\symbfsfup`	**ABCDEFGHIJKLMNOPQRSTUVWXYZ** **abcdefghijklmnopqrstuvwxyz**
`\symbfsfit`	***ABCDEFGHIJKLMNOPQRSTUVWXYZ*** ***abcdefghijklmnopqrstuvwxyz***
`\symbfsf`	**ABCDEFGHIJKLMNOPQRSTUVWXYZ** **abcdefghijklmnopqrstuvwxyz**
`\symbb`	ABCDEFGHIJKLMNOPQRSTUVWXYZ abcdefghijklmnopqrstuvwxyz
`\symbbit`	– nicht vorhanden –
`\symscr`	ABCDEFGHIJKLMNOPQRSTUVWXYZ
`\symcal`	ABCDEFGHIJKLMNOPQRSTUVWXYZ
`\symbfcal`	**ABCDEFGHIJKLMNOPQRSTUVWXYZ**
`\symfrak`	ABCDEFGHIJKLMNOPQRSTUVWXYZ abcdefghijklmnopqrstuvwxyz
`\symbffrak`	**ABCDEFGHIJKLMNOPQRSTUVWXYZ** **abcdefghijklmnopqrstuvwxyz**

14.8.4 Schriftmakros

Jede Schriftänderung mit einem der folgenden Makros bleibt immer lokal und beeinflusst nicht die äußere Umgebung. Im Mathematikmodus ist zu unterscheiden zwischen den Textzeichen, die im Mathematikmodus gesetzt werden sollen oder den mathematischen Zeichen, die aus dem Mathematikzeichensatz kommen. Alle Schriftbefehle, die die Struktur `\math<Typ>` haben, verwenden Zeichen aus der Textschrift, alle Befehle mit der Struktur `\sym<Typ>`, verwenden Zeichen aus der Textschrift. Man vergleiche den Unterschied zwischen `\mathbf{Fiffi}`→ **Fiffi** und `\symbf{Fiffi}`→ **Fiffi**; im ersten Fall gibt es eine ff-Ligatur. Tabelle 14.5 zeigt eine Zusammenstellung der Makros `\sym<Typ>`.

14.8.5 Leerraum

TeX beziehungsweise LaTeX definiert drei spezielle mathematische Längen mit den folgenden in der Datei `fontmath.ltx` festgelegten Werten. Weitere Hinweise zu den Werten findet man in Knuth (1986).

```
\thinmuskip=3mu
\medmuskip=4mu plus 2mu minus 4mu
\thickmuskip=5mu plus 5mu
```

Hierbei ist `mu` die Abkürzung für `math unit`.

$$1\text{ mu} = \frac{1}{18}\text{ em} = 0.55557\text{ pt} \Leftrightarrow 1\text{ pt} = 2.182\text{ mu}$$

Es ist somit eine dynamische Länge, denn 1 em ist die Breite des Großbuchstabens M im aktuellen Zeichensatz, hier gleich 10 pt. Alle drei Längen können dehn- oder schrumpfbar sein (glue) und werden von TeX benutzt, um mathematische Zeichen, speziell Symbole und Operatoren mit unterschiedlichen Zwischenräumen zu versehen. Die Bedeutung dieser Längen zeigt Tabelle 14.6, aus der zu erkennen ist, dass:

`\thinmuskip=0` mu,	den Platz zwischen sin und x verringert;
`\medmuskip=0` mu,	den Platz rechts und links von + und · verringert;
`\thickmuskip=0` mu,	den Platz rechts und links von = verringert.

Eine komplette Zusammenstellung über das Einfügen zusätzlichen horizontalen Zwischenraums der unterschiedlichsten mathematischen »Atome« zeigt Tabelle 14.7. Von einem Atom wird immer dann gesprochen, wenn keine weitere Zerlegung in mathematische Grundeinheiten wie »operator, binary, relation, ...« mehr möglich ist.

`\thinmuskip`	Leerraum zwischen normalen Zeichen und Operatoren.
`\medmuskip`	Leerraum zwischen normalen Zeichen und Operatoren im abgesetzten Modus und für den mathematischen Stil `\textstyle`.
`\thickmuskip`	Leerraum zwischen normalen Zeichen und Relationen im abgesetzten Modus und für den mathematischen Stil `\textstyle`.

Tabelle 14.6: Die Bedeutung der mathematischen Längen an einem Beispiel.

Standard	$f(x) = \sqrt[3]{x^2} + 3x_0 \cdot \sin^2 x$
`\thinmuskip=0mu`	$f(x) = \sqrt[3]{x^2} + 3x_0 \cdot \sin^2 x$
`\medmuskip=0mu`	$f(x) = \sqrt[3]{x^2}+3x_0\cdot\sin^2 x$
`\thickmuskip=0mu`	$f(x)=\sqrt[3]{x^2} + 3x_0 \cdot \sin^2 x$
alle auf `0mu` gesetzt	$f(x)=\sqrt[3]{x^2}+3x_0\cdot\sin^2 x$

Tabelle 14.7: Tabellarische Übersicht über den einzufügenden zusätzlichen Leerraum zwischen zwei »Atomen« im mathematischen Modus nach Knuth (1986).

		Rechte Seite							
		Ord	*Op*	*Bin*	*Rel*	*Open*	*Close*	*Punct*	*Inner*
	Ord	0	1	(2)	(3)	0	0	0	(1)
	Op	1	1	–	(3)	0	0	0	(1)
	Bin	(2)	(2)	–	–	(2)	–	–	(2)
Linke	*Rel*	(3)	(3)	–	0	(3)	0	0	(3)
Seite	*Open*	0	0	–	0	0	0	0	0
	Close	0	1	(2)	(3)	0	0	0	(1)
	Punct	(1)	(1)	–	(1)	(1)	(1)	(1)	(1)
	Inner	(1)	1	(2)	(3)	(1)	0	(1)	(1)

0	kein zusätzlicher Zwischenraum	Ord	normales Zeichen
1	`\thinmuskip`	Op	large operator
2	`\medmuskip`	Bin	binary operation
3	`\thickmuskip`	Rel	relation
()	`\displaystyle/\textstyle`	Open	opening
–	unmögliche Kombinationen	Close	closing
		Punct	punctuation
		Inner	delimited subformula

14.8.6 Horizontaler Zwischenraum im mathematischen Modus

LaTeX definiert zusätzlich noch die Kurzformen `\!`, `\>` und `\;` für Abstände im mathematischen Modus:

```
\def\!{\mskip-\thinmuskip}    \def\>{\mskip\medmuskip}    \def\;{\mskip\thickmuskip}
```

amsmath Werden diese Befehle im Textmodus benutzt, so erfolgt eine entsprechende Fehlermeldung, denn `\mskip` erwartet den Mathematikmodus. Mit dem Paket `amsmath` ist dies dagegen erlaubt, da diese Makros durch eine Neudefinition eine Anwendung im Textmodus ermöglichen. Kleine Abstände spielen in der Mathematik immer eine große Rolle, denn es gibt die verschiedensten Kombinationen von Operatoren, Verknüpfungszeichen und anderen speziellen Symbolen. Zwischen diesen wird sehr häufig nicht immer derselbe Abstand eingefügt. Das Symbol der Ableitung $L\frac{\mathrm{d}i}{\mathrm{d}t}$ sieht oft besser aus, wenn man es mit einem kleinen Abstand zum vorhergehenden Zeichen, hier das L, setzt: $L\,\frac{\mathrm{d}i}{\mathrm{d}t}$ (`$L\,\frac{\symup{d}i}{\symup{d}t}$` – siehe auch Abschnitt 14.8.5 auf der vorherigen Seite). Tabelle 14.8 auf der nächsten Seite zeigt eine Liste der Makros, die auch im mathematischen Modus benutzt werden können. Der jeweilige »sichtbare« Zwischenraum befindet sich zwischen den gerahmten Zeichen $\boxed{\mathrm{a}}$ und $\boxed{\mathrm{b}}$. In manchen Fällen können

Positiver Platz		*Negativer Platz*	
`$ab$`	a b		
`$a b$`	a b		
`$a\ b$`	a b		
`$a\textvisiblespace b$`	a␣b		
`$a\,b$ ($a\thinspace b$)`	a b	`$a\! b$`	ab
`$a\: b$ ($a\medspace b$)`	a b	`$a\negmedspace b$`	ab
`$a\; b$ ($a\thickspace b$`	a b	`$a\negthickspace b$`	ab
`$a\quad b$`	a b		
`$a\qquad b$`	a b		
`$a\hspace{0.5cm}b$`	a b	`$a\hspace{-0.5cm}b$`	ba
`$a\kern0.5cm b$`	a b	`$a\kern-0.5cm b$`	ba
`$a\mkern31.04mu b$`	a b	`$a\mkern-31.04mu b$`	ba
`$a\hphantom{xx}b$`	a b		
`$axxb$`	a*xx*b		

Tabelle 14.8: Zwischenraum im mathematischen Modus, wobei die jeweiligen Langformen `\medspace`, `\thickspace`, `\negmedspace` und `\negthickspace` nur mit amsmath zur Verfügung stehen.

im Zusammenhang mit anderen Paketen die Kurzformen zu Problemen führen. In diesen Fällen sollten dann die Langformen benutzt werden.

14.8.7 Punkt oder Komma

Das Problem des Dezimaltrenners dürfte jedem schon einmal begegnet sein, wenn auch die heutige Software hier automatisch eine entsprechende Anpassung an die europäische oder amerikanische Vorgabe liefert. Etwas schwieriger ist es mit der Anwendung unter LaTeX, da hier der Typ des Zeichens ebenfalls geändert werden muss, denn der Abstand eines Tausender-Trenners ist ein anderer als der eines Dezimaltrenners. Vertauscht man in seinem Text einfach die Zeichen, so erhält man:

8-14

$1,234,567.89$	Standard
$1.234.567,89$	falsche Abstände
$1.234.567{,}89$	DUDEN-konform
$1\mathpunct{.}234\mathpunct{.}567{,}89$	korrekte Abstände
$1\mathpunct{.}234\mathpunct{.}567\mathord{,}89$	korrekte Abstände

```
$\begin{array}{@{}l l@{}}
1,234,567.89       & \textrm{Standard}           \\[3pt]
1.234.567,89       & \textrm{falsche Abstände}\\[3pt]
1{.}234{.}567{,}89 & \textrm{DUDEN-konform}      \\[3pt]
1\mathpunct{.}234\mathpunct{.}567{,}89
  & \textrm{korrekte Abstände}\\[3pt]
1\mathpunct{.}234\mathpunct{.}567\mathord{,}89
  & \textrm{korrekte Abstände}
\end{array}$
```

Das Komma ist vom Typ `\mathpunct`, der Punkt dagegen vom Typ `\mathord`, was auf den ersten Blick verwirrend erscheinen mag. Die Typfestlegung bezieht sich lediglich auf die unterschiedliche Behandlung bezüglich des horizontalen Abstandes. Eine dokumentenweite Änderung lässt sich durch entsprechende Umkehrung der Definition in der Präambel erreichen. Einzelne Änderungen dagegen durch die im Beispiel 14-08-14 gezeigte Klammerung (Gruppierung) des Kommas ({,}), wodurch seine ursprüngliche

Bedeutung in dem Sinne aufgehoben wird, dass es keine »Umgebung« mehr gibt, zu der ein bestimmter Abstand eingehalten werden muss. Alles, was zwischen geschweiften Klammern steht, wird wie eine komplette neue Formel behandelt, d. h., davor und dahinter gibt es keinen Abstand. Das gleiche Verhalten erreicht man auch mit `\mathord{,}` (letzte Zeile in Beispiel 14-08-14). Für eine dokumentenweite Vertauschung von Punkt und Komma bietet sich auch das Paket `icomma` an.

Tausenderstellen

Berücksichtigt man die Anmerkungen in der aktuellen Ausgabe des Dudens, so sind Dreierblöcke grundsätzlich *nicht* durch einen Punkt zu markieren. Eine Ausnahme bildet lediglich die Angabe von großen Geldbeträgen. Insofern wäre die markierte Angabe in Beispiel 14-08-14 auf der vorherigen Seite nur korrekt, wenn es sich um eine Währungsangabe handelt.

14.8.8 Vertikaler Zwischenraum

Es gibt insgesamt vier verschiedene Längen, mit denen TEX den vertikalen Abstand zwischen dem Text und einer abgesetzten Gleichung kontrolliert. Bei allen handelt es sich um dynamische Abstände, die wie folgt definiert sind:

```
\abovedisplayskip=12pt plus 3pt minus 9pt
\abovedisplayshortskip=0pt plus 3pt
\belowdisplayskip=12pt plus 3pt minus 9pt
\belowdisplayshortskip=7pt plus 3pt minus 4pt
```

Die »short skips« werden immer dann genommen, wenn die vorhergehende Zeile vor Beginn der folgenden Formel endet. Dadurch soll optisch der gleiche Abstand erreicht werden wie bei einem Text, der nach dem Beginn der Formel endet.

Ende vor der Formel.

$$f(x) = \int \frac{\sin x}{x}\,\mathrm{d}x \tag{14.32}$$

Ende jetzt in jedem Fall nicht *vor*, sondern *nach* der Formel.

$$f(x) = \int \frac{\sin x}{x}\,\mathrm{d}x \tag{14.33}$$

Ende wieder vorher.
Und die nächste Zeile startet wie üblich mit einem normalen Text.

`\arraystretch`

Zu beachten ist, dass `\arraystretch` ein Makro und keine Länge ist. Sein Wert wird als Faktor benutzt, mit dem der aktuelle Zeilenabstand multipliziert wird. Die Vorgabe ist daher auch gleich 1: `\renewcommand\arraystretch{` *1*`}` Wie der Name schon vermuten lässt, macht dieses Makro nur dort Sinn, wo eine `array`-Umgebung verwendet wird, sei es explizit oder implizit wie bei der `matrix`-Umgebung. Aber auch eine Tabelle verwendet diesen Wert. Ein Überschreiben des Wertes geht nur durch ein `\renewcommand` und ist global zur aktuellen Gruppe.

08-15

$$\begin{array}{rcl} y & = & d\\ y & = & c\frac{1}{x}+d\\ y & = & b\frac{1}{x^{2}}+cx+d \end{array}$$

$$\renewcommand\arraystretch{2}\begin{array}{rcl} y & = & d\\ y & = & c\frac{1}{x}+d\\ y & = & b\frac{1}{x^{2}}+cx+d \end{array}$$

```
$\begin{array}{rcl}
  y & = & d\\ y & = & c\frac{1}{x}+d\\
  y & = & b\frac{1}{x^{2}}+cx+d
\end{array}$
{\renewcommand\arraystretch{2}% lokal halten
$\begin{array}{rcl}
  y & = & d\\ y & = & c\frac{1}{x}+d\\
  y & = & b\frac{1}{x^{2}}+cx+d
\end{array}$}
```

14.8.9 Mathematische Schriftstile

LaTeX kennt insgesamt die vier in Tabelle 14.9 angegebenen mathematischen Schriftstile, die auch einfach *D*, *T*, *S*, *SS* genannt werden. Um Exponenten und Indizes besser setzen zu können, gibt es vier zusätzlich Stile D', T', S', SS'.

$x^2 \to D^S \qquad x_1 \to D_S \qquad x_1^2 \to D'^S_{S'} \qquad x^{2^a} \to D^{S^{SS}} \qquad x_{a_1} \to D_{S_{SS}} \qquad x_{a_1}^{2^a} \to D'^{S^{SS}}_{S_{SS'}}$

Stil	*Zeile*	*Abgesetzt*
Standard	$f(t) = \frac{T}{2\pi}\int\frac{1}{\sin\frac{\omega}{t}}\,\mathrm{d}t$	$$f(t) = \frac{T}{2\pi}\int\frac{1}{\sin\frac{\omega}{t}}\,\mathrm{d}t$$
`\displaystyle`	$\displaystyle f(t) = \frac{T}{2\pi}\int\frac{1}{\sin\frac{\omega}{t}}\,\mathrm{d}t$	$$\displaystyle f(t) = \frac{T}{2\pi}\int\frac{1}{\sin\frac{\omega}{t}}\,\mathrm{d}t$$
`\scriptstyle`	$\scriptstyle f(t) = \frac{T}{2\pi}\int\frac{1}{\sin\frac{\omega}{t}}\,\mathrm{d}t$	$$\scriptstyle f(t) = \frac{T}{2\pi}\int\frac{1}{\sin\frac{\omega}{t}}\,\mathrm{d}t$$
`\scriptscriptstyle`	$\scriptscriptstyle f(t) = \frac{T}{2\pi}\int\frac{1}{\sin\frac{\omega}{t}}\,\mathrm{d}t$	$$\scriptscriptstyle f(t) = \frac{T}{2\pi}\int\frac{1}{\sin\frac{\omega}{t}}\,\mathrm{d}t$$
`\textstyle`	$\textstyle f(t) = \frac{T}{2\pi}\int\frac{1}{\sin\frac{\omega}{t}}\,\mathrm{d}t$	$$\textstyle f(t) = \frac{T}{2\pi}\int\frac{1}{\sin\frac{\omega}{t}}\,\mathrm{d}t$$

Tabelle 14.9: Zusammenstellung der mathematischen Stile für den Zeilenmodus (inline) und den abgesetzten Modus (displayed).

Der jeweils von TeX voreingestellte, beziehungsweise vorgesehene Schriftstil, ist abhängig von der mathematischen Umgebung, in der er verwendet wird. Ein Ausdruck im Zeilenmodus (inline mode, siehe auch Abschnitt 14.3 auf Seite 336) wird im sogenannten `\textstyle` gesetzt. Man spricht hier nicht von Schriftgröße, da der verwendete mathematische Stil weitere Konsequenzen hat. So werden im `\textstyle` zwar die normalen Zeichen in derselben Größe wie der umgebende Text gesetzt, jedoch alle Brüche automatisch in einer etwas kleineren Schriftgröße.

Für abgesetzte Formeln (display mode, siehe auch Kapitel 14.4 auf Seite 340) ist der Stil `\displaystyle` vorgesehen, der einen Hauptbruch in derselben Schriftgröße setzt, wie den umgebenen Text. Neben diesen beiden Hauptstilen gibt es noch den Stil `\scriptstyle` für Indizes und Exponenten und \scriptscriptstyle für gestockte Indizes oder Exponenten beziehungsweise Doppelbrüche. Alle vier Stile sind von LaTeX beziehungsweise der verwendeten Dokumentenklasse aufeinander abgestimmt, sodass man bei selbst vorgenommenen Änderungen Sorgfalt walten lassen sollte. Tabelle 14.9 auf der vorherigen Seite zeigt eine Zusammenstellung der Stile in ihrer jeweiligen Bedeutung für den Zeilenmodus und den abgesetzten Modus.

Unabhängig von diesen Stilen wird die Größe der mathematischen Teile an die umgebende Schriftgröße des Textes angepasst. Dabei darf der Befehl für die Schriftgröße nicht innerhalb der Formel stehen, was aber ohnehin nicht zu empfehlen wäre, da es sich hier um verschiedene Dinge handelt.

\huge $\frac{a}{b}$ normal $\frac{a}{b}$ normal

```
\huge\verb+\huge+ $\frac{a}{b}$
\normalsize normal $\huge\frac{a}{b}$ normal
```

14-08-1

Zu beachten ist zum einen, dass es sich bei den Schriftmakros um Schalter ohne Argument handelt und dass zum anderen das sogenannte »interline spacing« immer für den ganzen Absatz gültig ist, auch wenn nur in einem Teil der Formel eine Änderung der Textschriftgröße erfolgt. In solchen Fällen ist es sinnvoller, mit einer eigenen Umgebung zu arbeiten, die zwar die Textschriftgröße verändert, jedoch den alten Wert für \baselineskip benutzt, der Auswirkungen auf den Zeilenabstand hat.

14.8.10 Punkte (Dots)

Insbesondere im Zusammenhang mit der Darstellung von Matrizen werden Punkte für eine fortlaufende Struktur benötigt. Tabelle 14.10 zeigt eine Zusammenstellung der für Standard-LaTeX zur Verfügung stehenden Punkte-Symbole. Dabei ist es nicht immer einfach die Unterschiede zwischen einzelnen Punktserien wahrzunehmen. Weitere Punktserien sind mit dem Paket amsmath möglich (siehe unten).

Tabelle 14.10: Punkte (Dots) im mathematischen Modus für Standard-LaTeX ohne und mit amsmath.

\cdots	$\cdots$	\ddots	$\ddots$	\ldots	$\ldots$	\vdots	$\vdots$		
\dotsb	$\cdots$	\dotsc	$\ldots$	\dotsi	$\cdots$	\dotsm	$\cdots$	\dotso	$\ldots$

Für den Fall, dass man die Anordnung der \ddots genau in der anderen Richtung benötigt, so kann dies einfach mit dem Makro \reflectbox aus dem graphicx-Paket erreicht werden. Man beachte, dass \reflectbox im Textmodus arbeitet, daher sein Argument in $...$ eingeschlossen werden muss, selbst wenn es innerhalb des Mathematikmodus benutzt wird. Als Beispiel für die Anwendung der Punktsymbole sei hier die Determinante n-ten Grades der Matrix $\mathbf{A} = (a_{ik})$ angegeben, die wie folgt geschrieben wird:

$$\Delta = \| a_{ik} \| = \left| \begin{array}{ccccc} a_{11} & a_{12} & a_{13} & \cdots & a_{1n}\\ a_{21} & a_{22} & a_{23} & \cdots & a_{2n}\\ \vdots & \vdots & \vdots & \ddots & \vdots\\ a_{n1} & a_{n2} & a_{n3} & \cdots & a_{nn} \end{array} \right|$$

```
\[ \Delta = \| a_{ik} \| = \left|
\begin{array}{ccccc}
 a_{11} & a_{12} & a_{13} & \cdots & a_{1n}\\
 a_{21} & a_{22} & a_{23} & \cdots & a_{2n}\\
 \vdots & \vdots & \vdots & \ddots & \vdots\\
 a_{n1} & a_{n2} & a_{n3} & \cdots & a_{nn}
\end{array} \right| \]
```

14-08-1

14.8.11 Akzente

Akzente sind in jedem Zeichensatz und jedem Satzprogramm ein eigenes Thema. So gibt es auch für LaTeX eine fast unüberschaubare Menge an verschiedenen Symbolen mit Akzenten. Hier sollen nur die für Standard-LaTeX gültigen angegeben werden. Die Tabelle 14.11 zeigt eine Zusammenstellung der über und unter einem Zeichen platzierten Akzente. Mit dem Paket `amssymb` lassen sich leicht weitere definieren. Weitergehende Informationen erhält man in Voß (2018), wo das Paket `accents` vorgestellt wird.

Name	*Bsp.*	*Name*	*Bsp.*
`\acute`	$\acute{a}$	`\bar`	$\bar{a}$
`\breve`	$\breve{a}$	`\check`	$\check{a}$
`\dddot`*	$\dddot{a}$	`\ddot`	$\ddot{a}$
`\dot`	$\dot{a}$	`\grave`	$\grave{a}$
`\hat`	$\hat{a}$	`\mathring`	$\mathring{a}$
`\overbrace`	$\overbrace{a}$	`\overleftarrow`	$\overleftarrow{a}$
`\overleftrightarrow`*	$\overleftrightarrow{a}$	`\overline`	$\overline{a}$
`\overrightarrow`	$\overrightarrow{a}$	`\tilde`	$\tilde{a}$
`\underbar`	$\underline{a}$	`\underbrace`	$\underbrace{a}$
`\underleftarrow`*	$\underleftarrow{a}$	`\underleftrightarrow`*	$\underleftrightarrow{a}$
`\underline`	$\underline{a}$	`\underrightarrow`*	$\underrightarrow{a}$
`\vec`	$\vec{a}$	`\widehat`	$\widehat{a}$
`\widetilde`	$\widetilde{a}$		

Tabelle 14.11: Akzente im mathematischen Modus, wobei die mit einem * gekennzeichneten das Paket `amsmath` benötigen. Gezeigt am Buchstaben »a«, beispielweise `$\acute{a}$` ⇒ $\acute{a}$.

Ein Problem stellt sehr häufig ein Akzent über den Buchstaben `i` und `j` dar, denn durch den Punkt ist es zum einen etwas schwieriger einen weiteren Akzent sinnvoll zu platzieren und andererseits ist es eher unglücklich, zwei Akzente übereinander zu haben. Alternativ kann man jedoch auf die Makros `\imath` ($\imath$) und `\jmath` ($\jmath$) ausweichen und diese als Basis für einen Akzenten nutzen.

14.8.12 Horizontale Klammern (braces)

Das Makro `\underbrace` wird häufig angewendet. Sie können auch ineinander geschachtelt werden, falls sowohl oberhalb als auch unterhalb des Arguments etwas erscheinen soll.

```
\underbrace{Argument}
\overbrace{Argument}
```

08-18

$$\begin{array}{r@{\kern1.5pt}c@{\kern1.5pt}c} & & \textrm{Faktorisieren}\\ f(x) & = & \underbrace{\overbrace{x^{2}+2x+1}}\\ & & \quad\left(x+1\right)^{2} \end{array}$$

```
$\begin{array}{r@{\kern1.5pt}c@{\kern1.5pt}c}
     &   & \textrm{Faktorisieren}\\
f(x) & = & \underbrace{\overbrace{x^{2}+2x+1}}\\
     &   & \quad\left(x+1\right)^{2}
\end{array}$
```

14.8.13 Vektoren

Vektoren sind einerseits ein Spezialfall der Akzente und anderseits aber auch für mehrere Zeichen notwendig. LaTeX hat dafür das Makro \vec definiert, mit dem sich jedoch lediglich der Vektorpfeil über ein einziges Zeichen darstellen lässt. Es empfiehlt sich daher, in jedem Fall das Paket esvect zu laden, welches obiges Problem vermeidet.

14.8.14 Exponenten and Indizes

Die beiden sogenannten aktiven Zeichen _ und ^ können nur im mathematischen Modus verwendet werden, was aus Unkenntnis bei vielen Anfängern im Umgang mit LaTeX zu Fehlern führt. Denn A_B im Textmodus kann nicht als A_B im Quelltext, sondern nur als A_B geschrieben werden. Oder alternativ im mathematischen Modus, wodurch dann aber wieder die Buchstaben kursiv gesetzt werden.

Die Reihenfolge von Exponent und Index ist unerheblich, d. h. \$a_1^2=a^2_1\$ ergibt $a_1^2 = a_1^2$. Lediglich das Klammern von mehr als einem Zeichen ist zu beachten. Einzelne Zeichen für den Exponenten oder den Index können, müssen aber nicht geklammert werden. Speziell bei mehrfachen Exponenten oder Indizes ist auf eine korrekte Klammerung zu achten, da es zu unterschiedlichen Ergebnissen kommen kann. Beispielsweise:

```
\[ 7a_{11}^{13}+a_1^{}x+a_0 \quad x^{2}+y^2 = r^2 \quad a_{i-1}+a_{i+1}<a_i \]
%
\[ ((x^2)^3)^4 = {({(x^2)}^3)}^4 = {\left({\left(x^2\right)}^3\right)}^4 \]
```

$$7a_{11}^{13}+a_1^{}x+a_0 \quad x^{2}+y^2 = r^2 \quad a_{i-1}+a_{i+1}<a_i$$

$$((x^2)^3)^4 = {({(x^2)}^3)}^4 = {\left({\left(x^2\right)}^3\right)}^4$$

14-08-1

14.8.15 Operatoren

Ein Operator kann sowohl ein Zeichen als auch ein Name sein, der dann in aufrechten Zeichen gesetzt wird. Die Festlegung dessen, was genau unter diese Kategorie fällt, ist natürlich willkürlich. Dennoch kann man feststellen, dass es große Übereinstimmungen zwischen amerikanischen und europäischen Vorgaben gibt. Die Festlegung eines Zeichens oder Wortes als Operator ist auch wegen des einzufügenden Abstandes zu folgenden beziehungsweise vorhergehenden Zeichen notwendig. In Abschnitt 14.8.5 auf Seite 363 wurde bereits ausführlich auf die verschiedenen Abstände eingegangen.

Tabelle 14.12: Zusammenstellung der in Standard-LaTeX definierten Operatorsymbole.

\coprod $\coprod$	\bigvee $\bigvee$	\bigwedge $\bigwedge$	\biguplus $\biguplus$	\bigcap $\bigcap$
\bigcup $\bigcup$	\intop $\intop$	\int $\int$	\prod $\prod$	\sum $\sum$
\bigotimes $\bigotimes$	\bigoplus $\bigoplus$	\bigodot $\bigodot$	\ointop $\ointop$	\oint $\oint$
\bigsqcup $\bigsqcup$	\smallint $\smallint$			

Die Tabelle 14.12 zeigt eine Zusammenstellung der in LaTeX definierten Operator-Symbole, wohingegen die Tabelle 14.13 auf der nächsten Seite die in LaTeX definierten

Operatornamen zeigt. Die beiden Symbole \int ($\int$) und \intop ($\int$), sowie die beiden Symbole \oint ($\oint$) und \ointop ($\oint$) unterscheiden sich rein äußerlich nicht. Setzt man sie jedoch mit Grenzen in eine Gleichung, so wird der Unterschied deutlich; \ointop hat die Grenzen grundsätzlich oberhalb und unterhalb des Integralzeichens, wohingegen \oint diese als Super-/Subscript setzt. Gleiches gilt für die anderen beiden Varianten.

\log log	\lg lg	\ln ln	\lim lim
\limsup lim sup	\liminf lim inf	\sin sin	\arcsin arcsin
\sinh sinh	\cos cos	\arccos arccos	\cosh cosh
\tan tan	\arctan arctan	\tanh tanh	\cot cot
\coth coth	\sec sec	\csc csc	\max max
\min min	\sup sup	\inf inf	\arg arg
\ker ker	\dim dim	\hom hom	\det det
\exp exp	\Pr Pr	\gcd gcd	\deg deg
\bmod mod	\pmoda $\pmod{a}$		

Tabelle 14.13: Zusammenstellung der in Standard-LaTeX definierten Operatoren.

Die Definition neuer Text-Operatoren ist einfach, da LaTeX dafür das Makro \mathop bereitstellt. Im folgenden Beispiel wird \foo zu einem Operator erklärt und verhält sich dann im mathematischen Modus auch entsprechend:

08-20 $$\operatorname{foo}_1^2 = \operatorname*{baz}_1^2 = \operatorname*{foo}_1^2$$

```
\makeatletter
\newcommand*\foo{\mathop{\operator@font foo}\nolimits}
\newcommand*\baz{\mathop{\operator@font baz}}
\makeatother

\[ \foo_1^2 = \baz_1^2 = \foo\limits_1^2 \]
```

\foo ist im Beispiel 14-08-20 als Operator mit \nolimits definiert worden, sodass dementsprechend Index und Exponent als Super- und Subscript gesetzt werden. \baz enthält diese Anweisung nicht, sodass im angesetzten Modus Exponent und Index oberhalb beziehungsweise unterhalb erscheinen. Mit \limits kann dann dieses Verhalten auch für \foo wieder erzwungen werden. Weitere Operatoren werden durch das Paket amsmath definiert (siehe Abschnitt 14.2 auf Seite 335).

14.8.16 Schriftstil und griechische Buchstaben

Die Verwendung von griechischen Buchstaben trägt reichlich zur Verwirrung innerhalb von LaTeX bei, denn sie sind im allgemeinen nicht vollständig in jeder mathematischen Schrift enthalten. Vollständig meint hier, dass es sowohl für die kleinen wie für die großen Buchstaben auch geneigte und fette Varianten gibt. Mit dem Paket unicode-math hat sich die Situation etwas verbessert, da die speziellen Unicode-Schriften für Mathematik die griechischen Buchstaben in fast allen Varianten enthalten. Da die Anwendung der Buchstaben in der Mathematik sehr unterschiedlich sein kann, sowohl nach Region als auch Zeitraum, gibt es die Möglichkeit, über Paketoptionen eine Vorauswahl über die Darstellung der Zeichen zu treffen. Tabelle 14.14 auf der nächsten Seite zeigt eine Zusammenstellung für die normalen lateinischen und griechischen Buchstaben. Tabelle 14.15

auf der nächsten Seite zeigt dagegen nur die kleinen und großen griechischen Buchstaben in dem aktuelle zugrundeliegenden Zeichensatz. Bei alternativen KLeinbuchstaben gibt es keinen entsprechenden Großbuchstaben.

Tabelle 14.14: Ausgabe der lateinischen und griechischen Buchstaben in Abhängigkeit der Paketoption `math-style` und `bold-style`.

Paketoption	*Latin*	*Greek*
`math-style=ISO`	(a, z, B, X)	$(\alpha, \beta, \mathit{\Gamma}, \mathit{\Xi})$
`math-style=TeX`	(a, z, B, X)	$(\alpha, \beta, \Gamma, \Xi)$
`math-style=french`	$(a, z, \mathrm{B}, \mathrm{X})$	$(\upalpha, \upbeta, \Gamma, \Xi)$
`math-style=upright`	$(\mathrm{a}, \mathrm{z}, \mathrm{B}, \mathrm{X})$	$(\upalpha, \upbeta, \Gamma, \Xi)$
`bold-style=ISO`	$(\boldsymbol{a}, \boldsymbol{z}, \boldsymbol{B}, \boldsymbol{X})$	$(\boldsymbol{\alpha}, \boldsymbol{\beta}, \boldsymbol{\mathit{\Gamma}}, \Xi)$
`bold-style=TeX`	$(\mathbf{a}, \mathbf{z}, \mathbf{B}, \mathbf{X})$	$(\boldsymbol{\alpha}, \boldsymbol{\beta}, \mathbf{\Gamma}, \Xi)$
`bold-style=upright`	$(\mathbf{a}, \mathbf{z}, \mathbf{B}, \mathbf{X})$	$(\boldsymbol{\upalpha}, \boldsymbol{\upbeta}, \mathbf{\Gamma}, \Xi)$

Tabelle 14.15: Die griechischen Buchstaben, wobei die normale aufrechte Variante durch ein vorangestelltes `\up` erreicht wird (leere Felder ergeben das normale Zeichen).

Name	*Normal* `\⟨Name⟩`	*Fett* `\mbfit⟨Name⟩`	*Aufrecht* `\up⟨Name⟩`	*Fett* `\mbf⟨Name⟩`
`\alpha`	α	$\boldsymbol{\alpha}$	$\upalpha$	$\boldsymbol{\upalpha}$
`\Alpha`	A	$\boldsymbol{A}$	A	$\mathbf{A}$
`\beta`	β	$\boldsymbol{\beta}$	$\upbeta$	$\boldsymbol{\upbeta}$
`\Beta`	B	$\boldsymbol{B}$	B	$\mathbf{B}$
`\gamma`	γ	$\boldsymbol{\gamma}$	$\upgamma$	$\boldsymbol{\upgamma}$
`\Gamma`	$\mathit{\Gamma}$	$\boldsymbol{\mathit{\Gamma}}$	Γ	$\mathbf{\Gamma}$
`\delta`	δ	$\boldsymbol{\delta}$	$\updelta$	$\boldsymbol{\updelta}$
`\Delta`	$\mathit{\Delta}$	$\boldsymbol{\mathit{\Delta}}$	Δ	$\mathbf{\Delta}$
`\epsilon`	ϵ	$\boldsymbol{\epsilon}$	$\upepsilon$	$\boldsymbol{\upepsilon}$
`\Epsilon`	E	$\boldsymbol{E}$	E	$\mathbf{E}$
`\varepsilon`	ε	$\boldsymbol{\varepsilon}$	$\upvarepsilon$	$\boldsymbol{\upvarepsilon}$
`\zeta`	ζ	$\boldsymbol{\zeta}$	$\upzeta$	$\boldsymbol{\upzeta}$
`\Zeta`	Z	$\boldsymbol{Z}$	Z	$\mathbf{Z}$
`\eta`	η	$\boldsymbol{\eta}$	$\upeta$	$\boldsymbol{\upeta}$
`\Eta`	H	$\boldsymbol{H}$	H	$\mathbf{H}$
`\theta`	θ	$\boldsymbol{\theta}$	$\uptheta$	$\boldsymbol{\uptheta}$
`\Theta`	$\mathit{\Theta}$	$\boldsymbol{\mathit{\Theta}}$	Θ	$\mathbf{\Theta}$
`\varTheta`	ϑ	$\boldsymbol{\vartheta}$	$\upvartheta$	$\boldsymbol{\upvartheta}$
`\iota`	ι	$\boldsymbol{\iota}$	$\upiota$	$\boldsymbol{\upiota}$
`\Iota`	I	$\boldsymbol{I}$	I	$\mathbf{I}$
`\kappa`	κ	$\boldsymbol{\kappa}$	$\upkappa$	$\boldsymbol{\upkappa}$
`\Kappa`	K	$\boldsymbol{K}$	K	$\mathbf{K}$
`\delta`	δ	$\boldsymbol{\delta}$	$\updelta$	$\boldsymbol{\updelta}$
`\Delta`	$\mathit{\Delta}$	$\boldsymbol{\mathit{\Delta}}$	Δ	$\mathbf{\Delta}$
`\mu`	μ	$\boldsymbol{\mu}$	$\upmu$	$\boldsymbol{\upmu}$
`\Mu`	M	$\boldsymbol{M}$	M	$\mathbf{M}$
`\nu`	ν	$\boldsymbol{\nu}$	$\upnu$	$\boldsymbol{\upnu}$

Fortsetzung ...

... Fortsetzung

Name	*Normal* \<Name>	*Fett* \mbfit<Name>	*Aufrecht* \up<Name>	*Fett* \mbf<Name>
\Nu	N	$\mathbfit{N}$	N	$\mathbf{N}$
\xi	ξ	$\mathbfit{\xi}$	$\upxi$	$\mathbf{\xi}$
\Xi	$\mathit{\Xi}$	$\mathbfit{\Xi}$	Ξ	$\mathbf{\Xi}$
\pi	π	$\mathbfit{\pi}$	$\uppi$	$\mathbf{\pi}$
\Pi	$\mathit{\Pi}$	$\mathbfit{\Pi}$	Π	$\mathbf{\Pi}$
\varpi	ϖ	$\mathbfit{\varpi}$	$\upvarpi$	$\mathbf{\varpi}$
\rho	ρ	$\mathbfit{\rho}$	$\uprho$	$\mathbf{\rho}$
\Rho	P	$\mathbfit{P}$	P	$\mathbf{P}$
\varrho	ϱ	$\mathbfit{\varrho}$	$\upvarrho$	$\mathbf{\varrho}$
\sigma	σ	$\mathbfit{\sigma}$	$\upsigma$	$\mathbf{\sigma}$
\Sigma	$\mathit{\Sigma}$	$\mathbfit{\Sigma}$	Σ	$\mathbf{\Sigma}$
\varsigma	ς	$\mathbfit{\varsigma}$	$\upvarsigma$	$\mathbf{\varsigma}$
\tau	τ	$\mathbfit{\tau}$	$\uptau$	$\mathbf{\tau}$
\Tau	T	$\mathbfit{T}$	T	$\mathbf{T}$
\upsilon	υ	$\mathbfit{\upsilon}$	$\upupsilon$	$\mathbf{\upsilon}$
\Upsilon	Y	$\mathbfit{Y}$	Y	$\mathbf{Y}$
\phi	ϕ	$\mathbfit{\phi}$	$\upphi$	$\mathbf{\phi}$
\Phi	$\mathit{\Phi}$	$\mathbfit{\Phi}$	Φ	$\mathbf{\Phi}$
\varphi	φ	$\mathbfit{\varphi}$	$\upvarphi$	$\mathbf{\varphi}$
\chi	χ	$\mathbfit{\chi}$	$\upchi$	$\mathbf{\chi}$
\Chi	X	$\mathbfit{X}$	X	$\mathbf{X}$
\psi	ψ	$\mathbfit{\psi}$	$\uppsi$	$\mathbf{\psi}$
\Psi	$\mathit{\Psi}$	$\mathbfit{\Psi}$	Ψ	$\mathbf{\Psi}$
\omega	ω	$\mathbfit{\omega}$	$\upomega$	$\mathbf{\omega}$
\Omega	$\mathit{\Omega}$	$\mathbfit{\Omega}$	Ω	$\mathbf{\Omega}$

14.8.17 \underline

Das Unterstreichen mit \underline ist unabhängig davon, was unterstrichen werden soll. Es interessiert lediglich die Boxbreite und -tiefe, um den Unterstrich zu positionieren. Allerdings muss das Makro bei abgesetzten Umgebungen innerhalb dieser angewendet werden.

```
$f(x)=\underline{x^2-1}$ \[ F(x)=\int \underline{f(x)\,\mathrm{d}x} \]
\[ \underline{F(x)=\int f(x)\,\mathrm{d}x} \]
```

-08-21

$f(x)=\underline{x^2-1}$

$$F(x)=\int \underline{f(x)\,\mathrm{d}x}$$

$$\underline{F(x)=\int f(x)\,\mathrm{d}x}$$

LET'S
TEX
TOGETHER

Kapitel 15

Grafiken erstellen

15.1 Koordinaten 376
15.2 Einfache Pfade 377
15.3 Füllen von Pfaden 379
15.4 Pfeile 380
15.5 Knoten 381
15.6 Bibliotheken 383
15.7 Pakete, die auf Ti*k*Z aufbauen 385

Die Erstellung von Grafiken innerhalb eines LaTeX-Dokumentes macht immer dann Sinn, wenn die Anforderungen nicht zu komplex sind. Es kann durchaus vorteilhaft sein, wenn derartige Objekte direkt aus dem Quellcode des Dokuments heraus erstellt werden, die dieselben Schriften verwenden. Es gibt im Wesentlichen vier große Systeme, die sich für das Erstellen von Grafiken eignen: Asymptote, METAPOST, PSTricks und Ti*k*Z. (Entenmann 2016; Goossens u. a. 2007; Hammerlindl u. a. 2021; Tantau 2020) Alle vier sind umfangreiche Projekte und im Allgemeinen nicht notwendig, wenn man einfachste geometrische Objekte wie Linien, Kreise und Flächen erstellen will. Für diese Fälle eignet sich besonders das Basissystem, welches vom Paket `pict2e` von Rolf Niepraschk sinnvoll ergänzt wird.

Welches der verschiedenen Methoden verwendet wird, ist letztlich eine willkürliche Entscheidung. Aus reinen Platzgründen wird hier nur eine Einführung in Ti*k*Z gegeben. Für PSTricks wird auf Voß (2016), für Asymptode auf Hammerlindl u. a. (2021) und für METAPOST auf Entenmann (2016) verwiesen.

Mit dem Paket `pgf` (portable graphic format) hat Till Tantau eine Sammlung von Makros zur Verfügung gestellt, die eine Einbindung von grafischen Elementen im normalen Text erlauben. `pgf` ist eine reine PDF-Lösung, sodass eine direkte Anwendung mit

LuaLaTeX möglich ist. Dies ist zum einen ein großer Vorteil bei der Erstellung von PDF-Dokumenten, aber zum anderen gleichzeitig ein großer Nachteil, denn die rechnerischen Fähigkeiten des PDF-Formats sind faktisch gleich Null. Daher müssen alle Rechenoperationen auf TeX- oder Lua-Ebene erfolgen, was bezüglich der Genauigkeit (TeX) und der Effizienz (Lua) ein Problem sein kann.

Die Syntax von `pgf` ist sehr stark an dem Ausgabeformat PDF orientiert, weshalb Till Tantau ein darauf aufbauendes Paket `tikz` (Ti*k*Z ist kein Zeichenprogramm) entwickelt hat, welches die Befehlssyntax anwenderfreundlich gestaltet. Grundsätzlich dient METAPOST als Vorlage für den Aufbau und die Anwendung der einzelnen Makros. Für die Rechenoperationen wird das Paket `fp` von Matthias Mehlich benutzt. Die Tatsache, dass teilweise drei verschiedene Makros für denselben Zweck definiert sind, erscheint zumindest für den Anfänger etwas verwirrend. Als Argument von `\tikz` oder innerhalb einer Umgebung `tikzpicture` gelten die folgenden Identitäten:

- `\draw` ist identisch zu `\path` [*draw*]
- `\fill` ist identisch zu `\path` [*fill*]
- `\filldraw` ist identisch zu `\path` [*fill,draw*]
- `\pattern` ist identisch zu `\path` [*pattern*]
- `\shade` ist identisch zu `\path` [*shade*]
- `\shadedraw` ist identisch zu `\path` [*shade,draw*]
- `\clip` ist identisch zu `\path` [*clip*]
- `\useasboundingbox` ist identisch zu `\path` [*use as bounding box*]

15.1 Koordinaten

Neben der standardmäßigen Angabe eines Koordinatenpaares als (x,y), ist auch eine Angabe mit einer zulässigen TeX-Einheit (siehe Abschnitt A.2 auf Seite 395). Ohne Einheit bezieht sich jede Angabe auf den aktuell gültigen Maßstab, der standardmäßig auf cm festgelegt ist und durch den Anwender geändert werden kann. Bei Angaben in Polarkoordinaten sind Winkel in Grad und Radius durch einen Doppelpunkt voneinander zu trennen, beispielsweise (*30:5cm*). Bei Kreisbögen ist zuerst der Startwinkel anzugeben, beispielsweise (*0:30:5cm*). Anstelle eines Koordinatenpaares kann auch ein zuvor definierter Knotenname angegeben werden.

Für die Angabe von relativen Koordinaten bestehen zwei Möglichkeiten:

1. `(1,0) +(1,0) +(0,1)` ist identisch zu der Punktfolge `(1,0)(2,0)(1,1)`; die Kombination + bezieht sich jeweils relativ auf den aktuellen Punkt, welcher hier dem Startpunkt `(1,0)` entspricht, denn dieser wird erst nach dem Zeichnen des gesamten Verlaufs verändert.
2. `(1,0) ++(1,0) ++(0,1)` ist identisch zu der Punktfolge `(1,0)(2,0)(2,1)`; die Kombination ++ bezieht sich jeweils relativ auf den *vorhergehenden* Punkt, wobei nicht der absolute Punkt (*1,0*), sondern der relative `++(1,0)` als Bezugsgröße gilt.

Das entsprechenden Präfixe - und -- existieren nicht, da es zum einen zu Verwechselungen mit dem Operator -- kommt und zum anderen derselbe Effekt mit negativen

Koordinatenangaben erreicht werden kann. Wird ein Koordinatentripel angegeben, beispielsweise (*1,2,3*), so bezieht sich diese Angabe automatisch auf ein dreidimensionales, kartesisches Koordinatensystem (siehe Beispiel 15-03-1 auf Seite 380). Ohne weitere Angabe beziehen sich alle Koordinatenangaben auf das zweidimensionale kartesische System.

5-01-1

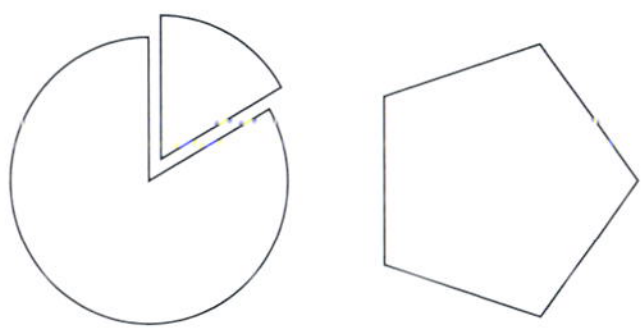

```
\usepackage{tikz}

\begin{tikzpicture}
  \draw (0,0)--(90:1cm) arc (90:360:1cm)
        arc (0:30:1cm)--cycle;
  \draw (60:5pt)-- +(30:1cm) arc (30:90:1cm)--cycle;
  \draw (2.5,0) +(0:1cm)-- +(72:1cm)-- +(144:1cm)--
               +(216:1cm)-- +(288:1cm)--cycle;
\end{tikzpicture}
```

15.2 Einfache Pfade

5-02-1

```
\usepackage{tikz}

foo \tikz \draw (0pt,0pt)--(20pt,6pt);
\tikz \fill[orange] (1ex,1ex) circle (1ex);
\tikz \draw plot[smooth cycle,tension=1]
  coordinates{(0pt,0pt)(20pt,10pt)(30pt,-5pt)};
bar
```

Dem Beispiel kann man bereits entnehmen, dass für die beiden grafischen Elemente Linie und Kreis jeweils die korrekte Bounding Box berücksichtigt wird.

`\tikz` [*Optionen*] *Zeichenbefehle*
`\begin{tikzpicture}` [*Optionen*]
...
`\end{tikzpicture}`
`\draw` [*Optionen*] (x_1, y_1)–(x_2, y_2)–(x_3, y_3)–...–(x_n, y_n) *cycle*;
`\draw` [*Optionen*] `plot` [*Optionen*] `coordinates{` $(x_1, y_1)(x_2, y_2)(x_3, y_3)...(x_n, y_n)$`};`
`\draw` [*Optionen*] (x_0, y_0)*Object*;

-- steht hierbei für eine Liniensegment und `plot` für das Zeichnen von Kurvensegmenten. Der Verlauf einer Kurve ist sehr stark von der Festlegung der Krümmung über den Parameter `tension` abhängig (Standardwert beträgt 0.55).

5-02-2

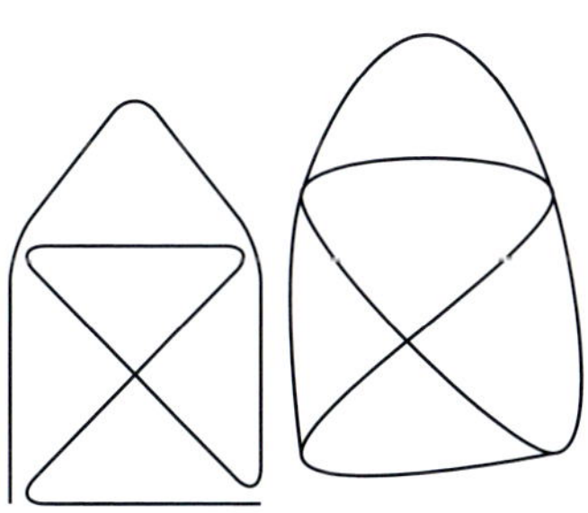

```
\usepackage{tikz}

\tikz \draw[thick,rounded corners=8pt]
  (0,0)--(0,2)--(1,3.25)--(2,2)--(2,0)--
  (0,2)--(2,2)--(0,0)--(2,0);
\tikz \draw[thick] plot[smooth,tension=0.7]
  coordinates{(0,0)(0,2)(1,3.25)(2,2)
    (2,0)(0,2)(2,2)(0,0)(2,0)};
```

Makro oder Umgebung Grundsätzlich besteht kein Unterschied in der Anwendung des Makros `\tikz` oder der Umgebung `tikzpicture`. `\tikz` erwartet lediglich ein Argument, welches, wie sonst üblich, in geschweiften Klammern eingegeben werden muss oder aber durch ein Semikolon abgeschlossen wird. In jedem Fall setzt das Makro den Inhalt danach in eine Umgebung `tikzpicture`. Mit dem Makro `\draw` werden letztlich beliebige Objekte an die angegebene Koordinatenposition gesetzt. Der Bezugspunkt ergibt sich dabei jeweils durch das Objekt selbst.

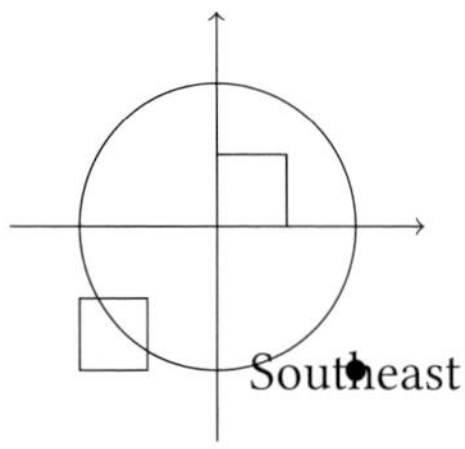


```
\usepackage{tikz}

\begin{tikzpicture}
 \draw[->](-1.5,0)--(1.5,0); \draw[->](0,-1.5)--(0,1.5);
 \draw(0,0) circle (1cm); \draw(0,0) rectangle (0.5,0.5);
 \draw(-0.5,-0.5) rectangle (-1,-1);
 \draw(1,-1) node {Southeast};
 \filldraw[black](1,-1) circle (2pt);
\end{tikzpicture}
```

15-02-3

Stile für das Zeichnen bestimmter Linien lassen sich mit `\tikzset` beliebig definieren. Ein frei wählbarer Name, der auch Leerzeichen enthalten darf, gefolgt von der Zeichenfolge `/.style` definiert den neuen Stil.

```
\tikzset{Grid/.style={help lines,color=red!50}}
```

Die Festlegung kann auch im optionalen Argument der Umgebung `tikzpicture` erfolgen, wobei die üblichen Platzhalter für Variablen verwendet werden können:

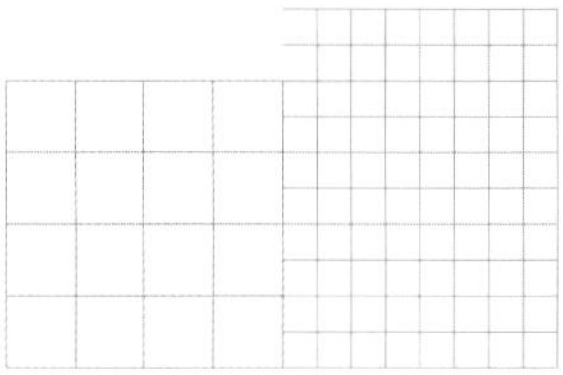

```
\usepackage{tikz}

\begin{tikzpicture}[Grid/.style={help lines,
   color=#1!50}, Grid/.default=blue]
  \draw[Grid,step=5mm]       (0,0) grid (2,2);
  \draw[Grid=red,step=2.5mm](2,0) grid (4,2.5);
\end{tikzpicture}
```

15-02-4

Die Angabe der Koordinaten kann in verschiedenen Modi erfolgen. Zum einen als Paar von reinen Zahlenwerten, die durch Komma oder Doppelpunkt getrennt sind und zum anderen durch eine teilweise oder vollständige Angabe von Einheiten. Teilweise meint hier, dass nur eine der beiden Koordinaten mit einer Einheit versehen wird. Für das Zeichnen eines Bogens (arc) werden drei durch jeweils einen Doppelpunkt getrennte Werte erwartet (Anfangswinkel:Endwinkel:Radius). Der Radius kann dabei wieder mit einer Einheit angegeben werden. Für eine Ellipse sind statt des Radius' die zwei Halbachsen durch and getrennt anzugeben (Anfangswinkel:Endwinkel:Halbachse and Halbachse).

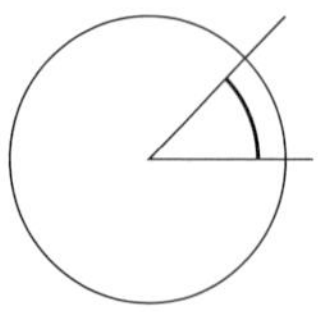

```
\usepackage{tikz}

\begin{tikzpicture}
  \draw(1.2,0)--(0,0)--(1,1);
  \draw (0,0) circle (1cm);
  \draw [thick] (8mm,0mm) arc (0:45:8mm);
\end{tikzpicture}
```

15-02-5

Die Zusammenstellung eines Pfades ist prinzipiell an wenig Regeln gebunden. Man kann daher mit dem Befehl `\draw` auch formal verschiedene Linien kombinieren. Mit den Angaben `x=2pt` und `y=5mm` kann man für den jeweiligen `\draw`-Befehl einen Maßstab vorgeben, in diesem Fall wären es 2 pt pro x-Einheit und 5 mm pro y-Einheit.

Für eine Parabel muss man ausgehend von der Normalparabel den Endpunkt festlegen. Mit der Angabe `bend`, gefolgt von einem Koordinatenpaar, kann zusätzlich die Lage des Scheitelpunktes angegeben werden. Alternativ kann der Scheitelpunkt auch durch eine Längenangabe festgelegt werden, die dem optionalen Argument `parabola height` übergeben wird. Die zugehörige Kurve wird aus zwei Bézierkurvenstücken zusammengesetzt, was bei extremen Steigungen zu schlechten Ergebnissen führen kann (siehe Beispiel 15-02-6).

```
\path ... parabola [Optionen] bend (x,y) ... ;
\path ... sin(x,y) ... ;
\path ... cos(x,y) ... ;
```

Für das Zeichnen der Sinus- oder Cosinuskurve ist zwingend ein Endpunkt für die x-Koordinate vorgeschrieben, der ein ganzzahlig Vielfaches von $\frac{\pi}{2}$ sein muss. Die Anwendung kann daher nur eine Notlösung sein denn, das Zusammenstückeln mit der Cosinusfunktion ist nicht sehr effektiv.

5-02-6

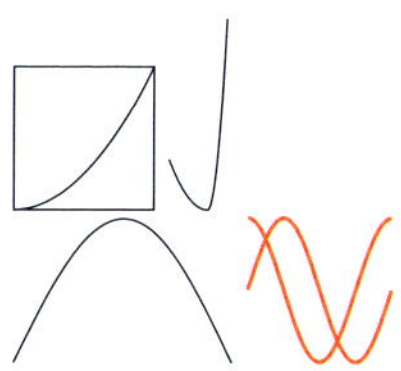

```
\usepackage{tikz}

\tikz \draw(0,0) rectangle (1,1) (0,0) parabola (1,1);
\tikz \draw[x=2pt,y=2pt](0,0) parabola bend (4,-5) (6,14);
\par
\tikz \draw[x=5mm](0,0) sin (1.57,1) cos (3.14,0);
\tikz \path[draw,x=1.57ex,y=5mm,red,thick]
  (0,0) sin (1,1) cos (2,0) sin (3,-1) cos (4,0)
  (0,1) cos (1,0) sin (2,-1) cos (3,0) sin (4,1);
```

Eine weitere Möglichkeit eine Linie oder Kurve an einen bestehenden Pfad abschließen zu lassen, ist die Anwendung von `to`, welches durch optionale Angaben den Kurvenverlauf beeinflussen kann.

```
\draw ... (x,y) to [Optionen] (x,y) ... ;
\draw ... (Knotenname) to [Optionen] (Knotenname) ... ;
\draw ... (x,y) to [Optionen] node [Optionen] {Text} (x,y) ... ;
```

15.3 Füllen von Pfaden

Das Füllen von geschlossenen Pfaden mit einer Farbe erfolgt durch das Makro `\filldraw` (Beispiel 15-02-3 auf der vorherigen Seite). Zusätzlich besteht mit `\shade`, beziehungsweise `\shadedraw`, die Möglichkeit, auch Farbverläufe beim Füllen zu erreichen.

```
\shade [Optionen] ... ;
\shadedraw [Optionen] ... ;
\filldraw [Optionen] ... ;
```

Mit der Umgebung scope können Befehle lokal gehalten werden. Im folgenden Beispiel können dadurch nach dem Makro \clip noch weitere Makros außerhalb von scope folgen, welche dann nicht von \clip betroffen sind.

```
\usepackage{tikz}

\begin{tikzpicture}[y=0.03cm,z=3mm]
\foreach \y in {0,20,40,60,80,100}
  \draw[dashed] (0,\y,0) node[left] {\y}--(0,\y,1)--(6,\y,1);
\draw[dashed] (6,0,0)--(6,0,1)--(6,100,1);
\draw (0,0,0)--(0,100,0) (0,0,1)--(0,100,1) (0,0,0)--(6,0,0);
\foreach \x/\xH in {1/20, 2/50, 3/87, 4/67, 5/5}{\draw (\x,0) node[anchor=north] {\x};
  \begin{scope}[xshift=\x cm]
    \filldraw[fill=blue!50] (-0.3,0,0) rectangle (0.3,\xH,0);
    \filldraw[fill=blue!30] (0.3,0,0)--(0.3,0,1)--(0.3,\xH,1)--(0.3,\xH,0)--cycle;
    \filldraw[fill=blue!20] (-0.3,\xH,0)--(0.3,\xH,0)--(.3,\xH,1)--(-0.3,\xH,1)--cycle;
  \end{scope}}% end foreach
\end{tikzpicture}
```

15-03-1

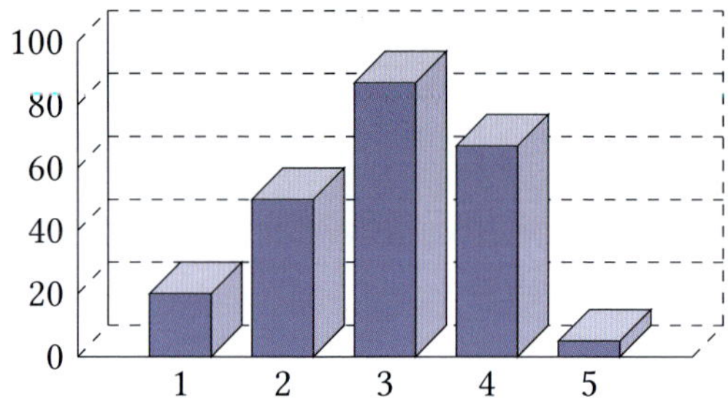

15.4 Pfeile

Standardmäßig sind durch TikZ bereits einige Pfeile definiert. Diese können über ihre Kurz- und Landform ausgewählt werden und müssen dabei direkt dem Zeichenbefehl als optionales Argument folgen.

\‹*Zeichenbefehl*› *[Pfeil-Pfeil ,...]* ...

Für die »echten« Pfeile mit einer Kurzform sind auch Doppelpfeile möglich (->>). Eine ganze Reihe weiterer Pfeiltypen steht durch das Laden der Bibliothek arrows zur Verfügung.

15-04-1

<table>
<tr><th>Langform</th><th>Kurzform</th><th>Beispiele</th></tr>
<tr><td>stealth-stealth</td><td></td><td></td></tr>
<tr><td>stealth reversed-stealth reversed</td><td></td><td></td></tr>
<tr><td>to-to</td><td><-></td><td></td></tr>
<tr><td></td><td><<->></td><td></td></tr>
<tr><td>to reversed-to reversed</td><td>>-<</td><td></td></tr>
<tr><td></td><td>>>-<<</td><td></td></tr>
<tr><td>latex-latex</td><td></td><td></td></tr>
<tr><td>latex reversed-latex reversed</td><td></td><td></td></tr>
<tr><td></td><td>|-|</td><td></td></tr>
</table>

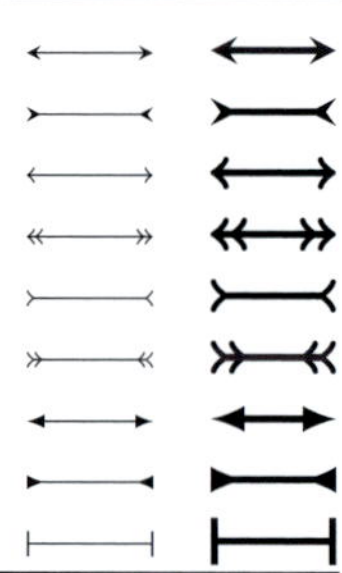

15.4.1 Schleifen

Aus Standard-LaTeX wurde das \@forloop zu einem anwenderfreundlicheren \foreach angepasst:

```
\foreach \<Variable> in {Liste} {Befehl(e)}
\foreach \<VarA>/\<VarB>/...in {a/b/...,a/b/...,...} {Befehl(e)}
\breakforeach
```

Für den Fall, dass nur ein einziges Makro durchlaufen werden soll, kann auf die Klammerung des Befehls verzichtet werden (siehe Beispiel 15-04-2). Die Liste muss bei äquidistanten Werten nicht zwingend alle Angaben enthalten, da in diesem Fall aus den ersten beiden Werten der konstante Abstand berechnet wird. Ist dies nicht möglich, so wird automatisch 1 oder −1 angenommen. Mit ... kann der Bereich angegeben werden, der von TikZ dann eigenständig berechnet wird. Da die Rechenoperationen zur Ermittlung der Differenz und der daraus folgenden Werte aus TeX-Ebene erfolgt, ist bei ungünstigen Werten mit auffälligen Rundungsfehlern zu rechnen. Mit \breakforeach kann die Schleife verlassen werden. *Rundungsfehler*

15-04-2

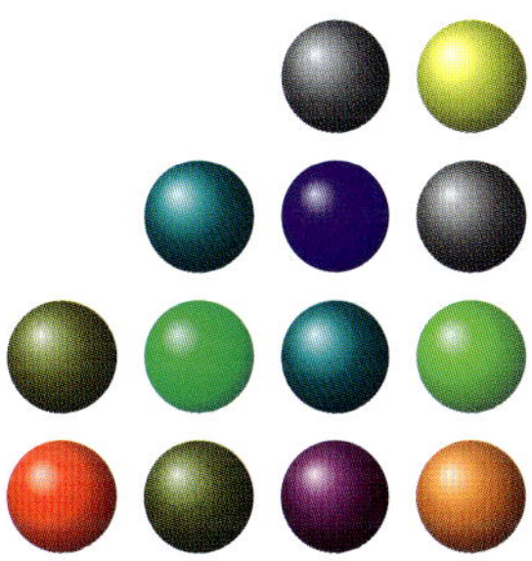

```
\usepackage{tikz}

\begin{tikzpicture}[shading=ball]
 \foreach \x/\colA in {0/red,1/green,2/blue,3/yellow}
  \foreach \y/\colB in {0/red,1/green,2/blue,3/yellow}{%
   \shade[ball color=\colA!50!\colB] (\x,\y) circle (0.4cm)
   ↪;
   \ifnum \x<\y\relax \breakforeach\fi}
\end{tikzpicture}
```

15.5 Knoten

Knoten sind eine effektive Methode, um Bereiche auf einer Seite zu einem beliebigen Zeitpunkt zu markieren, beschriften oder durch Linien zu verbinden, selbst dann, wenn einem die Koordinaten bestimmter Knoten nicht explizit bekannt sind, sondern nur der symbolische Knotenname.

```
... node [Optionen] {Text} ...;
\node at (x,y) [Optionen] {Text};
```

Für die erstellten Knoten existiert eine Mindestgröße, wenn kein Text für den Knoten vergeben wird. In den folgenden beiden Beispiele dienen die Knoten bislang nur dazu, den Punkten eines Pfades ein visuelle Bedeutung zu geben; Knotennamen werden hierbei nicht vergeben.

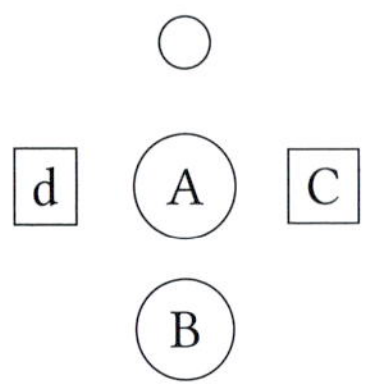

15-05-1

```
\usepackage{tikz}

\begin{tikzpicture}
  \path(0,2) node [shape=circle,draw] {}
       (0,1) node [shape=circle,draw] {A}
       (0,0) node [shape=circle,draw] {B}
       (1,1) node [shape=rectangle,draw] {C}
       (-1,1) node [shape=rectangle,draw] {d};
\end{tikzpicture}
```

Für die einzelnen Knoten können beliebige Stile direkt im optionalen Argument der Umgebung `tikzpicture` definiert werden, die dann wiederum im optionalen Argument, welches dem Koordinatenpaar folgt, benutzt werden können. Auch hier gibt es wieder eine alternative Möglichkeit; das optionale Argument kann direkt dem Makro \node folgen.

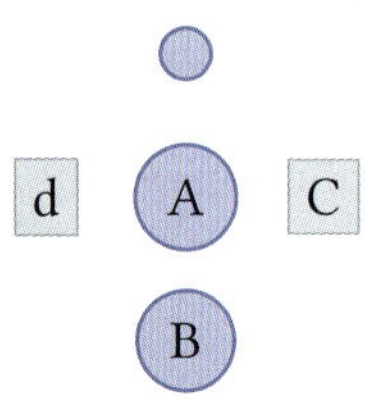

15-05-2

```
\usepackage{tikz}

\begin{tikzpicture}[Kreis/.style={circle,draw=blue!50,
    fill=blue!20,thick},Rechteck/.style={rectangle,
    draw=black!50,fill=black!20,thin}]
 \node at (0,2)[Kreis] {}; \node at (0,1)[Kreis] {A};
 \node at (0,0)[Kreis] {B};\node at (1,1)[Rechteck] {C};
 \node at (-1,1)[Rechteck] {d};
\end{tikzpicture}
```

Die Knoten lassen sich auch symbolisch anordnen, indem ausgehend von der ersten Definition, die ohne Angabe von Koordinaten immer an den aktuellen Punkt gesetzt wird, jederzeit über die `left of`, `right of`, `below of` und `above of` anordnen lassen. Eventuelle Verbindungen können über edge direkt einer Knotendefinition folgen, wobei ein Label jeweils mit dem Schlüsselwort node einzuleiten ist. (*K1*) und (*K2*) stehen hierbei für definierte Knotennamen oder alternativ Koordinatenangaben.

\node [*Optionen*] (*K1*) [*Optionen*] {*Text*} edge [*Optionen*] node [*Optionen*] {*Text*} (*K2*);

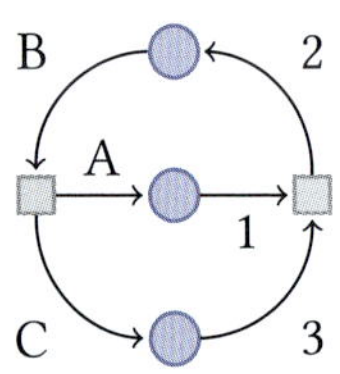

15-05-3

```
\usepackage{tikz}

\begin{tikzpicture}[Kreis/.style={circle,draw=blue!50,fill=blue!20,thick},
   Rechteck/.style={rectangle,draw=black!50,fill=black!20,thick},
   bend angle=45,pre/.style={<-,shorten <=1pt,semithick},
   post/.style={->,shorten >=1pt,semithick}]
\node[Kreis] (K1) {};  \node[Kreis]     (K2) [below of=K1] {};
\node[Kreis] (K3) [below of=K2] {};
\node[Rechteck] (R_1) [right of=K2] {} edge [pre] node[auto] {1}
       (K2) edge [post,bend  right] node[auto,swap] {2}(K1)
 edge [pre, bend left] node[auto] {3} (K3);
\node[Rechteck] (R_2) [left of=K2] {} edge [post] node[auto] {A} (K2)
 edge[pre,bend left] node[auto] {B} (K1) edge[post,bend right]
 node[auto,swap]{C}(K3);
\end{tikzpicture}
```

15.6 Bibliotheken

Es wird zwischen den Bibliotheken unterschieden, die sowohl für pgf als auch Ti*k*Z und solchen, die nur mit Ti*k*Z benutzt werden können. Die Zahl der Pakete beziehungsweise Bibliotheken für pgf und Ti*k*Z nimmt stetig zu, sodass hier auch schon aus Platzgründen nur eine unvollständige Liste angegeben werden kann. Die Bibliotheken werden grundsätzlich mit dem Ti*k*Z-System ausgeliefert und sind formal eigenständige Pakete, sodass sie auch über den standardmäßigen Befehl \usepackage geladen werden könnten. Neben diesen Bibliotheken, die Bestandteil von pgf/Ti*k*Z sind, existieren einige eigenständige Pakete, die auf pgf/Ti*k*Z aufbauen. Derartige Pakete findet man im Abschnitt 15.7 auf Seite 385.

15.6.1 pgf-Bibliotheken

Die pgf-Bibliotheken können entweder über \usepgflibrary, \usetikzlibrary oder wie üblich als Paket geladen werden. Der Paketname ergibt sich dabei aus dem Präfix pgflibrary, beziehungsweise tikzlibrary und dem Namen der entsprechenden Bibliothek, beispielsweise trees. Zusätzlich haben alle Dateien das Suffix .code.tex.

```
\usepgflibrary{Bibliotheksname}
\usetikzlibrary{Bibliotheksname}
\usepackage{pgflibrary⟨Bibliotheksname⟩}
\usepackage{tikzlibrary⟨Bibliotheksname⟩}
```

Eine Zusammenstellung der derzeit bekannten Bibliotheken zeigt Tabelle 15.2 auf der nächsten Seite, von denen hier aus Platzgründen nur einige mit Beispielen angegeben werden können.

Tabelle 15.1: Zusammenstellung der zur Zeit vorhandenen pgf-Bibliotheken.

Name	*Bedeutung*
arrows	Linien- und Kurvenenden
decorations.footprints	Fußabdrücke als Symbole
decorations.fractals	Fraktale Grafiken, wie Kochsche Schneeflocke oder Hilbertlinien.
decorations.markings	Besondere Markierungen längs eines Pfades
decorations.pathmorphing	Nichtlineare Transformationen eines Pfades
decorations.pathreplacing	Linien- und Kurvenzüge manipulieren
decorations.shapes	
decorations.text	Text entlang eines Paades schreiben
fadings	Transparente Farbverläufe
patterns	Füllmuster
plothandlers	
plotmarks	
shapes.arrows	Weitere Möglichkeiten für Pfeile
shapes.callouts	Sprechblasen
shapes	Umfasst die Unterbibliotheken shapes.geometric, shapes.misc shapes.symbols.
shapes.gates.logic.IEC	Logische Gatter entsprechend der europäischen Norm
shapes.gates.logic.US	Logische Gatter entsprechend der amerikanischen Norm

Fortsetzung ...

... Fortsetzung

Name	*Bedeutung*
shapes.geometric	Weitere geometrischen Figuren
shapes.misc	Verschiedenes
shapes.multipart	Unterteilen von geometrischen Figuren in mehrere Bereiche
shapes.symbols	Erweiterte Symbole, wie beispielsweise Wolken.
snakes	Schlangenlinien und -kurven

15.6.2 Ti*k*Z-Bibliotheken

Die Ti*k*Z-Bibilotheken können entweder über `\usetikzlibrary` oder wie üblich als Paket geladen werden. Der Paketname ergibt sich dabei aus dem Präfix `tikzlibrary` und dem Namen der entsprechenden Bibliothek, beispielsweise `trees`. Zusätzlich haben alle Dateien das Suffix `.code.tex`.

```
\usetikzlibrary{Bibliotheksname}
\usepackage{tikzlibrarytikz⟨Bibliotheksname⟩}
```

Eine Zusammenstellung der derzeit bekannten Bibliotheken zeigt Tabelle 15.2, von denen hier aus Platzgründen nur einige mit Beispielen angegeben werden können. Für die in Tabelle 15.1 auf der vorherigen Seite zusammengestellten `pgf`-Bibliotheken existieren grundsätzlich auch entsprechende Ti*k*Z-Bibliotheken, die jedoch lediglich die zugehörige `pgf`-Bibliothek laden. Sie sind daher in der Tabelle 15.2 nicht nochmal aufgeführt.

Tabelle 15.2: Zusammenstellung der zur Zeit vorhandenen Ti*k*Z-Bibliotheken.

Name	*Bedeutung*
3d	
automata	Symbole der Automatentherie
backgrounds	Hintergründe
calc	
calendar	Kalendermakros
chains	
er	Entity-Relationship-Diagramme
fit	Optimierung der BoundingBox
folding	Papier falten
matrix	Anordnung von Elementen in einer Matrix
mindmap	Mindmaps
petri	Petri-Netze
positioning	Optimierung der Anordnung von Knoten
scopes	Lokale Bereiche innerhalb einer Umgebung `tikzpicture`.
shadows	Verschiedene Schatteneffekte
through	Festlegung eines Kreises durch Mittelpunkt und ein anderes Objekt.
topaths	Erweiterte Operationen im Sinne von `lineto`, `curveto`, usw.
trees	Bäume

15.7 Pakete, die auf TikZ aufbauen

Es existieren mehrere Pakete, die die Fähigkeiten von TikZ erweitern. Davon ist vor allen Dingen das Paket `pgfplots` zu erwähnen, welches Daten und Funktionen in vielfältiger Variation ausgeben kann.

TikZ selbst erlaubt bereits die Darstellung von mathematischen Funktionen und gegebenen Koordinaten über die `plot`-Option.

5-07-1

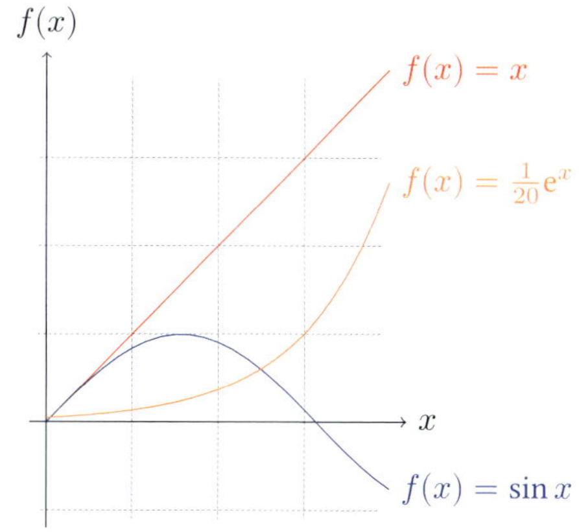


```
\usepackage{tikz}

\begin{tikzpicture}[domain=0:4]
 \draw[very thin,color=gray](-0.1,-1.1) grid
  ↪(3.9,3.9);
 \draw[->] (-0.2,0) -- (4.2,0) node[right] {$x$};
 \draw[->] (0,-1.2) -- (0,4.2) node[above] {$f(x)$};
 \draw[color=red]  plot(\x,\x)
         node[right]{$f(x)=x$};
 \draw[color=blue] plot(\x,{sin(\x r)})
         node[right]{$f(x)=\sin x$};
 \draw[color=orange]plot(\x,{0.05*exp(\x)})
     node[right]{$f(x)=\frac{1}{20}\mathrm{e}^x$};
\end{tikzpicture}
```

15.7.1 Paket `pgfplots`

Das Paket `pgfplots` von Christian Feuersänger ermöglicht ebenfalls die Darstellung von Funktionen und externen Datensätzen. Die Einteilung der *x*- und *y*-Achse kann man dabei dem Paket überlassen, welches aus den gegebenen Werten versucht, eine sinnvolle Einteilung zu ermitteln. Der Maßstab ist dabei prinzipiell 1 cm, kann aber über die Option `scale` der Umgebung `tikzpicture` geändert werden. Die eigentliche Umgebung für das Plotten der Daten ist `axis` mit den Varianten für halb- und doppelt-logarithmische Achsen.

```
\begin{axis} [Optionen]
  ...
  \addplot [Optionen] ⟨Typ⟩ {Daten}
  ...
\end{axis}
\begin{semilogxaxis} ... \end{semilogxaxis}
\begin{semilogyaxis} ... \end{semilogyaxis}
\begin{loglogaxis} ... \end{loglogaxis}
```

```
\usepackage{pgfplots}

\begin{tikzpicture}[scale=0.75]
 \begin{semilogyaxis}[xlabel=Kosten,ylabel=Fehler]
  \addplot[mark=x]coordinates{(2,28)(3,33)(4,4)(5,54)(6,6)(7,66)(8,73) };
\end{semilogyaxis}
\end{tikzpicture}
```

```
\begin{tikzpicture}[scale=0.75]
\begin{axis}[xlabel=$x$,ylabel=$y$]
\addplot {x^2 + 4}; \addplot {-5*x^3 - x^2};
\end{axis}
\end{tikzpicture}
```

15-07-2

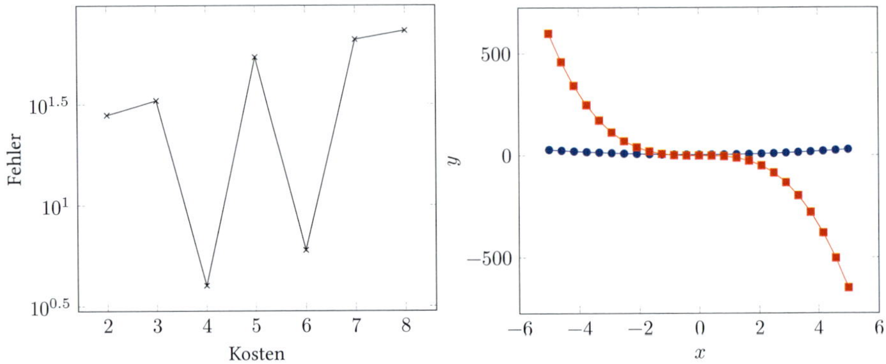

Die Zahlenwerte können sowohl in der dezimalen als auch wissenschaftlichen Notation angegeben werden. Bei mehreren Kurvenverläufen kann die Erstellung einer Legende automatisiert werden, da sich das Paket bei jedem neuen `\addplot` den jeweiligen Stil merkt, sodass am Ende eine kommentierte Legende möglich ist.

`\addlegendentry{`*Text*`}`
`\legend{`*Text1, Text2, ...*`}`

Mit `\addlegendentry` kann ein einzelner Eintrag zur Liste der Legendeneinträge hinzugefügt werden. Mit `\legend` wird die als Parameter übergebene Liste ausgegeben, die der Anzahl der vorhanden Makros `\addplot` entsprechen muss. Eine vorhandene Liste wird dabei automatisch überschrieben. Es macht daher nur Sinn, jeweils nur eines der obigen Makros zu benutzen.

```
\usepackage{pgfplots}

\begin{tikzpicture}
\begin{loglogaxis}[xlabel={Freiheitsgrade},ylabel={$L_2$ Fehler}]
\addplot coordinates{(5,8.31e-02)(17,2.57e-02)(49,7.47e-03)(129,2.12e-03)
 (321,5.74e-04)(769,1.62e-04)(1793,4.42e-05)(4097,1.27e-05)(9217,3.21e-06) };
\addplot coordinates{(7,8.72e-02)(31,3.04e-02)(111,1.02e-02)(351,3.33e-03)
 (1023,1.09e-03)(2815,3.19e-04)(7423,9.65e-05)(18943,2.87e-05)(47103,8.43e-06) };
\addplot coordinates{(9,7.88e-02)(49,3.23e-02)(209,1.22e-02)(769,4.45e-03)
 (2561,1.51e-03) (7937,5.23e-04)(23297,1.73e-04)(65537,5.55e-05)(178177,1.75e-05) };
\addplot coordinates{(11,6.87e-02)(71,3.17e-02)(351,1.34e-02)(1471,5.34e-03)
 (5503,2.02e-03)(18943,7.41e-04)(61183,2.62e-04)(187903,9.03e-05)(553983,3.03e-05) };
\addplot coordinates{(13,5.75e-02)(97,2.95e-02)(545,1.35e-02)(2561,5.84e-03)
 (10625,2.39e-03)(40193,9.41e-04)(141569,3.56e-04)(471041,1.3e-04)(1496065,4.6e-05)};
\legend{$d=2$,$d=3$,$d=4$,$d=5$,$d=6$}
\end{loglogaxis}
\end{tikzpicture}
```

15-07-3

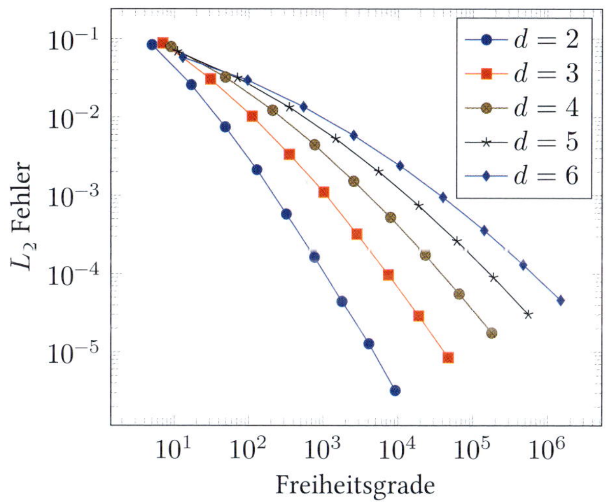

Das Plotten von Funktionen unterscheidet sich prinzipiell nicht von denen mit Datensätzen.

-07-4

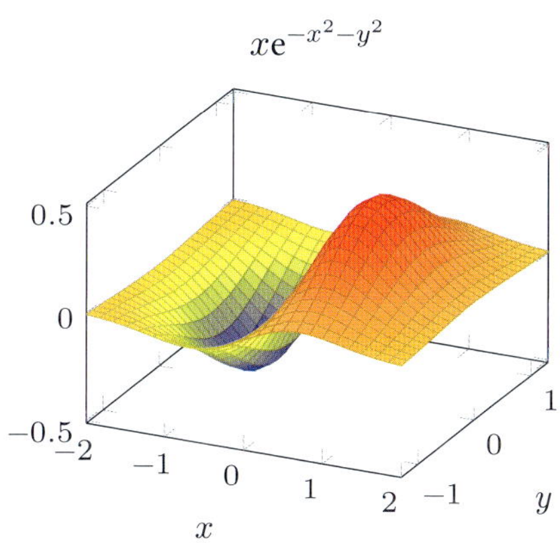


```
\usepackage{pgfplots}

\begin{tikzpicture}
\begin{axis}[title={$x\mathrm{e}^{-x^2-y^2}$},
  xlabel=$x$, ylabel=$y$,small]
\addplot3[surf,domain=-2:2,domain
          y=-1.3:1.3]{exp(-x^2-y^2)*x};
\end{axis}
\end{tikzpicture}
```

Allerdings ist durch die Tatsache, dass die mathematischen Fähigkeiten von TeX stark eingeschränkt sind, mit Problemen zu rechnen, wenn die Funktionen eine gewisse Komplexität erreichen. Sei es hinsichtlich der Genauigkeit oder der Vielzahl an Operatoren. In solchen Fällen kann es angebracht sein, die Berechnung der Funktionswerte auf Lua-Ebene zu erledigen und dann die berechneten Werte als Daten wieder einzulesen.

15.7.2 Paket `pgfplotstable`

Das Paket `pgfplots` von Christian Feuersänger ermöglicht ebenfalls die Darstellung von Funktionen und externen Datensätzen. Die Einteilung der x- und y-Achse kann man dabei dem Paket überlassen, welches aus den gegebenen Werten versucht, eine sinnvolle Einteilung zu ermitteln. Der Maßstab ist dabei prinzipiell 1 cm, kann aber über die Option `scale` der Umgebung `tikzpicture` geändert werden. Die eigentliche Umgebung für das Plotten der Daten ist axis mit den Varianten für halb- und doppelt-logarithmische Achsen.

Aus dem Netz wurde die im folgenden Beispiel zu sehende Liste importiert, die nur um die Zeile der Spaltennamen erweitert wurde. Für eine Darstellung als LaTeX-Tabelle müsste man normalerweise die Kommata durch den Spaltentrenner & und das Zeilenende durch \\ ersetzen. Mit Hilfe des Pakets pgfplotstable von Christian Feuersänger lässt sich dies automatisieren:

```
\usepackage{libertinus}
\usepackage{pgfplotstable}
\begin{filecontents}[noheader,force]{table.csv}
# 12.04.2020, 00:00 Uhr,
n, Tote, Bundesland
24078, 649, Baden-Württemberg
32282, 786, Bayern
4567, 50, Berlin
1857, 38, Brandenburg
480, 15, Bremen
3742, 56, Hamburg
5859, 123, Hessen
605, 11, Mecklenburg-Vorpommern
7602, 189, Niedersachsen
24267, 495, Nordrhein-Westfalen
4734, 64, Rheinland-Pfalz
2058, 43, Saarland
3600, 67, Sachsen
1166, 21, Sachsen-Anhalt
2118, 41, Schleswig-Holstein
1464, 25, Thüringen
\end{filecontents}
\usepackage{booktabs, subcaption}

\begin{table}[!htb]
\caption{Automatisch generierte Tabelle einer \texttt{.csv}-Datei.}\label{table1.csv}
\begin{subtable}{0.49\linewidth}\centering
\caption{Die Originalliste}
\pgfplotstabletypeset[
  use comma, col sep=comma,
  font=\small,
  columns/n/.style={column type=S,column name={\emph{Fälle}}, dec sep align},
  columns/Tote/.style={column type=S, dec sep align},
  columns/Bundesland/.style={column type=l, string type, column name={\emph{Bundesland}}},
  every head row/.style={
    before row={\toprule}, % have a rule at top
    after row={\midrule}
  },
  every last row/.style={after row=\bottomrule}, % rule at bottom
]{table.csv}                    % full path and filename
\end{subtable}
\hfill
\begin{subtable}{0.49\linewidth}\centering
\caption{Die Liste sortiert nach den Fallzahlen.}
\pgfplotstabletypeset[
  sort, sort cmp={int <}, sort key=n, % sort the data
  use comma, col sep=comma,
  font=\small,
  columns/n/.style={column type=S,column name={\emph{Fälle}}, dec sep align},
  columns/Tote/.style={column type=S, column name={\emph{Tote}}, dec sep align},
  columns/Bundesland/.style={column type=l, string type, column name={\emph{Bundesland}}},
  every head row/.style={
    before row={\toprule}, % have a rule at top
    after row={\midrule}
  },
  every last row/.style={after row=\bottomrule}, % rule at bottom
```

```
]{table.csv}                    % full path and filename
\end{subtable}
\end{table}
```

5-07-5

Tabelle 1: Automatisch generierte Tabelle einer `.csv`-Datei.

(a) Die Originalliste

Fälle	Tote	*Bundesland*
24.078	649	Baden-Württemberg
32.282	786	Bayern
4.567	50	Berlin
1.857	38	Brandenburg
480	15	Bremen
3.742	56	Hamburg
5.859	123	Hessen
605	11	Mecklenburg-Vorpommern
7.602	189	Niedersachsen
24.267	495	Nordrhein-Westfalen
4.734	64	Rheinland-Pfalz
2.058	43	Saarland
3.600	67	Sachsen
1.166	21	Sachsen-Anhalt
2.118	41	Schleswig-Holstein
1.464	25	Thüringen

(b) Die Liste sortiert nach den Fallzahlen.

Fälle	*Tote*	*Bundesland*
480	15	Bremen
605	11	Mecklenburg-Vorpommern
1.166	21	Sachsen-Anhalt
1.464	25	Thüringen
1.857	38	Brandenburg
2.058	43	Saarland
2.118	41	Schleswig-Holstein
3.600	67	Sachsen
3.742	56	Hamburg
4.567	50	Berlin
4.734	64	Rheinland-Pfalz
5.859	123	Hessen
7.602	189	Niedersachsen
24.078	649	Baden-Württemberg
24.267	495	Nordrhein-Westfalen
32.282	786	Bayern

Die Ausgabe als Grafik kann mit dem Paket `pgfplots` erfolgen. Für die grafische Darstellung benötigt man sinnvolle Angaben für die Beschriftung der Achsen. Die Namen der Bundesländer sollen wegen ihrer Länge auf der y-Achse erscheinen, während die Zahl der positiven Fälle (n) auf der x-Achse erscheinen soll. Zuerst wird die Tabelle mit `\pgfplotstableread` eingelesen und im Makro `\myTable` gespeichert. Danach wird diese mit `\pgfplotstablesort` nach der Zahl der positiven Fälle (n) sortiert und im Makro `\mytable` gespeichert. Um den einzelnen Bundesländern einen numerischen Wert zuordnen zu können, wird mit

```
\pgfplotstableset{create on use/new/.style = {create col/expr={\pgfplotstablerow+1}}}
```

eine Spalte hinzugefügt, die als Wert einfach die Zeilenzahl erhält, sodass Bremen dann intern die 1 und Bayern intern die 16 zugeordnet wird. Die Tabelle sieht dann wie folgt aus:

```
\usepackage{libertinus}
\usepackage{pgfplotstable}
\usepackage{booktabs, subcaption}

\pgfplotstableread[col sep=comma]{table.csv}\myTable  % Tabelle einlesen
\pgfplotstablesort[sort key={n}]{\mytable}{\myTable}  % Tabelle sortieren
\pgfplotstableset{create on use/new/.style =
        {create col/expr={\pgfplotstablerow+1}}}
\pgfplotstabletypeset[
  use comma, col sep=comma,
  columns={new, n, Tote, Bundesland},
  columns/new/.style={column type=r,column name={$n$}, dec sep align},
  columns/n/.style={column type=S,column name={\emph{Fälle}}, dec sep align},
```

```
  columns/Tote/.style={column type=S, column name={\emph{Tote}}, dec sep align},
  columns/Bundesland/.style={column type=l, string type, column name={\emph{Bundesland}}},
  every head row/.style={
    before row={\toprule}, % have a rule at top
    after row={\midrule}
  },
  every last row/.style={after row=\bottomrule}, % rule at bottom
]{\mytable}    % full path and filename
```

15-07-6

n	*Fälle*	*Tote*	*Bundesland*
1	480	15	Bremen
2	605	11	Mecklenburg-Vorpommern
3	1.166	21	Sachsen-Anhalt
4	1.464	25	Thüringen
5	1.857	38	Brandenburg
6	2.058	43	Saarland
7	2.118	41	Schleswig-Holstein
8	3.600	67	Sachsen
9	3.742	56	Hamburg
10	4.567	50	Berlin
11	4.734	64	Rheinland-Pfalz
12	5.859	123	Hessen
13	7.602	189	Niedersachsen
14	24.078	649	Baden-Württemberg
15	24.267	495	Nordrhein-Westfalen
16	32.282	786	Bayern

Somit kann die Spalte der Zeilennummern für die Werte der y-Achse benutzt werden. Statt dieser internen Nummern wird aber der zugehörige Name des Bundeslandes ausgegeben.

```
\usepackage{libertinus}
\usepackage{tikz, pgfplotstable, booktabs, pgfplots} \pgfplotsset{compat=newest}


\pgfplotstableread[col sep=comma]{table.csv}\myTable  % Tabelle einlesen
\pgfplotstablesort[sort key={n}]{\mytable}{\myTable}  % Tabelle sortieren
\pgfplotstableset{create on use/new/.style = {create col/expr={\pgfplotstablerow+1}}}

\begin{tikzpicture}
 \begin{axis}[
    xbar, xmin=0, xmax=40000, ymin=0, width=0.75\linewidth,
    grid=major, grid style={dashed,gray!30},
    xlabel=Anzahl Fälle, ylabel=,
    /pgf/number format/1000 sep={\,}, /pgf/number format/fixed,
    ytick=data, yticklabels from table={\mytable}{Bundesland},
    nodes near coords, nodes near coords align={horizontal}]
  \addplot table[x=n,y=new]{\mytable};
 \end{axis}
\end{tikzpicture}
```

15-07-7

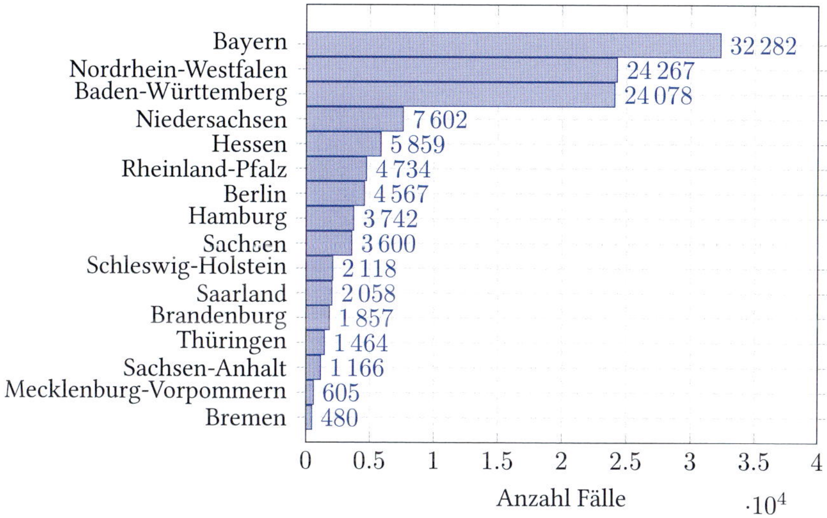

Eine Ausgabe, sortiert nach den Todeszahlen, lässt sich dann einfach daraus ableiten:

```
\usepackage{libertinus}
\usepackage{tikz,pgfplotstable,booktabs,pgfplots}\pgfplotsset{compat=newest}

\pgfplotstableread[col sep=comma]{table.csv}\myTable  % Tabelle einlesen
\pgfplotstablesort[sort key={Tote}]{\mytable}{\myTable}  % Tabelle sortieren
\pgfplotstableset{create on use/new/.style = {create col/expr={\pgfplotstablerow+1}}}
\begin{tikzpicture}
 \begin{axis}[
    xbar, xmin=0, xmax=900, ymin=0, width=0.75\linewidth,
    grid=major, grid style={dashed,gray!30}, xlabel=Anzahl Tote, ylabel=,
      /pgf/number format/1000 sep={\,}, /pgf/number format/fixed,
      ytick=data, yticklabels from table={\mytable}{Bundesland},
      nodes near coords, nodes near coords align={horizontal}]
  \addplot[red, fill, opacity=0.6] table[x=Tote,y=new]{\mytable};
 \end{axis}
\end{tikzpicture}
```

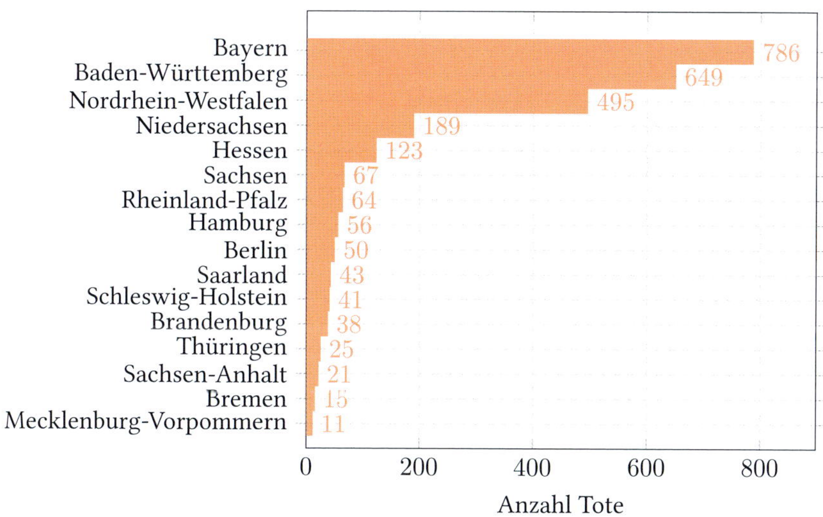

TEX
DEK
AGENDA

Anhang A

Anhang

A.1 LaTeX3 393
A.2 Längen 395
A.3 TeXLive- Installation 396
A.4 LuaTeX 397
A.5 Tastaturkürzel 399
A.6 Fragen und Antworten 399

A.1 LaTeX3

Mit LaTeX3 steht eine erweiterte Syntax für die Definition neuer Makros oder Umgebungen zur Verfügung. (LaTeX3 Project 2019) Ohne Rückgriff auf TeX, lässt sich mit den Methoden von LaTeX beispielsweise kein Makro mit zwei optionalen Elementen definieren. Mit dem integrierten Paket `xparse` werden erweiterte Alternativen sowohl zu `\newcommand` als auch `\newenvironment` bereitgestellt, wobei die Syntax bei allen Befehlen identisch ist. Bis auf die Makros, die mit `\Declare` beginnen, sind es Entsprechungen zu den bekannten LaTeX-Makros wie `\newcommand`, `\renewcommand`, `\providecommand` und den entsprechenden für Umgebungen. Dagegen werden mit `\DeclareDocumentCommand`, `\DeclareExpandableDocumentCommand` und `\DeclareDocumentEnvironment` eventuell existierende Makros überschreiben.

```
\DeclareDocumentCommand \⟨Name⟩ {Parameter} { Code }
\NewDocumentCommand \⟨Name⟩ {Parameter} { Code }
\RenewDocumentCommand \⟨Name⟩ {Parameter} { Code }
\ProvideDocumentCommand \⟨Name⟩ {Parameter} { Code }
\DeclareExpandableDocumentCommand{Name} {Parameter} { Code }
```

```
\DeclareDocumentEnvironment{Name} {Parameter} { Startcode }{ Endcode }
\NewDocumentEnvironment {Name} {Parameter} { Startcode }{ Endcode }
\RenewDocumentEnvironment {Name} {Parameter} { Startcode }{ Endcode }
\ProvideDocumentEnvironment{Name} {Parameter} { Startcode }{ Endcode }
```

```
\IfValueT {Parameternummer} { Wahr }
\IfValueF {Parameternummer} { Wahr }
\IfValueTF {Parameternummer} { Wahr } { Falsch }
\IfNoValueT {Parameternummer} { Wahr }
\IfNoValueF {Parameternummer} { Wahr }
\IfNoValueTF {Parameternummer} { Wahr } { Falsch }
\IfBooleanT {Parameter} { Wahr }
\IfBooleanF {Parameter} { Wahr }
\IfBooleanTF {Parameternummer} { Wahr } { Falsch }
```

Beim Laden des Paketes werden zahlreiche Meldungen in die Logdatei geschrieben. Diese lassen sich mit der Paketoption `log-declarations=false` unterdrücken.

A.1.1 Parameter

Die Festlegung der Parameter erfolgt in symbolischer Form durch Vorgabe des Parametertyps. Die Reihenfolge der Anordnung ist dabei signifikant, wobei die von Standard-LaTeX bekannte Begrenzung auf maximal neun (bei einem möglichen optionalen) Parameter nicht existiert. Weiterhin können die einzelnen Parameter mit einer *long*-Option versehen werden, indem den einzelnen Parametern das Präfix + vorangesetzt wird. Für diese Parameter sind dann auch Absätze (Befehl `\par`) möglich.

Verpflichtende Parametertypen

Zur Vereinfachung wird in den folgenden Beispielen jeweils nur ein Parameter definiert.

m (*m*andatory) Ein Standardargument, das ein einzelnes Token oder eine geklammerte Tokenliste sein kann.

l (*l*eft brace) Ein Argument, das alles übernimmt, bis das erste öffnende Gruppentoken auftritt, was in LaTeX im Allgemeinen die öffnende geschweifte Klammer { ist.

r (*r*equired) Ein durch formal beliebige Zeichen begrenztes Argument, wobei diese direkt danach angegeben werden müssen, beispielsweise `r<]`. In der Regel wird man korrespondierende Symbole wählen. Wird das neue Makro ohne die festgelegten Zeichen <...] benutzt, so führt dies zu einer Fehlermeldung:

```
! LaTeX3 Error: Missing required argument for command '\TYPr'.
```

Lässt man den Übersetzungsvorgang weiterlaufen oder weist TeX an, bei einem Fehler nicht zu stoppen, so wird als gelesenes Argument `-NoValue-` zurückgegeben.

R (*R*equired) Analog zum vorhergehenden Typ `r`, mit dem Unterschied, dass bei einem leeren Argument ein definierter Standardwert übergeben wird. Dieser muss nach den Begrenzungssymbolen angegeben werden, beispielsweise `R()Wert fehlt`.

u (*u*ntil) Liest als Argument alles ein, bis ein/e vorgegebene/s Token/-liste erkannt wird, wobei das begrenzende Token nicht mehr zum Argument zählt und »verschluckt« wird. Die Syntax ist `u<token(s)>`.

v (*v*erbatim) Liest Angaben zwischen zwei Zeichen verbatim und entspricht daher im Prinzip dem LaTeX-Befehl `\verb`. Nicht erlaubte Begrenzer sind die TeX-typischen aktiven Zeichen `%`, \, {, }, ^ oder ␣. Das zu lesende Argument kann aber auch in ein normales geschweiftes Klammerpaar { } gesetzt werden. Ähnlich wie `\verb`, kann das definierte Makro nicht innerhalb eines anderen Makros, wie beispielsweise`\footnote`, auftreten.

Optionale Parametertypen

o Das von LaTeX bekannte optionale Argument in eckigen Klammern, das den Wert `-NoValue-` liefert, wenn es nicht angegeben ist. Mit den Makros `\IfValueT|F` und `\IfNoValueT|F` kann auf diesen Wert abgefragt werden. Im Gegensatz zu LaTeX 2_ε kann das optionale Argument wieder eckige Klammern enthalten, ohne dass diese gesondert in geschweifte Klammern zu setzen sind.

O Verhält sich wie der Typ `o`, erlaubt aber das Setzen eines Defaultwertes. Die Syntax ist `O{<default>}`.

d (*d*elimiter) Verhält sich wie der obige Typ `o`, erlaubt aber die Definition eigener Begrenzungszeichen.

D Verhält sich wie der Typ `O`, erlaubt aber das Festlegen der Begrenzungszeichen, sodass eine andere als die sonst übliche Kombination aus [...] möglich ist.

s (*s*tar) Testet, ob die Sternvariante des Makros genutzt wird. Der Typ liefert entweder den Wert `\BooleanTrue` oder `\BooleanFalse`, der durch `\IfBooleanTF` abgefragt werden kann.

t (*t*oken) Statt des Sterns kann ein anderes Zeichen definiert werden.

Argumentprozessoren

Mit den Prozessoren kann man Argumente gesondert bearbeiten. Die Syntax entspricht der Spaltendefinition mit dem Paket `array`:

```
>{ProzessorA} >{ProzessorB} m
```

Dies veranlasst die sequentielle Ausführung von `ProzessorA` und `ProzessorB` auf das Argument `m`.

```
\ReverseBoolean
\SplitArgument{Anzahl}{Zeichen}
\SplitList{ Zeichen }
\TrimSpaces
\ProcessList {Liste}{Funktion}
```

A.2 Längen

Eine Länge ist im physikalischen Sinne eine Maßzahl zusammen mit einer Maßeinheit, beispielsweise 3,14 cm. LaTeX akzeptiert die verschiedensten Maßeinheiten, denen zusätzlich `true` vorangestellt werden kann, sodass Skalierungen dann keine Auswirkung haben.

Name	*Beschreibung*	*Aktueller Wert in pt*
`bp`	Big Point (72 bp/in)	1.00374 pt
`cc`	Cîcero (1 cc=12 dd)	12.8401 pt
`cm`	Zentimeter	28.45274 pt
`dd`	Didôt (1157 dd = 1238 pt)	1.07 pt
`em`	Die Breite des Buchstabens »M« in dem gewählten Font, weicht in der Regel von der aktuell gültigen Fontgröße ab: M→8.39 pt	10 pt
`ex`	Die Höhe des Buchstabens »x« in dem gewählten Font, weicht ebenfalls in der Regel davon ab: x→4.31 pt	4.29 pt
`in`	Inch (korrekter Wert 72.27 pt)	72.26999 pt
`mm`	Millimeter	2.84526 pt
`mu`	Mathematische Einheit (1 mu=1/18em)	0.05554 pt
`pc`	Pica (12 pt/pc)	12 pt
`pt`	(TEX-)Points (1/72.27 Inch)	1 pt
`px`	Bildpunkt, 1 px=1/72 Inch	1.00374 pt
`sp`	Scaled Point (65536 sp/pt)	0.00002 pt

em, ex, mu und px sind sogenannte dynamische Größen, da sie sich automatisch ändern, sobald die aktuelle Schrift oder die aktuelle Bildauflösung (px) verändert wird. mu darf nur im mathematischen Modus benutzt werden und ist auch nicht mit anderen Einheiten kombinierbar. Das entsprechende Makro zum Setzen der Abstände ist `\mkern`.

Alle Längenangaben benötigen eine Einheit und können sowohl positive als auch negative Werte haben und sollten unter LATEX ausschließlich mit den Makros `\setlength` und `\addtolength` in ihren Werten verändert werden. Neben der Zuweisung der festen Länge zu einem *dimen register*, kennt TEX auch sogenannte *skip register*, welche neben dem Hauptwert zwei zusätzliche Angaben über den Schrumpfungsgrad und den Ausdehnungsgrad haben können, gekennzeichnet durch `plus` und `minus`, beispielsweise `12pt plus 2pt minus .2ex`. Eine dritte Länge wird als »Gummilänge« (*rubber length*) bezeichnet, wenn sie sich *beliebig* verkürzen oder ausdehnen kann, beispielsweise `\hfill`. Praktische Beispiele finden sich in der folgenden Zusammenstellung.

- Längen benötigen grundsätzlich die Angabe einer Maßeinheit.
- Durch Voranstellen eines Faktors können Vielfache und Teile einer gegebenen Länge erreicht werden, beispielsweise `1.5\abovedisplayskip` entspricht 15 pt.
- Alle Längenmakros sind robust, brauchen somit nie ein vorangestelltes `\protect`.
- Die Ausgabe einer Länge kann über den `\the`-Befehl erreicht werden, beispielsweise `\the\topskip`→10.0pt.

A.3 TEXLive- Installation

Die Installation von TEXLive kann von einer DVD oder bei einer Netzverbindung Online erfolgen. Die TEX-Collection-DVD bekommen Mitglieder von DANTE e.V. (`http:`

//www.dante.de) kostenlos. (Lotz u. a. 2021) Alternativ kann die DVD über das ISO-Image von der offiziellen Webseite http://www.tug.org/texlive heruntergeladen und gebrannt werden. Vor dem Beginn der Installation sollte man sich vergewissern, ob nicht eine bereits vorhandene TeX-Installation existiert, die schon Umgebungsvariablen entsprechend gesetzt hat. Insbesondere unter Windows kann es hier zu Problemen führen. Sicherheitshalber sollte eventuell vorher eine existierende TeX-Installation entfernen, wenn man sie nicht unbedingt aus Sicherungsgründen behalten will. Bei einem Ein-Personen-System (single user system) besteht für die eigentliche Installation keine Notwendigkeit diese als Systemadministrator (Windows) oder root (Linux/Unix) vorzunehmen. Von der DVD wird das Perl-Programm install-tl gestartet.

A.4 LuaTeX

Die Skriptsprache Lua ist integraler Bestandteil von LuaTeX und vom TeX-Dokument heraus aufgerufen werden. Die Ausgabe des externen Lua-Programms kann als Eingabe für TeX benutzt werden. Der einfachste Aufruf des Lua-Interpreters ist \directlua:

-04-1

Das Ergebnis von π^π ist: 36.462159607208

```
Das Ergebnis von $\pi^\pi$ ist:
\directlua{tex.print(math.pi^math.pi)}
```

Eine weitere Variante ist das Paket luacode, welches Umgebungen bereitstellt, die ausschließlich LuaCode enthalten. Für die Ausgabe, die direkt an TeX weitergeleitet wird, kann auf Lua-Ebene eine der Lua-Funktionen tex.print oder tex.sprint benutzt werden. Im folgenden Beispiel wird die Tabelle durch Luacode gefüllt. Da die Umgebung luacode direkt Teil des Tabellenkörpers ist, muss sie in der Form \luacode...\endluacode aufgerufen werden.

```
\usepackage{luacode}

\begin{tabular}{*5l}\hline
\luacode
for i=1,5 do
  ixi='$'..i..'^'..(i+1)..'='..i^(i+1)..'$';
  tex.sprint(ixi)
  if i<5 then tex.print('&') else tex.print('\\\\\\hline') end
end
\endluacode
\end{tabular}
```

-04-2

$1^2 = 1.0$	$2^3 = 8.0$	$3^4 = 81.0$	$4^5 = 1024.0$	$5^6 = 15625.0$

Ein praktisches Beispiel für den Einsatz von Lua hat Rolf Niepraschk in Niepraschk (2017) gezeigt. TeX eignet sich normalerweise nicht sonderlich für mathematische Operationen. Mit LuaTeX kann dies jedoch alles der Skriptsprache Lua überlassen werden.

```
\usepackage{longtable,booktabs,luacode}

\begin{luacode}
local obj
obj = {}
function put(key, value)
  if obj[key] == nil then
    obj[key] = {sum=0,number=0}
  end
  obj[key].sum = obj[key].sum + value
  obj[key].number = obj[key].number + 1
end
function getMean(key)
  tex.print(math.ceil(obj[key].sum/obj[key].number))
end
\end{luacode}
\newcommand*\putValue[2]{\directlua{put('#1',#2)}}
\newcommand*\getMean[1]{\directlua{getMean('#1')}}
\newcommand*\entry[6]{%
  #1 & #2 & \putValue{SYS}{#3}#3 & \putValue{DIA}{#4}#4 & #5 & #6 \\}
\newcommand*\rmbf[1]{\textrm{\textbf{#1}}}
\ttfamily\begin{longtable}{@{}crrrrc@{}}
\multicolumn{6}{@{}l@{}}{\large\textrm{Blutdruckwerte von Max Mustermann:}}\\[1ex]\
↪toprule
\rmbf{Datum} &\rmbf{Uhrzeit} &\rmbf{SYS} &\rmbf{DIA} &\rmbf{Puls} &\rmbf{Arm} \\\toprule
\endhead
\entry{2017-05-06}{8:10}{170}{101}{68}{li} \entry{}{8:10}{162}{106}{70}{re}
\entry{}{18:15}{144}{94}{71}{li}           \entry{}{18:15}{145}{82}{72}{re}
\entry{2017-05-07}{9:05}{150}{94}{72}{li}  \entry{}{9:05}{142}{93}{74}{re}
\entry{}{18:35}{125}{78}{84}{li}           \entry{}{18:35}{118}{82}{73}{re}
\entry{2017-05-08}{6:25}{163}{106}{75}{li} \entry{}{6:25}{145}{95}{77}{re}
\entry{}{18:10}{174}{106}{79}{li}          \entry{}{18:10}{164}{106}{79}{re}
\entry{2017-05-09}{6:30}{136}{92}{79}{li}  \entry{}{6:30}{126}{82}{80}{re}
\entry{}{18:05}{159}{106}{89}{li}          \entry{}{18:05}{138}{93}{87}{re}\toprule
& \textrm{\Large\diameter\,=} & \getMean{SYS} & \getMean{DIA} \\\bottomrule
\end{longtable}
```

A-04-3

Blutdruckwerte von Max Mustermann:

Datum	**Uhrzeit**	**SYS**	**DIA**	**Puls**	**Arm**
2017-05-06	8:10	170	101	68	li
	8:10	162	106	70	re
	18:15	144	94	71	li
	18:15	145	82	72	re
2017-05-07	9:05	150	94	72	li
	9:05	142	93	74	re
	18:35	125	78	84	li
	18:35	118	82	73	re
2017-05-08	6:25	163	106	75	li
	6:25	145	95	77	re
	18:10	174	106	79	li
	18:10	164	106	79	re
2017-05-09	6:30	136	92	79	li
	6:30	126	82	80	re
	18:05	159	106	89	li
	18:05	138	93	87	re
	∅ =	148	95		

A.5 Tastaturkürzel

Da eine Tastatur nur eine begrenzte Anzahl an direkt zugänglichen Zeichen hat, müssen viele über eine Kombination an Tasten angegeben werden. Die folgende Tabelle zeigt eine Zusammenstellung der wichtigsten Zeichen für alle drei bekannten Betriebssysteme. Die Zusammenstellung basiert auf den Angaben in `https://typefacts.com/artikel/tastaturkuerzel`.

A.6 Fragen und Antworten

A.6.1 LaTeX

Zerbrechliche Befehle

Sämtliche Makros, die an andere Makros weitergereicht werden, wie beispielsweise für das Inhaltsverzeichnis, den Index oder die Kopfzeilen, müssen robust, beziehungsweise unzerbrechlich sein. Dies bedeutet, dass die Makros in ihrer Ausgangsform erhalten bleiben und nicht durch LaTeX expandiert (zerlegt) werden, bevor sie an das übergeordnete Makro weitergereicht oder im Falle des Inhaltsverzeichnisses (`\tableofcontents`) im Originalzustand in die sogenannte `.toc`-Datei geschrieben werden. Möchte man beispielsweise im Inhaltsverzeichnis an einer bestimmten Stelle eine neue Seite erzwingen, könnte man an einer bestimmten Textstelle `\addtocontents` benutzen.

```
\addtocontents{toc}{\newline}
```

Beim ersten LaTeX-Lauf wird noch nichts passieren, da die `.toc`-Datei erst erstellt wird. Beim nächsten Lauf erhält man dann:

```
[...]
[19] [20]
! TeX capacity exceeded, sorry [input stack size=5000].
\@restorepar ->\def \par
                          {\@par }
l.28 \addtocontents{toc}{\newpage}
                                   \blinddocument
[...]
```

Der einfach aussehende Befehl `\newpage` ist intern komplizierter als man denkt und wird auf »dem Weg« in die `.toc`-Datei derart zerlegt, dass es zu einer Rekursion kommt. Solche Fälle können dadurch vermieden werden, dass diesen Befehlen `\protect` vorangestellt wird.

```
\addtocontents{toc}{\protect\newline}
```

Dadurch wird der Befehl nicht zerlegt (expandiert) und erscheint dann auch als `\newline` im Inhaltsverzeichnis.

Anführungszeichen

Glyph	*Bedeutung*	*Glyphname*	*Windows*	*macOS*	*Linux*
„	Deutsch öffnend	quotedblbase	Alt + 0 1 3 2	Alt + ^	AltGr + v
“	Deutsch schließend, Englisch öffnend	quotedblleft	Alt + 0 1 4 7	Alt + 2	AltGr + b
‚	Deutsch einfach öffnend	quotesinglbase	Alt + 0 1 3 0	Alt + s	⇧ + AltGr + v
‘	Deutsch einfach schließend, Englisch öffnend	quoteleft	Alt + 0 1 4 5	Alt + #	⇧ + AltGr + b
»	Deutsch öffnend	guillemotright	Alt + 0 1 8 7	⇧ + Alt + q	AltGr + y
«	Deutsch schließend	guillemotleft	Alt + 0 1 7 1	Alt + q	AltGr + x
›	Deutsch einfach öffnend	guilsinglright	Alt + 0 1 5 5	⇧ + Alt + n	⇧ + AltGr + y
‹	Deutsch einfach schließend	guilsinglleft	Alt + 0 1 3 9	⇧ + Alt + b	⇧ + AltGr + x
”	Englisch schließend	quotedblright	Alt + 0 1 4 8	⇧ + Alt + 2	AltGr + n
’	Apostroph, Englisch einfach schließend	quoteright	Alt + 0 1 4 6	⇧ + Alt + #	AltGr + #

Interpunktionszeichen

Glyph	*Bedeutung*	*Glyphname*	*Windows*	*macOS*	*Linux*
-	Bindestrich/Trennstrich	hyphen	-	-	-
–	Gedankenstrich (n-dash)	ndash	Alt + 0 1 5 0	Alt + -	AltGr + -
—	Geviertstrich (m-dash)	mdash	Alt + 0 1 5 1	⇧ + Alt + -	⇧ + AltGr + -
…	Auslassungspunkte (»Ellipse«)	ellipsis	Alt + 0 1 3 3	Alt + .	AltGr + .
’	Apostroph	quotesingle	Alt + 0 1 4 6	⇧ + Alt + #	AltGr + #
·	Zentrierter Punkt	middot	Alt + 0 1 8 3	⇧ + Alt + 9	AltGr + ,
•	Zentrierter Punkt (fett)	bullet	Alt + 0 1 4 9	Alt + ü	⇧ + Strg + u + 2 0 2 2 [1]
¡	Spanisches öffnendes Ausrufezeichen	exclamdown	Alt + 0 1 6 1	Alt + 1	⇧ + AltGr + 1

[1] ⇧ und Strg beim Eingeben der Ziffern gedrückt lassen. Die Taste u braucht nur kurz betätigt zu werden.

Glyph	Bedeutung	Glyphname	Windows	macOS	Linux
!	Ausrufezeichen	exclam	⇧ + 1	⇧ + 1	⇧ + 1
¿	Spanisches öffnendes Fragezeichen	questiondown	Alt + 0 1 9 1	Alt + ß	⇧ + AltGr + ß
?	Fragezeichen	question	⇧ + ß	⇧ + ß	⇧ + ß
(	Öffnende runde Klammer	parenleft	⇧ + 8	⇧ + 8	⇧ + 8
)	Schließende runde Klammer	parenright	⇧ + 8	⇧ + 8	⇧ + 9
[	Öffnende eckige Klammer	bracketleft	AltGr + 8	Alt + 5	AltGr + 8
]	Schließende eckige Klammer	bracketright	AltGr + 9	Alt + 6	AltGr + 9
{	Öffnende geschweifte Klammer	braceleft	AltGr + 7	Alt + 8	AltGr + 7
}	Schließende geschweifte Klammer	braceright	AltGr + 0	Alt + 9	AltGr + 0
/	Schrägstrich	slash	⇧ + 7	⇧ + 7	⇧ + 7
\	Umgekehrter Schrägstrich (»Backslash«)	backslash	AltGr + ß	⇧ + Alt + 7	AltGr + ß
|	Senkrechter Strich	bar	AltGr + <	Alt + 7	AltGr + <

Währungszeichen

Glyph	Bedeutung	Glyphname	Windows	macOS	Linux
€	Euro	Euro	AltGr + e	Alt + e	AltGr + e
$	Dollar	dollar	⇧ + 4	⇧ + 4	⇧ + 4
¥	Yen	yen	Alt + 0 1 6 5	Alt + y	⇧ + AltGr + z
£	Pfund	sterling	Alt + 0 1 6 3	⇧ + Alt + 4	⇧ + AltGr + 3
¢	Cent	cent	Alt + 0 1 6 2	Alt + 4	AltGr + c
ƒ	Florin	florin	Alt + 0 1 6 2	Alt + f	⇧ + Strg + u + 1 9 2 [1]
¤	Allgem. Währungszeichen	currency	Alt + 0 1 6 4	—	⇧ + AltGr + 4

Sonstige Sonderzeichen

Glyph	*Bedeutung*	*Glyphname*	*Windows*	*macOS*	*Linux*
@	At-Zeichen (»Klammeraffe«)	at	AltGr + q	Alt + l	AltGr + q
&	Et-Zeichen (»Kaufmanns-Und«)	ampersand	⇧ + 6	⇧ + 6	⇧ + 6
ﬁ	fi-Ligatur	fi	—	⇧ + Alt + 5	⇧ + Strg + u + f b 0 1 [1]
ﬂ	fl-Ligatur	fl	—	⇧ + Alt + l	⇧ + Strg + u + f b 0 2 [1]
§	Paragraphzeichen	section	⇧ + 3	⇧ + 3	⇧ + 3
%	Prozentzeichen	percent	⇧ + 5	⇧ + 5	⇧ + 5
‰	Promillezeichen	perthousand	Alt + 0 1 3 7	⇧ + Alt + e	⇧ + Strg + u + 2 0 3 0 [1]
¶	Absatzzeichen (»Alinea«)	paragraph	Alt + 0 1 8 2	Alt + 3	AltGr + r
™	Trademark	trademark	Alt + 0 1 5 3	⇧ + Alt + d	⇧ + AltGr + 8
©	Copyright	copyright	Alt + 0 1 6 9	Alt + g	⇧ + AltGr + c
®	Registered	registered	Alt + 0 1 7 4	Alt + r	⇧ + AltGr + r
*	Sternchen (»Asterisk«)	asterisk	⇧ + +	⇧ + +	⇧ + +
†	Kreuz (Dagger)	dagger	Alt + 0 1 3 4	Alt + t	⇧ + Strg + u + 2 0 2 0 [1]
‡	Lothringer Kreuz (Double Dagger)	daggerdbl	Alt + 0 1 3 5	⇧ + Alt + y	⇧ + Strg + u + 2 0 2 1 [1]
°	Gradzeichen	degree	⇧ + ^	⇧ + ^	⇧ + ^
′	Hochkomma (Fuß, Minuten)	minute	⇧ + #	⇧ + #	⇧ + #
″	Anführungszeichen (Zoll, Sekunden)	second	⇧ + 2	⇧ + 2	⇧ + 2
ª	Ordinalzeichen (feminin)	ordfeminine	Alt + 0 1 7 0	Alt + h	⇧ + AltGr + f
º	Ordinalzeichen (maskulin)	ordmasculine	Alt + 0 1 8 6	Alt + j	⇧ + AltGr + m

Diakritische Zeichen (»Akzentbuchstaben«)

Glyph	Bedeutung	Glyphname	Windows	macOS	Linux
À	A mit Gravis	Agrave	[Alt]+[0][1][9][2]	[⇧]+[`]+[⇧]+[a]	[⇧]+[`]+[⇧]+[a]
à	a mit Gravis	agrave	[Alt]+[0][2][2][4]	[⇧]+[`]+[a]	[⇧]+[`]+[a]
Á	A mit Akut	Aacute	[Alt]+[0][1][9][3]	[´] [⇧]+[a]	[´] [⇧]+[a]
á	a mit Akut	aacute	[Alt]+[0][2][2][5]	[´] [a]	[´] [a]
Â	A mit Zirkumflex	Acircumflex	[Alt]+[0][1][9][4]	[^] [⇧]+[a]	[^] [⇧]+[a]
â	a mit Zirkumflex	acircumflex	[Alt]+[0][2][2][6]	[^] [a]	[^] [a]
Ã	A mit Tilde	Atilde	[Alt]+[0][1][9][5]	[Alt]+[n] [⇧]+[a]	[AltGr]+[+] [⇧]+[a][2]
ã	a mit Tilde	atilde	[Alt]+[0][2][2][7]	[Alt]+[n]+[a]	[AltGr]+[+] [a][2]
Ä	A mit Trema	Adieresis	[⇧]+[ä]	[⇧]+[ä]	[⇧]+[ä]
ä	a mit Trema	adieresis	[ä]	[ä]	[ä]
Å	A mit Ring	Aring	[Alt]+[0][1][9][7]	[⇧]+[Alt]+[a]	[⇧]+[AltGr]+[ü]+[⇧]+[a]
å	a mit Ring	aring	[Alt]+[0][2][2][9]	[Alt]+[a]	[⇧]+[AltGr]+[ü]+[a]
Æ	AE-Ligatur	AE	[Alt]+[0][1][9][8]	[⇧]+[Alt]+[ä]	[⇧]+[AltGr]+[a]
æ	ae-Ligatur	ae	[Alt]+[0][2][3][0]	[Alt]+[ä]	[AltGr]+[a]
Ç	C mit Zedille	Ccedilla	[Alt]+[0][1][9][9]	[⇧]+[Alt]+[c]	[AltGr]+[´] [⇧]+[c]
ç	c mit Zedille	ccedilla	[Alt]+[0][2][3][1]	[Alt]+[c]	[AltGr]+[´] [c]
È	E mit Gravis	Egrave	[Alt]+[0][2][0][0]	[⇧]+[`] [⇧]+[e][2]	[⇧]+[`] [⇧]+[e][2]
è	e mit Gravis	egrave	[Alt]+[0][2][3][2]	[⇧]+[`] [e][2]	[⇧]+[`] [e][2]
É	E mit Akut	Eacute	[Alt]+[0][2][0][1]	[´] [⇧]+[e][2]	[´] [⇧]+[e][2]
é	e mit Akut	eacute	[Alt]+[0][2][3][3]	[´] [e][2]	[´] [e][2]
Ê	E mit Zirkumflex	Ecircumflex	[Alt]+[0][2][0][2]	[^] [⇧]+[e][2]	[^] [⇧]+[e][2]
ê	e mit Zirkumflex	ecircumflex	[Alt]+[0][2][3][4]	[^] [e][2]	[^] [e][2]

[2]Die Taste des Akzents muss als Tottaste festgelegt sein!

Glyph	Bedeutung	Glyphname	Windows	macOS	Linux
Ë	E mit Trema	Edieresis	Alt + 0 2 0 3	Alt + u ⇧ + e	AltGr + ü ⇧ + e
ë	e mit Trema	edieresis	Alt + 0 2 3 5	AltGr + ü e	AltGr + ü e
Ì	I mit Gravis	Igrave	Alt + 0 2 0 4	⇧ + Alt + g	⇧ + ` ⇧ + i
ì	i mit Gravis	igrave	Alt + 0 2 3 6	⇧ + ` i	⇧ + ` ⇧ + i
Í	i mit Akut	Iacute	Alt + 0 2 0 5	⇧ + Alt + s	´ ⇧ + i ⇧ + i
í	i mit Akut	iacute	Alt + 0 2 3 7	´ i	´ i
Î	I mit Zirkumflex	Icircumflex	Alt + 0 2 0 6	^ ⇧ + i [2]	^ ⇧ + i [2]
î	i mit Zirkumflex	icircumflex	Alt + 0 2 3 8	^ i [2]	^ i [2]
Ï	I mit Trema	Idieresis	Alt + 0 2 0 7	⇧ + Alt + f	AltGr + ü ⇧ + i
ï	i mit Trema	idieresis	Alt + 0 2 3 9	Alt + u i	AltGr + ü i
ı	i ohne Punkt	dotlessi	—	⇧ + Alt + j	⇧ + AltGr + i
Ñ	N mit Tilde	Ntilde	Alt + 0 2 0 9	Alt + n ⇧ + n	AltGr + + ⇧ + n [2]
ñ	n mit tilde	ntilde	Alt + 0 2 4 1	Alt + n n	AltGr + + n [2]
Ò	O mit Gravis	Ograve	Alt + 0 2 1 0	⇧ + ` ⇧ + o [2]	⇧ + ` ⇧ + o [2]
ò	o mit Gravis	ograve	Alt + 0 2 4 2	⇧ + ` o [2]	⇧ + ` o [2]
Ó	O mit Akut	Oacute	Alt + 0 2 1 1	⇧ + Alt + h	´ + ⇧ + o
ó	o mit Akut	oacute	Alt + 0 2 4 3	´ + o	´ + o
Ô	O mit Zirkumflex	Ocircumflex	Alt + 0 2 1 2	^ + ⇧ + o	^ ⇧ + o
ô	o mit Zirkumflex	ocircumflex	Alt + 0 2 4 4	^ o	^ o
Õ	O mit Tilde	Otilde	Alt + 0 2 1 3	Alt + n ⇧ + o	AltGr + + ⇧ + o [2]
õ	o mit Tilde	otilde	Alt + 0 2 4 5	Alt + n o	AltGr + + o [2]
Ö	O mit Trema	Odieresis	⇧ + ö	⇧ + ö	⇧ + ö
ö	o mit Trema	odieresis	ö	ö	ö
Ø	O mit Schrägstrich	Oslash	Alt + 0 2 1 6	⇧ + Alt + o	⇧ + AltGr + o
ø	o mit Schrägstrich	oslash	Alt + 0 2 4 8	AltGr + o	AltGr + o

Glyph	Bedeutung	Glyphname	Windows	macOS	Linux
Œ	OE-Ligatur	OE	Alt + 0 1 4 0	⇧ + Alt + ö	⇧ + Strg + u + 1 5 2[1]
œ	oe-Ligatur	oe	Alt + 0 1 5 6	Alt + ö	⇧ + Strg + u + 1 5 3[1]
Š	S mit Hatschek	Scaron	Alt + 0 1 3 8	–	⇧ + AltGr + ä ⇧ + s
š	s mit Hatschek	scaron	Alt + 0 1 5 4	–	⇧ + AltGr + ä s
ß	Scharfes s	ß	ß[3]	ß	ß
Ù	U mit Gravis	Ugrave	Alt + 0 2 1 7	⇧ + Alt + x	⇧ + ` ⇧ + u
ù	u mit Gravis	ugrave	Alt + 0 2 4 9	⇧ + ` u	⇧ + ` u
Ú	U mit Akut	Uacute	Alt + 0 2 1 8	⇧ + ´ ⇧ + u	⇧ + ´ ⇧ + u
ú	u mit Akut	uacute	Alt + 0 2 5 0	´ u	´ u
Û	U mit Zirkumflex	Ucircumflex	Alt + 0 2 1 9	⇧ + Alt + i	^ ⇧ + u
û	u mit Zirkumflex	ucircumflex	Alt + 0 2 5 1	^ u	^ u
Ü	U mit Trema	Udieresis	⇧ + ü[4]	⇧ + ü	⇧ + ü
ü	u mit Trema	udieresis	ü	ü	ü
Ý	Y mit Akut	Yacute	Alt + 0 2 2 1	–	´ + ⇧ + y
ý	y mit Akut	yacute	Alt + 0 2 5 3	–	´ + y
Ÿ	Y mit Trema	Ydieresis	Alt + 0 1 5 9	Alt + u ⇧ + y	AltGr + ü ⇧ + y
ÿ	y mit Trema	ydieresis	Alt + 0 2 5 5	Alt + u y	AltGr + ü + y
Ž	Z mit Hatschek	Zcaron	Alt + 0 1 4 2	–	⇧ + AltGr + ä ⇧ + z
ž	z mit Hatschek	zcaron	Alt + 0 1 5 8	–	⇧ + AltGr + ä z
Đ	Eth (Isländisch)	Eth	Alt + 0 2 0 8	–	⇧ + AltGr + d
ð	eth (Isländisch)	eth	Alt + 0 2 4 0	–	AltGr + d
Þ	Thorn (Isländisch)	Thorn	Alt + 0 2 2 2	–	⇧ + AltGr + p
þ	thorn (Isländisch)	thorn	Alt + 0 2 5 4	–	AltGr + p

[3] Oder Alt + 0 2 2 3
[4] Oder Alt + 0 2 2 0

Glyph	Bedeutung	Glyphname	Windows	macOS	Linux
`	Gravis (Grave)	grave	⇧ + `	⇧ + `	⇧ + `
´	Akut	acute	´ + Leerz.[5]	´ + Leerz.[5]	´ + Leerz.[5]
^	Zirkumflex (≠ ^)	circumflex	Alt + 0 1 3 6	⇧ + Alt + k	^
~	Tilde	tilde	Alt + 0 1 5 2	⇧ + Alt + 8	AltGr + +
¨	Trema (Dieresis, Diärese, Umlaut)	dieresis	Alt + 0 1 6 8	Alt + u	AltGr + ü
˚	Ring-Akzent (≠ Gradzeichen °)	ring	—	⇧ + Alt + ´	⇧ + AltGr + ü
ˇ	Hatschek (Caron, Häkchen)	caron	—	⇧ + Alt + z	⇧ + AltGr + ä
˝	Doppelakut (Hungarumlaut)	hungarumlaut	—	⇧ + Alt + t	AltGr + ö
˙	Punkt-Akzent	dotaccent	—	⇧ + Alt + ß	⇧ + AltGr + j
¯	Makron	macron	Alt + 0 1 7 5	⇧ + Alt + 0	⇧ + AltGr + +
˘	Breve	breve	—	⇧ + Alt + m	⇧ + AltGr + #
¸	Zedille (Cedilla)	cedilla	—	⇧ + Alt + r	AltGr + ´
˛	Ogonek	ogonek	—	⇧ + Alt + ,	⇧ + AltGr + ´

Mathematische Zeichen etc.

Glyph	Bedeutung	Glyphname	Windows	macOS	Linux
+	Plus	plus	+	+	+
×	Malzeichen	multiply	Alt + 0 2 1 5	—	⇧ + AltGr + ,
÷	Geteiltzeichen	divide	Alt + 0 2 4 7	⇧ + Alt + .	⇧ + AltGr + .
=	Gleichheitszeichen	equal	⇧ + 0	⇧ + 0	⇧ + 0
≈	Fast gleich	approxequal	—	Alt + x	⇧ + Strg + u + 2 2 4 8[1]
≠	Ungleich	notequal	—	Alt + 0	⇧ + Strg + u + 2 2 6 0[1]
<	Kleiner als	less	<	<	<

[5] Ohne Leertaste, falls keine Tottaste für Akut aktiviert ist.

Glyph	Bedeutung	Glyphname	Windows	macOS	Linux
>	Größer als	greater	⇧ + >	⇧ + >	⇧ + >
≤	Kleiner gleich	lessequal	—	Alt + <	⇧ + Strg + u + 2 2 6 4 [1]
≥	Größer gleich	greaterequal	—	⇧ + Alt + <	⇧ + Strg + u + 2 2 6 5 [1]
±	Plusminus	plusminus	Alt + 0 1 7 7	Alt + +	⇧ + AltGr + 9
¦	Unterbrochener senkrechter Strich	brokenbar	Alt + 0 1 6 6	—	⇧ + AltGr + <
^	Ascii-Zirkumflex	circumflex	Alt + 9 4	⇧ + Alt + 6	^ + ^
~	Ascii-Tilde	tilde	AltGr + +	Alt + n	AltGr + + Leerz.
¬	Logisches Nicht	logicalnot	Alt + 0 1 7 2	⇧ + Alt + 1	AltGr + 6
µ	Mikrozeichen (mu)	mu	AltGr + m	Alt + m	AltGr + m
Ω	Ohmzeichen	Omega	—	Alt + z	⇧ + AltGr + q
Δ	Differenz/Größenzuwachs (Delta)	Delta	—	Alt + k	⇧ + Strg + u + 2 2 0 6 [1]
π	pi	pi	—	Alt + p	⇧ + Strg + u + 3 c 0 [1]
∂	Partielles Differential	partialdiff	—	Alt + d	⇧ + Strg + u + 2 2 0 2 [1]
∏	Produkt	product	—	⇧ + Alt + p	⇧ + Strg + u + 2 2 0 f [1]
∑	Summe	summation	—	Alt + w	⇧ + Strg + u + 2 2 1 1 [1]
√	Wurzel	radical	—	Alt + v	⇧ + Strg + u + 2 2 1 a [1]
∞	Unendlich	infinity	—	Alt + ,	⇧ + Strg + u + 2 2 1 e [1]
∫	Integral	integral	—	⇧ + Alt + b	⇧ + Strg + u + 2 2 2 b [1]
◊	Raute	lozenge	—	⇧ + Alt + v	⇧ + Strg + u + 2 2 c 4 [1]
⁄	Bruchstrich	fraction	—	Alt + i	⇧ + Strg + u + 2 0 4 4 [1]
¹	Hochgestellte 1	onesuperior	Alt + 0 1 8 5	—	AltGr + 1
²	Hochgestellte 2	twosuperior	AltGr + 2	—	AltGr + 2
³	Hochgestellte 3	threesuperior	AltGr + 3	—	AltGr + 3
¼	Ein Viertel	onequarter	Alt + 0 1 8 8	—	AltGr + 4
½	Einhalb	onehalf	Alt + 0 1 8 9	—	AltGr + 5
¾	Drei Viertel	threequarters	Alt + 0 1 9 0	—	⇧ + Strg + u b e

»Option clash« als Fehlermeldung

Jedes Paket kann nur einmal geladen werden. Als Anwender hat man aber oft keine Kenntnis über die Abhängigkeiten der Dokumentenklasse; diese laden in der Regel selbst schon Pakete mit bestimmten Optionen. Dabei kommt es immer dann zu Problemen, wenn der Anwender versucht, ein von der Dokumentenklasse bereits geladenes Paket selbst nochmal zu laden, aber mit anderen Optionen. Ein Beispiel:

```
\documentclass{beamer}
\usepackage[dvipsnames]{xcolor}
\begin{document}
foo
\end{document}
```

Ein Übersetzungsvorgang liefert dann:

```
! LaTeX Error: Option clash for package xcolor.

See the LaTeX manual or LaTeX Companion for explanation.
Type  H <return>  for immediate help.
```

In solchen Fällen definiert man die Optionen *vor* dem Laden der Dokumentenklasse mit dem Befehl \PassOptionsToPackage. *Vor* der Dokumentenklasse, damit sichergestellt ist, dass diese nicht selbst schon das Paket lädt:

```
\PassOptionsToPackage{dvipsnames}{xcolor}
\documentclass{beamer}
\begin{document}
foo
\end{document}
```

Leerzeichen werden nach einem Makro »verschluckt«

TeX ermittelt Makronamen, indem es die Zeichenfolge solange durchgeht, bis entweder ein Leerzeichen, ein neues Makro oder ein Zeichen einer anderen Kategorie als ein Buchstabe folgt, wobei die Groß- und Kleinschreibung signifikant ist. Das Leerzeichen fällt hierbei etwas aus dem Rahmen, da es von TeX »verschluckt wird«, sodass folgender Text direkt dem vorhergehenden folgt.

Dies ist beispielsweisefalsch, aber dies beispielsweise richtig, aber auch dieses wäre beispielsweise korrekt.

```
\newcommand\bsp{beispielsweise}

Dies ist \bsp falsch, aber dies
\bsp{} richtig, aber auch dieses
wäre \bsp\ korrekt.
```

A-06-1

In diesen Fällen empfiehlt sich die Anwendung des einfachen Paketes xspace von David Carlisle und Morten Høgholm, es testet durch das gleichnamige Makro das dem Argument folgende Zeichen und falls dieses ein Leerzeichen ist, wird es nicht verschluckt.

A-06-2

Dies ist beispielsweise richtig und dies beispielsweise richtig, aber auch dieses wäre beispielsweise korrekt.

```
\usepackage{xspace}
\newcommand\bsp{beispielsweise\xspace}
```

```
Dies ist \bsp richtig und dies
\bsp{} richtig, aber auch dieses
wäre \bsp korrekt.
```

Ergänzen von existierenden Befehlen

Die Dokumentenklasse `article` hat standardmäßig keinen Seitenumbruch vor und nach dem Inhaltsverzeichnis, Damit man diesen nicht explizit mit `\clearpage` einfügen muss, könnte man den besthehenden Befehl `\tableofcontents` entsprechend erweitern, indem einfach `\clearpage` angehängt wird. Die naheliegende Definition

```
\renewcommand\tableofcontents{\clearpage\tableofcontents\clearpage}
```

führt jedoch zu einer Endlosschleife (Rekursion); `\tableofcontents` ruft sich permanent selbst auf. TeX reagiert mit einer entsprechenden Fehlermeldung:

```
)
! Output loop---100 consecutive dead cycles.
\clearpage ...rite \m@ne {}\vbox {}\penalty -\@Mi

l.19 \tableofcontents
```

Um dieses zu umgehen, muss man eine Kopie des »alten« Makros `\tableofcontents` unter neuem Namen erstellen und dieses dann verändern:

```
\let\TOC\tableofcontents% erzeugt eine Kopie mit Namen \TOC
\renewcommand\tableofcontents{\clearpage\TOC\clearpage}
```

Dieses Verfahren erzeugt jetzt keine Rekursion, da durch `\let` mit `\TOC` keine Referenz auf den Inhalt von `\tableofcontents` erzeugt wird, sondern eine echte Kopie, die unabhängig vom Original ist. Wird das Original überschrieben, hat das keine Auswirkung auf die Kopie. Daher hat man jetzt mit `\TOC` jederzeit Zugriff auf die alte Version von `\tableofcontents` und hat gleichzeitig die Rekursion vermieden.

Mit Hilfe des Pakets `etoolbox` von Philipp Lehman und Joseph Wright können auch einzelne Teile eines Befehls ersetzt werden, wobei die Definition an die typischen »Search and Replace«-Anweisungen der Editoren erinnert. Die beiden letzten Argumente sind nur für Paketautoren interessant, um zu überprüfen, ob das Ersetzen erfolgreich war.

`\patchcmd` [⟨*prefix*⟩] {⟨*command*⟩} {⟨*search*⟩} {⟨*replace*⟩} {⟨*success*⟩} {⟨*failure*⟩}

Im folgenden Beispiel wird der Einzug der Listenumgebung, der durch die Zuweisung `\rightmargin=\leftmargin` rechtsseitig auf den gleichen Einzug wie links gesetzt wird, durch eine Änderung verdoppelt. Das Gleichheitszeichen hätte auch entfallen können.

normale Textzeile

Hier kommt die Ausgabe der Originaldefinition der Umgebung quote, die gleich große Einrückungen vorsieht.

Hier kommt die Ausgabe der modifizierten Umgebung quote, die jetzt rechts eine doppelt so große Einrückung vorsieht.

A-06-3

```
\usepackage{etoolbox}
%\newenvironment{quote}% Originaldefinition
%   {\list{}{\rightmargin\leftmargin} \item\relax}
%   {\endlist}

\hrulefill normale Textzeile\hrulefill

\begin{quote}
Hier kommt die Ausgabe der Originaldefinition
der Umgebung \texttt{quote}, die gleich große
Einrückungen vorsieht.
\end{quote}

\patchcmd{\quote}{\leftmargin}{=2\leftmargin}{}{}
\begin{quote}
Hier kommt die Ausgabe der modifizierten
Umgebung \texttt{quote}, die jetzt rechts
eine doppelt so große Einrückung vorsieht.
\end{quote}
```

Das Paket etoolbox hat noch viele andere Befehle zum Modifizieren bestehender Umgebungen und Befehle.

A.6.2 Kodierung

Wie bereits mehrfach erwähnt wurde, arbeitet LuaLaTeX standardmäßig mit Dateien, die Unicode anwenden. Möchte man jedoch ältere Dokumente bearbeiten oder aus diesen etwas kopieren, die in einer älteren Kodierung vorliegen, beispielsweise latin9, dann ist mit Problemen zu rechnen. Es sein denn, man hat entweder einen intelligenten Editor, der Dateien in unterschiedlichen Kodierungen lesen und speichern kann, oder man konvertiert manuell die alte Datei nach UTF-8. Der Befehl recode oder iconv erlaubt die Umkodierung einer Textdatei:

recode [*Optionen*] [[Zeichensatz] | Vorher..Nachher [Datei]]
iconv [*Optionen*] [-f Vorher] [-t Nachher] [Datei-Ein] [Datei-Aus]

Eine typische Anwendung für eine TeX-Datei wäre eine Umwandlung einer latin1-Kodierung in eine UTF-8-Kodierung:

```
recode --diacritics --touch --verbose latin1..UTF-8 datei.tex
iconv -f ISO-8859-15 -t UTF-8 < Original.tex > Neu.tex
```

Umkodierung

Es ist empfehlenswert, die Originaldatei vorher zu sichern, denn bei falscher Wahl der Ausgangskodierung kann die aktuelle Datei unbrauchbar werden. Viele LaTeX-Editoren unterstützen das Umkodieren, indem man eine Datei in einer bestimmten Kodierung laden und in einer anderen speichern kann. Auch bei dieser Vorgehensweise ist eine vorherige Sicherung der Originaldatei ratsam.

Literatur

Balzert, Helmut, C. P. Schäfer, Marion Schröder und Uwe Kern (2008): Wissenschaftliches Arbeiten – Wissenschaft, Quellen, Artefakte, Organisation, Präsentation. Soft skills. W3L-Verlag. ISBN: 9783937137599. URL: https://books.google.de/books?id=LDWjiMZ0%5C_wsC (siehe S. 1).

Bialek, Katrin, Ralf Clasen, Petra Stykow, Lydia Both, Daniela Heim, Daniel Kubiak, Manuel Puntscher, Henryk Schulze, Luci Wagner und Tobias Wandrei (Dez. 2012): Wie verfasse ich eine wissenschaftliche Arbeit? Hinweise, Anregungen und Ratschläge für Studierende am Institut für Sozialwissenschaften. URL: https://www.sowi.hu-berlin.de/de/studium/downloads/neues_heft_wiss_arbeiten (besucht am 7. 3. 2017) (siehe S. 293).

Bouche, Thierry (1998): »Diversity in math fonts«. In: *TUGboat Journal*, 19.2, S. 121–135. URL: http://www.tug.org/TUGboat/Articles/tb19-2/tb59bouc.pdf (siehe S. 37).

Entenmann, Walter (2016): METAPOST – Grafik für TeX und LaTeX. 1. Aufl. Heidelberg und Berlin: DANTE e.V. und Lehmanns Media (siehe S. 375).

Farke, Stefan (1997): Wie schreibe ich eine wissenschaftliche Arbeit im Fach Medizin. Berlin-Verlag Spitz. ISBN: 9783870615253. URL: https://books.google.de/books?id=6DksNyZ44YMC (siehe S. 1).

Feuersänger, Christian (29. Feb. 2020): Manual for package pgfplotstable. Version 1.17. CTAN: /macros/latex/contrib/pgfplotstable/ (siehe S. 177).

Goossens, Michel, Frank Mittelbach, Sebastian Rahtz, Denis Roegel und Herbert Voß (2007): The LaTeX Graphics Companion: Illustrating Documents with TeX and PS. Tools and Techniques for Computer Typesetting. Reading, MA, USA: Addison-Wesley, S. xxi + 900 (siehe S. 375).

Hammerlindl, Andy, John Bowman und Tom Prince (6. Feb. 2021): Asymptote – 2D and 3D TeX-Aware Vector Graphics Language. Version 2.70. CTAN: /graphics/asymptote (siehe S. 375).

Hoenig, Alan und Peter R. Wilson (29. Sep. 2010): The Cutwin package. Cut a window in a paragraph, typeset material in it. Version 0.1. CTAN: /macros/latex/contrib/cutwin (siehe S. 259).

Høgholm, Morten und Lars Madsen (28. März 2021): The mathtools package. Version 1.26. CTAN: /macros/latex/contrib/mh/ (siehe S. 349).

Jacob, Rüdiger (1997): Wissenschaftliches Arbeiten. Eine praxisorientierte Einführung für Studierende der Sozial- und Wirtschaftswissenschaften. Opaden/Wiesbaden: VS Verlag für Sozialwissenschaften. ISBN: 978-3-322-86593-9. DOI: 10.1007/978-3-322-86593-9. URL: https://www.uni-trier.de/fileadmin/fb4/prof/SOZ/MES/Verschiedenes/R%C3%BCdiger_Jacob__auth.__Wissenschaftliches_Arbeiten__Eine_praxisorientierte_Einf%C3%BChrung_f%C3%BCr_Studierende_der_Sozial-_und_Wirtschaftswissenschaften__1997.pdf (besucht am 2. 4. 2021) (siehe S. 293).

Kern, Uwe (11. Mai 2016): Color extensions with the xcolor package. Version 2.12. CTAN: /macros/latex/contrib/xcolor/ (siehe S. 201).

Knuth, Donald E. (1986): The TEXbook. 21. Aufl. Addison Wesley Professional (siehe S. 363, 364).

Knuth, Donald E. und Michael F. Plass (1981): »Breaking paragraphs into lines«. In: *Software: Practice and Experience*, 11.11, S. 1119–1184. ISSN: 1097-024X. DOI: 10.1002/spe.4380111102. URL: http://dx.doi.org/10.1002/spe.4380111102 (siehe S. 5).

Koch, Christian (2010): Word-Tipps - Wissenschaftliche Arbeiten effizient und schnell erstellt. GRIN Verlag. ISBN: 9783640776993. URL: https://books.google.de/books?id=nr8YUwzEPBUC (siehe S. 1).

Kohm, Markus (Aug. 2015): »Firmenlogo mit scrlayer«. In: *Die TEXnische Komödie*, 27 (3), S. 14–19. URL: http://archiv.dante.de/DTK/PDF/komoedie_2015_3.pdf (siehe S. 81).

— (Aug. 2017): »Verzeichnisse ohne neue Umgebung«. In: *Die TEXnische Komödie*, 29 (3), S. 16–21 (siehe S. 270).

— (2020): KOMA-Script, eine Sammlung von Klassen und Paketen für LATEX 2_ε. 7. Aufl. Heidelberg und Berlin: DANTE e.V. und Lehmanns Media (siehe S. 77, 93, 136).

Küster, Johannes (Apr. 2004): Designing Math Fonts. Vortrag auf der polnischen TEX-Konferenz »BachoTEX«. URL: http://www.typoma.com/publ/20040430-bachotex.pdf (siehe S. 37).

Lehman, Philipp und Joseph Wright (22. Feb. 2021): The csquotes package. Context sensitive quotation facilities. Version 5.21. CTAN: /macros/latex/contrib/csquotes (siehe S. 329).

Lotz, Manfred und Karl Berry (1. Mai 2021): TEX Collection 2021, DVD-9 (8 GB), Stand Mai 2021. Hrsg. von TUG.org und DANTE e.V. Heidelberg (siehe S. 397).

Machert, Torsten (2013): Wissenschaftliches Publizieren mit LATEX 2_ε– Der Kompaß zur erfolgreichen wissenschaftlichen Publikation. Ausbildung und Studium. Vieweg+Teubner Verlag. ISBN: 9783322865885. URL: https://books.google.de/books?id=kBubBgAAQBAJ (siehe S. 1).

Markey, Nicolas (11. Okt. 2009): Tame the BeaST – The B to X of BIBTEX. Version 1.4. CTAN: /info/bibtex/tamethebeast (siehe S. 310).

Milde, Günter (17. Aug. 2010): Freie Mathematikschriften für LATEX 2_ε. URL: http://milde.users.sourceforge.net/Matheschriften/matheschriften.html (besucht am 2. 4. 2021) (siehe S. 37).

Mills, Ian, Tomislav Cvitaš, Klaus Homan, Nikola Kallay und Kozo Kuchitsu (2007): Quantities, Units and Symbols in Physical Chemistry. Hrsg. von International Union of Pure und Applied Chemistry (IUPAC). 3. Aufl. Blackwell Science. ISBN: 9780854044337. URL: http://old.iupac.org/publications/books/gbook/green_book_2ed.pdf (siehe S. 334).

Niepraschk, Rolf (Nov. 2017): »Tabellenwerte mit Lua bearbeiten«. In: *Die TEXnische Komödie*, 4/17, S. 35–37. URL: http://archiv.dante.de/DTK/PDF/komoedie_2017_4.pdf (besucht am 2. 4. 2021) (siehe S. 397).

Oberdiek, Heiko, Rolf Niepraschk und Herbert Voß (Feb. 2011): »enumerate und Referenzen«. In: *Die TEXnische Komödie*, 1/11, S. 61–62. URL: http://archiv.dante.de/DTK/PDF/komoedie_2011_1.pdf (siehe S. 144).

Pakin, Scott (25. Juni 2020): The Comprehensive LATEX Symbol. Version 12.3. CTAN: /info/symbols/comprehensive/symbol-a4.pdf (siehe S. 333).

Patashnik, Oren (26. Nov. 2010): BibTEXing. Version 0.99d. CTAN: /biblio/bibtex/base/btxdoc.pdf (siehe S. 310).

Philip Kime Moritz Wemheuer, Philipp Lehman (31. Dez. 2020): biblatex – Bibliographies in LATEX. Programmable bibliographies and citations. Version 3.16. CTAN: /macros/latex/biblatex/doc/biblatex.pdf (siehe S. 55, 304, 310, 325, 327).

LATEX3 Project, The (28. Mai 2019): The xparse package – Document command parser. CTAN: macros/latex/contrib/l3packages/xparse/ (siehe S. 393).

Rahtz, Sebastian, Heiko Oberdiek und The LATEX Project (4. Feb. 2021): nameref – Make reference to section names etc. Version 2.47. CTAN: macros/latex/contrib/hyperref (siehe S. 323).

Reichert, Axel (1999): Satz von Tabellen. CTAN: /info/german/tabsatz/tabsatz.pdf (siehe S. 202).

Römer, Christine (Nov. 2010): »Gewichten – Wichtiges und Unwichtiges mit LATEX markieren, Teil I: Fußnoten«. In: *Die TEXnische Komödie*, 22.4, S. 22–34. URL: http://archiv.dante.de/DTK/PDF/komoedie_2010_4.pdf (siehe S. 92).

— (Feb. 2011): »Gewichten – Wichtiges und Unwichtiges mit LATEX markieren, Teil II: Auszeichnungen«. In: *Die TEXnische Komödie*, 23.1, S. 7–16. URL: http://archiv.dante.de/DTK/PDF/komoedie_2011_1.pdf (siehe S. 89).

Römer, Christine und Herbert Voß (2010): »Deutsche Silbentrennmuster – aus linguistischer und TEXnischer Sicht«. In: *Deutsche Sprache – Zeitschrift für Theorie/Praxis/Dokumentation*, 3, S. 257–282. URL: http://www.dsdigital.de/DS.03.2010.257 (besucht am 2. 4. 2021) (siehe S. 5).

Rouquette, Maïeul (8. März 2021): Parallel typesetting for critical editions. the reledpar package. Version 2.25.1. Based on the original ledpar by Peter Wilson. CTAN: macros/latex/contrib/reledmac/ (siehe S. 123, 125).

Samawi Hamid, Idris (Aug. 2014): »DANTE Summary Report. Introducing Arabic-Latin Modern Fixed«. In: *Die TEXnische Komödie*, 26.3, S. 19–46 (siehe S. 35).

Schlosser, Joachim (2016): Wissenschaftliche Arbeiten schreiben mit LATEX– Leitfaden für Einsteiger. 6. Aufl. mitp Professional. ISBN: 9783958452909. URL: https://books.google.de/books?id=QcInDQAAQBAJ (siehe S. 1).

Schlosser, Petra und Manfred Thibud (2007): Wissenschaftlich mit LATEX arbeiten. 2. Aufl. Scientific Tools – Pearson Studium. ISBN: 9783827370785 (siehe S. 1).

Schubert, Elke (Aug. 2017): »Definition eines neuen Gliederungsbefehls mit KOMA-Script«. In: *Die TEXnische Komödie*, 29 (3), S. 8–16 (siehe S. 137).

Seimert, Winfried (2011): Wissenschaftliche Arbeiten mit OpenOffice. IT-fachportal.de. bhv. ISBN: 9783826675461. URL: https://books.google.de/books?id=qDldN7BMLZgC (siehe S. 1).

Talbot, Nicola L. C. (27. Sep. 2019): Databases and data manipulation. Version 2.32. CTAN: /macros/latex/contrib/datatool/ (siehe S. 170).

— (19. März 2020): User Manual for glossaries.sty. Version 4.46. CTAN: /macros/latex/contrik/glossaries/glossaries-user.pdf (siehe S. 289).

Tantau, Till (27. Dez. 2020): Ti*k*Z & PGF. Version 3.1.8b. CTAN: /graphics/pgf/base/ (siehe S. 375).

Toraman, Ümit (2016): Wie kann ich meine wissenschaftliche Arbeit leserfreundlich gestalten? GRIN Verlag. ISBN: 9783668338388. URL: https://books.google.de/books?id=c3WkDQAAQBAJ (siehe S. 1).

Umeki, Hideo (2. Jan. 2020): The geometry package. Version 5.9. CTAN: /macros/latex/contrib/geometry/ (siehe S. 30).

Voß, Herbert (2007): Allgemeine und sprachenspezifische Probleme bei der Entwicklung eines Textsatzsystems am Beispiel von TEX. URL: http://latex.userpages.fu-berlin.de/Materialien/Jena2007D.pdf (siehe S. 5).

— (Nov. 2010a): »Das Paket cutwin«. In: *Die TEXnische Komödie*, 22.4, S. 51–55 (siehe S. 259).

— (2010b): »From PostScript to PDF with epstopdf, pdftricks, pst-pdf, auto-pst-pdf, pst2pdf, and more«. In: *TUGboat*, 31.2, S. 145–147. ISSN: 0896-3207 (siehe S. 210).

— (2016): PSTricks Grafik für TEX und LATEX. 7. Aufl. Heidelberg und Berlin: DANTE e.V. und Lehmanns Media (siehe S. 375).

— (2017a): Bibliografien mit LATEX. 3. Aufl. Heidelberg und Berlin: DANTE e.V. und Lehmanns Media (siehe S. 330).

— (Mai 2017b): Einführung in LATEX. 3. Aufl. Heidelberg und Berlin: DANTE e.V. und Lehmanns Media (siehe S. 104, 126, 273, 278, 293).

— (2017c): Tabellen mit LATEX. 3. Aufl. Heidelberg und Berlin: DANTE e.V. und Lehmanns Media (siehe S. 155–157, 188, 200, 202, 351).

— (2018): Mathematiksatz mit LATEX. 3. Aufl. Heidelberg und Berlin: DANTE e.V. und Lehmanns Media, S. VIII, 432. ISBN: 9783865419767 (siehe S. 37, 339, 341, 345, 359, 369).

— (2019): LATEX Referenz. 4. Aufl. Heidelberg und Berlin: DANTE e.V. und Lehmanns Media, S. VI+322 (siehe S. 25).

Waßenhoven, Dominik (Mai 2008a): Bibliographien erstellen mit biblatex (Teil 1). URL: http://archiv.dante.de/DTK/PDF/komoedie_2008-2.pdf (besucht am 30. 3. 2021) (siehe S. 310).

— (Nov. 2008b): Bibliographien erstellen mit biblatex (Teil 2). URL: http://archiv.dante.de/DTK/PDF/komoedie_2008_4.pdf (besucht am 3. 4. 2021) (siehe S. 310).

Wright, Joseph (27. März 2021): The siunitx-package. Version 2.8c. CTAN: macros/latex/contrib/siunitx/ (siehe S. 180).

Würth, Kathrin und Peter Gallmann (Feb. 2018): »Richtlinien zum Verfassen wissenschaftlicher Arbeiten«. In: *Die TEXnische Komödie*, 1/18, S. 15–46. URL: http://archiv.dante.de/DTK/PDF/komoedie_2018_1.pdf (besucht am 3. 4. 2021) (siehe S. 1).

Wytrzens, Hans Karl, Elisabeth Schauppenlehner-Kloyber, Monika Sieghardt und Georg Gratzer (2012): Wissenschaftliches Arbeiten: eine Einführung. 3. Aufl. Wien: Facultas.WUV. ISBN: 9783708905495. URL: https://books.google.de/books?id=CvPXNi51wyoC (siehe S. 1).

Index der Befehle und Begriffe

In diesem Index sind sämtliche Befehle und Sachbegriffe zusammengefasst. Um diese besser zuordnen zu können, ist ihr jeweiliger »Typ« mit einem Schlüsselwort versehen, wie beispielsweise *Paket*, *Env.* (Environment – Umgebung), *Option*, *Wert* (Optionswert), *Länge*, *Programm* oder/und dem jeweiligen Paketnamen, in dem dieser Begriff oder Befehl behandelt wird. Fehlt ein Paketname bei einem Befehl oder einer Umgebung, so ist davon auszugehen, dass es sich entweder um einen LaTeX-Standardnamen handelt oder einem Paket entstammt, welches standardmäßig geladen wird, beispielsweise `biblatex` oder `amsmath`. Die Angabe »Wert« bezieht sich jeweils auf eine Option, der dieser Wert zugewiesen werden kann und »demo« auf ein reines Beispiel, in dem dieses Makro oder die Länge oder ein anderer Typ definiert wurde. Ein *kursiver* Eintrag weist darauf hin, dass der Begriff oder Befehl in einem Beispiel auf der angegebenen Seite zu finden ist.

Symbole

! Syntax, 217
(array), 160
(makeidx), 275
\!, *364*, 364
!(Syntax (makeidx), 275
!b Syntax, 217
"' Syntax, 63
"- Syntax (babel), 59
"= Syntax (babel), *58*, 59
"` Syntax, 63
\(, *337*
\), *337*
* Syntax, *154*, 154
alttree Wert (glossaries), 289
index Wert (glossaries), 289
tree Wert (glossaries), 289
+ Syntax (tikz), 376
++ Syntax (tikz), 376
\,, 184, 334, 335
\- (babel), 58, *59*
-> Syntax (tikz), *380*
->> Syntax (tikz), *380*, 380
-NoValue-, 394
-- Syntax (tikz), 376
-latex Syntax (tikz), *380*
-latex reversed Syntax (tikz), *380*
-output-directory Option, 129
-stealth Syntax (tikz), *380*
-stealth reversed Syntax (tikz), *380*
-to Syntax (tikz), *380*
-to reversed Syntax (tikz), *380*
\;, *364*, 364
< Syntax (array), 159, *160*, *161*
<- Syntax (tikz), *380*
<-> Syntax (tikz), *380*
<<- Syntax (tikz), *380*
> Syntax (array), *159*, 159, *160*, *161*
\>, *364*, 364
@ Syntax, 154, *155*, *156*, *162*, 179
(makeidx), 275
\@fnsymbol, 72
@online BIBTEX Entry-Typ, 322
\@writefile, 264
\[, *341*, 341
#, 297
& Syntax, 169, 342, 344, 345
@comment, 296
@preamble, 296
@string, 296
" Syntax (makeidx), 276
$ Syntax, *337*, 337, 338, 340
bookauthor BIBTEX Feld, 325
˝, 57
~ Syntax, *114*
\\, 112, *113*, 113, *159*, 159, 169, 193, 344
*, 112, 113, 189
\], *341*, 341, *342*
| Syntax (makeidx), 275
|) Syntax (makeidx), 275
|| Syntax, 154

A

a4 Wert, 26
a5 Wert, 27
Abbildung, 215
Abbildungsverzeichnis, 216, 269
above Wert, 223
\abovecaptionskip Länge, 223
\abovedisplayshortskip Länge, *366*
\abovedisplayskip Länge, *366*
abovefigure Wert, 223
\aboverulesep Länge (booktabs), 165
abovetable Wert, 224
abovetabular Wert, 224
\abovetopsep Länge (booktabs), 165
above of Option (tikz), *382*, 382
Absatz, 3, 340
Absatzabstand, 67
Absatzeinzug, 67
Abschnittsnummer, 354
accents Paket, 369
.acn Dateiendung (glossaries), 290
acronym Wert (glossaries), 285
\acronymfont (glossaries), 286, 287
\acute, 369
add-decimal-zero Option (siunitx), 180
\addbibresource, 317
\addchap, 135, 268
\addchap*, 135
\addchaptertocentry, 264
\addcontentsline, *110*, 110, 263, 268
\addkomafont, 147
\addlegendentry (pgfplots), 386
\addlinespace (booktabs), 164, 165, 167, *207*
addmargin Env., *89*, 89
addmargin* Env., 89
\addparagraphtocentry, 264
\addpart, *135*, 135
\addpart*, 135
\addparttocentry, 264
\addplot (pgfplots), *385*, 385, *386*, 386, *387*
address BIBTEX Feld, 303, 326
\addsec, *135*, 135, 268, *269*, *271*
\addsec*, 135
\addsectiontocentry, 264
\addsubparagraphtocentry, 264
\addsubsectiontocentry, 264
\addsubsubsectiontocentry, 264
\addtocategory, 321
\addtocontents, 132, 264, 265, 399
\addtokomafont, 72, *73*, 80, 136, 137
\addtolength, 396
\addxcontentsline, 270, *271*
Adobe, 37
after Option, 151
after Wert, 247
afterskip Option, 136
Akzent, 369
\aliasshorthand (babel), 56

align Env., *343*, 343–345, *349*, *350*, *355*, *356*
align* Env., *342*, 343, *348*
alignat Env., *344*, 344, 345
alignat* Env., *342*, 344
aligned Env., 345, *346*, 346, 348, 349
\allowdisplaybreaks, 351
alltt Paket, 337
ALMFixed Font, 35
\Alph, *353*
\Alpha, 372
\alpha, 372
alphabetic Wert, 311, 315, *316*, 317, 318
alphabetic-verb Wert, 311
\alsoname (makeidx), 274
altlist Wert (glossaries), 289
altlist* Wert (glossaries), 289
altlistgroup Wert (glossaries), 289
altlisthypergroup Wert (glossaries), 289
altlong*4col* Wert (glossaries), 289
altsuper*4col* Wert (glossaries), 289
american Wert (csquotes), 63, 64
American Mathematical Society (AMS), 335
amsbsy Paket, 335
amscd Paket, 335
amsgen Paket, 335
amsmath Paket, 335
amsopn Paket, 335
amsrefs Paket, 335
amssymb Paket, 369
amstext Paket, 335
amsthm Paket, 335
anchor Option (tikz), *380*
anchorcolor Option (hyperref), 106
\and, 72
and Option (tikz), 378
Anführungszeichen, 62
angle Option (graphicx), 211
AnonymousPro Font, 44
anyt Wert, 318
Arabic Env., 34, 35
Arabic-LatinModernFixed Font, 35
ArabicTypesetting, 7
arara Programm, 11, 102
\arccos, 371
\arcsin, 371
\arctan, 371
\arg, 371
Arial Font, 38, 43
array Env., 175, 176, *201*, 201, 345, *351*, 351, 352, 366
array Paket, 154, 156, 158–164
\arraybackslash (array), *159*, 159, 186
\arraycolsep Länge, 352
\arraystretch, 366, *367*
\Arrowvert, *360*
\arrowvert, *360*
article BIBTEX Entry-Typ, 299, 304
artwork BIBTEX Entry-Typ, 302
asy Programm, 11
at Option (tikz), 381
atbegin Option, 270
atend Option, 270
Atom, 363
AUCTEX, 13
audio BIBTEX Entry-Typ, 302
\author, 24, 72
author BIBTEX Feld, 298, 303, 325, 326
authortitle Wert, 307, 311, *315*, 315, 317, 318, *321*
authortitle-comp Wert, *312*, 312, 313
authortitle-ibid Wert, 313
authortitle-icomp Wert, 313
authortitle-tcomp Wert, *312*, 312
authortitle-terse Wert, *312*, 312
authoryear Wert, 307, 311, 315, 317, 318, 324
\autocite, *317*, 317
autocite Option, 317
\automark, 79
Autor, 24
Autor-Jahr-Schema, 311
.aux Dateiendung, 127, 128, 264, 272, 323
    (xr), 104
awk Programm, 53
axis Env.
    (pgfplotstable), 388
    (pgfplots), *385*, 385, *387*

B

b, 416
b Syntax, 217, 218, *351*, 358
    (array), 160
    (bigstrut), 174
babel Paket, 23, 33, 55–57, 59, 62, 63, 102, 232
\babelprovide (babel), 23, 60
\backmatter, 25
backref Option (hyperref), 106
Backslash, 360
\badness TEX-Zähler, 4
\bar, 369
Baseline, 163
baselineskip, 70
\baselineskip Länge, 70, 112, 368
baseurl Option (hyperref), 106
Basislinie, 163
BCOR Option, 28
BCOR Wert, 27
Befehlssyntax, 3
before Option, *150*
before Wert, 247
beforeskip Option, 136
\begin, 24
\begingroup, 352
\beginnumbering (ledpar), 123
below Wert, 224
\belowbottomsep Länge (booktabs), 165
\belowcaptionskip Länge, 223
\belowdisplayshortskip Länge, *366*
\belowdisplayskip Länge, *366*
belowfigure Wert, 223
\belowpdfbookmark (hyperref), 108, 109
\belowrulesep Länge (booktabs), 165
belowtable Wert, 224

belowtabular Wert, 224
below of Option (tikz), *382*, 382
bend Option (tikz), *379*, 379
Beschnitt, 26
besidebottom Wert, 223
besidecentered Wert, 223
besideinner Wert, 223
besideleft Wert, 223
besidemiddle Wert, 223
besideouter Wert, 223
besideright Wert, 223
besidetop Wert, 223
Best-Fit-Algorithmus, 4
\Beta, 372
\beta, 372
\bfseries, *159*, 338
.bib Dateiendung, 304, 320, 322, 327
\bibbycategory, *320*, 320, *321*, 321
\bibbysection, *323*, 323, 324
biber Programm, 11, 318
bibintoc Wert, 325
\bibitem, 294, *295*, 295
biblatex Paket, 310, 330
bibliography Option, 266
bibliography Wert, 267
bibliographynumbered Wert, 267
bibnote BIBTEX Entry-Typ, 302
bibnumbered Wert, 325
bibstyle Option, 311
bibtex Programm, 11
bibtopic Paket, 318
bibunits Paket, 323
\Big, 360
\big, *360*, 360
big Wert, 266
\bigcap, 370
\bigcup, 370
\Bigg, 360
\bigg, *360*, 360, *361*
\Biggl, 360
\biggl, 360, *361*, 361
\Biggm, 361
\biggm, *361*, 361
\Biggr, 360
\biggr, 360, *361*, 361
\Bigl, 360
\bigl, 360
\Bigm, 361
\bigm, 361
\bigodot, 370
\bigoplus, 370
\bigotimes, 370
\Bigr, 360
\bigr, 360
\bigskip, 119, 120
\bigsqcup, 370
\bigstrut (bigstrut), 172, 174
bigstrut Paket, 174
\biguplus, 370
\bigvee, 370
\bigwedge, 370
Bindekorrektur, 26
\binoppenalty TEX-Zähler, 340
Bitter Font, 47, 48
Bitter-Regular.ttf, 46
blindtext Paket, 32
Blocksatz, 173, 294
bmargin Option, 30
Bmatrix Env., 352
bmatrix Env., *352*, 352
\bmod, 371
bold-style Option, 372
book BIBTEX Entry-Typ, 299, 304
bookauthor, 325
bookauthor BIBTEX Feld, 298, 325
bookinbook BIBTEX Entry-Typ, 299
booklet BIBTEX Entry-Typ, 299
bookmarksdepth Option (hyperref), 106
bookmarksnumbered Option (hyperref), 106
bookmarksopen Option (hyperref), 106
bookmarksopenlevel Option (hyperref), 106
booktabs Paket, 158, 164, 166, 164–167, 167, 167
booktitle BIBTEX Feld, 325
\BooleanFalse, 395
\BooleanTrue, 395
bordercolor Option (hyperref), 110
\bordermatrix, *355*
bot Wert, 224
\botfigrule, 220
bottom Wert, 222, 224, 247
bottomatfigure Wert, 223
bottomattable Wert, 224
bottombeside Wert, 223
\bottomfraction, 217, 219–221
bottomnumber Zähler, 219, 221
\bottomrule (booktabs), 164, *165*, 165, *167*, 167
bp, 396
\bracevert, *360*
brazilian Wert (csquotes), 63
\breakforeach (tikz), 381
breakurl Paket, 107
\breve, 369
british Wert (csquotes), 63
Bruch, 337, 367
bt Syntax, 217
\bullet, 356

C

c Syntax, 154, 234, 241, *351*, 351
(longtable), 188
capAngle Option, 247
capFormat Option, 248
capPos Option, 247, 248
\caps, *91*
\capstart (hypcap), 111
\caption, 83, 110, 191–193, 195, 216, 222–225, 227, 230, 240–242, 245, 261, 262
(longtable), *193*, *194*
(wrapfig), 259
caption Option, 222, 223, 230, 231

caption Paket, 254
\captionabove, 224
\captionaboveof, 237
\captionbelow, 224
\captionbelowof, 237
captionbeside Env., 223, *228*, 228, *229*, *238*
\captionformat, 232
captionlabel Option, 230, 231
\captionof, 237, 244, 245, 260, 262
captionofbeside Env., 238
\captions (babel), 56
captions Option, 222–224
captions=heading Wert, 223
\captionsetup, 242
capVPos Option, 247
capWidth Option, 247
cases Env., *349*, 349
cc, 396
\cdot, *179*, 334
\cdots, *368*, 368
\cefoot, 77, 78
\cehead, 77, 78
\cellcolor, *206*
(xcolor), *200*, 200
Center Env. (ragged2e), 85
center Env., *83*, 83, 85
center Wert, 247
(siunitx), 181
center-decimal-marker Wert (siunitx), 181, 183
centerdecimal Wert (siunitx), 181
centeredbeside Wert, 223
\Centering (ragged2e), 85, 161
\centering, *83*, 83, 85, 159, 161
centertags Option, 336
centre Wert (siunitx), 181
\cfoot, 77, 78
\cfoot*, 78
ch-Babel.tex, 102
\chapter, 25, 77, 131, 133, 135, 267
chapter Wert, 136, 323
chapter Zähler, 354
\chapter*, 77, 131
chapteratlists Option, 266
chapterbib Paket, 323
chapterentry Wert, 267
chapterentrydots Option, 266
chapterentrywithdots Wert, 267
chapterentrywithoutdots Wert, 267
chaptergapline Wert, 267
chaptergapsmall Wert, 267
\chaptermark, 79
\chaptername, *56*
\chapternumdepth, 137
\chaptertocdepth, 137
\chead, 77, 78
\check, 369
\Chi, 373
\chi, 373
circle Option (tikz), *382*
circle Wert (tikz), *382*

(Forts.)
Citavi Programm, 295
\Cite, 314
\cite, 294, 295, 297, 303, 314, 315, *316*, 316, 317, 326
\citeauthor, 315
citebordercolor Option (hyperref), 106
citecolor Option (hyperref), 106
\citefield, *315*, 315
\citelist, 315
\citename, *315*, 315
\cites, 316
citestyle Option, 311
\citetitle, *315*, 315
\citetitle*, 315
\citeurl, 315
\citeyear, 315
\cleardoublepage, 115
\clearpage, 115, 222, 262, 269, 409
cleveref Paket, 102, 103
\cline, 155, *156*, 156, 157, *165*, 165, *166*, 166, *173*, 351
clines Option, 81
\clip (tikz), 376, 380
clip Option (graphicx), 213
\closeautoquote (csquotes), *63*, 63
cm, 396
\cmidrule (booktabs), 164, *165*, 165, 166
\cmidrulekern Länge (booktabs), **165**, 165
\cmidrulesep Länge (booktabs), 165
\cmidrulewidth Länge (booktabs), 165
\cofoot, 77, *78*, 78
\cohead, 77, *78*, 78
collection BIBTEX Entry-Typ, 299, 303, 304
\colorbox (xcolor), *91*
colorlinks Option (hyperref), 106, *108*
\columnbreak (multicol), 122, 123
\columncolor (xcolor), *200*, 200, *201*
\Columns (ledpar), 123
\columnsep Länge (multicol), 123
\columnseprule Länge (multicol), 123
comma Wert (siunitx), 181
commentary BIBTEX Entry-Typ, 302
ComputerModern Font, 38
Computer Modern Font, 115
conference BIBTEX Entry-Typ, 302
coordinates Option (tikz), 377, *385*, *386*
\coprod, 370
corners Option (tikz), *377*
\cos, 371
cos Option (tikz), 379
\cosh, 371
\cot, 371
\coth, 371
counterwithin Option, 136, 270
counterwithout Option, 136
Courier Font, 38, 43
\coverpagebottommargin, 75
\coverpageleftmargin, 75
\coverpagerightmargin, 75
\coverpagetopmargin, 75
\Cref (cleveref), *103*, 103

(*Forts.*)
\cref (cleveref), *103*, 103
\Cref* (cleveref), 103
\cref* (cleveref), 103
\Crefrange (cleveref), 103
\crefrange (cleveref), 103
\Crefrange* (cleveref), 103
\crefrange* (cleveref), 103
crop Paket, 29
\csc, 371
csquotes Paket, 62, 64, 329
ctagsplit Option, 356
\currentpdfbookmark (hyperref), 108
cutwin Paket, 259

D

dataset BIBTEX Entry-Typ, 300
datatool Paket, 168, 168–170, 170, 170
\date, 24, 72
date BIBTEX Feld, 303, 326
Dateilinks, 106
Datenbank, 296
Datum, 24
Datumsformat, 56
\dblfigrule, 220
\dblfloatpagefraction, 220
\dblfloatsep Länge, 220
\dbltextfloatsep Länge, 220
\dbltopfraction, 220
dbltopnumber Zähler, 219
dcolumn Paket, 178, 183
dd, 396
\dddot (amsmath), 369
\ddot, 369
\ddots, 368
\DeclareBibliographyCategory, 320
\DeclareCaptionSubType, 242
\DeclareCaptionSubType*, 242
\DeclareDatamodelConstant, *330*
\DeclareDocumentCommand, 393
\DeclareDocumentEnvironment, 393, 394
\DeclareExpandableDocumentCommand, 393
\DeclareFieldFormat, 329
\DeclareNewSectionCommand, 136
\DeclareNewTOC, 270
\DeclareQuoteStyle (csquotes), 63, *64*, 64
\DeclareSectionCommand, 135, 136
\def, 260
def Wert (glossaries), 283
\defaultaddspace Länge (booktabs), 165
\defbibheading, 319, *320*, 320, *321*
\deffootnote, 94, *95*
\deffootnotemark, 94
\defhvstyle, 246
\definecolorseries (xcolor), 201
\defineshorthand (babel), 56, *63*, 63
\deg, 371
Dehnungspunkte, 4
DejaVuSansMono Font, 34
Delimiter, 360
\delimiterfactor TEX-Zähler, *359*, 359
\delimitershortfall Länge, *359*, 359
\Delta, 372
\delta, 372
description Env., 89, 141, *146*, 146, *147*, 147, 148
description Option (glossaries), *284*, 284, *286*
description* Env., 148
\descriptionlabel, 147
descriptionplural Option (glossaries), 284
\det, 336, 371
Determinante, 368
DFimage Env., *256–258*
\diagbox (diagbox), *171*, 171, *172*
diagbox Paket, 171
\dim, 371
dimen register, 396
dir Option (diagbox), 171
\directlua, *397*, 397
discritics Option, *410*
\displaybreak, 351
displaymath Env., 341
\displaystyle, *338*, 338, 364, 367
disposition Option, 136, 137
Distribution, 1
DIV Option, 28
Dokumentenklasse
    article, 25, 93, 353, 409
    book, 25, 93, 353, 354
    letter, 25
    report, 25, 93
    scrartcl, 23, 25, 26, 32, 131–133, 268
    scrbook, 25, 26, 131–133, 354
    scrlettr2, 25
    scrreprt, 25, 26, 32, 131–133, 138
document Env., 25
\documentclass, 23, 25, *32*
doi BIBTEX Feld, 303, 326
Dokumentenklasse, 9, 25, 368
Dokumentenkörper, 24
Doppelseite, 27
\dot, 369
Dots, 368
\dotsb (amsmath), 368
\dotsc (amsmath), 368
\dotsi (amsmath), 368
\dotsm (amsmath), 368
\dotso (amsmath), 368
doubleFULLPAGE Option, 254, 255
doublePAGE Option, 253, 255
doublePage Option, 253, 257
\doublerulesep Länge, 166
doublespace Env. (setspace), *71*, 71
\doublespacing (setspace), *71*, 71
\Downarrow, *360*
\downarrow, *360*
\draw (tikz), 376, *377*, 377, *378*, 378, *379*, 379, *380*, *385*
Dropbox, 21
\DTLforeach (datatool), 168, *169*, 169, *170*
\DTLiffirstrow (datatool), 169
\DTLifoddrow (datatool), 169

(*Forts.*)
\DTLisopenbetween (datatool), *169*, 169, *170*
\DTLloaddb (datatool), 168
DTLrowi Zähler (datatool), 168, 169
DTLrowii Zähler (datatool), 169
\DTLsort (datatool), 170
Durchschuss, 70
dvilualatex Programm, 11
dviluatex Programm, 11
dvips Programm, 199
dynamische Länge, 363

E

eTEX, 8
edge Option (tikz), *382*, 382
edition BIBTEX Feld, 303, 326
Editionswissenschaft, 125
Editor, 34
editor BIBTEX Feld, 303, 326
Eingabekodierung, 9
electronic BIBTEX Entry-Typ, 302, 304
Ellipse, 378
em, 396
Emacs, 13
\emergencystretch Länge, 4, *117*, 117
\emph, 90
empty Syntax, 76
empty Wert, 74
\end, 24
\endfirsthead (longtable), 191, *192–194*
\endfoot (longtable), 191, *192–194*
\endgroup, 352
\endhead (longtable), 191, *192–194*
\endlastfoot (longtable), 191, *192–194*
Endnote Programm, 295
\endnumbering (ledpar), 123
english Option, 23, *56*
\enquote (csquotes), *62*, 62, *63*, *64*, 329
\enquote* (csquotes), *62*, 62
\ensuremath, 289
entry Wert, 266
entryprefix Wert, 267
enumerate Env., 141, *144*, 144, *145*, 145, *146*, 148, 150, 151
enumerate Paket, 148
enumerate* Env., 148
enumi Zähler, *145*, 145
enumii Zähler, *145*, 145
enumiii Zähler, *145*, 145
enumitem Paket, 145, 148, 150
enumiv Zähler, 145
\Epsilon, 372
\epsilon, 372
\eqref, *346*, *355*, 356
equation Env., *341*, 341, *342*, *353*, *354*
equation Zähler, 350, *353*, *354*, 354
eso-pic Paket, 212
esvect Paket, 370
et. al., 310
\Eta, 372
\eta, 372
etoolbox Paket, 409, 410
\euro (eurosym), *203*
even Wert, 248
evenPage Wert, 247
ex, 396
\excludeonly (excludeonly), 129
excludeonly Paket, 129
executive Wert, 27
exeltex Programm, 11
\exp, 371
expandtopt Option, 136
explizit-sign Option (siunitx), 180
Exponent, 368, 370, 371
exponent-base Option (siunitx), 180
exponent-product Option (siunitx), 180
\externaldocument (xr), 104
\extrarowheight Länge (array), *158*, 158
\extratabsurround Länge (array), 164
\extratitle, 75

F

FakeStretch Option, 41
Fallunterscheidung, 349
\familydefault, 44
fc-list Programm, 53
Fehlersuche, 14
Fettschrift, 159
figure Env., 115, 216, *217*, *218*, *221*, *222*, *224*, 224, *225*, 225, *226*, *227*, 237, *240*, *241*, *243–245*
figure* Env., 216, 261
figureabove Wert, 223
figurebelow Wert, 223
\figureformat, 231
figureheading Wert, 223
\figurename, 232
figuresignature Wert, 223, 224
filebordercolor Option (hyperref), 106
filecolor Option (hyperref), 106
\fill, 120
(tikz), 376, *377*
fill Option (tikz), *380*
\filldraw (tikz), 376, 379
filldraw Option (tikz), *380*
first Option (glossaries), 284
\firstacronymfont (glossaries), 286, 287
\firsthline (array), 163, *164*
firstiscover Wert, 75
firstplural Option (glossaries), 284
Fit Wert (hyperref), 107
flalign Env., *343*, 343, *345*, 345, *355*
flalign* Env., *342*
flat Wert, 267
Flattersatz, 82, 84, 85, 162
fleqn Option, 336
Float, 216
float Option, 270
floatCapSep Option, 247
\floatpagefraction, 220, 221
floatPos Option, 247

floatpos Option, 270
\floatsep Länge, 220
floattype Option, 270
fltpoint Paket, 180
FlushLeft Env. (ragged2e), 85, *86*
flushleft Env., 83, *84*, 84, 85
FlushRight Env. (ragged2e), 85
flushright Env., 83, *84*, 84, 85
fn2end Paket, 96
font Option, 136
Font Book, 54
Fontkodierung, 9
fontmath.ltx, 363
fontsize Option, 28
fontspec Paket, 38, 41, 47–49
foot Syntax, 80
footbotline Option, 81
footbotline Syntax, 80
footbotline Wert, 28
\footcite, *313*, *314*, 314, *316*, *320*
\footcites, 316
\footfullcite, 315, *319*
footheight Option, 28
footinclude Option, 28
footlines Option, 28
footmisc Paket, 72, 93, 94
\footnote, 92, *93*, *95*, *96*, 96, *125*, 153, 194, 395
footnote Option, 95
footnote Wert, 317
footnote Zähler, 92
footnotelabel Option, 95
\footnotemark, 92, 96, 154, 227
footnotereference Option, 95
\footnoterule, 92, 93
footnoterule Option, 95
footnotes Option, 92
\footnotetext, 92, 96, 154, 227
\footref, *96*, 96
footsepline Option, 28, 81
footsepline Syntax, 80
footsepline Wert, 28
footwidth Option, 79
forcenames Option, 271
\foreach (tikz), *380*, *381*, 381
\foreignlanguage, 24
(babel), 56
\foreignquote (csquotes), 6, 62, *63*
\foreignquote* (csquotes), 62
\foreigntextquote (csquotes), 62
\foreigntextquote* (csquotes), 62
fp Paket, 376
\frac, *337*, *338*, *358*
\frame, 247
french Option, *56*
\frontmatter, 25
Frutiger Font, 43
ftnxtra Paket, 96
full Wert, 68
full* Wert, 68
full+ Wert, 68
full- Wert, 68
\fullcite, 315
FULLPAGE Option, 246, 247
fullpage, 247
fullpage Option, 246, 247
Funktionsgraph, 168
\fussy, 5, 117
Fußnotenzähler, 96, 154
Fußnotenzählung, 194
Fußzeile, 195

G

\Gamma, 372
\gamma, 372
gather Env., *346*, 346
gather* Env., 346
gathered Env., *346*, 346
\gcd, 371
gender Option, 314
geometry Paket, 28–30, 32, 74, 98
Git, 21
GitHub, 21
Gleichungsnummer, 353, 355
Gleichungsnummerierung, 354, 355
Gleitumgebung, 110, 216
Gliederungsebene, 131
.glo Dateiendung (glossaries), 283
\global, 256, 257
Glossar, 282
glossaries Paket, 56, 282, 288, 289
glossary-list Paket, 282, 288
glossary-long Paket, 282
glossary-super Paket, 282
glossary-tree Paket, 282
glossaryentry Zähler (glossaries), 282
\glossarystyle (glossaries), 288
glossarysubentry Zähler (glossaries), 282
\glq (babel), *63*
\glqq (babel), *63*, 63
\gls (glossaries), 283, *284*, 284, *285*, 285, *286*, 290
.gls Dateiendung (glossaries), 290
\glsadd (glossaries), 290
\glsaddall (glossaries), 290
\glsdescwidth Länge (glossaries), 288
\glsgroupheading (glossaries), 286, *287*, 287
\glsnamefont (glossaries), 286, *287*, 287
\glsnumberformat (glossaries), 286, *287*, 287
\glspagelistwidth Länge (glossaries), 288
\glspl (glossaries), 284, 289
\glsrefentry (glossaries), 282
\glssee (glossaries), 283
glue, 363
graduated Wert, 267
\graphicspath (graphicx), 209
graphicx Paket, 209, 368
\grave, 369
grid Option (tikz), *378*
group-separator Option (siunitx), 180, 183
\grq (babel), *63*
\grqq (babel), *63*, 63

Grundlinie, 163
Gruppe, 190
GUI, 9, 13
Guillemets, 63
guillemets Wert (csquotes), 63
guillemets* Wert (csquotes), 63
\guillemotleft (csquotes), 64
\guillemotright (csquotes), 64
\guilsinglleft (csquotes), 64
\guilsinglright (csquotes), 64

H

h Syntax, 217, 220
half Wert, 68
half* Wert, 68
half+ Wert, 68
half- Wert, 68
HarfBuzz, 8, 11
\hat, 369
\hbadness TeX-Zähler, 4
\hdashline (datatool), *168*
head Syntax, 80
headheight Option, 28
headinclude Option, 28
heading Option, 319, 325
heading Wert, 222–224
headings Option, 266
headings Syntax, 76, 77
headsepline Option, 28, 81
headsepline Syntax, 80
headsepline Wert, 28
headtopline Option, 81
headtopline Syntax, 80
headtopline Wert, 28
headwidth Option, 79
\heavyrulewidth Länge (booktabs), 165
height Option (graphicx), 212
help lines Option (tikz), *378*
Helvetica Font, 38, 43
\hfill, *119*, 119, 396
\hfuzz Länge, 4
\hiderowcolors (xcolor), *200*, 200
\hl, *91*, 91
\hline, *155*, 155, *156*, 156, *157*, *165*, *166*, 200, 351
\hom, 371
Homograph, 288
\hphantom, 119
\hsize Länge (tabularx), *186*, 186, *187*
\hspace, 118, 119, 121, 154
\hspace*, 118
html Wert (hyperref), 106
\huge, 74, *368*
\hvFloat, 246, 247, *248*, *250*, 250, 251, *252*, 252, 255–258
hvfloat Paket, 212, 249, 253
hvfloat-fps Paket, 217
\hvFloatSet, 246
hvindex Paket, 281
\hvOBox, 247, 256, 257
\hvqrset (hvqrurl), 100
\hvqrurl (hvqrurl), 100
hvqrurl Paket, 100
\hvqrurl* (hvqrurl), 100
hypcap Paket, 110
\hypcapredef (hypcap), 111
\hypcapspace (hypcap), 111
hyperref Paket, 100, 103–105, 107, 110, 199, 271, 285, 289, 291, 339
\hypersetup (hyperref), 105
hypertexnames Option (hyperref), 106
\hyphenation, *60*, 60
hyphenation pattern, 59
\hyphenquote (csquotes), 62
\hyphenquote* (csquotes), 62
hyphenrules Env. (babel), 56, *57*, 57
\hyphentextquote (csquotes), 62
\hyphentextquote* (csquotes), 62

I

i Syntax, 228, 234
i Wert (wrapfig), 259
IBMPlex Font, 42
\IBraceL (imakeidx), 281
\IBraceR (imakeidx), 281
icomma Paket, 366
iconv Programm, 33, 410
IDE, 13
.idx Dateiendung, 272
\IfBooleanF, 394
\IfBooleanT, 394
\IfBooleanTF, 394, 395
\IfFileExists, 274
\iflanguage (babel), *56*, 56
\IfNoValueF, 394
\IfNoValueT, 394
\IfNoValueTF, 394
\ifoot, 77, 78
\ifstr, 79
\IfValueF, 394
\IfValueT, 394
\IfValueTF, 394
ignoredisplayed Option, 148
\ihead, 77, *78*, 78
.ilg Dateiendung, 273
ilines Option, 81
image BibTeX Entry-Typ, 302
imakeidx Paket, 278, 279
\imath, 369
in, 396
in Option (tikz), *381*
inbook BibTeX Entry-Typ, 299, 304
\include, 127–129
\includegraphics (graphicx), *209*, 209, *211*, 211, *212*, 212, *213*, 213, 214, 216, 253
\includegraphics* (graphicx), 209
includeheadfoot Option, 30
\includeonly, 128, 129
\includepdf (pdfpages), *214*, 214
incollection BibTeX Entry-Typ, 300, 304
.ind Dateiendung, 272, 273
(makeidx), 274

indent Option, 136, 138
Index, 358, 368, 370, 371
\Index (hvindex), *281*
\index, 272, 274
(imakeidx), 278, *279*, 280
(makeidx), 275, 276
index Option, 267
index Wert, 267
\indexname (imakeidx), *280*
indexnumbered Wert, 267
\indexprologue (imakeidx), 278, *280*
\indexsetup (imakeidx), 278
\indexspace Länge, 274
\inf, 336, 371
\infty, *337*
Inhaltsverzeichnis, 55, 131
inline Option, 148, 150
inline Wert, 317
(glossaries), 289
inline mode, 367
Inlinemodus, 159
inner Wert, 247
innerbeside Wert, 223
innerskip Option, 137
inproceedings BIBTEX Entry-Typ, 301
\input, 126, *127*, 127–129, 272
input-decimal-markers Option (siunitx), 180, 183
input-digits Option (siunitx), 180, 183
input-exponent-markers Option (siunitx), 180
input-ignore Option (siunitx), 180
input-product Option (siunitx), 180
input-quotient Option (siunitx), 180
input-signs Option (siunitx), 180
\InputIfFileExists, *127*, 127
inreference BIBTEX Entry-Typ, 301, 304
\insertTableNotes (threeparttablex), *197*, 197, *198*
install-tl Programm, 397
institution BIBTEX Feld, 303, 326
\int, *337*, 370, 371
inter-unit-product Option (siunitx), 180
interline spacing, 368
Internetadresse, 61, 294
\intextsep Länge, 220
intlimits Option, 336
\intop, 370, 371
\Iota, 372
\iota, 372
ISO-Formate, 27
ISO-Image, 397
issuetitle BIBTEX Feld, 304, 327
.ist Dateiendung (glossaries), 283
\item, 142–144, 146, 147, 287
itemize Env., 141, 142, *143*, *144*, 148, 151
itemize* Env., 148
itemjoin Option, *150*
itemjoin* Option, *150*
itemsep Option, 149

J

Japanisch, 7
\jmath, 369
jurabib Paket, 304, 327
jurisdiction BIBTEX Entry-Typ, 302
justify Env. (ragged2e), 85
\justifying (ragged2e), 85

K

Kapitel, 55
\Kappa, 372
\kappa, 372
keepaspectratio Option (graphicx), 212
\ker, 371
keywords Syntax, *318*
Klammer, 358
Klammersymbole, 360
Knoten, 381
Kochsche Schneeflocke, 383
Kolumnentitel, 78
\KOMAoption, 33
\KOMAoptions, 33
Komposita, 57
Konventionen, 153
Kopfzeile, 26, 161, 195
Kozuka Gothic Pro, 7
Kp-Fonts Font, 89
kpsewhich Programm, 11
kritische Edition, 123

L

l Syntax, *154*, 154, *155*, 228, 234, 241
(booktabs), 165
(longtable), 188
l Wert (wrapfig), 259
Label, 101, 169, 355
\label, 96, 101, *144*, 144, 193, 224, 249, *355*
label Option, *151*
label* Option, 148
\labelenumi, *145*, 145
\labelenumii, *145*, 145
\labelenumiii, *145*, 145
\labelenumiv, 145
labeling Env., *147*, 147
labeling Option, 147
labelinglabel Option, 147
labelingseparator Option, 147
\labelitemi, 143
\labelitemii, 143
\labelitemiii, 143
\labelitemiv, 143
labelwidth Option, *149*, 149
landscape Wert, 28
\langle, *360*
\languagename (babel), 56
\languageshorthands (babel), 56
langwohyphens Wert, 5
\Large, 74
\lasthline (array), 163, *164*
\LaTeX, 24
latex Programm, 10

latexmk Programm, 11, 102
Latin1, 34
LatinModern Font, 38
LatinModernMathRegular Font, 362
Layout, 9, 337
layout Paket, 56
\lbrace, *360*
\lceil, *360*
\ldelim (bigdelim), *175*, 175, 176
\ldots, 368
ledpar Paket, 123
Leerzeichen, 408
\lefoot, 77, 78
\left, 175, *201*, 340, *341*, *342*, 358, *359*, 359, 360
left Wert, 247
(siunitx), 181
leftbeside Wert, 223
\leftmargin Länge, 87, 409
leftmargin Option, *149*, 149
leftmargin* Option, *151*
\leftmark, *79*, 79, *81*
\leftroot, 357, *358*
Leftside Env. (ledpar), 123
\leftsidemargin Länge, 27
left of Option (tikz), *382*, 382
legal Wert, 27
legal BIBTEX Entry-Typ, 302
\legend (pgfplots), 386
legislation BIBTEX Entry-Typ, 302
\lehead, 77, 78
leqno Option, 336, 341, 343
\let, *409*, 409
letter Wert, 27
(glossaries), 283
letter BIBTEX Entry-Typ, 302
level Option, 136, 137
leveldown Wert, 266, 267
\lfloor, *360*
\lg, 371
\lgroup, *360*
Libertinus Font, 116
libertinus Paket, 44
libertinus-otf Paket, 44
LibertinusMono Font, 44
Liedtexte, 88
\lightrulewidth Länge (booktabs), 165
\lim, 336, 371
\liminf, 371
\limits, *337*, 337, *371*, 371
\limsup, 371
\linebreak, 111, *113*, 113
\linespread, 70
\linewidth Länge, *185*, 234
Linie
horizontal, 155
vertikal, 155, 162
link Wert (hvqrurl), 100
linkbordercolor Option (hyperref), 106
linkcolor Option (hyperref), 106
Linksbündig, 162
linktoc Option (hyperref), 106, 107, *108*
linktocpage Option (hyperref), 106
\list, 87
list Wert (glossaries), 282, 289
list of tables, 192
list* Wert (glossaries), 289
listdotted Wert (glossaries), 288, 289
listgroup Wert (glossaries), 289
listhypergroup Wert (glossaries), 289
listname Option, 271
listof Option, 267
listof Wert, 267
\listoffigures, 264, 269
listofnumbered Wert, 267
\listoftables, 264, 269
\lmoustache, *360*
\ln, 371
\loadglsentries (glossaries), *285*, 285
loadonly Option, 148
location BIBTEX Feld, 303, 326
.lof Dateiendung, 264, 265, 269
\lofoot, 77, *78*, 78
\log, 371
log-declarations Option, 394
Logdatei, 25
Logfile, 162
loglogaxis Env. (pgfplots), 385, *386*
\lohead, 77, *78*, 78
long* Wert (glossaries), 289
long*3col* Wert (glossaries), 289
long4col* Wert (glossaries), 289
long4colheaderborder Wert (glossaries), *288*
longtable Env. (longtable), 167, *188*, 188, *189*, 189, *190*, 191, *192*, *193*, 193, *194*, 194
longtable Paket, 167, 188, 188–194, 194
lot, 192
.lot Dateiendung, 264, 265, 269
\LTcapwidth Länge (longtable), 194
ltxtable Paket, 194
Lua, 8
LuaLATEX, 8
luacode Env., *397*, 397, *398*
luacode Paket, 397
LuahbTEX, 8
luahbtex Programm, 11
lualatex Programm, 11, 264
luaotfload-tool Programm, 46, 53
luatex Programm, 10
Lucida Sans Unicode, 7
lucida-otf Paket, 40, 41
LucidaSansTypewriter Font, 34

M

m Syntax (array), 160, 187
MacRomanEncoding, 46
main Wert (glossaries), 285
\mainmatter, 25
maintitle BIBTEX Feld, 305, 327
\makeatletter, 355
\makeatother, 355

\MakeAutoQuote (csquotes), *63*, 63
\makebox, *112*
\makeendnotes, 96, 97
Makefile, 9
\makeglossaries (glossaries), 283
makeglossaries Programm, 11, 282, 290, 291
makeidx Paket, 274
\makeindex, 272, 273, *276*, *277*
  (imakeidx), 278, *279*, 279, *280*, 280
  (makeidx), *275*, *276*
makeindex Env. (imakeidx), *279*
makeindex Programm, 11, 272–274, 276–280, 282, 283, 285, 288, 290
\maketitle, 24, 72, 77
\MakeUppercase, 90, *91*
Makro, 393
manual BIBTEX Entry-Typ, 300
\manualmark, 79
Marginalie, 97
\marginfont (marginnote), 99
\marginline, 98, 99
\marginnote
  (hvqrurl), *101*
  (marginnote), 99, *100*
marginnote Paket, 98, 99
\marginnoteleftadjust (marginnote), 99
\marginnoterightadjust (marginnote), 99
\marginnotetextwidth (marginnote), 99
\marginnotevadjust (marginnote), 99
\marginpar, 30, *98*, 98, 99
marginpar Syntax, 80
\marginparpush Länge, 98
\marginparsep Länge, 98
\marginparwidth Länge, 30, 98, 247
mark Option (pgfplots), *385*
Marke, 355
mastersthesis BIBTEX Entry-Typ, 304
masterthesis BIBTEX Entry-Typ, 302
MatchLowercase Wert, 41
MatchUppercase Wert, 41
math Env., *337*
math-rm Option (siunitx), 180
math-style Option, 372
math-tt Option (siunitx), 180
mathesis BIBTEX Entry-Typ, 304
\mathindent Länge, 336
\mathop, *371*, 371
Mathopen-Symbol, 361
\mathord, *365*, 365, 366
\mathpunct, *365*, 365
\mathring, 369
\mathrm, *337*, *349*, *361*, 362
maths Wert (siunitx), 180
mathtools Paket, 349, 352
Matrix, 175, 199, 352, 368
matrix Env., 352
\max, 336, 371
maxitems Option, 303, 326
MaxMatrixCols Zähler, 352
maxnames Option, 303, 326

(Forts.)
Maßeinheit, 396
\mbox, *114*, 114, *361*, 362
Medeley Programm, 295
\medmuskip Länge, *363*, 363, *364*, 364
\medskip, *119*, 119, 120
Mendeley, 21
menubordercolor Option (hyperref), 106
menucolor Option (hyperref), 106
Merksatz- Env., 271
Metronyme, 330
mexican Wert (csquotes), 63
microtype Paket, 6, 90, 115, 116
\microtypesetup (microtype), *116*
middlebeside Wert, 223
\midrule (booktabs), 164, *165*, 165, *167*, 167
MiKTEX, 1, 9
\min, 336, 371
\minalignsep, *343*, 343
minipage Env., 161, 227, 240, 243, 260
minipages Env., 242
\minisec, 135
minitems Option, 303, 326
minnames Option, 303, 326
misc BIBTEX Entry-Typ, 300
\mkbibemph, 329
\mkbibnamefamily, 330
\mkbibnamegiven, 330
\mkbibnameprefix, 330
\mkbibnamesuffix, 330
\mkbibquote, 329
\mkern, 396
mm, 396
mode Option (siunitx), 180
month BIBTEX Feld, 303, 326
\morecmidrules (booktabs), 164–166
morefloats Paket, 262
movie BIBTEX Entry-Typ, 302
moving argument, 227
mpinclude Option, 28
\mskip, *364*, 364
\Mu, 372
mu, 358, 396
\mu, 372
mu, 363
\multfootsep, 92
multibib Paket, 318, 321
multicol Paket, 122, 216
multicols Env. (multicol), *122*, 122
multicols* Env. (multicol), 122
\multicolumn, *156*, 156, *157*, *161*, 162, *163*, 163, *192*, 193, 200
multiFloat Option, 247, 250
multiple Wert, 92
\multiplefootnoteseparator, 92
multiply defined labels, 193
\multirow
  (bigstrut), *174*
  (multirow), 172, *173*, 173, *174*, 175
multirow Paket, 157

(Forts.)
multirow-Zelle, 172
\multirowsetup (multirow), 173
multline Env., *347*, 347, *348*, 348
music BIBTEX Entry-Typ, 302
mvbook BIBTEX Entry-Typ, 299
mvcollection BIBTEX Entry-Typ, 300
mvproceedings BIBTEX Entry-Typ, 301
mvreference BIBTEX Entry-Typ, 301
myheadings Syntax, 76

N

name Option, 271
(glossaries), 283, *284*, 284, 285, *286*, 286, 291
(imakeidx), 280
namelimits Option, 336
\namepartfamily, 330
\namepartfamilyi, 330
\namepartgiven, 330
\namepartgiveni, 330
\namepartprefix, 330
\namepartprefixi, 330
\nameparts, 330
\namepartsuffix, 330
\namepartsuffixi, 330
nameref Paket, 323
natbib Option, 316
natbib Paket, 304, 327
NE Wert (diagbox), 171
never Wert, 68
\newacronym (glossaries), 290
\newcolumntype (array), *161*, 161, *162*, 162, 183
\NewDocumentCommand, 393
\NewDocumentEnvironment, 394
\newfontface, 51
\newfontfamily, *51*, 51
\newgeometry, 74
\newglossary (glossaries), *283*, 283
\newglossaryentry (glossaries), 283, 285, 290
\newline, 88, 111, 113, *155*, *156*, *159*, 159, 399
\newlist, 150, *151*
\newpage, 115, 189, *190*, 265, 399
ngerman Option, 23, *26*, 26, *56*
NimbusMonL-Regu Font, 38
NimbusRomanNo9L Font, 37
NimbusRomNo9L-Medi Font, 38
NimbusSansLRegular Font, 38
\noalign, 200
nobibliography Wert, 267
\nobreakspace, 114
nochaptergap Wert, 267
\nocite, 294, 295, 315
\node (tikz), 381, *382*, 382
node Option (tikz), *378*, 379, 381, *382*, 382, *385*
\noindent, 69
noindex Wert, 267
nointlimits Option, 336
noitemsep Option, *149*, 149, *151*
\nolimits, *371*, 371
\nolinebreak, 113, 114
nolink Wert (hvqrurl), 100
nolistof Wert, 267
nomultiple Wert, 92
nonamelimits Option, 336
none Wert, 318
nonFloat Option, 247
nonfloat Option, 271
\nonumber, *345*, *346*, 353, 356
nonumberline Wert, 267
nonumberlist Option (glossaries), 285
nooneline Wert, 223, 233
\nopagebreak, 115, 189
normal Wert, 266
\normalmarginpar, 98
\normalsize, *368*
nosep Option, *149*, 149, *151*
nosumlimits Option, 336
notcategory Option, 321
notkeyword Option, 319
notoc Wert, 267
nottotoc Wert, 266
nty Wert, 318
\Nu, 372
\nu, 372
Null, 170
number-unit-product Option (siunitx), 180
numbered Wert, 267
numberline Wert, 267
\numberlist (glossaries), 283
\numberwithin, 354, *355*
numeric Option, 317
numeric Wert, 311, 315, 318, *319*
numeric-comp Wert, 311
numeric-verb Wert, 311
NW Wert (diagbox), 171

O

o Syntax, 228, 234
o Wert (wrapfig), 259
objectAngle Option, 247
objectFrame Option, 247
objectPos Option, 247
OCG, 106
ocgcolorlinks Option (hyperref), 106
ocglinkcolors Option (hyperref), 107
odd Wert, 248
oddPage Wert, 247
\ofoot, 77, 78
\ohead, 77, 78
\oint, 370, 371
\ointop, 370, 371
olines Option, 81
\Omega, 373
\omega, 373
\onecolumn, 121
onehalfspace Env. (setspace), *71*, 71
\onehalfspacing (setspace), 71
oneline Wert, 223, 233
online BIBTEX Entry-Typ, 300, 304
Onlinequelle, 306

\openautoquote (csquotes), *63*, 63
OpenType, 7, 8, 37
Operator, 337, 363, 370
Operator-Symbol, 370
\operator@font, *371*
Operatorname, 371
optiontoheadandtoc Wert, 267
optiontotoc Wert, 267
optischer Randausgleich, 115
organization BIBTEX Feld, 303, 326
origin Option (graphicx), 211
origlanguage BIBTEX Feld, 298, 325
origlocation BIBTEX Feld, 298, 325
origtitle BIBTEX Feld, 298, 325
origyear BIBTEX Feld, 325
otfinfo Programm, 46, 47, 53
otherlanguage Env. (babel), 56
otherlanguage* Env. (babel), 56
outer Wert, 247
outerbeside Wert, 223
Outline-Fonts, 51
Outlinefont, 52
output-decimal-marker Option (siunitx), 181, 183
\overbrace, *369*, 369
\overleftarrow, 369
\overleftrightarrow, 369
\overline, 369
\overrightarrow, 369

P

p Syntax, 154, *155*, 159, 173, 187, 217
page Option (graphicx), 213
page Syntax, 80
page Wert, 313
    (glossaries), 283
    (hyperref), 106
page BIBTEX Feld, 303
pagebackref Option (hyperref), 106
\pagebreak, 115, 351
pagefoot Option, 81
pagehead Option, 81
pageheadfoot Option, 81
\pagemark, 78, 81
pagenumber Option, 81
\pageref, 101, 249
\Pages (ledpar), 123
pages Env. (ledpar), 123
pages BIBTEX Feld, 325
\pagestyle, *76*, 76, 77, *78*, *79*, *81*
pagestyle Option, 137
pagetracker Option, 313
Pagina, 26
pagination BIBTEX Feld, 303, 326
pairs Env. (ledpar), 123
paper Option, 23, 26, 27, *28*, 28
paper Syntax, 80
Papierformat, 27
\par, 70, 83, 84, 119, 394
Parabel, 379
parabola Option (tikz), *379*, 379
parabolaheight Option (tikz), 379
\paragraph, 25, 131
paragraph skip, 67
\paragraph*, 131
\paragraphnumdepth, 137
\paragraphtocdepth, 137
\parbox, 154, 243, *349*, 349
\parencite, 314, *323*
\parencites, *316*, 316
parent Option (glossaries), 284
parentequation Zähler, 350
\parfillskip Länge, *190*, 190
\parindent Länge, 88
parsep Option, 149
parskip Option, 67
\part, 25, 77, 131, 133, 135
part Wert, 136, 323
\part*, 77, 131
\partnumdepth, 137
\parttocdepth, 137
\PassOptionsToPackage, 408
\patchcmd
    (etoolbox), *410*
    (etoolsbox), 409
patent BIBTEX Entry-Typ, 300, 304
Path Option, 48
\path (tikz), 376, 379, *382*
Patronyme, 330
\pattern (tikz), 376
pc, 396
PDF/A, 106
pdfLATEX, 7
pdfa Option (hyperref), 106
pdfauthor Option (hyperref), 106
pdfbook Programm, 11
\pdfbookmark (hyperref), 108
pdfborder Option (hyperref), 106
pdfborderstyle Option (hyperref), 108
pdfcreator Option (hyperref), 106
pdfcrop Programm, 11
pdfduplex Option (hyperref), 106
pdfencoding Option (hyperref), 107
\pdfextension, 51
pdffonts Programm, 45, 264
pdfkeywords Option (hyperref), 106
pdfmenubar Option (hyperref), 106
pdfpages Paket, 214
pdfproducer Option (hyperref), 106
pdfstartpage Option (hyperref), 107
pdfstartview Option (hyperref), 107
\pdfstringdefDisableCommands (hyperref), 108, 109
pdfsubject Option (hyperref), 107
pdftitle Option (hyperref), 107
pdfversion Option (hyperref), 107
\pend (ledpar), 123
performance BIBTEX Entry-Typ, 302
periodical BIBTEX Entry-Typ, 301, 304
pgf Paket, 375, 376
pgfplots Paket, 385, 387, 389
pgfplotstable Paket, 388

(Forts.)
\pgfplotstableread (pgfplotstable), 176, 389
\pgfplotstableset (pgfplotstable), 176
\pgfplotstablesort (pgfplotstable), 389
\pgfplotstabletypeset (pgfplotstable), 176, 178
\pgfplotstabletypesetfile (pgfplotstable), 176
\phantom, *119*, 119
\phantomsection (hyperref), *110*, 110
phdthesis BIBTEX Entry-Typ, 302, 304
\Phi, 373
\phi, 373
\Pi, 373
\pi, 373
pict2e Paket, 375
.pk Dateiendung, 52
plain Syntax, 76, 77
plain Wert, 28, 317
plain.scrheadings Syntax, 77, 78
plainfootbotline Option, 28
plainfootsepline Option, 28
plainheadsepline Option, 28
plainheadtopline Option, 28
plainpages Option (hyperref), 107
plex-otf Paket, 42
plot Option (tikz), 377, *385*, 385
plural Option (glossaries), 284, 289
\pm, 333
pmatrix Env., 352
\pmoda, 371
portait Wert, 28
portuguese Wert (csquotes), 63
\postmulticols Länge (multicol), 123
\Pr, 371
prefixfont Option, 137
\premulticols Länge (multicol), 123
\pretolerance TEX-Zähler, 4
\printbibliography, *312–316*, 317, 318, *319*, 319, 321, 323, *324*, 325
\printglossaries (glossaries), 283, *285*
\printglossary (glossaries), 283
\printindex, *276*, *277*
(imakeidx), 278, *279*, *280*
(makeidx), 274, *275*, *276*
\printshorthands, 308
proceedings BIBTEX Entry-Typ, 301
\ProcessList, 395
\prod, *341*, *342*, 370
programmiert, 3
Projekt, 126
\protect, 227, 265, 338, 396, 399
\providecommand, 296
\ProvideDocumentCommand, 393
\ProvideDocumentEnvironment, 394
\ProvideSectionCommand, 136
Präambel, 24, 126
\Psi, 373
\psi, 373
\pstart (ledpar), 123
pt, 396
publisher BIBTEX Feld, 303, 326
Punkte, 368
px, 396

Q

\qquad, *161*
qradjust Option (hvqrurl), 100
qrcolor Option (hvqrurl), 100
qrheight Option (hvqrurl), 101
qrlevel Option (hvqrurl), 101
qrlink Option (hvqrurl), 100
Quadratwurzel, 357
Querverweis, 128
quotation Env., *86*, 86, *87*
quote Env., *86*, 86, *87*
\quotedblbase (csquotes), 64
quotes Wert (csquotes), 63
quotes* Wert (csquotes), 63
\quotesinglbase (csquotes), 64

R

R Syntax (rccol), **179**, *179*, 179
r Syntax, *154*, 154, *155*, 228, 234, 241
(booktabs), 165, 166
(longtable), 188
r Wert (wrapfig), 259
Radikand, 358
ragged2e Paket, 82, 85, 99, 159, 161, 186, 236
\raggedbottom, 120
\raggedfootnote, 94, 95
\RaggedLeft (ragged2e), 85, 161
\raggedleft, 83, 84, *85*, 85, 99, 159, 161
\raggedleftmarginnote (marginnote), 99
\RaggedRight (ragged2e), 85, 86, *159*, 161, 186, *187*
\raggedright, 83, *84*, 84, 85, 98, *159*, 159, 161, 186, *349*, 349
(ragged2e), *86*, 86
\raggedrightmarginnote (marginnote), 99
Randbemerkung, 97
\rangle, *360*
\rbrace, *360*
rccol Paket, 180
\rceil, *360*
\rdelim (bigdelim), 175, 176, *207*
Rechtsbündig, 162
recode Programm, 34, 410
rectangle Option (tikz), *378*, *380*, *382*
rectangle Wert (tikz), *382*
redactor BIBTEX Feld, 325
\RedeclareSectionCommand, 136
\ref, 101–104, *144*, 144, 169, 227, 335, 356
reference BIBTEX Entry-Typ, 301, 304
Referenz, 350, 356
Referenzieren, 169
\reflectbox (graphicx), 368
\refoot, 77, 78
refsection Env., *323*, 323, 324
refsection Option, 323
refsegment Env., 324
\refstepcounter, 136, 169

\reftextcurrent (varioref), 103
\reftextfaceafter (varioref), 103
\reftextfacebefore (varioref), 103
\reftextfaraway (varioref), 104
\rehead, 77, 78
Rekursion, 409
Relationssymbol, 339
\relax, 112, 167
reledmac Paket, 123, 125
reledpar Paket, 123
\relpenalty TEX-Zähler, 340
\renewcaptionname, 232
\renewcommand, 75, 143, 219, 232, 343, 367, *409*
\RenewDocumentCommand, 393
\RenewDocumentEnvironment, 394
\renewenvironment, 87
\renewlist, 149, 150
report BIBTEX Entry-Typ, 301
reqno Option, 336
\RequirePackage, 33
\resizebox, 253
\restartlist, 150
resume Option, *150*, 150
retain-zero-exponent Option (siunitx), 181
\ReverseBoolean, 395
\reversemarginpar, 98
review BIBTEX Entry-Typ, 302
\rfloor, *360*
\rgroup, *360*
\Rho, 373
\rho, 373
\right, 175, *201*, 340, *341*, *342*, 358, *359*, 359, 360
right Wert, 247
(siunitx), 181
\rightarrow, *155*
rightbeside Wert, 223
\rightmargin Länge, 87, 409
\rightmark, *79*, 79, *81*
Rightside Env. (ledpar), 123
righttag Option, 356
right of Option (tikz), *382*, 382
\rlap, *206*
rmargin Option, 30, 98
\rmoustache, *360*
robust, 338, 399
\rofoot, 77, *78*, 78
\rohead, 77, *78*, 78
Roman-Zeichensatz, 362
root, 397
rotAngle Option, 247
rotate Option (tikz), *380*
\rotatebox, *206*
rotating Paket, 161
rounded Option (tikz), *377*
roundmode Option (siunitx), 181
\rowcolor (xcolor), *200*, 200, *206*
\rowcolors (xcolor), *200*, 200, *201*, 201
\rowcolors* (xcolor), 200
rownum Zähler (xcolor), 201
RTL-Schrift, 34
rubber length, 396
\rule, *112*
runbordercolor Option (hyperref), 107
runcolor Option (hyperref), 107
Ränder, 89

S

S Syntax (siunitx), 180, 183, 184
s Syntax, 241
(siunitx), 184
Satzprogramm, 3
Satzspiegel, 26–28, 30
scale Option
(graphicx), 212
(tikz), *385*, 385, *386*, 387
Schmutztitel, 74
Schnittmarken, 29
school BIBTEX Feld, 303, 326
Schreibmaschinenschrift, 34
Schrift
Einbindung, 10
Größe, 367
Sammlung, 54
Stil, 337, 367
scope Env. (tikz), 380
scrheadings Syntax, 77, 78
\scriptscriptstyle, *357*, 367, 368
\scriptstyle, 337, 367
scrlayer-scrpage Paket, 28, 77, 81
SE Wert (diagbox), 171
\sec, 371
secnumdepth Zähler, 132
\section, 24, 25, 131, 135, 137, 267, *338*
section Option, *324*
section Wert, 136, 138, 323
(hyperref), 106
\section*, 131
sectionentrydots Option, 267
sectionentrywithdots Wert, 268
sectionentrywithoutdots Wert, 268
\sectionmark, *79*, 79, *81*
\sectionnumdepth, 137
\sectiontocdepth, 137
sed Programm, 45
\see (makeidx), 274
see Option (glossaries), 283, 285
\seealso (makeidx), 274
\seename (makeidx), 274
Segoe Font, 43
Seitenstil, 76, 79
Seitenzahl, 26
\selectfont, 70
\selectlanguage (babel), *56*, 56, *63*
semi Wert, 28
semilogxaxis Env. (pgfplots), 385
semilogyaxis Env. (pgfplots), 385
separatorLine Option, 247
set BIBTEX Entry-Typ, 301
\setcapdynwidth, 234
\setcaphanging, 233

\setcapindent, 233
\setcapindent*, 233
\setcapmargin, 234
\setcapmargin*, 234
\setcaptionalignment, 236
\setcaptiontyp, 245
\setcapwidth, 234
\setcapwidth Länge (longtable), 194
\setcounter, 219, 352
\setDefaults, 246
\setfootnoterule, 92
\sethlcolor, 91
\setkomafont, 72, 74, 80, 136, 137, 147
setkomafont Env., *231*
\setlength, 219, 396
\setlist, *149*, 150, *151*, 151
\setlist*, *150*, 150
\setlistdepth, 150, 151
\setmainfont, 43, 47
\setquotestyle (csquotes), 63, *64*, 64
setspace Paket, 70, 71
\setstcolor, 91
\setul, 91
\setulcolor, 91
sf Wert, 314
\shade (tikz), 376, 379, *381*
\shadedraw (tikz), 376, 379
shape Option (tikz), *382*
shorthand, 57
shorthand BIBTEX Feld, 298, 325
\shorthandoff (babel), 56, *57*, *285*
\shorthandon (babel), 56, *57*
shortlabels Option, 148
shorttitle Option, 315
\shoveleft, 347, *348*
\shoveright, 347, *348*
\showcols (array), *162*, 162
showframe Paket, 31
\showhyphens, *60*
\showrowcolors (xcolor), 200
Sigel, 307
\Sigma, 373
\sigma, 373
signature Wert, 223, 224
Silbentrennung, 91
\sin, 371
sin Option (tikz), *379*, 379
singlelinecheck Option, 252
(caption), 252
singlespace Env. (setspace), 71
\singlespacing (setspace), 71
\sinh, 371
\sisetup (siunitx), 180
siunitx Paket, 180
skip register, 396
\slash (babel), 58, *59*
\sloppy, 5, 6, 117
sloppypar Env., 5, 6, *112*, 112, *117*, 117
\small, *161*
small Wert, 266
(Forts.)
Small Caps, 47
\smallint, 370
smallmatrix Env., 337, 352
\smallskip, 119, 120
\smash, *358*, 358
\so, *91*
software BIBTEX Entry-Typ, 301
sort Option (glossaries), 285, *286*, 286
Sortierung, 170, 276
sorting Option, 318
soul Paket, 91
sp, 396
spacing Env. (setspace), *71*, 71
Spalte, 175
Spalten, 352
Spaltenabstand, 155, 179
Spaltenbreite, 185
Spaltendefinition, 154, 156, 161, 176
Spaltendeklaration, 163
Spaltentyp, 161, 173, 179, 185
Spaltenzwischenraum, 185
spanish Wert (csquotes), 63
\specialrule (booktabs), 164, *167*, 167
Spitzmarke, 136
split Env., 346, *348*, 348, *349*, 349
\SplitArgument, 395
splitbib Paket, 318
splitindex Programm, 280
\SplitList, 395
splitrule Option, 94
Sprachauswahl, 9
Sprache, 26
spread Wert, 313
SQL-Datenbank, 170
\sqrt, *357*, 357, *358*
\st, *91*
standard Wert (glossaries), 283
standard BIBTEX Entry-Typ, 302
StandardEncoding, 46
Standardkodierung, 33
Standardsprache, 55
start Option, *150*, 150
\stepcounter, 136
Sternversion, 155
Strokefont, 52
style Option, 136, 138, 247, 311
subbibintoc Wert, 325
subbibliography Wert, 325
subbibnumbered Wert, 325
subcapFormat Option, 248
\subcaption, 240
subcaption Paket, 239, 251
\subcaption*, 240
\subcaptionbox, 241
\subcaptionbox*, 241
\subcaptiontype, 241
subequations Env., *350*, 350
subfig Zähler, 242
subfigure Env., 240

(Forts.)
subFloat Option, 247, 251
\subitem (makeidx), 275
sublistdotted Wert (glossaries), 289
\subparagraph, 25, 131
\subparagraph*, 131
\subparagraphnumdepth, 137
\subparagraphtocdepth, 137
\subpdfbookmark (hyperref), 108
\subref, 242
Subscript, 337, 371
\subsection, 25, 131, 132, 137
subsection Wert, 323
\subsection*, 131
\subsectionmark, *79*, *81*
\subsectionnumdepth, 137
\subsectiontocdepth, 137
\subsubitem (makeidx), 275
\subsubparagraph, 137
\subsubsection, 25, 131, 133
\subsubsection*, 131
\subsubsectionnumdepth, 137
\subsubsectiontocdepth, 137
\subsubsubsection, 137
subtable Env., 240
subtable Zähler, 242
subtitle BIBTEX Feld, 298, 325
\sum, *337*, 370
sumlimits Option, 336
\sup, 371
super Option (natbib), 316
super* Wert (glossaries), 289
super*3col* Wert (glossaries), 289
super4col* Wert (glossaries), 289
\supercite, 316
\supercites, 316
Superscript, 337, 371
superscript Wert, 317
suppbook BIBTEX Entry-Typ, 299
suppcollection BIBTEX Entry-Typ, 300
suppperiodical BIBTEX Entry-Typ, 301
\suppressfloats, 216, 218
SW Wert (diagbox), 171
swiss Wert (csquotes), 63
\symbf, *362*
Symbol, 363
symbol Option (glossaries), 284
symbolplural Option (glossaries), 285
\symit, *362*
\symnormal, *362*
\symrm, *362*
\symsf, *362*
\symtt, *362*
Syntax, 154
Systemadministrator, 397

T

t Syntax, *164*, 217, 218, 261, *351*, 358
(array), 163
(bigstrut), 174
\tabcolsep Länge, 154, 166, 171, *179*, 184
Tabelle, 199, 215, 216
Breite, 69, 155, 185
gerahmt, 163
Kopf, 161
Verzeichnis, 216, 269
table Env., 115, 216, 224, 237
table* Env., 216, 261
table-align-exponent Option (siunitx), 181, 182
table-alignment Option (siunitx), 181
table-auto-round Option (siunitx), 181, 183
table-format Option (siunitx), *181*, 181, 182
table-number-alignment Option (siunitx), *181*, 181, 183
table-parse-only Option (siunitx), 181, 183
table-text-alignment Option (siunitx), 181
table-unit-alignment Option (siunitx), 181
tableabove Wert, 224
\tableformat, 231
tableheading Wert, 223, 224
\tablename, 57, 232
TableNotes Env. (threeparttablex), 196, *197*, 197, *198*, 198
\tableofcontents, *132*, 134, 264, 338, 399, 409
tablesignature Wert, 224
tabular Env., *96*, 96, *154*, *155*, *156*, 154–157, *157–160*, *162*, *163*, 163, *164–166*, *168–170*, 175, 176, 351, *359*
tabular* Env., 154
\tabularnewline, 155, 193
(array), *159*, 159, *190*
tabularx Env. (tabularx), 69, 155, *185*, 185, *186*, 186, *187*, 187, 194
tabularx Paket, 185–187
\tabularxcolumn (tabularx), *187*
\tag, *355*, 355, *356*, 356
\tag*, *356*
Tagebuchnotation, 306
\tagform@, 355
\tan, 371
\tanh, 371
\Tau, 373
\tau, 373
tb Syntax, 217, 358
tbp Syntax, 217
tbtags Option, 336
techreport BIBTEX Entry-Typ, 302
tension Option (tikz), 377
terse Option, 313
\TeX (babel), 58
.tex Dateiendung, 127
tex Programm, 10
tex4ebook Programm, 11
texcount Programm, 11
texdoc Programm, 11
texhash Programm, 11
TEXLive, 1, 9, 19, 53, 393, 396, 432
TEXLive, 9
\texorpdfstring (hyperref), 108, 109, *339*, 339
TEXstudio, 13, 14, 16–18, 34, 65, 66, 102

(*Forts.*)
Text, 361
\text, 349, 362
text Option (glossaries), 284
text Syntax, 80
text Wert (siunitx), 180
text-rm Option (siunitx), 181
text-sf Option (siunitx), 181
text-tt Option (siunitx), 181
Textanteil, 215
Textbereich, 30
\textbf, 89, *91*
\textcite, 314
\textcolor (xcolor), *91*
\textfloatsep Länge, 220
\textfraction, 219
\textit, 90, *91*
\textls (microtype), 90, *91*
\textnormal, *361*
\textquote (csquotes), 62
\textquotedblleft (csquotes), 64
\textquotedblright (csquotes), 64
\textquoteleft (csquotes), 64
\textquoteright (csquotes), 64
\textrm, *361*, 361, *365*
\textsc, 90, *91*
\textsf, *91*
\textsl, 90, *91*
\textstyle, 338, 362–364, 367
\textsubscript, *92*, 92
\textsuperscript, *92*, 92, *207*
\texttwosuperior (hyperref), 109
Textverabeitung, 3
Textverarbeitungsprogramm, 3
\textwidth Länge, 247
textwithmarginpar Syntax, 80
\thanks, 72
\the, 396
thebibliography Env., 293, 294, *295*, 295
\theDTLrowi (datatool), *169*, *170*
\theendnotes, 96, 97
\theequation, *350*, *353*, 353–355
\thefootnotemark, *95*
theindex Env., 273, 274
(imakeidx), *280*
\theparentequation, *350*, 350
thesis BIBTEX Entry-Typ, 301, 304
\Theta, 372
\theta, 372
thick Option (tikz), *377*, *382*
\thickmuskip Länge, *363*, 363, 364
\thikmuskip Länge, *364*
\thinmuskip Länge, *363*, 363, *364*, 364
\thinspace, 334, 335
\thinspace Länge, 184
\thispagestyle, 76, 77
ThreePartTable Env. (threeparttablex), 196, *197*, *198*
threeparttable Paket, 196
threeparttablex Paket, 196
tight-spacing Option (siunitx), 181
(*Forts.*)
\tikz (tikz), 376, *377*, 377, 378, *380*
tikzpicture Env. (tikz), 376, 377, *378*, *379*, 385, 387
\tikzset (tikz), *378*, 378
\tilde, 369
Times-Roman Font, 38
TimesNewRoman Font, 37
TimesRoman Font, 37
Titel, 24
\title, 24, 72
title Syntax, 315
title BIBTEX Feld, 298, 303, 305, 325, 327
titlepage Env., 74, 77
titlepage Option, 75
tmargin Option, 30
\tnotex (threeparttablex), 198
\tnotex* (threeparttablex), 198
to Option (tikz), 379
TOC, 131
.toc Dateiendung, 134, 264, 265, 338, 399
toc Option, 267
tocbasic Paket, 271
tocdepth Zähler, *132*, 132, 137
(hyperref), 106
tocentrystyle Option, 271
tocindent Option, 137
toclevel Option, 137
tocnumwidth Option, 137
tocstyle Option, 137
\today, 24
\tolerance TEX-Zähler, 4
top Wert, 223, 247
topatfigure Wert, 223
topattable Wert, 224
topbeside Wert, 223
\topfigrule, 220
\topfraction, 219, 220
topnumber Zähler, 219, 221
\toprule (booktabs), 164, *165*, 165, *167*, 167
topsep Option, 151
Tortendiagramm, 168
totalnumber Zähler, 219, 221
totoc Wert, 266, 267
totocnumbered Wert, 266
touch Option, *410*
treenoname* Wert (glossaries), 289
Trennlinie, 160
Trennmusterdatei, 59
Trennregeln, 56
trim Option
(diagbox), 172
(graphicx), 213
\TrimSpaces, 395
trivlist Env., 148
TrueType, 7
\ttfamily, *161*
\ttIndex (hvindex), *281*
turn Env. (rotating), *161*, *203*, *205*
\twocolumn, 121, 122, 216
twocolumn Option, 28, *121*, 121

(Forts.)
twoside, 247
twoside Option, 28
type Option, 270, 271
(glossaries), 285, 290
typearea Paket, 26, 28–30, 98
types Option, 271
Typografie, 153

U

Überschriftenformat, 56
\ul, *91*
Umbruch, 3
Umgebung, 393
Umkodierung, 410
\underbar, 369
\underbrace, *369*, 369
\underleftarrow (amsmath), 369
\underleftrightarrow (amsmath), 369
\underline, 90, *91*, 91, 369, *373*, 373
\underrightarrow (amsmath), 369
Unicode, 7
unicode Option (hyperref), 107
unicode-math Paket, 38, 41, 49, 371
\unit (units), *207*
unit-math-tt Option (siunitx), 181
unpublished BIBTEX Entry-Typ, 302
Untergleichung, 350
\Uparrow, *360*
\uparrow, *360*
\Updownarrow, *360*
\updownarrow, *360*
upref Paket, 335
\uproot, 357, *358*
\Upsilon, 373
\upsilon, 373
URL, 61, 107, 294
\url (url), *61*, *62*, 107, 294
url BIBTEX Feld, 303, 304, 326
url Paket, 61, 294
urlbordercolor Option (hyperref), 107
urlcolor Option (hyperref), 107
urldate BIBTEX Feld, 303, 326
use-xspace Option (siunitx), 181
\useasboundingbox (tikz), 376
usegeometry Option, 28–30, 74
use0Box Option, 247
\usepackage, 23, 33, 56
\usepgflibrary (tikz), 383
\useshorthands (babel), 56
\usetikzlibrary (tikz), 383, 384
UTF-8, 17, 33, 34, 410

V

\varepsilon, 372
varioref Paket, 26, 56, 103
\varphi, 373
\varpi, 373
\varrho, 373
\varsigma, 373
\varTheta, 372
varwidth Paket, 161
\vdots, *368*, 368
\vec, 369, 370
Vektor, 370
\verb, 112, 187, 395
\verb*, 187
verbose Option, 307, *410*
verbose Wert, 313–315
verbose-ibid Wert, 313
verbose-inote Wert, 313
verbose-note Wert, 313
verbose-trad1 Wert, *313*, 313
verbose-trad2 Wert, 313, *314*, 314
verse Env., *88*, 88
\Vert, *360*
\vert, *360*
vertikale Linien, 162
\vfill, *120*, 120
video BIBTEX Entry-Typ, 302
viewport Option (graphicx), 213
\vline, *160*
Vmatrix Env., *352*, 352
vmatrix Env., 352
volume BIBTEX Feld, 328
volumes BIBTEX Feld, 305, 327, 328
\vpageref (varioref), 103, 104
\vpagerefrange (varioref), 104
\vphantom, *119*, 119, *356*, *357*, 357
\vref (varioref), 103, 104
\vrefrange (varioref), 104
\vrule, *163*
\vspace, *120*, 120, 121

W

wide Option, 247
\widehat, 369
\widetilde, 369
width Option (graphicx), 212
Wiederholungsfaktor, 154
WinAnsiEncoding, 46
word Wert (glossaries), 283
Worttrennung, 85, 162
Wortzwischenraum, 117
wrapfig Paket, 259
wrapfigure Env. (wrapfig), 259
wraptable Env. (wrapfig), 259
Wurzel, 357
Wurzelexponent, 358
www BIBTEX Entry-Typ, 302, 304

X

X Syntax (tabularx), *185*, 185, *186*, 186, *187*, 187
x Option (tikz), 379
X-Spalte, 186
xalignat Env., 345
xcolor Paket, 100, 199–201
xdata BIBTEX Entry-Typ, 302

\Xi, 373
\xi, 373
xindex Programm, 11, 277, 278
xindy Programm, 11, 280, 282, 283
xltabular Env. (xltabular), 155, *195*, 195, *196*
xltabular Paket, 194, 194–196
xparse Paket, 393
xr Paket, 104
\xspace (xspace), *409*
xspace Paket, 408
xurl Paket, 61
xxalignat Env., 345

Y

y Option (tikz), 379, *380*
year BIBTEX Feld, 303, 325

Z

z Option (tikz), *380*
\z@ Länge, 138
Zähler, 353, 354, 356
Zeichen (aktives), 370
Zeile
  Abstand, 70
  Breite, 185
  Höhe, 158, 337
  Tiefe, 158
  Umbruch, 339
Zeilenmodus, 337, 357, 367
Zentrieren, 83
\Zeta, 372
\zeta, 372
Zotero, 21

Personen

Arseneau, Donald, 61, 129, 161, 259

Bezos, Javier, 55, 148
Border, Kim C., 96
Braams, Johannes, 55

Carlisle, David, 104, 158, 185, 188, 199, 408
Cubitt, Toby, 102

Els, Danie, 164

Fear, Simon, 164
Feuersänger, Christian, 176, 385, 387, 388
Franz, Melchior, 91

Gregorio, Enrico, 278
Guthöhrlein, Eckhart, 178

Hoekwater, Tako, 8
Hoenig, Alan, 259
Hosny, Khaled, 44
Høgholm, Morten, 408

Kass, James, 50
Kern, Uwe, 199
Khaligi, Vafa, 96
Kime, Philip, 310
Knuth, Donald, 8
Kohm, Markus, 25, 98

Lamport, Leslie, 280
Lehman, Philipp, 62, 310, 409
Leichter, Jerry, 172
Liu, Leo, 171
Luecking, Dan, 129

Maclennan, Caleb, 44
Madsen, Lars, 196, 349
Matthias, Andreas, 214
Mehlich, Matthias, 376
Mehran, Zal, 96
Mittelbach, Frank, 103, 122, 154, 158
Münch, Hans-Martin, 262

Neto, Vilar Camara, 107
Niepraschk, Rolf, 2, 194, 212, 375, 397

Oberdiek, Heiko, 104, 110
Oostrum, Piet van, 172

Rahtz, Sebastian, 104
Rouquette, Maïeul, 125

Samawi Hamid, Idris, 35
Schlicht, Robert, 6, 115
Schröder, Martin, 85, 162, 186
Schubert, Elke, 2
Sommerfeld, Axel, 239, 251

Talbot, Nicola, 168, 282
Tantau, Till, 375, 376
Tobin, Geoffrey, 71

Wemheuer, Moritz, 310
Wilson, Peter, 123, 259
Wright, Joseph, 62, 180, 409

Kolophon

Dieses Buch wurde mit einer speziellen Dokumentenklasse und LuaLATEX und dem darunterliegenden LuahbTEX erstellt:

```
This is LuaHBTeX, Version 1.14.0 (TeX Live 2021)
```

Die verwendeten Schriften sind Libertinus und AnonymousPro als Schreibmaschinenschrift. Fehlende Schriftschnitte wurden jeweils auf elektronischem Weg erzeugt, beispielsweise LibertinusMath-Bold.

```
\RequirePackage{libertinus-otf}
\setmonofont[Scale=MatchLowercase,FakeStretch=0.88,Ligatures=ResetAll]{AnonymousPro}
```

Alle anderen Schriften werden nur für die Beispiele benötigt und sind daher hier nicht aufgelistet:

```
name                         type              encoding         emb sub uni object ID
---------------------------- ----------------- ---------------- --- --- --- ---------
AnonymousPro                 CID TrueType      Identity-H       yes yes yes   1430  0
AnonymousPro-Bold            CID TrueType      Identity-H       yes yes yes   1427  0
AnonymousPro-BoldItalic      CID TrueType      Identity-H       yes yes yes   1429  0
AnonymousPro-Italic          CID TrueType      Identity-H       yes yes yes   1428  0
LatinModernMath-Regular      CID Type 0C       Identity-H       yes yes yes    686  0
LibertinusKeyboard-Regular   CID Type 0C       Identity-H       yes yes yes   1217  0
LibertinusMath-Regular       CID Type 0C       Identity-H       yes yes yes     52  0
LibertinusSans-Bold          CID Type 0C       Identity-H       yes yes yes     32  0
LibertinusSans-Italic        CID Type 0C       Identity-H       yes yes yes     39  0
LibertinusSans-Regular       CID Type 0C       Identity-H       yes yes yes      5  0
LibertinusSerif-Bold         CID Type 0C       Identity-H       yes yes yes    113  0
LibertinusSerif-BoldItalic   CID Type 0C       Identity-H       yes yes yes   1211  0
LibertinusSerif-Italic       CID Type 0C       Identity-H       yes yes yes     15  0
LibertinusSerif-Regular      CID Type 0C       Identity-H       yes yes yes      4  0
```

dante

Die Deutschsprachige Anwendervereinigung TEX e.V. ist ein eingetragener, gemeinnütziger Verein mit fast 2000 Mitgliedern, der am 14. April 1989 gegründet wurde. Sein Ziel ist es, Nutzern des TEX-Systems und seiner »Verwandten« (LATEX, LuaTEX, LuaLATEX, ConTEXt, XƎTEX, XƎLATEX, METAPOST usw.) im gesamten deutschsprachigen Raum eine Plattform für Austausch und Beratung bereitzustellen, sowie Neu- und Weiterentwicklungen im TEX-Umfeld national wie auch international zu initiieren, zu koordinieren und zu fördern.
DANTE e.V. bietet Hilfestellungen bei Anwendungsproblemen und ermöglicht die Verteilung von Software und Informationen zu all dem, was in der TEX-Welt geschieht.
Zu diesem Zweck werden u. a. die Vereinszeitschrift *Die TEXnische Komödie* veröffentlicht, Diskussionslisten moderiert, ein Datei-Server finanziert und betrieben, die *TEXCollection* erstellt und verteilt, Tagungen und lokale Treffen organisiert sowie Kontakte zu anderen TEX-Nutzergruppen gepflegt.

Deutschsprachige Anwendervereinigung TEX e.V.
Postfach 11 03 61
69072 Heidelberg
http://www.dante.de
info@dante.de